ŒUVRES COMPLÈTES

DE

VOLTAIRE

32

COMMENTAIRES SUR CORNEILLE

II

APPENDICE

PARIS. — IMPRIMERIE A. QUANTIN ET Cⁱᵉ
ANCIENNE MAISON J. CLAYE
7, RUE SAINT-BENOIT

ŒUVRES COMPLÈTES
DE
VOLTAIRE

NOUVELLE ÉDITION

AVEC

NOTICES, PRÉFACES, VARIANTES, TABLE ANALYTIQUE

LES NOTES DE TOUS LES COMMENTATEURS ET DES NOTES NOUVELLES

Conforme pour le texte à l'édition de BEUCHOT

ENRICHIE DES DÉCOUVERTES LES PLUS RÉCENTES

ET MISE AU COURANT

DES TRAVAUX QUI ONT PARU JUSQU'A CE JOUR

PRÉCÉDÉE DE LA

VIE DE VOLTAIRE

PAR CONDORCET

ET D'AUTRES ÉTUDES BIOGRAPHIQUES

Ornée d'un portrait en pied d'après la statue du foyer de la Comédie-Française

---

COMMENTAIRES SUR CORNEILLE

II

APPENDICE

PARIS

GARNIER FRÈRES, LIBRAIRES-ÉDITEURS

6, RUE DES SAINTS-PÈRES, 6

1880

COMMENTAIRES
SUR CORNEILLE

REMARQUES
SUR HÉRACLIUS
EMPEREUR D'OCCIDENT,

TRAGÉDIE REPRÉSENTÉE EN 1647[1].

PRÉFACE DU COMMENTATEUR.

Louis Racine, fils de l'admirable Jean Racine, a fait un traité de la poésie dramatique, avec des remarques sur les tragédies de son illustre père. Voici comme il s'explique sur l'*Héraclius* de Corneille, page 373 :

« On croiroit devoir trouver quelque ressemblance entre *Héraclius* et *Athalie*, parce qu'il s'agit dans ces pièces de remettre sur un trône usurpé un prince à qui ce trône appartient; et ce prince a été sauvé du carnage dans son enfance. Ces deux pièces n'ont cependant aucune ressemblance entre elles, non-seulement parce qu'il est bien différent de vouloir remettre sur le trône un prince en âge d'agir par lui-même, ou un enfant de huit ans,

---

[1]. C'est en avant de cette pièce que fut imprimée, en 1764, la traduction de l'*Héraclius* de Calderon. (Voyez au tome VII.) Corneille a-t-il tiré de l'espagnol le sujet de sa tragédie? Voltaire a cru que oui, mais la critique française actuelle le conteste formellement.

mais parce que Corneille a conduit son action d'une manière si singulière et si compliquée que ceux qui l'ont lue plusieurs fois, et même l'ont vu représenter, ont encore de la peine à l'entendre, et qu'on se lasse à la fin

D'un divertissement *qui* fait une fatigue [1].

« Dans *Héraclius*, sujet et incidents, tout est de l'invention du génie fécond de Corneille, qui, pour jeter de grands intérêts, a multiplié des incidents peu vraisemblables. Croira-t-on une mère capable de livrer son propre fils à la mort, pour élever sous ce nom le fils de l'empereur mort? Est-il vraisemblable que deux princes, se croyant toujours tous deux ce qu'ils ne sont pas, parce qu'ils ont été changés en nourrice, s'aiment tendrement lorsque leur naissance les oblige à se détester, et même à se perdre? Ces choses ne sont pas impossibles; mais on aime mieux le merveilleux qui naît de la simplicité d'une action que celui que peut produire cet amas confus d'incidents extraordinaires. Peu de personnes connoissent *Héraclius*; et qui ne connoît pas *Athalie?*

« Il y a d'ailleurs de grands défauts dans *Héraclius*. Toute l'action est conduite par un personnage subalterne, qui n'intéresse point : c'est la reconnoissance qui fait le sujet, au lieu que la reconnoissance doit naître du sujet, et causer la péripétie. Dans *Héraclius*, la péripétie précède la reconnoissance. La péripétie est la mort de Phocas : les deux princes ne sont reconnus qu'après cette mort; et comme alors ils n'ont plus à le craindre, qu'importe au spectateur qui des deux soit Héraclius? Il me paroît donc que le poëte qui s'est conformé aux principes d'Aristote, et qui a conduit sa pièce dans la simplicité des tragédies grecques, est celui qui a le mieux réussi. »

J'avoue que je ne suis pas de l'avis de M. Louis Racine en plusieurs points [2]. Je crois qu'une mère peut livrer son fils à la mort pour sauver le fils de son empereur; mais pour rendre vraisemblable une action si peu naturelle, il faudrait que la mère eût été obligée d'en faire serment, qu'elle eût été forcée par la religion, par quelque motif supérieur à la nature : or c'est ce qu'on ne trouve pas dans l'*Héraclius* de Pierre Corneille; Léontine même est d'un caractère absolument incapable d'une piété si étrange; c'est une intrigante, et même une très-méchante

---

1. Boileau, *Art poétique*, III, 32.
2. Voltaire n'aimait pas la personne de Louis Racine, qu'il appelait le petit Racine, et il aimait encore moins son livre de remarques. (G. A.)

femme, qui réserve Héraclius à un inceste[1] : de tels caractères ne sont pas capables d'une vertu surnaturelle.

Je ne crois pas impossible qu'Héraclius et Martian aient de l'amitié l'un pour l'autre ; je remarque seulement que cette amitié n'est guère théâtrale, et qu'elle ne produit aucun de ces grands mouvements nécessaires au théâtre.

A l'égard du dénoûment, je crois que le critique a entièrement raison ; mais je ne conçois pas comment il a voulu faire une comparaison d'*Athalie* et d'*Héraclius,* si ce n'est pour avoir une occasion de dire qu'*Héraclius* lui paraît un mauvais ouvrage.

Il faut bien pourtant qu'il y ait de grandes beautés dans *Héraclius,* puisqu'on le joue toujours avec applaudissement, quand il se trouve des acteurs convenables aux rôles.

Les lecteurs éclairés se sont aperçus sans doute qu'une tragédie écrite d'un style dur, inégal, rempli de solécismes, peut réussir au théâtre par les situations; et qu'au contraire une pièce parfaitement écrite peut n'être pas tolérée à la représentation. *Esther,* par exemple, est une preuve de cette vérité : rien n'est plus élégant, plus correct, que le style d'*Esther;* il est même quelquefois touchant et sublime ; mais quand cette pièce fut jouée à Paris, elle ne fit aucun effet ; le théâtre fut bientôt désert : c'est, sans doute, que le sujet est bien moins naturel, moins vraisemblable, moins intéressant, que celui d'*Héraclius.* Quel roi qu'Assuérus, qui ne s'est pas fait informer, les six premiers mois de son mariage, de quel pays est sa femme, qui fait égorger toute une nation parce qu'un homme de cette nation n'a pas fait la révérence à son vizir, qui ordonne ensuite à ce vizir de mener par la bride le cheval de ce même homme! etc.

Le fond d'*Héraclius* est noble, théâtral, attachant; et le fond d'*Esther* n'était fait que pour des petites filles de couvent, et pour flatter Mme de Maintenon.

ACTE PREMIER.

SCÈNE I.

Vers 1.   Crispe, il n'est que trop vrai, la plus belle couronne
           N'a que de faux brillants dont l'éclat l'environne, etc.

---

[1]. Corneille dit au contraire, dans la Préface de sa pièce, que Léontine avertit Héraclius de sa naissance pour empêcher l'alliance incestueuse du frère et de la sœur.

On trouve souvent dans Corneille de ces maximes vagues et de ces lieux communs, où le poëte se met à la place du personnage. S'il y a dans Racine quelque passage qui ressemble au début de Phocas, c'est celui d'Agamemnon dans *Iphigénie :*

> Heureux qui, satisfait de son humble fortune,
> Libre du joug superbe où je suis attaché,
> Vit dans l'état obscur où les dieux l'ont caché !

Mais que cette réflexion est pleine de sentiment ! qu'elle est belle ! qu'elle est éloignée de la déclamation !

Au contraire, les premiers vers de Phocas paraissent une amplification ; les vers en sont négligés. Ce sont *les faux brillants qui environnent une couronne;* c'est *celui dont le ciel a fait choix pour un sceptre, et qui en ignore le poids ;* ce sont *mille et mille douceurs* qui sont *un amas d'amertumes cachées.*

J'ajouterai encore que cette déclamation conviendrait peut-être mieux à un bon roi qu'à un tyran et à un meurtrier qui règne depuis longtemps, et qui doit être très-accoutumé aux dangers d'une grandeur acquise par les crimes, et à ces amertumes cachées sous mille douceurs.

Vers 3.   Et celui dont le ciel pour un sceptre a fait choix,
　　　　　Jusqu'à ce qu'il le porte, en ignore le poids.

Jusqu'à ce qu'il le porte; on doit, autant qu'on le peut, éviter ces cacophonies. Elles sont si désagréables à l'oreille qu'on doit même y avoir une grande attention dans la prose. Que sera-ce donc dans la poésie ? Tout y doit être coulant et harmonieux.

Vers 5.   Mille et mille douceurs y semblent attachées,
　　　　　Qui ne sont qu'un amas d'amertumes cachées :
　　　　　Qui croit les posséder les sent s'évanouir.

Si ces douceurs sont des amertumes, comment se plaint-on de les sentir s'évanouir ? Quand on veut examiner les vers français avec des yeux attentifs et sévères, on est étonné des fautes qu'on y trouve.

Vers 5.   Surtout qui, comme moi, d'une obscure naissance,
　　　　　Monte par la révolte à la toute-puissance;
　　　　　Qui de simple soldat à l'empire élevé,
　　　　　Ne l'a que par le crime acquis et conservé;
　　　　　Autant que sa fureur s'est immolé de têtes,
　　　　　Autant dessus la sienne il croit voir de tempêtes.

Cette phrase n'est pas correcte, *qui comme moi s'est élevé au trône, il croit voir des tempêtes;* cet *il* est une faute, surtout quand ce *qui comme* est si éloigné.

Vers 13. Autant que sa fureur s'est immolé de têtes, etc.

Cela est en même temps négligé et forcé : négligé, parce que ce mot vague de *tempêtes* n'est là que pour la rime; forcé, parce qu'il est difficile de voir autant de tempêtes qu'on a fait de crimes.

Vers 15. Et comme il n'a semé qu'épouvante et qu'horreur,
Il n'en recueille enfin que trouble et que terreur.

C'est le fond de la même pensée exprimée par une autre figure. On doit éviter toutes ces amplifications. Ce tour de phrase, *comme il n'a semé, comme il voit en nous*, etc., est très-souvent employé par Corneille : il ne faut pas le prodiguer, parce qu'il est prosaïque.

Vers 18. Mon trône n'est fondé que sur des morts illustres;
Et j'ai mis au tombeau, pour régner sans effroi,
Tout ce que j'en ai vu de plus digne que moi.

Ce dernier vers est beau ; je ne sais cependant si un empereur qui a eu assez de mérite et de courage pour parvenir à l'empire, du rang de simple soldat, avoue si aisément qu'il a immolé tant de personnes plus dignes que lui de la couronne; il doit les avoir crues dangereuses, mais non plus dignes que lui de la pourpre. En général, il n'est pas dans la nature qu'un souverain s'avilisse ainsi soi-même ; c'est à quoi tous les jeunes gens qui travaillent pour le théâtre doivent prendre garde : les mœurs doivent toujours être vraies.

Vers 26. Byzance ouvre, dis-tu, l'oreille à ces menées.

On ouvre l'oreille à un bruit, et non à des menées; on les découvre.

Vers 29. Impatient déjà de se laisser séduire
Au premier imposteur armé pour me détruire.

Se laisser séduire à quelqu'un n'est plus d'usage, et au fond c'est une faute ; *je me suis laissé aimer, persuader, avertir par vous,* et non pas *aimer, persuader, avertir à vous.*

Vers 31. Qui, s'osant revêtir de ce fantôme aimé.....

Peut-on se vêtir d'un fantôme? L'image est-elle assez juste? Comment pourrait-on se mettre un fantôme sur le corps? Toute métaphore doit être une image qu'on puisse peindre.

Vers 32. Voudra servir d'idole à son zèle charmé.

Quelles expressions forcées! Pour sentir à quel point tout cela est mal écrit, mettez en prose ces vers :

Le peuple est impatient de se laisser séduire au premier imposteur armé pour me détrôner, qui, s'osant revêtir d'un fantôme aimé, voudra servir d'idole à son zèle charmé.

Entendra-t-on un tel langage? Ne sera-t-on pas révolté de cette foule d'impropriétés et de barbarismes? Le sévère Boileau a dit[1] :

> Sans la langue, en un mot, l'auteur le plus divin
> Est toujours, quoi qu'il fasse, un méchant écrivain.

Mais souvenons-nous aussi que lorsque Corneille faisait les beaux morceaux du *Cid*, des *Horaces*, de *Cinna*, de *Pompée*, il était un admirable écrivain.

Vers 33. Mais sais-tu sous quel nom ce fâcheux bruit s'excite?

Un bruit ne s'excite point sous un nom. Qu'il est difficile de parler en vers avec justesse! mais que cela est nécessaire!

Vers 37. Sa mort est trop certaine, et fut trop remarquable....
> Il n'avoit que six mois; et lui perçant le flanc,
> On en fit dégoutter plus de lait que de sang;

expressions trop familières, trop prosaïques; *et lui perçant le flanc* est un solécisme, il faut *en lui perçant*.

Vers 41. Et ce prodige affreux, dont je tremblai dans l'âme,
> Fut aussitôt suivi de la mort de ma femme.

Ce prodige n'est point affreux, c'est seulement une croyance puérile, assez commune autrefois, que les enfants au berceau avaient du lait dans les veines. Phocas même l'insinue assez en disant : *Il n'avait que six mois, et on en fit dégoutter plus de lait que de sang*. Cette conjonction *et* signifie évidemment que ce lait était une suite, une preuve de son enfance, et par là même exclut le prodige. Mais si c'en était un, que signifierait-il? A quoi servirait-il?

Vers 45. Il fut livré par elle, à qui, pour récompense,
> Je donnai de mon fils à gouverner l'enfance, etc.

Je donnai à Léontine son enfance à gouverner. — *Juge par là combien ce conte est ridicule.* — Tout est jusqu'ici de la prose un peu

---

1. *Art poétique*, I, 161-162.

commune et négligée. Le milieu entre l'ampoulé et le familier est difficile à tenir.

Vers 51.   Mais avant qu'à ce conte il se laisse emporter,
            Il vous est trop aisé de le faire avorter.

On ne se laisse point *emporter à un conte;* on fait avorter des desseins, et non pas des contes.

Vers 53.   Quand vous fîtes périr Maurice et sa famille,
            Il vous en plut, seigneur, réserver une fille.....

Cela est du style d'affaires. *Il plut à Votre Majesté donner tel ordre;* il n'y a pas là de faute contre la langue, mais il y en a contre le tragique.

Vers 55.   Et résoudre dès lors qu'elle auroit poux époux
            Ce prince destiné pour régner après vous.
            Le peuple en sa personne aime encore et révère, etc.

Cette *personne* se rapporte à *ce prince;* et c'est de cette fille réservée, c'est de Pulchérie, que Crispe veut parler.

Vers 65.   Et n'eût été Léonce en la dernière guerre.....

Ces expressions sont bannies aujourd'hui, même du style familier.

Vers 66.   Ce dessein avec lui seroit tombé par terre.

On a déjà repris ailleurs[1] ces façons de parler vicieuses. Toute métaphore qui ne forme point une image vraie et sensible est mauvaise; c'est une règle qui ne souffre point d'exception : or quel peintre pourrait représenter une idée qui tombe par terre[2]?

Vers 68.   Martian demeuroit ou mort ou prisonnier.

On ne peut dire qu'un homme serait *demeuré mort* si on ne l'avait secouru. Ces mots, *demeurer mort,* signifient qu'il était mort en effet. On peut bien dire qu'on demeurerait estropié, parce qu'un estropié peut guérir; qu'on demeurerait prisonnier, parce qu'un prisonnier peut être délivré; mais non pas qu'on demeurerait mort, parce qu'un mort ne ressuscite pas.

---

1. Remarques sur *Polyeucte,* acte IV, scène II.
2. Palissot, dans ses Commentaires sur les *Commentaires* de Voltaire, ne revient pas d'étonnement qu'une idée aussi bizarre, aussi destructive de toute poésie, ait pu se former dans la tête d'un poëte. (G. A.)

Vers 71.   Et qui, réunissant l'une et l'autre maison,
           Tire chez vous l'amour qu'on garde pour son nom.

On a déjà repris ailleurs cette expression *tirer l'amour;* on ne tire l'amour chez personne.

Vers 74.   Si pour en voir l'effet tout me devient contraire.

Tout me devient contraire pour en voir l'effet n'est pas français ; c'est un solécisme.

Vers 77.   Et les aversions entre eux deux mutuelles
           Les font d'intelligence à se montrer rebelles

n'est pas français. *Des aversions qui font d'intelligence!* Que de barbarismes !

Vers 81.   Le souvenir des siens, l'orgueil de sa naissance,
           L'emporte à tous moments à braver ma puissance.

L'emporte à braver, autre barbarisme.

Vers 85.   . . . . Ce que je vois suivre
           Me punit bien du trop que je la laissai vivre

est d'une prose familière et trop incorrecte.

Vers 87.   Il faut agir de force avec de tels esprits.

On dit *entrer de force, user de force;* je doute qu'on dise *agir de force.* Le style de la conversation permet *agir de tête, agir de loin;* et s'il permet *agir de force,* la poésie ne le souffre pas.

Vers 91.   Je l'ai mandée exprès, non plus pour la flatter,
           Mais pour prendre mon ordre et pour l'exécuter.

C'est une faute de construction ; il faut *mais pour lui donner des ordres,* car le *je* doit gouverner toute la phrase. Ne nous rebutons point de ces remarques grammaticales ; la langue ne doit jamais être violée. Phocas parle très-bien et très-convenablement ; je ne sais si on en peut dire autant de Pulchérie.

SCÈNE II.

Vers 5.   Ce n'est pas exiger grande reconnoissance
           Des soins que mes bontés ont pris de votre enfance,
           De vouloir qu'aujourd'hui, pour prix de mes bienfaits,
           Vous daigniez accepter les dons que je vous fais.
           Ils ne font point de honte au rang le plus sublime ;
           Ma couronne et mon fils valent bien quelque estime.

Le rang le plus sublime! et une couronne et un fils qui valent de l'estime! Est-ce là l'auteur des beaux morceaux de *Cinna?*

Vers 13. . . . . . . De force ou de gré je veux me satisfaire.

Se satisfaire n'est pas le mot propre; on ne dit : je veux me satisfaire, que dans le discours familier. Je veux contenter mes goûts, mes inclinations, mes caprices. *Mais enfin dans la vie il faut se satisfaire*[1]. (MOLIÈRE.) Je veux me satisfaire *de gré* est un pléonasme, et je veux me satisfaire *de force* est un contre-sens. On se fait obéir de gré ou de force; mais on ne se satisfait pas de force. Phocas entend qu'il réduira de gré ou de force Pulchérie, mais il ne le dit pas.

Vers 17. J'ai rendu jusqu'ici cette reconnoissance
A ces soins tant vantés d'élever mon enfance.....

Cela n'est pas français; on ne rend point une reconnoissance à des soins : on a de la reconnoissance, on la témoigne, on la conserve; *j'ai rendu cette reconnaissance!*

Vers 19. Que, tant qu'on m'a laissée en quelque liberté,
J'ai voulu me défendre avec civilité.

Que j'ai voulu est encore une faute contre la langue. *Avec civilité* est du ton de la comédie.

Vers 22. . . . . Il faut que je m'explique,
Que je me montre entière à l'injuste fureur,
Et parle à mon tyran en fille d'empereur.

Il faudrait *à la fureur de,* etc. On ne pourrait dire *à la fureur* généralement que dans un cas tel que celui-ci : *la fermeté brave la fureur.* L'épithète d'*injuste* est faible et oiseuse avec le mot *fureur.* Enfin la *fureur* ne convient pas ici; ce n'est point une fureur de marier Pulchérie à l'héritier de l'empire.

Vers 25. Il falloit me cacher avec quelque artifice
Que j'étois Pulchérie, et fille de Maurice.

Sans examiner ici le style, je demande si une jeune personne élevée par un empereur peut lui parler avec cette arrogance. On ne traite point ainsi son maître dans sa propre maison. Voyez comme Josabeth parle à Athalie; elle lui fait sentir tout ce qu'elle pense : cette retenue habile et touchante fait beaucoup plus

---

1. Le texte de Molière (*École des femmes*) est :
Et dans la vie enfin il faut se contenter.

d'impression que des injures. Électre aux fers, n'ayant rien à ménager, peut éclater en reproches ; mais Pulchérie bien traitée doit-elle s'emporter tout d'un coup? Peut-elle parler en souveraine? Un sentiment de douleur et de fierté, qui échappe dans ces occasions, ne fait-il pas plus d'effet que des violences inutiles? Ce n'est pas que j'ose condamner ici Pulchérie; mais, en général, ces tyrans qu'on traite avec tant de mépris dans leurs palais, au milieu de leurs courtisans et de leurs gardes, sont des personnages dont le modèle n'est pas dans la nature.

Vers 27. Si tu faisois dessein de m'éblouir les yeux...

Cela n'est pas français; on ne *fait* pas dessein ; on *a* dessein.

Vers 28. Jusqu'à prendre tes dons pour des dons précieux.

Il semble que ce soit Phocas qui prenne ces dons pour des dons précieux. Il fallait, pour l'exactitude, *jusqu'à me faire prendre tes dons pour des dons précieux*.

Vers 30. Tu me donnes, dis-tu, ton fils et ta couronne ;
Mais que me donnes-tu, puisque l'une est à moi?

Non assurément, jamais femme n'a été héritière de l'empire romain. Pulchérie a moins de droit au trône que le dernier officier de l'armée. Il ne lui sied point du tout de dire : *Il est à moi ce trône, c'est à moi d'y voir tout le monde à mes pieds*. Elle lui propose de *laver ce trône avec son sang*; j'observerai que si un trône est teint de sang, il n'est point lavé de sang. Si elle prétend qu'on lave un trône teint du sang d'un empereur avec le sang d'un autre empereur, elle doit dire *lavé par le tien*, et non *du tien*. Elle répète ce mot encore, *le bourreau de mon sang*. Elle dit qu'elle a le cœur *franc et haut*; on doit bien rarement le dire : il faut que cette hauteur se fasse sentir par le discours même. On a déjà remarqué[1] que l'art consiste à déployer le caractère d'un personnage, et tous ses sentiments, par la manière dont on le fait parler, et non par la manière dont ce personnage parle de lui-même.

Vers 45. Ton intérêt dès lors fit seul cette réserve.

Faire une réserve, pour dire *épargner les jours d'une princesse*; cela n'est pas noble. *Faire une réserve* est style d'affaires.

---

1. Voyez tome XXXI, pages 389 et 426.

Vers 50. Mais connois Pulchérie, et cesse de prétendre.

Ce verbe *prétendre* exige absolument un régime : ce n'est point un verbe neutre ; ainsi la phrase n'est point achevée. On pourrait dire *cessez d'aimer et de haïr*, quoique ce soient des verbes actifs, parce qu'en ce cas cela veut dire : *cessez d'avoir des sentiments d'amour et de haine;* mais on ne peut dire : *cessez de prétendre, de satisfaire, de secourir.*

Vers 61. J'ai forcé ma colère à te prêter silence.

Cette réponse ne fait-elle pas voir que Phocas ne devait pas se laisser braver ainsi? Le moyen de parler encore à quelqu'un qui vient de vous dire qu'il ne veut que votre mort? Comment Phocas peut-il encore raisonner amiablement avec Pulchérie après une telle déclaration ? Est-il possible qu'il lui propose encore son fils?

Vers 69. Le trône où je me sieds n'est pas un bien de race,
    L'armée a ses raisons pour remplir cette place;
    Son choix en est le titre, etc.

Un bien de race; une armée qui a ses raisons; un choix qui est le titre d'une place, toutes expressions plates ou obscures. Phocas, d'ailleurs, a très-grande raison de dire à cette Pulchérie que le trône de l'empire romain ne passe point aux filles. Mais il devait le dire auparavant, et mieux.

Vers 84. Un chétif centenier des troupes de Mysie,
    Qu'un gros de mutinés élut par fantaisie...

Encore une fois, on ne parle point ainsi à un empereur romain reconnu et sacré depuis longtemps ; il peut avoir passé par tous les grades militaires, comme tant d'autres empereurs, et comme Théodose lui-même, sans que personne soit en droit de le lui reprocher. Mais ce qui paraît plus répréhensible, c'est que tant d'injures et tant de mépris doivent absolument ôter à Phocas l'envie de donner son fils à Pulchérie, puisqu'il ne croit pas qu'Héraclius soit en vie, et qu'il n'a pas un intérêt pressant à marier son fils avec une fille qui n'aime point le fils et qui outrage le père. Il ne sera peut-être pas inutile de remarquer ici que saint Grégoire le Grand écrivait à ce même Phocas : *Benignitatem pietatis vestræ ad imperiale fastigium pervenisse gaudemus.* Nous ne prétendons pas que Pulchérie dût imiter la lâche flatterie de ce pape ; ce n'est qu'une note purement historique.

Vers 85. Lui qui n'a pour l'empire autre droit que ses crimes.

Il fallait : *lui qui n'eut à l'empire autre droit que ses crimes.* On n'a point de droit *pour*, mais des droits *à;* c'est un solécisme.

Vers 95. Et l'on voit depuis lui remonter mon destin
Jusqu'au grand Théodose et jusqu'à Constantin.

La race, le sang, la maison, la famille, remonte à une tige, à Constantin ; mais le destin ne remonte pas.

Vers 98. Eh bien! si tu le veux, je te le restitue,
Cet empire, et consens encor que ta fierté
Impute à mes remords l'effet de ma bonté.

Un homme doux et faible pourrait parler ainsi ; mais *notandi sunt tibi mores*[1]. Est-il vraisemblable qu'un guerrier dur et impitoyable, tel que Phocas, s'excuse doucement envers une personne qui vient de l'outrager si violemment, et qu'il lui offre toujours son fils? S'il y était forcé par la nation, si en mariant son fils à Pulchérie il excluait Héraclius du trône, il aurait raison ; mais Héraclius n'en aura pas moins de droits, supposé qu'en effet on ait des droits à un empire électif, et supposé surtout qu'Héraclius soit en vie : ce que Phocas ne croit point.

Vers 105. Par un dernier effort je veux souffrir la rage
Qu'allume dans ton cœur cette sanglante image.

Une rage qu'une sanglante image allume! Il n'est point d'ailleurs de sanglante image dans ce couplet [2].

Vers 114. Va, je ne confonds point ses vertus et ton crime...
J'en vois assez en lui pour les plus grands États.

Cette phrase n'est pas française. On est digne de gouverner de grands États ; on a assez de mérite pour être élu empereur ; mais *je vois assez de mérite en lui pour un royaume, pour une armée, etc.*, ne peut se dire, parce que le sens n'est pas complet. Le mot *pour*, sans verbe, signifie tout autre chose ; cet ouvrage était excellent *pour* son temps ; Phocas est bien patient *pour* un homme violent. De plus, on ne doit point dire que le fils d'un empereur est digne de gouverner les plus grands États : car quel plus grand État que l'empire romain?

1. Horace, *Art poétique*, 156.
2. « Voltaire oublie, dit Palissot, que parmi les reproches que Pulchérie vient de faire à Phocas, elle l'accuse d'avoir été le bourreau de sa famille. »

Vers 119. Je penche d'autant plus à lui vouloir du bien, etc.

expression de comédie.

Vers 121. Que ses longues froideurs témoignent qu'il s'irrite
De ce qu'on veut de moi par-delà son mérite;
Et que de tes projets son cœur triste et confus,
Pour m'en faire justice, approuve mes refus.

Cela n'est pas d'un style élégant.

Vers 125. Ce fils si vertueux d'un père si coupable,
S'il ne devoit régner, me pourroit être aimable.

On ne peut dire : *il m'est aimable, haïssable;* et pourtant l'on dit : *il m'est agréable, désagréable, odieux, insupportable, indifférent.* On en a dit la raison.

Vers 127. Et cette grandeur même où tu le veux porter
Est l'unique motif qui m'y fait résister.

Porter à une grandeur; cela n'est ni élégant ni correct. Et *un motif qui fait y résister!* A quoi? A cette grandeur où l'on veut porter Martian?

Vers 137. Avise; et si tu crains qu'il te fût trop infâme
De remettre l'empire en la main d'une femme...

Corneille emploie souvent ce mot *avise;* il était très-bien reçu de son temps. *Qu'il te fût infâme* n'est pas français; la langue permet qu'on dise *cela m'est honteux,* mais non pas *cela m'est infâme.* Et cependant on dit : *il est infâme à lui d'avoir fait cette action.* Toutes les langues ont leurs bizarreries et leurs inconséquences.

Vers 142. Tyran, descends du trône, et fais place à ton maître

est un vers admirable. Il le serait encore plus si l'on pouvait ainsi parler à un empereur dans une simple conversation. Il n'y a qu'une situation violente qui permette les discours violents. Il est toujours étrange que Phocas persiste à vouloir offrir son fils à une princesse que tout autre ferait enfermer, pour l'empêcher de conspirer et pour avoir un otage.

N. B. En général, toutes les scènes de bravade doivent être ménagées par gradation. Un empereur et une fille d'empereur ne se disent point d'abord les dernières duretés; et quand une fois on a laissé échapper de ces reproches et de ces menaces qui ne laissent plus lieu à la conversation, tout doit être dit. La scène aurait fini très-heureusement par ce beau vers : *Tyran, descends du trône, et fais place à ton maître;* mais quand on entend ensuite: *à ce compte, arrogante, etc.*, les injures multipliées révoltent le lecteur, et font languir le dialogue.

Vers 143. A ce compte, arrogante, un fantôme nouveau,
    Qu'un murmure confus fait sortir du tombeau,
    Te donne cette audace et cette confiance!

A ce compte est du style négligé et du ton familier, qu'on se permettait alors mal à propos. Ce mot *arrogante* conviendrait à Pulchérie, s'il était possible qu'un empereur et une fille d'empereur se dissent des injures grossières.

Vers 146. Ce bruit s'est déjà fait digne de ta croyance.

Un bruit ne peut se faire digne ni indigne : cela n'est pas français, parce qu'on ne peut s'exprimer ainsi en aucune langue.

Vers 153. Et cette ressemblance où son courage aspire
    Mérite mieux que toi de gouverner l'empire.

C'est une faute en toute langue, parce qu'une ressemblance ne peut ni gouverner, ni mériter.

Vers 160. Sors du trône, et te laisse abuser comme moi.

Elle fait deux fois cette proposition, et la seconde est bien moins forte que la première; mais peut-elle sérieusement lui parler ainsi? Je sais que ces bravades réussissent auprès du parterre; mais je doute qu'un lecteur instruit les approuve quand elles ne sont pas nécessaires, et quand elles sont si fortes qu'elles doivent rompre tout commerce entre les deux interlocuteurs.

Vers 164. Ma patience a fait par-delà son pouvoir.

Comment une patience fait-elle au delà de son pouvoir? Jamais on ne peut faire que ce que l'on peut.

Vers 170. Mais choisis pour demain la mort ou l'hyménée.

Phocas enfin la menace; mais quelle raison a-t-il de persister à lui faire épouser son fils, qui ne veut pas d'elle, et dont elle ne veut pas? Il n'en a d'autre raison que celle qui lui a été suggérée par son confident Crispe à la première scène. Crispe lui remontre que ce mariage attirerait à la maison de Phocas l'affection du peuple, qu'on suppose attaché à la maison de Maurice: mais la haine implacable et juste de Pulchérie détruit cette raison. N'aurait-il pas fallu que les grands et le peuple eussent demandé le mariage de Pulchérie et de Martian?

Vers dern. Dis, si tu veux encor, que ton cœur la souhaite.

Il me semble que cette scène serait bien plus vraisemblable, bien plus tragique, si l'auteur y avait mis plus de décence et plus de gradation. Un mot échappé à une princesse qui est dans la situation de Pulchérie fait cent fois plus d'effet qu'une déclamation continuelle et un torrent d'injures répétées.

SCÈNE III.

J'ai cru qu'il serait utile pour le lecteur d'ajouter, dans cette scène et dans les suivantes, aux noms des personnages, les noms sous lesquels ils paraissent, et d'indiquer encore s'ils se connaissent eux-mêmes, ou s'ils ne se connaissent pas, pour lever toute équivoque, et pour mettre le lecteur plus aisément au fait : c'est une triste nécessité [1].

Vers 1. Approche, Martian, que je te le répète.

On doit répéter le moins qu'on peut. Mais si Pulchérie, que Phocas nomme *ingrate furie*, conspire la perte du père et du fils, il est bien étrange que le père s'opiniâtre à vouloir que son fils épouse cette furie.

Vers 10. Étant ce que je suis, je me dois quelque effort
Pour vous dire, seigneur...

Le sens de la phrase est *je dois vous dire, quoi qu'il m'en coûte*; mais il ne doit pas faire *effort* pour *dire*. Ce n'est pas sur cet effort qu'il se fait, que son devoir tombe. D'ailleurs il ne fait point d'effort, puisqu'il n'aime point Pulchérie, puisqu'il croit même être son frère; et puis comment se doit-on un effort?

Vers 11. . . . . Que c'est vous faire tort...
est trop du style de la comédie.

Vers 18. Eh bien ! elle mourra ; tu n'en as pas besoin.

Ce mot semble condamner toute la scène précédente. Phocas avoue qu'il n'avait nul besoin de marier Pulchérie à son fils ; il semble, au contraire, qu'il devait avoir un besoin très-pressant de ce mariage pour former un nœud intéressant.

---

1. Et c'est une singulière idée. Pour en voir l'application, il faut recourir à l'édition commentée de 1764. (G. A.)

Vers 23. Vous verriez par sa mort le désordre achevé.

On n'achève point un désordre, comme on achève un projet, une affaire, un ouvrage. Ce n'est pas là le mot propre.

Vers 26. Et d'un parti plus bas punissant son orgueil...

On peut être puni de son orgueil par un hymen disproportionné; mais on ne peut pas dire *être puni d'un hymen*, comme on dit *être puni du dernier supplice. Parti plus bas* est déplacé. Il semble que Martian soit un parti bas, et qu'on menace Pulchérie d'un parti plus bas encore.

Vers 30. Seigneur, j'ai des amis chez qui cette moitié...

L'usage a permis qu'en quelques occasions on puisse appeler sa femme *sa moitié*.

Restes du grand Pompée, écoutez sa moitié[1].

Ce mot fait là un effet admirable. C'est la moitié du grand Pompée qui parle; mais il est ridicule de dire, d'une fille à marier, *cette moitié*.

Vers 31. A l'épreuve d'un sceptre il n'est point d'amitié,
Point qui ne s'éblouisse à l'éclat de sa pompe,
Point qu'après son hymen sa haine ne corrompe.

Ces trois *point* font un mauvais effet dans la poésie, et *point qu'après* est encore plus dur et plus mal construit. Et *point qui ne s'éblouisse à l'éclat de la pompe d'un sceptre* est du galimatias. Ce n'est point écrire comme l'auteur des beaux vers répandus dans *Cinna*; c'est écrire comme Chapelain.

Vers 36. La vapeur de mon sang ira grossir la foudre
Que Dieu tient déjà prête à le réduire en poudre[2].

Cette figure n'est-elle pas un peu outrée et recherchée? Ce qui est hors de la nature ne peut guère toucher. On reproche à notre siècle de courir après l'esprit, d'affecter des pensées ingénieuses; c'était bien plutôt le goût du temps de Corneille que du nôtre. Racine et Boileau corrigèrent la France, qui depuis est retombée quelquefois dans ce défaut séduisant. La vapeur d'un peu de sang ne peut guère servir à former le tonnerre. Une fille va-t-elle chercher de pareilles figures de rhétorique?

---

1. *Pompée*, acte V, scène 1re.
2. Sur ces vers, voyez aussi tome XIX, page 432.

Vers 41. Résous-la de t'aimer, si tu veux qu'elle vive.

Je crois qu'on pourrait dire, en vers, *résoudre de*, aussi bien que *résoudre à*, quoique ce soit un solécisme en prose; mais il est plus essentiel de remarquer qu'il est bien étrange qu'un monarque dise à son fils : Résous cette princesse à t'aimer, ou je la ferai mourir. Il n'y a aucun exemple dans le monde d'une pareille proposition. Elle paraît d'autant plus extraordinaire que Phocas a dit qu'on n'a nul besoin de Pulchérie. En un mot, cela n'est pas dans la nature.

Vers 42.   Sinon, j'en jure encore, et ne t'écoute plus,
           Son trépas, dès demain, punira ses refus.

Il en jure encore; il n'a pourtant point juré, et il répète, pour la sixième fois, qu'il tuera cette Pulchérie, ou qu'il la mariera.

SCÈNE IV.

Vers 1.   En vain il se promet que sous cette menace
          J'espère en votre cœur surprendre quelque place.

Que d'incongruités! quel galimatias! quel style!

Vers 7.   Vous aurez en Léonce un digne possesseur.

Le lecteur doit savoir que Léonce, dont on n'a point encore parlé, passe pour le fils de Léontine, ancienne gouvernante du prince Héraclius, fils de Maurice, et du prince Martian, fils de Phocas. On ne sait point encore que ce prétendu Léonce a été changé en nourrice, et qu'il est le véritable Martian. Il eût été à souhaiter peut-être que dès la première scène ces aventures eussent été éclaircies, mais avec un peu d'attention il sera aisé de suivre l'intrigue; il est triste qu'on ait besoin de cette attention, qui *d'un divertissement nous fait une fatigue,* comme dit Boileau[1].

Vers 10.   Je suis aimé d'Eudoxe autant comme je l'aime.

Cette Eudoxe est une fille de Léontine, que par conséquent Martian croit sa sœur. On n'a point encore parlé d'elle, et le véritable Héraclius, cru Martian, s'occupe ici de l'arrangement d'un double mariage.

On ne s'arrêtera point à la faute grammaticale, *aimé autant*

---

[1]. *Art poétique,* III, 32.

comme je l'aime[1], ni à ces *beaux nœuds*, ni à cet *amour parfait*, ni à *ces chaînes si belles*, à *ces captivités éternelles*. Quinault a passé pour avoir le premier employé ces expressions, dont Corneille s'était servi avant lui dans presque toutes ses pièces. Il paraît étrange que le public se soit trompé à ce point ; mais c'est que ces expressions firent une grande impression dans Quinault, qui ne parle jamais que d'amour, et qui en parle avec élégance ; elles en firent très-peu dans les ouvrages de Corneille, dont les beautés mâles couvrent toutes ces petitesses trop fréquentes. Tous ces vers, d'ailleurs, sont du style de la comédie, et d'un style dur, rampant, incorrect.

Vers 20.   Il n'est plus temps d'aimer alors qu'il faut mourir.

Ce beau vers paraît la condamnation de tout ce que vient de dire Héraclius, qui n'a parlé que de mariage ; on s'attendait qu'il parlerait d'abord à Pulchérie du péril affreux où elle est, *et dicat jam nunc debentia dici*[2]. Aussi tous ces personnages ont beau parler d'amour, et de tyrans, et de mort, aucun d'eux ne touche ; aucun n'inspire de terreur jusqu'ici. Mais l'intrigue commence à attacher, et c'est beaucoup. Le principal mérite de cette pièce est dans l'embarras de cette intrigue, qui pique toujours la curiosité.

Vers 21.   Et quand à ce départ une âme se prépare...

Ce mot *départ* est faible, et *une âme* aussi. Tâchez de ne jamais faire suivre un vers fort et bien frappé par un vers languissant qui l'énerve.

Vers 24.   J'ai peine à reconnoître encore un père en lui.

Le lecteur doit ici se souvenir qu'Héraclius sait bien que Phocas n'est point son père, mais qu'il n'a point dit son secret à Pulchérie : cela cause peut-être un peu d'embarras, et c'est au lecteur à voir s'il aimerait mieux que Pulchérie fût instruite ou non. Mais il y a aujourd'hui beaucoup de lecteurs si rebutés des mauvais vers qu'ils ne se soucient point du tout de savoir qui est Martian et qui est Héraclius, et qu'ils s'intéressent fort peu à Pulchérie.

Vers 33.   Ah! mon prince, ah ! madame, il vaut mieux vous résoudre
            Par un heureux hymen à dissiper ce foudre.

---

1. Voyez tome XXXI, pages 471, 484 et 502.
2. Horace, *Art poétique*, 43.

Comment dissipe-t-on un foudre par un hymen? Toute métaphore, encore une fois, doit être juste. *Dissiper ce foudre* n'est là que pour rimer à *résoudre.* Ce style est trop négligé.

Vers 37. Que la vertu du fils, si pleine et si sincère...

Une vertu *pleine* et *sincère* n'est pas le mot propre; une vertu n'est ni pleine ni vide.

Vers 38. Vainque la juste horreur que vous avez du père.

Vainque est trop rude à l'oreille; *horreur de* est permis en vers.

Vers 39. Et pour mon intérêt n'exposez pas tous deux...

Martian, cru Léonce, amoureux de Pulchérie, veut ici que Pulchérie épouse Héraclius, cru Martian, amoureux d'Eudoxe. Je remarquerai, à cette occasion, que toutes les fois qu'on cède ce qu'on aime, ce sacrifice ne peut faire aucun effet, à moins qu'il ne coûte beaucoup : ce sont ces combats du cœur qui forment les grands intérêts; de simples arrangements de mariage ne sont jamais tragiques, à moins que, dans ces arrangements mêmes, il n'y ait un péril évident et quelque chose de funeste. *N'exposez pas tous deux* n'est pas français; il faut *Ne les exposez pas tous deux.*

Vers 51. C'est Martian en lui que vous favorisez.

Cela veut dire, pour le spectateur, qu'Héraclius, cru Martian, voit dans Léonce un autre lui-même; et cela veut dire aussi, dans l'esprit de l'auteur, que Léonce est le vrai Martian : c'est ce qui se débrouillera par la suite, et ce qui est ici un peu embrouillé; mais un spectateur bien attentif peut aimer à deviner cette énigme.

Vers 52. Opposons la constance aux périls opposés.

Cet *opposés* est de trop; c'est une figure de mots inutile; de plus, ce n'est pas le mot propre : les périls *menacent,* les obstacles *s'opposent.*

Vers 54. Et si je n'en obtiens la grâce tout entière...
Je deviens le plus grand de tous ses ennemis.

Ce premier vers est obscur : il va trouver Phocas, et *s'il n'en obtient la grâce;* il semble que ce soit la grâce de Phocas. Il eût fallu dire aussi ce que c'est que cette grâce tout entière, puisqu'on n'a pas encore parlé de grâce.

Vers 59. Et puisse, si le ciel m'y voit rien épargner,
 Un faux Héraclius en ma place régner!

Il n'a point été question dans cette scène d'*un faux Héraclius*. Cette imprécation forcée, à laquelle on ne s'attend point, n'est là que pour rappeler le titre de la pièce, et pour faire souvenir qu'Héraclius est le sujet de la tragédie.

SCÈNE V.

Vers 12. Qu'il ne venge sur vous ce qu'il craindra de moi.

On ne venge point ce qu'on craint, on le prévient, on l'écarte, on le détourne, on s'y oppose; point de bons vers sans le mot propre: il faut l'exactitude de la prose avec la beauté des images, l'harmonie des syllabes, la hardiesse des tours, et l'énergie de l'expression; c'est ce qu'on trouve dans plusieurs morceaux de Corneille.

Vers 14. Il ne faut craindre rien quand on a tout à craindre.

Cette sentence paraît quelque chose de contradictoire; elle est cependant, au fond, d'une très-grande vérité: elle signifie qu'il faut tout hasarder quand tous les partis sont également dangereux. Il eût fallu, je crois, éviter le jeu de mots et l'antithèse, qui reviennent trop souvent.

Vers 15. Allons examiner, pour ce coup généreux,
 Les moyens les plus prompts et les moins dangereux.

Pulchérie va donc conspirer de son côté. On a donc lieu d'être surpris qu'elle ne soit pas dans le secret, puisque la fille de Maurice doit avoir du pouvoir sur le peuple, et mettre un grand poids dans la balance; mais il faut se livrer à l'intrigue et aux ressorts que l'auteur a choisis.

ACTE DEUXIÈME.

SCÈNE I.

Vers 1. Voilà ce que j'ai craint de son âme enflammée.

Le spectateur ne peut savoir d'abord que c'est Léontine qui parle, et que c'est cette même Léontine, autrefois gouvernante d'Héraclius et de Martian; il serait peut-être mieux qu'on en fût informé d'abord. Il faut que tous ceux qui assistent à une pièce de théâtre connaissent tout d'un coup les personnages qui se présentent, excepté ceux dont l'intérêt est de cacher leur nom.

Vers 2.   S'il m'eût caché son sort, il m'auroit mal aimée.

Qui? De qui parle-t-elle? C'est une énigme. *Mal aimée*, expression trop triviale.

Vers 4.   Vous êtes fille, Eudoxe, et vous avez parlé.

On voit assez que cela est trop comique. Corneille a-t-il voulu faire parler cette gouvernante comme une bourgeoise qui a conservé le ton bourgeois à la cour? Cela est absolument indigne de la tragédie.

Vers 5.   Vous n'avez pu savoir cette grande nouvelle
            Sans la dire à l'oreille à quelque âme infidèle.

Voilà la même faute, et *dire à l'oreille à une âme!* On ne peut s'exprimer plus mal.

Vers 11.   C'est par là qu'un tyran, plus instruit que troublé
             De l'ennemi secret qui l'auroit accablé...

Cela n'est pas français. *Instruit d'un ennemi, troublé d'un ennemi;* ce sont deux barbarismes et deux solécismes à la fois dans un seul vers.

Vers 13.   Ajoutera bientôt sa mort à tant de crimes.

Par la construction, c'est la mort de Phocas; par le sens, c'est celle de Maurice. Il faut que la syntaxe et le sens soient toujours d'accord.

Vers 17.   Voyez combien de maux pour n'avoir su vous taire.

Ce vers est encore bourgeois; mais les précédents sont nobles, exacts, bien tournés, forts, précis, et dignes de Corneille.

Vers 18.   Madame, mon respect souffre tout d'une mère,
             Qui, pour peu qu'elle veuille écouter la raison,
             Ne m'accusera plus de cette trahison.

Cela ne donne pas d'abord une haute opinion de Léontine. Cette femme, qui conduit toute l'intrigue, commence par se tromper, par accuser sa fille mal à propos; cette accusation même est absolument inutile pour l'intelligence et pour l'intérêt de la pièce. Léontine commence son rôle par une méprise et par des expressions indignes même de la comédie.

Vers 21. Car c'en est une enfin bien digne de supplice...

Le mot de *supplice* paraît trop fort ; et *digne de supplice* n'est pas français : c'est un barbarisme.

Vers 22. Qu'avoir d'un tel secret donné le moindre indice.

Il faut absolument *que d'avoir ; c'est une trahison que d'avoir donné un indice. Trahison qu'avoir donné* est un solécisme.

Vers 27. On ne dit point comment vous trompâtes Phocas,
Livrant un de vos fils pour ce prince au trépas,
Ni comme auprès du sien étant la gouvernante [1],
Par une tromperie encor plus importante....

Ces mots, *étant la gouvernante auprès du sien*, et *tromperie*, sont comiques et bas, et ne donnent pas de Léontine une assez haute idée. Voyez comme dans *Athalie* le rôle de Josabeth est ennobli, comme il est touchant, quoiqu'il ne soit pas, à beaucoup près, aussi nécessaire que celui de Léontine.

Vers 31. Vous en fîtes l'échange et, prenant Martian,
Vous laissâtes pour fils ce prince à son tyran ;
En sorte que le sien passe ici pour mon frère....

Tout ce discours est un détail d'anecdotes. *Comme étant la gouvernante auprès du sien* n'est pas français ; *en sorte que* est trop style d'affaires ; mais Eudoxe, en voulant éclaircir cette histoire, semble l'embrouiller ; *et, prenant Martian, vous laissâtes pour fils ce prince à Phocas son tyran* ne peut avoir de sens que celui-ci : *Vous laissâtes Martian pour fils à Phocas. Laisser quelqu'un pour fils* n'est pas d'un style élégant ; mais il ne s'agit pas ici d'élégance, il s'agit de clarté. Eudoxe fait croire au spectateur que Martian a passé et passe pour fils de Phocas ; l'équivoque vient de ce mot *prince : vous laissâtes ce prince à Phocas*. Elle entend, par *ce prince*, Héraclius ; mais elle ne dit pas ce qu'elle veut dire. Elle devrait expliquer que Léontine a fait passer Martian pour son propre fils Léonce, et a donné Héraclius, fils de Maurice, pour Martian, fils de Phocas.

Vers 34. Cependant que de l'autre il croit être le père.

Cet *il croit être* se rapporte, par la phrase, à Martian ; et cependant c'est Phocas dont on parle. Dans un sujet si obscur, il est

1. Dans l'édition de 1664 il y a :
Ni comme après, du sien étant la gouvernante.

absolument nécessaire que les phrases soient toujours claires, et Eudoxe ne s'explique pas assez nettement.

Vers 37.   On diroit tout cela si, par quelque imprudence,
　　　　　Il m'étoit échappé d'en faire confidence ;
　　　　　Mais, pour toute nouvelle, on dit qu'il est vivant.

Toutes ces manières de parler sont d'une familiarité qui n'est nullement convenable à la tragédie.

Vers 40.   Aucun n'ose pousser l'histoire plus avant.
　　　　　Comme ce sont pour tous des routes inconnues....

Expressions de comédie. Un tel syle est trop rebutant.

Vers 42.   Il semble à quelques-uns qu'il doit tomber des nues ;
　　　　　Et j'en sais tel qui croit, dans sa simplicité,
　　　　　Que pour punir Phocas Dieu l'a ressuscité.

Ces trois derniers vers sont trop comiques ; ce qui précède est une explication de l'avant-scène. Cette explication devait appartenir naturellement au premier acte ; on n'aime point à être si longtemps en suspens : cette incertitude du spectateur nuit même toujours à l'intérêt. On ne peut être ému des choses qu'on n'a pas bien conçues, et si l'esprit se plaît à deviner l'intrigue, le cœur n'est pas touché. *Que pour punir Phocas, Dieu l'a ressuscité :* voilà où il fallait une métaphore, un tour noble qui sauvât ce ridicule.

SCÈNE II.

Vers 1.   . . . . . Madame, il n'est plus temps de taire
　　　　　D'un si profond secret le dangereux mystère, etc.

Héraclius ne dit ici rien de nouveau à Léontine. Il ne s'est rien passé de nouveau depuis la première scène du premier acte ; mais l'embarras commence à croître dès qu'Héraclius veut se déclarer. Il ne dit rien, à la vérité, de tragique ; il explique seulement l'embarras où est Phocas.

Vers 6.   . . . . . Il prend tout pour grossière imposture,
　　　　　Et me connoît si peu que, pour la renverser,
　　　　　A l'hymen qu'il souhaite il prétend me forcer.

On ne *renverse* point une imposture ; on la *confond*.

Vers 10. Je suis fils de Maurice, il m'en veut faire gendre,
　　　　　Et s'acquérir les droits d'un prince si chéri
　　　　　En me donnant moi-même à ma sœur pour mari.

Ce *moi-même* est de trop ; sans doute si on le marie, on le marie lui-même. Il fallait des expressions qui donnassent horreur de l'inceste.

Vers 26.   Je rends grâces, seigneur, à la bonté céleste
            De ce qu'en ce grand bruit le sort nous est si doux....

Un sort qui est doux en un grand bruit; ces façons de parler obscures, impropres, gauches, triviales, incorrectes, indignent un lecteur qui a de l'oreille et du goût. Le parterre ne s'en aperçoit pas ; il se livre uniquement à la curiosité de savoir comment tout se démêlera.

Vers 34.   J'aurai trop de moyens d'arrêter sa furie, etc.

Ce discours de Léontine inspire une grande curiosité ; je ne sais s'il ne dégrade pas un peu Héraclius, et même Pulchérie. Bien des gens n'aiment pas à voir les fils d'un empereur dépendre entièrement d'une gouvernante, qui les traite comme des enfants, et qui ne leur permet pas de se mêler de leurs propres affaires : c'est au lecteur à juger de la valeur de cette critique. Le mal est encore que cette Léontine, qui dit avoir tant de moyens, n'a effectivement aucun moyen dans le cours de la pièce, hors un billet dont l'empereur peut très-bien se saisir[1].

Vers 41.   Il semble que de Dieu la main appesantie,
            Se faisant du tyran l'effroyable partie,
            Veuille avancer par là son juste châtiment.

Les termes les plus bas deviennent quelquefois les plus nobles, soit par la place où ils sont mis, soit par le secours d'une épithète heureuse. La *partie* est un terme de chicane : *la main de Dieu apsantie qui devient l'effroyable partie du tyran* est une idée terrible. On pourrait incidenter sur une main qui se fait partie ; mais c'est ici que la critique des mots doit, à mon avis, se taire devant la noblesse des choses.

Tout ce que dit ici Héraclius est plein de force et de raison, mais la diction dépare trop les pensées. *Évitons le hasard qu'un imposteur l'abuse* est un barbarisme. *Un trône arraché sous un titre ; un empereur qui se prévaudra d'un nom pris :* tout cela est impropre, confus, mal exprimé.

Plusieurs personnes de goût sont choquées de voir une femme qui veut toujours prendre tout sur elle, et qui ne veut pas seu-

---

1. « Phocas, dit Palissot, ne peut pas s'en saisir, puisqu'il en ignore l'existence. »

lement qu'Héraclius sache autre chose que son nom. Ce caractère n'est pas ordinaire : il excite une grande curiosité ; mais, encore une fois, il rend le prince petit. On est secrètement blessé que le héros de la pièce soit inutile, et qu'une gouvernante, qui n'est ici qu'une intrigante, veuille tout faire par vanité.

Vers 45. Il dispose les cœurs à prendre un nouveau maître,
Et presse Héraclius de se faire connoître.
C'est à nous de répondre à ce qu'il en prétend.

Cet *en prétend* tombe sur Héraclius. Mais *ce que Dieu en prétend* n'est pas supportable. Ce n'est pas ainsi qu'on parle de Dieu; ce n'est pas ainsi que Racine s'exprime dans *Athalie*.

Vers 71. Seigneur, si votre amour peut écouter mes pleurs...

On écoute des soupirs, on n'écoute point des pleurs, on les voit.

Vers 72. Ne vous exposez point au dernier des malheurs.
La mort de ce tyran, quoique trop légitime,
Aura dedans vos mains l'image d'un grand crime.

Dernier des malheurs est faible. *Trop légitime*; ce *trop* est de trop. *Dedans vos mains*; il faut *dans*[1].

Vers 84. Vous en êtes aussi, madame, et je me rends.

Vous en êtes aussi; c'est une de ces expressions de comédie qu'on est obligé de relever si souvent, mais en ajoutant toujours que c'était le défaut du temps. Si cette expression n'est pas élevée, le fond du discours d'Héraclius ne l'est pas davantage : il ne prend aucune mesure, et ne dit rien de grand ; il se borne à ne pas faire *éclat d'un secret*, sans le *congé* de sa gouvernante. Son compliment aux yeux *tout divins* d'Eudoxe, la protestation qu'il n'aspire au trône que par la *seule soif* d'en faire part à Eudoxe, sont une froide galanterie, telle que celle de César avec Cléopâtre. Ce n'est pas là une passion tragique, c'est parler d'amour comme on en parlait dans la simple comédie, et d'une manière moins élégante, moins fine qu'aujourd'hui. Corneille a mis de l'amour dans toutes ses pièces ; mais on a déjà remarqué que cet amour n'a jamais été intéressant que dans *le Cid*, et attachant que dans *Polyeucte :* c'est de tous les sentiments le plus froid et le plus petit, quand il n'est pas le plus violent.

Je ne sais si on peut citer l'opinion de Rousseau comme une

1. Voyez tome XXXI, pages 213, 308 et 482.

autorité : il a fait de si mauvaises comédies que son sentiment en fait de tragédie peut n'avoir point de poids ; mais, quoiqu'il n'ait rien fait de bon pour le théâtre, et qu'il soit inégal dans ses autres ouvrages, il avait un goût très-cultivé. Voici ce qu'il dit dans sa Lettre au comédien Riccoboni :

« Que les effets de l'amour soient tragiques comme dans *Hermione* et dans *Phèdre* ; qu'on le représente accompagné du trouble, des inquiétudes et des violentes agitations qui en font le caractère ; en un mot, que les héros soient amoureux, et non pas des discoureurs d'amour, comme dans les pièces du grand Corneille et dans celles de son frère. »

Vers 93. C'est le prix de son sang, c'est pour y satisfaire
Que je rends à la sœur ce que je tiens du frère.

On ne satisfait point au prix d'un sang.

Vers 95. Non que pour m'acquitter par cette élection
Mon devoir ait forcé mon inclination.

Le mot d'*élection* n'est nullement le mot propre, et Héraclius ne peut mettre en doute qu'il n'ait eu de l'inclination pour Eudoxe, puisqu'il l'aime depuis longtemps.

Vers 99. Et ces yeux tout divins, par un soudain pouvoir,
Achevèrent sur moi l'effet de ce devoir.

Des yeux divins qui achèvent l'effet d'un devoir sur quelqu'un sont une étrange façon de parler.

Vers 103. Je ne me suis voulu jeter dans le hasard...

On se jette dans le péril, et non dans le hasard.

Vers 104. Que par la seule soif de vous en faire part.

Tout cela est trop mal écrit.

Vers 107. Mais si je me dérobe au sang qui vous est dû,
Ce sera par moi seul que vous l'aurez perdu.

Que veut dire ce vers obscur, *si je me dérobe au sang qui vous est dû ?* Est-ce son sang ? Est-ce celui de Phocas ? Comment aura-t-elle perdu ce sang ? Quelles expressions louches, fausses, inintelligibles ! Il semble que Corneille ait, après ses succès, méprisé assez le public pour ne jamais soigner son style, et pour croire que la postérité lui passerait ses fautes innombrables[1].

1. Dans l'édition de 1664 on lit :
Mais si je me dérobe au rang....

Vers 109. Seul je vous ôterai ce que je vous dois rendre;
Disposez des moyens et du temps de le prendre.

Il lui parle de prendre ce qu'il lui doit rendre.

Vers 111. Quand vous voudrez régner, faites-m'en possesseur.

Faites-moi possesseur de ce que je dois vous rendre, quand vous pourrez le prendre. Tout cela est bien loin de la noblesse et de l'élégance que le style tragique demande.

Vers 115. Reposez-vous sur moi, seigneur, de tout son sort,
Et n'en appréhendez ni l'hymen ni la mort.

N'appréhendez ni l'hymen ni la mort de tout son sort. On ne peut écrire plus barbarement.

SCÈNE III.

Vers 3.   Vous saurez les desseins de tout ce que j'ai fait;

cela n'est pas français: il faut *les raisons,* ou *apprenez mes desseins et tout ce que j'ai fait.*

Vers 7.   Faisons que son amour nous venge de Phocas.

Il paraît que Léontine n'a pris aucune mesure; elle a une espérance vague qu'un jour Martian, se croyant Héraclius, pourra tuer son propre père Phocas; mais elle n'est sûre de rien; elle se repaît de l'idée d'un parricide, à quoi Eudoxe s'oppose très-raisonnablement.

D'ailleurs Léontine n'a qu'un intérêt éloigné à toute cette intrigue. Il n'est guère dans la nature qu'elle ait élevé Martian pour tuer un jour son père; on ne médite pas un parricide de si loin. Aujourd'hui qu'il s'agit de faire régner Héraclius, il n'importe par quelles mains Phocas périsse. Un parricide n'est ici qu'une horreur inutile. A peine est-il question de ce parricide dans la pièce.

La fable a imaginé de telles atrocités dans la famille d'Atrée; mais ce sont les personnages de cette famille qui les commettent eux-mêmes, emportés par la fureur de leur vengeance. Quand ils commettent ces parricides, quand Atrée fait manger à Thyeste ses propres enfants, c'est dans l'excès de l'emportement qu'inspire un outrage récent. Atrée ne médite pas sa vengeance vingt ans, ce serait froid et ridicule[1]. Ici c'est une gouvernante d'enfants

---

1. Ceci est à l'adresse de Crébillon. Voyez, au tome VII, la préface des *Pélopides.*

qui, sans aucun intérêt personnel, a livré son propre fils à la mort, il y a vingt ans, dans l'espérance que Martian, substitué à ce fils, tuerait dans vingt ans son père Phocas ; cela n'est guère dans l'ordre des possibles.

Remarquons surtout que les atrocités font effet au théâtre quand la passion les excuse, quand celui qui va tuer quelqu'un a des remords[1], quand cette situation produit de grands mouvements. C'est ici tout le contraire. Il n'y a point de lecteur qui ne fasse aisément toutes ces réflexions ; mais au théâtre, le spectateur, occupé de l'intrigue, s'attache peu à démêler ces défauts, qui sont sensibles à la lecture.

Vers 25. Je sais qu'un parricide est digne d'un tel père ;
Mais faut-il qu'un tel fils soit en péril d'en faire?

Il semble qu'il soit en péril de faire des fils : cela se rapporte à parricide ; mais *faire un parricide* ne se dit pas ; on dit *commettre un parricide, faire un crime.*

Vers 29. Dans le fils d'un tyran l'odieuse naissance
Mérite que l'erreur arrache l'innocence.

La pensée n'est pas exprimée. La naissance ne mérite ni ne démérite. Il veut dire : Le fils d'un tyran ne mérite pas d'être vertueux ; et encore cela n'est pas vrai. Toutes ces pensées subtiles, obscurément exprimées, choquent les premières lois de l'art d'écrire, qui sont le naturel et la clarté.

Vers 31. Et que, de quelque éclat qu'il se soit revêtu,
Un crime qu'il ignore en souille la vertu.

La vertu de l'innocence! Ces derniers vers sont vicieux ; on dit bien la vertu de la tempérance, de la modération, parce que ce sont des espèces de vertu ; l'innocence est l'exclusion de tous les vices, et non une vertu particulière.

SCÈNE IV.

Vers 1. Exupère, madame, est là qui vous demande.

On sent assez que cet *est là* est un terme de domestique qui doit être banni de la tragédie. Ce page ne paraît plus aujourd'hui. On ne connaissait point alors les pages.

1. Voyez la note, tome XXXI, page 185.

Vers 3.   Qu'il entre. A quel dessein vient-il parler à moi?

Parler à moi ne se dit point; il faut *me parler*. On peut dire en reproche : *parlez à moi; oubliez-vous que vous parlez à moi?*

Vers 4.   Lui que je ne vois point, qu'à peine je connoi?

On prononce *je connais*; et du temps même de Corneille, cette diphthongue *oi* était toujours prononcée *ai* dans tous les imparfaits, *j'aurais, je ferais;* auparavant on la prononçait comme *toi, soi, loi. Connoi*, pour *connais*, est une liberté qu'ont toujours eue les poëtes, et qu'ils ont conservée. Il leur est permis d'ôter ou de conserver cette *s* à la fin du verbe, à la première personne du présent; ainsi on met: *je di*, pour *je dis; je fai*, pour *je fais; j'averti*, pour *j'avertis; je vai*, pour *je vais.*

> . . . . Je vous en *averti,*
> Et sans compter sur moi prenez votre parti[1].

Vers dern. Je vous l'ai déjà dit, votre langue nous perd.

Il est intolérable que cette Léontine reproche toujours à sa fille, en termes si bas et si comiques, une indiscrétion qu'Eudoxe n'a point commise. Ces reproches sont d'autant plus mal placés que les discours et les actions de Léontine ne produisent rien.

SCÈNE V.

Vers 1.   Madame, Héraclius vient d'être découvert.
           —Eh bien!—Si.—Taisez-vous. Depuis quand?—Tout à l'heure, etc.

C'est encore un dialogue de comédie ; mais le coup de théâtre est frappant.

SCÈNE VI.

Vers 6.   Léontine a trompé Phocas, etc.

C'est ici que l'intrigue se noue plus que jamais : c'est une énigme à deviner. Ce Martian, cru Léonce, est-il fils de Maurice, ou de Phocas, ou de Léontine? Le spectateur cherche la vérité ; il est très-occupé sans être ému. Ces incertitudes n'ont pu encore produire ces grands mouvements, cette terreur, ce pathétique, qui sont l'âme de la vraie tragédie ; mais nous ne sommes encore qu'au second acte. Il semble que l'on aurait pu tirer un bien plus grand parti de l'invention de Calderon ; rien n'était peut-être

1. Racine, *Bajazet,* acte II, scène III.

plus tragique et plus singulier que de voir deux héros, élevés dans les forêts, dans la pauvreté, dans l'ignorance d'eux-mêmes, qui déploient à la première occasion leur caractère de grandeur. Ce sujet, traité avec la vraisemblance qu'exige notre théâtre, aurait reçu de la main de Corneille les beautés les plus frappantes ; mais un billet de Maurice, dans les mains de Léontine, ne peut faire ce grand effet. Cela exige des vers de discussion qui énervent le tragique et refroidissent le cœur; aussi la pièce est, jusqu'à présent, plutôt une affaire difficile à démêler qu'une tragédie.

Vers 12. . . . . Vous étiez en mes mains
Quand on ouvrit Byzance au pire des humains.

On sent bien qu'il fallait une expression plus noble que *pire des humains*.

Vers 19. Ce zèle sur mon sang détourna votre perte.

Ce vers est trop obscur. Comment détourne-t-on la perte d'un autre sur son sang ?

Vers 21. Mais j'offris votre nom, et ne vous donnai pas.

Cette subtilité affaiblit le pathétique de l'image.

LÉONTINE, faisant un soupir.
Vers 27. Ah ! pardonnez de grâce, il m'échappe sans crime.

Cela ne serait pas souffert à présent. Il était aisé de mettre : *Pardonnez ce soupir, il m'échappe sans crime*. Le mal est que ce soupir d'une mère est accompagné d'une dissimulation qui affaiblit tout sentiment tendre. Léontine ne se montre jusqu'ici qu'une intrigante qui a voulu jouer un rôle à quelque prix que ce fût.

Vers 28. J'ai pris pour vous sa vie, et lui rends un soupir.

n'est pas français ; il faut *j'ai donné sa vie pour vous*, et non pas *j'ai pris*.

Vers 34. Il nous fit de sa main cette haute fortune.

De sa main est de trop.

Vers 36. Voilà ce que mes soins vous laissoient ignorer;
Et j'attendois, seigneur, à vous le déclarer,
Que, par vos grands exploits, votre rare vaillance
Pût faire à l'univers croire votre naissance,
Et qu'une occasion pareille à ce grand bruit
Nous pût de son aveu promettre quelque fruit.

Rien n'est plus obscur que ces vers. Qu'est-ce qu'une occasion pareille à un bruit qui veut promettre quelque fruit d'un aveu? L'aveu de qui? L'aveu de quoi? Ne cessons de dire, pour l'instruction des jeunes gens, que la première loi est d'être clair.

Vers 42. Car comme j'ignorois que....

Il n'est pas permis d'écrire avec cette négligence en prose; à plus forte raison en vers.

Ibid. . . . . . . notre grand monarque
En eût pu rien savoir, ou laisser quelque marque....

Quel style! Il veut dire : J'ignorais que Maurice avait pu laisser quelque marque à laquelle on pût reconnaître son fils.

Vers 46. Comme sa cruauté, pour mieux gêner Maurice,
Le forçoit de ses fils à voir le sacrifice,
Ce prince vit l'échange, et l'alloit empêcher;
Mais l'acier des bourreaux fut plus prompt à trancher.

Forcer un père à voir égorger ses enfants, est-ce là simplement le gêner? N'est-ce pas lui faire souffrir un supplice affreux? Que le mot propre est rare, mais qu'il est nécessaire!

Martian, qui s'est toujours cru fils de cette femme, et qui se voit en un instant fils de l'empereur Maurice, demeure muet dans une telle conjoncture : ce qui n'est ni vraisemblable, ni théâtral. Jusqu'ici ni Héraclius, ni Martian, n'ont été que deux instruments dont on ne sait pas encore comme on se servira. Martian laisse parler Exupère. Mais comment cet Exupère ne lui a-t-il pas parlé plus tôt? Est-il possible qu'ayant eu ce billet *naguère de son cher parent*, il ne l'ait pas porté sur-le-champ à Martian ou à Léonce? Il a conspiré, dit-il, sans en avertir celui pour lequel il conspire! Il a agi précisément comme Léontine ; il a voulu tout faire par lui-même. Léontine et Exupère, sans se donner le mot, ont traité les deux princes comme des écoliers; mais cet Exupère est l'ami de Léonce, c'est-à-dire de Martian, cru Léonce: comment Léontine a-t-elle pu dire qu'elle ne le connaît pas? Il y a bien plus, cet Exupère possède ce billet important, par lequel une partie du secret de Léontine est révélée; et il s'est mis à la tête d'une conspiration sans en parler à cette Léontine, qui s'est chargée de tout, qui se vante toujours d'être maîtresse de tout. Aucune de ces circonstances n'est croyable ; tout paraît amené de la manière la plus forcée. Comment Maurice allait-il empêcher l'échange? Ajoutez que *fut plus prompt à trancher* n'est pas français : il faut un régime à *trancher;* ce n'est pas un verbe neutre.

Vers 50.   La mort de votre fils arrêta cette envie,
　　　　　Et prévint d'un moment le refus de sa vie.

Que veut dire *le refus de sa vie?* A quoi se rapporte *sa vie?* Qu'est-ce que la mort qui arrête une *envie?* Cela n'est ni élégant, ni français, ni clair.

Vers 52.   Maurice, à quelque espoir se laissant lors flatter...

Se laissant lors flatter à un espoir n'est pas français ; mais si cette faute se trouvait dans une belle tirade, elle serait à peine une faute. C'est la quantité de ces expressions vicieuses qui révolte.

Vers 53.   S'en ouvrit à Félix, qui vint le visiter.

Quel était ce Félix ? Comment put-il visiter Maurice, que Phocas tenait au milieu des bourreaux, et qui fut tué sur le corps de ses enfants? *Venir visiter,* expression de comédie.

Vers 60.   Armé d'un tel secret, seigneur, j'ai voulu voir
　　　　　Combien parmi le peuple il auroit de pouvoir.

Quoi ! cet Exupère a agi de son chef, sans consulter personne? Son premier devoir n'était-il pas d'avertir celui qu'il croit Héraclius, et de parler à Léontine ? Va-t-on ainsi soulever le peuple, sans que celui en faveur duquel on le soulève en ait la moindre connaissance? Y a-t-il un seul exemple dans l'histoire, d'une conduite pareille? Tout cela n'est-il pas forcé ? On permet un peu d'invraisemblance quand il en résulte de beaux coups de théâtre et des morceaux pathétiques ; mais la conduite d'Exupère ne produit que de l'embarras. Ce n'est pas assez qu'une pièce soit intriguée, elle doit l'être tragiquement. Ici Léontine ne fait qu'embrouiller une énigme qu'elle donne à deviner.

Vers 68.   Sans qu'autres que les deux qui vous parloient là-bas,
　　　　　De tout ce qu'elle a fait sachent plus que Phocas.

On ne sait point qui sont ces deux qui parlaient là-bas, et qui n'en savaient pas plus que Phocas. *Sans qu'autres que les deux,* mots durs à l'oreille, cacophonie inadmissible dans le style le plus commun.

Vers 76.   Surpris des nouveautés d'un tel événement....

Des nouveautés. Ce n'est pas le mot propre ; il fallait *de la nouveauté;* et cette expression eût encore été trop faible.

Vers 77. Je demeure à vos yeux muet d'étonnement.

Il faut éviter cette petite méprise, et ne pas dire qu'on est muet quand on parle ; il pouvait dire : *J'ai resté jusqu'ici muet d'étonnement.*

Vers 78. Je sais ce que je dois, madame, au grand service
Dont vous avez sauvé l'héritier de Maurice.

Cela n'est pas français ; c'est un barbarisme.

Vers 84. J'aimois, vous le savez, et mon cœur enflammé
Trouve enfin une sœur dedans l'objet aimé.

On a déjà vu qu'il n'aimait guère. Tous les mouvements du cœur sont étouffés jusqu'ici, dans cette pièce, sous le fardeau d'une intrigue difficile à débrouiller. Il n'était guère possible qu'au seul Corneille de soutenir l'attention du spectateur, et d'exciter un grand intérêt dans la discussion embrouillée d'un sujet si compliqué et si obscur ; mais malheureusement ce Martian s'explique d'une manière si froide, si sèche, et en si mauvais vers, qu'il ne peut faire aucune impression.

Vers 91. Il faut donner un chef à votre illustre bande.

Une bande ne se dit que des voleurs.

Vers 96. Il n'eut rien du tyran qu'un peu de mauvais sang.

L'erreur où l'on a été longtemps qu'on se faisait tirer son mauvais sang par une saignée a produit cette fausse allégorie. Elle se trouve employée dans la tragédie d'*Andronic* : *Quand j'ai du mauvais sang je me le fais tirer*[1] ; et on prétend qu'en effet Philippe II avait fait cette réponse à ceux qui demandaient la grâce de don Carlos. Dans presque toutes les anciennes tragédies, il est toujours question de se défaire *d'un peu de mauvais sang* ; mais le grand défaut de cette scène est qu'elle ne produit aucun des mouvements tragiques qu'elle semblait promettre.

SCÈNE VII.

Vers 1. Madame, pour laisser toute sa dignité
A ce dernier effort de générosité,
Je crois que les raisons que vous m'avez données
M'en ont seules caché le secret tant d'années, etc.

---

[1]. Voltaire a déjà fait cette citation d'*Andronic* dans ses notes sur *Polyeucte*, et nous avons dit que ce vers ne se trouvait pas dans la tragédie de Campistron.

Ce discours de Martian est encore trop obscur par l'expression. *La dignité d'un effort*, et les raisons qui ont caché tant d'années *le secret d'un effort*, sont bien loin de faire une phrase nette. L'esprit est tendu continuellement, non-seulement pour comprendre l'intrigue, mais souvent pour comprendre le sens des vers.

Vers 11. Mais je tiendrois à crime une telle pensée.

Tenir à crime n'est pas français.

Vers 15. Quel dessein faisiez-vous sur cet aveugle inceste?

Cela n'est pas français; il veut dire : Qu'attendiez-vous du péril où vous me mettiez de commettre un inceste? Quel projet formiez-vous sur cet inceste? Mais on ne peut dire : *faire un dessein* ; on dit bien : *concevoir, former un dessein ; mon dessein est d'aller ; j'ai le dessein d'aller*, etc.; mais non pas : *Je fais un dessein sur vous*. Racine a dit[1] :

> Les grands desseins de Dieu sur son peuple et sur vous,

mais non pas

> Les desseins que Dieu fit sur son peuple et sur vous.

De plus, on a des desseins *sur* quelqu'un ; mais on n'a point de dessein *sur* quelque chose : on ne fait point des desseins ; on fait des projets. Ces règles paraissent étranges au premier coup d'œil, et ne le sont point. Il y a de la différence entre *dessein* et *projet* ; un projet est médité et arrêté : ainsi on fait un projet. *Dessein* donne une idée plus vague : voilà pourquoi on dit qu'un général fait un projet de campagne, et non pas un dessein de campagne.

Ce même embarras, cette même énigme continue toujours. Martian fait des objections à Léontine ; il ne parle de son inceste que pour demander à cette femme *quel dessein elle faisait sur cet inceste*.

Vers 17. . . . . . Je le craignois peu, trop sûre que Phocas,
Ayant d'autres desseins, ne le souffriroit pas.

Pouvait-elle être sûre que Phocas s'opposerait à cet amour? Elle ne donne ici qu'une défaite, et tout cela n'a rien de tragique, rien de naturel.

---

1. *Athalie,* acte IV, scène II.

Vers 19. Je voulois donc, seigneur, qu'une flamme si belle
          Portât votre courage aux vertus dignes d'elle, etc.

La réponse de Léontine ne peut qu'inspirer beaucoup de défiance à Martian, qui se croit Héraclius. Je voulais vous rendre amoureux de votre sœur afin de vous inspirer l'ardeur de venger votre père. Ce discours subtil doit indigner Martian ; il doit répondre : N'aviez-vous pas d'autres moyens ? N'êtes-vous pas une très-méchante et très-imprudente femme, d'avoir pris le parti de m'exposer à être incestueux ? Ne valait-il pas mieux m'apprendre ma naissance ? Sur quoi pensez-vous que le motif de venger mon père ne m'eût pas suffi ? Fallait-il que je fusse amoureux de ma sœur pour faire mon devoir ? Comment voulez-vous que je croie la mauvaise raison que vous m'alléguez ?

Vers 25. Et j'ose dire encor qu'un bras si renommé
          Peut-être auroit moins fait si le cœur n'eût aimé.

Un bras renommé[1] !

Vers 27. Achevez donc, seigneur, et puisque Pulchérie
          Doit craindre l'attentat d'une aveugle furie...

Elle veut parler du mariage proposé par Phocas ; mais ce n'est pas là une aveugle furie.

Vers 29. Peut-être il vaudroit mieux moi-même la porter
          A ce que le tyran témoigne en souhaiter.

Cela est trop prosaïque. Ce sont là des discussions, et non pas des mouvements tragiques.

Vers 40. Et quand même l'issue en pourroit être bonne,
          Peut-être il m'est honteux de reprendre l'État
          Par l'infâme succès d'un lâche assassinat.

On reprend la couronne, l'empire, mais non pas l'État ; et l'*issue bonne* est trop prosaïque.

Vers 43. Peut-être il vaudroit mieux, en tête d'une armée,
          Faire parler pour moi toute ma renommée.

Voyez comme ce mot *toute* gâte le vers, parce qu'il est superflu.

Vers 45. Et trouver à l'empire un chemin glorieux
          Pour venger mes parents d'un bras victorieux.

Il semble, par la phrase, que c'est d'un bras ennemi victorieux, du bras de Phocas, qu'il vengera ses parents ; et l'auteur

1. « En poésie, remarque Palissot, tout ce qui se dit d'une personne peut se dire également de son bras, qui est pris alors pour la personne même. »

entend que le bras victorieux de Martian, cru Héraclius, les vengera.

Vers 47.   C'est dont je vais résoudre avec cette princesse,
          Pour qui non plus l'amour, mais le sang m'intéresse.

Cela n'est pas français; et d'ailleurs les grands mouvements nécessaires au théâtre manquent à cette scène.

Vers dern. Adieu.

Martian n'a joué dans cette scène qu'un rôle froid et avilissant. Léontine se moque de lui. Il n'agit point, il ne fait rien, il n'aime point, il n'a aucun dessein, aucun mouvement tragique; il n'est là que pour être trompé.

SCÈNE VIII.

Vers 5.   Il semble qu'un démon funeste à sa conduite,
         Des beaux commencements empoisonne la suite.

Léontine n'est pas plus claire dans la construction de ses phrases que dans ses intrigues. *Funeste à sa conduite,* c'est *la conduite du dessein*, et cela n'est pas français.

Vers 7.   Ce billet, dont je vois Martian abusé,
         Fait plus en ma faveur que je n'aurois osé :
         Il arme puissamment le fils contre le père;
         Mais, comme il a levé le bras en qui j'espère...

Suivant l'ordre du discours, c'est ce billet qui a levé ce bras en qui elle espère. On ne peut trop prendre garde à écrire clairement. Tout ce qui met dans l'esprit la moindre confusion doit être proscrit.

Vers 17. Madame, pour le moins vous avez connoissance
         De l'auteur de ce bruit, et de mon innocence.

Eudoxe ne songe qu'à faire voir à sa mère qu'elle n'a point parlé. Elle a été inutile dans toutes ces scènes.

Elle fait aussi des raisonnements au lieu d'être effrayée, comme elle doit l'être, du sort qui menace le véritable Héraclius, qu'elle aime.

Vers 27. Vous êtes curieuse, et voulez trop savoir.

Ce vers est intolérable. Léontine parle toujours à sa fille comme une nourrice de comédie; tout cela fait que dans ces premiers actes il n'y a ni pitié ni terreur.

Vers 28. N'ai-je pas déjà dit que j'y saurai pourvoir?

Le malheur est qu'en effet elle ne pourvoit à rien. On s'attend qu'elle fera la révolution, et la révolution se fera sans elle. Le lecteur impartial, et surtout les étrangers, demandent comment la pièce a pu réussir avec des défauts si visibles et si révoltants. Ce n'est pas seulement le nom de l'auteur qui a fait ce succès, car, malgré son nom, plusieurs de ses pièces sont tombées : c'est que l'intrigue est attachante, c'est que l'intérêt de curiosité est grand, c'est qu'il y a dans cette tragédie de très-beaux morceaux qui enlèvent le suffrage des spectateurs. L'instruction de la jeunesse exige que les beautés et les défauts soient remarqués.

ACTE TROISIÈME.

SCÈNE I.

Le première scène de ce troisième acte a la même obscurité que tout ce qui précède ; et par conséquent le jeu des passions, les mouvements du cœur, ne peuvent encore se déployer ; rien de terrible, rien de tragique, rien de tendre ; tout se passe en éclaircissements, en réflexions, en subtilités, en énigmes ; mais l'intérêt de curiosité soutient la pièce.

Vers 15. Je n'avois que quinze ans alors qu'empoisonnée, etc.

Voilà encore une nouvelle préparation, une nouvelle avant-scène. On n'apprend qu'au troisième acte que la mère de Pulchérie a été empoisonnée ; on apprend encore qu'elle a dit que Léontine gardait un *trésor* pour la princesse. Tous ces échafauds doivent être posés au premier acte, autant qu'on le peut, afin que l'esprit n'ait plus à s'occuper que de l'action.

Vers 27. J'opposois de la sorte à ma fière naissance
Les favorables lois de mon obéissance.

Tous ces raisonnements subtils sur l'amour et sur la force du sang, auxquels Martian répond aussi par des réflexions, sont d'ordinaire l'opposé du tragique. Les subtilités ingénieuses amusent l'esprit dans un livre, et encore très-rarement ; mais tout ce qui n'est point sentiment, passion, pitié, terreur, est froideur au théâtre. Qu'est-ce que c'est qu'une *fière naissance* et les *lois d'une obéissance ?*

Vers 44. C'est un penchant si doux qu'on y tombe sans peine.

On ne tombe point dans un penchant. Toujours des expressions impropres.

Vers 56. Je sais quelle amertume aigrit de tels divorces.

On aigrit des douleurs, des ressentiments, des soupçons même. Racine a dit avec son élégance ordinaire :

> La douleur est injuste, et toutes les raisons
> Qui ne la flattent point aigrissent ses soupçons.
> (*Britannicus*, acte I, scène II.)

Mais on n'a jamais aigri une séparation, et une sœur qui ne peut épouser son frère ne fait point un divorce.

Vers 57. Et la haine, à mon gré, les fait plus doucement
Que quand il faut aimer, mais aimer autrement.

Les maximes, les sentences au moins doivent être claires ; celle-ci n'est ni claire, ni convenable, ni vraie. Il est faux qu'il soit plus agréable d'être obligé de passer de l'amour à la haine que de l'amour à l'amitié. Corneille est tombé si souvent dans ce défaut qu'il est utile d'en examiner la source.

Cette habitude de faire raisonner ses personnages avec subtilité n'est pas le fruit du génie. Le génie peint à grands traits, invente toujours les situations frappantes, porte la terreur dans l'âme, excite les grandes passions, et dédaigne tous les petits moyens : tel est Corneille dans le cinquième acte de *Rodogune*, dans des scènes des *Horaces*, de *Cinna*, de *Pompée*. Le génie n'est point subtil et raisonneur : c'est ce qu'on appelle *esprit* qui court après les pensées, les sentences, les antithèses, les réflexions, les contestations ingénieuses. Toutes les pièces de Corneille, et surtout les dernières, sont infectées de ce grand défaut qui refroidit tout. L'esprit dans Corneille, comme dans le grand nombre de nos écrivains modernes, est ce qui perd la littérature. Ce sont les traits du génie de ce grand homme, qui seuls ont fait sa gloire et montré l'art. Je ne sais pourquoi on s'est plu à répéter que Corneille avait plus de génie, et Racine plus d'esprit : il fallait dire que Racine avait beaucoup plus de goût, et autant de génie. Un homme, avec du talent et un goût sûr, ne fera jamais de lourdes chutes en aucun genre.

Vers 59. J'ai senti comme vous une douleur bien vive
En brisant les beaux fers qui me tenoient captive.

De *beaux fers !* Et on reproche à Racine d'avoir parlé d'amour ! Mais on ne trouve chez lui ni beaux fers, ni beaux feux : ce n'est que dans sa faible tragédie d'*Alexandre,* où il voulait imiter Corneille, où il fait dire à Éphestion :

> Fidèle confident du beau feu de mon maître [1].

Vers 72. Régnez sur votre cœur avant que sur Byzance ;
Et, domptant comme moi ce dangereux mutin,
Commencez à répondre à ce noble destin.

Ce *dangereux mutin* est une expression qui ne convient que dans une épigramme.

Vers 77. Et ce grand nom sans peine a pu vous enseigner
Comment dessus vous-même il vous falloit régner.

Un grand nom qui enseigne comment il faut régner dessus soi-même ! Martian caché *sous une aventure,* et qui a pris *la teinture* d'une âme commune ! Que d'incorrection ! que de négligence ! quel mauvais style !

Vers 81. Il n'est pas merveilleux si ce que je me crus
Mêle un peu de Léonce au cœur d'Héraclius...
C'est Léonce qui parle, et non pas votre frère.

Ce trait prouve encore la vérité de ce qu'on a dit, qu'on courait alors après les tours ingénieux et recherchés.

Vers 85. Mais si l'un parle mal, l'autre va bien agir.

Cela confirme encore la preuve que le mauvais goût était dominant, et que Corneille, malgré la solidité de son esprit, était trop asservi à ce malheureux usage ; il y a même du comique dans ces oppositions de Léonce avec Martian, et ce jeu de Léonce qui parle, avec Martian qui agit, ressemble à l'Amphitryon, qui rejette sur l'époux d'Alcmène les torts reprochés à l'amant d'Alcmène. Ces artifices réussissent beaucoup plus dans le comique, et sont puérils dans la tragédie.

Vers 87. Je vais des conjurés embrasser l'entreprise,
Puisqu'une âme si haute à frapper m'autorise,
Et tient que pour répandre un si coupable sang
L'assassinat est noble et digne de mon rang.

Pulchérie n'a point dit cela. On peut hasarder que l'assassinat est peut-être pardonnable contre un assassin ; mais que l'assassinat soit digne du rang suprême, c'est une de ces idées monstrueuses qui révolteraient si leur extrême ridicule ne les rendait sans conséquence.

---

1. *Alexandre,* acte II, scène I.

Vers 93. Puisqu'un amant si cher ne peut plus être à vous,
          Ni vous, mettre l'empire en la main d'un époux.

Ce *vous* se rapporte à *peut*, et est un solécisme ; mais, encore une fois, cette froide dissertation sur l'inceste est pire que des solécismes.

Vers 95. Épousez Martian comme un autre moi-même.

Remarquez toujours que cette combinaison ingénieuse d'incestes, cette ignorance où chacun est de son état, peuvent exciter l'attention, mais jamais aucun trouble, aucune terreur.

Vers 97. Ne pouvant être à vous, je pourrois justement
          Vouloir n'être à personne, et fuir tout autre amant ;
          Mais on pourroit nommer cette fermeté d'âme
          Un reste mal éteint d'incestueuse flamme.

Toute cette scène est une discussion qui n'a rien de la vraie tragédie. Pulchérie craint qu'on ne nomme *sa fermeté d'âme, reste d'inceste !*

Vers 125. Outre que le succès est encore à douter.

Outre que ne doit jamais entrer dans un vers héroïque, et *le succès est à douter* est un solécisme. On ne doute pas une chose, elle n'est pas doutée. Le verbe *douter* exige toujours le génitif, c'est-à-dire la préposition *de*.

Vers 129. Ah ! combien ces moments de quoi vous me flattez,
           Alors pour mon supplice auroient d'éternités !

On n'a jamais dû, dans aucune langue, mettre le mot d'*éternité* au pluriel, excepté dans le dogmatique, quand on distingue mal à propos l'éternité passée et l'éternité à venir ; comme lorsque Platon[1] dit que notre vie est un point entre deux éternités : pensée que Pascal a répétée, pensée sublime, quoique dans la rigueur métaphysique elle soit fausse.

Remarquez encore qu'on ne peut dire *ces moments de quoi vous me flattez :* cela n'est pas français ; il faut *ces moments dont vous me flattez.* Remarquez qu'une haine ne voit point l'erreur de sa tendresse, car comment une haine aurait-elle une tendresse ? Pulchérie dit encore que sa haine a les yeux mieux ouverts que celle de Martian. Quel langage ! Et qu'est-ce encore qu'une *mort*

---

1. Ce n'est point Platon, mais Mercure Trismégiste : voyez *Il faut prendre un parti* (dans les *Mélanges,* année 1772).

propice à former de beaux nœuds, et qui purifie un objet ? Il n'est pas permis d'écrire ainsi.

SCÈNE II.

Vers 1. Quel est votre entretien avec cette princesse?
Des noces que je veux?

Ce mot *noces* est de la comédie, à moins qu'il ne soit relevé par quelque épithète terrible ; le reste est très-tragique, et c'est ici que le grand intérêt commence. Le tyran a raison de croire que Martian son fils est Héraclius. Voilà Martian dans le plus grand danger, et l'erreur du père est théâtrale.

Vers 9. Si vous aimez mon fils, faites-le-moi connoître.
— Vous le connoissez trop, puisque je vois ce traître.

On pourrait dire que Martian se hâte trop d'accuser Exupère. Il peut, ce semble, penser qu'Exupère, qui est de son côté à la tête de la conspiration, trompe toujours le tyran, autant que soupçonner qu'Exupère trahit son propre parti : dans ce doute, pourquoi accuse-t-il Exupère ?

Vers 33. La mort n'a rien d'affreux pour une âme bien née;
A mes côtés pour toi je l'ai cent fois traînée.

On voit la mort, on l'affronte, on la brave, on ne la traîne pas.

Vers 37. Tu prends pour me toucher un mauvais artifice.

On ne prend point un artifice ; c'est un barbarisme.

Vers 43. Et se désavouant d'un aveugle secours,
Sitôt qu'il se connoît il en veut à mes jours.

Cela n'est pas français ; on désavoue un secours qu'on a donné, on dément sa conduite, on se rétracte, etc., mais on ne se désavoue pas. *Désavouer* n'est point un verbe réciproque, et n'admet point le *de*.

Vers 53. Que ferois-tu pour moi de me laisser la vie?

C'est un solécisme ; il faut *en me laissant la vie.*

Vers 57. Pour ton propre intérêt sois juge incorruptible.

Incorruptible n'est pas le mot propre ; c'est *inexorable.*

Vers 65. Je me tiens plus heureux de périr en monarque
Que de vivre en éclat sans en porter la marque.

Toujours *monarque* et *marque.* On ne dit pas *vivre en éclat*, encore moins *porter la marque.*

Vers 74. Faites-le retirer en la chambre prochaine,
          Crispe, et qu'on me l'y garde, attendant que mon choix,
          Pour punir son forfait, vous donne d'autres lois.

Attendant que mon choix; ce n'est pas là le mot propre. Il veut dire : en attendant que j'en dispose, en attendant que tout soit éclairci. Du reste on sent assez que cette scène est grande et pathétique. Il est vrai que Pulchérie y joue un rôle désagréable ; elle n'a pas un mot à placer. Il faut, autant qu'on le peut, qu'un personnage principal ne devienne pas inutile dans la scène la plus intéressante pour elle[1].

SCÈNE III.

Vers 7. Laisse aller tes soupirs, laisse couler tes larmes;

expression qui n'est ni noble ni juste. Des soupirs ne vont point. Ce qui est moins noble encore, c'est l'insulte ironique faite inutilement à une femme par un empereur. Un tyran peut être représenté perfide, cruel, sanguinaire, mais jamais bas; il y a toujours de la lâcheté à insulter une femme, surtout quand on est son maître absolu.

Vers 15. Il n'a point pris le ciel ni le sort à partie,
          Point querellé le bras qui fait ces lâches coups...

On ne fait point des coups; on dit, dans le style familier, faire un mauvais coup, mais jamais faire des coups; on ne querelle point un bras, et il n'y a ici nul bras qui ait fait un coup. Tout le reste du discours de Pulchérie serait d'une grande beauté s'il était mieux écrit.

Vers 17. Point daigné contre lui perdre un juste courroux.

Point daigné perdre un juste courroux contre un bras !

Vers 28. Pour apaiser le père offre le cœur au fils.

Quelle raison peut avoir Phocas de vouloir que Pulchérie épouse son prétendu fils, quand il se croit sûr de tenir Héraclius en sa puissance ? Il sait que Pulchérie et Héraclius, cru Martian, ne s'aiment point. Offre-t-on ainsi *le cœur* quand on est menacé de mort ?

---

1. Voltaire a écrit *elle* en pensant à Pulchérie. MM. Renouard et Beuchot ont mis *lui*.

Vers 30. Crois-tu que sur la foi de tes fausses promesses
Mon âme ose descendre à de telles bassesses?

Ose est ici contradictoire; on n'ose pas être bas.

Vers 34. Eh bien! il va périr, ta haine en est complice.

Autre impropriété. On est complice d'un criminel, complice d'un crime, mais non pas de ce que quelqu'un va périr.

Vers 35. Et je verrai du ciel bientôt choir ton supplice.

Choir n'est plus d'usage. Cette idée est grande, mais n'est pas exprimée.

Vers 44. Ils trompoient d'un barbare aisément la fureur,
Qui n'avoit jamais vu la cour ni l'empereur.

Par la phrase, c'est la fureur de Phocas qui n'avait point vu Maurice; il faut éviter les plus petites amphibologies. Mais peut-on dire d'un homme qui commandait les armées qu'il n'avait jamais seulement vu l'empereur?

Vers 47. L'un après l'autre enfin se vont faire paroître.

C'est un barbarisme. On se fait voir, on ne se fait point paraître; la raison en est évidente : c'est qu'on paraît soi-même, et que ce sont les autres qui vous voient.

Vers 52. L'esclave le plus vil qu'on puisse imaginer
Sera digne de moi s'il peut t'assassiner.

Cet hémistiche, *qu'on puisse imaginer*, est superflu, et sert uniquement à la rime. Quelle idée a Pulchérie d'épouser le dernier homme de la lie du peuple? La noblesse de sa vengeance peut-elle descendre à cette bassesse?

Vers 56. Et sans m'importuner de répondre à tes vœux,
Si tu prétends régner, défais-toi de tous deux.

Le premier vers n'est pas français. Il fallait : *Et sans plus me presser de répondre à tes vœux*. Remarquez encore que ce mot *vœux* est trop faible pour exprimer les ordres d'un tyran.

SCÈNE IV.

Vers 1. J'écoute avec plaisir ces menaces frivoles.

Cette scène est adroite. L'auteur a voulu tromper jusqu'au spectateur, qui ne sait si Exupère trahit Phocas ou non; cependant un peu de réflexion fait bien voir que Phocas est dupe de cet officier.

Les trois principaux personnages de cette pièce, Phocas, Héraclius, et Martian, sont trompés jusqu'au bout; ce serait un exemple très-dangereux à imiter. Corneille ne se soutient pas seulement ici par l'intrigue, mais par de très-beaux détails. Toutes les pièces que d'autres auteurs ont faites dans ce goût sont tombées à la longue. On veut de la vraisemblance dans l'intrigue, de la clarté, de grandes passions, une élégance continue.

Vers 6.   Vous dont je vois l'amour quand j'en craignois la haine...

Pourquoi craignait-il la haine d'Amintas? Et s'il a craint la haine d'Exupère, dont il a fait tuer le père, pourquoi se fie-t-il à cet Exupère? *J'en craignais* n'est pas bien : il fallait *quand j'ai craint votre haine*. Malgré l'artifice de cette scène, peut-être Phocas est-il un peu trop un tyran de comédie, à qui on en fait aisément accroire : il a des troupes, il peut mettre Léontine, Pulchérie, et le prétendu Héraclius en prison; il n'a point pris ce parti; il attend qu'Exupère lui donne des conseils, il se rend à tout ce qu'on lui dit.

Vers 39.   Le seul bruit de ce prince, au palais arrêté,
            Dispersera soudain chacun de son côté.

Le bruit d'un prince arrêté qui *disperse chacun de son côté*. Qui ne voit que ces expressions sont à la fois familières, prosaïques, et inexactes? *Le bruit d'un prince arrêté!* quelle expression! *Chacun de son côté* est oiseux et prosaïque.

Vers 45.   Envoyez des soldats à chaque coin des rues.

Ce n'est pas ainsi qu'on exprime noblement les plus petites choses, et qu'un poëte, comme dit Boileau [1],

Fait des plus secs chardons des *lauriers* et des roses.

Vers 51.   Nous aurons trop d'amis pour en venir à bout.

Il doit dire précisément le contraire; nous avons trop d'amis pour n'en pas venir à bout.

Vers 52.   J'en réponds sur ma tête, et j'aurai l'œil à tout.

J'aurai l'œil à tout, expression de comédie.

1. Épître XI, vers 50; le texte de Boileau porte : *Des œillets et des roses.*

Vers 53.   C'en est trop, Exupère ; allez, je m'abandonne
        Aux fidèles conseils que votre ardeur me donne.

L'ardeur d'Exupère qui donne des conseils !

Vers 57.   Je vais sans différer, pour cette grande affaire,
        Donner à tous mes chefs un ordre nécessaire.

Il n'est pas permis, dans le tragique, d'employer ces phrases qui ne conviennent qu'au genre familier. Ce n'est pas là cette noble simplicité tant recommandée.

Vers 59.   Vous, pour répondre aux soins que vous m'avez promis...

Cela n'est pas français. On répond à la confiance, on exécute ce qu'on a promis.

Vers 60.   Allez de votre part assembler vos amis.

Il semble par ce mot qu'Exupère soit un homme aussi important que l'empereur, et que Phocas ait besoin de ses amis pour l'aider. Les choses ne se passent ainsi dans aucune cour. Justinien n'aurait pas dit, même à un Bélisaire : Assemblez vos amis; on donne des ordres en pareil cas. *De votre part* est encore une faute : on peut ordonner de sa part; mais on n'exécute point de sa part; il fallait : *Vous, de votre côté, rassemblez vos amis.*

Vers 61.   Et croyez qu'après moi, jusqu'à ce que j'expire,
        Ils seront, eux et vous, les maîtres de l'empire.

Ces mots, *après moi, et jusqu'à ce que j'expire*, semblent dire *jusqu'à ce que je sois mort, après ma mort. Jusqu'à ce que,* mot rude, raboteux, désagréable à l'oreille, et dont il ne faut jamais se servir.

Plus on réfléchit sur cette scène, et plus on voit que Phocas y joue le rôle d'un imbécile à qui cet Exupère fait accroire tout ce qu'il veut.

SCÈNE V.

Cette scène entre Exupère et Amintas est faite exprès pour jeter le public dans l'incertitude. Il s'agit du destin de l'empire, de celui d'Héraclius, de Pulchérie, et de Martian. La situation est violente ; cependant ceux qui se sont chargés d'une entreprise si périlleuse n'en parlent pas; ils disent *qu'ils sont en faveur, et qu'ils feront des jaloux;* ils parlent d'une manière équivoque, et uniquement de ce qui les regarde. Ces personnages subalternes n'intéressent jamais, et affaiblissent l'intérêt qu'on prend aux principaux. Je crois que c'est la raison pourquoi Narcisse est si mal reçu dans *Britannicus* quand il dit[1] :

> La fortune t'appelle une seconde fois.

On ne se soucie point de la fortune de Narcisse ; son crime excite l'horreur et le mépris ; si c'était un criminel auguste, il imposerait. Cependant combien est-il au-dessus de cet Exupère ! Que la scène où il détermine Néron est adroite, et surtout qu'elle est supérieurement écrite ! Comme il échauffe Néron par degrés ! Quel art, et quel style !

Vers 1.   Nous sommes en faveur, ami, tout est à nous.
          L'heur de notre destin va faire des jaloux.

Ces deux vers d'Exupère sont d'un valet de comédie, qui a trompé son maître, et qui trompe un autre valet.

ACTE QUATRIÈME.

SCÈNE I.

L'embarras croît, le nœud se redouble. Héraclius se croit trahi par Léontine et par Exupère ; mais il n'est point encore en péril ; il est avec sa maîtresse ; il raisonne avec elle sur l'aventure du billet. Les passions de l'âme n'ont encore aucune influence sur la pièce. Aussi les vers de cette scène sont tous de raisonnement. C'est, à mon avis, l'opposé de la véritable tragédie. Des discussions en vers froids et durs peuvent occuper l'esprit d'un spectateur qui s'obstine à vouloir comprendre cette énigme ; mais ils ne peuvent aller au cœur : ils ne peuvent exciter ni crainte, ni pitié, ni admiration.

Vers 9.   Vous, pour qui son amour a forcé la nature !

Il eût été mieux, je crois, de dire *a dompté la nature* : car *forcer la nature* signifie *pousser la nature trop loin*.

Vers 10. Comment voulez-vous donc.... par un faux rapport
          Confondre en Martian et mon nom et mon sort ?

L'expression n'est ni juste, ni claire ; il veut dire *donner à Martian mon nom et mes droits*.

1. Acte II, scène VIII.

Vers 15. Et le mettre en état, dessous sa bonne foi,
De régner en ma place, ou de périr pour moi.

On ne dit ni *sous*, ni *dessous la bonne foi :* cela n'est pas français.

Vers 25. Sûre en soi des moyens de vous rendre l'empire.

On n'est point *sûr en soi;* mais comment Léontine est-elle si sûre du succès? Elle a toujours parlé comme une femme qui veut tout faire, et qui ne doute de rien; mais elle n'a point agi; elle n'a fait aucune démarche pour s'éclaircir avec Exupère : il était pourtant bien naturel qu'elle s'informât de tout, et encore plus naturel qu'Exupère la mît au fait. Il semble qu'Exupère et Léontine aient songé à rendre l'énigme difficile, plutôt qu'à servir véritablement.

Vers 26. Qu'à vous-même jamais elle n'a voulu dire.

Par la construction, elle *n'a pas voulu dire l'empire;* elle veut parler des moyens. Il faut soigneusement éviter ces phrases louches, ces amphibologies de construction.

Vers 27. Elle a sur Martian tourné le coup fatal
De l'épreuve d'un cœur qu'elle connoissoit mal.

Tourner le coup de l'épreuve d'un cœur n'est pas intelligible, et tout ce raisonnement d'Eudoxe est un peu obscur.

Vers 34. .... L'un et l'autre enfin ne sont que même chose,
Sinon qu'étant trahi je mourrois malheureux,
Et que m'offrant pour toi je mourrai généreux.

Ici tous les sentiments sont en raisonnement, et exprimés d'un ton didactique, dans un style qui est celui de la prose négligée. *Ne sont que même chose, sinon* n'est pas français.

Vers 37. Quoi! pour désabuser une aveugle furie,
Rompre votre destin et donner votre vie !

Rompre un destin, désabuser une furie aveugle! On ne désabuse point une furie; on ne rompt point un destin; ce ne sont pas les mots propres.

Vers 47. Souffrir qu'il se trahisse aux rigueurs de mon sort !

Cette expression n'est grammaticale en aucune langue, et n'est pas intelligible; il veut dire : qu'il subisse la mort qui m'était destinée; mais le fond de ces sentiments est héroïque ; c'est dommage qu'ils soient si mal exprimés.

Vers 55. Et prenant à l'empire un chemin éclatant...

Prendre un chemin éclatant à l'empire!

Vers 56. Montrez Héraclius au peuple qui l'attend.

Ce vers est souvent répété, et forme une espèce de refrain; c'est le sujet de la pièce; il y a un peu d'affectation à cette répétition. Cette scène d'ailleurs est intéressante par le fond, et il y a de très-beaux vers qui élèvent l'âme quand les raisonnements l'occupent.

Vers 57. Il n'est plus temps, madame; un autre a pris ma place.

Vers de comédie.

Vers 68. Il m'ôtera l'horreur qui me fait soulever.

Cela n'est pas français, et l'expression est aussi obscure que vicieuse : veut-il dire l'horreur[1] qui soulève mon cœur, ou l'horreur qui me force à soulever le peuple, ou l'horreur qui me porte à me soulever contre le tyran ?

Vers 72. Au tombeau comme au trône on me verra courir

est fort beau.

SCÈNE II.

Vers 4. Seigneur, ne croyez rien de ce qu'il va vous dire.

Ce vers serait également convenable à la comédie et à la tragédie; c'est la situation qui en fait le mérite : il échappe à la passion, il part du cœur, et si Eudoxe avait eu un amour plus violent ce vers ferait encore plus d'effet.

SCÈNE III.

Vers 5. Qu'on le fasse venir. Pour en tirer l'aveu,
Il ne sera besoin ni du fer ni du feu.

Pour en tirer l'aveu est une faute; cet *en* ne peut se rapporter qu'à Martian, dont on parle; mais *en tirer l'aveu* signifie *tirer l'aveu de quelque chose*; il fallait donc dire quel est cet aveu qu'on veut tirer.

---

[1]. Corneille a écrit *l'ardeur*, et non *l'horreur*. Ce dernier mot ne se trouve que six vers plus haut.

Vers 15. La perfide! Ce jour lui sera le dernier.

Cela n'est pas français. *Ce jour est mon dernier jour,* et non pas *m'est le dernier jour.*

SCÈNE IV.

Jusqu'ici le spectateur n'a été qu'embarrassé et inquiet; à présent il est ému par l'attente d'un grand événement.

Vers 3. Tout ce que je demande à votre juste haine,
C'est que de tels forfaits ne soient pas impunis.

Cela est dit ironiquement et à double entente, car ni Héraclius, ni Martian, n'ont commis de forfaits. La figure de l'ironie doit être employée bien sobrement dans le tragique.

Vers 6. Voilà tout mon souhait et toute ma prière:
M'en refuserez-vous ?

Cet *en* était alors en usage dans les discours familiers, témoin ce vers du *Cid*[1]:

Le roi, quand il en fait, le mesure au courage.

Vers 20. .... Semant de nos noms un insensible abus,
Fit un faux Martian du jeune Héraclius.

Semer un abus des noms ne peut se dire. Ces expressions, aussi obscures que forcées, se rencontrent souvent; mais la situation empêche qu'on ne remarque ces petites fautes au théâtre. Tous les esprits sont en suspens. Qui des deux est Héraclius? Qui des deux va périr? Rien n'est plus intéressant ni plus terrible.

Vers 24. Tu fais après cela des contes superflus.

Quoique les expressions les plus simples deviennent quelquefois les plus tragiques par la place où elles sont, ce n'est pas en cet endroit, c'est quand elles expriment un grand sentiment. *Des contes* est ignoble.

Vers 25. Si ce billet fut vrai, seigneur, il ne l'est plus.

C'est encore une énigme, ou plutôt un procès par écrit. Il faut au quatrième acte essuyer encore une avant-scène, informer le spectateur de tout ce qui s'est passé autrefois; mais cette

---

1. Acte Ier, scène VII.

explication même jette tant de trouble dans l'âme de Phocas, et rend le sort de Martian si douteux, qu'elle devient un coup de théâtre pour les esprits extrêmement attentifs.

Vers 32.   Cependant Léontine étant dans le château
            Reine de nos destins et de notre berceau.

On n'est point reine d'un destin, encore moins d'un berceau.

Vers 34.   Pour me rendre le rang qu'occupoit votre race,
            Prit Martian pour elle, et me mit en sa place.

On ne peut se servir de *race* pour signifier *fils*. On désirerait, dans toute cette tirade, un style plus tragique et plus noble.

Vers 53. Perdez Héraclius, et sauvez votre fils.

C'est encore un refrain. On y voit peut-être encore trop d'apprêt. L'auteur se complaît à dire par ce refrain le mot de l'énigme. Je crois cependant que cette répétition est ici mieux placée que celle-ci : *Montrez Héraclius au peuple*, laquelle revient trop souvent. La situation est très-intéressante.

Vers 69. Tombé-je dans l'erreur, ou si j'en vais sortir?

Il faut *ou bien vais-je en sortir?* Ce *si* s'employait autrefois par abus en sous-entendant *je demande*, ou *dis-moi si j'en vais sortir;* mais c'est une faute contre la langue : il n'y a qu'un cas où ce *si* est admis, c'est en interrogation : *Si je parle? Si j'obéis? Si je commets ce crime?* On sous-entend *qu'arrivera-t-il? qu'en penserez-vous? etc.* Mais alors il ne faut pas faire précéder ce *si* par une autre figure; il ne faut pas dire : *Parlé-je à un sage, ou si je parle à un courtisan?*

Vers 73. Elle a pu les changer et ne les changer pas,

et plus bas,

Elle a pu l'abuser et ne l'abuser pas,

sont des vers de comédie; mais la force de la situation les rend tragiques. La contestation d'Héraclius et de Martian me paraît sublime. Si Phocas joue un rôle faible et très-embarrassant pour l'acteur pendant cette noble dispute, il devient tout d'un coup noble et intéressant dès qu'il parle.

Vers 74.   Et plus que vous, seigneur, dedans l'inquiétude,
            Je ne vois que du trouble et de l'incertitude.

Le premier vers est mal fait, indépendamment de cette faute, *dedans;* mais Exupère dit ce qu'il doit dire.

ACTE IV, SCÈNE IV.

Vers 77. Vous voyez quels effets en ont été produits.

Cet *en* est vicieux, et le vers est trop faible.

Vers 82. . . . . Ah! ciel! quelle est sa ruse ?

Ce mot *ruse* ne doit point entrer dans le tragique, à moins qu'il ne soit relevé par une épithète noble.

Vers 93. Elle a pu l'abuser et ne l'abuser pas.

Cette ressemblance affectée avec ce vers : *Elle a pu les changer et ne les changer pas*, est un peu trop du style de la comédie.

Vers 94. Tu vois comme la fille a part au stratagème.

Vers de comédie. Otez les noms d'empereur et de prince, l'intrigue en effet et la diction ne sont pas tragiques jusqu'ici; mais elles sont ennoblies par l'intérêt d'un trône, et par le danger des personnages.

Vers 102. Ami, rends-moi mon nom, la faveur n'est pas grande;
Ce n'est que pour mourir que je te le demande, etc.

Ici le dialogue se relève et s'échauffe ; voilà du tragique.

Vers 109. Et nos noms au dessein donnent un divers sort

est obscur, parce que *sort* n'est pas le mot propre; il veut dire : *Nos noms mettent une grande différence dans notre action;* mais cette différence n'est pas le *sort*.

Vers 110. Dedans Héraclius il a gloire solide,
Et dedans Martian il devient parricide.

Il a gloire n'est pas permis dans le style noble ; il devait dire : *C'est dans Héraclius une gloire solide.*

Vers 112. Puisqu'il faut que je meure, illustre ou criminel.

Illustre n'est pas opposé à *criminel*, parce qu'on peut être un criminel illustre.

Vers 113. Couvert ou de louange ou d'opprobre éternel

n'est pas français; il faut *d'un opprobre éternel*. *D'opprobre* est ici absolu, et ne souffre point d'épithète; et on ne peut dire *couvert de louange*, comme on dit *couvert de gloire, de lauriers, d'opprobre, de honte*. Pourquoi? C'est qu'en effet la honte, la gloire, les lauriers, semblent environner un homme, le couvrir. La gloire couvre de ses rayons, les lauriers couvrent la tête; la honte, la rougeur, couvrent le visage; mais la louange ne couvre pas.

Vers 116. Mon nom seul est coupable...

C'est là, ce me semble, une très-noble hardiesse d'expression.

Vers 118. Il conspira tout seul, tu n'en es pas complice.

On ne peut pas dire qu'un nom a conspiré. *Tu n'en es pas complice* est une petite faute.

Vers 122. Et lorsque contre vous il m'a fait entreprendre,
    La nature en secret auroit su m'en défendre.

Ce verbe *entreprendre* est actif, et veut ici absolument un régime. On ne dit point *entreprendre* pour *conspirer*.

N. B. — C'est parler très-bien que de dire : *Je sais méditer, entreprendre et agir*, parce que alors *entreprendre*, *méditer*, ont un sens indéfini. Il en est de même de plusieurs verbes actifs qu'on laisse alors sans régime. Il avait une tête capable d'imaginer, un cœur fait pour sentir, un bras pour exécuter ; mais *j'exécute contre vous*, *j'entreprends contre vous*, *j'imagine contre vous* n'est pas français. Pourquoi ? Parce que ce défini *contre vous* fait attendre la chose *qu'on imagine, qu'on exécute, et qu'on entreprend*. Vous ne vous êtes pas expliqué. Voyez comme tout ce qui est règle est fondé sur la nature.

Vers 129. Juge sous les deux noms ton dessein et tes feux

n'est pas français. Il faut un *de*. *Juger*, avec un accusatif, ne se dit que quand on juge un coupable, un procès ; on juge une action bonne ou mauvaise. De plus, ce vers est obscur : *juge ton dessein et tes feux sous les deux noms*.

Vers 132. Et n'eût pas eu pour moi d'horreur d'un grand forfait.

Pour moi n'est pas français ainsi placé ; il veut dire *n'eût pas eu horreur de me rendre parricide*.

Vers 136. Ce favorable aveu dont elle t'a séduit
    T'exposoit aux périls pour m'en donner le fruit.

On ne peut pas dire *elle t'a séduit d'un aveu*, il faut *par un aveu*; et aveu n'est pas ici le mot propre, puisque Héraclius regarde cette confidence comme une feinte.

Avertissons toujours que ces fautes contre la langue sont pardonnables à Corneille.

Boileau a dit[1], et répétons encore après lui :

> Sans la langue, en un mot, l'auteur le plus divin
> Est toujours, quoi qu'il fasse, un méchant écrivain.

1. *Art poétique*, I, 161-62.

Cela est vrai pour quiconque est venu après Corneille, mais non pas pour lui, non-seulement à cause du temps où il est venu, mais à cause de son génie.

Vers 140. *Hélas! je ne puis voir qui des deux est mon fils*, etc.

Ce que Phocas dit ici est bien plus intéressant que dans Calderon, et les quatre derniers beaux vers : *O malheureux Phocas!* font, je crois, une impression bien plus touchante, parce qu'ils sont mieux amenés. Phocas, dans l'espagnol, dit aux deux princes: *Es-tu mon fils?* Tous deux répondent à la fois : *Non;* et c'est à ce mot que Phocas s'écrie: *O malheureux Phocas! ô trop heureux Maurice*[1]*!* etc.

Cette manière est fort belle, j'en conviens ; mais n'y a-t-il rien de trop brusque? Ces quatre beaux vers de Calderon ne sont-ils pas un jeu d'esprit? Il trouve d'abord que Maurice a deux fils, et que lui n'en a plus : cette idée ne demande-t-elle pas un peu de préparation? Quand les deux enfants ont répondu *non*, la première chose qui doit échapper à Phocas, n'est-ce pas une expression de douleur, de colère, de reproche? J'avoue que le *non* des deux princes est fort beau, et qu'il convient très-bien à deux sauvages comme eux.

On peut dire encore que *pour vivre après toi, pour régner après moi*, n'a pas l'énergie de l'espagnol. Ces deux fins de vers *après toi, après moi*, font languir le discours. Calderon est bien plus précis :

> Ah, venturoso Mauricio!
> Ah, infeliz Phocas, quien vio
> Que para reynar no quiera
> Ser hijo de mi valor
> Uno, y que quieran del tuyo
> Ser lo para morir dos!

Vers 156. *De quoi parle à mon cœur ton murmure imparfait?*
Ne me dis rien du tout, ou parle tout à fait.

Ces deux beaux vers de cette admirable tirade ont été imités par Pascal, et c'est la meilleure de ses pensées[2]. Cela fait bien

---

1. Voyez tome XVII, page 396.
2. Seconde partie, article 17, paragraphe 5. « Si je voyais partout les marques d'un créateur, je reposerais en paix dans la foi ; mais voyant trop pour nier et trop peu pour m'assurer, je suis dans un état à plaindre, et où j'ai souhaité cent fois que si un Dieu soutient la nature, elle le marquât sans équivoque, et que si les marques qu'elle en donne sont trompeuses, elle les supprimât tout à fait: qu'elle dit ou tout ou rien, afin que je visse quel parti je dois suivre. »

voir que le génie de Corneille, malgré ses négligences fréquentes, a tout créé en France. Avant lui, presque personne ne pensait avec force et ne s'exprimait avec noblesse.

Vers 166.   Qu'aux honneurs de ta mort je dois porter envie,
            Puisque mon propre fils les préfère à sa vie !

Ces deux derniers vers faibles et languissants gâtent la tirade; il fallait, comme Calderon, finir à *para morir dos.* D'ailleurs *les honneurs de la mort* n'est pas juste; *mon fils préfère les honneurs de la mort à la vie.* Y a-t-il eu dans Maurice de l'honneur à mourir ? Quels honneurs a-t-il eus ? Il n'y a de beau que le vrai exprimé clairement.

SCÈNE V.

Toute cette scène de Léontine est très-belle en son genre, car Léontine dit tout ce qu'elle doit dire, et le dit de la manière la plus imposante. La seule chose qui puisse faire de la peine, c'est que cette Léontine, qui semblait dès le second acte conduire l'action, qui voulait qu'on se reposât de tout sur elle, n'agit point dans la pièce, et c'est ce que nous examinerons, surtout au cinquième acte.

Vers 33.   Je m'en consolerai quand je verrai Phocas
           Croire affermir son sceptre en se coupant le bras,
           Et de la même main son ordre tyrannique
           Venger Héraclius dessus son fils unique.

Un ordre n'a point de main, et la phrase est trop incorrecte. *Je verrai Phocas se couper le bras, et son ordre venger Héraclius de la même main !*

Vers 47.   Tant ce qu'il a reçu d'heureuse nourriture
           Dompte ce mauvais sang qu'il eut de la nature.

Ce terme, *nourriture,* mérite d'être en usage ; il est très-supérieur à *éducation,* qui, étant trop long et composé de syllabes sourdes, ne doit pas entrer dans un vers.

Vers 53.   Il seroit lâche, impie, inhumain comme toi.

Remarquez que dans le cours de la pièce Phocas n'a été ni lâche, ni impie, ni inhumain ; ces injures vagues sentent trop la déclamation, et encore une fois une domestique ne parle point ainsi à un empereur dans son propre palais. Qu'il serait beau de faire sous-entendre toutes les injures que disent Léontine et

ACTE IV, SCÈNE V.

Pulchérie, au lieu de les dire! Que ce ménagement serait touchant et plein de force! Mais que ce vers est beau: *C'est du fils d'un tyran que j'ai fait un héros!* Il est un peu gâté par les deux vers faibles qui le suivent.

Vers 54.   Et tu me dois ainsi plus que je ne te doi.

On dit indifféremment *dois* et *doi*, *vois* et *voi*, *crois* et *croi*, *fais* et *fai*, *prends* et *pren*, *rends* et *ren*, *dis* et *di*, *avertis* et *averti* ; mais il n'est pas d'usage d'y comprendre *je suis, je puis* ou *je peux* ; on ne peut dire *je pui, je peu, je sui* ; et toutes les fois que la terminaison est sans *s*, on ne peut y en ajouter une ; il n'est pas permis de dire *je donnes, je soupires, je trembles*.

Vers 56.   Ne vous exposez plus à ce torrent d'injures,
   Qui, ne faisant qu'aigrir votre ressentiment,
   Vous donne peu de jour pour ce discernement.
   Laissez-la-moi, seigneur, quelques moments en garde.

Peu de jour pour un discernement, quelques moments en garde, sont de petits défauts; le plus grand, si je ne me trompe, c'est que Léontine et cet Exupère traitent toujours un empereur éclairé et redoutable comme on traite un vieillard de comédie qu'on fait donner dans tous les panneaux.

Vers 63.   Vous savez à quel point l'affaire m'intéresse.

Comment ce subalterne peut-il faire entendre que l'affaire l'intéresse particulièrement? Quel autre intérêt peut-il être supposé y prendre, devant Phocas, que l'intérêt d'obéir à son maître? Mais il répond à sa pensée; il entend qu'il y va de sa vie s'il ne vient à bout de trahir Phocas.

Vers 67.   Je saurai cependant prendre à part l'un et l'autre,
   Et peut-être qu'enfin nous trouverons le nôtre.

Le nôtre est incorrect et comique: il est incorrect, parce que ce *nôtre* ne se rapporte à rien ; il est comique, parce que *le nôtre* est familier, et qu'un prince qui veut dire : *Peut-être qu'enfin je découvrirai mon fils*, ne dit point en changeant tout d'un coup le singulier en pluriel : *Nous trouverons le nôtre*.

Vers dern. . . . . . .   Vous autres, suivez-moi.

Vous autres ne se dit point dans le style noble.

SCÈNE VI.

Vers 1.   On ne peut nous entendre...

Quoi ! ils sont dans la chambre même de l'empereur, et on ne peut les entendre !

Vers 7.   L'apparence vous trompe, et je suis en effet...
— L'homme le plus méchant que la nature ait fait.

Ce n'est pas là, je crois, ce que Léontine devrait dire ; ce n'est pas là cette femme si adroite, si supérieure, qui se vantait de venir à bout de tout ; il me semble qu'elle aurait dû, dans le cours de la pièce, faire l'impossible pour s'entendre avec Exupère. Elle a traité les deux princes comme des enfants, et Exupère, qui n'est qu'un subalterne, l'a traitée comme une petite fille : elle n'a point confié son secret, qu'elle devait confier, et Exupère ne lui a point dit le sien ; c'est une conspiration dans laquelle personne n'est d'intelligence, et, par cela seul, toute l'intrigue est peut-être hors de la vraisemblance.

Ce vers, *L'homme le plus méchant que la nature ait fait*, est du ton de la comédie [1].

Vers 13.   Il n'est aucun de nous à qui sa violence
N'ait donné trop de lieu d'une juste vengeance.

C'est un solécisme ; *on donne lieu à quelque chose*, et non *de quelque chose*. Il donne lieu *à mes soupçons*, et non *de mes soupçons*. Quand on met un *de*, il faut un verbe : *il m'a donné lieu de le haïr*. *Lieu* est prosaïque.

Vers 24.   Vous voyez la posture où j'y suis aujourd'hui.

Le mot de *posture* n'est pas assez noble.

Vers 39.   Esprit lâche et grossier, quelle brutalité
Te fait juger en moi tant de crédulité ?

Il me semble qu'au contraire elle doit dire : Est-il bien vrai ? Ne me trompez-vous point ? Quelle preuve pouvez-vous me donner ? Faites-moi parler à quelques conjurés : je devrais les connaître tous, puisque je me suis vantée de tout faire ; mais je n'en connais pas un. Je devrais être d'intelligence avec vous ; nous détes-

---

1. « Mlle Dumesnil, par la noblesse et la fierté de son expression, dit Palissot, rendait ce vers très-tragique.

tons tous deux le tyran ; il a immolé votre père, il m'en coûte mon fils ; le même intérêt nous joint ; il est ridicule que je ne sache rien. Mettez-moi au fait de tout, et je verrai ce que je dois croire et ce que je dois faire. Au lieu de dire ce qu'elle doit dire, elle appelle Exupère lâche, grossier, et brutal.

Vers 44. Ne me fais point ici de contes superflus.

Elle doit au moins attendre qu'Exupère lui ait fait ces contes.

Je ne sais si je ne me trompe, mais la fin de cette scène entre deux subalternes approche un peu trop d'une scène de comédie dans laquelle personne ne s'entend : d'ailleurs elle paraît inutile à la pièce ; elle ne conclut rien. Aime-t-on à voir deux subalternes qui ne s'entendent point et qui devraient s'entendre ? Que font pendant ce temps-là les deux héros de la pièce ? Rien du tout : il paraît qu'il serait mieux de les faire agir.

ACTE CINQUIÈME.

SCÈNE I.

Vers 1.   Quelle confusion étrange
De deux princes fait un mélange
Qui met en discord deux amis, etc.

On a presque toujours retranché aux représentations ces stances ; elles ne valent ni celles de *Polyeucte* ni celles du *Cid* : ce n'est qu'une ode du poëte sur l'incertitude où les héros de la pièce sont de leur destinée ; ce n'est qu'une répétition de tous les sentiments tant de fois étalés dans la pièce, et puisque c'est une répétition, c'est un défaut.

Un mélange de deux princes, deux amis en discord, un sort brouillé, ce qu'Héraclius a de connaissance qui brave une orgueilleuse puissance, ne sont pas des manières de parler qui puissent entrer ni dans une tragédie, ni dans des stances.

SCÈNE II.

Vers 1. O ciel ! quel bon démon devers moi vous envoie,
Madame ? — Le tyran, qui veut que je vous voie.

On sent ici que le terrain manque à l'auteur : cette scène est entièrement inutile au dénoûment de la pièce ; mais non-seulement elle est inutile, elle n'est pas vraisemblable. Il n'est pas possible que Phocas se serve ici de la fille de Maurice, comme il emploierait un confident sur lequel il compterait ; il l'a menacée vingt fois de la mort ; elle lui a parlé avec la plus grande horreur et le plus profond mépris, et il l'envoie tranquillement pour surprendre le secret d'Héraclius. Une telle disparate, un tel changement dans le caractère devrait au moins être excusé, s'il peut l'être, par une exposition pathétique du trouble extrême où est Phocas, et qui le réduit à implorer le secours de Pulchérie même, sa mortelle ennemie.

Vers 4.   Par vous-même en ce trouble il pense réussir !

Réussir en un trouble !

Vers 5.   Il le pense, seigneur, et ce brutal espère
Mieux qu'il ne trouve un fils que je découvre un frère.

Il faut qu'en effet il soit non-seulement brutal, mais abruti, pour avoir remis ses intérêts entre les mains de Pulchérie.

Vers 7.   Comme si j'étois fille à ne lui rien celer...

Tout cela est écrit du style de la comédie, et c'est dans un moment qui devrait être très-tragique.

Vers 8.   De tout ce que le sang pourroit me révéler.

Un sang révèle est une expression bien impropre, bien obscure, bien irrégulière. Les plus beaux sentiments révolteraient avec un si mauvais style.

Vers 9.   Puisse-t-il, par un trait de lumière fidèle,
Vous le mieux révéler qu'il ne vous le révèle !

Voilà trois *révèle*. Il faut éviter les répétitions, à moins qu'elles ne donnent une grande force au discours ; et *qu'il ne me le* fait un son désagréable.

Vers 13.   Ah ! prince, il ne faut point d'assurance plus claire ;
Si vous craignez la mort, vous n'êtes point mon frère.

Cela est bien subtil ; ce ne sont pas là des raisons ; elle se presse trop ; elle joue sur le mot de *frayeur*. Tout ce que disent ici Héraclius et Pulchérie n'ajoute rien à l'intrigue, ne conduit en rien au dénoûment. *Assurance plus claire* n'est ni un mot noble, ni le mot propre ; on a une ferme assurance, une preuve claire.

Vers 23. J'ai beau faire et beau dire afin de l'irriter,
　　　　　Il m'écoute si peu qu'il me force à douter.

Cela n'a pas besoin de commentaire ; mais de si basses trivialités étonnent toujours.

Vers 25. Malgré moi comme fils toujours il me regarde.

Il faut *comme son fils*.

Vers 40. Ah! vous ne l'êtes point, puisque vous en doutez.

C'est encore une de ces subtilités qui ne vont point au cœur, qui ne causent ni terreur ni trouble ; il faut dans un cinquième acte autre chose que du raisonnement, et ce raisonnement de Pulchérie n'est pas juste. Héraclius peut très-bien douter qu'il soit fils de Maurice, et cependant être son fils ; il a même les plus grandes raisons pour en douter. Boileau condamnait hautement dans Corneille toutes ces scènes de raisonnement, et surtout celles qui refroidissent toutes les pièces qu'il fit après *Héraclius*.

> En vain vous étalez une scène savante,
> Vos froids raisonnements ne feront qu'attiédir
> Un spectateur toujours paresseux d'applaudir,
> Et qui, des vains efforts de votre rhétorique
> Justement fatigué, s'endort, ou vous critique [1].

Il est cependant naturel qu'Héraclius explique ses doutes. Le grand défaut de cette scène est, comme on l'a dit, qu'elle ne conduit à rien du tout.

Vers 65. L'œil le plus éclairé sur de telles matières
　　　　　Peut prendre de faux jours pour de vives lumières ;
　　　　　Et comme notre sexe ose assez promptement
　　　　　Suivre l'impression d'un premier mouvement, etc.

Ces expressions de comédie et la réflexion *sur notre sexe* achèvent de refroidir.

Vers 72. Et quoique la pitié montre un cœur généreux.

Ce terme *montre* n'est pas propre ; on croirait que la pitié a un cœur. Ces petites négligences seraient à peine remarquables si elles n'étaient fréquentes, et ces inattentions étaient très-pardonnables pour le temps. Il fallait peut-être *prouve un cœur généreux*, ou bien *quoique la pitié soit d'un cœur généreux*.

[1]. Ces vers 20-24 du chant III de l'*Art poétique* portaient, de l'aveu de Boileau lui-même, si l'on en croit Monchesnay (*Bolœana*, n° 107), sur quelques scènes de l'*Othon*.

Vers 73.   Celle qu'on a pour lui de ce rang dégénère.

De quel rang? Est-ce du rang des cœurs généreux? On ne dégénère point d'un rang.

Vers 74.   Vous le devez haïr, et fût-il votre père.

Cela n'est pas vrai. Un fils ne doit point haïr un père qui l'a élevé avec tendresse : ce sentiment est pardonnable dans la bouche de Pulchérie ; mais doit-elle l'alléguer comme un motif déterminant?

SCÈNE III.

Vers 2.   Quelque effort que je fasse à lire dans son âme,
          Je n'en vois que l'effet que je m'étois promis.

Cela n'est pas français; *on a de la peine à lire, on fait effort pour lire*, et *l'effet d'un effort* n'a pas un sens assez clair.

Vers 4.   Je trouve trop d'un frère, et vous trop peu d'un fils.

Elle ne fait là que répéter ce que Phocas a dit au quatrième acte ; et cette antithèse de *trop* et de *trop peu* est souvent répétée.

Vers 6.   Il tient en ma faveur leur naissance couverte.

Le ciel qui tient une naissance couverte! Ce n'est pas le mot propre. *Couvert* ne veut pas dire *incertain, obscur*.

Vers 18.   En crois-tu mes soupirs? En croiras-tu mes larmes?

Il y a ici une remarque importante à faire pour toute la tragédie : c'est qu'il ne faut jamais faire en aucun cas ni soupirer ni pleurer ceux dont les larmes ne font soupirer ni pleurer personne. Pour peu qu'on connaisse le cœur humain, on sent bien que les soupirs et les larmes d'un Phocas ressemblent à la voix du loup berger.

Vers 25.   C'est me l'ôter assez (son fils) que ne vouloir plus l'être.
          — C'est vous le rendre assez que le faire connoître.
          — C'est me l'ôter assez que me le supposer.
          — C'est vous le rendre assez que vous désabuser.

Ces répétitions, *ôter assez, rendre assez*, font une espèce de jeu de mots et de symétrie, qui, n'ajoutant rien à la situation, peuvent faire languir.

Vers 31.   Fais vivre Héraclius sous l'un ou l'autre sort.

On ne peut dire *vivre sous un sort*.

Vers 33. Ah ! c'en est trop enfin, et ma gloire blessée
Dépouille un vieux respect où je l'avois forcée.

Je ne sais si Héraclius, dans l'incertitude où il est de sa naissance, doit répondre avec tant d'indignation et de mépris à un empereur qui est peut-être son père. Cette scène d'ailleurs fait un grand effet, quoique la perplexité où est le spectateur n'ait point augmenté ; mais c'est beaucoup que, dans un tel sujet, elle soit toujours entretenue ; c'est un très-grand art d'y être parvenu, et c'est une grande ressource de génie. Martian fait seulement un personnage froid dans la scène : il n'y parle qu'une fois, et est un personnage purement passif.

Vers 67. J'accepte en sa faveur ses parents pour les miens, etc.

Toute cette tirade est véritablement tragique : voilà de la force, du pathétique, et de beaux vers.

Vers 80. . . . Donne-m'en pour marque un véritable effet ;

cela n'est pas français.

Vers 81. Ne laisse plus de place à la supercherie.

Jamais ce mot ne doit entrer dans la tragédie.

Vers 88. J'aurois pour cette honte un cœur assez léger !

Cela n'est pas français. *Un cœur léger pour une honte !* Et cette légèreté consisterait à épouser son frère. Cette scène ne finit pas heureusement.

SCÈNE IV.

Vers 1. Seigneur, vous devez tout au grand cœur d'Exupère.

On dirait, à ce mot de *grand cœur*, qu'Exupère est un héros qui a offert son secours à Phocas ; mais ce n'est qu'un officier qui a obéi aux ordres de son maître, et qui a arrêté des séditieux : et comment n'a-t-il employé que ses amis ? L'empereur n'avait-il pas des gardes ?

SCÈNE V.

Vers 7. Trouve ou choisis mon fils, et l'épouse sur l'heure.

Est-ce là le temps d'un mariage ? De plus, Phocas doit-il faire sur-le-champ sa belle-fille d'une personne dont il connaît la haine implacable ? Il n'a nul besoin d'elle, puisqu'il se croit maître de l'État. Il les laisse tous trois : qu'en espère-t-il ? Il a vu qu'il est haï de tous les trois ; il doit penser qu'ils tiendront conseil contre lui. Ne voit-on pas un peu trop que c'est uniquement pour ménager une scène entre Pulchérie et les deux princes?

Vers 9.   Je jure à mon retour qu'ils périront tous deux.

Il faut *je jure qu'à mon retour ils...*

Vers 10.   Je ne veux point d'un fils dont l'implacable haine
Prend ce nom pour affront, et mon amour pour gêne.

On ne prend point un amour pour gêne. Il veut dire que sa tendresse gêne Héraclius. On ne dit pas non plus *prendre un nom pour affront*, mais *pour un affront*.

Vers 13.   A mourir ! jusque-là je pourrois te chérir !

Convenons que rien n'est plus outré. Un tyran furieux peut bien dire à son ennemi qu'il aime mieux le faire languir dans de longs supplices que de lui donner la mort ; mais peut-on dire à une fille : *Je ne t'aime pas assez pour te faire mourir ?*

Vers 15.   Et pense... — A quoi, tyran ? — A m'épouser moi-même.

On ne s'attendait point à cette alternative ; elle aurait quelque chose de trop comique, si cette saillie d'un vieillard n'était tout d'un coup relevée par le vers suivant :

Au milieu de leur sang à tes pieds répandu.

Vers 17.   Quel supplice ! — Il est grand pour toi, mais il t'est dû.

Si on ne considère ici que la fille de Maurice, ce n'est guère un plus grand supplice pour elle d'être impératrice que d'être bru de l'empereur régnant ; mais l'âge d'un vieillard qui se présente pour époux au lieu de son fils pourrait donner du ridicule à ces expressions : *Quel supplice ! — Il est grand*.

Remarquez que cette menace soudaine et inattendue que Phocas fait à Pulchérie de l'épouser donne lieu à une dissertation dans la scène suivante. Il semble que l'empereur ne laisse Martian, Héraclius et Pulchérie ensemble, que pour leur donner lieu d'amuser la scène, en attendant le dénoûment.

SCÈNE VI.

Vers 5.   L'une et l'autre fortune en montre la foiblesse ;
L'une n'est qu'insolence, et l'autre que bassesse.

ACTE V, SCÈNE VI.

Si Pulchérie et ces princes étaient des personnages agissants, Pulchérie ne débiterait pas des sentences. Phocas n'a point montré de bassesse : c'est un père qui cherche à connaître son fils ; il n'y a là rien de bas.

Vers 13. Il n'est point de conseil qui vous soit salutaire,
Que d'épouser le fils pour éviter le père.

La syntaxe demandait : *il n'est de conseil salutaire pour vous que d'épouser le fils. Éviter le père* est trop faible.

Vers 20. Mais, madame, on peut prendre un vain titre d'époux,
Abuser du tyran la rage forcenée,
Et vivre en frère et sœur sous un feint hyménée.

Vivre en frère et sœur ; cette expression est trop familière, et n'est pas correcte. Pulchérie demande conseil ; Martian lui conseille d'épouser Héraclius sans user des droits du mariage : il faut convenir que c'est là un très-petit artifice, et indigne de la tragédie. Ces conversations dans un cinquième acte, lorsqu'on doit agir, sont presque toujours très-languissantes. Je ne sais s'il n'y a pas dans la pièce extravagante et monstrueuse de Calderon un plus grand fond de tragique quand le fils de Phocas veut tuer son père. C'était même pour un parricide que Léontine l'avait réservé ; elle s'en explique dès le second acte : on s'attend à cette catastrophe. Le fils de Phocas, près de tuer cet empereur, et Héraclius voulant le sauver, pouvaient former un beau coup de théâtre : cependant il n'arrive rien de ce que Léontine a projeté, et Martian ne fait autre chose dans tout le cours de la pièce que de dire : *Qui suis-je ?*

Vers 32. Sus donc.

On se servait autrefois de ce mot dans le discours familier ; il veut dire : *vite, allons, courage, dépêchez-vous.*

Sus, sus, du vin partout ; versez, garçon, versez.

Mais Pulchérie ne peut dire : *Allons, vite, sus, qui veut feindre avec moi? Qui veut m'épouser pour ne point jouir des droits du mariage?*

Vers 38. Vous saurez mieux que moi la traiter de maîtresse.

Cette contestation est-elle convenable à la tragédie ? *Traiter de maîtresse* n'est ni français ni noble.

Vers 49. L'obscure vérité, que de mon sang je signe,
          Du grand nom qui me perd ne me peut rendre digne.

Ces vers ne sont pas moins obscurs. *L'obscure vérité* qu'il *signe ne peut le rendre digne du nom qui le perd !*

Vers 59. Cédez, cédez tous deux aux rigueurs de mon sort.
          Il a fait contre vous un violent effort.

Un sort qui fait un effort! Presque aucune expression n'est ni pure ni naturelle. Enfin, la délibération de ces trois personnages n'aboutit à rien. Ils n'agissent, ni n'ont aucun dessein arrêté dans toute la pièce.

SCÈNE VII.

Vers 1. . . . . Mon bras
         Vient de laver ce nom dans le sang de Phocas.

Je ne parle point ici d'*un bras qui lave un nom :* on sent assez combien le terme est impropre ; mais j'insiste sur ce personnage subalterne d'Amintas, qui n'a dit que quatre mots dans toute la pièce, et qui en fait le dénoûment. Jamais en aucun cas on ne doit imiter un tel exemple ; il faut toujours que les premiers personnages agissent.

Vers 3. Que nous dis-tu ? — Qu'à tort vous nous prenez pour traîtres ;
         Qu'il n'est plus de tyran, que vous êtes les maîtres.

Ce mot n'est-il pas déplacé ? Car il s'adresse sûrement au fils de Phocas comme au fils de Maurice : il doit croire qu'un des deux princes vengera la mort de son père.

Vers 5. De quoi ? — De tout l'empire. — Et par toi ? — Non, seigneur.
         Un autre en a la gloire, et j'ai part à l'honneur.

Il (Amintas) doit au contraire répondre : *Oui, seigneur,* puisqu'au vers suivant il dit : *J'ai part à cet honneur.*

Vers 12. Son ordre excitoit seul cette mutinerie.

Ce mot est trop familier : *révolte, sédition, tumulte, soulèvement, etc.*, sont les termes usités dans le style tragique.

Vers 13. . . . . Admirez
         Que ces prisonniers même avec lui conjurés
         Sous cette illusion couroient à leur vengeance.

Admirez qu'ils couraient n'est pas français. Cet événement est en effet bien étonnant, et jamais l'histoire n'a rien fourni de si improbable. On peut assassiner un roi au milieu de sa garde, on peut tuer César dans le sénat ; mais il n'est guère possible que dans le temps que Phocas fait attaquer les conjurés il n'ait pris aucune mesure pour être le plus fort chez lui. Un homme qui de simple soldat est devenu empereur n'est pas imbécile au point de recevoir dans sa maison plus de prisonniers qu'il n'a de soldats pour les garder ; on ne fait point ainsi venir des prisonniers dans son appartement avec des poignards sous leurs robes : on les fouille, on les désarme, on les charge de fers, on ne se livre point à eux. Ainsi la vraisemblance est partout violée.

Remarquez que, dans la règle, il faut *ces prisonniers mêmes*; mais s'il n'est pas permis à un poëte de retrancher une *s* en cette occasion, il n'y aura aucune licence pardonnable. Corneille retranche presque toujours cette *s*, et fait un adverbe de *même* au lieu de le décliner.

Vers 15. Sous cette illusion couroient à leur vengeance.

Cela n'est pas français ; on ne court point à la vengeance sous une illusion.

Vers 20. Crispe même à Phocas porte notre message ;
. . . . A ses genoux on met les prisonniers,
Qui tirent pour signal leurs poignards les premiers ;

et plus bas :

Il frappe, et le tyran tombe aussitôt sans vie,
Tant de nos mains la sienne est promptement suivie.

Porte notre message, leurs poignards les premiers, tant de nos mains la sienne, etc. Ces expressions, ou impropres, ou incorrectes, ou faibles, énervent le récit, et lui ôtent toute sa chaleur.

Oreste, dans l'*Andromaque*, en faisant un récit à peu près semblable, s'exprime ainsi :

A ces mots, qui du peuple attiroient le suffrage,
Nos Grecs n'ont répondu que par un cri de rage ;
L'infidèle s'est vu partout envelopper,
Et je n'ai pu trouver de place pour frapper [1].

La pureté de la diction augmente toujours l'intérêt.

---

1. *Andromaque*, acte V, scène III.

Vers 26.   C'est lui qui me rendra l'honneur presque perdu.

Ce *presque perdu* affaiblit encore la narration. Le spectateur s'embarrasse trop peu qu'un personnage aussi subalterne qu'Exupère ait presque perdu son honneur.

Vers 35.   Quel chemin Exupère a pris pour sa ruine.

Prendre un chemin pour une ruine est une expression vicieuse, un barbarisme; et cette réflexion de Pulchérie est trop froide, quand elle apprend la mort de son tyran.

SCÈNE VIII et dernière.

Vers 3.   Seigneur, un tel succès à peine est concevable.

Léontine a très-grande raison de concevoir à peine une chose qui n'est nullement vraisemblable. Elle dit que la conduite de ce dessein est admirable; mais c'était à elle à conduire ce dessein, puisqu'elle avait tant promis de tout faire. C'est une subalterne qui a voulu jouer un rôle principal, et qui ne l'a pas joué; il se trouve qu'elle ne fait autre chose, dans les premiers actes et dans le dernier, que de montrer des billets; elle a été, aussi bien que Phocas, la dupe d'un autre subalterne. Héraclius, Martian, Pulchérie, Eudoxe, n'ont contribué en rien ni au nœud ni au dénoûment; la tragédie a été une méprise continuelle, et enfin Exupère a tout fait par une espèce de prodige. Remarquez encore que cette mort de Phocas n'est là qu'un événement inattendu, qui ne dépend point du tout du fond du sujet, qui n'y est point contenu, qui n'est point tiré, comme on dit, des entrailles de la pièce : autant vaudrait que Phocas mourût d'apoplexie. Du moins Calderon fait mourir Phocas en combattant contre Héraclius.

Vers 5.   Perfide généreux, hâte-toi, etc.

Une nuée de critiques s'est élevée contre Lamotte pour avoir affecté de joindre ainsi des épithètes qui semblent incompatibles. On ne s'avise pas de reprendre le *perfide généreux* de Corneille. Quand un homme a établi sa réputation par des morceaux sublimes, et qu'un siècle entier a mis le sceau à sa gloire, on approuve en lui ce qu'on censure dans un contemporain. C'est ce qu'on voit en Angleterre, où l'on élève Shakespeare au-dessus de Corneille, et où l'on siffle ceux qui l'imitent[1]. J'avoue que je

---

1. Ceci est un trait à l'adresse des shakespeariens de France. (G. A.)

ne sais si *perfide généreux* est un défaut ou non, mais je ne voudrais pas employer cette expression.

Vers 18. Quelle autre sûreté pourrions-nous demander ?

Je ne vois pas qu'on doive si aveuglément s'en rapporter au témoignage seul de Léontine, que sa conduite mystérieuse a pu rendre très-suspecte ; et dans de si grands intérêts il faut des preuves claires.

Vers 20. Non, ne m'en croyez pas, croyez l'impératrice.

La naissance des deux princes n'est enfin éclaircie que par un billet de Constantine, dont il n'a point été question jusqu'à présent. On est tout étonné que Constantine ait écrit ce billet. Il ne faut jamais jeter dans les derniers actes aucun incident principal qui ne soit bien préparé dans les premiers, et attendu même avec impatience.

Toutes ces raisons, qui me paraissent évidentes, font que le cinquième acte d'*Héraclius* est beaucoup inférieur à celui de *Rodogune*. La pièce est d'un genre singulier qu'il ne faudrait imiter qu'avec les plus grandes précautions.

Vers 25. Apprenez d'elle enfin quel sang vous a produits.

La reconnaissance suit ici la catastrophe. On doit très-rarement violer la règle qui veut au contraire que la reconnaissance précède. Cette règle est dans la nature, car lorsque la péripétie est arrivée, quand le tyran est tué, personne ne s'intéresse au reste. Qu'importe qui des deux princes est Héraclius ? Si Joas n'était reconnu qu'après la mort d'Athalie, la pièce finirait très-froidement. Il me semble qu'il se présentait une situation, une péripétie bien théâtrale. Phocas, méconnaissant son fils Martian, voudrait le faire périr ; Héraclius, son ami, en le défendant, tuerait Phocas, et croirait avoir commis un parricide ; Léontine lui dirait alors : Vous croyez vous être souillé du sang de votre père ; vous avez puni l'assassin du vôtre[1].

Vers 28. Après avoir donné son fils au lieu du mien,
Léontine à mes yeux, par un second échange,
Donne encore à Phocas mon fils au lieu du sien...
Celui qu'on croit Léonce est le vrai Martian,
Et le faux Martian est vrai fils de Maurice.

---

[1]. « Le plan que propose ici Voltaire, dit Palissot, nous paraît d'une très-grande beauté : il prouve la profonde connaissance qu'il avait du théâtre. »

Tout cela ressemble peut-être plus à une question d'État, à un procès par écrit, qu'au pathétique d'une tragédie.

Vers 46. Donc, pour mieux l'oublier, soyez encor Léonce.

On a déjà dit[1] que ce mot *donc* ne doit jamais commencer un vers.

Vers 47. Sous ce nom glorieux aimez ses ennemis,
Et meure du tyran jusqu'au nom de son fils!

Il semble que ce soient les ennemis de Léonce. Il entend apparemment les ennemis de Phocas.

Vers 49. Vous, madame, acceptez et ma main et l'empire
En échange d'un cœur qui pour[2] le mien soupire.

On ne peut dire que dans le style de la comédie *en échange d'un cœur*. Un homme ne doit jamais dire, d'une femme, *elle soupire pour moi.*

Remarquez encore que ce mariage n'est point un échange d'un cœur contre une main ; ce sont deux personnes qui s'aiment.

Vers 51. Seigneur, vous agissez en prince généreux.

Il faut dans la tragédie autre chose que des compliments, et celui-ci ne paraît pas convenable entre deux personnes qui s'aiment.

Vers 52. Et vous dont la vertu me rend ce trouble heureux,
Attendant les effets de ma reconnoissance,
Reconnoissons, amis, sa céleste puissance, etc.

Rendre un trouble heureux à quelqu'un, cela n'est pas français.

En général la diction de cette pièce n'est pas assez pure, assez élégante, assez noble. Il y a de très-beaux morceaux ; l'intrigue occupe l'esprit continuellement ; elle excite la curiosité ; et je crois qu'elle réussit plus à la représentation qu'à la lecture[3].

---

1. Remarques sur *Rodogune,* acte Ier, scène II.
2. Les éditions de Corneille portent *pour qui,* ce qui ne présente plus le sens qu'avec raison Voltaire condamne.
3. « Mme du Châtelet avait de l'esprit, et l'esprit juste, écrit Voltaire à d'Argental, qu'il consultait sur ces remarques ; je lui lus un jour l'*Héraclius :* elle y trouva quatre vers dignes de Corneille, et crut que le reste était de l'abbé Pellegrin, avant que cet abbé fût venu à Paris. »
Cependant Mme du Châtelet, dans une lettre au duc de Richelieu du mois d'avril 1735, dit en parlant d'*Héraclius :* « Je n'ai jamais trouvé Corneille si sublime ; il a étonné mon âme : le sentiment de l'admiration est si rarement excité qu'il me

EXAMEN D'HÉRACLIUS.

La manière dont Eudoxe fait connoître, au second acte, le double échange que sa mère a fait des deux princes est une des choses les plus spirituelles qui soient sorties de ma plume.

Il n'est plus permis aujourd'hui de parler ainsi de soi-même, et il n'est pas trop spirituel de dire qu'on a fait des choses spirituelles. J'avoue que je ne trouve rien de spirituel dans le rôle d'Eudoxe, ni même rien d'intéressant, ce qui est bien plus nécessaire que d'être spirituel.

semble que c'est un de ceux qui me fait le plus grand plaisir. Je ne désespère pas, si Voltaire soutient ce qu'il vous a dit, que nous ne soyons brouillés deux ou trois heures à Cirey sur *Héraclius;* car j'ai excepté mon sentiment de l'empire absolu que je lui ai abandonné sur mon âme. » Et dans une lettre au même, du 10 mai suivant, elle revient sur le même sujet : « *Héraclius,* que je n'avais ni vu ni lu, et qui m'a enchantée, est, à mon gré, le chef-d'œuvre de l'esprit humain. Je ne sais si j'ai tort ou raison. »

Évidemment Voltaire s'était mépris singulièrement sur l'impression que Mme du Châtelet avait éprouvée à la lecture d'*Héraclius*, ou bien la divine Émilie avait vis à-vis de lui des dissimulations qu'elle ne veut pas avouer.

REMARQUES

SUR ANDROMÈDE

TRAGÉDIE REPRÉSENTÉE AVEC LES MACHINES,

SUR LE THÉATRE ROYAL DE BOURBON, EN 1650.

PRÉFACE DU COMMENTATEUR.

Il paraît par la pièce d'*Andromède* que Corneille se pliait à tous les genres. Il fut le premier qui fit des comédies dans lesquelles on retrouvait le langage des honnêtes gens de son temps, le premier qui fit des tragédies dignes d'eux, et le premier encore qui ait donné une pièce en machines qu'on ait pu voir avec plaisir.

On avait représenté *le Mariage d'Orphée et d'Eurydice, ou la Grande Journée des machines,* en 1640. Il y avait de la musique dans quelques scènes; le reste se déclamait comme à l'ordinaire.

L'*Andromède* de Corneille est aussi supérieure à cet *Orphée* que *Mélite* l'avait été aux comédies du temps : ainsi Corneille fut au-dessus de ses contemporains dans tous les genres qu'il traita.

Il est vrai que quand on a lu l'*Andromède* de Quinault, on ne peut plus lire celle de Corneille, de même que les comédies de Molière firent oublier pour jamais *Mélite* et *la Galerie du Palais*. Il y a pourtant des beautés dans l'*Andromède* de Corneille, et on les trouve dans les endroits qui tiennent de la vraie tragédie, par exemple dans le récit que fait Phorbas, à l'avant-dernière scène de la pièce.

Cette pièce fut jouée au théâtre du Petit-Bourbon. Un Italien nommé Torelli fit les machines et les décorations. Ce spectacle eut un grand succès. L'opéra a fait tomber absolument toutes les pièces de ce genre, et quand même nous n'eussions point eu d'opéra, l'*Andromède* ne pouvait se soutenir quand le goût fut perfectionné.

Andromède était un si beau sujet d'opéra que, trente-deux ans après Corneille, Quinault le traita sous le titre de *Persée*. Ce drame lyrique de Quinault fut, comme tout ce qui sortait alors de sa plume, tendre, ingénieux, facile. On retenait par cœur presque tous les couplets, on les citait, on les chantait, on en faisait mille applications. Ils soutenaient la musique de Lulli, qui n'était qu'une déclamation notée, appropriée avec une extrême intelligence au caractère de la langue : ce récitatif est si beau qu'en paraissant la chose du monde la plus aisée il n'a pu être imité par personne. Il fallait les vers de Quinault pour faire valoir le récitatif de Lulli, qui demandait des acteurs plutôt que des chanteurs. Enfin Quinault fut sans contredit, malgré ses ennemis et malgré Boileau, au nombre des grands hommes qui illustrèrent le siècle éternellement mémorable de Louis XIV.

PROLOGUE.

Vers 1.   Arrête un peu ta course impétueuse;
            Mon théâtre, Soleil, mérite bien tes yeux, etc.

Je ne ferai point de remarques détaillées sur *ce théâtre qui mérite les yeux du Soleil* au lieu de *ses regards*, ni sur *le frein que le Soleil tient à ses chevaux*; mais je remarquerai que ce n'est pas Quinault qui consacra le premier ses prologues à la louange de Louis XIV; il ne lui donna même jamais de louanges aussi outrées dans le cours de ses conquêtes que Corneille lui en donne ici. Il n'est guère permis de dire à un prince qui n'a eu encore aucune occasion de se signaler qu'il est le plus grand des rois. Alexandre, César, et Pompée, attachés au char de Louis XIV, avant qu'il ait pu rien faire, révoltent un peu le lecteur.

> Je lui montre Pompée, Alexandre, César,
> Mais comme des héros attachés à son char.

C'est cet endroit que Boileau voulait noter quand il dit à Louis XIV[1] :

> Ce n'est pas qu'aisément, comme un autre, à ton char
> Je ne pusse attacher Alexandre et César.

---

1. Épître Ire, vers 7-8.

Vers 79. Louis est le plus jeune et le plus grand des rois ;
          La majesté qui déjà l'environne
              Charme tous ses François ;
          Il est lui seul digne de sa couronne.

On prononçait alors *François*, *Anglois*, ce qui était très-dur à l'oreille. On dit aujourd'hui *Anglais* et *Français* ; mais les imprimeurs ne se sont pas encore défaits du ridicule usage d'imprimer avec un *o* ce qu'on prononce avec un *a*. Les Italiens ont eu plus de goût et de hardiesse : ils ont supprimé toutes les lettres qu'ils ne prononcent pas.

Vers 83. Et quand même le ciel l'auroit mise à leur choix,
          Il seroit le plus jeune et le plus grand des rois.

Racine a heureusement imité cet endroit dans sa *Bérénice*[1] :

   Parle ; peut-on le voir sans penser comme moi,
   Qu'en quelque obscurité que le ciel l'eût fait naître,
   Le monde en le voyant eût reconnu son maître ?

C'est là qu'on voit l'homme de goût et l'écrivain aussi délicat qu'élégant ; il fait parler Bérénice de son amant : ce n'est point une louange vague ; le sentiment seul agit, l'éloge part du cœur. Quelle prodigieuse différence entre ces vers charmants et ce refrain : *Il est le plus jeune et le plus grand des rois !*

ACTE PREMIER.

SCÈNE I.

Vers 5. Puisque vous avez vu le sujet de ce crime,
         Que chaque mois expie une telle victime.

Le sujet de ce crime, ce crime glorieux, force jeux, ces miroirs vagabonds, et toute cette longue et inutile description de la jalousie des Néréides, *qui se choisissent six fois*, pouvaient être les défauts du temps ; et il était permis à Corneille de s'égarer dans un genre qui n'était pas le sien. Ce genre ne fut perfectionné par Quinault que plus de trente ans après. Voyez comme dans sa tragédie-

---

1. Acte Ier, scène v.

opéra de *Persée* et d'*Andromède*, Cassiope raconte la même aventure, comme il n'y a rien de trop dans son récit, comme il ne fait point le poëte mal à propos ; tout est concis, vif, touchant, naturel, harmonieux.

> Heureuse épouse, tendre mère[1],
> Trop vaine d'un sort glorieux,
> Je n'ai pu m'empêcher d'exciter la colère
> De l'épouse du dieu de la terre et des cieux :
> J'ai comparé ma gloire à sa gloire immortelle ;
> La déesse punit ma fierté criminelle ;
> Mais j'espère fléchir son courroux rigoureux,
> J'ordonne les célèbres jeux
> Qu'à l'honneur de Junon dans ces lieux on prépare.
> Mon orgueil offensa cette divinité :
> Il faut que mon respect répare
> Le crime de ma vanité.
>
> . . . .
> Les dieux punissent la fierté.
> Il n'est point de grandeur que le ciel irrité
> N'abaisse quand il veut, et ne réduise en poudre.
> Mais un prompt repentir
> Peut arrêter la foudre
> Toute prête à partir.

Les étrangers ne connaissent pas assez Quinault : c'est un des beaux génies qui aient fait honneur au siècle de Louis XIV. Boileau, qui en parle avec tant de mépris, était incapable de faire ce que Quinault a fait ; personne n'écrira mieux en ce genre : c'est beaucoup que Corneille ait préparé de loin ces beaux spectacles.

Une remarque importante à faire, c'est qu'il n'y a pas une seule faute contre la langue dans les opéras de Quinault, à commencer depuis *Alceste*. Aucun auteur n'a plus de précision que lui, et jamais cette précision ne diminue le sentiment ; il écrit aussi correctement que Boileau, et on ne peut mieux le venger des critiques passionnées de cet homme, d'ailleurs judicieux, qu'en le mettant à côté de lui.

Vers 35. Et voyant ses regards s'épandre sur les eaux....

Des regards ne s'épandent ni ne se répandent.

---

1. *Persée,* acte Ier, scène Ire.

Vers 56. O nymphes! qui ne cède à des attraits si doux?
Et pourriez-vous nier, vous autres immortelles,
Qu'entre nous la nature en forme de plus belles?

Vous autres immortelles est comique.

Vers 62. L'onde qui les reçut s'en irrita pour elles.

Ce vers est comme le précurseur de celui de Racine :

Le flot qui l'apporta recule épouvanté[1].

On a critiqué beaucoup ce dernier vers, et on n'a jamais parlé du premier : c'est que l'un est de *Phèdre*, que tous les amateurs savent par cœur, et que l'autre est d'*Andromède*, que presque personne ne lit. Il paraît utile d'observer que Corneille n'a point changé de style en changeant de genre[2]. Le grand art consisterait à se proportionner à ses sujets.

Vers 77. Nous courons à l'oracle en de telles alarmes,
Et voici ce qu'Ammon répondit à nos larmes...

Il y a bien loin de la mer d'Éthiopie à l'oracle d'Ammon; il fallait traverser toute l'Éthiopie et toute l'Égypte. On ne va guère consulter un oracle à quatre cents lieues quand le péril est si pressant.

Vers 119. Les nymphes de la mer ne lui sont pas si chères
Qu'il veuille s'abaisser à suivre leurs colères.

Colère n'admet jamais de pluriel.

Vers 123. Il venge, et c'est de là que votre mal procède,
L'injustice rendue aux beautés d'Andromède.

On ne rend point injustice comme on rend justice; c'est un barbarisme : la raison en est qu'on rend ce qu'on doit; on doit *justice*, on ne doit pas *injustice*. D'ailleurs il y a beaucoup d'esprit dans le discours de Persée, mais il n'y a rien d'intéressant : c'est là un des grands défauts de Corneille. Quinault intéresse, quoiqu'il soit presque permis de négliger cet avantage dans l'opéra.

---

1. *Phèdre*, acte V, scène vi.
2. « Quoi! Corneille n'a jamais changé de style, et c'est Voltaire qui se permet cette assertion! » s'écrie Palissot. Voltaire ne dit pas que Corneille n'a *jamais* changé de style; son observation porte ici sur la seule *Andromède*. (G. A.)

Vers 147. Et quand pour l'espérer je serois assez folle,
Le roi dont tout dépend est homme de parole.

Ce terme *folle* et celui de *civilité*, et le ton de ce discours, sont bourgeois, tandis qu'il s'agit de dieux et de victimes. C'était un ancien usage, dont Corneille ne s'est défait que dans les grands morceaux de ses belles tragédies. Cet usage n'était fondé que sur la négligence des auteurs, et sur le peu d'usage qu'ils avaient du monde. Les bienséances du style n'ont été connues que par Racine.

SCÈNE II.

Vers 2. . . . Laissons d'Andromède aller la destinée.

Aller la destinée est encore une de ces expressions populaires qui ne sont pas permises; mais un défaut plus considérable est celui du rôle de ce Céphée, qui vient dire tranquillement qu'il faut que sa fille soit exposée comme une autre. Il n'y a rien de si froid que cette scène.

Vers 15. Ce blasphème, seigneur, de quoi vous m'accusez...

Ce blasphème de quoi on l'accuse, et cette longue contestation entre le mari et la femme, dans un si grand malheur, n'est pas sans doute excusable.

Vers 28. Ce qu'il a fait cinq fois il le fera toujours.

On a déjà dit[1] avec quel soin il faut éviter ces équivoques.

Vers 61. Seigneur, s'il m'est permis d'entendre votre oracle,
Je crois qu'à sa prière il donne peu d'obstacle.

Un oracle qui donne peu d'obstacle à une prière; s'arrêter à ce que l'oracle en dit; le ciel qui est doux au crime des rois, et qui, leur ayant montré une légère haine, répand le reste de la peine sur les sujets: tout cela est d'un style bien incorrect, bien dur, bien obscur, bien barbare.

SCÈNE III.

Vers 1. Reine de Paphe et d'Amathonte, etc.

Ce fut, dit-on, Boissette qui mit ce chœur en musique. On ne connaissait presque en ce temps-là qu'une espèce de faux-bourdon, qu'un contre-point grossier : c'était une espèce de chant

1. Tome XXXI, page 332.

d'église ; c'était une musique de barbares, en comparaison de celle d'aujourd'hui. Ces paroles, *Reine de Paphe,* sont aussi ridicules que la musique. Il n'y a rien de moins musical, de moins harmonieux, que *d'où le mal procède part aussi le remède.* Le fond de toute cette idée est fort beau. Qu'importe le fond quand les vers sont durs et secs ? C'est par l'heureux choix des mots et par la mélopée que la poésie réussit. Les pensées les plus sublimes ne sont rien si elles sont mal exprimées.

Vers 33. Allez, l'impatience est trop juste aux amants.

Il semble qu'il parle d'un habit.

SCÈNE IV.

Vers dern. . . Les dieux ont parlé, c'est à moi de céder.

On sent assez combien cette scène est froide et mal placée. Quand même elle serait bien écrite, elle serait toujours mauvaise par le fond.

ACTE DEUXIÈME.

SCÈNE I.

Vers 12. Dites-moi cependant laquelle d'entre vous...
Mais il faut me le dire, et sans faire les fines.
— Quoi, madame ? — A tes yeux je vois que tu devines, etc.

Ces puérilités étaient le vice du temps. Cela pouvait s'appeler alors de la galanterie : on ne sentait pas l'indécence d'un pareil contraste avec le fond terrible de la pièce.

Vers 57. Qu'elle est lente cette journée
Dont la fin doit me rendre heureux !

Ce page chante là une étrange chanson ; mais, fût-elle bonne, un page qui vient chanter est bien froid.

Vers 77. Viens, soleil, viens voir la beauté[1]
Dont le divin éclat me dompte ;
Et tu fuiras de honte
D'avoir moins de clarté.

L'amour de Phinée, qui va bien obliger le soleil à se cacher, et à fuir de honte d'avoir moins de clarté que le visage d'Andro-

---

1. Sur ces vers, voyez aussi tome XIX, page 17.

mède, est d'un ridicule bien plus fort que celui du poignard de Pyrame qui rougissait d'avoir versé le sang de son maître. On ne sort point d'étonnement de voir jusqu'où l'auteur de *Cinna* s'est égaré et s'est abaissé.

SCÈNE II.

Vers 9. Approchez, Liriope, et rendez-lui son change.

Liriope qui rend son change au page est encore d'une étrange galanterie.

(*Fin de la scène.*) Voici une de ces choses étranges que j'ai promis de remarquer : ce sont ces scènes de galanterie bourgeoise, aussi éloignées de la dignité de la tragédie que des grâces de l'opéra. C'est cette Andromède qui demande à ses filles d'honneur laquelle est amoureuse de Persée ; c'est ce page qui chante une chanson insipide ; c'est Andromède qui rend sérénade pour sérénade ; c'est *Approchez, Liriope, et rendez-lui son change, etc.* Il semble que tout cela ait été fait pour la noce d'un bourgeois de la rue Thibautodé.

Mais que l'on considère que les Français n'avaient aucun modèle dans ce genre ; nous n'avons rien de supportable avant Quinault dans le lyrique.

SCÈNE III.

Vers 25. Assez souvent le ciel par quelque fausse joie
Se plait à prévenir les maux qu'il nous envoie.

Le plus grand fruit que l'on puisse recueillir de cette pièce, c'est d'en comparer les situations et les expressions avec celles de l'*Iphigénie* de Racine. Iphigénie, dans les mêmes circonstances, dit à son amant[1] :

> Je meurs dans cet espoir satisfaite et tranquille ;
> Si je n'ai pas vécu la compagne d'Achille,
> J'espère que du moins un heureux avenir
> A vos faits immortels joindra mon souvenir,
> Et qu'un jour mon trépas, source de votre gloire,
> Ouvrira le récit d'une si belle histoire, etc.

C'est là qu'on trouve la perfection du style ; c'est là que tous les écrivains, soit en prose, soit en vers, doivent chercher un modèle.

1. Acte V, scène II.

Vers 61. Hélas! qu'il étoit grand quand je l'ai cru s'éteindre,
Votre amour, et qu'à tort ma flamme osoit s'en plaindre !

De longs discours, et si peu naturels, dans une situation si violente, si affreuse, si inattendue, sont pires que *le page qui veut faire enfuir le soleil,* et que *Liriope qui lui rend son change.*

SCÈNE IV.

Vers 5. Épargne ma douleur, juges-en par sa cause,
Et va sans me forcer à te dire autre chose.

Cela est encore plus mauvais que tout ce que nous avons vu. Les ineptics du page et de Liriope sont sans conséquence ; mais un père qui sacrifie froidement sa fille, *sans lui dire autre chose,* joint l'atrocité au ridicule.

Vers 35. Apprenez que le sort n'agit que sous les dieux,
Et souffrez comme moi le bonheur de ces lieux.

Ce Céphée est ici plus insupportable que jamais ; il sacrifie sa fille de trop bon cœur.

Vers 59. J'y cours, mais autrement je jure ses beaux yeux,
Et mes uniques rois, et mes uniques dieux....

Il s'agit bien ici de *beaux yeux,* et d'*uniques rois,* et d'*uniques dieux.* Voyez comme Achille parle dans *Iphigénie.*

Cette scène a encore beaucoup de conformité avec l'*Iphigénie* de Racine. Andromède dit :

> Seigneur, je vous l'avoue, il est bien douloureux
> De tout perdre au moment que l'on croit être heureux !

Iphigénie s'exprime ainsi [1] :

> J'ose vous dire ici qu'en l'état où je suis
> Peut-être assez d'honneurs environnoient ma vie
> Pour ne pas souhaiter qu'elle me fût ravie,
> Ni qu'en me l'arrachant un sévère destin
> Si près de ma naissance en eût marqué la fin.

Jamais un sentiment naturel et touchant ne fut plus éloigné de l'emphase tragique, ni exprimé avec une élégance plus noble et plus simple. Jamais on n'a mis plus de charmes dans la véritable éloquence.

---

1. Acte IV, scène IV.

SCÈNE VI.

Vers 2. . . . . Je vole à son secours,
Et vais forcer le sort à prendre un autre cours.

Persée qui *va forcer le sort à prendre un autre cours* n'est pas le Persée de Quinault.

ACTE TROISIÈME.

SCÈNE I.

Vers 11. Affreuse image du trépas....
Que l'on vous conçoit mal quand on vous envisage
Avec un peu d'éloignement!

On doit remarquer un défaut que Corneille n'a pu éviter dans aucune de ses pièces de théâtre, c'est de faire parler le poëte à la place du personnage, c'est de mettre en froids raisonnements, en maxime générale, ce qui doit être en sentiment : défaut dans lequel Racine n'est jamais tombé.

SCÈNE II.

Vers 17. Chacun préféreroit le portrait au modèle,
Et bientôt l'univers n'adoreroit plus qu'elle.

Voilà encore un des grands défauts de Corneille ; il cherche des pensées, des traits d'esprit, et, qui pis est, d'un esprit faux, quand il ne faut exprimer que la douleur. Cassiope découvre d'où provient tant de haine, c'est de jalousie ; et Clytemnestre dans *Iphigénie* ne s'exprime pas ainsi.

Mais, malgré ce défaut, il y a des moments de chaleur dans le discours de Cassiope. On remarquera seulement qu'Andromède enchaînée sur son rocher, et sur le point d'être dévorée, n'est pas en état de faire la conversation.

ACTE QUATRIÈME.

SCÈNE II.

Vers 34. Peut-être il ne lui faut qu'un soupir et deux larmes
Pour dissiper, etc.

C'est là un des plus étranges vers qu'on ait jamais faits en quelque genre que ce puisse être ; mais ce n'est qu'un vers aisé à corriger, au lieu que les froids et inutiles discours d'Andromède et du chœur des nymphes ne peuvent être embellis.

SCÈNE III.

Vers 1.   Sur un bruit qui m'étonne, etc.

Le rôle de Phinée devient ridicule quand il fait des reproches à la princesse de ce qu'on la donne à celui qui l'a sauvée ; il ne tenait qu'à lui de se mettre dans une barque, et d'aller combattre le monstre. Ce personnage est trop avili.

Vers 46.   Vous deviez l'espérer sur la foi d'un oracle, etc.

Ces contestations sont bien froides.

Vers 78.   Et vos respects trouvoient une digne matière
           A me laisser l'honneur de mourir la première, etc.

Andromède accable trop ce Phinée.

SCÈNE IV.

Vers 17.   Je sais que Danaé fut son indigne mère,
           L'or qui plut dans son sein l'y forma d'adultère ;
           Mais le pur sang des rois n'est pas moins précieux,
           Ni moins chéri du ciel que les crimes des dieux.

Ces quatre vers sont beaux, c'est la condamnation de presque toutes les fables de l'antiquité.

ACTE CINQUIÈME.

SCÈNE I.

Vers 21.   En cette extrémité que prétendez-vous faire ?
           — Tout hormis l'irriter, tout hormis lui déplaire ;
           Soupirer à ses pieds, pleurer à ses genoux, etc.

Corneille passe pour avoir dédaigné de parler d'amour ; il en parle pourtant, et beaucoup, dans toutes ses pièces, sans en excepter une seule. C'était sans doute dans cet ouvrage, qui est moitié tragédie, moitié opéra, qu'il devait traiter cette passion ; mais il fallait en parler autrement, et ne point dire qu'*un véritable amant espère jusqu'au bout, etc.*

SCÈNE II.

Vers 1. Une seconde fois, adorable princesse, etc.

On ne doit jamais rien dire une seconde fois ; cette scène n'est qu'une répétition de la précédente.

SCÈNE III.

Vers 1. Que faisoit là Phinée ? etc.

Cette scène est encore plus froide.

SCÈNE V.

Vers 15. Il découvre à ces mots la tête de Méduse, etc.

Voici presque le seul morceau où l'on retrouve Corneille. Cette image des guerriers pétrifiés par la tête de Méduse est imitée d'Ovide[1] :

Immotusque silex armataque mansit imago.

Quinault n'a point exprimé ce qu'Ovide et Corneille ont si bien peint.

Je ne ferai point ici de remarque sur cette phrase qui n'est pas française, *descendons en un combat;* sur ces mots, *ne prends que ton courage; fait choir Ménale; sauvez vos regards.* Je n'ai presque point examiné le style de cette pièce : il est trop négligé et trop incorrect. La pièce d'ailleurs est oubliée, et il n'y a que celles qui sont restées au théâtre sur lesquelles on puisse entrer dans des détails utiles.

Vers 21. J'entends comme à grands pas ce vainqueur le poursuit,
Comme il court se venger de qui l'osoit surprendre, etc.

Cette description paraît digne des bons ouvrages de Corneille.

SCÈNE VII.

On pouvait se passer de Mercure.

1. *Métam.*, V, 199.

REMARQUES
SUR
DON SANCHE D'ARAGON

COMÉDIE HÉROÏQUE REPRÉSENTÉE EN 1651 [1].

PRÉFACE DU COMMENTATEUR.

Ce genre purement romanesque, dénué de tout ce qui peut émouvoir et de tout ce qui fait l'âme de la tragédie, fut en vogue avant Corneille. *Don Bernard de Cabrera, Laure persécutée*[2], et plusieurs autres pièces, sont dans ce goût; c'est ce qu'on appelait *comédie héroïque*, genre mitoyen qui peut avoir ses beautés. La comédie de *l'Ambitieux* de Destouches[3] est à peu près du même genre, quoique beaucoup au-dessous de *Don Sanche d'Aragon*, et même de *Laure*. Ces espèces de comédies furent inventées par les Espagnols. Il y en a beaucoup dans Lope de Vega. Celle-ci est tirée d'une pièce espagnole intitulée *el Palacio confuso*[4], et du roman de Pélage[5].

Peut-être les comédies héroïques sont-elles préférables à ce qu'on appelle la *tragédie bourgeoise*, ou la *comédie larmoyante*. En effet, cette comédie larmoyante, absolument privée de comique, n'est au fond qu'un monstre né de l'impuissance d'être ou plaisant ou tragique.

Celui qui ne peut faire ni une vraie comédie ni une vraie tra-

---

1. En 1650, et dès les premiers mois de cette année.
2. Pièces de Rotrou; la première est de 1648, et la seconde de 1639.
3. *L'Ambitieux* est de 1737.
4. De Lope de Vega ou de Mira de Mescua.
5. *Dom Pelage, ou l'Entrée des Maures en Espagne*, par le sieur de Juvenel. Paris, chez Guill. Macé, 1645, 2 vol. in-8°.

gédie tâche d'intéresser par des aventures bourgeoises attendrissantes ; il n'a pas le don du comique : il cherche à y suppléer par l'intérêt ; il ne peut s'élever au cothurne : il rehausse un peu le brodequin[1].

Il peut arriver sans doute des aventures très-funestes à de simples citoyens ; mais elles sont bien moins attachantes que celles des souverains, dont le sort entraîne celui des nations. Un bourgeois peut être assassiné comme Pompée ; mais la mort de Pompée fera toujours un tout autre effet que celle d'un bourgeois.

Si vous traitez les intérêts d'un bourgeois dans le style de *Mithridate*, il n'y a plus de convenance ; si vous représentez une aventure terrible d'un homme du commun en style familier, cette diction familière, convenable au personnage, ne l'est plus au sujet. Il ne faut point transposer les bornes des arts ; la comédie doit s'élever, et la tragédie doit s'abaisser à propos ; mais ni l'une ni l'autre ne doit changer de nature.

Corneille prétend que le refus d'un suffrage illustre fit tomber son *Don Sanche*[2]. Le suffrage qui lui manqua fut celui du grand Condé. Mais Corneille devait se souvenir que les dégoûts et les critiques du cardinal de Richelieu, homme plus accrédité dans la littérature que le grand Condé, n'avaient pu nuire au *Cid*. Il est plus aisé à un prince de faire la guerre civile que d'anéantir un bon ouvrage. *Phèdre* se releva bientôt, malgré la cabale des hommes les plus puissants.

Si *Don Sanche* est presque oublié, s'il n'eut jamais un grand succès, c'est que trois princesses amoureuses d'un inconnu débitent les maximes les plus froides d'amour et de fierté ; c'est qu'il ne s'agit que de savoir qui épousera ces princesses ; c'est que personne ne se soucie qu'elles soient mariées ou non. Vous verrez toujours l'amour traité, dans les pièces suivantes de Corneille, du style froid et entortillé des mauvais romans de ce temps-là. Vous ne verrez jamais les sentiments du cœur développés avec cette noble simplicité, avec ce naturel tendre, avec cette élégance qui nous enchante dans le quatrième livre de Virgile, dans certains morceaux d'Ovide, dans plusieurs rôles de Racine ; mérite que depuis Racine personne n'a connu parmi nous, dont aucun auteur n'a approché en Italie depuis le *Pastor fido* ; mérite

---

1. Faisons remarquer ce que Voltaire dit encore ici contre la comédie larmoyante, et voyez dans le *Dictionnaire philosophique* l'article ART DRAMATIQUE.
2. Cet illustre suffrage était-il celui du prince de Condé, ou celui de la reine, ou celui de Mazarin ? C'est ce qui est encore en question.

entièrement ignoré en Angleterre, et même dans le reste de l'Europe.

Corneille est trop grand par les belles scènes du *Cid*, de *Cinna*, des *Horaces*, de *Polyeucte*, de *Pompée, etc.*, pour qu'on puisse le rabaisser en disant la vérité. Sa mémoire est respectable ; la vérité l'est encore davantage. Ce commentaire est principalement destiné à l'instruction des jeunes gens. La plupart de ceux qui ont voulu imiter Corneille, et qui ont cru qu'une intrigue froide, soutenue de quelques maximes de méchanceté qu'on appelle politique, et d'insolence qu'on appelle grandeur, pourrait soutenir leurs pièces, les ont vues tomber pour jamais. Corneille suppose toujours, dans les examens de ses pièces, depuis *Théodore* et *Pertharite*, quelque petit défaut qui a nui à ses ouvrages ; et il oublie toujours que le froid, qui est le plus grand défaut, est ce qui les tue.

La grandeur héroïque de don Sanche, qui se croit fils d'un pêcheur, est d'une beauté dont le genre était inconnu en France ; mais c'est la seule chose qui pût soutenir cette pièce, indigne d'ailleurs de l'auteur de *Cinna*. Le succès dépend presque toujours du sujet. Pourquoi Corneille choisit-il un roman espagnol, une comédie espagnole, pour son modèle, au lieu de choisir dans l'histoire romaine et dans la fable grecque ?

C'eût été un très-beau sujet qu'un soldat de fortune qui rétablit sur le trône sa maîtresse et sa mère sans les connaître ; mais il faudrait que dans un tel sujet tout fût grand et intéressant.

ACTE PREMIER.

SCÈNE I.

Vers 1.   Après tant de malheurs, enfin le ciel propice
S'est résolu, ma fille, à nous faire justice.

On a déjà observé[1] qu'il ne faut jamais manquer à la grande loi de faire connaître d'abord ses personnages et le lieu où ils sont. Voilà une mère et une fille dont on ne connaît les noms que dans la liste imprimée des acteurs. Comment les deviner ?

---

1. Page 20.

Comment savoir que la scène est à Valladolid? On ne sait pas non plus quelle est cette reine de Castille dont on parle. Si votre sujet est grand et connu comme la mort de Pompée, vous pouvez tout d'un coup entrer en matière ; les spectateurs sont au fait, l'action commence dès le premier vers, sans obscurité ; mais si les héros de votre pièce sont tous nouveaux pour les spectateurs, faites connaître dès les premiers vers leurs noms, leurs intérêts, l'endroit où ils parlent.

Vers 3. Notre Aragon pour nous presque tout révolté...
   Se remet sous nos lois, et reconnoît ses reines ;
   Et par ses députés, qu'aujourd'hui l'on attend,
   Rend d'un si long exil le retour éclatant.

Il semble, par la phrase, que ce soit l'exil qui retourne. La diction est aussi obscure que l'exposition.

Vers 16. Le peuple vous rappelle, et peut vous dédaigner,
   Si vous ne lui portez, au retour de Castille,
   Que l'avis d'une mère, et le nom d'une fille.

Au retour de Castille n'est pas plus français que le retour de l'exil, et est beaucoup plus obscur.

Vers 24. On aime votre sceptre, on vous aime, et sur tous
   Du comte don Alvar la vertu non commune
   Vous aima dans l'exil et durant l'infortune.

Le comte don Alvar qui aima dona Elvire sur tous est bien moins français encore.

Vers 27. Qui vous aima sans sceptre, et se fit votre appui,
   Quand vous le recouvrez, est bien digne de lui.

Lui ne se dit jamais des choses inanimées à la fin d'un vers. Cela paraît une bizarrerie de la langue, mais c'est une règle.

Vers 41. . . . . Une secrète flamme
   A déjà, malgré moi, fait ce choix dans votre âme.

Une secrète flamme qui fait un choix!

Vers 51. Mais combien a-t-on vu de princes déguisés...
   Dompter des nations, gagner des diadèmes !

On ne dit point *gagner des diadèmes;* c'est peut-être encore une bizarrerie.

Vers 56.　J'aime et prise en Carlos ses rares qualités.
　　　　　Il n'est point d'âme noble en qui tant de vaillance[1]
　　　　　N'arrache cette estime et cette bienveillance ;
　　　　　Et l'innocent tribut de ces affections,
　　　　　Que doit toute la terre aux belles actions,
　　　　　N'a rien qui déshonore une jeune princesse.
　　　　　En cette qualité je l'aime et le caresse, etc.

Carlos, en qui tant de vaillance arrache l'estime et la bienveillance; et *l'innocent tribut des affections que toute la terre doit aux belles actions;* et *dona Elvire qui l'aime et le caresse en cette qualité!* Il faut avouer que voilà un amas d'expressions impropres et de fautes contre la syntaxe, qui forment un étrange style.

Vers 81.　S'y voyant sans emploi, sa grande âme inquiète
　　　　　Veut bien de don Garcie achever la défaite.

Il faudrait que ce don Garcie fût d'abord connu ; le spectateur ne sait ni où il est, ni qui parle, ni de qui l'on parle.

Vers 85.　Mais quand il vous aura sur le trône affermie,
　　　　　Et jeté sous vos pieds la puissance ennemie...

Jeter une puissance sous des pieds !

Vers dern. Madame, la reine entre.

Quelle reine ? Rien n'est annoncé, rien n'est développé. C'est surtout dans ces sujets romanesques, entièrement inconnus au public, qu'il faut avoir soin de faire l'exposition la plus nette et la plus précise.

　　　　　J'aimerois encor mieux qu'il déclinât son nom,
　　　　　Et dît : Je suis Oreste, ou bien Agamemnon[2].

SCÈNE II.

Vers 1.　. . . . . . . Aujourd'hui donc, madame,
　　　　　Vous allez d'un héros rendre heureuse la flamme,
　　　　　Et d'un mot satisfaire aux plus ardents souhaits
　　　　　Que poussent vers le ciel vos fidèles sujets.

Des souhaits qu'on pousse ! et madame, qui va rendre heureuse la flamme !

1. L'édition de 1664 porte :

　　　　　. . . . . . . *à qui* tant de vaillance.

2. Boileau, *Art poétique*, III, 33-34.

Vers 7.   Je fais dessus moi-même un illustre attentat
          Pour me sacrifier au repos de l'État.
          Que c'est un sort fâcheux et triste que le nôtre,
          De ne pouvoir régner que sous les lois d'un autre,
          Et qu'un sceptre soit cru d'un si grand poids pour nous
          Que pour le soutenir il nous faille un époux !

Et Isabelle qui fait un illustre attentat sur elle-même, et un sceptre qui est cru !

Vers 30. On vous obéira, qui qu'il vous plaise élire.

Cela n'est ni élégant ni harmonieux.

Vers 33. Le rang que nous tenons, jaloux de notre gloire,
          Souvent dans un tel choix nous défend de nous croire,
          Jette sur nos désirs un joug impérieux, etc.

Un joug impérieux jeté sur des désirs !

SCÈNE III.

Vers 14. Mais quoique mon dessein soit d'y borner mon choix...
          Je veux en le faisant pouvoir ne le pas faire.

Quels vers ! Nous avons déjà dit[1] qu'on doit éviter ce mot *faire* autant qu'on le peut.

Vers 23. Ce n'est point ni son choix, ni l'éclat de ma race,
          Qui me font, grande reine, espérer cette grâce.

Ce n'est point est ici un solécisme ; il faut *ce n'est ni son choix*.

Vers 25. Je l'attends de vous seule et de votre bonté,
          Comme on attend un bien qu'on n'a pas mérité,
          Et dont, sans regarder service ni famille,
          Vous pouviez faire part au moindre de Castille.

Au moindre de Castille est un barbarisme ; il faut *au moindre guerrier, au moindre gentilhomme de la Castille*. La plus grande faute est que cela n'est pas vrai. Elle ne peut choisir le moindre sujet de la Castille.

Vers 64. Tout beau, tout beau, Carlos ; d'où vous vient cette audace ?

Tout beau, tout beau, pourrait être ailleurs bas et familier[2], mais ici je le crois très-bien placé ; cette manière de parler est

1. Tome XXXI, page 331.
2. Voyez tome XXXI, pages 323, 403 et 453.

assez convenable, d'un seigneur très-fier à un soldat de fortune. Cela forme une situation singulière et intéressante, inconnue jusque-là au théâtre. Elle donne lieu très-naturellement à Carlos de parler dignement de ses grandes actions. La vertu qui s'élève quand on veut l'avilir produit presque toujours de belles choses.

Vers 72. . . . . Nous vous avons vu faire,
Et savons mieux que vous ce que peut votre bras.

Faire est ici plus supportable, mais il n'est que supportable. Racine n'aurait jamais dit *nous vous avons vu faire*.

Vers 74. Vous en êtes instruits, et je ne la suis pas.

Elle devrait certainement le savoir : Carlos est à sa cour ; Carlos a fait des actions connues de tout le monde, il a sauvé la Castille, et elle dit qu'elle n'en sait rien ! Il était aisé de sauver cette faute, et la reine, qui a de l'inclination pour Carlos, pouvait prendre un autre tour. Observez qu'il faut *et je ne le suis pas*[1]. S'il y avait là plusieurs reines, elles diraient *nous ne le sommes pas*, et non *nous ne les sommes pas*. Ce *le* est neutre ; on a déjà fait cette remarque[2], mais on peut la répéter pour les étrangers.

Vers 75. . . . . Il importe aux monarques
Qui veulent aux vertus rendre de dignes marques,
De les savoir connoître, et ne pas ignorer
Ceux d'entre leurs sujets qu'ils doivent honorer.

Rendre de dignes marques est un barbarisme.

Vers 79. Je ne me croyois pas être ici pour l'entendre.

C'est un solécisme ; il faut *je ne croyais pas être ici*.

Vers 91. Ce même roi me vit dedans l'Andalousie.

On a déjà fait voir[3] combien *dedans* est vicieux, et surtout quand il s'agit d'une province : c'est alors un solécisme.

Vers 108. Voilà dont le feu roi me promit récompense.

Voilà dont est un solécisme : il faut *voilà les services, les exploits, les actions, dont, etc.*

---

1. C'est ce qu'on lit dans l'édition de 1664.
2. Tome XXXI, page 473.
3. Tome XXXI, pages 213, 308 ; et ci-dessus, page 25.

Vers 112. Je prends sur moi sa dette, et je vous la fais bonne

est trop trivial ; c'est le style des marchands.

Vers 121. Se pare qui voudra du nom de ses aïeux :
Moi, je ne veux porter que moi-même en tous lieux, etc.

Cette tirade était digne d'être imitée par Corneille, et l'on voit que si elle n'était pas dans l'espagnol il l'aurait faite. Il est vrai que *mon bras est mon père* est trop forcé.

Vers 125. Mais pour en quelque sorte obéir à vos lois,
Seigneur, pour mes parents je nomme mes exploits ;
Ma valeur est ma race, et mon bras est mon père.

Quand *pour* est suivi d'un verbe, il ne faut ni d'adverbe entre deux, ni rien qui tienne lieu d'adverbe.

Vers 147. . . . . Et bien ! je l'anoblis,
Quelle que soit sa race et de qui qu'il soit fils.

Il faut éviter soigneusement ces cacophonies. On a déjà remarqué cette faute[1].

Vers 154. Au choix de ses États elle veut demeurer.

Demeurer au choix est un barbarisme ; il faut *s'en tenir au choix*, ou *demeurer attachée au choix des États*.

Vers 156. Elle prend vos transports pour un excès de flamme...
. . . Au lieu d'en punir le zèle injurieux,
Sur un crime d'amour elle ferme les yeux.

Le zèle injurieux d'un excès de flamme !

Vers 160. Ne faites point ici de fausse modestie.

Faire de fausse modestie, barbarisme et solécisme ; il faut *n'affectez point ici de fausse modestie*. Mais il ne s'agit pas ici de modestie quand Manrique parle d'antipathie ; c'est jouer au propos interrompu.

Vers 175. Marquis, prenez ma bague...

La bague du marquis vaut bien l'anneau royal d'Astrate. Cela est tout espagnol.

Ibid. . . . . Et la donnez pour marque
Au plus digne des trois, que j'en fasse un monarque ;

barbarisme et solécisme.

---

1. Voyez tome XXXI, page 452 ; et ci-dessus, page 4.

SCÈNE IV.

Vers 18. Comtes, de cet anneau dépend le diadème.
Il vaut bien un combat, vous avez tous du cœur,
Et je le garde... — A qui, Carlos? — A mon vainqueur.

Cela est digne de la tragédie la plus sublime. Dès qu'il s'agit de grandeur, il y en a toujours dans les pièces espagnoles. Mais ces grands traits de lumière, qui percent l'ombre de temps en temps, ne suffisent pas : il faut un grand intérêt; nulle langueur ne doit l'interrompre; les raisonnements politiques, les froids discours d'amour, le glacent; et les pensées recherchées, les tours forcés, l'affaiblissent.

SCÈNE V.

Vers 13. Les rois de leurs faveurs ne sont jamais comptables;
Ils font, comme il leur plaît, et défont nos semblables.

Cela n'était pas vrai dans ce temps-là; un roi de Castille ou d'Aragon n'avait pas le droit de destituer un homme titré.

ACTE DEUXIÈME.

SCÈNE I.

Cette scène et toutes les longues dissertations sur l'amour et la fierté ont toujours un grand défaut, et ce vice, le plus grand de tous, c'est l'ennui. On ne va au théâtre que pour être ému. L'âme veut toujours être hors d'elle-même, soit par la gaieté, soit par l'attendrissement, et au moins par la curiosité. Aucun de ces buts n'est atteint quand une Blanche dit à sa reine : *Vous l'avez honoré sans vous déshonorer;* et que la reine réplique que, *pour honorer sa générosité, l'amour s'est joué de son autorité, etc.*

Les scènes suivantes de cet acte sont à peu près dans le même goût, et tout le nœud consiste à différer le combat annoncé, sans aucun événement qui attache, sans aucun sentiment qui intéresse.

Il y a de l'amour, comme dans toutes les pièces de Corneille: et cet amour est froid, parce qu'il n'est qu'amour. Ces reines qui se passionnent froidement pour un aventurier ajouteraient la plus grande indécence à l'ennui de cette intrigue si le spectateur ne se doutait pas que Carlos est autre chose qu'un soldat de fortune. On a condamné l'infante du *Cid*, non-seulement parce qu'elle est inutile, mais parce qu'elle ne parle que de son amour pour Rodrigue. On condamna de même dans son *Don Sanche* trois princesses éprises d'un inconnu, qui a fait de bien moins grandes choses que le Cid ; et le pis de tout cela, c'est que l'amour de ces princesses ne produit rien du tout dans la pièce. Ces fautes sont des auteurs espagnols ; mais Corneille ne devait pas les imiter.

A l'égard du style, il est à la fois incorrect et recherché, obscur et faible, dur et traînant. Il n'a rien de cette élégance et de ce piquant qui sont absolument nécessaires dans un pareil sujet.

Il faudrait charger les pages de remarques plus longues que le texte si on voulait critiquer en détail les expressions. Les remarques sur le premier acte peuvent suffire pour faire voir aux commençants ce qu'ils doivent imiter et ce qu'ils ne doivent pas suivre. Les solécismes et les barbarismes dont cette pièce fourmille seront assez sentis. Comme Corneille n'avait point encore de rivaux, il écrivait avec une extrême négligence ; et quand il fut éclipsé par Racine, il écrivit encore plus mal.

Vers 28. Je voulois seulement essayer leur respect, etc.

Essayer le respect ; un choix qui donne la peine ; il est bien dur à qui se voit régner ; l'amour à la faveur trouve une pente aisée ; il est attaché à l'intérêt du sceptre ; un outrage invisible revêtu de gloire ! Que dire d'un pareil galimatias ? Il faut se taire, et ne pas continuer d'inutiles remarques sur une pièce qu'il n'est pas possible de lire. Il y a quelques beaux morceaux sur la fin : nous en parlerons avec d'autant plus de plaisir que nous ressentons plus de peine à être obligé de critiquer toujours. C'est suivant ce principe que nous ne les reprenons qu'au cinquième acte.

ACTE CINQUIÈME.

SCÈNE V.

Vers 27. Je suis bien malheureux si je vous fais pitié !

Tout ce que dit ici Carlos est grand, sans enflure, et d'une beauté vraie. Il n'y a que ce vers, pris de l'espagnol, dont le bon goût puisse être mécontent :

A l'exemple du ciel, j'ai fait beaucoup de rien.

Ces traits hardis surprennent souvent le parterre ; mais y a-t-il rien de moins convenable que de se comparer à Dieu ? Quel rapport les actions d'un soldat qui s'est élevé peuvent-elles avoir avec la création ? On ne saurait être trop en garde contre ces hyperboles audacieuses, qui peuvent éblouir des jeunes gens, que tous les hommes sensés réprouvent, et dont vous ne trouverez jamais d'exemples, ni dans Virgile, ni dans Cicéron, ni dans Horace, ni dans Racine.

Remarquez encore que le mot de *ciel* n'est pas ici à sa place, attendu que Dieu a créé le ciel et la terre, et qu'on ne peut dire en cette occasion que *le ciel a fait beaucoup de rien*.

Vers 87. Mais je vous tiens ensemble heureux au dernier point
            D'être né d'un tel père, et de n'en rougir point.

Ce dernier vers est très-beau et digne de Corneille. Au reste, le dénoûment est à l'espagnole.

REMARQUES
SUR NICOMÈDE

TRAGÉDIE REPRÉSENTÉE EN 1657[1].

PRÉFACE DU COMMENTATEUR.

Nicomède est dans le goût de *Don Sanche d'Aragon*. Les Espagnols, comme on l'a déjà dit[2], sont les inventeurs de ce genre, qui est une espèce de comédie héroïque. Ce n'est ni la terreur ni la pitié de la vraie tragédie : ce sont des aventures extraordinaires, des bravades, des sentiments généreux, et une intrigue dont le dénoûment heureux ne coûte ni de sang aux personnages ni de larmes aux spectateurs. L'art dramatique est une imitation de la nature, comme l'art de peindre. Il y a des sujets de peinture sublimes, il y en a de simples; la vie commune, la vie champêtre, les paysages, les grotesques même, entrent dans cet art. Raphaël a peint les horreurs de la mort, et les noces de Psyché. C'est ainsi que dans l'art dramatique on a la pastorale, la farce, la comédie, la tragédie, plus ou moins héroïque, plus ou moins terrible, plus ou moins attendrissante.

Lorsqu'on rejoua, en 1756, *Nicomède*, oubliée pendant plus de quatre-vingts ans[3], les comédiens du roi ne l'annoncèrent que sous le titre de tragi-comédie[4]. Cette pièce est peut-être une des

---

1. C'est la date donnée par Voltaire dans ses éditions de 1764 et 1774; les frères Parfaict disent 1652. Mais la pièce était imprimée dès 1651; l'achevé d'imprimer de la première édition est du 29 novembre 1651. La première représentation est donc de 1651, et peut-être même de 1650.
2. Page 82.
3. C'est Lekain qui fit reprendre cette pièce. Il était admirable dans le rôle de Nicomède.
4. « Voltaire devait ajouter, dit Palissot, qu'elle reparut d'une manière si brillante que bientôt on ne lui donna plus sur les affiches que le titre de tragédie, titre que Corneille lui avait donné dans son origine. »

plus fortes preuves du génie de Corneille, et je ne suis pas étonné de l'affection qu'il avait pour elle. Ce genre est non-seulement le moins théâtral de tous, mais le plus difficile à traiter. Il n'a point cette magie qui transporte l'âme, comme le dit si bien Horace :

> Ille per extentum funem mihi posse videtur
> Ire poeta meum qui pectus inaniter angit,
> Irritat, mulcet, falsis terroribus implet
> Ut magus; et modo me Thebis, modo ponit Athenis.
> (Hor., Ep. i, lib. II, vers 216-19)

Ce genre de tragédie ne se soutenant point par un sujet pathétique, par de grands tableaux, par les fureurs des passions, l'auteur ne peut qu'exciter un sentiment d'admiration pour le héros de la pièce. L'admiration n'émeut guère l'âme, ne la trouble point. C'est de tous les sentiments celui qui se refroidit le plus tôt. Le caractère de Nicomède avec une intrigue terrible, telle que celle de *Rodogune*, eût été un chef-d'œuvre.

ACTE PREMIER.

SCÈNE I.

Vers 1.   Après tant de haut faits, il m'est bien doux, seigneur,
          De voir encor mes yeux régner sur votre cœur.

On ne voit point ses yeux. Cette figure manque un peu de justesse ; mais c'est une faute légère.

Vers 3.   De voir sous les lauriers qui vous couvrent la tête....

Ce *vous* rend l'expression trop vulgaire. *Je me suis couvert la tête; vous vous êtes fait mal au pied.* Il faut chercher des tours plus nobles. Rarement alors on s'étudiait à perfectionner son style.

Vers 4.   Un si grand conquérant être encor ma conquête.

Corneille paraît affectionner ces vers d'antithèse :

> Ce qu'il doit au vaincu brûlant pour le vainqueur.
> Et pour être vaincu l'on n'est pas invincible.
> J'irai sous mes cyprès accabler ses lauriers.

Ces figures ne doivent pas être prodiguées. Racine s'en sert très-rarement. Cependant il a imité ce vers dans *Andromaque*[1] :

> Mener en conquérant sa nouvelle conquête.

Il dit aussi[2] :

> Vous me voulez aimer, et je ne puis vous plaire.....
> Vous m'aimeriez, madame, en me voulant haïr.

> Non ego paucis
> Offendar maculis[3].

Vers 5. Et de toute la gloire acquise à ses travaux
Faire un illustre hommage à ce peu que je vaux.

Cette manière de s'exprimer est absolument bannie. On dirait à présent, dans le style familier, *au peu que je vaux*. L'épithète d'*illustre* gâte presque tous les vers où elle entre, parce qu'elle ne sert qu'à remplir le vers, qu'elle est vague, qu'elle n'ajoute rien au sens.

Vers 9. Je vous vois à regret, tant mon cœur amoureux
Trouve la cour pour vous un séjour dangereux.

Il ne sied point à une princesse de dire qu'elle est amoureuse, et surtout de commencer une tragédie par des expressions qui ne conviennent qu'à une bergère naïve. Nous avons observé ailleurs qu'un personnage doit faire connaître ses sentiments sans les exprimer grossièrement[4]. Il faut qu'on découvre son ambition, sans qu'il ait besoin de dire *je suis ambitieux*; sa jalousie, sa colère, ses soupçons, et qu'il ne dise pas *je suis colère, je suis soupçonneux, jaloux*, à moins que ce ne soit un aveu qu'il fasse de ses passions.

Vers 15. La haine que pour vous elle a si naturelle...

L'inversion de ce vers gâte et obscurcit un sens clair, qui est *la haine naturelle qu'elle a pour vous*. Que Racine dit la même chose bien plus élégamment !

> Des droits de ses enfants une mère jalouse
> Pardonne rarement au fils d'une autre épouse[5].

---

1. Acte V, scène II.
2. Acte II, scène II.
3. Horace, *De Arte poetica*, 351-52.
4. Voyez tome XXXI, pages 388, 426, 557; et ci-dessus, page 10.
5. *Phèdre*, acte II, scène v.

Vers 16. A mon occasion encor se renouvelle.

A mon occasion est de la prose rampante.

Vers 18. Je le sais, ma princesse, et qu'il vous fait la cour.

Faire la cour, dans cette acception, est banni du style tragique. *Ma princesse* est devenu comique, et ne l'était point alors.

Vers 19. Je sais que les Romains, qui l'avoient en otage,
L'ont enfin renvoyé pour un plus digne ouvrage.
Que ce don à sa mère étoit le prix fatal
Dont leur Flaminius marchandoit Annibal.

Cette expression populaire, *marchandait*, devient ici très-énergique et très-noble, par l'opposition du grand nom d'Annibal, qui inspire du respect. On dirait très-bien, même en prose : Cet empereur, après avoir *marchandé* la couronne, trafiqua du sang des nations. Mais ce *don dont leur Flaminius* n'est ni harmonieux ni français ; on ne marchande point d'un don.

Vers 23. Que le roi par son ordre eût livré ce grand homme,
S'il n'eût par le poison lui-même évité Rome.

Éviter une ville par le poison est une espèce de barbarisme ; il veut dire *éviter par le poison la honte d'être livré aux Romains, l'opprobre qu'on lui destinait à Rome*[1].

Vers 25. Et rompu par sa mort les spectacles pompeux
Où l'effroi de son nom le destinoit chez eux.

Rompre des spectacles n'est pas français. Par une singularité commune à toutes les langues, on interrompt des spectacles, quoiqu'on ne les rompe pas ; on corrompt le goût, on ne le rompt pas. Souvent le composé est en usage quand le simple n'est pas admis ; il y en a mille exemples.

Vers 37. Et je ne vois que vous qui le puisse arrêter,
Pour aider à mon frère à vous persécuter.

Aider à quelqu'un est une expression populaire : *aidez-lui à marcher*. Il faut *pour aider mon frère*.

Vers 41. Annibal, qu'elle vient de lui sacrifier,
L'engage en sa querelle, et m'en fait défier.

A quoi se rapporte cet *en? Me fait défier* n'est pas français. Il veut dire *me donne des soupçons sur elle, me force à me défier d'elle*.

---

1. Palissot voit dans cette expression une beauté au lieu d'un barbarisme, et il a raison. (G. A.)

Vers 45. Ma gloire et mon amour peuvent bien peu sur moi,
S'il faut votre présence à soutenir ma foi.

Une présence à soutenir la foi n'est pas français. On dit *il faut soutenir*, et non *à soutenir*[1].

Vers 49. Attale, qu'en otage ont nourri les Romains,
Ou plutôt qu'en esclave ont façonné leurs mains,
Sans lui rien mettre au cœur qu'une crainte servile,
Qui tremble à voir une aigle et respecte un édile.

La crainte qui tremble paraît une expression faible et négligée, un pléonasme. Ce vers est très-beau, *qui tremble à voir une aigle et respecte un édile.*

Vers 56. Et si Rome une fois contre nous s'intéresse.

On se ligue, on entreprend, on agit, on conspire *contre* ; mais on s'intéresse *pour*. On peut dire : *Rome est intéressée dans un traité contre nous. Contre* tombe alors sur le traité. Cependant je crois qu'on peut dire, en vers, *s'intéresse contre nous* : c'est une espèce d'ellipse.

Vers 63. . . . . La reine d'Arménie
Est due à l'héritier du roi de Bithynie,
Et ne prendra jamais un cœur assez abject
Pour se laisser réduire à l'hymen d'un sujet.

Cette expression de *prendre un cœur*, pour signifier *prendre des sentiments*, n'est guère permise que quand on dit *prendre un cœur nouveau*, ou bien *reprendre cœur, reprendre courage.*

Vers 73. Et saura vous garder même fidélité
Qu'elle a gardée aux droits de l'hospitalité.

Même fidélité qu'elle a gardée est un solécisme ; il faut *la même fidélité*, ou *cette fidélité.*

Vers 77. Seigneur, votre retour, loin de rompre ses coups,
Vous expose vous-même, et m'expose après vous.

On ne rompt pas plus des coups que des spectacles.

Vers 79. Comme il est fait sans ordre, il passera pour crime.

Faire un retour est un barbarisme.

---

[1]. *Il faut votre présence pour soutenir, et non à soutenir.* Voilà ce qu'a voulu dire Voltaire. (G. A.)

Vers 83. Si j'ai besoin de vous de peur qu'on me contraigne,
J'ai besoin que le roi, qu'elle-même vous craigne.

Il faudrait, pour que la phrase fût exacte, la négation *ne*: *qu'on ne me contraigne*. En général, voici la règle. Quand les Latins emploient le *ne*, nous l'employons aussi. *Vereor ne cadat*, je crains qu'il ne tombe; mais quand les Latins se servent d'*ut*, *utrum*, nous supprimons ce *ne*. *Dubito utrum eas*, je doute que vous alliez; *opto ut vivas*, je souhaite que vous viviez. Quand *je doute* est accompagné d'une négation : *je ne doute pas*, on la redouble pour exprimer la chose : *Je ne doute pas que vous ne l'aimiez*. La suppression du *ne* dans le cas où il est d'usage est une licence qui n'est permise que quand la force de l'expression la fait pardonner.

Vers 88. S'ils vous tiennent ici, tout est pour eux sans crainte

n'est pas français, et n'a de sens en aucune langue. Il veut dire : *tout est sûr pour eux; ils n'ont rien à craindre; ils sont maîtres de tout; ils peuvent tout; tout les rassure.*

Vers 89. Et ne vous flattez point, ni sur votre grand cœur,
Ni sur l'éclat d'un nom cent et cent fois vainqueur.

Un nom n'est pas vainqueur, à moins qu'on n'exprime que la terreur seule de ce nom a tout fait. On dit alors noblement *son nom seul a vaincu*. Il ne faut jamais se servir de ces mots inutiles, *cent et cent fois*.

Vers 91. Quelque haute valeur que puisse être la vôtre.....

Ce vers est défectueux. Il est vrai qu'il n'était pas facile ; mais ce sont ces mêmes difficultés qui, lorsqu'elles sont vaincues, rendent la belle poésie si supérieure à la prose.

Vers 92. Vous n'avez en ces lieux que deux bras comme un autre.

Voilà de ces vers de la basse comédie qu'on se permettait trop souvent dans le style noble.

Vers 101. Deux (assassins) s'y sont découverts, que j'amène avec moi,
Afin de la convaincre et détromper le roi.

Il faut, pour l'exactitude, *et de détromper*. Mais cette licence est souvent très-excusable en vers ; il n'est pas permis de la prendre en prose.

Vers 105. Trois sceptres, à son trône attachés par mon bras,
Parleront au lieu d'elle, et ne se tairont pas.

Toute métaphore, comme on l'a dit[1], pour être bonne, doit être une image qu'on puisse peindre. Mais comment peindre trois sceptres qu'un bras attache à un trône, et qui parlent? D'ailleurs, puisque les sceptres parleront, il est clair qu'ils ne se tairont pas. Ces sortes de pléonasmes sont les plus vicieux; ils retombent quelquefois dans ce qu'on appelle le style niais : *Hélas! s'il n'était pas mort, il serait encore en vie.*

Vers dern. Il ne m'a jamais vu, ne me découvrez pas.

Il serait mieux, à mon avis, que Nicomède apportât quelque raison qui fît voir qu'il ne doit pas être reconnu par son frère avant d'avoir parlé au roi. Il semble que Nicomède veuille seulement se procurer ici le plaisir d'embrasser son frère, et que l'auteur ne songe qu'à ménager une de ces scènes théâtrales. Celle-ci est plutôt de la haute comédie que de la tragédie. Elle est attachante, et quoiqu'elle ne produise rien dans la pièce, elle fait plaisir.

SCÈNE II.

Vers 5.   Si ce front est mal propre à m'acquérir le vôtre,
            Quand j'en aurai dessein j'en saurai prendre un autre.

Mal propre, dans toutes ses acceptions, est absolument banni du style noble; et par la construction il semble que le front de Laodice soit mal propre à acquérir le front d'Attale. De plus, *prendre un front* est un barbarisme. On dit bien : *il prit un visage sévère, un front serein* ou *triste;* mais, en général, on ne peut pas dire *prendre un front*, parce qu'on ne peut prendre ce qu'on a. Il faut ajouter une épithète qui marque le sentiment qu'on peint sur son front, sur son visage.

Vers 7.   Vous ne l'acquerrez point, puisqu'il est tout à vous.

Ces compliments, ces dialogues de conversation, ne doivent pas entrer dans la tragédie.

Vers 8.   Je n'ai donc pas besoin d'un visage plus doux.

Avoir besoin d'un visage!

Vers 10.   C'est un bien mal acquis, que j'aime mieux vous rendre.

Laodice commence à prendre le ton de l'ironie. Corneille l'a prodiguée dans cette pièce d'un bout à l'autre. Il ne faut pas sou-

---

1. Page 5.

tenir un ouvrage entier par la même figure. L'ironie par elle-même n'a rien de tragique : il faudrait au moins qu'elle fût noble ; mais *un bien mal acquis* est comique.

Vers 14. Pour garder votre cœur, je n'ai pas où le mettre.

Après les beaux vers que Laodice a débités dans la scène précédente et va débiter encore, on ne peut, sans chagrin, lui voir prendre si souvent le ton du bas comique. Ce vers serait à peine souffert dans une farce.

Vers 15. La place est occupée

ressemble trop à *la signora è impedita* des Italiens. On ne doit jamais employer de ces expressions familières, qui rappellent des idées comiques. C'est alors surtout qu'on doit chercher des tours nobles.

Vers 18. Que celui qui l'occupe a de bonne fortune !

Ce vers est comique et n'est pas français. On ne dit point : *il a bonne fortune, mauvaise fortune;* et on sait ce qu'on entend par *bonnes fortunes* dans la conversation : c'est précisément par cette raison que cette expression doit être bannie du théâtre tragique.

Vers 19. Et que seroit heureux qui pourroit aujourd'hui
    Disputer cette place, et l'emporter sur lui!

Que serait heureux qui n'est pas français. *Qu'ils sont heureux ceux qui peuvent aimer!* est un fort joli vers. *Que sont heureux ceux qui peuvent aimer!* est un barbarisme. Remarquez qu'un seul mot de plus ou de moins suffit pour gâter absolument les plus nobles pensées et les plus belles expressions.

Vers 23. Et l'on ignore encor parmi ses ennemis
    L'art de reprendre un fort qu'une fois il a pris.
    — Celui-ci toutefois peut s'attaquer de sorte
    Que, tout vaillant qu'il est, il faudra qu'il en sorte.

Toutes les fois que l'on emploie un pronom dans une phrase, il se rapporte au dernier nom substantif : ainsi dans cette phrase *celui-ci* se rapporte au *fort,* et les deux pronoms *il* se rapportent à *celui-ci.* Le sens grammatical est *quelque vaillant que soit ce fort, il faudra qu'il sorte;* et l'on voit assez combien ce sens est vicieux. Corneille veut dire *quelque vaillant que soit le conquérant;* mais il ne le dit pas.

Vers 27. Vous pourriez vous méprendre. — Et si le roi le veut?

On peut faire ici une réflexion. Attale parle de son amour, et des intérêts de l'État, et des secrets du roi, devant un inconnu. Cela n'est pas conforme à la prudence dont Attale est souvent loué dans la pièce. Mais aussi, sans ce défaut, la scène ne subsisterait pas ; et quelquefois on souffre des fautes qui amènent des beautés.

Vers 30. . . . . S'il est roi, je suis reine ;
Et vers moi tout l'effort de son autorité
N'agit que par prière et par civilité.

Civilité, terme de comédie. Ce sentiment de fierté est beau dans Laodice ; mais est-il bien fondé? Elle est reine d'Arménie ; mais elle n'est point dans son royaume : elle est à la cour de Prusias, qui de son aveu est le dépositaire de *ses jeunes ans*; qui a sur elle les plus grands droits par l'ordre de son père ; qui est le maître enfin, et dont les prières sont des ordres. La jeune Laodice peut avec bienséance n'écouter que sa fierté, et se tromper un peu par grandeur d'âme. Elle peut avoir tort dans le fond ; mais il est dans son caractère d'avoir ce tort. Enfin *n'agit que par prière* peut signifier *ne doit agir que par prière*.

Vers 38. Seigneur, je crains pour vous qu'un Romain vous écoute.

Voyez la remarque ci-dessus. C'est encore ici une expression de doute, et la négation *ne* est nécessaire : *je crains qu'un Romain ne vous écoute.* Mais en poésie on peut se dispenser de cette règle.

Vers 47. Et ne savez-vous plus qu'il n'est princes ni rois
Qu'elle daigne égaler à ses moindres bourgeois?

Bourgeois, cette expression est bannie du style noble. Elle y était admise à Rome, et l'est encore dans les républiques, le *droit de bourgeoisie*, le *titre de bourgeois*. Elle a perdu chez nous de sa dignité, peut-être parce que nous ne jouissons pas des droits qu'elle exprime. Un bourgeois, dans une république, est en général un homme capable de parvenir aux emplois ; dans un État monarchique, c'est un homme du commun. Aussi ce mot est-il ironique dans la bouche de Nicomède, et n'ôte rien à la noble fermeté de son discours.

Vers 69. Mais je crains qu'elle échappe.

Voyez les notes ci-dessus. Il faudrait : *qu'elle n'échappe.*

Vers 77. Puisqu'ils se sont privés, pour ce nom d'importance,
Des charmantes douceurs d'élever votre enfance.

Une affaire est d'importance ; un nom ne l'est pas.

Vers 79. Dès l'âge de quatre ans ils vous ont éloigné.

Ce vers est très-adroit ; il paraît sans artifice, et il y a beaucoup d'art à donner ainsi une raison qui empêche évidemment qu'Attale ne reconnaisse son frère.

Vers 84. Madame, encore un coup, cet homme est-il à vous ?

Encore un coup; ce terme trop familier a été employé par Racine dans *Bérénice* :

Madame, encore un coup, vous louerez mon silence [1].

Ce sont des négligences qui étaient pardonnables.

Vers 85. Et pour vous divertir est-il si nécessaire
Que vous ne lui puissiez ordonner de se taire ?

Le mot *divertir*, et même les trois vers que dit Attale, sont absolument du style comique.

Vers 94. Et loin de lui voler son bien en son absence.....

Le mot *voler* est bas ; on emploie, dans le style noble, *ravir, enlever, arracher, ôter, priver, dépouiller,* etc.

Vers 101. Sachez qu'il n'en est point que le ciel n ait fait naître
Pour commander aux rois, et pour vivre sans maître.

Ces deux vers sont de la tragédie de *Cinna* [2], dans le rôle d'Émilie ; mais ils conviennent bien mieux à Émilie, Romaine, qu'à un prince arménien.

Au reste, cette scène est très-attachante : toutes les fois que deux personnages se bravent sans se connaître, le succès de la scène est sûr.

SCÈNE III.

Presque toute la fin de la scène seconde et le commencement de celle-ci sont une ironie perpétuelle.

---

1. Acte III, scène III. Il avait dit dans la même pièce, acte III, scène II :

Encore un coup, fuyons.

et dans *Bajazet*, acte II, scène Ire :

Madame, encore un coup, c'est à vous de choisir.

2. Acte III, scène IV.

ACTE I, SCÈNE IV.

Vers 5. . . . . Seigneur, vous êtes donc ici ?

C'est une naïveté qui échappe à tout le monde, quand on voit quelqu'un qu'on n'attend pas. Cette familiarité et cette petite négligence doivent être bannies de la tragédie.

Vers 6. Oui, madame, j'y suis, et Métrobate aussi.

Si Nicomède eût établi dans la première scène que ce Métrobate était un des assassins gagés par Arsinoé, ce vers ferait un grand effet; mais il en fait moins parce qu'on ne connaît pas encore ce Métrobate.

Vers 12. J'avois ici laissé mon maître et ma maîtresse.

Maîtresse; on permettait alors ce terme peu tragique. *Maître* et *maîtresse* semblent faire ici un jeu de mots peu noble.

Vers 19. Il ne tiendra qu'au roi qu'aux effets je ne passe.

Souvent en ce temps-là on supprimait le *ne* quand il fallait l'employer, et on s'en servait quand il fallait l'omettre. Le second *ne* est ici un solécisme. *Il tient à vous,* c'est-à-dire il dépend de vous que je passe, que je fasse, que je combatte, etc. *Il ne tient qu'à vous* est la même chose que *il tient à vous :* donc le *ne* suivant est un solécisme.

Vers 25. Ah! seigneur, excusez, si, vous connoissant mal...

On connaît mal quand on se trompe au caractère. Laodice dit à Cléopâtre : Je vous connaissais mal. Photin dit : J'ai mal connu César. Mais quand on ignore quel est l'homme à qui l'on parle, alors il faut *je ne connaissais pas.*

Vers 26. — Prince, faites-moi voir un plus digne rival, etc.

Tout ce discours est noble, ferme, élevé ; c'est là de la véritable grandeur : il n'y a ni ironie, ni enflure.

Vers 35. Et nous verrons ainsi qui fait mieux un brave homme,
Des leçons d'Annibal, ou de celles de Rome.

Dans la règle, il faut *qui font;* et *faire mieux un brave homme* n'est pas élégant.

SCÈNE IV.

Vers 3. Ce prompt retour me perd, et rompt votre entreprise.
— Tu l'entends mal, Attale, il la met dans ma main.

Tu l'entends mal est comique ; et *mettre dans la main* n'est pas noble.

Vers 6. Dedans mon cabinet amène-le sans suite.

Voyez les remarques des autres tragédies sur le mot *dedans*[1].

SCÈNE V.

Vers 3. Je crains qu'à la vertu par les Romains instruit...
Il ne conçoive mal qu'il n'est fourbe ni crime
Qu'un trône acquis par là ne rende légitime.

Ces derniers vers sont de la conversation la plus négligée, et ce sentiment est intolérable. On retrouve le même défaut toutes les fois que Corneille fait raisonner un prince, un ministre; tous disent qu'il faut être fourbe et méchant pour régner. On a déjà remarqué que jamais homme d'État ne parle ainsi[2]. Ce défaut vient de ce qu'il est très-difficile de ménager ses expressions, et de faire entendre avec art des choses qui révoltent. C'est une grande imprudence et une grande bassesse dans une reine de dire qu'il faut être fourbe et criminel pour régner. *Un trône acquis par là* est une expression de comédie.

Vers 11. Rome l'eût laissé vivre, et sa légalité
N'eût point forcé les lois de l'hospitalité.

Légalité n'a jamais signifié *justice, équité, magnanimité*; il signifie *authenticité d'une loi revêtue des formes ordinaires*.

Vers 13. Savante à ses dépens de ce qu'il savoit faire,
Elle le souffroit mal auprès d'un adversaire.

Savante de est un barbarisme. *Savante, savait;* répétition fautive.

Vers 16. De chez Antiochus elle l'a fait bannir;

expression trop basse; *de chez lui, de chez nous.*

Vers 21. Car je crois que tu sais que quand l'aigle romaine...

Tout écrivain doit éviter ces amas de monosyllabes qui se heurtent, *car, que, quand*. Mais ce qu'on doit plus éviter, c'est de dire à sa confidente ce qu'elle sait. Ce tour n'est pas assez adroit.

Vers 22. Vit choir ses légions aux bords du Trasimène,
Flaminius son père en étoit général.

Choir, expression absolument vieillie.

1. Elles sont indiquées dans la note 3 de la page 88.
2. Voyez tome XXXI, pages 426 et 556.

Vers 25. Ce fils donc, qu'a pressé la soif de la vengeance...

Cacophonie qu'il faut éviter encore, *donc qu'a*.

Vers 26. S'est aisément rendu de mon intelligence

n'est pas français. On est en intelligence, on se rend du parti de quelqu'un.

Vers 27. L'espoir d'en voir l'objet entre ses mains remis
A pratiqué par lui le retour de mon fils.

Il faut un effort pour deviner quel est cet *objet*[1]. C'est, par la phrase, l'objet de leur intelligence; par le sens, c'est Laodice. La première loi est d'être clair : il ne faut jamais y manquer.

Vers 29. Par lui j'ai jeté Rome en haute jalousie

n'est pas français. On inspire de la jalousie, on la fait naître. La jalousie ne peut être haute; elle est grande, elle est violente, soupçonneuse, etc.

Vers 35. Il s'en est fait nommer lui-même ambassadeur.

Cet *il* se rapporte au prince Attale[2], mais il en est trop loin. Cela rend la phrase obscure, de même que *borner sa grandeur*; il semble que ce soit la grandeur de l'hymen. Les articles, les pronoms mal placés, jettent toujours de l'embarras dans le style: c'est le plus grand inconvénient de la langue française, qui est d'ailleurs si amie de la clarté.

Vers 37. Et voilà le seul point où Rome s'intéresse.

Pourquoi Arsinoé dit-elle tout cela à une confidente inutile ? Cléopâtre, dans *Rodogune*, tombe dans le même défaut. La plupart des confidences sont froides et déplacées, à moins qu'elles ne soient nécessaires. Il faut qu'un personnage paraisse avoir besoin de parler, et non pas envie de parler.

Vers 38. Attale à ce dessein entreprend sa maîtresse.

On entreprend de faire quelque chose, ou bien on entreprend quelque chose; mais on n'entreprend pas quelqu'un. Cela ne se pourrait dire, à toute force, que dans le bas comique, et encore c'est dans un autre sens : cela veut dire *attaquer, demander raison, embarrasser, faire querelle*. Ce vers n'est pas français.

1. « C'est Annibal », dit Palissot.
2. « Non, à Flaminius », dit Palissot. On voit par ces contradictions combien les phrases que blâme Voltaire sont en effet peu claires. (G. A.)

Vers 43. . . . . Et j'ai cru pour le mieux
Qu'il falloit de son fort l'attirer en ces lieux.

Pour le mieux, expression de comédie.

Vers 45. Métrobate l'a fait par des terreurs paniques...

L'a fait et *terreurs paniques,* expressions qui n'ont rien de noble.

Vers 46. Feignant de lui trahir mes ordres tyranniques

est un barbarisme ; il faut : *de lui dévoiler, de lui déceler, de lui apprendre, de trahir mes ordres tyranniques en sa faveur.*

Vers 53. Tantôt en le voyant j'ai fait de l'effrayée.

Les comédiens ont corrigé, *j'ai feint d'être effrayée;* mais la chose n'est pas moins petite et moins indigne de la grandeur du tragique.

Vers 63. Et si ce diadème une fois est à nous,
Que cette reine après se choisisse un époux.

Cet *une fois* est une explétive trop triviale.

Vers 67. Le roi, que le Romain poussera vivement,
De peur d'offenser Rome agira chaudement.

Cet adverbe est proscrit du style noble.

Vers 69. Et ce prince, piqué d'une juste colère,
S'emportera sans doute, et bravera son père.

Piqué d'une juste colère n'est pas français. On est piqué d'un procédé, et animé de colère.

Vers 72. Et comme à l'échauffer j'appliquerai mes soins...
Mon entreprise est sûre, et sa perte infaillible.

Cette phrase et ce tour qui commencent par *comme* sont familiers à Corneille. Il n'y en a aucun exemple dans Racine. Ce tour est un peu trop prosaïque. Il réussit quelquefois ; mais il ne faut pas en faire un trop fréquent usage.

Vers 75. Voilà mon cœur ouvert.

Mais pourquoi a-t-elle ouvert son cœur à Cléone ? Qu'en résulte-t-il ? Je sais qu'il est permis d'ouvrir son cœur ; ces confidences sont pardonnées aux passions. Une jeune princesse peut avouer à sa confidente des sentiments qui échappent à son cœur ; mais une reine politique ne doit faire part de ses projets qu'à ceux qui les doivent servir. Cette scène est froide et mal écrite.

Vers 76.   Mais dans mon cabinet Flaminius m'attend.

Il est clair que Flaminius attend la reine ; qu'elle a les plus grands intérêts du monde de hâter son entretien avec lui. Nicomède est arrivé ; il va trouver le roi. Il n'y a pas un moment à perdre ; cependant elle s'arrête pour détailler inutilement à Cléone des projets qui sont d'une nature à n'être confiés qu'à ceux qui doivent les seconder. Cette manière d'instruire le spectateur est sans art et sans intérêt.

Vers dern. Vous me connoissez trop pour vous en mettre en peine.

Cela est trop trivial, et ce vers fait trop voir l'inutilité du rôle de Cléone. C'est un très-grand art de savoir intéresser les confidents à l'action. Néarque, dans *Polyeucte,* montre comment un confident peut être nécessaire.

ACTE DEUXIÈME.

SCÈNE I.

Vers 3.   . . . . La haute vertu du prince Nicomède
           Pour ce qu'on peut en craindre est un puissant remède.

Une *haute vertu, remède pour ce qu'on en peut craindre,* n'est ni correct ni clair.

Vers 6.   Un retour si soudain manque un peu de respect.

Un retour qui manque de respect!

Vers 11. Il n'en veut plus dépendre, et croit que ses conquêtes
          Au-dessus de son bras ne laissent plus de têtes.

Des têtes au-dessus des bras ! Il n'était plus permis d'écrire ainsi en 1652. Mais Corneille ne châtia jamais son style ; il passe pour valoir mieux par la force des idées que par l'expression. Cependant observez que toutes les fois qu'il est véritablement grand, son expression est noble et juste, et ses vers sont bons.

Vers 16.   A suivre leur devoir leurs hauts faits se ternissent.

Il semble que les hauts faits suivent un devoir, et qu'ils se ternissent en le suivant. Ce n'est pas parler sa langue.

Vers 17.   Et ces grands cœurs enflés du bruit de leurs combats...
           Font du commandement une douce habitude.

Des cœurs enflés de bruit[1] sont aussi intolérables que *des têtes au-dessus des bras.*

Vers 21. Dis tout, Araspe, dis que le nom de sujet
          Réduit toute leur gloire en un rang trop abject.

Qu'est-ce que le rang d'une gloire? On ne réduit pas *en*, on réduit *à*. Presque tout le style de cette pièce est vicieux ; la raison en est que l'auteur emploie le ton de la conversation familière, dans laquelle on se permet beaucoup d'impropriétés, et souvent des solécismes et des barbarismes. Le style de la conversation peut être admis dans une comédie héroïque ; mais il faut que ce soit la conversation des Condé, des La Rochefoucauld, des Retz, des Pascal, des Arnauld.

Vers 23. Que bien que leur naissance au trône les destine,
          Si son ordre est trop lent, leur grand cœur s'en mutine.

L'ordre de qui? De la naissance? Cela ne fait point de sens; et *mutine* n'est ni assez fort ni assez relevé.

Vers 27. Qu'on voit naître de là mille sourdes pratiques
          Dans le gros de son peuple et dans ses domestiques.

Ces expressions n'appartiennent qu'au style familier de la comédie.

Vers 37. Si je n'étois bon père, il seroit criminel, etc.

On retrouve un peu Corneille dans cette tirade, quoique la même pensée y soit répétée et retournée en plusieurs façons : ce qui était un vice commun en ce temps-là. Mais à quoi bon tous ces discours? Que veut Prusias? Rien. Quelle résolution prend-il avec Araspe? Aucune. Cette pièce paraît peu nécessaire, ainsi que celle d'Arsinoé et de sa confidente. En général, toute scène entre un personnage principal et un confident est froide, à moins que ce personnage n'ait un secret important à confier, un grand dessein à faire réussir, une passion furieuse à développer.

Vers 46. Il n'est rien qui ne cède à l'ardeur de régner;
          Et depuis qu'une fois elle nous inquiète,
          La nature est aveugle et la vertu muette.

Inquiète n'est pas le mot propre ; *depuis* est ici un solécisme. Le sens est : dès qu'une fois cette passion s'est emparée de nous.

---

1. « L'expression, dit Palissot, me paraît juste. »

Vers 59. . . . . . Si je lui laisse un jour une couronne,
Ma tête en porte trois que sa valeur me donne.
J'en rougis dans mon âme ; et ma confusion...
Sans cesse offre à mes yeux cette vue importune
Que qui m'en donne trois peut bien m'en ôter une ;
Qu'il n'a qu'à l'entreprendre et peut tout ce qu'il veut.
Juge, Araspe, où j'en suis, s'il veut tout ce qu'il peut.

Ces antithèses et ces figures de mots, comme on l'a déjà remarqué[1], doivent être bien rares. La versification héroïque exige que les vers ne finissent point par des verbes en monosyllabes ; l'harmonie en souffre ; *il peut, il veut, il fait, il court,* sont des syllabes sèches et rudes ; il n'en est pas de même dans les rimes féminines, *il vole, il presse, il prie :* ces mots sont plus soutenus ; ils ne valent qu'une syllabe, mais on sent qu'il y en a deux qui forment une syllabe longue et harmonieuse. Ces petites finesses de l'art sont à peine connues, et n'en sont pas moins importantes.

Vers 81. Et le prends-tu pour homme à voir d'un œil égal
Et l'amour de son frère, et la mort d'Annibal ?...
Il est le dieu du peuple et celui des soldats.
Sûr de ceux-ci, sans doute, il vient soulever l'autre,
Fondre avec son pouvoir sur le reste du nôtre.

Expressions vicieuses. On ne peut dire *l'autre* que quand on l'oppose à *l'un.* Le *nôtre* ne se peut dire à la place *du mien,* à moins qu'on n'ait déjà parlé au pluriel. Je le répète encore, rien n'est si difficile et si rare que de bien écrire.

Vers 91. Je veux bien toutefois agir avec adresse,
Joindre beaucoup d'honneur à bien peu de rudesse, etc.

Tout cela est d'un style confus, obscur. *Le reste du nôtre qui n'est pas tout à fait impuissant,* et *bien peu de rudesse,* et *le prix d'un mérite mêlé doucement à un ressentiment!* Il n'y a pas là deux mots qui soient faits l'un pour l'autre.

SCÈNE II.

Vers 8. Je viens remercier et mon père et mon roi...
D'avoir choisi mon bras pour une telle gloire.

On ne choisit point un bras pour une gloire.

---

1. Remarques sur *Rodogune,* acte Ier, scène VII, et IV, VII.

Vers 12. Vous pouviez vous passer de mes embrassements...
   Et vous ne deviez pas envelopper d'un crime
   Ce que votre victoire ajoute à votre estime.

Il a promis à son confident d'avoir *bien peu de rudesse*, et il commence par dire à Nicomède la chose du monde la plus rude : il le déclare criminel d'État.

Ajoute à votre estime n'est pas français en ce sens. L'estime où nous sommes n'est pas notre estime. On ne peut dire *votre estime*, comme on dit *votre gloire, votre vertu*.

Vers 16. Abandonner mon camp en est un capital,
   Inexcusable en tous, et plus au général.

Au général est un solécisme ; il faut *dans un général*.

Vers 27. . . . . . Un bonheur si grand me coûte un petit crime.

Un petit crime ; cette épithète n'est pas du style de la tragédie. Le crime de Nicomède est en effet bien faible. Nicomède parle ici ironiquement à son père, comme il a parlé à son frère : car par *ce désir trop ardent* il entend le désir qu'il avait de voir sa maîtresse. Il n'a point du tout *d'amour* pour son père ; le public n'en est pas fâché. On méprise Prusias. On aime beaucoup la hauteur d'un héros persécuté. *Petit crime, bonheur si grand ;* ces contrastes affectés font un mauvais effet.

Vers 38. . . . . L'âge ne me laisse
   Qu'un vain titre d'honneur qu'on rend à ma vieillesse.

On rend un honneur ; on ne rend point un titre d'honneur.

Vers 41. L'intérêt de l'État vous doit seul regarder.

Seul semble dire que Prusias abdique ; et il est si loin d'abdiquer qu'il vient de menacer son fils. C'est trop se contredire.

Vers 42. Prenez-en aujourd'hui la marque la plus haute.

La marque haute !

Vers 43. Mais gardez-vous aussi d'oublier votre faute ;
   Et comme elle fait brèche au pouvoir souverain,
   Pour la bien réparer, retournez dès demain.

Cette expression *faire brèche* n'est plus d'usage : ce n'est pas que l'idée ne soit noble ; mais, en français, toutes les fois que le mot *faire* n'est pas suivi d'un article, il forme une façon de parler proverbiale trop familière. *Faire* assaut, *faire* force de voiles, *faire* de nécessité vertu, *faire* ferme, *faire* brèche, *faire* halte, etc.; toutes expressions bannies du vers héroïque.

Vers 46. Remettez en éclat la puissance absolue.

Comme on ne met rien en éclat, on n'y remet rien ; on donne de l'éclat; on met en lumière, en évidence, en honneur, en son jour.

Vers 48. . . . . N'autorisez pas
De plus méchants que vous à la mettre plus bas.

Cette manière de s'exprimer n'est plus d'usage, et n'a jamais fait un bon effet. Remarquez que *bas* est un adverbe monosyllabe ; ne finissez jamais un vers par *bas, à bas, plus bas, haut, plus haut*.

Vers 58. Il est temps qu'en son ciel cet astre aille reluire.

Cette métaphore est vicieuse, en ce qu'elle suppose que cet astre de Laodice est descendu du ciel en terre.

Vers 63. Vous savez qu'il y faut quelque cérémonie.

Prusias veut aussi railler. Cette pièce est trop pleine de raillerie et d'ironie.

Vers 66. Elle est prête à partir sans plus grand équipage.

Ce dernier hémistiche est absolument du style de la comédie.

Vers 67. Je n'ai garde à son rang de faire un tel outrage.
Mais l'ambassadeur entre, il le faut écouter;
Puis nous verrons quel ordre on doit y apporter.

Ce dernier vers est trop familier ; mais à quoi se rapporte cet ordre? A l'*ambassadeur*, à l'*outrage*, ou à l'*équipage*?

SCÈNE III.

Vers 4. . . . . Vous pouvez juger du soin qu'elle en a pris
Par les hautes vertus et les illustres marques
Qui font briller en lui le rang de vos monarques.

Illustres marques; on a déjà plusieurs fois remarqué ce mot vague, qui n'est que pour la rime[1].

---

1. Voyez tome XXXI, pages 305, 389, 554 et 571.

Vers 9.   Si vous faites état de cette nourriture,
          Donnez ordre qu'il règne.

Nourriture est ici pour *éducation*, et dans ce sens il ne se dit plus ; c'est peut-être une perte pour notre langue. *Faire état* est aussi aboli.

Vers 11. . . . . . Vous offenseriez l'estime qu'elle en fait.

On ne fait point l'estime : cela n'a jamais été français ; on a de l'estime, on conçoit de l'estime, on sent de l'estime ; et c'est précisément parce qu'on la sent qu'on ne la fait pas. Par la même raison on sent de l'amour, de l'amitié ; on ne fait ni de l'amour, ni de l'amitié.

Vers 17. Je crois que pour régner il en a les mérites.

Ni ces expressions, ni cette construction, ne sont françaises ; *il en a les mérites pour régner !*

Vers 23. Souffrez qu'il ait l'honneur de répondre pour moi.

Le roi Prusias, qui n'est déjà pas trop respectable, est peut-être encore plus avili dans cette scène, où Nicomède lui donne, en présence de l'ambassadeur de Rome, des conseils qui ressemblent souvent à des reproches. Il est même assez étonnant que, connaissant la fierté de son fils et sachant combien ce disciple d'Annibal hait les Romains, il le charge de répondre à l'ambassadeur de Rome, qu'il croit avoir grand intérêt de ménager. Prusias n'a nulle raison de répondre à l'ambassadeur par une autre bouche, et il s'expose visiblement à voir l'ambassadeur outragé par Nicomède.

Il a commencé par dire à son fils : Vous êtes criminel d'État, vous méritez d'être puni de mort ; et il finit par lui dire : Répondez pour moi à l'ambassadeur de Rome en ma présence ; faites le personnage de roi, tandis que je ferai celui de subalterne. C'est, au fond, une scène de lazzi : passe encore si cette scène était nécessaire ; mais elle ne sert à rien. Prusias joue un rôle avilissant ; mais celui de Nicomède est noble et imposant. Ces personnages plaisent toujours à la multitude, et révoltent quelquefois les honnêtes gens.

C'est toujours un problème à résoudre, si les caractères bas et faibles peuvent figurer dans une tragédie. Le parterre s'élève contre eux à une première représentation. On aime à faire tomber sur l'auteur le mépris que lui-même inspire pour le personnage ; les critiques se déchaînent. Cependant ces caractères sont dans la nature : Maxime, dans *Cinna* ; Félix, dans *Polyeucte*.

Vers 40.   C'est un rare trésor qu'elle devroit garder,
          Et conserver chez soi sa chère nourriture.

Cela n'est pas français; et *conserver* ne se lie pas avec *qu'elle devrait*. Nicomède[1] a déjà parlé de bonne nourriture : *si vous faites état de cette nourriture*.

Vers 45.   Ce perfide ennemi de la grandeur romaine
          N'en a mis en son cœur que mépris et que haine.

Cela n'est pas français; *n'en mettre que mépris!*

Vers 49.   On me croit son disciple, et je le tiens à gloire.

Cette manière de s'exprimer a vieilli.

Vers 62.   Attale a le cœur grand, l'esprit grand, l'âme grande,
          Et toutes les grandeurs dont se fait un grand roi.

Ces deux vers sont du nombre de ceux que les comédiens avaient corrigés; en effet, cette distinction du cœur, de l'esprit et de l'âme, cette énumération de parties faite ironiquement, est trop loin du ton de la tragédie, et cette répétition de *grand* et *grande* est comique.

Vers 68.   Qu'il en fasse pour lui ce que j'ai fait pour vous.

On ne devine pas d'abord ce que veut dire cet *en*; il est très-inutile, et il se rapporte à *vertu*, qui est deux vers plus haut.

Vers 71.   Je lui prête mon bras, et veux dès maintenant,
          S'il daigne s'en servir, être son lieutenant.
          L'exemple des Romains m'autorise à le faire.

On a déjà dit que cette expression ne doit jamais être admise[2]; elle est ici vicieuse, parce que *le faire* se rapporte à *être*, et signifie à la lettre *faire son lieutenant*.

Vers 78.   Le reste de l'Asie à nos côtes rangée, etc.

On dit *ranger les côtes*; mais non *rangée aux côtes*, pour *située*. C'est un barbarisme[3].

Vers 89.   Et si Flaminius en est le capitaine,
          Nous pourrons lui trouver un lac de Trasimène.

Ce n'est pas le même Flaminius; mais l'insulte n'en est pas moindre.

---

1. Ou plutôt, Flaminius au commencement de cette scène.
2. Voyez tome XXXI, page 332; et ci-dessus, pages 75, 87, et 110.
3. L'édition de 1664 et les autres portent : *à nos côtés* (costez), et non *à nos côtes*.

Vers 94. Ou laissez-moi parler, sire, ou faites-moi taire.

Il est clair qu'il n'y a pas de milieu ; le sens est : *Puisque vous m'avez fait répondre pour vous, laissez-moi parler.*

Vers 105. Seigneur, vous pardonnez aux chaleurs de son âge.

Chaleurs de son âge, mauvais terme.

Vers 106. Le temps et la raison pourront le rendre sage.

C'est ce qu'on dit à un enfant mal morigéné. Ce n'est pas ainsi qu'on parle à un prince qui a conquis trois royaumes ; et si ce jeune homme n'est pas sage, pourquoi Prusias l'a-t-il chargé de parler pour lui?

Vers 125. Puisqu'il peut la servir à me faire descendre,
    Il a plus de vertu que n'en eut Alexandre.

Ce premier vers est inintelligible. A quoi se rapporte ce *la servir?* Au dernier substantif, à la puissance de Nicomède, que Rome veut diviser. *Me faire descendre;* il faut dire d'où l'on descend : *Et monté sur le faîte, il aspire à descendre.*

Vers 127. Et je lui dois quitter pour le mettre en mon rang.

On ne dit point *quitter à,* on dit *quitter pour. Je dois quitter pour lui,* ou *je lui dois céder, laisser, abandonner.*

Vers 137. Les plus rares exploits que vous avez pu faire
    N'ont jeté qu'un dépôt sur la tête d'un père ;
    Il n'est que le gardien de leur illustre prix, etc.

Jeter un dépôt sur une tête, être gardien d'un illustre prix, une grandeur épanchée ; toutes expressions impropres et incorrectes. De plus, ce discours de Flaminius semble un peu sophistique. L'exemple de Scipion, qui ne prit point Carthage pour lui, et qui ne le pouvait pas, ne conclut rien du tout contre un prince qui n'est pas républicain, et qui a des droits sur ses conquêtes.

Vers 153. Si vous en consultiez des têtes bien sensées,
    Elles vous déferoient de ces belles pensées...
    Prenez quelque loisir de rêver là-dessus.

Cela est du style de Mme Pernelle, dans Molière[1].

Vers 157. Laissez moins de fumée à vos feux militaires,
    Et vous pourrez avoir des visions plus claires.

---

1. *Tartuffe,* acte I, scène 1re.

Laisser de la fumée est inintelligible. D'ailleurs, la fumée des feux militaires est une figure trop bizarre. Le second vers est du bas comique.

Vers 159. Le temps pourra donner quelque décision
Si la pensée est belle, ou si c'est vision.

Même style et même défaut.

Vers 161. . . . . . Cependant si vous trouvez des charmes
A pousser plus avant la gloire de vos armes,
Nous ne la bornons point.

Pousser plus avant une gloire[1] ?

Vers 181. La pièce est délicate.

Le mot *pièce* ne dit point là ce que l'auteur a prétendu dire. C'est d'ailleurs une expression populaire, lorsqu'elle signifie *intrigue*.

Vers 183. Je n'y réponds qu'un mot, étant sans intérêt.

Comment peut-il dire qu'il est sans intérêt, après avoir dit publiquement, au premier acte, que Laodice est sa maîtresse, qu'il n'a quitté l'armée que pour venir prendre sa défense? Voudrait-il cacher son amour à Flaminius et le tromper? Un tel dessein convient-il à la fierté du caractère de Nicomède? Flaminius ne doit-il pas être instruit?

Vers 184. Traitez cette princesse en reine comme elle est.

Il faut *comme elle l'est* pour l'exactitude; mais *comme elle l'est* serait encore plus mauvais.

Vers 190. N'avez-vous, Nicomède, à lui dire autre chose?

Cette interrogation de Prusias, qui n'a rien dit pendant le cours de cette scène, n'a-t-elle pas quelque chose de comique?

Vers 191. Non, seigneur, si ce n'est que la reine, après tout,
Sachant ce que je puis, me pousse trop à bout.

Cette expression est encore comique, ou du moins familière; Racine s'en est servi dans *Bajazet*[2] :

Poussons à bout l'ingrat.

Mais le mot *ingrat*, qui finit la phrase, la relève. Ce sont de petites nuances qui distinguent souvent le bon du mauvais.

---

1. « Nicomède, dit Palissot, peut aspirer à pousser plus avant ses conquêtes, et par conséquent la gloire de ses armes. »
2. Acte IV, scène IV.

SCÈNE IV.

Vers 1. . . . . Eh quoi! toujours obstacle?
— De la part d'un amant ce n'est pas grand miracle.

Toujours obstacle n'est pas français, et *grand miracle* n'est pas noble, il est du bas comique.

Vers 3.   Cet orgueilleux esprit, enflé de ses succès,
Pense bien de son cœur nous empêcher l'accès.

On ne dit point *empêcher à*, cela n'est pas français. *Il nous empêche l'accès de cette maison; nous* est là au datif : c'est un solécisme; il faut dire : *on nous défend l'accès de cette maison, on nous interdit l'accès; on nous défend, on nous empêche d'entrer.*

Vers 6.   L'amour entre les rois ne fait pas l'hyménée.

Ce tour est impropre. Il semble que des rois se marient l'un à l'autre. Ce n'est pas assez qu'on vous entende, il faut qu'on ne puisse pas vous entendre autrement.

Vers 7.   Et les raisons d'État, plus fortes que ses nœuds,
Trouvent bien les moyens d'en éteindre les feux.

Des raisons d'État plus fortes que des nœuds, qui trouvent le moyen d'éteindre les feux de ces nœuds. Il faut renoncer à écrire quand on écrit de ce style [1].

Vers 9.   Comme elle a de l'amour, elle aura du caprice.

Et ce vers, et l'idée qu'il présente, appartiennent absolument à la comédie. Ce *comme* revient presque toujours. C'est un style trop incorrect, trop négligé, trop lâche, et qu'il ne faut jamais se permettre.

Vers 16.   Proposez cet hymen vous-même à sa grandeur.

Il semble qu'il appelle ici la reine Laodice *sa grandeur*, comme on dit *sa majesté, son altesse*.

Vers 17.   Je seconderai Rome, et veux vous introduire;
Puisqu'elle est en nos mains, l'amour ne nous peut nuire.

Le pronom *elle* se rapporte à Rome, qui est le dernier nom. La construction dit *puisque Rome est en nos mains*, et l'auteur

---

[1]. Palissot fait remarquer avec raison que *en* se rapporte à *amour*, qui se trouve deux vers plus haut.

veut dire *puisque Laodice est en nos mains.* Voyez la note au premier acte[1].

Vers 19.   Allons, de sa réponse à votre compliment,
        Prendre l'occasion de parler hautement.

Ces deux vers sont trop mal construits; le mot de *compliment* ne se peut recevoir dans la tragédie, s'il n'est ennobli par une épithète. Pour le mot de *civilité* il ne doit jamais entrer dans le style héroïque. Mais ce qui ne peut jamais être ennobli, c'est le rôle de Prusias.

ACTE TROISIÈME.

SCÈNE I.

Vers 1.   Reine, puisque ce titre a pour vous tant de charmes,
        Sa perte vous devroit donner quelques alarmes.

L'auteur n'exprime pas sa pensée. Il veut dire *vous devriez craindre de le perdre.* Mais *sa perte* signifie qu'elle l'a déjà perdu : or une perte donne des regrets, et non des alarmes.

Vers 3.   Qui tranche trop du roi ne règne pas longtemps.

Cette manière de s'exprimer n'appartient plus qu'au comique. D'ailleurs un roi qui sait gouverner peut *trancher du roi*, et régner longtemps.

Vers 7.   Vous vous mettez fort mal au chemin de régner.

Chemin de régner ne peut se dire. Toutes ces façons de parler sont trop basses.

Vers 9.   Vous méprisez trop Rome, et vous devriez faire
        Plus d'estime d'un roi qui vous tient lieu de père.

Vous devriez faire, à la fin d'un vers, et *plus d'estime*, au commencement de l'autre, est ce qu'on appelle un enjambement vicieux. Cela n'est pas permis dans la poésie héroïque. Nous avons jusqu'ici négligé de remarquer cette faute; le lecteur la remarquera aisément partout où elle se trouve. Nous avons déjà observé[2] que *faire estime, faire plus d'estime*, n'est pas français.

1. Page 105, ligne 8.
2. Page 112.

Vers 13.   Recevoir ambassade en qualité de reine,
          Ce seroit à vos yeux faire la souveraine, etc.

Ces petites discussions, ces subtilités politiques, sont toujours très-froides. D'ailleurs, elle peut fort bien négocier avec Flaminius chez Prusias, qui lui sert de tuteur ; et en effet elle lui parle en particulier le moment d'après.

Vers 23.   Ici c'est un métier que je n'entends pas bien.

Le mot *métier* ne peut être admis qu'avec une expression qui le fortifie, comme le *métier des armes*. Il est heureusement employé par Racine dans le sens le plus bas. Athalie dit à Joas :

   Laissez là cet habit, quittez ce vil métier [1].

On ne peut exprimer plus fortement le mépris de cette reine pour le sacerdoce des Juifs.

Vers 24.   Car hors de l'Arménie enfin je ne suis rien.

Si elle *n'est rien* hors de l'Arménie, pourquoi dit-elle tant de fois qu'elle conserve toujours le titre et la dignité de reine, qu'on ne peut lui ravir ? Être reine et en tenir le rang, c'est être quelque chose. Corneille n'aurait-il pas mis : *hors de l'Arménie, je ne puis rien* ? Alors cette phrase et celles qui la suivent deviennent claires. Je ne puis rien ici, mais je n'y conserve pas moins le titre de reine, et en cette qualité je ne connais de véritables souverains que les dieux.

Vers 25.   Et ce grand nom de reine ailleurs ne m'autorise...
          Qu'à vivre indépendante, et n'avoir en tous lieux
          Pour souverains que moi, la raison, et les dieux.

En tous lieux ne peut signifier que l'Arménie, car elle dit qu'elle n'est rien hors de l'Arménie. Il y a du moins là une apparence de contradiction ; et *en tous lieux* est une cheville qu'il faut éviter autant qu'on le peut.

Vers 34.   Je vais vous y remettre en bonne compagnie,

c'est-à-dire accompagnée d'une armée ; mais cette expression, pour vouloir être ironique, ne devient-elle pas comique ?

Vers 37.   Préparez-vous à voir par toute votre terre
          Ce qu'ont de plus affreux les fureurs de la guerre,
          Des montagnes de morts, des rivières de sang.

Cette scène est une suite de la conversation dans laquelle on a proposé à Laodice la main d'Attale ; sans cela ce long détail de

---

1. *Athalie,* acte II, scène VII.

menaces paraîtrait déplacé. Le spectateur ne voit pas comment la princesse peut les mériter ; elle vient, par déférence pour le roi, de refuser la visite d'un ambassadeur : il semble que cela ne doit pas engager à dévaster son pays. De plus, le faible Prusias qui parle tout d'un coup de *montagnes de morts* à une jeune princesse, ne ressemble-t-il pas trop à ces personnages de comédie qui tremblent devant les forts, et qui sont hardis avec les faibles?

Vers 50. Je serai bien changée et d'âme et de courage;

mauvaise façon de parler. *Ame* et *courage*, pléonasme.

Vers dern. Adieu.

Remarquez qu'un ambassadeur de Rome qui ne dit mot dans cette scène y fait un personnage trop subalterne. Il faut rarement mettre sur la scène des personnages principaux sans les faire parler : c'est un défaut essentiel. Cette scène de petites bravades, de petites picoteries, de petites discussions, entre Prusias et Laodice, n'a rien de tragique ; et Flaminius, qui ne dit mot, est insupportable.

SCÈNE II.

Vers 1. . . . . . Madame, enfin, une vertu parfaite...

Ce n'est guère que dans la passion qu'il est permis de ne pas achever sa phrase. La faute est très-petite, mais elle est si commune dans toutes nos tragédies qu'elle mérite attention.

Vers 2. Suivez le roi, seigneur, votre ambassade est faite.

Votre ambassade est faite est un peu comique. Sosie dit dans *Amphitryon*[1] :

O juste ciel ! j'ai fait une belle ambassade !

Mais aussi c'est Sosie qui parle.

Vers 13. La grandeur de courage en une âme royale
N'est, sans cette vertu, qu'une vertu brutale, etc.

Cette expression est très-brutale, surtout d'un ambassadeur à une princesse. D'ailleurs, ce discours de Flaminius, pour être fin et adroit, n'en est pas moins entortillé et obscur. *Une vertu brutale qu'un faux jour d'honneur jette en divorce avec le vrai bonheur,*

1. Acte Ier, scène II.

qui se livre à ce qu'elle craint; et *cette vertu brutale* qui, *après un grand soupir,* dit *qu'elle avait droit de régner :* tout cela est bien étrange. La clarté, le naturel, doivent être les premières qualités de la diction. Quelle différence quand Néron dit à Junie dans Racine[1] :

> Et ne préférez point à la solide gloire
> Des honneurs dont César prétend vous revêtir
> La gloire d'un refus sujet au repentir.

Vers 24. Je ne sais si l'honneur eut jamais un faux jour.

Il semble que Laodice, par ce vers, reproche à Flaminius les expressions impropres, les phrases obscures dont il s'est servi, et son galimatias, qui n'était pas le style des ambassadeurs romains.

Vers 25. . . . . . Je veux bien vous répondre en amie.
Ma prudence n'est pas tout à fait endormie.

Prudence endormie, répondre en amie, etc.; toutes ces expressions sont familières : il ne les faut jamais employer dans la vraie tragédie.

Vers 28. La grandeur de courage est si mal avec vous;

style de conversation familière.

Vers 36. Le roi, s'il s'en fait fort, pourroit s'en trouver mal.

Se faire fort de quelque chose ne peut être employé pour *s'en prévaloir;* il signifie *j'en réponds, je prends sur moi l'entreprise, je me flatte d'y réussir. Se faire fort* ne peut être employé qu'en prose. Plusieurs étrangers se sont imaginé que nous n'avions qu'un langage pour la prose et pour la poésie : ils se sont bien trompés.

Vers 37. Et s'il vouloit passer de son pays au nôtre,
Je lui conseillerois de s'assurer d'un autre.

Autre se rapporte à *pays,* et non à *général,* qui est trois vers plus haut.

Vers 42. La vertu trouve appui contre la tyrannie.

Il faut *trouve un appui,* ou *de l'appui; trouve un secours, du secours,* et non *trouve secours.*

---

1. *Britannicus,* acte II, scène III.

Vers 43. Tout son peuple a des yeux pour voir quel attentat
Font sur le bien public les maximes d'État.
Il connoît Nicomède, il connoît sa marâtre;
Il en sait, il en voit la haine opiniâtre;
Il voit la servitude où le roi s'est soumis,
Et connoît d'autant mieux les dangereux amis.

Ces vers sont ingénieusement placés pour préparer la révolte qui s'élève tout d'un coup au cinquième acte. Reste à savoir s'ils la préparent assez, et s'ils suffisent pour la rendre vraisemblable; mais *un attentat que des maximes d'État font sur le bien public* forme une phrase trop incorrecte, trop irrégulière, et ce n'est pas parler sa langue.

Vers 61. Si vous me dites vrai, vous êtes ici reine.

Ces malheureuses contestations, ces froides discussions politiques qui ne mènent à rien, qui n'ont rien de tragique, rien d'intéressant, sont aujourd'hui bannies du théâtre. Flaminius et Laodice ne parlent ici que pour parler. Quelle différence entre Acomat dans *Bajazet,* et Flaminius dans *Nicomède!* Acomat se trouve entre Bajazet et Roxane, qu'il veut réunir; entre Roxane et Atalide, entre Atalide et Bajazet : comme il parle convenablement, noblement, prudemment, à tous les trois ! Et quel tragique dans tous ces intérêts! quelle force de raison ! quelle pureté de langage ! quels vers admirables ! Mais dans *Nicomède* tout est petit, presque tout est grossier; la diction est si vicieuse qu'elle déparerait le fond le plus intéressant.

Vers 63. Le roi n'est qu'une idée, et n'a de son pouvoir
Que ce que par pitié vous lui laissez avoir.

On dit bien *n'est qu'un fantôme,* mais non pas *n'est qu'une idée.* La raison en est que *fantôme* exclut la réalité, et qu'*idée* ne l'exclut pas.

Vers 79. . . . . . Il suffit; je vois bien ce que c'est

est du style comique. C'est en général celui de la pièce.

Vers 80. Tous les rois ne sont rois qu'autant comme il vous plaît.

Il faut *autant que*[1].

Vers 102. . . . . Rome est aujourd'hui la maîtresse du monde.
— La maîtresse du monde? Ah! vous me feriez peur.

1. Voyez la note 1 de la page 18.

Cette expression, placée ici ironiquement, dégénère peut-être trop en comique. Ce n'est pas là une bonne traduction de cet admirable passage d'Horace [1] :

> Et cuncta terrarum subacta,
> Præter atrocem animum Catonis.

Ajoutez que *tout tremble sur l'onde* est ce qu'on appelle une cheville malheureusement amenée par la rime, comme on l'a déjà remarqué tant de fois [2].

Vers 111. L'Asie en fait l'épreuve, où trois sceptres conquis
Font voir en quelle école il en a tant appris.

Le mot *école* est du style familier; mais quand il s'agit d'un disciple d'Annibal, ces mots *disciple, école, etc.*, acquièrent de la grandeur. Il ne faut pas répéter trop ces figures.

Vers 113. Ce sont des coups d'essai, mais si grands que peut-être
Le Capitole a lieu d'en craindre un coup de maître.

Coup d'essai, coup de maître, figure employée dans *le Cid,* et qu'il ne faudrait pas imiter souvent.

Vers 116. . . . . . Quelques-uns vous diront, au besoin,
Quels dieux du haut en bas renversent les profanes.

Du haut en bas, qui n'est mis là que pour faire le vers, ne peut être admis dans la tragédie. Les dieux et les profanes ne sont pas là non plus à leur place. Un ambassadeur ne doit pas parler en poëte; un poëte même ne doit pas dire que son sénat est composé de dieux [3], que les rois sont des profanes, et que l'ombre du Capitole fit trembler Annibal. Un très-grand défaut encore est ce mélange d'enflure et de familiarité : *quelques-uns vous diront au besoin quels dieux du haut en bas renversent les profanes.* Ce style est entièrement vicieux.

SCÈNE III.

Vers 1. Ou Rome à ses agents donne un pouvoir bien large,
Ou vous êtes bien long à faire votre charge.

---

1. Livre II, ode 1re, vers 23-24.
2. Voyez, tome XXXI, les remarques sur les *Horaces*, acte Ier, scène 1re; sur *le Menteur*, IV, 1; sur *Rodogune*, V, 1.
3. Palissot fait remarquer que Corneille parle des dieux à qui le Capitole était dédié. (G. A.)

Ces deux vers, que leur ridicule a rendus fameux, ont été aussi corrigés par les comédiens. Ce n'est plus ici une ironie, qui peut quelquefois être ennoblie; c'est une plaisanterie basse, absolument indigne de la tragédie et de la comédie.

Vers 5. . . . . Laissez à ma flamme
Le bonheur à son tour d'entretenir madame

est du comique le plus négligé.

Vers 11. Les malheurs où la plonge une indigne amitié
Me faisoient lui donner un conseil par pitié.

Flaminius, qui se donne pour un ambassadeur prudent, ne doit pas dire qu'un homme tel que Nicomède n'est pas digne de l'amitié de Laodice. Il n'a certainement aucune espérance de brouiller ces deux amants; par conséquent sa scène avec Laodice était inutile, et il ne reste ici avec Nicomède que pour en recevoir des nasardes. Quel ambassadeur !

Vers 14. C'est être ambassadeur et tendre et pitoyable.

Le mot *pitoyable* signifiait alors *compatissant*, aussi bien que *digne de pitié*. Cela forme une équivoque qui tourne l'ambassadeur en ridicule, et on devait retrancher *pitoyable*, aussi bien que *le long* et *le large*.

Vers 15. Vous a-t-il conseillé beaucoup de lâchetés ?

Voilà des injures aussi grossières que les railleries. Une grande partie de cette pièce est du style burlesque; mais il y a de temps en temps un air de grandeur qui impose, et surtout qui intéresse pour Nicomède : ce qui est un très-grand point.

Au reste, jusqu'ici la plupart des scènes ne sont que des conversations assez étrangères à l'intrigue. En général, toute scène doit être une espèce d'action qui fait voir à l'esprit quelque chose de nouveau et d'intéressant.

SCÈNE IV.

Vers 5. J'ai fait entendre au roi Zénon et Métrobate.

Voilà la première fois que le spectateur entend parler de ce Zénon : il ne sait encore quel il est; on sait seulement que Nicomède a conduit deux traîtres avec lui, mais on ignore que Zénon soit un des deux.

Voilà le sujet et l'intrigue de la pièce; mais quel sujet et quelle intrigue! Deux malheureux que la reine Arsinoé a subornés pour l'accuser faussement elle-même, et pour faire retomber la calomnie sur Nicomède. Il n'y a rien de si bas que cette invention : c'est pourtant là le nœud, et le reste n'est que l'accessoire. Mais on n'a point encore vu paraître cette reine Arsinoé[1], on n'a dit qu'un mot d'un Métrobate, et cependant on est au milieu du troisième acte.

Vers 18. Les mystères de cour souvent sont si cachés
Que les plus clairvoyants y sont bien empêchés.

Le mot *clairvoyants* est aujourd'hui banni du style noble. On ne dit pas non plus *être empêché à quelque chose :* cela est à peine souffert dans le comique.

Rien n'est plus utile que de comparer : opposons à ces vers ceux que Junie dit à Britannicus[2], et qui expriment un sentiment à peu près semblable, quoique dans une circonstance différente :

Je ne connois Néron et la cour que d'un jour;
Mais, si je l'ose dire, hélas! dans cette cour
Combien tout ce qu'on dit est loin de ce qu'on pense!
Que la bouche et le cœur sont peu d'intelligence!
Avec combien de joie on y trahit sa foi!
Quel séjour étranger et pour vous et pour moi!

Voilà le style de la nature. Ce sont là des vers; c'est ainsi qu'on doit écrire. C'est une dispute bien inutile, bien puérile, que celle qui dura si longtemps entre les gens de lettres, sur le mérite de Corneille et de Racine. Qu'importe à la connaissance de l'art, aux règles de la langue, à la pureté du style, à l'élégance des vers, que l'un soit venu le premier et soit parti de plus loin, et que l'autre ait trouvé la route aplanie? Ces frivoles questions n'apprennent point comment il faut parler. Le but de ce commentaire, je ne puis trop le redire, est de tâcher de former des poëtes, et de ne laisser aucun doute sur notre langue aux étrangers.

Vers 26. Pour moi, je ne vois goutte en ce raisonnement;

expression populaire et basse.

Vers 33. Il est trop bon mari pour être assez bon père.

On ne s'exprimerait pas autrement dans une comédie. Jusqu'ici on ne voit qu'une petite intrigue et de petites jalousies. Ce

1. Arsinoé a eu trois scènes au premier acte.
2. Acte V, scène 1re.

qui est encore bien plus du ressort de la comédie, c'est cet Attale qui vient n'ayant rien à dire, et à qui Laodice dit qu'il est un importun.

Vers 34.   Voyez quel contre-temps Attale prend ici.

On ne dit point *prendre un contre-temps*; et quand on le dirait, il ne faudrait pas se servir de ces tours trop familiers.

Vers 35.   Qui l'appelle avec nous? quel projet? quel souci? etc.

Est-ce le contre-temps qui appelle? A quoi se rapportent *quel projet? quel souci?* Quel mot que celui de *souci* en cette occasion! Elle *conçoit mal ce qu'il faut* qu'elle *pense; mais elle en rompra le coup.* Est-ce le coup de ce qu'elle pense? *Rompre un coup s'il y faut sa présence!* Il n'y a pas là un vers qui ne soit obscur, faible, vicieux, et qui ne pèche contre la langue. Elle sort en disant *je vous quitte*, sans dire pourquoi elle quitte Nicomède. Les personnages importants doivent toujours avoir une raison d'entrer et de sortir, et quand cette raison n'est pas assez déterminée, il faut qu'ils se gardent bien de dire *je sors*, de peur que le spectateur, trop averti de la faute, ne dise : Pourquoi sortez-vous[1]?

SCÈNE VI.

Vers 2.   . . . . J'ai quelque chose aussi bien à vous dire.

Non-seulement dans une tragédie on ne doit point avoir *aussi bien à dire quelque chose*, mais il faut, autant qu'on peut, dire des choses qui tiennent lieu d'action, qui nouent l'intrigue, qui augmentent la terreur, qui mènent au but. Une simple bravade, dont on peut se passer, n'est pas un sujet de scène.

Vers 6.   Je vous avois prié de l'attaquer de même,
          Et de ne mêler point, surtout, dans vos desseins
          Ni le secours du roi, ni celui des Romains.

Ces deux *ni* avec *point* ne sont pas permis; les étrangers y doivent prendre garde. *Je n'ai point ni crainte, ni espérance*, c'est un barbarisme de phrase; dites *je n'ai ni crainte, ni espérance*.

Vers 9.   Mais ou vous n'avez pas la mémoire fort bonne,
          Ou vous n'y mettez rien de ce qu'on vous ordonne.

Ces deux vers, ainsi que le dernier de cette scène, sont une ironie amère qui, peut-être, avilit trop le caractère d'Attale, que

---

1. « Laodice en donne la raison, observe Palissot; elle sort pour éviter Attale. »

Corneille cependant veut rendre intéressant. Il paraît étonnant que Nicomède mette de la grandeur d'âme à injurier tout le monde, et qu'Attale, qui est brave et généreux, et qui va bientôt en donner des preuves, ait la complaisance de le souffrir.

Plus on examine cette pièce, plus on trouve qu'il fallait l'intituler *comédie,* ainsi que *Don Sanche d'Aragon.*

Vers 10. . . . . De ce qu'on vous ordonne

est trop fort, et ne s'accorde pas avec le mot de *prière.*

Vers 14. Mais vous défaites-vous du cœur de la princesse....
De trois sceptres conquis, du gain de six batailles,
Des glorieux assauts de plus de cent murailles?

On ne se défait pas d'un gain de batailles et d'un assaut. Le mot de *se défaire,* qui d'ailleurs est familier, convient à des droits d'aînesse ; mais il est impropre avec des assauts et des batailles gagnées.

Vers 20. Rendez donc la princesse égale entre nous deux.

Il fallait *rendez le combat égal.*

Vers dern. Vous avez de l'esprit si vous n'avez du cœur.

Il ne doit pas traiter son frère de poltron, puisque ce frère va faire une action très-belle, et que cet outrage même devrait empêcher de la faire.

SCÈNE VII.

Cette scène est encore une scène inutile de picoterie et d'ironie entre Arsinoé et Nicomède. A quel propos Arsinoé vient-elle? Quel est son but? Le roi mande Nicomède. Voilà une action petite à la vérité, mais qui peut produire quelque effet ; Arsinoé n'en produit aucun.

Vers 11. Ces hommes du commun tiennent mal leur promesse.

Ces mots seuls font la condamnation de la pièce; *deux hommes du commun subornés!* Il y a dans cette invention de la froideur et de la bassesse.

Vers 18. Je les ai subornés contre vous à ce compte?

On voit assez combien ces termes populaires doivent être proscrits.

Vers 25. Seigneur, le roi s'ennuie, et vous tardez longtemps.

Le roi s'ennuie n'est pas bien noble, et on est étonné peut-être qu'Araspe, un simple officier, parle d'une manière si pressante à un prince tel que Nicomède.

Vers 30. Mais... — Achevez, seigneur ; ce mais, que veut-il dire ?

Cette interrogation, qui ressemble au style de la comédie, n'est évidemment placée en cet endroit que pour amener les trois vers suivants, qui répondent en écho aux trois autres. On trouve fréquemment des exemples de ces répétitions ; elles ne sont plus souffertes aujourd'hui. Ce *mais* est intolérable.

SCÈNE VIII.

Cette fausse accusation, ménagée par Arsinoé, n'est pas sans quelque habileté, mais elle est sans noblesse et sans tragique, et Arsinoé est plus basse encore que Prusias. Pourquoi les petits moyens déplaisent-ils, et que les grands crimes font tant d'effet? C'est que les uns inspirent la terreur, les autres le mépris ; c'est par la même raison qu'on aime à entendre parler d'un grand conquérant plutôt que d'un voleur ordinaire. *Ce tour qu'on a joué* met le comble à ce défaut. Arsinoé n'est qu'une bourgeoise qui accuse son beau-fils d'une friponnerie, pour mieux marier son propre fils.

Vers 9. Qu'en présence des rois les vérités sont fortes !

Ce ne sont point ces vérités qui sont fortes, c'est la présence des rois, qui est supposée ici assez forte pour forcer la vérité de paraître.

Vers 10. Que pour sortir d'un cœur elles trouvent de portes!

On a déjà dit[1] que toute métaphore, pour être bonne, doit fournir un tableau à un peintre. Il est difficile de peindre des vérités qui sortent d'un cœur par plusieurs portes. On ne peut guère écrire plus mal. Il est à croire que l'auteur fit cette pièce au courant de la plume. Il avait acquis une prodigieuse facilité d'écrire, qui dégénéra enfin en impossibilité d'écrire élégamment.

Vers 15. Mais pour l'examiner et bien voir ce que c'est,
Si vous pouviez vous mettre un peu hors d'intérêt...

1. Pages 5 et 99.

> Contre tant de vertus, contre tant de victoires,
> Doit-on quelque croyance à des âmes si noires?

Bien voir ce que c'est, devoir de la croyance contre des victoires; le premier est trop familier, le second n'est pas exact.

Vers 27. Nous ne sommes qu'un sang.

Je crois que cette expression peut s'admettre, quoiqu'on ne dise pas *deux sangs*.

Vers 27.   Et ce sang dans mon cœur
> A peine à le passer pour calomniateur.

A peine à le passer n'est pas français ; on dit, dans le comique, *je le passe pour honnête homme*.

Vers 29. Et vous en avez moins à me croire assassine.

Je ne sais si le mot *assassine*, pris comme substantif féminin, se peut dire ; il est certain du moins qu'il n'est pas d'usage.

Vers 47. Vous êtes peu du monde, et savez mal la cour.
— Est-ce autrement qu'en prince on doit traiter l'amour?
— Vous le traitez, mon fils, et parlez en jeune homme.

Style comique; mais le caractère d'Attale, trop avili, commence ici à se développer, et devient intéressant.

On ne peut terminer un acte plus froidement. La raison est que l'intrigue est très-froide, parce que personne n'est véritablement en danger.

ACTE QUATRIÈME.

SCÈNE I.

Arsinoé joue précisément le rôle de la femme du *Malade imaginaire*, et Prusias celui du *malade* qui croit sa femme. Très-souvent des scènes tragiques ont le même fond que des scènes de comédie : c'est alors qu'il faut faire les plus grands efforts pour fortifier par le style la faiblesse du sujet. On ne peut cacher entièrement le défaut; mais on l'orne, on l'embellit par le charme de la poésie. Ainsi dans *Mithridate*, dans *Britannicus, etc.*

SCÈNE II.

Vers 3. Grâce à ce conquérant, à ce preneur de villes !
Grâce... — De quoi, madame, etc.

C'est encore ici de l'ironie. Nicomède ne doit pas répondre sur le même ton, et ne faire que répéter qu'il a pris des villes.

Vers 18. Qui n'a que la vertu de son intelligence,
Et, vivant sans remords, marche sans défiance.

Cela veut dire *qui ne s'entend qu'avec la vertu,* mais cela est très-mal dit. Il semble qu'il n'ait d'autre vertu que l'*intelligence*.

Vers 26. Que son maître Annibal, malgré la foi publique,
S'abandonne aux fureurs d'une terreur panique.

Fureurs d'une terreur est un contre-sens : *fureur* est le contraire de la crainte.

Vers 41. Car enfin, hors de là, que peut-il m'imputer ?

Hors de là, c'est toujours le style de la comédie.

Vers 53. Mais tout est excusable en un amant jaloux.

Il y a de l'ironie dans ce vers; et le pauvre Prusias ne le sent pas. Il ne sent rien. Tranchons le mot : il joue le rôle d'un vieux père de famille imbécile; mais, dira-t-on, cela n'est-il pas dans la nature? N'y a-t-il pas des rois qui gouvernent très-mal leurs familles, qui sont trompés par leurs femmes, et méprisés par leurs enfants? Oui; mais il ne faut pas les mettre sur le théâtre tragique. Pourquoi? C'est qu'il ne faut pas peindre des ânes dans les batailles d'Arbelles ou de Pharsale.

Vers 60. . . . Par mon propre bras elle amassoit pour lui.

Amassait quoi? *Amasser* n'est point un verbe sans régime. Partout des solécismes.

Vers 76. L'offense une fois faite à ceux de notre rang,
Ne se répare point que par des flots de sang.

Point que n'est pas français; il faut *ne se répare que par des flots*.

Vers 82. L'exemple est dangereux et hasarde nos vies,
S'il met en sûreté de telles calomnies.

L'expression propre était *s'il laisse de telles calomnies impunies*. On ne met point la calomnie en sûreté; on l'enhardit par l'impunité.

Vers 90. C'est être trop adroit, prince, et trop bien l'entendre.

Ce ton bourgeois rend encore le rôle d'Arsinoé plus bas et plus petit. L'accusation d'un assassinat devait au moins jeter du tragique dans la pièce ; mais il y produit à peine un faible intérêt de curiosité.

Vers 91. Laisse là Métrobate, et songe à te défendre.

Ce discours est d'un prince imbécile ; c'est précisément de Métrobate dont il s'agit. Le roi ne peut savoir la vérité qu'en faisant donner la question à ces deux misérables ; et cette vérité, qu'il néglige, lui importe infiniment.

Vers 93. M'en purger! moi, seigneur ! vous ne le croyez pas.

Ce vers est beau, noble, convenable au caractère et à la situation ; il fait voir tous les défauts précédents.

Vers 94. Vous ne savez que trop qu'un homme de ma sorte,
Quand il se rend coupable, un peu plus haut se porte ;
Qu'il lui faut un grand crime à tenter son devoir.

Un homme de sa sorte, qui un peu plus haut se porte, et à qui il faut un grand crime à tenter son devoir, n'a pas un style digne de ce beau vers,

M'en purger ! moi, seigneur ! vous ne le croyez pas.

Il y a de la grandeur dans ce que dit Nicomède, mais il faut que la grandeur et la pureté du style y répondent.

Vers 106. La fourbe n'est le jeu que des petites âmes,
Et c'est là proprement le partage des femmes.

Ce vers, quoique indirectement adressé à Arsinoé, n'est-il pas un trait un peu fort contre tout le sexe ? Quoique Corneille ait pris plaisir à faire des rôles de femmes nobles, fiers et intéressants, on peut cependant remarquer qu'en général il ne les ménage pas.

Vers 110. A ce dernier moment la conscience presse.
Pour rendre compte aux dieux tout respect humain cesse.

Ces idées sont belles et justes ; elles devraient être exprimées avec plus de force et d'élégance.

Vers 112. Et ces esprits légers, approchant des abois,
Pourroient bien se dédire une seconde fois.

Cette expression *des abois*, qui par elle-même n'est pas noble, n'est plus d'usage aujourd'hui. *Un esprit léger qui approche des abois* est une impropriété trop grande.

Vers 124. Je ne demande point que par compassion
Vous assuriez un sceptre à ma protection.

Le sens n'est pas assez clair ; elle veut dire *que ma protection assure le sceptre à mon fils.*

Vers 130. Je n'aime point si mal que de ne vous pas suivre
Sitôt qu'entre mes bras vous cesserez de vivre.

Cela n'est pas français ; il fallait *je vous aime trop pour ne vous pas suivre* ; ou plutôt, il ne fallait pas exprimer ce sentiment, qui est admirable quand il est vrai, et ridicule quand il est faux.

Vers 134. . . . . Oui, seigneur, cette heure infortunée
Par mes derniers soupirs clôra ma destinée.

Clore, clos, n'est absolument point d'usage dans le style tragique. L'intérêt devrait être pressant dans cette scène, et ne l'est pas ; c'est que Prusias, sur qui se fixent d'abord les yeux, partagé entre une femme et un fils, ne dit rien d'intéressant ; il est même encore avili. On voit que sa femme le trompe ridiculement, et que son fils le brave. On ne craint rien au fond pour Nicomède ; on méprise le roi, on hait la reine.

Vers 148. Il sait tous les secrets du fameux Annibal.

Il sait tous les secrets est une expression bien basse, pour signifier *il est l'élève du grand Annibal ; il a été formé par lui dans l'art de la guerre et de la politique.* Arsinoé parle avec trop d'ironie, et laisse peut-être trop voir sa haine dans le temps qu'elle veut la dissimuler.

SCÈNE III.

Vers 1. Nicomède, en deux mots, ce désordre me fâche.

Le mot *fâcher* est bien bourgeois. Ce vers comique et trivial jette du ridicule sur le caractère de Prusias, et fait trop apercevoir au spectateur que toute l'intrigue de cette tragédie n'est qu'une tracasserie.

Vers 4. Et tâchons d'assurer la reine qui te craint.

Le mot *d'assurer* n'est pas français ici ; il faut *de rassurer*. On assure une vérité ; on rassure une âme intimidée.

Vers 5.   J'ai tendresse pour toi, j'ai passion pour elle.

Il faut, pour l'exactitude, *j'ai de la tendresse, j'ai de la passion;* et pour la noblesse et l'élégance, il faut un autre tour.

Vers 12. . . . . Et que dois-je être ? — Roi.
　　　　Reprenez hautement ce noble caractère.
　　　　Un véritable roi n'est ni mari ni père;
　　　　Il regarde son trône, et rien de plus. Régnez.
　　　　Rome vous craindra plus que vous ne la craignez.

Ce morceau sublime, jeté dans cette comédie, fait voir combien le reste est petit. Il n'y a peut-être rien de plus beau dans les meilleures pièces de Corneille. Ce vrai sublime fait sentir combien l'ampoulé doit déplaire aux esprits bien faits. Il n'y a pas un mot dans ces quatre vers qui ne soit simple et noble, rien de trop ni de trop peu. L'idée est grande, vraie, bien placée, bien exprimée. Je ne connais point dans les anciens de passage qui l'emporte sur celui-ci. Il fallait que toute la pièce fût sur ce ton héroïque. Je ne veux pas dire que tout doive tendre au sublime, car alors il n'y en aurait point ; mais tout doit être noble. Nicomède insulte ici un peu son père ; mais Prusias le mérite.

Vers 34.   Quelle fureur t'aveugle en faveur d'une femme?
　　　　Tu la préfères, lâche, à ce prix glorieux
　　　　Que ta valeur unit au bien de tes aïeux.

Prusias ne doit point traiter son fils de lâche, ni lui dire qu'il *est indigne de vivre après cette infamie.* Il doit avoir assez d'esprit pour entendre ce que lui dit son fils, et ce que ce prince lui explique bientôt après.

Vers 46.   Mais un monarque enfin comme un autre homme expire.

Quoique ce vers soit un peu prosaïque, il est si vrai, si ferme, si naturel, si convenable au caractère de Nicomède, qu'il doit plaire beaucoup, ainsi que le reste de la tirade. On aime ces vérités dures et fières, surtout quand elles sont dans la bouche d'un personnage qui les relève encore par sa situation.

SCÈNE IV.

Vers 3.   Le sénat en effet pourra s'en indigner,
　　　　Mai j'ai quelques amis qui pourront le gagner.

Autre ironie de Flaminius.

Vers 10. Je veux qu'au lieu d'Attale il lui serve d'otage ;
Et pour l'y mieux conduire, il vous sera donné,
Sitôt qu'il aura vu son frère couronné.

Pourquoi cette idée soudaine d'envoyer Nicomède à Rome ? Elle paraît bizarre. Flaminius ne l'a point demandé ; il n'en a jamais été question. Prusias est un peu comme les vieillards de comédie, qui prennent des résolutions outrées quand on leur a reproché d'être trop faibles. Il est bien lâche dans sa colère de remettre son fils aîné entre les mains de Flaminius son ennemi.

Vers 14. Va, va lui demander ta chère Laodice.

Autre ironie, qui est dans Prusias le comble de la lâcheté et de l'avilissement.

Vers 17. Rome sait vos hauts faits, et déjà vous adore.

Autre ironie aussi froide que le mot *vous adore* est déplacé.

SCÈNE V.

Vers 11. Seigneur, l'occasion fait un cœur différent.

Faire au lieu de *rendre* ne se dit plus. On n'écrit point *cela vous fait heureux*, mais *cela vous rend heureux*. Cette remarque, ainsi que toutes celles purement grammaticales, sont pour les étrangers principalement.

Cette scène est toute de politique, et par conséquent très-froide ; quand on veut de la politique, il faut lire Tacite ; quand on veut une tragédie, il faut lire *Phèdre*. Cette politique de Flaminius est d'ailleurs trop grossière. Il dit que Rome faisait une injustice en procurant le royaume de Laodice au prince Attale, et que lui Flaminius s'était chargé de cette injustice : n'est-ce pas perdre tout son crédit ? Quel ambassadeur a jamais dit : On m'a chargé d'être un fripon ? Ces expressions, *ce n'est pas loi pour elle, reine comme elle est, à bien parler, etc.*, ne relèvent pas cette scène.

Vers 51. Ce seroit mettre encor Rome dans le hasard
Que l'on crût artifice ou force de sa part, etc.

La plupart de tous ces vers sont des barbarismes ; ce dernier en est un, il veut dire: *ce serait exposer le sénat à passer pour un fourbe ou pour un tyran*.

Vers 58. Rome ne m'aime pas, elle hait Nicomède.

Ce vers excellent est fait pour servir de maxime à jamais.

Vers 65. Mais puisqu'enfin ce jour vous doit faire connoître
Que Rome vous a fait ce que vous allez être,
Que perdant son appui vous ne serez plus rien,
Que le roi vous l'a dit, souvenez-vous-en bien.

Tâchons d'éviter ces phrases louches et embarrassées.

SCÈNE VI.

Vers 1.   Attale, étoit-ce ainsi que régnoient tes ancêtres ?

Dans ce monologue, qui prépare le dénoûment, on aime à voir le prince Attale prendre les sentiments qui conviennent au fils d'un roi qui va régner lui-même; mais Flaminius lui a laissé très-imprudemment voir que Rome hait Nicomède sans aimer Attale. Mais si Flaminius est un peu maladroit, Attale est un peu imprudent d'abandonner tout d'un coup des protecteurs tels que les Romains, qui l'ont élevé, qui viennent de le couronner, et cela en faveur d'un prince qui l'a toujours traité avec un mépris insultant qu'on ne pardonne jamais. Rien de tout cela ne paraît ni naturel, ni bien conduit, ni intéressant; mais le monologue plaît, parce qu'il est noble. Il est toujours désagréable de voir un prince qui ne prend une résolution noble que parce qu'il s'aperçoit qu'on l'a joué, qu'on l'a méprisé; je ne sais s'il n'eût pas mieux valu qu'il eût puisé ces nobles sentiments dans son caractère, à la vue des lâches intrigues qu'on faisait, même en sa faveur, contre son frère.

Vers dern. Et comme ils font pour eux faisons aussi pour nous

est encore du style comique.

ACTE CINQUIÈME.

SCÈNE I.

Vers 1.   J'ai prévu ce tumulte, et n'en vois rien à craindre.
Comme un moment l'allume, un moment peut l'éteindre.

On n'allume pas un tumulte. Il se fait dans la ville une sédition imprévue : c'est une machine qu'il n'est plus guère permis d'employer aujourd'hui, parce qu'elle est triviale, parce qu'elle n'est pas renfermée dans l'exposition de la pièce, parce que, n'étant pas née du sujet, elle est sans art et sans mérite. Cependant si cette sédition est sérieuse, Arsinoé et son fils perdent leur temps à raisonner sur la puissance et sur la politique des Romains. Arsinoé lui dit froidement : *Vous me ravissez d'avoir cette prudence.* Ce vers comique et les fautes de langue ne contribuent pas à embellir cette scène.

Vers 14. Puisque te voilà roi, l'Asie a d'autres reines,
Qui, loin de te donner des rigueurs à souffrir,
T'épargneront bientôt la peine de t'offrir.

On ne donne point des rigueurs comme on donne des faveurs : cela n'est pas français, parce que cela n'est admis dans aucune langue.

Vers 22. Pourras-tu dans son lit dormir en assurance ?
Et refusera-t-elle à son ressentiment
Le fer ou le poison pour venger son amant ?

Quelle idée ! Pourquoi lui dire que sa femme l'empoisonnera ou l'assassinera ?

Vers 26. Que de fausses raisons pour me cacher la vraie !

Ce n'est pas elle qui cache la vraie raison ; ce qu'il dit à sa mère ne doit être dit qu'à Flaminius. Ce n'est pas assurément sa mère qui craint qu'Attale ne soit trop puissant.

Vers 36. Sa chute doit guérir l'ombrage qu'elle en prend.

On ne guérit point un ombrage ; cette expression est impropre.

Vers 37. C'est blesser les Romains que faire une conquête,
Que mettre trop de bras sous une seule tête.

Mettre des bras sous une tête !

Vers 39. Et leur guerre est trop juste après cet attentat
Que fait sur leur grandeur un tel crime d'État.

Un attentat qu'un crime d'État fait sur une grandeur, c'est à la fois un solécisme et un barbarisme.

Vers 45. Je les connois, madame, et j'ai vu cet ombrage
Détruire Antiochus et renverser Carthage.

Un ombrage qui a détruit Carthage !

Vers 48. Je cède à des raisons que je ne puis forcer.

Des raisons qu'on ne peut forcer ; c'est un barbarisme.

Vers 55. . . . . Cependant prenez soin
  D'assurer des jaloux dont vous avez besoin.

Assurer des jaloux ne s'entend point. Quelque sens qu'on donne à cette phrase, elle est inintelligible.

SCÈNE II.

Cette scène paraît jeter un peu de ridicule sur la reine. Flaminius vient l'avertir, elle et son fils, qu'il n'est pas sage de parler de toute autre chose que d'une sédition qui est à craindre, et lui cite de vieux exemples de l'histoire de Rome. Au lieu de s'adresser au roi, il vient parler à sa femme : c'est traiter ce roi en vieillard de comédie qui n'est pas le maître chez lui.

Vers 9.   Ne vous figurez plus que ce soit le confondre
  Que de le laisser faire, et ne lui point répondre, etc.

Laisser faire le peuple, expression trop triviale. *Ne point répondre au peuple*, expression impropre. *L'escadron mutin qu'on aurait abandonné à sa confusion* n'est pas meilleur.

[SCÈNE III.

Vers 3.   Ces mutins ont pour chefs des gens de Laodice.

Mais que veut Laodice? Sauver son amant? C'est le perdre. Il n'est point libre; il est en la puissance du roi. Laodice, en faisant révolter le peuple en sa faveur, le rend décidément criminel, et expose sa vie et la sienne, surtout dans une cour tyrannique dont elle a dit : *Quiconque entre au palais porte sa tête au roi.* On pardonnerait cette action violente et peu réfléchie à une amante emportée par sa passion, à une Hermione; mais ce n'est pas ainsi que Corneille a peint Laodice.

Les mutins n'entendent plus raison, dit La Bruyère ; *dénoûment vulgaire de tragédie*. Ce dénoûment n'était pas encore vulgaire du temps de Corneille; il ne l'avait employé que dans *Héraclius*. On ne conseillerait pas aujourd'hui d'employer ce moyen, qui serait trop grossier, s'il n'était relevé par de grandes beautés.

Vers 5.   Ainsi votre tendresse et vos soins sont payés.

C'est ici une ironie d'Attale; il a dessein de sauver Nicomède.

SCÈNE IV.

C'est une règle invariable que, quand on introduit des personnages chargés d'un secret important, il faut que ce secret soit révélé; le public s'y attend : on doit dans tous les cas lui tenir ce qu'on lui a promis. Arsinoé a été menacée de la délation de ces prisonniers. Arsinoé a fait accroire au roi que Nicomède les a subornés. Cet éclaircissement est la chose la plus importante, et il ne se fait point. C'est peut-être mal dénouer cette intrigue que de faire massacrer ces deux hommes par le peuple.

Vers 12. Mais un dessein formé ne tombe pas ainsi.

Flaminius presse toujours d'agir ; cependant le roi, la reine, et le prince Attale, restent dans la plus grande tranquillité. Cette inaction est extraordinaire, surtout de la part de la reine, dont le caractère est remuant. N'a-t-elle pas tort d'être tranquille, et de ne pas craindre qu'on la traite comme Métrobate et Zénon ? Le peuple ne les a déchirés que parce qu'il les a crus apostés par elle. Si on a tué ses complices, elle doit trembler pour elle-même. Il est beau de présenter au public une reine intrépide, mais il faut qu'elle soit assez éclairée pour connaître son danger.

Vers 13. Il suit toujours son but jusqu'à ce qu'il l'emporte.

On n'emporte point un but; on n'éteint point une horreur : toujours des termes impropres et sans justesse.

SCÈNE V.

Vers 13. . . . . C'est livrer à sa rage
Tout ce qui de plus près touche votre courage....

Expression vicieuse.

Vers 24. C'est l'otage de Rome et non plus votre fils.

Tout ce discours de Flaminius est une conséquence de son caractère artificieux parfaitement soutenu ; mais remarquez que jamais des raisonnements politiques ne font un grand effet dans un cinquième acte, où tout doit être action ou sentiment, où la terreur et la pitié doivent s'emparer de tous les cœurs.

Vers 36. Ah! rien de votre part ne sauroit me choquer.

On sent assez que cette manière de parler est trop familière. Je passe plusieurs termes déjà observés ailleurs.

Vers 44. Amusez-le du moins à débattre avec vous.

Débattre est un verbe réfléchi qui n'emporte point son action avec lui. Il en est ainsi de *plaindre, souvenir* : on dit *se plaindre, se souvenir, se débattre* ; mais quand *débattre* est actif, il faut un sujet, un objet, un régime. Nous avons débattu ce point; cette opinion fut débattue.

Vers 48. Vous ferez comme lui le surpris, le confus.

C'est un vers de comédie, et le conseil d'Arsinoé tient aussi un peu du comique.

Vers 53. . . . Mille empêchements que vous ferez vous-même...

n'est ni noble, ni français ; on ne fait point des empêchements.

Vers 54. Pourront de toutes parts aider au stratagème.

Le roi et son épouse, qui dans une situation si pressante ont resté si longtemps paisibles, se déterminent enfin à prendre un parti ; mais il paraît que le lâche conseil que donne Arsinoé est petit, indigne de la tragédie ; et ses expressions, *faire le surpris, le confus, sitôt qu'il sera jour*, et *fuir vous et moi*, sont d'un style aussi lâche que le conseil.

Vers 61. . . . . Ah ! j'avouerai, madame,
Que le ciel a versé ce conseil dans votre âme.

C'est là que Prusias est plus que jamais un vieillard de Molière qui ne sait quel parti prendre, et qui trouve toujours que sa femme a raison.

Vers 64. Il vous assure, et vie, et gloire, et liberté.

Il vous assure vie !

SCÈNE VI.

Vers 1. Attale, où courez-vous ? — Je vais de mon côté...
A votre stratagème en ajouter quelque autre.

Le projet que forme sur-le-champ le prince Attale de délivrer son frère est noble, grand, et produit dans la scène un très-bel effet ; mais la manière dont il l'annonce aux spectateurs ne tient-elle pas trop de la comédie ?

SCÈNE VII.

Pourquoi la reine d'Arménie vient-elle là ? Si elle veut qu'Arsinoé soit sa prisonnière, elle doit venir avec des gardes.

Vers 8. Il lui faudroit du front tirer le diadème.

Tirer un diadème du front !

Vers 13. Le ciel ne m'a pas fait l'âme plus violente.

Voici encore au cinquième acte, dans le moment où l'action est la plus vive, une scène d'ironie, mais remplie de beaux vers. Laodice, en qualité de chef de parti, au lieu de venir braver la reine sous le frivole prétexte de la prendre sous sa protection, devrait veiller plus soigneusement à la suite de la révolte et à la sûreté du prince qu'elle appelle son époux. Elle vient inutilement; elle n'a rien à dire à Arsinoé. Ces deux femmes se bravent sans savoir en quel état sont leurs affaires ; mais les scènes de bravades réussissent presque toujours au théâtre.

Vers 18. Nous nous entendons mal, madame, je le voi;
Ce que je dis pour vous, vous l'expliquez pour moi.

Ces méprises entre deux reines, ces équivoques semblent bien peu dignes de la tragédie.

Vers 21. Et je viens vous chercher pour vous prendre en ma garde,
Pour ne hasarder pas en vous la majesté
Au manque de respect d'un grand peuple irrité.

Hasarder une majesté au manque de respect ! Encore s'il y avait *exposer*. Ce ne sont point là les *pompeux solécismes* que Boileau[1] réprouve avec tant de raison, ce sont de très-plats solécismes.

Vers 62. Mais hâtez-vous, de grâce, et faites bien ramer ;
Car déjà sa galère a pris le large en mer.

Ironie ou plutôt plaisanterie indigne de la noblesse tragique, ainsi que toutes celles qu'on a remarquées.

Vers 68. Mais plutôt demeurez pour me servir d'otage.

Elle lui parle comme si elle était maîtresse du palais ; elle devrait donc avoir des gardes.

Vers 74. Je veux qu'elle me voie au cœur de ses États
Soutenir ma fureur d'un million de bras,
Et sous mon désespoir rangeant sa tyrannie...

Ranger une tyrannie sous un désespoir ! Quelle phrase ! quelle barbarie de langage !

---

1. *Art poétique*, chant Ier, vers 159.

Vers 81.   Puisque le roi veut bien n'être roi qu'en peinture,
         Que lui doit importer qui donne ici la loi?

Être roi en peinture, cette expression est du grand nombre de celles auxquelles on reproche d'être trop familières.

SCÈNE VIII.

Vers 2.   . . . . Tous les dieux irrités,
         Dans les derniers malheurs nous ont précipités :
         Le prince est échappé.

C'est dommage que la belle action d'Attale ne se présente ici que sous l'idée d'un mensonge et d'une supercherie. *Le prince est échappé* tient encore du comique.

Vers 8.   Le malheureux Araspe, avec sa foible escorte,
         L'avoit déjà conduit à cette fausse porte.

Je pense qu'on doit rarement parler, dans un cinquième acte, de personnages qui n'ont rien fait dans la pièce. Araspe, sacrifié ici, n'est pas un objet assez important, et le prince qui l'a fait tuer est coupable d'une très-vilaine action.

Vers 22.   . . . . Ce monarque étonné
         A ses frayeurs déjà s'étoit abandonné.

Voilà ce pauvre bonhomme de Prusias avili plus que jamais : il est traité tour à tour, par ses deux enfants, de sot et de poltron.

SCÈNE IX.

Vers 1.   Non, non, nous revenons l'un et l'autre en ces lieux
         Défendre votre gloire, ou mourir à vos yeux.

Corneille dit lui-même, dans son examen, qu'il avait d'abord fini sa pièce sans faire revenir l'ambassadeur et le roi ; qu'il n'a fait ce changement que pour plaire au public, qui aime à voir à la fin d'une pièce tous les acteurs réunis. Il convient que ce retour avilit encore plus le caractère de Prusias, de même que celui de Flaminius, qui se trouve dans une situation humiliante, puisqu'il semble n'être revenu que pour être témoin du triomphe de son ennemi. Cela prouve que le plan de cette tragédie était impraticable.

Vers 3.   Mourons, mourons, seigneur, et dérobons nos vies
         A l'absolu pouvoir des fureurs ennemies ;

ACTE V, SCÈNE X ET DERNIÈRE.

> N'attendons pas leur ordre, et montrons-nous jaloux
> De l'honneur qu'ils auroient à disposer de nous.

La pensée est très-mal exprimée; il fallait dire *ravissons-leur, en mourant, la gloire d'ordonner de notre sort;* il fallait au moins s'énoncer avec plus de clarté et de justesse.

Vers 11.   Je le désavouerois s'il n'étoit magnanime,
           S'il manquoit à remplir l'effort de mon estime.

Manquer à remplir l'effort d'une estime! On s'indigne quand on voit la profusion de ces irrégularités, de ces termes impropres. On ne voit point cette foule de barbarismes dans les belles scènes des *Horaces* et de *Cinna*. Par quelle fatalité Corneille écrivait-il toujours avec plus d'incorrection et dans un style plus grossier, à mesure que la langue se perfectionnait sous Louis XIV? Plus son goût et son style devaient se perfectionner, et plus ils se corrompaient.

SCÈNE X et dernière.

Vers 7.   Je viens en bon sujet vous rendre le repos...

Nicomède, toujours fier et dédaigneux, bravant toujours son père, sa marâtre, et les Romains, devient généreux, et même docile, dans le moment où ils veulent le perdre et où il se trouve leur maître. Cette grandeur d'âme réussit toujours; mais il ne doit pas dire qu'il adore les bontés d'Arsinoé. Quant au royaume qu'il offre de conquérir au prince Attale, cette promesse ne paraît-elle pas trop romanesque, et ne peut-on pas craindre que cette vanité ne fasse une opposition trop forte avec les discours nobles et sensés qui la précèdent? Au reste, le retour de Nicomède dut faire grand plaisir aux spectateurs; et je présume qu'il en eût fait davantage si ce prince eût été dans un danger évident de perdre la vie.

Vers 37.   Je me rends donc aussi, madame, et je veux croire
           Qu'avoir un fils si grand est ma plus grande gloire, etc.

Si Prusias n'est pas, du commencement jusqu'à la fin, un vieillard de comédie, j'ai tort.

Vers 42.   Mais il m'a demandé mon diamant pour gage.

Attale paraît ici bien prudent, et Nicomède bien peu curieux; mais si ce moyen n'est pas digne de la tragédie, la situation n'en est pas moins belle. Il paraît seulement bien injuste et bien odieux qu'Attale ait assassiné un officier du roi son père, qui faisait son devoir. Ne pouvait-il pas faire une belle action sans la souiller par cette horreur? A l'égard du diamant, je ne sais si Boileau, qui blâmait tant l'anneau royal dans *Astrate*[1], était content du diamant de Nicomède.

Vers 61.   Seigneur, à découvert, toute âme généreuse
D'avoir votre amitié doit se tenir heureuse;
Mais nous n'en voulons plus avec ces dures lois
Qu'elle jette toujours sur la tête des rois.

Jeter des lois sur la tête! Cette métaphore a le vice que nous avons remarqué dans les autres, de manquer de justesse, parce qu'on ne peut jeter une loi comme on jette de l'opprobre, de l'infamie, du ridicule. Dans ces cas, le mot *jeter* rappelle l'idée de quelque souillure dont on peut physiquement couvrir quelqu'un; mais on ne peut couvrir un homme d'une loi. Je n'ai rien à dire de plus sur la pièce de *Nicomède*. Il faut lire l'examen que l'auteur lui-même en a fait.

1. Satire III, vers 194. *Astrate* est une tragédie de Quinault, qui fut représentée pendant trois mois de suite, en 1663.

REMARQUES
SUR PERTHARITE

ROI DES LOMBARDS,

TRAGÉDIE REPRÉSENTÉE EN 1659[1].

PRÉFACE DU COMMENTATEUR.

Cette pièce, comme on sait, fut malheureuse, elle ne put être représentée qu'une fois[2]; le public fut juste. Corneille, à la fin de l'examen de *Pertharite*, dit que les sentiments en sont *assez vifs et nobles, et les vers assez bien tournés*. Le respect pour la vérité, toujours plus fort que le respect pour Corneille, oblige d'avouer que les sentiments sont outrés ou faibles, et rarement nobles; et que les vers, loin d'être bien tournés, sont presque tous d'une prose comique rimée.

Dès la seconde scène, Éduige dit à Rodelinde :

> Je ne vous parle pas de votre Pertharite;
> Mais il se pourra faire enfin qu'il ressuscite,
> Qu'il rende à vos désirs leur juste possesseur;
> Et c'est dont je vous donne avis en bonne sœur.
> . . . .
> Vous êtes donc, madame, un grand exemple à suivre.
> — Pour vivre l'âme saine on n'a qu'à m'imiter.
> — Et qui veut vivre aimé n'a qu'à vous en conter.

Les noms seuls des héros de cette pièce révoltent; c'est une Éduige, un Grimoald, un Unulphe. L'auteur de *Childebrand* ne choisit pas plus mal son sujet et son héros.

Il est peut-être utile pour l'avancement de l'esprit humain, et pour celui de l'art théâtral, de rechercher comment Corneille,

---

1. Représentée en 1652, et imprimée en 1653.
2. Deux fois, selon la commune opinion.

qui devait s'élever toujours après ses belles pièces ; qui connaissait le théâtre, c'est-à-dire le cœur humain ; qui était plein de la lecture des anciens, et dont l'expérience devait avoir fortifié le génie, tomba pourtant si bas qu'on ne peut supporter ni la conduite, ni les sentiments, ni la diction de plusieurs de ses dernières pièces. N'est-ce point qu'ayant acquis un grand nom, et ne possédant pas une fortune digne de son mérite, il fut forcé souvent de travailler avec trop de hâte ?

. . . Conatibus obstat
Res angusta domi[1].

Peut-être n'avait-il pas d'ami éclairé et sévère ; il avait contracté une malheureuse habitude de se permettre tout, et de parler mal sa langue. Il ne savait pas, comme Racine, sacrifier de beaux vers, et des scènes entières.

Les pièces précédentes de *Nicomède* et de *Don Sanche d'Aragon* n'avaient pas eu un brillant succès : cette décadence devait l'avertir de faire de nouveaux efforts. Mais il se reposait sur sa réputation ; sa gloire nuisait à son génie ; il se voyait sans rival ; on ne citait que lui, on ne connaissait que lui. Il lui arriva la même chose qu'à Lulli, qui, ayant excellé dans la musique de déclamation, à l'aide de l'inimitable Quinault, fut très-faible et se négligea souvent dans presque tout le reste ; manquant de rival comme Corneille, il ne fit point d'efforts pour se surpasser lui-même. Ses contemporains ne connaissaient pas sa faiblesse ; il a fallu que, longtemps après, il soit venu un homme supérieur[2] pour que les Français, qui ne jugent des arts que par comparaison, sentissent combien la plupart des airs détachés et des symphonies de Lulli ont de faiblesse.

Ce serait à regret que j'imprimerais la pièce de *Pertharite*, si je ne croyais y avoir découvert le germe de la belle tragédie d'*Andromaque*.

Serait-il possible que ce *Pertharite* fût en quelque façon le père de la tragédie pathétique, élégante et forte, d'*Andromaque?* Pièce admirable, à quelques scènes de coquetterie près, dont le vice même est déguisé par le charme d'une poésie parfaite, et par l'usage le plus heureux qu'on ait jamais fait de la langue française.

L'excellent Racine donna son *Andromaque* en 1668, neuf ans[3]

---

1. Juvénal, III, 164-65.
2. Rameau.
3. Ce fut seize ans après : voyez la note 1 de la page précédente.

après *Pertharite*. Le lecteur peut consulter le commentaire qu'on trouvera dans le second acte; il y trouvera toute la disposition de la tragédie d'*Andromaque*, et même la plupart des sentiments que Racine a mis en œuvre avec tant de supériorité; il verra comment d'un sujet manqué, et qui paraît très-mauvais, on peut tirer les plus grandes beautés, quand on sait les mettre à leur place.

C'est le seul commentaire qu'on fera sur la pièce infortunée de *Pertharite*. Les amateurs et les auteurs ajouteront aisément leurs propres réflexions au peu que nous dirons sur cet honneur singulier qu'eut *Pertharite* de produire les plus beaux morceaux d'*Andromaque*.

ACTE PREMIER.

SCÈNE I.

Vers 11. S'il m'aime, il doit aimer cette digne arrogance
Qui brave ma fortune, et remplit ma naissance.

On est toujours étonné de cette foule d'impropriétés, de cet amas de phrases louches, irrégulières, incohérentes, obscures, et de mots qui ne sont point faits pour se trouver ensemble; mais on ne remarquera pas ces fautes, qui reviennent à tout moment dans *Pertharite*. Cette pièce est si au-dessous des plus mauvaises de notre temps que presque personne ne peut la lire. Les remarques sont inutiles.

Vers 25. Son ambition seule.... — Unulphe, oubliez-vous
Que vous parlez à moi, qu'il étoit mon époux ?
— Non, mais vous oubliez que, bien que la naissance
Donnât à son aîné la suprême puissance,
Il osa toutefois partager avec lui
Un sceptre dont son bras devoit être l'appui, etc.

Cette exposition est très-obscure. Un Unulphe, un Gundebert, un Grimoald, annoncent d'ailleurs une tragédie bien lombarde. C'est une grande erreur de croire que tous ces noms barbares de Goths, de Lombards, de Francs, puissent faire sur la scène le même effet qu'Achille, Iphigénie, Andromaque, Électre, Oreste, Pyrrhus. Boileau se moque avec raison de celui *qui pour son héros va choisir Childebrand*[1]. Les Italiens eurent grande raison, et montrèrent le bon goût qui les anima longtemps, lorsqu'ils firent renaître la tragédie au commencement du xvɪᵉ siècle; ils prirent presque tous les sujets de leurs tragédies chez les Grecs. Il ne faut pas croire qu'un meurtre commis dans la rue Tiquetonne ou dans la rue Barbette, que des intrigues politiques de quelques bourgeois de Paris, qu'un prévôt des marchands nommé Marcel, que les sieurs Aubert et Fauconnau, puissent jamais remplacer les héros de l'antiquité. Nous n'en dirons pas plus sur cette pièce : voyez seulement les endroits où Racine a taillé en diamants brillants les cailloux bruts de Corneille.

ACTE DEUXIÈME.

SCÈNE I.

Vers 1. Je l'ai dit à mon traître, et je vous le redis, etc.

Il me paraît prouvé que Racine a puisé toute l'ordonnance de sa tragédie d'*Andromaque* dans ce second acte de *Pertharite*. Dès la première scène vous voyez Éduige qui est avec son Garibalde précisément dans la même situation qu'Hermione avec Oreste. Elle est abandonnée par un Grimoald, comme Hermione par Pyrrhus; et si Grimoald aime sa prisonnière Rodelinde, Pyrrhus aime Andromaque sa captive. Vous voyez qu'Éduige dit à Garibalde les mêmes choses qu'Hermione dit à Oreste; elle a des ardents souhaits de voir punir le change de Grimoald; elle assure sa conquête à son vengeur; il faut servir sa haine pour venger son amour : c'est ainsi qu'Hermione dit à Oreste[2] :

> Vengez-moi; je crois tout...
> Qu'Hermione est le prix d'un tyran opprimé;
> Que je le hais; enfin... que je l'aimai.

Oreste, en un autre endroit, dit à Hermione tout ce que dit ici Garibalde à Éduige :

> Le cœur est pour Pyrrhus, et les vœux pour Oreste....
> Et vous le haïssez! avouez-le, madame,
> L'amour n'est pas un feu qu'on renferme en une âme;

---

1. *Art poétique*, III, 242.
2. *Andromaque*, acte IV, scène III.

> Tout nous trahit, la voix, le silence, les yeux;
> Et les feux mal couverts n'en éclatent que mieux[1].

Hermione parle absolument comme Éduige, quand elle dit :

> Mais, seigneur, cependant, il épouse Andromaque[2]...
> Seigneur, je le vois bien, votre âme prévenue
> Répand sur mes discours le poison qui la tue[3]?

Enfin l'intention d'Éduige est que Garibalde la serve en détachant le parjure Grimoald de sa rivale Rodelinde; et Hermione veut qu'Oreste, en demandant Astyanax, dégage Pyrrhus de son amour pour Andromaque. Voyez avec attention la scène cinquième du second acte, vous trouverez une ressemblance non moins marquée entre Andromaque et Rodelinde. Voyez la scène cinquième et la première scène de l'acte troisième.

SCÈNE V.

Vers 39.
> La vertu doit régner dans un si grand projet,
> En être seule cause, et l'honneur, seul objet;
> Et depuis qu'on le souille, ou d'espoir de salaire,
> Ou de chagrin d'amour, ou de souci de plaire,
> Il part indignement d'un courage abattu,
> Où la passion règne, et non pas la vertu.

Andromaque dit à Pyrrhus[4] :

> Seigneur, que faites-vous? et que dira la Grèce?
> Faut-il qu'un si grand cœur montre tant de foiblesse?
> Voulez-vous qu'un dessein si beau, si généreux,
> Passe pour le transport d'un esprit amoureux?...
> Non, non, d'un ennemi respecter la misère,
> Sauver des malheureux, rendre un fils à sa mère,
> De cent peuples, pour lui, combattre la rigueur
> Sans me faire payer son salut de mon cœur,
> Malgré moi, s'il le faut, lui donner un asile;
> Seigneur, voilà des soins dignes du fils d'Achille.

On reconnaît dans Racine la même idée, les mêmes nuances que dans Corneille; mais avec cette douceur, cette mollesse, cette sensibilité, et cet heureux choix de mots, qui portent l'attendrissement dans l'âme.

---

1. *Andromaque,* acte II, scène II.
2. *Ibid.,* IV, III.
3. *Andromaque,* acte II, scène II.
4. Acte Ier, scène IV.

Grimoald dit à Rodelinde :

> Vous la craindrez peut-être en quelque autre personne.

Grimoald entend par là le fils de Rodelinde, et il veut punir par la mort du fils les mépris de la mère ; c'est ce qui se développe au troisième acte. Ainsi Pyrrhus menace toujours Andromaque d'immoler Astyanax si elle ne se rend à ses désirs : on ne peut voir une ressemblance plus entière ; mais c'est la ressemblance d'un tableau de Raphaël à une esquisse grossièrement dessinée.

> Songez-y bien ; il faut désormais que mon cœur,
> S'il n'aime avec transport, haïsse avec fureur?
> Je n'épargnerai rien dans ma juste colère ;
> Le fils me répondra des mépris de la mère [1].

ACTE TROISIÈME.

SCÈNE I.

> Vers 5. Il y va de sa vie, et la juste colère
> Où jettent cet amant les mépris de la mère,
> Veut punir sur le sang de ce fils innocent
> La dureté d'un cœur si peu reconnoissant.
> C'est à vous d'y penser ; tout le choix qu'on vous donne,
> C'est d'accepter pour lui la mort ou la couronne.
> Son sort est en vos mains : aimer, ou dédaigner,
> Le va faire périr, ou le faire régner.

Ces vers forment absolument la même situation que celle d'*Andromaque*. Il est évident que Racine a tiré son or de cette fange. Mais, ce que Racine n'eût jamais fait, Corneille introduit Rodelinde proposant à Grimoald d'égorger le fils qu'elle a de son mari vaincu par ce même Grimoald ; elle prétend qu'elle l'aidera dans ce crime, et cela dans l'espérance de rendre Grimoald odieux à ses peuples. Cette seule atrocité absurde aurait suffi pour faire tomber une pièce d'ailleurs passablement faite ; mais le rôle du mari de Rodelinde est si révoltant et si ennuyeux à la fois, et tout le reste est si mal inventé, si mal conduit et si mal écrit, qu'il est inutile de remarquer un défaut dans une pièce qui n'est remplie que de défauts. Mais, me dira-t-on, vous faites un com-

---

1. *Andromaque,* acte Ier, scène IV.

mentaire sur Corneille, et vous remarquez ses fautes, et vous l'appelez grand homme, et vous ne le montrez que petit quand il est en concurrence avec Racine. Je réponds qu'il est grand homme dans *Cinna*, et non dans *Pertharite* et dans ses autres mauvaises pièces; je réponds qu'un commentaire n'est pas un panégyrique, mais un examen de la vérité; et qui ne sait pas réprouver le mauvais n'est pas digne de sentir le bon.

On peut encore me dire : Vous faites ici de Racine un plagiaire qui a pillé dans Corneille les plus beaux endroits d'*Andromaque*. Point du tout; le plagiaire est celui qui donne pour son ouvrage ce qui appartient à un autre ; mais si Phidias eût fait son Jupiter olympien de quelque statue informe d'un autre sculpteur, il aurait été créateur et non plagiaire.

Je ne ferai plus d'autre remarque sur ce malheureux *Pertharite*; on n'a besoin de commentaire que sur les ouvrages où le bon est mêlé continuellement avec le mauvais. Il faut que ceux qui veulent se former le goût apprennent soigneusement à distinguer l'un de l'autre.

REMARQUES SUR ŒDIPE

TRAGÉDIE REPRÉSENTÉE EN 1659[1].

PIÈCES IMPRIMÉES AU-DEVANT DE LA TRAGÉDIE D'ŒDIPE.

ÉPITAPHE

SUR LA MORT DE DAMOISELLE ÉLISABETH RANQUET, FEMME DE M. DU CHEVREUIL, ÉCUYER, SEIGNEUR D'ESTURNVILLE[2].

SONNET.

Ne verse point de pleurs sur cette sépulture,
Passant; ce lit funèbre est un lit précieux,
Où gît d'un corps tout pur la cendre toute pure;
Mais le zèle du cœur vit encore en ces lieux.

Avant que de payer le droit de la nature,
Son âme, s'élevant au delà de ses yeux,
Avoit au Créateur uni la créature;
Et, marchant sur la terre, elle étoit dans les cieux.

Les pauvres bien mieux qu'elle ont senti sa richesse.
L'humilité, la peine, étoient son allégresse;
Et son dernier soupir fut un soupir d'amour.

Passant, qu'à son exemple un beau feu te transporte;
Et, loin de la pleurer d'avoir perdu le jour,
Crois qu'on ne meurt jamais quand on meurt de la sorte.

---

1. C'est sur l'*OEdipe* de Corneille qu'est la quatrième des *Lettres sur OEdipe*, à la suite d'*OEdipe*, tome II.
2. On trouve cette épitaphe dans la Vie de cette béate, imprimée à Paris pour la première fois en 1655, et pour la seconde fois en 1660, chez Charles Savreux. Ce sonnet fut imprimé avec *OEdipe*, dans la première édition de cette tragédie; je ne sais pas pourquoi. (*Note de Voltaire.*)
— Lisez : Femme de Nicolas du Chevreul, écuyer, sieur d'Esturville.

VERS

PRÉSENTÉS A MONSEIGNEUR LE PROCUREUR GÉNÉRAL FOUQUET,
SURINTENDANT DES FINANCES [1].

Laisse aller ton essor jusqu'à ce grand génie [2],
Qui te rappelle au jour dont les ans t'ont bannie,
Muse, et n'oppose plus un silence obstiné
A l'ordre surprenant que sa main t'a donné.
De ton âge importun la timide foiblesse [3]
A trop et trop longtemps déguisé ta paresse,
Et fourni des couleurs [4] à la raison d'État
Qui mutine ton cœur contre le siècle ingrat [5].
L'ennui de voir toujours ses louanges frivoles
Rendre à tes grands travaux paroles pour paroles [6],

1. Imprimés à la tête de l'*OEdipe*, Paris, 1657 *, in-12. Ce fut M. Fouquet qui engagea Corneille à faire cette tragédie. « Si le public (dit ce grand poëte) a reçu quelque satisfaction de ce poëme, et s'il en reçoit encore de ceux de cette nature et de ma façon, qui pourront le suivre, c'est à lui qu'il en doit imputer le tout, puisque sans ses commandements je n'aurois jamais fait l'*OEdipe*. » Dans l'Avis au lecteur, qui est à la tête de la tragédie, de l'édition que j'ai indiquée au commencement de cette note. (*Note de Voltaire*.)

2.   Laisse aller ton essor jusqu'à ce grand génie.

Ce grand génie n'était pas Nicolas Fouquet; c'était Pierre Corneille, malgré *Pertharite*, et malgré quelques pièces assez faibles, et malgré *OEdipe* même. (*Id*.)

3.   De ton âge importun la timide foiblesse.

Il avait cinquante-six ans : c'était l'âge où Milton faisait son poëme épique. (*Id*.)
— Corneille était dans sa cinquante-troisième année. *Dix lustres et plus...*
4. Lisez :
  Et fourni de couleurs, etc.

5.   Qui mutine ton cœur contre le siècle ingrat.

Il eût dû dire que le peu de justice qu'on lui avait rendu l'avait dégoûté : *Ploravere suis non respondere favorem speratum meritis*. Mais le dégoût d'un poëte n'est pas une raison d'État. (*Note de Voltaire*.)
— Le passage latin cité dans cette note est d'Horace, livre II, épître 1re, vers 9.

6.   . . . . Paroles pour paroles.

Il se plaint qu'ayant trafiqué de la parole, on ne lui a donné que des louanges. Boileau dit bien plus noblement :

  Apollon ne promet qu'un nom et des lauriers.
              (*Note de Voltaire*.)
— Ce vers est de Boileau, *Art poétique*, IV, 178.

* Imprimé à Rouen et se vend à Paris, 1659.

Et le stérile honneur d'un éloge impuissant [1]
Terminer son accueil le plus reconnoissant ;
Ce légitime ennui qu'au fond de l'âme excite
L'excusable fierté d'un peu de vrai mérite,
Par un juste dégoût, ou par ressentiment,
Lui pouvoit de tes vers envier l'agrément ;
Mais aujourd'hui qu'on voit un héros magnanime
Témoigner pour ton nom une tout autre estime,
Et répandre l'éclat de sa propre bonté
Sur l'endurcissement de ton oisiveté,
Il te seroit honteux d'affermir ton silence
Contre une si pressante et douce violence ;
Et tu ferois un crime à lui dissimuler
Que ce qu'il fait pour toi te condamne à parler.

Oui, généreux appui de tout notre Parnasse,
Tu me rends ma vigueur lorsque tu me fais grâce ;
Et je veux bien apprendre à tout notre avenir
Que tes regards bénins ont su me rajeunir [2].
Je m'élève sans crainte avec de si bons guides :
Depuis que je t'ai vu, je ne vois plus mes rides,
Et, plein d'une plus claire et noble vision,
Je prends mes cheveux gris pour une illusion.
Je sens le même feu, je sens la même audace
Qui fit plaindre le Cid, qui fit combattre Horace ;
Et je me trouve encor la main qui crayonna
L'âme du grand Pompée, et l'esprit de Cinna.
Choisis-moi seulement quelque nom dans l'histoire
Pour qui tu veuilles place au temple de la Gloire,
Quelque nom favori qu'il te plaise arracher [3]
A la nuit de la tombe, aux cendres du bûcher :

---

1.   Et le stérile honneur d'un loge impuissant, etc.

Il se plaint que les éloges du public n'ont pas contribué à sa fortune. « Mais à présent que le grand Fouquet, héros magnanime, répand l'éclat de sa propre bonté sur l'endurcissement de l'oisiveté de l'auteur, il lui serait honteux d'affermir son silence contre cette douce violence. » Que dire sur de tels vers ? Plaindre la faiblesse de l'esprit humain, et admirer les beaux morceaux de *Cinna*. (*Note de Voltaire.*)

2.   Que tes regards bénins, etc.

On est fâché des *regards bénins* et de la *claire vision*, et que, dans le temps qu'il fait de si étranges vers, il dise qu'il se sent encore la main qui crayonna l'âme du grand Pompée. (*Id.*)

3.   Quelque nom favori, etc.

Il eût fallu que ces noms favoris eussent été célébrés par des vers tels que ceux des *Horaces* et de *Cinna*. (*Id.*)

Soit qu'il faille ternir ceux d'Énée et d'Achille
Par un noble attentat sur Homère et Virgile;
Soit qu'il faille obscurcir par un dernier effort
Ceux que j'ai sur la scène affranchis de la mort;
Tu me verras le même, et je te ferai dire,
Si jamais pleinement ta grande âme m'inspire,
Que dix lustres et plus n'ont pas tout emporté
Cet assemblage heureux de force et de clarté,
Ces prestiges secrets de l'aimable imposture
Qu'à l'envi m'ont prêtés et l'art et la nature.

 N'attends pas toutefois que j'ose m'enhardir [1],
Ou jusqu'à te dépeindre, ou jusqu'à t'applaudir;
Ce seroit présumer que, d'une seule vue,
J'aurois vu de ton cœur la plus vaste étendue;
Qu'un moment suffiroit à mes débiles yeux
Pour démêler en toi ces dons brillants des cieux,
De qui l'inépuisable et perçante lumière,
Sitôt que tu parois, fait baisser la paupière.
J'ai déjà vu beaucoup en ce moment heureux:
Je t'ai vu magnanime, affable, généreux;
Et, ce qu'on voit à peine après dix ans d'excuses,
Je t'ai vu tout d'un coup libéral pour les muses.
Mais pour te voir entier, il faudroit un loisir
Que tes délassements daignassent me choisir.
C'est lors que je verrois la saine politique
Soutenir par tes soins la fortune publique;
Ton zèle infatigable à servir ton grand roi,
Ta force et ta prudence à régir ton emploi;
C'est lors que je verrois ton courage intrépide
Unir la vigilance et la vertu solide [2];
Je verrois cet illustre et haut discernement,
Qui te met au-dessus de tant d'accablement;
Et tout ce dont l'aspect d'un astre salutaire
Pour le bonheur des lis t'a fait dépositaire.

1.   N'attends pas toutefois que j'ose m'enhardir, etc.

On est bien plus fâché encore qu'un homme tel que Corneille n'ose s'enhardir *jusqu'à applaudir* un autre homme, et que la *plus vaste étendue* du cœur d'un procureur général de Paris *ne puisse être vue d'une seule vue*. Il eût mieux valu, à mon avis, pour l'auteur de *Cinna*, vivre à Rouen avec du pain bis et de la gloire que de recevoir de l'argent d'un sujet du roi, et de lui faire de si mauvais vers pour son argent. On ne peut trop exhorter les hommes de génie à ne jamais prostituer ainsi leurs talents. On n'est pas toujours le maître de sa fortune, mais on l'est toujours de faire respecter sa médiocrité, et même sa pauvreté. (*Note de Voltaire.*)

2. Lisez:

  Unir la vigilance à la vertu solide.

Jusque-là ne crains pas que je gâte un portrait
Dont je ne puis encor tracer qu'un premier trait ;
Je dois être témoin de toutes ces merveilles,
Avant que d'en permettre une ébauche à mes veilles :
Et ce flatteur espoir fera tous mes plaisirs,
Jusqu'à ce que l'effet succède à mes désirs.
Hâte-toi cependant de rendre un vol sublime
Au génie amorti que ta bonté ranime,
Et dont l'impatience attend, pour se borner,
Tout ce que tes faveurs lui voudront ordonner.

AVIS DE CORNEILLE

AU LECTEUR.

J'ai reconnu que ce qui avoit passé pour miraculeux dans ces siècles éloignés pourroit sembler horrible au nôtre, et que cette éloquente et curieuse description de la manière dont ce malheureux prince se crève les yeux, et ce spectacle de ces mêmes yeux crevés, dont le sang lui distille sur le visage, qui occupe tout le cinquième acte chez ces incomparables originaux, feroit soulever la délicatesse de nos dames, qui composent la plus belle partie de notre auditoire, et dont le dégoût attire aisément la censure de ceux qui les accompagnent.

Cette *éloquente description* réussirait sans doute beaucoup si elle était dans ce style mâle et terrible, et en même temps pur et exact, qui caractérise Sophocle. Je ne sais même si, aujourd'hui que la scène est libre et dégagée de tout ce qui la défigurait, on ne pourrait pas faire paraître OEdipe tout sanglant, comme il parut sur le théâtre d'Athènes. La disposition des lumières, OEdipe ne paraissant que dans l'enfoncement pour ne pas trop offenser les yeux, beaucoup de pathétique dans l'acteur, et peu de déclamation dans l'auteur ; les cris de Jocaste, et les douleurs de tous les Thébains, pourraient former un spectacle admirable. Les magnifiques tableaux dont Sophocle a orné son *OEdipe* feraient sans doute le même effet que les autres parties du poëme firent dans Athènes ; mais, du temps de Corneille, nos jeux de paume étroits dans lesquels on représentait ses pièces, les vêtements ridicules des acteurs, la décoration aussi mal entendue que ces vêtements, excluaient la magnificence d'un spectacle véritable, et réduisaient la tragédie à de simples conversations, que Corneille *anima* quelquefois par le feu de son génie.

Je n'ai fait aucune pièce de théâtre où se trouve tant d'art qu'en celle-ci, bien que ce ne soit qu'un ouvrage de deux mois.

Il eût bien mieux valu que c'eût été l'ouvrage de deux ans, et qu'il ne fût resté presque rien de ce qui fut fait en deux mois.

> Travaillez à loisir, quelque ordre qui vous presse,
> Et ne vous piquez point d'une folle vitesse [1].

Il semble que Fouquet ait commandé à Corneille une tragédie pour lui être rendue dans deux mois, comme on commande un habit à un tailleur, ou une table à un menuisier. N'oublions pas ici de faire sentir une grande vérité : Fouquet n'est plus connu aujourd'hui que par un malheur éclatant, et qui même n'a été célèbre que parce que tout le fut dans le siècle de Louis XIV ; l'auteur de *Cinna*, au contraire, sera connu à jamais de toutes les nations, et le sera même malgré ses dernières pièces et malgré ses vers à Fouquet, et j'ose dire encore malgré *Œdipe*. C'est une chose étrange que le difficile et concis La Bruyère, dans son parallèle de Corneille et de Racine [2], ait dit *les Horaces* et *Œdipe;* mais il dit aussi *Phèdre* et *Pénélope* [3]. Voilà comme l'or et le plomb sont confondus souvent.

On disait Mignard et Lebrun. Le temps seul apprécie, et souvent ce temps est long.

ACTE PREMIER [4].

SCÈNE I.

Vers 3.   La gloire d'obéir n'a rien qui me soit doux,
           Lorsque vous m'ordonnez de m'éloigner de vous.

Jamais la malheureuse habitude de tous les auteurs français, de mettre sur le théâtre des conversations amoureuses, et de

---

1. Boileau, *Art poétique*, I, 163-64.
2. *Caractères*, chapitre 1er.
3. *Pénélope* est une tragédie de l'abbé Genest (1684); voyez ce que Voltaire en dit, à l'article Genest, dans le *Catalogue des écrivains*, en tête du *Siècle de Louis XIV*, tome XIV.
4. Comparez cette critique d'*OEdipe*, écrite à soixante-dix ans, à la lettre sur le même *OEdipe*, écrite à vingt-cinq ans ; voyez tome II.

rimer les phrases des romans, n'a paru plus condamnable que quand elle force Corneille à débuter dans la tragédie d'*Œdipe* par faire dire à Thésée qu'il est *un fidèle amant*, mais qu'il sera un rebelle aux ordres de sa maîtresse si elle lui ordonne de se séparer d'elle.

Vers 5.   Quelque ravage affreux qu'étale ici la peste,
          L'absence aux vrais amants est encor plus funeste.

On ne revient point de sa surprise, à cette absence qui est pour les vrais amants pire que la peste. On ne peut concevoir ni comment Corneille a fait ces vers, ni comment il n'eut point d'amis pour les lui faire rayer, ni comment les comédiens osèrent les dire.

Vers 7.   Et d'un si grand péril l'image s'offre en vain,
          Quand ce péril douteux épargne un mal certain.

Ce péril douteux, c'est la peste ; *ce mal certain*, c'est l'absence de l'objet aimé.

Vers 21. Ah! seigneur, quand l'amour tient une âme alarmée,
          Il l'attache aux périls de la personne aimée.

C'est assez qu'on débite de ces maximes d'amour, pour bannir tout intérêt d'un ouvrage. Cette scène est une contestation entre deux amants, qui ressemble aux conversations de *Clélie* : rien ne serait plus froid, même dans un sujet galant ; à plus forte raison dans le sujet le plus terrible de l'antiquité. Y a-t-il une plus forte preuve de la nécessité où étaient les auteurs d'introduire toujours l'amour dans leurs pièces, que cet épisode de Thésée et de Dircé, dont Corneille même a le malheur de s'applaudir dans son Examen d'*Œdipe?* Encore si, au lieu d'un amour galant et raisonneur, il eût peint une passion aussi funeste que la désolation où Thèbes était plongée ; si cette passion eût été théâtrale, si elle avait été liée au sujet! Mais un amour qui n'est imaginé que pour remplir le vide d'un ouvrage trop long n'est pas supportable. Racine même y aurait échoué avec ses vers élégants : comment donc put-on supporter une si plate galanterie, débitée en si mauvais vers? Et comment reconnaître la même nation, qui, ayant applaudi aux morceaux admirables du *Cid*, d'*Horace*, de *Cinna*, et de *Polyeucte*, n'avait pu souffrir ni *Pertharite*, ni *Théodore?*

Vers 63. Oserai-je, seigneur, vous dire hautement
          Qu'un tel excès d'amour n'est pas d'un tel amant, etc.

ACTE I, SCÈNE III.

Jugez quel effet ferait aujourd'hui au théâtre une princesse inutile, dissertant sur l'amour, et voulant prouver en forme que ce qui serait vertu dans une femme ne le serait pas dans un homme. Je ne parle pas du style et des fautes contre la langue, et de *l'horreur animée par toute la Grèce*, et *des hauts emportements qu'un beau feu inspire*. Ce galimatias froid et boursouflé est assez condamné aujourd'hui.

Vers 89. Ah! madame, vos yeux combattent vos maximes, etc.

Et que dirons-nous de ce Thésée, qui lui répond galamment que ses yeux combattent ses maximes; que si elle aimait bien, elle conseillerait mieux, et qu'auprès de sa princesse, *aux seuls devoirs d'amant un héros s'intéresse?* Disons la vérité; cela ne serait pas supporté aujourd'hui dans le plus plat de nos romans.

SCÈNE III.

Vers 12. Je vous aurois fait voir un beau feu dans mon sein, etc.

Thésée, qui fait voir *un beau feu dans son sein*, et qui s'appelle *amant misérable;* OEdipe, qui devine qu'un intérêt d'amour retient Thésée au milieu de la peste; l'offre d'une fille, la demande d'une autre fille, l'aveu qu'Antigone est *parfaite*, Ismène *admirable*, et que Dircé *n'a rien de comparable :* en un mot, ce style d'un froid comique, qui revient toujours, ces ironies, ces dissertations sur l'amour galant, tant de petitesses grossières dans un sujet si sublime, font voir évidemment que la rouille de notre barbarie n'était pas encore enlevée, malgré tous les efforts que Corneille avait faits dans les belles scènes de *Cinna* et d'*Horace*. Le sujet d'*OEdipe* demandait le style d'*Athalie*, et celui dont Corneille s'est servi n'est pas, à beaucoup près, aussi noble que celui du *Misanthrope*. Cependant Corneille avait montré dans plusieurs scènes de *Pompée* qu'il savait orner ses vers de toute la magnificence de la poésie; le sujet d'*OEdipe* n'est pas moins poétique que celui de *Pompée :* pourquoi donc le langage est-il dans *OEdipe* si opposé au sujet? Corneille s'était trop accoutumé à ce style familier, à ce ton de dissertation. Tous ses personnages, dans presque tous ses ouvrages, raisonnent sur l'amour et sur la politique. C'est nonseulement l'opposé de la tragédie, mais de toute poésie : car la poésie n'est guère que peinture, sentiment, et imagination. Les raisonnements sont nécessaires dans une tragédie, quand on délibère sur un grand intérêt d'État : il faut seulement qu'alors celui qui raisonne ne tienne point du sophiste; mais des raisonnements sur l'amour sont partout hors de saison.

L'abbé d'Aubignac écrivit contre l'*Œdipe* de Corneille ; il y reprend plusieurs fautes avec lesquelles une pièce pourrait être admirable : fautes de bienséance, duplicité d'action, violation des règles. D'Aubignac n'en savait pas assez pour voir que la principale faute est d'être froid dans un sujet intéressant, et rampant dans un sujet sublime. Cette scène, dans laquelle il n'est question que de savoir si Thésée épousera Antigone, qui est parfaite, ou Ismène, qui est admirable, ou Dircé, qui n'a rien de comparable, est une vraie scène de comédie, mais de comédie très-froide.

Je ne relève pas les fautes contre la langue ; elles sont en trop grand nombre.

SCÈNE IV.

Vers 9. Le sang a peu de droits dans le sexe imbécile.

Que veut dire *le sang a peu de droits dans le sexe imbécile?* C'est une injure très-déplacée et très-grossière, fort mal exprimée. L'auteur entend-il que les femmes ont peu de droits au trône? Entend-il que le sang a peu de pouvoir sur leurs cœurs[1] ?

Vers 17. On t'a parlé du sphinx, dont l'énigme funeste
　　　　Ouvrit plus de tombeaux que n'en ouvre la peste, etc.

Œdipe raconte l'histoire du sphinx à un confident qui doit en être instruit : c'est un défaut très-commun et très-difficile à éviter. Ce récit a de la force et des beautés : on l'écoutait avec plaisir, parce que tout ce qui forme un tableau plaît toujours plus que les contestations qui ne sont pas sublimes, et que l'amour qui n'est pas attendrissant.

SCÈNE V.

Jocaste raisonne sur l'amour de Dircé, sur lequel Thésée n'a déjà raisonné que trop. Elle dit que Dircé est amante à bon titre, et princesse avisée. Prenez cette scène isolée, on ne devinera jamais que c'est là le sujet d'*Œdipe*.

---

1. *Imbécile*, c'est-à-dire faible, dans le sens où Tacite l'emploie : *Imbecillem sexum et imparem laboribus.* (*Ann.*, III, xxxiii.)

SCÈNE VI.

Cette scène paraît la plus mauvaise de toutes, parce qu'elle détruit le grand intérêt de la pièce ; et cet intérêt est détruit parce que le malheur et le danger public dont il s'agit ne sont présentés qu'en épisodes, et comme une affaire presque oubliée : c'est qu'il n'a été question jusqu'ici que du mariage de Dircé ; c'est qu'au lieu de ce tableau si grand et si touchant de Sophocle, c'est un confident qui vient apporter froidement des nouvelles ; c'est qu'Œdipe cherche une raison du courroux du ciel, laquelle n'est pas la vraie raison ; c'est qu'enfin, dans ce premier acte de tragédie, il n'y a pas quatre vers tragiques, pas quatre vers bien faits.

ACTE DEUXIÈME.

SCÈNE I.

Toutes les fois que dans un sujet pathétique et terrible, fondé sur ce que la religion a de plus auguste et de plus effrayant, vous introduisez un intérêt d'État, cet intérêt, si puissant ailleurs, devient alors petit et faible. Si au milieu d'un intérêt d'État, d'une conspiration, ou d'une grande intrigue politique qui attache l'âme, supposé qu'une intrigue politique puisse attacher ; si, dis-je, vous faites entrer la terreur et le sublime tiré de la religion ou de la fable dans ces sujets, ce sublime déplacé perd toute sa grandeur, et n'est plus qu'une froide déclamation. Il ne faut jamais détourner l'esprit du but principal. Si vous traitez *Iphigénie*, ou *Électre*, ou *Pélopée*, n'y mêlez point de petite intrigue de cour. Si votre sujet est un intérêt d'État, un droit au trône disputé, une conjuration découverte, n'allez pas y mêler les dieux, les autels, les oracles, les sacrifices, les prophéties : *Non erat his locus*[1].

S'agit-il de la guerre et de la paix : raisonnez. S'agit-il de ces horribles infortunes que la destinée ou la vengeance céleste envoient sur la terre : effrayez, touchez, pénétrez. Peignez-vous un amour malheureux : faites répandre des larmes. Ici Dircé brave Œdipe, et l'avilit : défaut trop ordinaire de toutes nos anciennes

---

1. Horace, *Art poétique*, 19.

tragédies, dans lesquelles on voit presque toujours des femmes parler arrogamment à ceux dont elles dépendent, et traiter les empereurs, les rois, les vainqueurs, comme des domestiques dont on serait mécontent.

Cette longue scène ne finit que par un petit souvenir du sujet de la pièce ; *mais il faut aller voir ce qu'a fait Tirésie.* Ce n'est donc que par occasion qu'on dit un mot de la seule chose dont on aurait dû parler.

Vers 15. Pour la reine, il est vrai qu'en cette qualité
Le sang peut lui devoir quelque civilité.

Cette princesse est un peu malapprise.

Vers 46. Et quel crime a commis cette reconnoissance,
Qui, par un sentiment et juste et relevé,
L'a consacré lui-même à qui l'a conservé ?

La reconnaissance qui n'a point commis de crime, et qui, par un sentiment et juste et relevé, a consacré le peuple lui-même à qui a conservé le peuple !

Vers 49. Si vous aviez du sphinx vu le sanglant ravage...
— Je puis dire, seigneur, que j'ai vu davantage ;
J'ai vu ce peuple ingrat, que l'énigme surprit,
Vous payer assez bien d'avoir eu de l'esprit.

Elle a vu plus que la mort de tout un peuple : elle a vu un homme élu roi pour avoir eu de l'esprit !

Vers 64. Le peuple est trop heureux quand il meurt pour ses rois.

Trop heureux! Ah ! madame, la maxime est un peu violente. Il paraît à votre humeur que le peuple a très-bien fait de ne vous pas choisir pour reine.

Vers 85. Puisse de plus de maux m'accabler leur colère
Qu'Apollon n'en prédit jadis pour votre frère !

Quoique cette imprécation soit peu naturelle et amenée de trop loin, cependant elle fait effet, elle est tragique ; elle ramène du moins pour un moment au sujet de la pièce, et montre qu'il ne fallait jamais le perdre de vue.

Vers 100. Qui ne craint point la mort ne craint point les tyrans.

Le mot de *tyran* est ici très-mal placé : car si Œdipe ne mérite pas ce titre, Dircé n'est qu'une impertinente ; et s'il le mérite, plus de compassion pour ses malheurs. La pitié et la crainte, les deux pivots de la tragédie, ne subsistent plus. Corneille a souvent oublié ces deux ressorts du théâtre tragique. Il a mis à la place des conversations dans lesquelles on trouve souvent des idées fortes, mais qui ne vont point au cœur.

SCÈNE II.

Vers 1.   Mégare, que dis-tu de cette violence ?

Mégare n'a rien à dire de cette violence, sinon que Dircé est un personnage très-étranger et très-insipide dans cette tragédie.

Vers 18.   J'ai vu sa politique en former les tendresses, etc.

Sa politique, politique nouvelle, politique partout. Je n'insiste pas sur le comique de cette répétition et de ce tour; mais il faut remarquer que toute femme passionnée qui parle de politique est toujours très-froide, et que l'amour de Dircé, dans de telles circonstances, est plus froid encore.

SCÈNE III.

Vers 10.   Appréhender pour lui, c'est lui faire une injure.

Ce vers seul suffirait pour faire un grand tort à la pièce, pour en bannir tout l'intérêt. Il ne faut jamais tâcher de rendre odieux un personnage qui doit attirer sur lui la compassion : c'est manquer à la première règle. J'avertis encore que je ne remarque point dans cette pièce les fautes de langage : elles sont à peu près les mêmes que dans les pièces précédentes. Corneille n'écrivit presque jamais purement. La langue française ne se perfectionna que lorsque Corneille, ayant déjà donné plusieurs pièces, s'était formé un style dont il ne pouvait plus se défaire[1].

Mais voici une observation plus importante. Dircé se croit destinée pour victime, elle se prépare généreusement à mourir: c'est une situation très-belle, très-touchante par elle-même. Pourquoi ne fait-elle nul effet? Pourquoi ennuie-t-elle? C'est qu'elle n'est point préparée ; c'est que Dircé a déjà révolté les spectateurs

---

1. « Voltaire oublie, dit Palissot, que la langue française se perfectionna par les beaux vers du *Cid,* des *Horaces,* de *Cinna,* de *Pompée,* et de *Polyeucte,* et qu'ainsi ce fut à Corneille lui-même qu'elle fut redevable de ses progrès. Il y a plus loin, en effet, du style de ce grand poëte à celui de ses prédécesseurs que de son style a celui de Pascal, de Boileau et de Racine, qui achevèrent de perfectionner la langue. »

par son caractère; c'est qu'enfin on sent bien que ce péril n'est pas véritable.

Vers 85. Hélas! sur le chemin il fut assassiné.

Voilà une raison bien forcée, bien peu naturelle, et par conséquent nullement intéressante. Dircé suppose qu'elle a causé la mort de son père, parce qu'il fut tué en allant consulter l'oracle par amitié pour elle. Jusqu'à présent elle n'en a point encore parlé. Elle invente tout d'un coup cette fausse raison pour faire parade d'un sentiment filial et héroïque. Ce sentiment n'est point du tout touchant, parce qu'elle n'a été occupée jusqu'ici qu'à dire des injures à Œdipe.

SCÈNE IV.

Cette scène devrait encore échauffer le spectateur, et elle le glace. Rien de plus attendrissant que deux amants dont l'un va mourir; rien de plus insipide, quand l'auteur n'a pas eu l'art de rendre ses personnages aimables et intéressants. Dircé a pris tout d'un coup la résolution de mourir, sur un oracle équivoque :

> Et la fin de vos maux ne se fera point voir
> Que mon sang n'ait fait son devoir;

et il semble qu'elle ne veut mourir que par vanité. Elle avait débité plus haut cette maxime atroce et ridicule :

> Un peuple est trop heureux quand il meurt pour ses rois ;

et elle dit le moment d'après :

> Ne perdez point d'efforts à m'arrêter au jour...
> Ne me ravalez point jusqu'à cette bassesse....
> Les exemples abjects de ces petites âmes
> Règlent-ils de leurs rois les glorieuses trames ?

Quels vers ! quel langage ! Et la scène dégénère en une longue dissertation ; *quæstio in utramque partem :* s'il faut mourir ou non.

ACTE TROISIÈME.

SCÈNE I.

Vers 1.   Impitoyable soif de gloire...
... Souffre qu'en ce triste et favorable jour,

ACTE III, SCÈNE III.

> Avant que de donner ma vie,
> Je donne un soupir à l'amour, etc.

Ces stances de Dircé sont bien différentes de celles de Polyeucte. Il n'y a que de l'esprit, et encore de l'esprit alambiqué. Si Dircé était dans un véritable danger, ces épigrammes déplacées ne toucheraient personne. Jugez quel effet elles doivent produire quand on voit évidemment que Dircé, à laquelle personne ne s'intéresse, ne court aucun risque.

SCÈNE II.

Vers 17. Et des morts de son rang les ombres immortelles
Servent souvent aux dieux de truchements fidèles.

C'est toujours le même défaut d'intérêt et de chaleur qui règne dans toutes ces scènes. C'est une chose bien singulière que l'obstination de Dircé à vouloir mourir de sang-froid, sans nécessité et par vanité. Mon père a parlé obscurément, mais un *mort de son rang* est un truchement des dieux. Cela ressemble à cette dame qui disait que Dieu y regarde à deux fois quand il s'agit de damner une femme de qualité.

Vers 38. Agissez en amante aussi bien qu'en princesse.

Jocaste conseille à Dircé de s'enfuir avec Thésée, et de s'aller marier où elle voudra. Elle ajoute que l'amour est un doux maître. Le conseil n'est pas mauvais en temps de peste ; mais cela tient un peu trop de la farce.

Vers 43. Je n'ose demander si de pareils avis
Portent des sentiments que vous ayez suivis, etc.

La réponse de Dircé est d'une insolence révoltante. *Des avis qui portent des sentiments,* bien *juger des choses,* du *sang sucé dans un flanc,* et toutes ces expressions vicieuses, sont de faibles défauts en comparaison de cette indécence intolérable avec laquelle cette Dircé parle à sa mère. Toute cette scène est aussi odieuse et aussi mal faite qu'inutile.

SCÈNE III.

Vers 1. A quel propos, seigneur, voulez-vous qu'on diffère,
Qu'on dédaigne un remède à tous si salutaire ? etc.

Cette scène est encore aussi glaçante, aussi inutile, aussi mal écrite que toutes les précédentes. On parle toujours mal quand on n'a rien à dire. Presque toutes nos tragédies sont trop longues; le public voulait pour ses dix sous avoir un spectacle de deux heures; et il y avait trop souvent une heure et demie d'ennui. Ce n'était pas des archontes qui donnaient des jeux au peuple d'Athènes; ce n'était pas des édiles qui assemblaient le peuple romain : c'était une société d'histrions qui, moyennant quelque argent qu'ils donnaient au clerc d'un lieutenant civil, obtenaient la permission de jouer dans un jeu de paume. Les décorations étaient peintes par un barbouilleur, les habits fournis par un fripier. Le parterre voulait des épisodes d'amour, et celle qui jouait les amoureuses voulait absolument un rôle. Ce n'est pas ainsi que l'*OEdipe* de Sophocle fut représenté sur le théâtre d'Athènes.

SCÈNE IV.

C'est ici que commence la pièce. Le spectateur est remué dès le premiers vers que dit OEdipe. Cela seul fait voir combien d'Aubignac[1] était mauvais juge de l'art dont il donna des règles. Il soutient que le sujet d'*OEdipe* ne peut intéresser, et dès les premiers vers où ce sujet est traité il intéresse malgré le froid de tout ce qui précède.

Vers 25. Un bruit court depuis peu qu'il vous a mal servie, etc.

OEdipe devrait donc en avoir déjà parlé au premier acte. Il ne devait donc pas dire dans ce premier acte que c'était le sang innocent de cet enfant qui était la cause des malheurs de Thèbes.

Vers 38. Vous pouvez consulter le devin Tirésie.

Quelle différence entre ce froid récit de la consultation, et les terribles prédictions que fait Tirésie dans Sophocle! Pourquoi n'a-t-on pu faire paraître ce Tirésie sur le théâtre de Paris? J'ose croire que si on avait eu, du temps de Corneille, un théâtre tel que nous l'avons depuis peu d'années, grâce à la générosité éclairée de M. le comte de Lauraguais[2], le grand Corneille n'eût pas hésité à produire Tirésie sur la scène, à imiter le dialogue admirable de Sophocle. On eût connu alors la raison pour laquelle les arrêts des dieux veulent qu'OEdipe se prive lui-même de la vue : c'est qu'il a reproché à l'interprète des dieux son aveu-

1. L'auteur de la *Pratique du théâtre*, ennemi de Corneille.
2. Depuis 1759. Voyez, tome V, l'épître dédicatoire en tête de la comédie de *l'Écossaise*.

glement. Je sais bien qu'à la farce dite italienne, on représenterait Tirésie habillé en quinze-vingts, une tasse à la main, et que cela divertirait la populace ; mais ceux *quibus est equus et pater et res*[1], applaudiraient à une belle imitation de Sophocle. Si ce sujet n'a jamais été traité parmi nous comme il a dû l'être, accusons-en encore une fois la construction malheureuse de nos théâtres, autant que notre habitude méprisable d'introduire toujours une intrigue d'amour, ou plutôt de galanterie, dans les sujets qui excluent tout amour.

SCÈNE V.

Cette scène de Jocaste et de Thésée détruit l'intérêt qu'OEdipe commençait d'inspirer. Le spectateur voit trop bien que Thésée n'est pas le fils de Jocaste. On connaît trop l'histoire de Thésée, on aperçoit trop aisément l'inutilité de cet artifice. De plus, il faut bien observer qu'une méprise est toujours insipide au théâtre, quand ce n'est qu'une méprise, quand elle n'amène pas une catastrophe attendrissante. Thésée se croit fils de Jocaste, et cela, dit-il, *sans en avoir la preuve manifeste*. Cela ne produit pas le plus petit événement. Thésée s'est trompé, et voilà tout. Cette aventure ressemble (s'il est permis d'employer une telle comparaison) à Arlequin qui se dit curé de Domfront, et qui en est quitte pour dire : « Je croyais l'être. »

Vers 85. Quoi ! la nécessité des vertus et des vices
D'un astre impérieux doit suivre les caprices ? etc.

Ce morceau contribua beaucoup au succès de la pièce. Les disputes sur le libre arbitre agitaient alors les esprits. Cette tirade de Thésée, belle par elle-même, acquit un nouveau prix par les querelles du temps, et plus d'un amateur la sait encore par cœur.

Il y a dans ce beau morceau quelques expressions impropres et vicieuses, comme, « une nécessité de vertus et de vices qui suit les caprices d'un astre impérieux, un bras qui précipite d'en haut une volonté, rendre aux actions leur peine, enfoncer un œil dans un abîme » ; mais le beau prédomine. Ce couplet même n'est pas une déclamation étrangère au sujet ; au contraire, des réflexions sur la fatalité ne peuvent être mieux placées que dans l'histoire d'OEdipe. Il est vrai que Thésée condamne ici les dieux, qui ont prédestiné OEdipe au parricide et à l'inceste.

1. Horace, *Art poétique*, 248.

Il y aurait de plus belles choses à dire pour l'opinion contraire à celle de Thésée. Les idées de la toute-puissance divine, l'inflexibilité du destin, le portrait de la faiblesse des vils mortels, auraient fourni des images fortes et terribles. Il y en a quelques-unes dans Sophocle.

ACTE QUATRIÈME.

SCÈNE I.

Tout retombe ici dans la langueur. Ce n'est plus ce Thésée qui croyait être fils de Laïus; il avoue que tout cela n'est qu'un stratagème. Ces malheureuses finesses détournent l'esprit de l'objet principal; on ne s'intéresse plus à rien. Les grandes idées du salut public, de la découverte du meurtrier de Laïus, de la destinée d'OEdipe, des crimes involontaires auxquels il ne peut échapper, sont toutes dissipées; à peine a-t-il attiré sur lui l'attention; il ne peut plus se ressaisir du cœur des spectateurs, qui l'ont oublié. Corneille a voulu intriguer ce qu'il fallait laisser dans sa simplicité majestueuse : tout est perdu dès ce moment, et Thésée n'est plus qu'un personnage intrigant, qu'un valet de comédie, qui a imaginé un très-plat mensonge pour tirer la pièce en longueur. Il est très-inutile de remarquer toutes les fautes de diction, et le style obscur, entortillé, de toutes ces scènes où Thésée joue un si froid et si avilissant personnage. Nous avons déjà vu que toutes les scènes qui pèchent par le fond pèchent aussi par le style [1].

SCÈNE II.

Il semble qu'alors on se fît un mérite de s'écarter de la noble simplicité des anciens, et surtout de leur pathétique. Jocaste vient ici conter froidement une histoire, sans faire paraître aucune de ces terribles inquiétudes qui devaient l'agiter. Elle parle d'un passant inconnu qui se chargea d'élever son fils sans demander qui était cet enfant, et sans vouloir le savoir : un Phædime savait qui était cet enfant, mais il est mort de la peste; *ainsi*, dit-elle, *vous pouvez l'être, et ne le pas être*. Tout cela est

---

[1]. Voyez Remarques sur *Pompée*, acte II, scène III, et V, II; sur *Théodore*, acte III, scène III.

ACTE IV, SCÈNE IV.   167

discuté comme s'il s'agissait d'un procès : nulle tendresse de mère, nulle crainte, nul retour sur soi-même. Il ne faut pas s'étonner si on ne peut plus jouer cette pièce.

Vers 49. *L'assassin de Laïus est digne du trépas,* etc.

Quoique le théâtre permette quelquefois un peu d'exagération, je ne crois pas que de telles maximes soient approuvées des gens sensés. Comment peut-on reconnaître un monarque sous l'habit d'un paysan ? Le Gascon qui a écrit les *Mémoires du duc de Guise, prisonnier à Naples,* dit que *les princes ont quelque chose entre les deux yeux qui les distingue des autres hommes*[1]. Cela est bon pour un Gascon ; mais ce qui n'est bon pour personne, c'est d'assurer qu'on est digne de mort quand on se défend contre trois hommes dont l'un, par hasard, se trouve un roi. Cette maxime paraît plus cruelle que raisonnable.

Qu'on se souvienne que Montgomery ne fut pas seulement mis en prison pour avoir tué malheureusement Henri II, son maître, dans un tournoi.

SCÈNE III.

Vers 45. Mais si je vous nommois quelque personne chère,
         Æmon votre neveu, Créon votre seul frère,
         Ou le prince Lycus, ou le roi votre époux,
         Me pourriez-vous en croire, ou garder ce courroux ?

Ce tour que prend Phorbas suffirait pour ôter à la pièce tout son tragique. Il semble que Phorbas fasse une plaisanterie ; *si je vous nommais quelqu'un à qui vous vous intéressez, que diriez-vous?* C'est là le discours d'un homme qui raille, qui veut embarrasser ceux auxquels il parle ; et rien n'est plus indécent dans un subalterne.

SCÈNE IV.

Il n'y a pas moyen de déguiser la vérité. Cette scène, qui est si tragique dans Sophocle, est tout le contraire dans l'auteur français. Non-seulement le langage est bas, *il y pourrait avoir*

---

1. Dans les *Mémoires de Henri de Lorraine, duc de Guise* (édition de 1703, I, 160), on lit : « Sur quoi je dis, en souriant, que naturellement je ne craignais point la canaille, et que quand Dieu formait une personne de ma condition il lui imprimait je ne sais quoi entre les deux yeux, qu'elle n'osait regarder sans trembler. » Ces *Mémoires*, dont il existe plusieurs éditions, ont été publiés par Sainct-Yon, secrétaire du duc, et lui ont été attribués.

entre quinze et vingt ans, c'est un de mes brigands, ce furent brigands, un des suivants de Laïus, qui était *louche,* Laïus *chauve sur le devant,* et *mêlé sur le derrière;* mais les discours de Thésée, et une espèce de défi entre OEdipe et Thésée, achèvent de tout gâter.

SCÈNE V.

La scène précédente, qui devait porter l'effroi et la douleur dans l'âme, étant très-froide, porte sa glace sur celle-ci, qui par elle-même est aussi froide que l'autre. OEdipe, au lieu de se livrer à sa douleur et à l'horreur de son état, prodigue des antithèses sur *le vivant* et sur *le mort.* Jocaste raisonne au lieu d'être accablée. Quelle est la source d'un si grand défaut? C'est qu'en effet le caractère de Corneille le portait à la dissertation; c'est qu'il avait le talent de nouer une intrigue adroite, mais non intéressante : il abandonna trop souvent le pathétique, qui doit être l'âme de la tragédie. Je ne parle pas du style; il n'est pas tolérable.

ACTE CINQUIÈME.

SCÈNE I.

Quel est le lecteur qui ne sente pas combien ce terrible sujet est affaibli dans toutes les scènes? J'avoue que la diction vicieuse, obscure, sans chaleur, sans pathétique, contribue beaucoup aux vices de la pièce; mais la malheureuse intrigue de Thésée et de Dircé, introduite pour remplir les vides, est ce qui tue la pièce. Peut-on souffrir que, dans des moments destinés à la plus grande terreur, OEdipe parle froidement de se battre en duel demain avec Thésée? Un duel chez des Grecs, et dans le sujet d'OEdipe! Et ce qu'il y a de pis, c'est qu'OEdipe, qui se voit l'auteur de la désolation de Thèbes et le meurtrier de Laïus, Thésée, qui doit craindre que le reste de l'oracle ne soit accompli, Thésée, qui doit être saisi d'horreur et l'inspirer, s'occupent tous deux de la crainte d'un soulèvement de ces pauvres pestiférés, qui pourraient bien devenir mutins.

Si vous ne frappez pas le cœur du spectateur par des coups toujours redoublés au même endroit, ce cœur vous échappe. Si vous mêlez plusieurs intérêts ensemble, il n'y a plus d'intérêt.

SCÈNE III.

Ces scènes sont beaucoup plus intéressantes que les autres, parce qu'elles sont uniquement prises du sujet. On n'y disserte point, on n'y cherche point à étaler des raisons et des traits ingénieux : tout est naturel ; mais il y manque ces grands mouvements de terreur et de pitié qu'on attend d'une si affreuse situation. Cette tragédie pèche par toutes les choses qu'on y a introduites, et par celles qui lui manquent.

SCÈNE IV.

Vers 1. Ce jour est donc pour moi le grand jour des malheurs,
Puisque vous apportez un comble à mes douleurs, etc.

Je n'examine point si on apporte *un comble à la douleur*, s'il est bien de dire que son épouse *est dans la fureur*. Je dis que je retrouve le véritable esprit de la tragédie dans cette scène d'Iphicrate, où l'on ne dit rien qui ne soit nécessaire à la pièce, dans cette simplicité éloignée de la fatigante dissertation, dans cet art théâtral et naturel qui fait naître successivement tous les malheurs d'OEdipe les uns des autres. Voilà la vraie tragédie : le reste est du verbiage; mais comment faire cinq actes sans verbiage ?

Vers 61. Je serois donc Thébain à ce compte ? — Oui, seigneur.

Ne prenons point garde *à ce compte*. Ce n'est qu'une expression triviale qui ne diminue rien de l'intérêt de cette situation. Un mot familier et même bas, quand il est naturel, est moins répréhensible cent fois que toutes ces pensées alambiquées, ces dissertations froides, ces raisonnements fatigants et souvent faux, qui ont gâté quelquefois les plus belles scènes de l'auteur.

SCÈNE V.

Vers 15. Hélas! je le vois trop, et vos craintes secrètes
Qui vous ont empêché de vous entr'éclaircir,
Loin de tromper l'oracle, ont fait tout réussir, etc.

Ici l'art manque. OEdipe exerce trop tôt son autre art de deviner les énigmes. Plus de surprise, plus de terreur, plus d'horreur. L'auteur retombe dans ses malheureuses dissertations : *voyez où m'a plongé votre fausse prudence, etc.* Il est d'autant plus

SCÈNE VII.

Le spectateur, qui était ému, cesse ici de l'être. OEdipe, qui raisonne avec Dircé de l'amour de cette princesse pour Thésée, fait oublier ses malheurs; il rompt le fil de l'intérêt. Dircé est si étrangère à l'aventure d'OEdipe que toutes les fois qu'elle paraît elle fait beaucoup plus de tort à la pièce que l'infante n'en fait à la tragédie du *Cid*, et Livie à *Cinna* : car on peut retrancher Livie et l'infante, et on ne peut retrancher Dircé et Thésée, qui sont malheureusement des acteurs principaux.

Il reste une réflexion à faire sur la tragédie d'*OEdipe*. C'est, sans contredit, le chef-d'œuvre de l'antiquité, quoique avec de grands défauts. Toutes les nations éclairées se sont réunies à l'admirer, en convenant des fautes de Sophocle. Pourquoi ce sujet n'a-t-il pu être traité avec un plein succès chez aucune de ces nations? Ce n'est pas certainement qu'il ne soit très-tragique. Quelques personnes ont prétendu qu'on ne peut s'intéresser aux crimes involontaires d'OEdipe, et que son châtiment révolte plus qu'il ne touche. Cette opinion est démentie par l'expérience, car tout ce qui a été imité de Sophocle, quoique très-faiblement dans l'*OEdipe*, a toujours réussi parmi nous; et tout ce qu'on a mêlé d'étranger à ce sujet a été condamné. Il faut donc conclure qu'il fallait traiter *OEdipe* dans tout la simplicité grecque. Pourquoi ne l'avons-nous pas fait? C'est que nos pièces en cinq actes, dénuées de chœurs, ne peuvent être conduites jusqu'au dernier acte sans des secours étrangers au sujet. Nous les chargeons d'épisodes, et nous les étouffons : cela s'appelle du remplissage. J'ai déjà dit[1] qu'on veut une tragédie qui dure deux heures : il faudrait qu'elle durât moins, et qu'elle fût meilleure.

C'est le comble du ridicule de parler d'amour dans *OEdipe*, dans *Électre*, dans *Mérope*. Lorsqu'en 1718 il fut question de représenter le seul *OEdipe*[2] qui soit resté depuis au théâtre, les comédiens exigèrent quelques scènes où l'amour ne fût pas oublié, et l'auteur gâta et avilit ce beau sujet par le froid ressouvenir d'un amour insipide entre Philoctète et Jocaste.

---

1. Dans l'édition de 1764, Voltaire disait : *On veut une tragédie*. Ce fut en 1774 qu'il mit : *J'ai déjà dit qu'on veut, etc.* Voyez ci-dessus, page 164.
2. L'*OEdipe* de Voltaire lui-même.

L'actrice qui représentait Dircé dans l'*Œdipe* de Corneille dit au nouvel auteur : « C'est moi qui joue l'amoureuse, et si on ne me donne un rôle, la pièce ne sera pas jouée. » A ces paroles, *je joue l'amoureuse dans Œdipe*, deux étrangers de bon sens éclatèrent de rire ; mais il fallut en passer par ce que les acteurs exigeaient ; il fallut s'asservir à l'abus le plus méprisable, et si l'auteur, indigné de cet abus auquel il cédait, n'avait pas mis dans sa tragédie le moins de conversation amoureuse qu'il put, s'il avait prononcé le mot d'amour dans les trois derniers actes, la pièce ne mériterait pas d'être représentée.

Il y a bien des manières de parvenir au froid et à l'insipide. Lamotte, l'un des plus ingénieux auteurs que nous ayons, y est arrivé par une autre route, par une versification lâche, par l'introduction de deux grands enfants d'Œdipe sur la scène, par la soustraction entière de la terreur et de la pitié[1].

SCÈNE VIII.

Vers 1.   Est-ce encor votre bras qui vient venger son père? etc.

Thésée et Dircé viennent achever de répandre leur glace sur cette fin, qui devait être si touchante et si terrible. Œdipe appelle Dircé sa sœur comme si de rien n'était. Il lui parle de l'empire qu'une belle flamme lui fit sur une âme. Il va en consoler la reine. Tout se passe en civilités, et Dircé reste à disserter avec Thésée ; et pour comble, l'auteur se félicite dans sa préface de *l'heureux épisode* de Thésée et de Dircé. Plaignons la faiblesse de l'esprit humain[2].

DÉCLARATION DU COMMENTATEUR.

Mon respect pour l'auteur des admirables morceaux du *Cid*, de *Cinna*, et de tant de chefs-d'œuvre, mon amitié constante pour l'unique héritière du nom de ce grand homme, ne m'ont pas empêché de voir et de dire la vérité, quand j'ai examiné son

---

1. L'*Œdipe* de Lamotte fut représenté huit ans après celui de Voltaire (1726).
2. A propos de ce commentaire sur *Œdipe*, Palissot ne peut s'empêcher d'avouer que Voltaire a fait peu d'observations qui prouvent mieux la grande connaissance qu'il avait de l'art dramatique et des effets du théâtre.

Œdipe et ses autres pièces indignes de lui ; et je crois avoir prouvé tout ce que j'ai dit. Le souvenir même que j'ai fait autrefois une tragédie d'*Œdipe* ne m'a point retenu. Je ne me suis point cru égal à Corneille : je me suis mis hors d'intérêt ; je n'ai eu devant les yeux que l'intérêt du public, l'instruction des jeunes auteurs, l'amour du vrai, qui l'emporte dans mon esprit sur toutes les autres considérations. Mon admiration sincère pour le beau est égale à ma haine pour le mauvais. Je ne connais ni l'envie, ni l'esprit de parti. Je n'ai jamais songé qu'à la perfection de l'art, et je dirai hardiment la vérité en tout genre jusqu'au dernier moment de ma vie.

REMARQUES
SUR LA TOISON D'OR

TRAGÉDIE REPRÉSENTÉE EN 1660[1].

PRÉFACE DU COMMENTATEUR.

L'histoire de la *Toison d'or* est bien moins fabuleuse et moins frivole qu'on ne pense. C'est de toutes les époques de l'ancienne Grèce la plus brillante et la plus constatée. Il s'agissait d'ouvrir un commerce, de la Grèce aux extrémités de la mer Noire. Ce commerce consistait principalement en fourrures, et c'est de là qu'est venue la fable de la *Toison*. Le voyage des Argonautes servit à faire connaître aux Grecs le ciel et la terre. Chiron, qui était de cette expédition, observa que l'équinoxe du printemps était au milieu de la constellation du Bélier; et cette observation, faite il y a environ 4,300 années, fut la base sur laquelle on s'est fondé depuis pour constater l'étonnante révolution de vingt-cinq mille neuf cents années, que l'axe de la terre fait autour du pôle.

Les habitants de Colchos, voisins d'une peuplade de Huns, étaient des barbares, comme ils le sont encore aujourd'hui. Leurs femmes ont toujours eu de la beauté. Il est très-vraisemblable que les Argonautes enlevèrent quelques Mingréliennes, puisque nous avons vu de nos jours un homme[2] envoyé à Tornéo pour mesurer un degré du méridien, enlever une fille de ce pays-là. L'enlèvement de Médée fut la source de toutes les aventures attribuées à cette femme, qui probablement ne méritait pas d'être connue. Elle passa pour une magicienne. Cette prétendue magie était l'usage de quelques poisons qu'on prétend être assez com-

---

1. Voyez la note de la page suivante.
2. Maupertuis; voyez, tome IX, le quatrième des *Discours sur l'Homme*.

muns dans la Mingrélie. Il est à croire que ces malheureux secrets furent une des sources de cette croyance à la magie, qui a inondé la terre dans tous les temps. L'autre source fut la fourberie : les hommes ayant toujours été divisés en deux classes, celle des charlatans et celle des sots. Le premier qui employa des herbes au hasard, pour guérir une maladie que la nature guérit toute seule, voulut faire croire qu'il en savait plus que les autres, et on le crut : bientôt tout fut prestige et miracle.

C'était la coutume de tous les Grecs et de tous les peuples, excepté peut-être des Chinois, de tourner toute l'histoire en fable; la poésie seule célébrait les grands événements; on voulait les orner, et on les défigurait. L'expédition des Argonautes fut chantée en vers, et quoiqu'elle méritât d'être célèbre par le fond, qui était très-vrai et très-utile, elle ne fut connue que par des mensonges poétiques.

La partie fabuleuse de cette histoire semble beaucoup plus convenable à l'opéra qu'à la tragédie. Une toison d'or gardée par des taureaux qui jettent des flammes, et par un grand dragon ; ces taureaux attachés à une charrue de diamant, les dents du dragon qui font naître des hommes armés : toutes ces imaginations ne ressemblent guère à la vraie tragédie, qui, après tout, doit être la peinture fidèle des mœurs. Aussi Corneille voulut en faire une espèce d'opéra, où du moins une pièce à machines, avec un peu de musique. C'était ainsi qu'il en avait usé en traitant le sujet d'*Andromède*. Les opéras français ne parurent qu'en 1671, et *la Toison d'or* est de 1660[1]. Cependant un an avant la représentation de la pièce de Corneille, c'est-à-dire en 1659, on avait exécuté à Issy, chez le cardinal Mazarin, une pastorale en musique; mais il n'y avait que peu de scènes, nulle machine, point de danse; et l'opéra s'établit ensuite en réunissant tous ces avantages.

Il y a plus de machines et de changements de décorations dans *la Toison d'or* que de musique : on y fait seulement chanter les Sirènes dans un endroit, et Orphée dans un autre; mais il n'y avait point, dans ce temps-là, de musicien capable de faire des airs qui répondissent à l'idée qu'on s'est faite du chant d'Orphée et des Sirènes. La mélodie, jusqu'à Lulli, ne consista que dans un chant froid, traînant et lugubre, ou dans quelques vaudevilles, tels que les airs de nos noëls, et l'harmonie n'était qu'un contre-point assez grossier.

1. *La Toison d'or*, jouée dans le château du Neubourg, en Normandie, dès 1660, ne fut représentée à Paris que le 15 février 1661; voyez, tome XIV, le chapitre xxv du *Siècle de Louis XIV*.

En général, les tragédies dans lesquelles la musique interrompt la déclamation font rarement un grand effet, parce que l'une étouffe l'autre. Si la pièce est intéressante, on est fâché de voir cet intérêt détruit par des instruments qui détournent toute l'attention. Si la musique est belle, l'oreille du spectateur retombe avec peine et avec dégoût de cette harmonie au récit simple.

Il n'en était pas de même chez les anciens, dont la déclamation, appelée *mélopée*, était une espèce de chant; le passage de cette mélopée à la symphonie des chœurs n'étonnait point l'oreille et ne la rebutait pas.

Ce qui surprit le plus dans la représentation de *la Toison d'or*, ce fut la nouveauté des machines et des décorations, auxquelles on n'était point accoutumé. Un marquis de Sourdéac, grand mécanicien, et passionné pour les spectacles, fit représenter la pièce en 1660, dans le château du Neubourg en Normandie, avec beaucoup de magnificence. C'est ce même marquis de Sourdéac à qui on dut depuis en France l'établissement de l'opéra ; il s'y ruina entièrement, et mourut pauvre et malheureux pour avoir trop aimé les arts.

Les prologues d'*Andromède* et de *la Toison d'or*, où Louis XIV était loué, servirent ensuite de modèle à tous les prologues de Quinault ; et ce fut une coutume indispensable de faire l'éloge du roi à la tête de tous les opéras, comme dans les discours à l'Académie française.

Il y a de grandes beautés dans le prologue de *la Toison d'or*. Ces vers surtout, que dit la France personnifiée, plurent à tout le monde :

> A vaincre tant de fois mes forces s'affoiblissent ;
> L'État est florissant, mais les peuples gémissent ;
> Leurs membres décharnés courbent sous mes hauts faits ;
> Et la gloire du trône accable les sujets.

Longtemps après il arriva, sur la fin du règne de Louis XIV, que cette pièce ayant disparu du théâtre, et n'étant lue tout au plus que par un petit nombre de gens de lettres, un de nos poëtes[1], dans une tragédie nouvelle, mit ces quatre vers dans la

---

1. Ce poëte est Campistron, qui, dans son *Tiridate*, joué en 1691, a dit, acte II, scène II :

> Je sais qu'en triomphant les États s'affoiblissent,
> Le monarque est vainqueur, et les peuples gémissent !
> Dans le rapide cours de ses vastes projets,
> La gloire dont il brille accable ses sujets.

bouche d'un de ses personnages. Ils furent défendus par la police. C'est une chose singulière qu'ayant été bien reçus en 1660, ils déplurent trente ans après ; et qu'après avoir été regardés comme la noble expression d'une vérité importante, ils furent pris dans un autre auteur pour un trait de satire : ils ne devaient être regardés que comme un plagiat.

De même que les opéras de Quinault faisaient oublier *Andromède* et *la Toison d'or,* ses prologues faisaient oublier aussi ceux de Corneille. Les uns et les autres sont composés de personnages, ou allégoriques, ou tirés de l'ancienne fable : c'est Mars et Vénus, c'est la Victoire et la Paix. Le seul moyen de faire supporter ces êtres fantastiques est de les faire peu parler, et de soutenir leurs vains discours par une belle musique et par l'appareil du spectacle. La France et la Victoire, qui raisonnent ensemble, qui s'appellent toutes deux par leurs noms, qui récitent de longues tirades et qui poussent des arguments, sont de vraies amplifications de collége.

Le prologue d'*Amadis* est un modèle en ce genre ; ce sont les personnages mêmes de la pièce qui paraissent dans ce prologue, et qui se réveillent à la lueur des éclairs et au bruit du tonnerre ; et dans tous les prologues de Quinault, les couplets sont courts et harmonieux.

A l'égard de la tragédie de *la Toison d'or,* on ne la supporterait pas aujourd'hui telle que Corneille l'a traitée ; on ne souffrirait pas Junon *sous le visage de Chalciope,* parlant et agissant comme une femme ordinaire, donnant à Jason des conseils de confidente, et lui disant :

> C'est à vous d'achever un si doux changement ;
> Un soupir poussé juste, en suite d'une excuse,
> Perce un cœur bien avant, quand lui-même il s'accuse...

Jason lui répond :

> Déesse, quel encens...
>
> JUNON.
> Traitez-moi de princesse,
> Jason, et laissez là l'encens et la déesse...
> Mais cette passion est-elle en vous si forte
> Qu'à tous autres objets elle ferme la porte ?

C'est dans cette tragédie qu'on retrouve encore ce goût des pointes et des jeux de mots, qui était à la mode dans presque toutes les cours, et qui mêlait quelquefois du ridicule à la politesse introduite par la mère de Louis XIV, et par les hôtels de Longueville, de La Rochefoucauld et de Rambouillet ; c'est ce mauvais goût justement frondé par Boileau dans ces vers :

> Toutefois à la cour les turlupins restèrent [1],
> Insipides plaisants, bouffons infortunés,
> D'un jeu de mots grossier partisans surannés.

Il nous apprend que la tragédie elle-même fut infectée de ce défaut :

> Le madrigal d'abord en fut enveloppé [2] ;
> La tragédie en fit ses plus chères délices.

Ce dernier vers exagère un peu trop. Il y a en effet quelques jeux de mots dans Corneille, mais ils sont rares ; le plus remarquable est celui d'Hypsipyle, qui, dans la quatrième scène du troisième acte, dit à Médée sa rivale, en faisant allusion à sa magie :

> Je n'ai que des attraits, et vous avez des charmes [3].

Médée lui répond :

> C'est beaucoup en amour que de savoir charmer.

Médée se livre encore au goût des pointes dans son monologue, où elle s'adresse à la Raison contre l'Amour, en lui disant [4] :

> Donne encor quelques lois à qui te fait la loi :
> Tyrannise un tyran qui triomphe de toi ;
> Et par un faux trophée usurpe sa victoire...
> Sauve tout le dehors d'un honteux esclavage
> Qui t'enlève tout le dedans.

Le style de *la Toison d'or* est fort au-dessous de celui d'*Œdipe*, il n'y a aucun trait brillant qu'on y puisse remarquer : ainsi le lecteur permettra qu'on ne fasse aucune note sur cet ouvrage.

---

1. Boileau, *Art poétique*, II, 130-132.
2. *Ibid.*, II, 111-113.
3. Voltaire a déjà critiqué ce vers, tome XIX, page 18.
4. Acte IV, scène II.

REMARQUES
SUR·SERTORIUS

TRAGÉDIE REPRÉSENTÉE EN 1662.

PRÉFACE DU COMMENTATEUR.

Après tant de tragédies peu dignes de Corneille, en voici une où vous retrouvez souvent l'auteur de *Cinna*; elle mérite plus d'attention et de remarques que les autres. L'entrevue de Pompée et de Sertorius eut le succès qu'elle méritait, et ce succès réveilla tous ses ennemis. Le plus implacable était alors l'abbé d'Aubignac, homme célèbre en son temps, et que sa *Pratique du théâtre*, toute médiocre qu'elle est, faisait regarder comme un législateur en littérature. Cet abbé, qui avait été longtemps prédicateur, s'était acquis beaucoup de crédit dans les plus grandes maisons de Paris. Il était bien douloureux, sans doute, à l'auteur de *Cinna*, de voir un prédicateur et un homme de lettres considérable écrire à Mme la duchesse de Retz, à l'abri d'un privilége du roi, des choses qui auraient flétri un homme moins connu et moins estimé que Corneille.

« Vous êtes poëte, et poëte de théâtre (dit-il à ce grand homme dans sa quatrième dissertation adressée à Mme de Retz); vous êtes abandonné à une vile dépendance des histrions; votre commerce ordinaire n'est qu'avec leurs portiers; vos amis ne sont que des libraires du Palais. Il faudroit avoir perdu le sens, aussi bien que vous, pour être en mauvaise humeur du gain que vous pouvez tirer de vos veilles et de vos empressements auprès des histrions et des libraires... Il vous arrive assez souvent, lorsqu'on vous loue, que vous n'êtes plus affamé de gloire, mais d'argent... Défaites-vous, monsieur de Corneille, de ces mauvaises façons de parler, qui sont encore plus mauvaises que vos vers... J'avois cru, comme plusieurs, que vous étiez le poëte de *la Critique de l'École des Femmes*, et que Licidas étoit un nom déguisé comme celui de M. de Corneille : car vous êtes sans doute le marquis de Mascarille, qui piaille toujours, qui ricane toujours, qui parle toujours, et ne dit jamais rien qui vaille, etc. » Ces horribles platitudes trouvaient alors des protecteurs, parce que Corneille était vivant. Jamais les Zoïle, les Gacon, les Fréron, n'ont vomi de plus grandes indignités. Il attaqua Corneille sur sa famille, sur sa personne ; il examina jusqu'à sa voix, sa démarche, toutes ses actions, toute sa conduite dans son domestique ; et dans ces torrents d'injures il fut secondé par les mauvais auteurs : ce que l'on croira sans peine.

J'épargne à la délicatesse des honnêtes gens, et à des yeux accoutumés à ne lire que ce qui peut instruire et plaire, toutes ces personnalités, toutes ces calomnies, que répandirent contre ce grand homme ces faiseurs de brochures et de feuilles, qui déshonorent la nation, et que l'appât du plus léger et du plus vil gain engage, encore plus que l'envie, à décrier tout ce qui peut faire honneur à leur pays, à insulter le mérite et la vertu, à vomir imposture sur imposture, dans le vain espoir que quelqu'un de leurs mensonges pourra venir enfin aux oreilles des hommes en place, et servir à perdre ceux qu'ils ne peuvent rabaisser. On alla jusqu'à lui imputer des vers qu'il n'avait point faits : ressource ordinaire de la basse envie, mais ressource inutile, car ceux qui ont assez de lâcheté pour faire courir un ouvrage sous le nom d'un grand homme n'ayant jamais assez de génie pour l'imiter, l'imposture est bien reconnue.

Mais enfin, rien ne put obscurcir la gloire de Corneille, la seule chose presque qui lui restât. Le public de tous les temps et de toutes les nations, toujours juste à la longue, ne juge les grands hommes que par leurs bons ouvrages, et non par ce qu'ils ont fait de médiocre ou de mauvais.

Les belles scènes du *Cid*, les admirables morceaux des *Horaces*, les beautés nobles et sages de *Cinna*, le sublime de Cornélie, les rôles de Sévère et de Pauline, le cinquième acte de *Rodogune*, la conférence de Sertorius et de Pompée, tant de beaux morceaux tous produits dans un temps où l'on sortait à peine de la barbarie, assureront à Corneille une place parmi les plus grands hommes jusqu'à la dernière postérité.

Ainsi l'excellent Racine a triomphé des injustes dégoûts de Mme de Sévigné, des farces de Subligny, des méprisables critiques de Visé, des cabales des Boyer et des Pradon. Ainsi Molière se soutiendra toujours, et sera le père de la vraie comédie, quoique ses pièces ne soient pas suivies comme autrefois par la foule. Ainsi les charmants opéras de Quinault feront toujours les délices de quiconque est sensible à la douce harmonie de la poésie, au naturel et à la vérité de l'expression, aux grâces faciles du style, quoique ces mêmes opéras aient toujours été en butte aux satires de Boileau, son ennemi personnel, et quoiqu'on les représente moins souvent qu'autrefois.

Il est des chefs-d'œuvre de Corneille qu'on joue rarement. Il y en a, je crois, deux raisons : la première, c'est que notre nation n'est plus ce qu'elle était du temps des *Horaces* et de *Cinna*. Les premiers de l'État alors, soit dans l'épée, soit dans la rob e,soit dans l'Église, se faisaient un honneur, ainsi que le sénat de Rome, d'assister à un spectacle où l'on trouvait une instruction et un plaisir si nobles.

Quels furent les premiers auditeurs de Corneille ? Un Condé, un Turenne, un cardinal de Retz, un duc de La Rochefoucauld, un Molé, un Lamoignon, des évêques gens de lettres, pour lesquels il y avait toujours un banc particulier à la cour aussi bien que pour messieurs de l'Académie. Le prédicateur venait y apprendre l'éloquence et l'art de prononcer : ce fut l'école de Bossuet. L'homme destiné aux premiers emplois de la robe venait s'instruire à parler dignement. Aujourd'hui, qui fréquente nos spectacles ? Un certain nombre de jeunes gens et de jeunes femmes.

La seconde raison est qu'on a rarement des acteurs dignes de représenter *Cinna* et *les Horaces*. On n'encourage peut-être pas assez cette profession, qui demande de l'esprit, de l'éducation, une connaissance assez grande de la langue, et tous les talents extérieurs de l'art oratoire. Mais quand il se trouve des artistes qui réunissent tous ces mérites, c'est alors que Corneille paraît dans toute sa grandeur.

Mon admiration pour ce rare génie ne m'empêchera point de suivre ici le devoir que je me suis prescrit, de marquer avec autant de franchise que d'impartialité ce qui me paraît défectueux, aussi bien que ce qui me semble sublime. Autant les injures des d'Aubignac et de ceux qui leur ressemblent sont méprisables, autant on doit aimer un examen réfléchi, dans lequel on respecte toujours la vérité que l'on cherche, le goût des connaisseurs qu'on a consultés, et l'auteur illustre que l'on commente. La critique s'exerce sur l'ouvrage, et non sur la personne ; elle ne doit ménager aucun défaut, si elle veut être utile.

ACTE PREMIER.

On doit être plus scrupuleux sur *Sertorius* que sur les quatre ou cinq pièces précédentes, parce que celle-ci vaut mieux. Cette première scène paraît intéressante : les remords d'un homme qui veut assassiner son général font d'abord impression.

SCÈNE I.

Vers 1.   D'où me vient ce désordre, Aufide, et que veut dire
Que mon cœur sur mes vœux garde si peu d'empire?

L'abbé d'Aubignac, malgré l'aveuglement de sa haine pour Corneille, a raison de reprendre ces expressions, *que veut dire qu'un cœur garde peu d'empire sur des vœux*. Il traite ces vers de *galimatias*, mais il devait ajouter que cette manière de parler, *que veut dire*, au lieu de *pourquoi, est-il possible, comment se peut-il, etc.*, était d'usage avant Corneille. Malherbe[1] dit, en parlant du mariage de Louis XIII avec l'infante d'Espagne :

> Son Louis soupire
> Après ses appas.
> Que veut-elle dire
> De ne venir pas?

Cette ridicule stance de Malherbe n'excuse pas Corneille ; mais elle fait voir combien il a fallu de temps pour épurer la langue, pour la rendre toujours naturelle et toujours noble, pour s'élever au-dessus du langage du peuple sans être guindé.

Vers 3.   L'horreur que, malgré moi, me fait la trahison,
Contre tout mon espoir révolte ma raison.

Le premier vers est bien ; le second semble pouvoir passer à l'aide des autres, mais il ne peut soutenir l'examen. On voit d'abord que le mot *raison* n'est pas le mot propre : un crime révolte le cœur, l'humanité, la vertu ; un système faux et dangereux révolte la raison. Cette raison ne peut être révoltée contre *tout un espoir*. Le mot de *tout* mis avec *espoir* est inutile et faible, et cela seul suffirait pour défigurer le plus beau vers. Examinez encore cette phrase, et vous verrez que le sens en est faux.

1. Livre VI.

L'horreur que me fait la trahison révolte ma raison contre mon espoir signifie précisément *empêche ma raison d'espérer;* mais que Perpenna ait des remords ou non, que l'action qu'il médite lui paraisse pardonnable ou horrible, cela n'empêchera pas la raison de Perpenna d'espérer la place de Sertorius. Si on examinait ainsi tous les vers, on en trouverait beaucoup plus qu'on ne pense défectueux, et chargés de mots impropres. Que le lecteur applique cette remarque à tous les vers qui lui feront de la peine, qu'il tourne le vers en prose, qu'il voie si les paroles de cette prose sont précises, si le sens est clair, s'il est vrai, s'il n'y a rien de trop ni de trop peu; et qu'il soit sûr que tout vers qui n'a pas la netteté et la précision de la prose la plus exacte ne vaut rien. Les vers, pour être bons, doivent avoir tout le mérite d'une prose parfaite, en s'élevant au-dessus d'elle par le rhythme, la cadence, la mélodie, et par la sage hardiesse des figures.

Vers 4.   Contre tout mon espoir révolte ma raison, etc.

Une raison révoltée contre un espoir, une image qui ne trouve point de bras à lui prêter au point d'exécuter, méritent le même reproche que l'abbé d'Aubignac fait aux premiers vers; et *exécuter* ne peut être employé comme un verbe neutre.

Vers 13.   Cette âme, d'avec soi tout à coup divisée,
            Reprend de ses remords la chaîne mal brisée.

Divisée d'avec soi est une faute contre la langue : on est séparé de quelque chose; mais non pas divisé de quelque chose. Cette première scène est déjà intéressante.

Vers 17.   Quel honteux contre-temps de vertu délicate
            S'oppose au beau succès de l'espoir qui vous flatte?

Le premier vers n'est pas français. Un *contre-temps de vertu* est impropre; et comment un contre-temps peut-il être honteux? *Le beau succès,* et *le crime qui a plein droit de régner,* révoltent le lecteur.

Vers 25.   L'honneur et la vertu sont des noms ridicules.

Cette maxime abominable est ici exprimée assez ridiculement. Nous avons déjà remarqué[1], dans la première scène de *la Mort de Pompée,* qu'il ne faut jamais étaler ces dogmes du crime; que ces sentences triviales, qui enseignent la scélératesse, ressemblent

1. Tome XXXI, page 426.

trop à des lieux communs d'un rhéteur qui ne connaît pas le monde. Non-seulement de telles maximes ne doivent jamais être débitées, mais jamais personne ne les a prononcées, même en faisant un crime, ou en le conseillant. C'est manquer aux lois de l'honnêteté publique et aux règles de l'art, c'est ne pas connaître les hommes, que de proposer le crime comme crime. Voyez avec quelle adresse le scélérat Narcisse presse Néron de faire empoisonner Britannicus ; il se garde bien de révolter Néron par l'étalage odieux de ces horribles lieux communs, qu'un empereur doit être empoisonneur et parricide dès qu'il y va de son intérêt. Il échauffe la colère de Néron par degrés, et le dispose petit à petit à se défaire de son frère sans que Néron s'aperçoive même de l'adresse de Narcisse ; et si ce Narcisse avait un grand intérêt à la mort de Britannicus, la scène en serait incomparablement meilleure. Voyez encore comme Acomat, dans la tragédie de *Bajazet,* s'exprime, en ne conseillant qu'un simple manquement de parole à une femme ambitieuse et criminelle :

> Et d'un trône si saint la moitié n'est fondée
> Que sur la foi promise et rarement gardée.
> Je m'emporte, seigneur[1].

Il corrige la dureté de cette maxime par ce mot si naturel et si adroit, *je m'emporte*.

Le reste de cette scène est beau et bien écrit. On ne peut, ce me semble, y reprendre qu'une seule chose, c'est qu'on ne sait point que c'est Perpenna qui parle. Le spectateur ne peut le deviner. Ce défaut vient en partie de la mauvaise habitude où nous avons toujours été d'appeler nos personnages de tragédie *seigneurs*. C'est un nom que les Romains ne se donnèrent jamais. Les autres nations sont en cela plus sages que nous. Shakespeare et Addison appellent César, Brutus, Caton, par leurs noms propres.

Vers 27. . . . . Sylla, ni Marius,
N'ont jamais épargné le sang de leurs vaincus.

On ne dit point mon vaincu, comme on dit mon esclave, mon ennemi.

Vers 31. Tour à tour le carnage et les proscriptions
Ont sacrifié Rome à leurs dissensions.

Le carnage qui a sacrifié Rome aux dissensions. Quelle incorrection ! quelle impropriété ! Et que ce défaut revient souvent !

---

1. *Bajazet,* acte II, scène III.

Vers 39. Vous y renoncez donc, et n'êtes plus jaloux, etc.

Ce couplet du confident est beaucoup plus beau que tout ce que dit le principal personnage. Ce n'est point un défaut qu'Aufide parle bien ; mais c'en est un grand que Perpenna, principal personnage, ne parle pas si bien que lui.

Vers 53. . . . Sertorius gouverne ces provinces,
Leur impose tribut, fait des lois à leurs princes.

Par un caprice de langue, on dit faire la loi à quelqu'un, et non pas faire des lois à quelqu'un.

Vers 73. L'impérieuse aigreur de l'âpre jalousie...
Grossit de jour en jour sous une passion
Qui tyrannise encor plus que l'ambition.

Une aigreur s'envenime, devient plus cuisante, se tourne en haine, en fureur ; mais une aigreur qui grossit sous une passion n'est pas tolérable.

Vers 77. J'adore Viriate.

Après avoir entendu les discours d'un conjuré romain qui doit assassiner son général ce jour même, on est bien étonné de lui entendre dire tout d'un coup : *J'adore Viriate*. Il n'y a que la malheureuse habitude de voir toujours des héros amoureux sur le théâtre comme dans les romans qui ait pu faire supporter un si étrange contraste. Quand on représente un héros enivré de la passion furieuse et tragique de l'amour, il faut qu'il en parle d'abord. Son cœur est plein ; son secret doit échapper avec violence : il ne doit pas dire en passant : *J'adore;* le spectateur n'en croira rien. Vous parlez d'abord politique, et après vous parlez d'amour. Si on a dit :

> Non bene conveniunt, nec eadem in sede morantur
> Majestas et amor [1],

on en doit dire autant de l'amour et de la politique : l'une fait tort à l'autre ; aussi ne s'intéresse-t-on point du tout à la passion prétendue de Perpenna pour la reine de Lusitanie.

Vers 85. De son astre opposé telle est la violence
Qu'il me vole partout, même sans qu'il y pense.

Un astre, dans les anciens préjugés reçus, a de la puissance, de l'influence, de l'ascendant ; mais on n'a jamais attribué de la violence à un astre.

---

1. Ovide, *Métam.*, II, 848-49.

Vers 92. J'immolerai ma haine à mes désirs contents.

Contents est de trop, et n'est là que pour la rime. C'est un défaut trop commun.

Vers 101. Oui, mais de cette mort la suite m'embarrasse.

M'embarrasse, terme de comédie.

Vers 103. Ceux dont il a gagné la croyance et l'appui
Prendront-ils même joie à m'obéir qu'à lui?

C'est bien pis. Par quelle fatalité, à mesure que la langue se polissait, Corneille mettait-il toujours plus de barbarismes dans ses vers?

SCÈNE II.

Vers 7. . . . . Ce qui me surprend,
C'est de voir que Pompée ait pris le nom de Grand,
Pour faire encore au vôtre entière déférence.

Faire déférence est un solécisme. On montre, on a de la déférence; on ne fait point déférence comme on fait hommage.

Vers 14. . . . Nous forçons les siens de quitter la campagne.

Quitter la campagne est une de ces expressions triviales qui ne doivent jamais entrer dans le tragique. Scarron, voulant obtenir le rappel de son père, conseiller au parlement, exilé dans une petite terre, dit au cardinal de Richelieu :

> Si vous avez fait quitter la campagne
> Au roi tanné qui commande en Espagne :
> Mon père, hélas! qui vous crie merci,
> La quittera, si vous voulez, aussi.

Vers 26. . . . Au lieu d'attaquer il a peine à défendre

est un solécisme; il faut *il a peine à se défendre*. Ce verbe n'est neutre que quand il signifie *prohiber, empêcher* : je défends qu'on prenne les armes, je défends qu'on marche de ce côté, etc.

Vers 33. J'aurois cru qu'Aristie ici réfugiée,
Que, forcé par ce maître, il a répudiée,
Par un reste d'amour l'attirât en ces lieux
Sous une autre couleur lui faire ses adieux.

Cela n'est pas français, c'est un barbarisme de phrase. On vient faire, on engage, on invite à faire, on attire quelqu'un dans une ville pour y faire ses adieux ; mais *attirer faire* est un solécisme intolérable. De plus, toutes ces expressions et ces tours sont de la prose trop négligée et trop embrouillée.

J'aurais cru qu'Aristie l'attirât est un solécisme : il faut l'*attirait*, à l'imparfait, parce que la chose est positive : j'aurais cru que vous étiez amis, je ne savais pas que vous fussiez amis, je pensais que vous aviez été amis, j'espérais que vous seriez amis.

Vers 45. C'est ainsi qu'elle parle, et m'offre l'assistance
De ce que Rome encore a de gens d'importance.

Gens d'importance, expression populaire et triviale que la prose et la poésie réprouvent également.

Vers 49. Leurs lettres en font foi qu'elle vient de me rendre.

Cela n'est pas français ; il faut *leurs lettres qu'elle vient de me rendre en font foi*. Toute cette conversation est d'un style trop familier, trop négligé.

Vers 59. J'aime ailleurs.

Un tel amour est si froid qu'il ne fallait pas en prononcer le nom. *J'aime ailleurs* est d'un jeune galant de comédie. Ce n'est pas là Sertorius.

Cette passion de l'amour est si différente de toutes les autres qu'elle ne peut jamais occuper la seconde place ; il faut qu'elle soit tragique, ou qu'elle ne se montre pas. Elle est tout à fait étrangère dans cette scène, où il ne s'agit que d'intérêts d'État ; mais on était si accoutumé aux intrigues d'amour sur le théâtre que le vieux Sertorius même prononce ce mot, qui sied si mal dans sa bouche. Il dit : *J'aime ailleurs,* comme s'il était absolument nécessaire à la tragédie que le héros aimât en un endroit ou en un autre. Ces mots *j'aime ailleurs* sont du style de la comédie.

Vers 59. . . . A mon âge il sied si mal d'aimer.

A mon âge est encore comique, et *il sied si mal d'aimer* l'est davantage. Il semble qu'on examine ici, comme dans *Clélie*, s'il sied à un vieillard d'aimer ou de n'aimer pas. Ce n'est point ainsi que les héros de la tragédie doivent penser et parler. Si vous voulez un modèle de ces vieux personnages auxquels on propose une jeune princesse par un intérêt de politique, prenez-le dans l'Acomat de l'admirable et sage Racine :

Voudrois-tu qu'à mon âge
Je fisse de l'amour le vil apprentissage ?

Qu'un cœur qu'ont endurci la fatigue et les ans
Suivît d'un vain plaisir les conseils imprudents[1] ?

C'est là penser et parler comme il faut. Racine dit toujours ce qu'il doit dire dans la position où il met ses personnages, et le dit de la manière la plus noble et à la fois la plus simple, la plus élégante. Corneille, surtout dans ses dernières pièces, débite trop souvent des pensées ou fausses, ou mal placées, ou exprimées en solécismes, ou en termes bas, pires que des solécismes ; mais aussi il étincelle de temps en temps de beautés sublimes.

Vers 60. Que je le cache même à qui m'a su charmer.

Sertorius, que Viriate a su charmer! Ce n'est pas là Horace ou Curiace.

Vers 68. Qu'ils réduisent bientôt les deux peuples en un.

Mauvaise expression. *En un,* finissant un vers, choque l'oreille ; et réduire *deux en un* choque la langue.

Vers 81. Auprès d'un tel malheur, pour nous irréparable,
Ce qu'on promet pour l'autre est peu considérable ;
Et sous un faux espoir de nous mieux établir,
Ce renfort accepté pourroit nous affoiblir.

Observez comme ce style est confus, embarrassé, négligé, comme il pèche contre la langue. *Auprès d'un tel malheur irréparable pour nous, ce qu'on promet pour l'autre est peu considérable.* Quel est cet *autre?* C'est Aristie, mais il faut le deviner ; et quel est ce *renfort?* Est-ce le *renfort* du mariage d'Aristie? Serait-il permis de s'exprimer ainsi en prose? Et quand une telle prose est en rimes, en est-elle meilleure?

Vers 97. Des plus nobles d'entre eux, et des plus grands courages,
N'avez-vous pas les fils dans Osca pour otages?

On ne peut dire : Vous avez pour otages les fils des plus *grands courages.* Que la malheureuse nécessité de rimer entraîne d'impropriétés, d'inutilités, de termes louches, de fautes contre la langue! Mais qu'il est beau de vaincre tous ces obstacles, et qu'on les surmonte rarement!

Vers 99. . . . . Leurs propres soldats,
Dispersés dans nos rangs, ont fait tant de combats...

---

1. *Bajazet,* acte I, scène I.

Expression du peuple de province. *Faire des combats, faire une maladie.*

Vers 105. Je vois ce qu'on m'a dit, vous aimez Viriate.

Vers de comédie. Il semble que ce soit Damis ou Éraste qui parle, et c'est le vieux Sertorius !

Vers 108. Dites que vous l'aimez, et je ne l'aime plus.

Si Sertorius a le ridicule d'aimer à son âge, il ne doit pas céder tout d'un coup sa maîtresse; s'il n'aime pas, il ne doit pas dire qu'il aime. Dans l'une et l'autre supposition le vers est trop comique.

Voilà où conduit cette malheureuse coutume de vouloir toujours parler d'amour, de ne point traiter cette passion comme elle doit l'être. Comment a-t-on pu oublier que Virgile, dans *l'Énéide,* ne l'a peinte que funeste? On ne peut trop redire que l'amour sur le théâtre doit être armé du poignard de Melpomène, ou être banni de la scène. Il est vrai que le Mithridate de Racine est amoureux aussi, et que de plus il a le ridicule d'être le rival de deux jeunes princes ses fils. Mithridate est au fond aussi fade, aussi héros de roman, aussi condamnable que Sertorius ; mais il s'exprime si noblement, il se reproche sa faiblesse en si beaux vers; Monime est un personnage si décent, si aimable, si intéressant, qu'on est tenté d'excuser, dans la tragédie de *Mithridate,* l'impertinente coutume de ne fonder les tragédies françaises que sur une jalousie d'amour.

Vers 114. Tous mes vœux sont déjà du côté d'Aristie ;
    Et je l'épouserai, pourvu qu'en même jour
    La reine se résolve à payer votre amour.

Voilà donc ce vieux Sertorius qui a deux maîtresses, et qui en cède une à son lieutenant! Il forme une partie carrée de Perpenna avec Viriate, et d'Aristie avec Sertorius.

Et on a reproché à Racine d'avoir toujours traité l'amour ! Mais qu'il l'a traité différemment!

Vers 117. Car, quoi que vous disiez, je dois craindre sa haine.
    Et fuirois à ce prix cette illustre Romaine.

A ce prix n'est pas juste ; la haine de Viriate n'est pas un prix. Il veut dire : Je fuirais cette illustre Romaine, si son hymen me privait des secours de Viriate.

Vers dern.. . . . Voyez cependant de quel air on m'écrit.

Cela est trop comique.

SCÈNE III.

Ce premier couplet d'Aristie n'a pas toute la netteté qui est absolument nécessaire au dialogue ; *l'un et l'autre qui ont sa raison d'État contre sa retraite; Pompée qui veut se ressaisir par la violence d'un bien qu'il ne peut voir ailleurs sans déplaisir.*

Ces phrases n'ont pas l'élégance et le naturel que les vers demandent. Mais le plus grand défaut, ce me semble, c'est qu'Aristie ne lie point une intrigue tragique ; elle ne sait ce qu'elle veut ; elle est délaissée par son mari ; elle est indécise ; elle n'est ni assez animée par la vengeance, ni assez puissante pour se venger, ni assez touchée, ni assez héroïque.

Vers 5.   Mais vous pouvez, seigneur, joindre à mes espérances,
             Contre un péril nouveau, nouvelles assurances.

Ces phrases barbares et le reste du discours d'Aristie ne sont pas assurément tragiques ; mais ce qui est contre l'esprit de la vraie tragédie, contre la décence aussi bien que contre la vérité de l'histoire, c'est une femme de Pompée qui s'en va en Aragon pour prier un vieux soldat révolté de l'épouser.

Vers 28.   Mais s'il se dédisoit d'un outrage forcé...
              J'aurois peine, seigneur, à lui refuser grâce.

Le mot de *dédire* semble petit et peu convenable. Peut-être *s'il se repentait* serait mieux placé. On ne se dédit point d'un outrage.

Vers 41.   Vous ravaleriez-vous jusques à la bassesse...

Ravaler ne se dit plus.

Vers 45. . . . . . Laissons pour les petites âmes
              Ce commerce rampant de soupirs et de flammes.

L'abbé d'Aubignac condamne durement ce commerce rampant, et je crois qu'il a raison ; mais le fond de l'idée est beau. Aristie et Sertorius pensent et s'expriment noblement ; et il serait à souhaiter qu'il y eût plus de force, plus de tragique, dans le rôle de la femme de Pompée.

Vers 49.   Unissons ma vengeance à votre politique,
              Pour sauver des abois toute la république.

On n'a jamais dû dire *sauver des abois*, parce qu'*abois* signifie les derniers soupirs, et qu'on ne sauve point d'un soupir ; on sauve d'un péril, et on tire d'une extrémité ; on rappelle des portes de la mort; on ne sauve point des *abois*. Au reste, ce mot *abois* est pris des cris des chiens qui aboient autour d'un cerf forcé, avant de se jeter sur lui.

Vers 65.   Si votre hymen m'élève à la grandeur sublime...

Grandeur sublime n'est plus d'usage. Ce terme *sublime* ne s'emploie que pour exprimer les choses qui élèvent l'âme : une pensée sublime, un discours sublime. Cependant, pourquoi ne pas appeler de ce nom tout ce qui est élevé ? On doit, ce me semble, accorder à la poésie plus de liberté qu'on ne lui en donne. C'est surtout aux bons auteurs qu'il appartient de ressusciter des termes abolis, en les plaçant avantageusement. Mais aussi remarquons que *rang sublime* vaut bien mieux que *grandeur sublime :* pourquoi ? C'est que *sublime* joint avec *rang* est une épithète nécessaire : *sublime* apprend que ce rang est élevé ; mais *sublime* est inutile avec *grandeur*. Ne vous servez jamais d'épithètes que quand elles ajouteront beaucoup à la chose.

Vers 66.   Tandis qu'en l'esclavage un autre hymen l'abîme.

Le mot d'*abîme* ne convient point à l'esclavage. Pourquoi dit-on *abîmé dans la douleur, dans la tristesse, etc.* ? C'est qu'on y peut ajouter l'épithète de *profonde;* mais un esclavage n'est point profond. On ne saurait y être abîmé. Il y a une infinité d'expressions louches qui font peine au lecteur ; on en sent rarement la raison, on ne la cherche pas même; mais il y en a toujours une, et ceux qui veulent se former le style doivent la chercher.

Vers 69.   Tout mon bien est encor dedans l'incertitude.

Il semble que son bien consiste à être incertaine. Quand on dit *tout mon bien est dans l'espérance,* on entend que le bonheur consiste à espérer. L'auteur veut dire *tout mon bien est incertain*.

Vers 72.   Tant que de cet espoir vous m'ayez répondu.

On ne répond point d'un espoir : on répond d'une personne, d'un événement. *Tant que* n'est pas ici français en ce sens.

Vers 78.   J'adore les grands noms que j'en ai pour otages,
          Et vois que leur secours, nous rehaussant le bras,
          Auroit bientôt jeté la tyrannie à bas.

Des noms pour *otages*, des secours qui *rehaussent le bras*, et qui jettent la tyrannie *à bas*, sont des expressions trop impropres, trop triviales; ce style est trop obscur et négligé. Un secours qui rehausse le bras n'est ni élégant ni noble; la tyrannie jetée à bas n'est pas meilleure. Voyez si jamais Racine a jeté la tyrannie à bas. Quoi! dans une scène entre la femme de Pompée et un général romain, il n'y a pas quatre vers supérieurement écrits!

Vers 85. Si vous vouliez ma main par choix de ma personne,
  Je vous dirois, seigneur : Prenez, je vous la donne.

Il semble qu'Aristie ne doit point dire à Sertorius : Si vous m'aimiez je vous épouserais. Ce n'est point du tout son intention de faire des coquetteries à ce vieux général, elle ne veut que se venger de Pompée. Il est vrai que ces mariages politiques ne peuvent faire aucun effet au théâtre; ce sont des intrigues, mais non pas des intrigues tragiques. Le cœur veut être remué, et tout ce qui n'est que politique est plutôt fait pour être lu dans l'histoire que pour être représenté dans la tragédie.

Plus j'examine les pièces de Corneille, et plus je suis surpris qu'après le prodigieux succès du *Cid* il ait presque toujours renoncé à émouvoir. Je ne peux m'empêcher de dire ici que, quand je pris la résolution de commenter les tragédies de Corneille, un homme qui honore sa haute naissance par les talents les plus distingués m'écrivit : *Vous prenez donc Tacite et Tite-Live pour des poëtes tragiques?* En effet, *Sertorius* et toutes les pièces suivantes sont plutôt des dialogues sur la politique, et des pensées dans le goût et non dans le style de Tacite, que des pièces de théâtre; il faut bien distinguer les intérêts d'État et les intérêts du cœur. Tout ce qui n'est point fait pour remuer fortement l'âme n'est pas du genre de la tragédie : le plus grand défaut est d'être froid.

Vers 110. Tu l'as fait un parjure, un méchant, un infâme.

On ne doit jamais donner le nom d'infâme à Pompée; et surtout Aristie, qui l'aime encore, ne doit point le nommer ainsi.

Vers 117. Si votre amour trop prompt veut borner sa conquête,
  Je vous le dis encor, ma main est toute prête.

L'amour de Sertorius n'est ni prompt ni lent : car en effet, il n'en a point du tout, quoiqu'il ait dit qu'il est amoureux, pour être au ton du théâtre. Il faut avouer que les anciens Romains auraient été bien étonnés d'entendre reprocher à Sertorius un amour trop prompt.

Vers 123. Elle veut un grand homme à recevoir ma foi.

Ce vers n'est pas français ; c'est un barbarisme. On dit bien : il est homme à recevoir sa foi ; et encore ce n'est que dans le style familier. Il y a dans *Polyeucte* : *Vous n'êtes pas homme à la violenter*[1] ; mais *un grand homme à faire quelque chose* ne peut se dire. *Souvenez-vous qu'elle veut un grand homme* est beau, mais *un grand homme à recevoir une foi* ne forme point un sens ; *vouloir à* est encore plus vicieux.

Vers 127. . . . . J'y vais préparer mon reste de pouvoir.

On ne prépare point un pouvoir. Elle veut dire qu'elle va se préparer à regagner Pompée, ce qui n'est pas bien flatteur pour Sertorius.

Vers 128. Moi, je vais donner ordre à le bien recevoir.

C'est ainsi qu'on pourrait finir une scène de comédie. Rien n'est plus difficile que de terminer heureusement une scène de politique.

Vers 129. Dieux, souffrez qu'à mon tour avec vous je m'explique.

On ne doit, ce me semble, s'adresser aux dieux que dans le malheur ou dans la passion. C'est là qu'on peut dire *nec deus intersit nisi dignus*[2]; mais qu'il *s'explique* avec les dieux comme avec quelqu'un à qui il parlerait d'affaires! Le mot *s'expliquer* n'est pas le mot propre : et que dit-il aux dieux ? Que *c'est un sort cruel d'aimer par politique*; et que *les intérêts de ce sort cruel sont des malheurs étranges, s'ils font donner la main quand le cœur est ailleurs.* C'est en effet la situation où Sertorius et Aristie se trouvent ; mais on ne plaint nullement un vieux soldat dont le cœur est ailleurs. Il y a dans cet acte de beaux vers et de belles pensées; mais tout est affaibli par le peu d'intérêt qu'on prend à la prétendue passion du héros et aux offres que lui fait Aristie, et surtout par le mauvais style.

ACTE DEUXIÈME.

SCÈNE I.

Vers 3. . . . L'exil d'Aristie, enveloppé d'ennuis,
Est prêt à l'emporter sur tout ce que je suis.
En vain de mes regards l'ingénieux langage
Pour découvrir mon cœur a tout mis en usage.

---

1. Cette phrase n'est pas dans *Polyeucte*, mais dans *Cinna*, acte II, scène II.
2. Horace, *Art poétique*, 191.

Un exil qui est prêt à l'emporter sur tout ce qu'est Viriate !
expressions un peu trop négligées et trop impropres. Une grande reine, une héroïne ne doit pas dire, ce me semble, qu'elle a employé l'*ingénieux langage des regards*.

Vers 8. J'ai cru faire éclater l'orgueil d'un autre choix

n'est pas une expression propre ; ce choix n'est pas orgueilleux.

Vers 9. Le seul pour qui je tâche à le rendre visible,
Ou n'ose en rien connoître, ou demeure insensible...

Est-ce son cœur, est-ce l'orgueil de son choix, qu'elle tâche à rendre visible ?

Vers 11. Et laisse à ma pudeur des sentiments confus,
Que l'amour-propre obstine à douter du refus.

Il ne faut jamais parler de sa pudeur ; mais il faut encore moins *laisser à sa pudeur des sentiments confus, que l'amour-propre obstine à douter du refus*, parce que c'est un galimatias ridicule.

Vers 13. Épargne-m'en la honte, et prends soin de lui dire,
A ce héros si cher... Tu le connois, Thamire ;
Car d'où pourroit mon trône attendre un ferme appui ?
Et pour qui mépriser tous nos rois que pour lui ?

Cet embarras, cette crainte de nommer celui qu'elle aime, pourraient convenir à une jeune personne timide, et semblent peu faits pour une femme politique ; mais *et pour qui mépriser tous nos rois que pour lui ?* est un vers digne de Corneille. Il faudrait, pour que ce vers fît son effet, qu'il fût pour un jeune héros aimable, et non pas pour un vieux soldat de fortune.

Vers 21. Dis-lui... Mais j'aurois tort d'instruire ton adresse.

Peut-être le mot d'*adresse* est-il plus propre au comique qu'au tragique dans cette occasion.

Vers 25. Il est assez nouveau qu'un homme de son âge
Ait des charmes si forts pour un jeune courage ;
Et que d'un front ridé les replis jaunissants
Trouvent l'heureux secret de captiver les sens.

Discours de soubrette, sans doute, plutôt que de la confidente d'une reine ; mais discours qui rendent Viriate un personnage intolérable à quiconque a un peu de goût. Ces replis jaunissants, et cette pudeur de Viriate, et ce héros si cher que Thamire connaît, fait un étrange contraste. Rien n'est plus indigne de la tragédie. La réplique de Viriate me paraît admirable. Je ne voudrais pourtant pas qu'une reine parlât des *sens*. Racine, qu'on regarde si mal à propos comme le premier qui ait parlé d'amour, mais qui est le seul qui en ait bien parlé, ne s'est jamais servi de ces mots *les sens*. Voyez la première scène de *Pulchérie*.

Vers 40. Et quiconque peut tout est aimable en tout temps.

Ces sentiments de Viriate sont les seuls qu'elle aurait dû exprimer. Il ne fallait pas les affaiblir par cette *pudeur* et *ce héros si cher*.

Vers 50. Il faut, pour la braver, qu'elle nous prête un homme.

C'est dommage qu'un aussi mauvais vers suive ce vers si beau :
Rome seule aujourd'hui peut résister à Rome.

C'est presque toujours la rime qui amène les vers faibles, inutiles et rampants, avant ou après les beaux vers. On en a fait souvent la remarque. Cet inconvénient attaché à la rime a fait naître plus d'une fois la proposition de la bannir ; mais il est plus beau de vaincre une difficulté que de s'en défaire. La rime est nécessaire à la poésie française par la nature de notre langue, et est consacrée à jamais par les ouvrages de nos grands hommes.

Vers 51. Et que son propre sang, en faveur de ces lieux,
Balance les destins et partage les dieux.

Balance, etc., est un très-beau vers ; mais celui qui le précède est mauvais.

Vers 53. Depuis qu'elle a daigné protéger nos provinces,
Et de son amitié faire honneur à leurs princes.

Faire honneur de son amitié n'est pas le mot propre.

Vers 63. Le grand Viriatus, de qui je tiens le jour,
D'un sort plus favorable eut un pareil retour.

On dit bien en général *un retour du sort*, et encore mieux *un revers du sort* ; mais non pas *un retour d'un sort favorable* pour exprimer une disgrâce ; au contraire, un *retour d'un sort favorable* signifie une nouvelle faveur de la fortune après quelque disgrâce passagère.

Vers 65. Il défit trois préteurs, il gagna dix batailles,
Il repoussa l'assaut de plus de cent murailles.

Gagner des batailles, repousser l'assaut de plus de cent murailles : voilà de ces vers communs et faibles qu'on doit soigneusement s'interdire. On voit trop que *murailles* n'est là que pour rimer à *batailles*.

Vers 79. Nos rois, sans ce héros, l'un de l'autre jaloux,
Du plus heureux sans cesse auroient rompu les coups, etc.

Rompre les coups du plus heureux, avoir l'ombre d'une montagne pour se couvrir, un bonheur qui décide des armes, tout cela est impropre, irrégulier, obscur.

Vers 95. Sa mort me laissera, pour ma protection,
La splendeur de son ombre et l'éclat de son nom.

Ces figures outrées ne réussissent plus. Le mot d'*ombre* est trop le contraire de *splendeur;* il n'est pas permis non plus à une femme telle que Viriate de dire que l'ombre d'un général mort protégera plus l'Espagne que ne feraient cent rois. Ces exagérations ne seraient pas même tolérées dans une ode. Le vrai doit régner partout, et surtout dans la tragédie. La splendeur d'une ombre a quelque chose de si contradictoire que cette expression dégénère en pure plaisanterie.

SCÈNE II.

Vers 1. . . . . Que direz-vous, madame,
Du dessein téméraire où s'échappe mon âme?

Une âme ne s'échappe point à un dessein.

Vers 23. Pour qui de tous ces rois êtes-vous sans soupçon?

C'est un barbarisme de phrase. On soupçonne quelqu'un, on a des soupçons, on jette des soupçons sur lui; on n'a pas des soupçons pour quelqu'un, comme on a de l'estime, de l'amitié, de la haine pour quelqu'un. Il est vraisemblable que c'est une faute ancienne des imprimeurs, et qu'on doit lire: *Sur qui de tous ces rois êtes-vous sans soupçon?*

Vers 34. Digne d'être avoué de l'ancienne Rome,
Il en a la naissance, il en a le grand cœur.

Cette phrase signifie: il a la naissance de Rome, il a le grand cœur de Rome. On sent bien que l'auteur veut dire: il est né Romain, il a la valeur d'un Romain; mais il ne suffit pas qu'on puisse l'entendre, il faut qu'on ne puisse pas l'entendre autrement.

Vers 38. Libéral, intrépide, affable, magnanime ;
Enfin, c'est Perpenna sur qui vous emportez...
— J'attendois votre nom après ces qualités.
Les éloges brillants que vous daignez y joindre
Ne me permettoient pas d'espérer rien de moindre...
Si vos Romains ainsi choisissent des maîtresses,
A vos derniers tribuns il faudra des princesses.
— Madame... — Parlons net sur ce choix d'un époux.

Cette réponse est fort belle ; elle doit toujours faire un grand effet. Les vers suivants semblent l'affaiblir. *Parlons net* sent un peu trop le dialogue de comédie, et le mot de *maîtresse* n'a jamais été employé par Racine dans ses bonnes pièces[1].

Vers 50. . . . . . Un pareil amour sied bien à mes pareilles.

Un amour qui sied bien, ou qui sied mal, ne peut se dire : il semble qu'on parle d'un ajustement. On doit éviter le mot de *mes pareilles*; il est plus bourgeois que noble.

Vers 53. Je le dis donc tout haut, afin que l'on m'entende.

Viriate n'élève pas ici la voix ; elle parle devant sa confidente, qui connaît ses sentiments : ainsi ce vers n'est qu'un vers de comédie, qui ne devait pas avoir place dans une scène noble.

Vers 57. Mais si de leur puissance ils vous laissent l'arbitre,
Leur foiblesse du moins en conserve le titre.

Être arbitre des rois se dit très-bien, parce qu'en effet des rois peuvent choisir ou recevoir un arbitre ; on est l'arbitre des lois, parce que souvent les lois sont opposées l'une à l'autre ; l'arbitre des États qui ont des prétentions, mais non pas l'arbitre de la puissance ; encore moins a-t-on le titre de sa puissance.

Vers 59. Ainsi ce noble orgueil qui vous préfère à tous
En préfère le moindre à tout autre qu'à vous.

Elle veut dire *préfère le moindre* des rois à tout autre Romain que vous.

Vers 61. Car enfin, pour remplir l'honneur de ma naissance...

On soutient l'honneur de sa naissance ; on remplit les devoirs de sa naissance ; mais on ne remplit point un honneur. Encore une fois, rien n'est si rare que le mot propre.

---

1. « On le trouve, dit Palissot, dans *Bajazet*, dans *Britannicus*, dans *Mithridate*, et par conséquent dans les bonnes pièces de Racine. Voltaire lui-même l'a employé plus d'une fois dans *Zaïre*. »

Vers 62. Il me faudroit un roi de titre et de puissance.

On dit bien *un roi de nom :* par exemple, Jacques II fut roi de nom, et Guillaume resta roi en effet; mais on ne dit point *roi de titre.* On dit encore moins *roi de puissance :* cela n'est pas français. Toutes ces expressions sont des barbarismes de phrase ; mais le sens est fort beau, et tous les sentiments de Viriate ont de la dignité. *Je pense m'en devoir, ou le pouvoir sans nom, ou le nom sans pouvoir.* Voilà de ces jeux de mots qu'il faut soigneusement éviter ; et si on se permet cette licence, il faut du moins s'exprimer avec netteté et correctement. *Se devoir le pouvoir d'un roi sans nom* est un barbarisme et une construction très-vicieuse.

Vers 65. J'adore ce grand cœur qui rend ce qu'il doit rendre
    Aux illustres aïeux dont on vous voit descendre.

Cette expression ne paraît pas juste : on ne voit personne descendre de ses aïeux. Racine dit dans *Iphigénie*[1] :

    Le sang de ces héros dont tu me fais descendre.

mais non pas *le sang dont on me voit descendre.*

Vers 71. Perpenna, parmi nous, est le seul dont le sang
    Ne mêleroit point d'ombre à la splendeur du rang.

Qu'est-ce qu'un sang qui ne mêlerait point d'ombre à une splendeur ? On ne peut trop redire[2] que toute métaphore doit être juste et faire une image vraie.

Vers 75. Je n'ose m'éblouir d'un peu de nom fameux...

Le mot de *peu* ne convient point à un nom : un peu de gloire, un peu de renommée, de réputation, de puissance, se dit dans toutes les langues, et *un peu de nom* dans aucune. Il y a une grammaire commune à toutes les nations, qui ne permet pas que les adverbes de quantité se joignent à des choses qui n'ont pas de quantité. On peut avoir plus ou moins de gloire ou de puissance, mais non pas plus ou moins de nom.

Vers 76. Jusqu'à déshonorer le trône par mes vœux.

Il est étrange que Corneille fasse parler ainsi un Romain, après avoir dit ailleurs[3]: *pour être plus qu'un roi tu te crois quelque*

---

1. Acte V, scène dernière.
2. Voyez pages 5, 99 et 127.
3. *Cinna,* acte III, scène IV.

chose; et après avoir répété si souvent cette exagération prodigieuse qu'il n'y a point de bourgeois de Rome qui ne soit au-dessus de tous les rois. Ces manières si différentes d'envisager la même chose font bien voir que l'archevêque Fénelon et le marquis de Vauvenargues avaient raison de dire que Corneille atteignit rarement le véritable but de la tragédie, et que trop souvent, au lieu d'émouvoir, il exagérait ou dissertait.

Vers 78. Je ne veux que le nom de votre créature.

Créature : ce mot, dans notre langue, n'est employé que pour les subalternes qui doivent leur fortune à leurs patrons, et semble ne pas convenir à Sertorius.

Vers 79. Un si glorieux titre a de quoi me ravir.

Ce titre n'est point *glorieux;* il n'a point *de quoi ravir.* Ce mot *ravir* est trop familier.

Vers 80. Il m'a fait triompher en voulant vous servir.

Par la construction de la phrase, c'est le glorieux titre qui a voulu servir Viriate.

Vers 81. Et malgré tout le peu que le ciel m'a fait naître.

Tout le peu est une contradiction dans les termes ; les mots de *peu* et de *tout* s'excluent l'un l'autre.

Vers 85. Accordez le respect que mon trône vous donne
Avec cet attentat sur ma propre personne.

On ne donne point du respect, on l'impose, on l'imprime, on l'inspire, etc.

Vers 101. Ainsi pour estimer chacun à sa manière...

est trop familier, et *sa manière pour estimer* est aussi bas que peu français.

Vers 102. Au sang d'un Espagnol je ferois grâce entière

ne dit point ce qu'elle veut dire ; elle entend que ce serait faire une grâce à un Espagnol que de l'épouser. *Faire grâce entière,* c'est ne point pardonner à demi.

Vers 105. Mais si vous haïssez comme eux le nom de reine,
Regardez-moi, seigneur, comme dame romaine.

Elle ne doit point dire à Sertorius qu'il peut haïr le trône, après que Sertorius lui a dit qu'il déshonorerait le trône s'il osait aspirer à elle. Tous ces raisonnements sur le trône semblent trop se contredire : tantôt le trône de Viriate dépend de Sertorius, tantôt Sertorius est au-dessous du trône, tantôt il hait le trône, tantôt Viriate veut faire respecter son trône ; mais quand même il y aurait de la justesse dans ces dissertations, il y aurait toujours trop de froideur. Presque tous ces raisonnements sont faux : ils auraient besoin du style le plus élégant et le plus noble pour être tolérés ; mais malheureusement le style est guindé, obscur, souvent bas, et hérissé de solécismes et de barbarismes.

Vers 123. Je trahirois, madame, et vous et vos États,
De voir un tel secours et ne l'accepter pas.

Je trahirais de voir est un solécisme.

Vers 127. Et qu'un destin jaloux de nos communs desseins,
Jetât ce grand dépôt en de mauvaises mains.

On ne jette point un dépôt, c'est un barbarisme ; il faut *ne mit ce grand dépôt*.

Vers 137. Après que ma couronne a garanti vos têtes,
Ne mérité-je point de part en vos conquêtes ?

Que veut dire une couronne qui garantit des têtes ? Il fallait au moins dire de quoi elle les garantit : on garantit un traité, une possession, un héritage ; mais une couronne ne garantit point une tête.

Vers 154. Il en est bien payé d'avoir sauvé sa vie.

C'est un barbarisme et un contre-sens. On est payé en recevant une récompense, on est payé par une récompense ; mais on n'est point payé de recevoir une récompense : il fallait : *Il fut assez payé, vous sauvâtes sa vie*, ou quelque chose de semblable.

Vers 161. Quand nous sommes aux bords d'une pleine victoire,
Quel besoin avons-nous d'en partager la gloire ?

La victoire n'a point de bords ; on touche à la victoire, on est près de la remporter, de la saisir, mais on n'est point à ses bords. Cela ne peut se dire dans aucune langue, parce que dans toutes les langues les métaphores doivent être justes.

Vers 169. L'espoir le mieux fondé n'a jamais trop de forces.

On ne peut dire *les forces d'un espoir ;* aucune langue ne peut admettre ce mot, parce que les forces ne peuvent pas être dans un espoir. C'est un barbarisme.

Vers 170. Le plus heureux destin surprend par les divorces.

Un destin n'a point de divorces, il a des vicissitudes, des changements, des revers ; et alors ce n'est pas l'heureux destin qui surprend. Cette expression est un barbarisme.

Vers 171. Du trop de confiance il aime à se venger.

Ce destin qui aime à se venger est une idée poétique qui n'a rien de vrai. Pourquoi aimerait-il à se venger de la confiance qu'on a en lui? Est-ce ainsi que doit raisonner un grand capitaine, un homme d'État?

Vers 173. Devons-nous exposer à tant d'incertitude
L'esclavage de Rome et notre servitude?

Ce n'est point l'esclavage qu'on expose ici à l'incertitude des événements ; au contraire, c'est la liberté de Rome et celle de l'Espagne, pour laquelle Sertorius et Viriate combattent, et qu'on exposerait.

Vers 189. Faites, faites entrer ce héros d'importance

est un peu trop comique ; l'auteur a déjà dit *des gens d'importance*. Il n'est pas permis d'écrire d'un style si trivial, surtout après avoir écrit de si belles choses.

Vers 191. Et si vous le craignez, craignez autant du moins
Un long et vain regret d'avoir prêté vos soins.

Il faudrait achever la phrase. *Prêtez vos soins* n'a pas un sens complet ; on doit dire à qui on les a prêtés. De plus, on ne prête point de soins, on ne prête que les choses qu'on peut retirer. Quand les soins sont une fois donnés, on peut en refuser de nouveaux. Il n'en est pas de même du mot *appui, secours ;* on prête son *appui,* son *secours,* son *bras,* son *armée, etc.*, parce qu'on peut les retirer, les reprendre. Ce style est très-vicieux.

Vers 196. Je parle pour un autre, et toutefois, hélas !
Si vous saviez... — Seigneur, que faut-il que je sache?

Cet *hélas* dans la bouche de Sertorius est trop déplacé ; il ne convient ni à son caractère, ni à son âge, ni à la scène politique et raisonnée qui vient de se passer entre Viriate et lui.

Vers 199. Ce soupir redoublé... — N'achevez point, allez.

Ce *soupir redoublé* achève de dégrader Sertorius.

Qu'Achille aime autrement que Tircis et Philène[1].

Un vieux capitaine romain qui fait remarquer ses soupirs à sa maîtresse est au-dessous de Tircis : car Tircis soupirera sans le dire, et ce sera sa maîtresse qui s'en apercevra.

Qu'un amant passionné soit attendri, ému, troublé, qu'il soupire; mais qu'il ne dise pas : Voyez comme je suis attendri, comme je suis ému, comme je suis touché, comme je soupire. Cette pusillanimité dans laquelle Corneille fait tomber Sertorius et Viriate est une preuve bien manifeste de ce que nous avons dit tant de fois[2], que l'amour s'était emparé du théâtre très-longtemps avant Racine; qu'il n'y avait aucune pièce où cette passion n'entrât, et c'était presque toujours mal à propos. Encore une fois[3], l'amour n'a jamais bien été traité que dans les scènes du *Cid*, imitées de Guillem de Castro, jusqu'à l'*Andromaque* de Racine; je dis jusqu'à l'*Andromaque*, car dans *la Thébaïde* et dans *Alexandre* on sent que Racine suit la mauvaise route que Corneille avait tracée : c'est l'unique raison peut-être pour laquelle ces deux pièces n'intéressent point du tout.

SCÈNE III.

Vers 1.   Sa dureté m'étonne, et je ne puis, madame...

Il est assez difficile de comprendre comment Thamire peut parler de dureté après ces hélas et ces soupirs.

Vers 2.   L'apparence t'abuse; il m'aime au fond de l'âme.

Rien n'est assurément moins tragique qu'une femme qui dit qu'un homme l'aime. C'est de la comédie froide.

Vers 3.   Quoi! quand pour un rival il s'obstine au refus...

Quoi quand forme une cacophonie désagréable.

Vers 4.   Il veut que je l'amuse, et ne veut rien de plus.

Viriate, dans cet hémistiche comique, ne dit point ce qu'elle doit dire. Sa vanité lui persuade qu'elle est aimée, et que Sertorius sacrifie son amour à l'amitié. Ce n'est pas là un amusement. Il faut convenir que rien n'est plus éloigné du caractère de la tragédie.

1. Boileau, *Art poétique*, III, 99.
2. Voyez tome XVII, page 413; et tome XXXI, pages 463, 524, 528; et aussi la *Lettre à Maffei*, en tête de *Mérope*, tome IV.
3. Voyez tome XXXI, pages 463 et 528.

SCÈNE IV.

Vers 1.   Vous m'aimez, Perpenna, Sertorius le dit;
          Je crois sur sa parole, et lui dois tout crédit.

Il fallait dire *je le crois.* Corneille a bien employé le mot *je crois* sans régime dans *Polyeucte*[1] : *Je vois, je sais, je crois, je suis désabusée;* mais c'est dans un autre sens. Pauline veut dire *j'ai la foi;* mais Viriate n'a point la foi.

Et lui dois tout crédit; ce terme est impropre et n'est pas noble. *Crédit* ne signifie point *confiance.* Racine s'est servi plus noblement de ce mot dans un autre sens, quand il fait dire à Agrippine :

Je vois mes honneurs croître, et tomber mon crédit [2].

Crédit alors signifie *autorité, puissance, considération.*

Vers 5.   A quel titre lui plaire, et par quel charme un jour
          Obliger sa couronne à payer votre amour?

On n'oblige point une couronne à payer ; et payer un amour !

Vers 10. Eh bien ! qu'êtes-vous prêt de lui sacrifier?
          — Tous mes soins, tout mon sang, mon courage, ma vie.

On peut sacrifier son sang et sa vie, ce qui est la même chose ; mais sacrifier son courage, qu'est-ce que cela veut dire ? On emploie son courage, ses soins ; on sacrifie sa vie.

Vers 12. Pourriez-vous la servir dans une jalousie?
          Ah, madame ! — A ce mot en vain le cœur vous bat. .
          J'ai de l'ambition, et mon orgueil de reine
          Ne peut voir sans chagrin une autre souveraine,
          Qui, sur mon propre trône, à mes yeux s'élevant,
          Jusque dans mes États prenne le pas devant.

Dans une jalousie, le cœur vous bat, un orgueil de reine: ce n'est pas là le style noble, et cette idée de se *faire servir dans une jalousie* est non-seulement du comique, mais du comique insipide. Ce n'est pas là le φόβος καὶ ἔλεος, la terreur et la pitié. Voilà une plaisante intrigue tragique que de savoir qui de deux femmes passera la première à une porte.

Prenne le pas devant ne se dit plus, et présente une petite

---

1. Acte V, scène v.
2. *Britannicus,* acte Ier, scène 1re.

idée. Voilà de ces choses qu'il faut ennoblir par l'expression. Racine dit :

> Je ceignis la tiare, et marchai son égal [1].

Prendre le pas devant est une mauvaise façon de parler, qui n'est pas même pardonnable aux gazettes.

Vers 25. . . . . L'offre qu'elle fait,
Ou que l'on fait pour elle, en assure l'effet.

Il faut éviter ces expressions prosaïques et négligées. Celle-ci n'est ni noble ni exacte. Une offre n'assure point un effet; une offre est acceptée ou dédaignée. Le mot d'*effet* ne s'applique qu'aux desseins et aux causes, aux menaces, aux prières.

Vers 34. Un autre hymen vous met dans le même embarras.

Perpenna n'a aucune raison de parler d'un autre hymen de Sertorius, puisqu'il n'en est point question dans la pièce. Et quel style de comédie! *Un hymen qui met dans l'embarras.*

Vers 41. Voulez-vous me servir? — Si je le veux! J'y cours,
Madame, et meurs déjà d'y consacrer mes jours.

Il fallait *et je meurs*; mais cette façon de parler est du style de la comédie; encore ne dit-on pas même : *je meurs d'aller, je meurs de servir;* mais *je meurs d'envie d'aller, de servir,* et cela ne se dit que dans la conversation familière.

SCÈNE V.

Vers 3. Il fait auprès de vous l'officieux rival.

Encore une fois, style de comédie.

Vers 5. A lui rendre service elle m'ouvre une voie
Que tout mon cœur embrasse avec excès de joie.

Embrasser avec excès de joie une voie à rendre service! On ne peut écrire avec plus d'impropriété. C'est un amas de barbarismes.

Vers 9. . . . . Rompant le cours d'une flamme nouvelle,
Vous forcez ce rival à retourner vers elle.

Rompre le cours d'une flamme, autre barbarisme.

---

1. *Athalie,* acte III, scène III.

Vers 19. . . . . Allons le recevoir,
  · Puisque Sertorius m'impose ce devoir.

Dans cette scène Perpenna paraît généreux; il n'est plus question de l'assassinat de Sertorius, qui fait le sujet du drame. C'est d'ordinaire un grand défaut dans une pièce, soit tragique, soit comique, qu'un personnage paraisse, sans rappeler les premiers sentiments et les premiers desseins qu'il a d'abord annoncés ; c'est rompre l'unité de dessein qui doit régner dans tout l'ouvrage.

Nous sommes entrés dans presque tous les détails de ces deux premiers actes, pour montrer aux commençants combien il est difficile de bien écrire en vers, pour éviter le reproche qu'on nous a fait de n'en avoir pas assez dit, et pour répondre au reproche ridicule que quelques gens de parti, très-mal instruits, nous ont fait d'en avoir trop dit. Nous ne pouvons assez répéter que nous cherchons uniquement la vérité, et qu'aucune cabale ne nous a jamais intimidés.

Nous reprenons quatre fois plus de fautes dans cette édition [1] que dans les précédentes, parce que des gens qui ne savent point le français ont eu le ridicule d'imprimer qu'il ne fallait pas s'apercevoir de ces fautes [2].

ACTE TROISIÈME.

SCÈNE I.

Cette scène, ou plutôt la seconde, dont celle-ci n'est que le commencement, fit le succès de *Sertorius*, et elle aura toujours une grande réputation. S'il y a quelques défauts dans le style, ces défauts n'ôtent rien à la noblesse des sentiments, à la politique, aux bienséances de toute espèce, qui font un chef-d'œuvre de cette conversation. Elle n'est pas tragique, j'en conviens; elle n'est que politique. La pièce de *Sertorius* n'a rien de la chaleur

---

1. L'édition de 1774. Dans celle de 1764, au lieu de cet alinéa et de celui qui précède, il y avait : « On avertit que dans ces deux premiers actes, ni dans les trois derniers, on ne relève pas toutes les négligences de style et toutes les fautes contre la langue. C'est un travail très-désagréable et qui peut-être, à la longue, marquerait autant d'envie de critiquer que d'être utile. On a fait assez de remarques sur les premières pièces pour qu'elles suffisent à diriger les commençants qui voudront les lire. »
2. Voyez la *Déclaration*, ci-dessus, page 171.

et du pathétique de la vraie tragédie, comme Corneille l'avoue dans son *Examen;* mais cette scène de Sertorius et de Pompée, prise à part, est un grand modèle.

Il n'y a, je crois, que deux autres exemples sur le théâtre de ces conférences entre de grands hommes, qui méritent d'être remarqués. La première, dans Shakespeare, entre Cassius et Brutus: elle est dans un goût un peu différent de celui de Corneille. Brutus reproche à Cassius *that he hath an itching palm :* ce qui signifie précisément que Cassius se fait graisser la patte. Cassius répond qu'il aimerait mieux être un chien et aboyer à la lune que de se faire donner des pot-de-vin. Il y a d'ailleurs des choses vives et animées, mais ce ton de la halle n'est pas tout à fait celui de la scène tragique ; ce n'est pas celui du sage Addison.

La seconde conférence est dans l'*Alexandre* de Racine, entre Porus, Éphestion, et Taxile. Si Éphestion était un personnage principal, et si la tragédie était intéressante, cette conférence pourrait encore plaire beaucoup au théâtre, même après celle de Sertorius et de Pompée. Le mal est que ces scènes ne sont pas absolument nécessaires à la pièce. Sertorius même dit au quatrième acte[1] :

. . . . Quel bruit fait par la ville
De Pompée et de moi l'entrevue inutile ?

Ces scènes donnent rarement au spectateur d'autre plaisir que celui de voir de grands hommes conférer ensemble.

Vers 1. Seigneur, qui des mortels eût jamais osé croire
Que la trêve à tel point dût rehausser ma gloire ?

Certainement Sertorius n'a jamais dit à Pompée : *Quel homme aurait jamais osé croire que ma gloire pût être augmentée?* On ne parle point ainsi de soi-même ; la bienséance n'est pas observée dans les expressions. Le fond de la pensée est que la visite de Pompée est le plus grand honneur qu'il ait jamais reçu ; mais il ne doit pas commencer par parler de sa gloire, et par dire que jamais mortel n'eût osé croire que cette gloire pût augmenter: ces vers peuvent paraître une fanfaronnade plus qu'un compliment. Il eût été plus court, plus naturel, plus décent, de supprimer ces vers, et de dire avec une noble simplicité : *Seigneur, je doute encor si ma vue est trompée, etc.*

1. Scène III.

Vers 3.   Qu'un nom à qui la guerre a fait trop applaudir
          Dans l'ombre de la paix trouvât à s'agrandir?

Comment est-ce qu'un nom trouve quelque chose? Sertorius veut dire qu'il n'a jamais reçu tant d'honneurs ; mais un nom ne s'agrandit pas, et il ne fallait pas qu'il commençât une conversation polie et modeste par dire que la guerre a fait applaudir à son nom. Ce n'est pas au nom qu'on applaudit, c'est à la personne, aux actions.

Vers 9.   . . . . Faites qu'on se retire.

Pompée ne doit pas demander qu'on se retire, pour pouvoir dire en liberté à Sertorius qu'il l'estime. On peut faire un compliment en public, et faire ensuite retirer les assistants. Cela même eût fait un bon effet au théâtre.

SCÈNE II.

Vers 1.   L'inimitié qui règne entre nos deux partis
          N'y prend pas de l'honneur tous les droits amortis.
          Comme le vrai mérite a ses prérogatives
          Qui prennent le dessus des haines les plus vives,
          L'estime et le respect sont de justes tributs
          Qu'aux plus fiers ennemis arrachent les vertus.

Cet *amortissement des droits*, ces *prérogatives du vrai mérite*, gâtent un peu ce commencement du discours de Pompée. *Prérogatives* n'est pas le mot propre, et des *prérogatives qui prennent le dessus des haines!* Rien n'est moins élégant. Quand même ces deux vers seraient bons, ils pécheraient en ce qu'ils sont inutiles ; ils affaibliraient ces deux beaux vers si nobles et si simples :

> L'estime et le respect sont les justes tributs
> Qu'aux cœurs même ennemis arrachent les vertus.

Rien de trop, voilà la grande règle.

Vers 3.   Comme le vrai mérite a ses prérogatives, etc.

Cette phrase, ce *comme*, ne conviennent pas à Pompée. Cela sent trop son rhéteur. Ce tour est trop apprêté, cette expression trop prosaïque. Le défaut est petit ; mais il faut remarquer tout dans un dialogue aussi important que celui de Pompée et de Sertorius.

Vers 7.   Et c'est ce que vient rendre à la haute vaillance,
Dont je ne fais ici que trop d'expérience,
L'ardeur de voir de près un si fameux héros.

Ce *rendre* se rapporte à *tribut ;* mais on ne rend point un tribut : on rend justice, on rend hommage, on paye un tribut.

Vers 10.   Sans lui voir en la main piques ni javelots.

Il serait à désirer que Corneille eût tourné autrement ce vers. *Voir piques* n'est pas français.

Vers 11.   Et le front désarmé de ce regard terrible,
Qui dans nos escadrons guide un bras invincible.

Le *front désarmé* se rapporte à *sans voir,* de sorte que la véritable construction est *sans lui voir le front désarmé,* ce qui est précisément le contraire de ce qu'il entend. Il reste à savoir si un général doit parler à un autre général de son regard terrible.

Vers 15.   . . . . . Ce franc aveu sied bien aux grands courages.

C'est ce qu'on doit dire de Pompée, mais c'est ce que Pompée ne doit pas dire de lui : c'est une parenthèse du poëte. Jamais un général d'armée ne se vante ainsi, et ne s'appelle *grand courage.* Il ne faut jamais faire parler les hommes autrement qu'ils ne parleraient eux-mêmes. C'est une règle générale qu'on ne peut trop répéter.

Vers 16.   J'apprends plus contre vous par mes désavantages
Que les plus beaux succès qu'ailleurs j'aie emportés
Ne m'ont encore appris par mes prospérités.

On emporte une place, on remporte un avantage, on a un succès, on n'emporte point un succès. C'est un barbarisme.

Vers 19.   Je vois ce qu'il faut faire à voir ce que vous faites.

Je vois à voir, répétition qu'il faut éviter.

Vers 34.   Souffrez que je réponde à vos civilités.

Il eût été mieux que Sertorius eût répondu aux civilités de Pompée sans le dire : cela donne à son discours un air apprêté et contraint. Il annonce qu'il veut faire un compliment. Un tel compliment doit être sans appareil, afin qu'il paraisse plus naturel et plus vrai. On n'a pas besoin de faire retirer les assistants pour faire un compliment.

Vers 35. Vous ne me donnez rien par cette haute estime
  Que vous n'ayez déjà dans le degré sublime.

Degré sublime, expression faible et impropre, employée pour la rime.

Vers 41. Si, dans l'occasion, je ménage un peu mieux
  L'assiette du pays et la faveur des lieux, etc.

Je ne peux m'empêcher de remarquer ici qu'on trouve dans plusieurs livres, et surtout dans l'histoire du théâtre, que le vicomte de Turenne, à la représentation de *Sertorius*, s'écria : *Où donc Corneille a-t-il pu apprendre l'art de la guerre?* Ce conte est ridicule. Corneille eût très-mal fait d'entrer dans les détails de cet art; il fait dire en général à Sertorius ce que ce Romain devait peut-être se passer de dire, qu'il sait mieux se prévaloir du terrain que Pompée. Il n'y a pas là de quoi étonner un Turenne. Les généraux de Charles-Quint et de François Ier pouvaient en effet s'étonner que Machiavel, secrétaire de Florence, donnât des règles excellentes de tactique, et enseignât à disposer les bataillons comme on les range aujourd'hui; c'est alors qu'on pouvait dire : Où Machiavel a-t-il appris l'art de la guerre? Mais si le vicomte de Turenne en avait dit autant sur un ou deux vers de Corneille qui n'enseignent point la tactique, et qui ne doivent point l'enseigner, il aurait dit une puérilité dont il était incapable.

On pouvait plus justement dire que Corneille parlait supérieurement de politique. La preuve en est dans ces vers : *Lorsque deux factions divisent un empire*, etc. : elle est encore plus dans *Cinna*. Nous sommes inondés, depuis peu, de livres sur le gouvernement. Des hommes obscurs, incapables de se gouverner eux-mêmes[1], et ne connaissant ni le monde, ni la cour, ni les affaires, se sont avisés d'instruire les rois et les ministres, et même de les injurier. Y a-t-il un seul de ces livres, je n'en excepte pas un, qui approche de loin de la délibération d'Auguste, dans *Cinna*, et de la conversation de Sertorius et de Pompée? C'est là que Corneille est bien grand, et la comparaison qu'on peut faire de ces morceaux avec tous nos fatras de prose sur la politique le rend plus grand encore, et est le plus bel éloge de la poésie.

Vers 57. Et sur les bords du Tibre, une pique à la main,
  Lui demander raison pour le peuple romain.

1. Voltaire semble désigner ici Jean-Jacques, qui venait de publier son *Contrat social*. (G. A.)

On se servait encore de piques en France, lorsqu'on représenta *Sertorius*; et cette expression était plus noble qu'aujourd'hui.

Vers 59. De si hautes leçons, seigneur, sont difficiles,
Et pourroient vous donner quelques soins inutiles,
Si vous faisiez dessein de me les expliquer
Jusqu'à m'avoir appris à les bien pratiquer.

Le dernier vers n'a pas un sens net. On ne sait si l'intention de l'auteur est : si vous vouliez m'expliquer mes leçons jusqu'à ce que vous m'apprissiez à les mettre en pratique. Mais *faire dessein de les expliquer jusqu'à m'avoir appris* est un contre-sens en toute langue. *Faire dessein* est un barbarisme.

Vers 75. Est-ce être tout Romain qu'être chef d'une guerre
Qui veut tenir aux fers les maîtres de la terre?

On est chef de parti, on n'est pas chef d'une guerre. Le mot est trop impropre.

Vers 79. C'est vous qui sous le joug traînez des cœurs si braves.

Traîner des cœurs peut se dire. Racine a dit[1]:

Charmant, jeune, traînant tous les cœurs après soi.

Mais cet *après soi* ou *après lui* est absolument nécessaire.

Entraînant après lui tous les cœurs des soldats.

Vers 89. Mais vous jugez, seigneur, de l'âme par le bras,
Et souvent l'un paroît ce que l'autre n'est pas.

Ces expressions sont trop négligées ; et comment un bras peut-il paraître différent d'une âme? La plupart des fautes de langage sont au fond des défauts de justesse.

Vers 99. Je servirai sous lui tant qu'un destin funeste
De nos divisions soutiendra quelque reste.

Soutiendra n'est pas le mot propre. On entretient un reste de divisions, on les fomente, etc. On soutient un parti, une cause, une prétention ; mais c'est un très-léger défaut dans un aussi beau discours que celui de Pompée.

Lorsque deux factions divisent un empire,
Chacun suit au hasard la meilleure ou la pire ;
Mais quand le choix est fait, on ne s'en dédit plus, etc.

---

1. *Phèdre*, acte II, scène v.

Quelle vérité dans ces vers, et quelle force dans leur simplicité! Point d'épithète, rien de superflu ; c'est la raison en vers.

Vers 102. J'ignore quels projets peut former son bonheur.

Un bonheur qui forme des projets est trop impropre.

Vers 109. Afin que, Sylla mort, ce dangereux pouvoir
Ne tombe qu'en des mains qui sachent leur devoir.

On peut animer tout dans la poésie, mais dans une conférence sans passion les métaphores outrées ne peuvent avoir lieu ; peut-être cette expression porte encore plus l'empreinte d'une négligence qui échappe que d'une figure qu'on recherche.

Vers 128. Aux périls de Sylla vous tâtez leur courage.

Ce mot *tâter*, qui par lui-même est familier, et même ignoble, fait ici un très-bel effet : car, comme on l'a déjà remarqué[1], il n'y a guère de mot qui, étant heureusement placé, ne puisse contribuer au sublime. Ce discours de Sertorius est un des plus beaux morceaux de Corneille ; et le reste de la scène en est digne, à quelques négligences près.

Ces vers :

> Et votre empire en est d'autant plus dangereux, etc.
> Rome n'est plus dans Rome, elle est toute où je suis, etc.

sont égaux aux plus beaux vers de *Cinna* et des *Horaces*.

Vers 169. C'est Rome... — Le séjour de votre potentat
Qui n'a que ses fureurs pour maximes d'État, etc.

Voilà encore un des plus beaux endroits de Corneille ; il y a de la force, de la grandeur, de la vérité ; et même il est supérieurement écrit, à quelques négligences, à quelques familiarités près : comme *le tyran est bas, donner cette joie, ouvrir ses bras.* Mais quand une expression familière et commune est bien placée et fait un contraste, alors elle tient presque du sublime. Tel est ce vers :

> Je n'appelle plus Rome un enclos de murailles.

Ce mot *enclos*, qui ailleurs est si commun et même bas, s'ennoblit ici, et fait un très-beau contraste avec ce vers admirable :

> Rome n'est plus dans Rome, elle est toute où je suis.

---

1. Tome XXXI, page 403.

Vers 197. . . . . Et l'on ne sait que c'est
De suivre ou d'obéir que suivant qu'il leur plaît.

Il faut éviter ces expressions triviales *que c'est*, qui n'est pas français, et *ce que c'est*, qui, étant plus régulier, est dur à l'oreille et du style de conversation.

Vers 209. Vous qu'à sa défiance il a sacrifié
Jusques à vous forcer d'être son allié...

Cette transition ne me paraît pas assez ménagée. Je crois que Sertorius devait, dans l'énumération des cruautés de Sylla, compter celle d'avoir forcé Pompée à répudier sa femme.

Vers 213. J'aimois mon Aristie, il m'en vient d'arracher.

J'aimais mon Aristie est faible, trivial, et comique.

Vers 219. Protéger hautement les vertus malheureuses,
C'est le moindre devoir des âmes généreuses.

Sertorius ne doit point dire *qu'il est une âme généreuse*. Il doit le laisser entendre : c'est le défaut de tous les héros de Corneille de se vanter toujours.

SCÈNE III.

Vers 1. Venez. . . . .
. . . . montrer... à tout le genre humain
La force qu'on vous fait pour me donner la main.

La force qu'on vous fait est un barbarisme. On dit : prendre à force, faire force de rames, de voiles ; céder à la force, employer la force ; mais non *faire force à quelqu'un.* Le terme propre est *faire violence* ou *forcer.*

Remarquons ici que le grand Pompée est présenté sous un aspect bien défavorable ; c'est l'aventure la plus honteuse de sa vie : il a répudié Antistia, qu'il aimait, et a épousé Æmilia, la petite-fille de Sylla, pour faire sa cour à ce tyran. Cette bassesse était d'autant plus honteuse qu'Émilie était grosse de son premier mari quand Pompée l'épousa par un double divorce. Pompée avoue ici sa honte à Sertorius et à sa première femme. Il ne paraît que comme un esclave de Sylla, qui craint de déplaire à son maître. Dans cette position, quelque chose qu'il dise ou qu'il fasse, il est impossible de s'intéresser à lui. On prend un intérêt médiocre à Sertorius amoureux. Viriate est peut-être le premier personnage de la pièce ; mais quiconque n'étalera que de la politique n'excitera jamais les grands mouvements, qui sont l'âme de la tragédie. Il est dit dans le *Bolæana* que Boileau n'aimait pas cette fameuse conférence de Sertorius et de Pompée. On prétend que Boileau disait que cette scène n'était ni dans la raison, ni dans la nature, et qu'il était ridicule que Pompée vînt redemander sa femme à Sertorius, tandis qu'il en avait une autre de la main de Sylla. J'avoue que l'objet de cette conférence peut être critiqué; mais j'ai bien de la peine à croire que Boileau ne fût pas content des morceaux adroits et sublimes de cette scène; il savait trop bien que le goût consiste à savoir admirer les beautés au milieu des défauts.

SCÈNE IV.

Après une scène de politique, il n'est guère possible que jamais une scène de tendresse puisse réussir. Le cœur veut être mené par degrés : il ne peut passer rapidement d'un sujet à un autre, et toutes les fois qu'on promène ainsi le spectateur d'objets en objets, tout intérêt cesse. C'est une des raisons qui empêchent presque toutes les tragédies de Corneille d'être touchantes : il paraît qu'il a senti ce défaut, puisque Sertorius et Pompée ont parlé d'Aristie à la fin de la scène précédente; mais ils n'en ont parlé que par occasion.

Vers 3.   Suivant qu'on m'aime ou hait, j'aime ou hais à mon tour, etc.

Ce vers et les suivants sont un peu du haut comique, et ôtent à la femme de Pompée toute sa dignité.

Vers 13.   Mon feu, qui n'est éteint que parce qu'il doit l'être,
            Cherche en dépit de moi le vôtre pour renaître, etc.

Ce *feu* qui cherche *le feu* de Pompée, ce courroux qui *trébuche*, en un mot cette scène entre un mari et une femme ne passerait pas aujourd'hui.

Vers 17.   M'aimeriez-vous encor, seigneur? — Si je vous aime!

Ce qui fait en partie que cette scène est froide, c'est précisément cette chaleur que Pompée essaye de mettre dans sa réponse à sa femme. S'il est vrai qu'il l'aime si tendrement, il joue le rôle d'un lâche de l'avoir répudiée par crainte de Sylla; et Pompée ainsi avili ne peut plus intéresser les spectateurs, comme on vient de le faire voir. Aristie plaît encore moins, en ne paraissant que pour dire à Pompée qu'elle prendra un autre mari s'il ne veut pas d'elle. Ce sont là des intérêts qui n'ont rien de grand ni d'attendrissant.

Vers 20. Sortez de mon esprit, ressentiments jaloux...
Rentrez dans mon esprit, jaloux ressentiments...
Plus de Sertorius... Venez, Sertorius..., etc.

Il n'y a personne qui puisse souffrir cet apprêt, ces refrains, ces jeux d'esprit compassés. Cela ressemble un peu à ces anciennes pièces de poésie nommées chants royaux, ballades, virelais; amusements que jamais ni les Grecs ni les Romains ne connurent, excepté dans les vers phaleuques, qui étaient une espèce de poésie molle et efféminée où les refrains étaient admis, et quelquefois aussi dans l'églogue :

Ducite ab urbe domum, mea carmina, ducite Daphnim [1].

Vers 29. Plus de Sertorius. Hélas! quoi que je die,
Vous ne me dites point, seigneur, plus d'Émilie.

Cela serait à sa place dans une pastorale; mais dans une tragédie!

Vers 41. Ce qu'il vous fait d'injure également m'outrage;
Mais enfin je vous aime, et ne puis davantage.

Ce qu'il fait d'injure est un barbarisme; mais *je vous aime et ne puis davantage* déshonore entièrement Pompée. Le vainqueur de Mithridate ne devait pas s'avilir jusque-là.

Vers 59. Elle porte en ses flancs un fruit de cet amour, etc.

Ce détail domestique, cette confidence de Pompée, qu'il ne couche point avec sa nouvelle femme, et qu'elle est grosse d'un autre, sont au-dessous de la comédie. De telles naïvetés qui succèdent à la belle scène de l'entrevue de Pompée et de Sertorius justifient ce que Molière disait de Corneille, qu'il y avait un lutin qui tantôt lui faisait ses vers admirables, et tantôt le laissait travailler lui-même.

Vers 66. Rendez-le-moi, seigneur, ce grand nom qu'elle porte.

C'est le lutin qui fit ce vers-là; mais ce n'est pas lui qui fit *pour celles de ma sorte*.

Et ce nom seul est tout pour celles de ma sorte.

[1]. Virgile, *Ecl.* VIII, v. 68.

Vers 80. Mais pour venger ma gloire, il me faut un époux.

Une femme qui dit que pour la venger il lui faut un mari dit une étrange chose. Corneille l'a bien senti en relevant cet aveu par ces mots : *Il m'en faut un illustre,* et ce n'est peut-être pas encore assez.

Vers 82. Ah! ne vous lassez point d'aimer et d'être aimée

est un vers d'églogue ; et entre un mari et une femme, il est au-dessous de l'églogue.

Vers 85. Ayez plus de courage et moins d'impatience.

C'est au contraire, c'est Aristie qui doit dire à Pompée : *Ayez plus de courage;* c'est lui seul qui en manque ici.

Vers 93. Mais, tant qu'il pourra tout, que pourrai-je, madame?

Ce vers humilie trop Pompée. Il y a des hommes qu'il ne faut jamais faire voir petits.

Vers 94. Suivre en tous lieux, seigneur, l'exil de votre femme.

On ne suit point un exil, on suit une exilée.

Vers 96. Et rendre un heureux calme à nos divisions.

On rend le calme à un peuple agité et divisé, on ne rend point le calme à une division. Cela est impropre et forme un contre-sens. On fait succéder le calme au trouble, à l'orage ; l'union, la concorde, à la division. Corneille, dans ses vingt dernières pièces, ne se sert presque jamais du mot propre, ne parle presque jamais français, et surtout n'est jamais intéressant ; et cela tandis que la langue se perfectionnait sous la plume de tant de beaux génies du grand siècle, tandis que Racine parlait au cœur avec tant de chaleur, de noblesse, d'élégance, et dans un langage si pur.

Vers 101. Ce n'est pas s'affranchir qu'un moment le paroitre.

Pour que ce vers fût français il faudrait *ce n'est pas être affranchi que le paraître.*

Vers 106. Perpenna, qui l'a joint, saura que vous en dire.

Ce vers familier, et la dissertation politique de Pompée avec sa femme, augmentent les défauts de cette scène. Le principal vice est dans le sujet, et je crois qu'il était impossible de mettre de la chaleur dans cette pièce.

Vers 109. . . . . . Ce peu que j'y rends de vaine déférence,
Jaloux du vrai pouvoir, ne sert qu'en apparence.

Le peu de déférence qui est jaloux du pouvoir et qui sert en apparence est un galimatias qui n'est pas français.

Vers 124. Me voulez-vous, seigneur? Ne me voulez-vous pas?

C'est un vers de comédie qui avilit tout ; et ce vers est le précis de toute la scène.

Vers 133. Sertorius sait vaincre, et garder ses conquêtes.
— La vôtre, à la garder, coûtera bien des têtes [1].

La vôtre, etc., est un vers de *Nicomède*, qui est bien plus à sa place dans *Nicomède* qu'ici, parce qu'il sied mieux à Nicomède de braver son frère qu'à Pompée de braver sa femme.

Vers 151. Ah! c'en est trop, madame, et de nouveau je jure...

Ce vers fait bien connaître à quel point cette scène de politique amoureuse était difficile à faire. Quand on répète ce qu'on a déjà dit, c'est une preuve qu'on n'a rien à dire.

Vers 160. Me punissent les dieux que vous avez jurés,
Si, passé ce moment, et hors de votre vue,
Je vous garde une foi que vous avez rompue!

Il faudrait au moins qu'elle fût sûre d'épouser Sertorius pour parler ainsi.

Vers 164. Éteindre un tel amour! — Vous même l'éteignez.

Si Pompée est en effet si amoureux, il n'a pas dû se séparer d'Aristie ; et s'il n'a pas une passion violente, tout ce qu'il dit de cet amour refroidit au lieu d'échauffer.

Vers dern. Adieu donc pour deux jours. — Adieu pour tout jamais.

Pour jamais est bien plus fort que *pour tout jamais*. Ce dialogue pressé, rapide, coupé, est souvent dans Corneille d'une grande beauté. Il ferait beaucoup d'effet entre deux amants; il n'en fait point entre un mari et une femme qui ne sont pas dans une situation assez douloureuse. Il était impossible de faire d'un tel sujet une véritable tragédie. Les demi-passions ne réussissent jamais à la longue, et les intérêts politiques peuvent tout au plus produire quelques beaux vers qu'on aime à citer. La seule scène

---

1. On lit dans *Nicomède*, acte Ier, scène II :

La place à l'emporter coûteroit bien des têtes.

de Sertorius et de Pompée suffisait alors à une nation qui sortait des guerres civiles. On n'avait rien d'aucun auteur qu'on pût comparer à ce morceau sublime, et on pardonnait à tout le reste en faveur de ces beautés qui n'appartenaient dans le monde entier qu'à Corneille.

ACTE QUATRIÈME.

SCÈNE I.

Vers 1. Pourrai-je voir la reine? etc.

Cette scène de Sertorius avec une confidente a quelque chose de comique. Les scènes avec les subalternes sont d'ordinaire très-froides dans la tragédie, à moins que ces personnages secondaires n'apportent des nouvelles intéressantes, ou qu'ils ne donnent lieu à des explications plus intéressantes encore. Mais ici Sertorius demande simplement des nouvelles. Il veut savoir *où vont* les sentiments de Viriate, quoique des sentiments n'aillent point. Thamire semble un peu le railler, en lui disant que Perpenna, offert par lui, *fléchira* le dédain de la reine; et Sertorius répond qu'il a pour elle un *violent* respect. Cela n'est pas fort tragique.

Vers 19. . . . . Je préférerais un peu d'emportement
    Aux plus humbles devoirs d'un tel accablement, etc.

Avouons que Sertorius et cette suivante débitent un étrange galimatias de comédie. Ce violent *respect* que l'aspect de Viriate fait régner sur les plus doux vœux de Sertorius, ce peu de *respects* qui ressemblent *aux respects* de Sertorius, ce *respect* qui ne sait que trouver des raisons pour un autre, et cette suivante qui préférerait un peu d'emportement aux plus humbles devoirs d'un accablement; enfin l'autre qui lui réplique qu'il n'en est rien parti capable de lui nuire, et qu'un soupir échappé ne pût détruire : ce n'est pas le lutin qui a fait de tels vers!

Vers 34. Ah! pour être Romain je n'en suis pas moins homme!

Ce vers a quelque chose de comique; aussi est-il excellent dans la bouche du Tartuffe, qui dit :

    Ah! pour être dévot je n'en suis pas moins homme [1]!

mais il n'est pas permis à Sertorius de parler comme le Tartuffe.

1. *Tartuffe,* acte III, scène III.

Vers 35. J'aime, et peut-être plus qu'on n'a jamais aimé.

Ce vers prouve encore que ceux qui ont dit que Corneille dédaignait de faire parler d'amour ses héros se sont bien trompés. Ce vers est d'autant plus déplacé dans la bouche de Sertorius qu'il n'a rien dit jusqu'ici qui puisse faire croire qu'il ait une grande passion. Rien ne déplaît plus au théâtre que les expressions fortes d'un sentiment faible ; plus on cherche alors à attacher, et moins on attache.

Et qu'est-ce qu'une reine qui est sensible à de nouveaux désirs, et qui entend des raisons et non pas des soupirs !

Et cette suivante qui n'entend pas bien ce qu'un soupir veut dire, et qui serait un meilleur truchement ! Non, jamais on n'a rien mis de plus mauvais sur la scène tragique. On dira tant qu'on voudra que cette critique est dure ; je dois et je veux la publier, parce que je déteste le mauvais autant que j'idolâtre le bon.

Vers 49.   La voici. Profitez des avis qu'on vous donne,
          Et gardez bien surtout qu'elle ne m'en soupçonne.

Profitez de mes avis, mais ne me nommez pas, discours de soubrette ridicule. A quoi sert cette froide scène de comédie ? Mais il faut remplir son acte ; mais il faut donner à un parterre, souvent ignorant, grossier, et tumultueux, trois cents vers pour les cinq sous qu'on payait alors. Non, il faut bien plutôt ne donner que deux cents beaux vers par acte que trois cents mauvais. Il ne faut point prostituer ainsi l'art de la poésie. Il est honteux qu'il y ait en France un parterre où les spectateurs sont debout, pressés, gênés, nécessairement tumultueux. Peut-être c'est encore un mal qu'on donne des spectacles tous les jours : s'ils étaient plus rares, ils pourraient devenir meilleurs :

> Voluptates commendat rarior usus [1].

SCÈNE II.

Vers 1.   On m'a dit qu'Aristie a manqué son projet.

Cette scène, remplie d'ironie et de coquetterie, semble bien peu convenable à Sertorius et à Viriate. Les vers en paraissent aussi contraints que les sentiments. Mais quand on voit ensuite Sertorius qui dit qu'il aime *malgré ses cheveux gris*, et qu'il a cru

1. Juvénal, XI, 208.

qu'il ne lui en *coûterait que deux ou trois soupirs*, Sertorius paraît trop petit. Viriate d'ailleurs lui dit à peu près les mêmes choses qu'Aristie a dites à Pompée. L'une dit : *Me voulez-vous ? ne me voulez-vous pas ?* L'autre dit : *M'aimez-vous ?* L'une veut que Pompée lui rende sa main ; l'autre, que Sertorius lui donne sa main. Pompée a parlé politique à sa femme ; Sertorius parle politique à sa maîtresse. Viriate lui dit : *Vous savez que l'amour n'est pas ce qui me presse.* L'un et l'autre s'épuisent en raisonnements. Enfin Viriate finit cette scène en disant :

> Je suis reine ; et qui sait porter une couronne,
> Quand il a prononcé, n'aime point qu'on raisonne.

C'est parler à Sertorius, dont elle dépend, comme si elle parlait à son domestique, et ce *n'aime point qu'on raisonne* est d'un comique qui n'est point supportable : la fierté est ridicule quand elle n'est pas à sa place.

Vers 8.   Ce n'est pas en effet ce qui plus m'embarrasse, etc.

Obéir sans remise, une offre en l'air, assurer des nœuds, une frénésie poussée au dernier éclat.

Quels vers ! quelles expressions ! Et de petits écoliers[1] oseront me reprocher d'être trop sévère ?

Vers 19.   Et quand l'obéissance a de l'exactitude,
Elle voit que sa gloire est dans la promptitude.

Une obéissance qui a de l'exactitude !

Vers 29.   Je n'ai donc qu'à mourir en faveur de ce choix.

Il n'y a guère, dans toutes ces scènes, d'expression qui soit juste ; mais le pis est que les sentiments sont encore moins naturels. Un vieux factieux tel que Sertorius doit-il dire à une femme qu'il mourra en faveur du choix qu'elle fera d'un autre ?

---

1. « Ces écoliers, dit Palissot, dont Voltaire parle avec indignation, et qu'il eût affligés davantage en n'en parlant pas, étaient les écrivains à la semaine, qui, lorsque cet ouvrage parut, s'érigèrent tous en vengeurs de Corneille, moins par zèle pour sa mémoire que pour outrager Voltaire... Si l'on en croyait ces critiques, *Théodore, Pertharite, Attila* même, étaient des ouvrages où le génie de ce grand homme se montrait encore tout entier, et très-supérieurs aux meilleures tragédies de Voltaire, qui ne les avait décriés que par jalousie. Tel était le zèle de ces messieurs pour la gloire d'un mort qu'ils auraient outragé pendant sa vie. Mais d'où venait leur emportement contre Voltaire ? Du sentiment de leur médiocrité, qui les avertissait de son mépris. »

Vers 41. Puis-je me plaindre à vous d'un retour inégal
Qui tient moins d'un ami qu'il ne fait d'un rival?

Ce n'est pas parler français; c'est coudre ensemble, pour rimer, des paroles qui ne signifient rien : car que peut signifier *un retour inégal?* Que d'obscurités!

Vers 45. Vous m'en parlez enfin comme si vous m'aimiez.

Il n'y a point de vers plus comique.

Vers 46. Souffrez, après ce mot, que je meure à vos pieds.

Jamais le ridicule excessif des intrigues amoureuses de nos héros de théâtre n'a paru plus sensiblement que dans ce couplet où ce vieux militaire, ce vieux conjuré, veut mourir aux pieds de sa Viriate, qu'il n'aime guère. Il s'en est défendu *à voir ses cheveux gris;* mais sa passion ne s'est pas *vue alentie,* quoiqu'il se fût figuré que de tels déplaisirs ne lui coûteraient que deux ou trois soupirs. Il envisageait l'*estime de chef magnanime.*

Vers 74. . . . . . Je ne sais que c'est d'aimer ni de haïr.

Aristie a dit à Pompée : *Suivant qu'on m'aime ou hait, j'aime ou hais à mon tour;* et Viriate dit à Sertorius *qu'elle ne sait que c'est d'aimer ni de haïr.* Dès qu'elle ne sait que c'est ou ce que c'est, elle n'a qu'un intérêt de politique, par conséquent elle est froide. Cependant elle dit, le moment d'après : *M'aimez-vous?* Ne devrait-elle pas lui dire : L'amour n'est pas fait pour nous; l'intérêt de l'État, le vôtre, celui de ma grandeur, doivent présider à notre hyménée?

Vers 91. Que se tiendroit heureux un amour moins sincère
Qui n'auroit autre but que de se satisfaire!

Autre but que de se satisfaire donne une idée qui est un peu comique, et qui assurément ne convient pas à la tragédie.

Vers 114. Et que m'importe à moi si Rome souffre ou non, etc.

Voilà enfin des sentiments dignes d'une reine et d'une ennemie de Rome; voilà des vers qui seraient dignes de l'entrevue de Pompée et de Sertorius, avec un peu de correction.

Si tout le rôle de Viriate était de cette force, la pièce serait au rang des chefs-d'œuvre.

Vers 135. . . . . Je vois quelles tempêtes
Cet ordre surprenant formera sur nos têtes.

Un ordre surprenant qui forme des tempêtes sur des têtes!

Vers 144. Elle en prendra pour vous une haine où j'aspire, etc.

Prendre une haine, aspirer à une haine! un orgueil endurci! et c'est par là qu'on veut l'arrêter ici!

Vers 148. Mais nos Romains, madame, aiment tous leur patrie;
Et de tous leurs travaux l'unique et doux espoir,
C'est de vaincre bientôt assez pour la revoir.

Vaincre assez pour revoir Rome!

Vers 161. La perte de Sylla n'est pas ce que je veux;
Rome attire encor moins la fierté de mes vœux, etc.

Attirer la fierté des vœux, c'est encore une de ces expressions impropres et sans justesse. *Un hymen qui ne peut trouver d'amorce au milieu d'une ville! des attraits où l'on n'est roi qu'un an!*

Quand on examine de près cette foule innombrable de fautes, on est effrayé.

Vers 180. Vous savez que l'amour n'est pas ce qui me presse.

Nous avons déjà remarqué ce vers. Voyez le commencement de cette scène.

SCÈNE III.

Vers 1.   Dieux! qui peut faire ainsi disparoître la reine? etc.

Cette scène paraît encore moins digne de la tragédie que les précédentes. Perpenna et Sertorius ne s'entendent point; l'un dit : Je parlais de Sylla; l'autre : Je parlais de la reine. Ces petites méprises ne sont permises que dans la comédie. Il est vrai que cette scène est toute comique : *Quelque chose qui le gêne; savez-vous ce qu'on dit? l'avez-vous mis fort loin au delà de la porte? je me suis dispensé de le mener plus loin; nous n'avons rien conclu, mais ce n'est pas ma faute. Si je m'en trouvais mal, vous ne seriez pas bien.* Tout le reste est écrit de ce style.

Vers 29. . . . . Je vous demandois quel bruit fait par la ville
De Pompée et de moi l'entretien inutile.

Quel bruit fait par la ville est du style de la comédie, comme on le sent assez ; mais ce que Sertorius fait trop sentir, c'est qu'en effet la conférence qu'il a eue avec Pompée n'a rien produit dans la pièce. Ce n'est, comme on l'a déjà dit[1], qu'une belle conver-

---
1. Ci-dessus, au début de la 1re scène du IIIe acte.

sation dont il ne résulte rien, un beau dialogue de politique. Si cette entrevue avait fait naître la conspiration de Perpenna, ou quelque autre intrigue intéressante et terrible, elle eût été une beauté tragique, au lieu qu'elle n'est qu'une beauté de dialogue.

Remarquez que cette tragédie est un tissu de conversations souvent très-embrouillées, jusqu'à ce que le héros de la pièce soit assassiné. De là naît la froideur, qui produit l'ennui.

Vers 32. Seigneur, ceux de sa suite en ont su mal user, etc.

Les gens de la suite de Pompée qui en ont su mal user; le coup d'une erreur qu'on veut rompre avant qu'elle grossisse; une pourpre qui agit; l'erreur qui s'épand jusqu'en nos garnisons; des gens comme vous deux et moi; Sylla qui prend cette mesure, de rendre l'impunité fort sûre; la reine qui est d'une humeur si fière. Ce sont là des expressions peu convenables et bien vicieuses ; mais le plus grand vice, encore une fois, c'est le manque d'intérêt, et ce manque d'intérêt vient principalement de ce qu'il n'y a dans la pièce que des demi-desseins, des demi-passions, et des demi-volontés.

Sertorius conseille à Perpenna d'épouser la reine des Ilergètes, *qui rendra ses volontés bien plus tôt satisfaites;* après quoi il lui dit qu'il ira souper chez lui. Assurément il n'y a rien là de tragique.

Vers 51.   Croyez-moi, pour des gens comme vous deux et moi,
            Rien n'est si dangereux que trop de bonne foi.

Des gens comme vous deux !

Vers 53.   Sylla, par politique, a pris cette mesure
            De montrer aux soldats l'impunité fort sûre.

Un homme d'État prend des mesures ; un ouvrier, un maçon, un tailleur, un cordonnier, prennent une mesure[1].

Vers 85.   Celle des Vacéens, celle des Ilergètes,
            Rendroient vos volontés bien plus tôt satisfaites.

On ne s'attendait ni à la reine des Vacéens, ni à celle des Ilergètes. Rien n'est plus froid que de pareilles propositions ; et, dans une tragédie, le froid est encore plus insupportable que le comique déplacé et que les fautes de langage.

---

1. « On dit d'un tailleur et d'un cordonnier qu'*ils prennent mesure*, et non qu'*ils prennent une mesure*, réplique Palissot. La différence paraît très-petite, mais elle n'en est pas moins réelle. »

Vers 107. Voyez quel prompt remède on y peut apporter,
　　　　　Et quel fruit nous aurons de la violenter.

Un fruit de violenter est un barbarisme et un solécisme.

Vers 127. Adieu ; j'entre un moment pour calmer son chagrin,
　　　　　Et me rendrai chez vous à l'heure du festin.

La scène commence par un général de l'armée romaine qui dit qu'il a reconduit le grand Pompée jusqu'à la porte, et finit par un autre général qui dit : Allons souper.

SCÈNE IV.

Vers 1. Ce maître si chéri fait pour vous des merveilles.

Du comique encore, et de l'ironie ! Et dans un subalterne !

Vers 5. Quels services faut-il que votre espoir hasarde,
　　　　Afin de meriter l'amour qu'elle vous garde ?

Des services qu'un espoir hasarde, et un amour qu'on garde !

Vers dern. . . . . Allons en résoudre chez moi.

Il peut aussi bien se résoudre dans l'endroit où il parle.

ACTE CINQUIÈME.

SCÈNE I.

Vers 1. Oui, madame, j'en suis comme vous ennemie.
　　　　Vous aimez les grandeurs, et je hais l'infamie, etc.

Que veulent Aristie et Viriate ? Qu'ont-elles à se dire ? Elles se parlent pour se parler : c'est une dame qui rend visite à une autre ; elles font la conversation ; et cela est si vrai que Viriate répète à la femme de Pompée tout ce qu'elle a déjà dit de Sertorius.

La règle est qu'aucun personnage ne doit paraître sur la scène sans nécessité. Ce n'est pas encore assez, il faut que cette nécessité soit intéressante. Ces dialogues inutiles sont ce qu'on appelle du remplissage. Il est presque impossible de faire une tragédie exempte de ce défaut : l'usage a voulu que les actes eussent une longueur à peu près égale. Le public, encore grossier, se croyait trompé s'il n'avait pas deux heures de spectacle pour son argent. Les chœurs des anciens étaient absolument ignorés ; et dans ces malheureux jeux de paume où de mauvais farceurs étaient accoutumés à déclamer les farces de Hardi et de Garnier, le bourgeois de Paris exigeait pour ses cinq sous qu'on déclamât pendant deux heures[1]. Cette loi a prévalu depuis que nous sommes sortis de la barbarie où nous étions plongés. On ne peut trop s'élever contre ce ridicule usage.

Vers 41. Avec un seul vaisseau ce grand héros prit terre, etc.

Ces particularités ont déjà été annoncées dès le premier acte. Viriate fait au cinquième une nouvelle exposition : rien ne fait mieux voir qu'elle n'a rien à dire. Point de passion, point d'intrigue dans Viriate, nul changement d'état.

Vers 80. . . . . . Mais que nous veut ce Romain inconnu? etc.

Comme Pompée et Sertorius ont eu un entretien qui n'a rien produit, Aristie et Viriate ont ici un entretien non moins inutile, mais plus froid. Viriate conte à Aristie l'histoire de Sertorius, qu'elle a déjà contée à d'autres dans les actes précédents.

Les fautes principales de langage sont : *daigner pencher sa main,* pour dire *abaisser sa main; consent l'hyménée,* au lieu de *consent à l'hyménée; s'il n'a tout son éclat,* pour *s'il ne s'effectue pas; un reste d'autre espoir; la paix qui ouvre trop les portes de Rome; Rome qui domine au cœur; l'ordre qu'un grand effet demande, et qui arrête Pompée à le donner.*

> Si le terme est impropre ou le tour vicieux,
> En vain vous étalez une scène savante [2].

Mais ici la scène n'est point savante, et les termes sont très-impropres, les tours sont très-vicieux.

SCÈNE II.

Vers 3. . . . . Ces lettres, mieux que moi,
Vous diront un succès qu'à peine encor je croi.

La nouvelle, arrivée de Rome, que Sylla quitte la dictature, qu'Émilie est morte en accouchant, et que Pompée peut re-

---

1. Les remarques sur les vers 1 et 41 de cette scène furent ajoutées en 1774 : voyez la note, page 170, et aussi page 217.
2. Ces deux vers sont de Boileau, *Art poétique,* I, 158, et III, 20.

prendre sa femme, n'a rien qui soit digne de la tragédie. Elle avilit le grand Pompée, qui n'ose se marier et se remarier qu'avec la permission de Sylla. De plus, cette nouvelle n'est qu'un événement qui ne naît point de l'intrigue et du fond du sujet. Ce n'est pas comme dans *Bajazet :*

> Viens, j'ai reçu cet ordre, il faut l'intimider [1].

Vers 23. A deux milles d'ici j'ai su le rencontrer.

Ce *j'ai su* fait entendre qu'il y avait beaucoup de peine, beaucoup d'art et de savoir-faire à rencontrer Pompée. *J'ai su vaincre et régner*, parce que ce sont deux choses très-difficiles.

> J'ai su, par une longue et pénible industrie [2],
> Des plus mortels venins prévenir la furie...
>
> J'ai su lui préparer des craintes et des veilles [3]...
> J'ai prévu ses complots, je sais les prévenir.

Le mot *savoir* est bien placé dans tous ces exemples ; il indique la peine qu'on a prise.

Mais *j'ai su rencontrer un homme en chemin* est ridicule. Tous les mauvais poëtes ont imité cette faute.

Vers 29. L'ordre que pour son camp ce grand effet demande
L'arrête à le donner, attendant qu'il s'y rende, etc.

Tout ce couplet est confus, obscur, inintelligible ; tournez-le en prose : *Son transport d'amour, qui le rappelle, ne lui permet pas d'achever son retour ; et l'ordre que ce grand effet demande pour son camp l'arrête à le donner, attendant qu'il se rende à ce camp.* Un pareil langage est-il supportable ? Il est triste d'être forcé de relever des fautes si considérables et si fréquentes.

(*Fin de la scène.*) Un domestique qui apporte une lettre et des nouvelles qui n'ont rien de surprenant, rien de tragique, est une chose absolument indigne du théâtre. Aristie, qui n'a produit dans la pièce aucun événement, apprend par un exprès que la seconde femme de Pompée est *morte en couches.*

Arcas dit qu'il a rendu une pareille lettre à Pompée, qu'il a rencontré à deux milles de la ville. Ce ne sont pas là certainement les péripéties, les catastrophes que demande Aristie ; c'est un fait historique altéré, mis en dialogue.

---

1. *Bajazet*, acte IV, scène II.
2. *Mithridate*, acte IV, scène V.
3. *Bajazet*, acte Ier, scène Ire.

SCÈNE III.

L'assassinat de Sertorius, qui devait faire un grand effet, n'en fait aucun : la raison en est que ce qui n'est point préparé avec terreur n'en peut point causer. Le spectateur y prend d'autant moins d'intérêt que Viriate elle-même ne s'en occupe presque pas ; elle ne songe qu'à elle, elle dit *qu'on veut disposer d'elle et de son trône.*

Vers 1. . . . . Ah, madame! — Qu'as-tu,
  Thamire? et d'où te vient ce visage abattu?
  Que nous disent tes pleurs? — Que vous êtes perdue;
  Que cet illustre bras qui vous a défendue, etc.

Qu'as-tu? d'où te vient ce visage? cet illustre bras!

Vers 20. N'attendez point de moi de soupirs ni de larmes.

Il semble que l'auteur, refroidi lui-même dans cette scène, fait répéter à Viriate les mêmes vers[1] et les mêmes choses que dit Cornélie en tenant l'urne de Pompée, à cela près que les vers de Cornélie sont très-touchants, et que ceux de Viriate languissent.

Vers 21. Ce sont amusements que dédaigne aisément
  Le prompt et noble orgueil d'un vif ressentiment.

Ce sont amusements est comique, et *le prompt et noble orgueil* n'a point de sens. On n'a jamais dit *un prompt orgueil* ; et assurément ce n'est pas un sentiment d'orgueil qu'on doit éprouver quand on apprend l'assassinat de son amant.

Vers 31. Et jusqu'à ce qu'un temps plus favorable arrive,
  Daignez vous souvenir que vous êtes captive.

J'ai dit souvent[2] qu'on doit soigneusement éviter ce concours de syllabes qui offensent l'oreille, *jusqu'à ce que.* Cela paraît une minutie ; ce n'en est point une : ce défaut répété forme un style trop barbare. J'ai lu dans une tragédie :

  Nous l'attendons tous trois jusqu'à ce qu'il se montre,
  Parce que les proscrits s'en vont à sa rencontre.

---

1. *Pompée*, acte V, scène 1re.
2. Voyez tome XXXI, page 452 ; et ci-dessus, pages 4 et 89.

SCÈNE IV.

Vers 1. Sertorius est mort; cessez d'être jalouse,
Madame, du haut rang qu'aurait pris son épouse;
Et n'appréhendez plus, comme de son vivant,
Qu'en vos propres États elle ait le pas devant.

C'est une chose également révoltante et froide que l'ironie avec laquelle cet assassin vient répéter à Viriate ce qu'elle lui avait dit au second acte, qu'elle craignait qu'Aristie ne prît *le pas devant*.

Il vient se proposer avec des *qualités* où Viriate trouvera *de quoi mériter une reine*. Son bras l'a dégagée d'un *choix abject*. Enfin il fait entendre à la reine qu'il est plus jeune que Sertorius.

Il n'y a point de connaisseur qui ne se rebute à cette lecture; le seul fruit qu'on en puisse retirer, c'est que jamais on ne doit mettre un grand crime sur la scène qu'on ne fasse frémir le spectateur; que c'est là où il faut porter le trouble et l'effroi dans l'âme, et que tout ce qui n'émeut point est indigne de la scène tragique.

C'est une règle puisée dans la nature, qu'il ne faut point parler d'amour quand on vient de commettre un crime horrible, moins par amour que par ambition. Comment ce froid amour d'un scélérat pourrait-il produire quelque intérêt? Que le forcené Ladislas, emporté par sa passion, teint du sang de son rival, se jette aux pieds de sa maîtresse, on est ému d'horreur et de pitié. Oreste fait un effet admirable dans *Andromaque*, quand il paraît devant Hermione, qui l'a forcé d'assassiner Pyrrhus. Point de grands crimes sans de grandes passions qui fassent pleurer pour le criminel même : c'est là la vraie tragédie.

Vers 7. . . . . . Ce coup heureux saura vous maintenir.

Un coup qui saura la maintenir! Voilà encore ce mot de *savoir* aussi mal placé que dans les scènes précédentes.

Vers 25. Lâche, tu viens ici braver encor des femmes!

Pourquoi Aristie ne fait-elle aucun effet? C'est qu'elle est de trop dans cette scène.

Vers 43. Cependant vous pourriez, pour votre heur et le mien,
Ne parler pas si haut à qui ne vous dit rien.

sont des vers de Jodelet; et *je ne vous dis rien,* après lui avoir parlé assez longtemps, est encore plus comique

Vers 50. Et mon silence ingrat a droit de me confondre.

Le silence ingrat de Viriate ! cette ingrate de fièvre ! Joignez à cela de *hauts remerciements.*

Vers 66. Tout mon dessein n'étoit qu'une atteinte frivole.

Que veut dire *tout son dessein qui n'était qu'une atteinte,* ou une *atteinte frivole ?*

Vers 87. Et je me résoudrois à cet excès d'honneur,
Pour mieux choisir la place à lui percer le cœur...

Vers 92. . . . . . Recevez enfin ma main, si vous l'osez.

Rodelinde dit dans *Pertharite*[1] :

Pour mieux choisir la place à te percer le cœur.
. . . .
A ces conditions prends ma main, si tu l'oses.

Mais ces vers ne font aucune impression ni dans *Pertharite,* ni dans *Sertorius,* parce que les personnages qui les prononcent n'ont pas d'assez fortes passions. On est quelquefois étonné que le même vers, le même hémistiche fasse un très-grand effet dans un endroit, et soit à peine remarqué dans un autre. La situation en est cause : aussi on appelle vers de situation ceux qui, par eux-mêmes, n'ayant rien de sublime, le deviennent par les circonstances où ils sont placés.

Vers 93. Moi, si je l'oserai ? Vos conseils magnanimes
Pouvoient perdre moins d'art à m'étaler mes crimes.

Dès qu'on fait sentir qu'il y a de l'art dans une scène, cette scène ne peut plus toucher le cœur.

SCÈNE V.

Vers 1. . . . . Seigneur, Pompée est arrivé ;
Nos soldats mutinés, le peuple soulevé...

Ceci est une aventure nouvelle qui n'est pas assez préparée. Pompée pouvait venir ou ne venir pas le même jour ; les soldats pouvaient ne se pas mutiner. Ces accidents ne tiennent point au nœud de la pièce. Toute catastrophe qui n'est pas tirée de l'intrigue est un défaut de l'art, et ne peut émouvoir le spectateur.

1. Acte II, scène III.

Vers 13. Pour quelle heure, seigneur, faut-il se préparer? etc.

Aristie répète ici les mêmes choses que lui a dites Perpenna dans la scène précédente. On a déjà observé[1] que l'ironie doit rarement être employée dans le tragique ; mais dans un moment qui doit inspirer le trouble et la terreur, elle est un défaut capital.

Aristie ne fait ici qu'un rôle inutile, et peu digne de la femme de Pompée. On a tué Sertorius, qu'elle n'aimait point ; elle se trouve dans les mains de Perpenna ; elle ne sert qu'à faire remarquer combien elle a fait un voyage inutile en Espagne.

SCÈNE VI.

Vers 5. Je vous rends Aristie, et finis cette crainte.

Finir une crainte !

Vers 9. Je fais plus, je vous livre une fière ennemie,
Avec tout son orgueil et sa Lusitanie.

Comme si cet orgueil était un effet appartenant à Viriate[2].

Vers 19. Et vous reconnoîtrez, par leurs perfides traits,
Combien Rome pour vous a d'ennemis secrets...

Des ennemis pour quelqu'un, c'est un solécisme et un barbarisme.

Vers 21. Qui tous, pour Aristie enflammés de vengeance,
Avec Sertorius étoient d'intelligence.

Enflammés de vengeance pour, même faute.

Vers 24. Madame, il est ici votre maître et le mien.

Quand même la situation serait intéressante, théâtrale et terrible, elle ne pourrait émouvoir, parce que Perpenna n'est là qu'un misérable, qu'un vil délateur, et qu'on ne peut jouer un rôle plus bas et plus lâche.

Vers 34. . . . . Seigneur, qu'allez-vous faire?
— Montrer d'un tel secret ce que je veux savoir.

Cette action de brûler des lettres est belle dans l'histoire, et fait un mauvais effet dans une tragédie. On apporte une bougie ; autrefois on apportait une chandelle[3].

---

1. Tome XXXI, page 191 ; et ci-dessus, pages 49 et 99.
2. « Voilà une remarque bien peu digne de Voltaire, » dit Palissot. (G. A.)
3. Cette note sur la mise en scène ne laisse pas que d'être intéressante.

Vers 40. Je n'y remettrai point le carnage et l'horreur.

On ne *remet* point le carnage dans une ville comme on y remet la paix. *Le carnage et l'horreur,* termes vagues et usés qu'il faut éviter. Aujourd'hui tous nos mauvais versificateurs emploient le carnage et l'horreur à la fin d'un vers, comme les armes et les alarmes pour rimer.

Vers dern. Je suis maître, je parle; allez, obéissez.

Le froid qui règne dans ce dénoûment vient principalement du rôle bas et méprisable que joue Perpenna. Il est assez lâche pour venir accuser la femme de Pompée d'avoir voulu faire des ennemis à son mari dans le temps de son divorce, et assez imbécile pour croire que Pompée lui en saura gré dans le temps qu'il reprend sa femme.

Un défaut non moins grand, c'est que cette accusation contre Aristie est un faible épisode auquel on ne s'attend point.

C'est une belle chose dans l'histoire que Pompée brûle les lettres sans les lire; mais ce n'est point du tout une chose tragique : ce qui arrive dans un cinquième acte sans avoir été préparé dans les premiers ne fait jamais une impression violente.

Ces lettres sont une chose absolument étrangère à la pièce. Ajoutez à tous ces défauts contre l'art du théâtre que le supplice d'un criminel, et surtout d'un criminel méprisable, ne produit jamais aucun mouvement dans l'âme; le spectateur ne craint ni n'espère. Il n'y a point d'exemple d'un dénoûment pareil qui ait remué l'âme, et il n'y en aura point. Aristote avait bien raison, et connaissait bien le cœur humain quand il disait que le simple châtiment d'un coupable ne pouvait être un sujet propre au théâtre.

Encore une fois, le cœur veut être ému; et quand on ne le trouble pas, on manque à la première loi de la tragédie.

Viriate parle noblement à Pompée; mais des compliments finissent toujours une tragédie froidement. Toutes ces vérités sont dures, je l'avoue; mais à qui dures? A un homme qui n'est plus. Quel bien lui ferais-je en le flattant? Quel mal, en disant vrai? Ai-je entrepris un vain panégyrique ou un ouvrage utile? Ce n'est pas pour lui que je réfléchis, et que j'écris ce que m'ont appris cinquante ans d'expérience : c'est pour les auteurs et pour les lecteurs. Quiconque ne connaît pas les défauts est incapable de connaître les beautés; et je répète ce que j'ai dit dans l'examen de presque toutes ces pièces, que la vérité est préférable à Corneille, et qu'il ne faut pas tromper les vivants par respect pour les morts. Je ne suis pas même retenu par la crainte de me voir soupçonné de sentir un plaisir secret à rabaisser un grand homme, dans la vaine idée de m'égaler à lui en l'avilissant : je me crois trop au-dessous de lui. Je dirai seulement ici que je parlerais avec plus de hardiesse et de force si je ne m'étais pas exercé quelquefois dans l'art de Corneille.

J'ai dit ma pensée avec l'honnête liberté dont j'ai fait profession toute ma vie, et je sens si vivement ce que le père du théâtre a de sublime qu'il m'est permis plus qu'à personne de montrer en quoi il n'est pas imitable.

SCÈNE VII.

Vers 25. Je renonce à la guerre ainsi qu'à l'hyménée.

Cette tirade de Viriate est très à sa place, pleine de raison et de noblesse.

SCÈNE VIII ET DERNIÈRE.

Vers 9. Allons donner notre ordre à des pompes funèbres.

Donner un ordre à des pompes, et, qui pis est, *notre ordre*[1] !

---

1. L'édition de 1682 porte :

Allons donner votre ordre.

REMARQUES
SUR SOPHONISBE

TRAGÉDIE REPRÉSENTÉE EN 1663.

PRÉFACE DU COMMENTATEUR.

Il y a des points d'histoire qui paraissent au premier coup d'œil de beaux sujets de tragédie, et qui au fond sont presque impraticables : telles sont, par exemple, les catastrophes de Sophonisbe et de Marc-Antoine. Une des raisons qui probablement excluront toujours ces sujets du théâtre, c'est qu'il est bien difficile que le héros n'y soit avili. Massinisse, obligé de voir sa femme menée en triomphe à Rome, ou de la faire périr pour la soustraire à cette infamie, ne peut guère jouer qu'un rôle désagréable. Un vieux triumvir, tel qu'Antoine, qui se perd pour une femme telle que Cléopâtre, est encore moins intéressant parce qu'il est plus méprisable.

La *Sophonisbe* de Mairet eut un grand succès ; mais c'était dans un temps où non-seulement le goût du public n'était point formé, mais où la France n'avait encore aucune tragédie supportable.

Il en avait été de même de la *Sophonisbe* du Trissino ; et celle de Corneille fut oubliée au bout de quelques années. Elle essuya dans sa nouveauté beaucoup de critiques, et eut des défenseurs célèbres ; mais il paraît qu'elle ne fut ni bien attaquée ni bien défendue.

Le point principal fut oublié dans toutes ces disputes. Il s'agissait de savoir si la pièce était intéressante : elle ne l'est pas, puisque, malgré le nom de son auteur, on ne l'a point rejouée depuis quatre-vingts ans. Si ce défaut d'intérêt, qui est le plus grand de tous, comme nous l'avons déjà dit[1], était racheté par une scène semblable à celle de Sertorius et de Pompée, on pourrait la représenter encore quelquefois.

Il ne sera pas inutile de faire connaître ici le style de Mairet et de tous les auteurs qui donnèrent des tragédies avant *le Cid*.

Syphax, dès la première scène, reproche à Sophonisbe sa femme un amour *impudique* pour le roi Massinisse son ennemi. *Je veux bien*, lui dit-il, *que tu me méprises, et que tu en aimes un autre ; mais*

> Ne pouvois-tu trouver où prendre tes plaisirs,
> Qu'en cherchant l'amitié de ce prince numide ?

Sophonisbe lui répond :

> J'ai voulu m'assurer de l'assistance d'un
> A qui le nom libyque avec nous fût commun.

Ce même Syphax se plaint à son confident Philon de l'infidélité de son épouse ; et Philon, pour le consoler, lui représente

> . . . . que c'est aux grandes âmes
> A souffrir de grands maux, et que femmes sont femmes.

Ensuite, quand Syphax est vaincu, Phénice, confidente de Sophonisbe, lui conseille de chercher à plaire au vainqueur ; elle lui dit :

> Au reste, la douleur ne vous a point éteint
> Ni la clarté des yeux, ni la beauté du teint.
> Vos pleurs vous ont lavée ; et vous êtes de celles
> Qu'un air triste et dolent rend encore plus belles.
> Vos regards languissants font naître la pitié,
> Que l'amour suit parfois, et toujours l'amitié ;
> N'étant rien de pareil aux effets admirables
> Que font dans les grands cœurs des beautés misérables.
> Croyez que Massinisse est un vivant rocher,
> Si vos perfections ne le peuvent toucher.

Sophonisbe, qui n'avait pas besoin de ces conseils, emploie avec Massinisse le langage le plus séduisant, et lui parle même avec une dignité qui la rend encore plus touchante. Une de ses suivantes, remarquant l'effet que le discours de Sophonisbe a fait sur le prince, dit derrière elle à une autre suivante : *Ma compagne, il se prend ;* et sa compagne lui répond : *La victoire est à nous, ou je n'y connais rien.*

---

1. Voyez pages 191 et 221.

PRÉFACE DU COMMENTATEUR.

Tel était le style des pièces les plus suivies; tel était ce mélange perpétuel de comique et de tragique, qui avilissait le théâtre : l'amour n'était qu'une galanterie bourgeoise ; le grand n'était que du boursouflé ; l'esprit consistait en jeux de mots et en pointes ; tout était hors de la nature. Presque personne n'avait encore ni pensé ni parlé comme il faut dans aucun discours public.

Il est vrai que la *Sophonisbe* de Mairet avait un mérite très-nouveau en France : c'était d'être dans les règles du théâtre. Les trois unités, de lieu, de temps, et d'action, y sont parfaitement observées. On regarda son auteur comme le père de la scène française ; mais qu'est-ce que la régularité sans force, sans éloquence, sans grâce, sans décence? Il y a des vers naturels dans la pièce, et on admirait ce naturel qui approche du bas, parce qu'on ne connaissait point encore celui qui touche au sublime.

En général, le style de Mairet est ou ampoulé ou bourgeois. Ici c'est un officier du roi Massinisse qui, en annonçant que Sophonisbe est morte empoisonnée, dit au roi :

> Si Votre Majesté désire qu'on lui montre
> Ce pitoyable objet, il est ici tout contre ;
> La porte de sa chambre est à deux pas d'ici,
> Et vous le pourrez voir de l'endroit que voici.

Là c'est Massinisse qui, en voyant Sophonisbe expirée, s'écrie en s'adressant aux yeux de cette beauté :

> Vous avez donc perdu ces puissantes merveilles,
> Qui déroboient les cœurs et charmoient les oreilles,
> Clair soleil, la terreur d'un injuste sénat,
> Et dont l'aigle romain n'a pu souffrir l'éclat;
> Doncques votre lumière a donné de l'ombrage, etc.

On ne faisait guère alors autrement des vers.

Dans ce chaos à peine débrouillé de la tragédie naissante, on voyait pourtant des lueurs de génie ; mais surtout ce qui soutint si longtemps la pièce de Mairet, c'est qu'il y a de la vraie passion. Elle fut représentée sur la fin de 1634[1], trois ans avant *le Cid*, et enleva tous les suffrages. Les succès en tout genre dépendent de l'esprit du siècle. Le médiocre est admiré dans un temps d'ignorance ; le bon est tout au plus approuvé dans un temps éclairé.

---

1. Elle fut imprimée en 1635 ; mais elle avait été jouée en 1629, sept ans avant *le Cid*.

On fera peu de remarques grammaticales sur la *Sophonisbe* de Corneille, et on tâchera de démêler les véritables causes qui excluent cette pièce du théâtre.

AVERTISSEMENT AU LECTEUR.

> Depuis trente ans que M. Mairet a fait admirer sa *Sophonisbe* sur notre théâtre, elle y dure encore;... elle a des endroits inimitables... Le démêlé de Scipion avec Massinisse et le désespoir de ce prince sont de ce nombre.

On voit que Corneille était alors raccommodé avec Mairet, ou qu'il craignait de choquer le public, qui aimait toujours l'ancienne *Sophonisbe*. C'est dans cette scène où Scipion fait à Massinisse des reproches de sa faiblesse, qu'on trouve ce vers énergique :

> Massinisse en un jour voit, aime, et se marie!

Ce vers est la critique de tant d'amours de théâtre, qui commencent au premier acte, et qui produisent un mariage au dernier.

> Je ne m'aperçus point qu'on se scandalisât de voir, dans *Sertorius*, Pompée mari de deux femmes vivantes, dont l'une venoit chercher un second mari aux yeux mêmes de ce premier.

C'est qu'Aristie est répudiée, et on la plaint ; Sophonisbe ne l'est pas, et on la blâme.

> J'aime mieux qu'on me reproche d'avoir fait mes femmes trop héroïnes... que de m'entendre louer d'avoir efféminé mes héros par une docte et sublime complaisance au goût de nos délicats, qui veulent de l'amour partout.

Ce n'est point Racine que Corneille désigne ici. Ce grand homme, qui n'a jamais efféminé ses héros, qui n'a traité l'amour que comme une passion dangereuse, et non comme une galanterie froide, pour remplir un acte ou deux d'une intrigue languissante; Racine, dis-je, n'avait encore publié aucune pièce de théâtre : c'est de Quinault dont il est ici question. Le jeune Quinault venait de donner successivement *Stratonice*, *Amalasonte*, *le Faux Tiberinus*, *Astrate*. Cet *Astrate* surtout, joué dans le même temps que *Sophonisbe*, avait attiré tout Paris, tandis que *Sophonisbe* était négligée. Il y a de très-belles scènes dans *Astrate*; il y règne surtout de l'intérêt : c'est ce qui fit son grand succès. Le public était las de pièces qui roulaient sur une politique froide, mêlée de raisonnements sur l'amour et de compliments amoureux, sans aucune passion véritable. On commençait aussi à s'apercevoir qu'il fallait un autre style que celui dont les dernières pièces de Corneille sont écrites. Celui de Quinault était plus naturel et moins obscur. Enfin ses pièces eurent un prodigieux succès, jusqu'à ce que l'*Andromaque* de Racine les éclipsât toutes. Boileau commença à rendre l'*Astrate* ridicule[1] en se moquant de l'anneau royal, qui, en effet, est une invention puérile; mais il faut convenir qu'il y a de très-belles scènes entre Sichée et Astrate.

ACTE PREMIER.

SCÈNE I.

Vers 5. . . . . . . L'orgueil des Romains se promettoit l'éclat
D'asservir par leur prise et vous et tout l'État.

L'éclat d'asservir vous et tout l'État par une prise, solécisme et barbarisme.

Vers 7. Syphax a dissipé par sa seule présence
De leur ambition la plus fière espérance.

La plus fière espérance d'une ambition, solécisme et barbarisme.

Vers 12. Il les range en bataille au milieu de la plaine;
L'ennemi fait le même.

L'ennemi fait le même, barbarisme.

(*Fin de la scène.*) Vous voyez que l'exposition de la pièce est bien faite : on entre tout d'un coup en matière; on est occupé de grands objets. Les fautes de style, comme *se promettre l'éclat d'asservir vous et l'État, étaler des menaces, envoyer un trompette, une heure à conférer,* sont des minuties, qu'il ne faut pas, à la vérité, négliger, mais qu'on ne doit pas reprendre sévèrement quand le beau est dominant.

SCÈNE II.

Vers 2. . . . Vos vœux pour la paix n'ont pas votre âme entière.

Des vœux qui n'ont pas une âme entière !

---

1 Satire III, vers 194.

Vers 23. Nous vaincrons, Herminie, etc.

Il y a des degrés dans le mauvais comme dans le bon. Cette tirade n'est pas de ce dernier degré, qui étonne et qui révolte dans *Pertharite,* dans *Théodore,* dans *Attila,* dans *Agésilas;* mais si le plus plat des auteurs tragiques s'avisait de dire aujourd'hui : *Nos destins jaloux voudront faire quelque chose pour nous à leur tour; un amour qu'il m'a plu de trahir ne se trahira pas jusqu'à me haïr; et l'estime qu'on prend pour un autre mérite, et un ordre ambitieux d'un hymen;* et si enfin il étalait sans cesse tous ces misérables lieux communs de politique, y aurait-il assez de sifflets pour lui?

Vers 29. Jamais à ce qu'on aime on n'impute d'offense, etc.

Le cœur est glacé dès cette scène. Ces dissertations sur l'amour, qui tiennent plus de la comédie que de la tragédie, ne conviennent ni à une femme qui aime véritablement, ni à une ambitieuse comme Sophonisbe; et Sophonisbe, qui dans cette scène trouve bon que Massinisse ne l'aime point, et qui ne veut pas qu'il en aime une autre, joue dès ce moment un personnage auquel on ne peut jamais s'intéresser.

Vers 53. Ce reste ne va point à regretter ma perte,
Dont je prendrois encor l'occasion offerte.

Un reste qui ne va point à regretter une perte dont on prendrait encore l'occasion offerte! Quelles expressions! Quel style!

Vers 96. Un esclave échappé nous fait toujours rougir.

Cette petite coquetterie comique et cette nouvelle dissertation sur les femmes, qui veulent toujours conserver leurs amants, sont si déplacées que la confidente a bien raison de lui dire, respectueusement, qu'elle est une capricieuse. Ce mot seul de *caprice* ôte au rôle de Sophonisbe toute la dignité qu'il devait avoir, détruit l'intérêt, et est un vice capital. Ajoutez à cette grande faute les défauts continuels de la diction, comme *Éryxe qui avance la douleur de Sophonisbe par sa joie; une nouveauté qui n'ose consoler de la déloyauté; un illustre refus; une perte devenue amère au-dedans; Herminie qui ne comprend pas que peut importer à laquelle on veuille s'arrêter; un reste d'amour qui ne va point à regretter une perte dont on prendroit encore l'occasion offerte;* et tout ce galimatias absurde qu'on ne remarqua pas assez dans un temps où le goût des Français n'était pas encore formé, et qu'on ne remarque guère aujourd'hui, parce qu'on ne lit pas avec attention, et surtout parce que presque personne ne lit les dernières pièces de Corneille.

SCÈNE III.

Vers 27. Rome nous auroit donc appris l'art de trembler.

On n'avait pas mis encore la peur au rang des arts.

Vers 30. On ne voit point d'ici ce qui se passe à Rome.

On sent combien ce vers est ridicule dans une tragédie. Si on voulait remarquer tous les mauvais vers, la peine serait trop grande, et serait perdue.

(*Fin de la scène.*) Cette conversation politique entre deux femmes, leurs petites picoteries, n'élèvent l'âme du spectateur, ni ne la remuent; et le lecteur est rebuté de voir à tout moment de ces vers de comédie que Corneille s'est permis dans toutes ses pièces depuis *Cinna*, et que le succès constant de *Cinna* devait l'engager à proscrire de son style. On pourrait observer les solécismes, les barbarismes de ces deux femmes, et, ce qui est bien plus impardonnable, leur langage trivial et comique.

Il n'est pas permis de mettre dans une tragédie des vers tels que ceux-ci :

> Avez-vous en ces lieux quelque commerce ? — Aucun.
> — D'où le savez-vous donc ? — D'un peu de sens commun.
> On pourroit fort attendre ; et durant cette attente
> Vous pourriez n'avoir pas l'âme la plus contente.
> On ne voit point d'ici ce qui se passe à Rome.
> Mais, madame, les dieux vous l'ont-ils révélé?
> . . . . L'âme la plus crédule
> D'un miracle pareil feroit quelque scrupule
> . . . . . . Un succès hautement emporté,
> Qui mettroit notre gloire en plus d'égalité.
> Du reste, si la paix vous plaît ou vous déplaît,
> La bataille et la paix sont pour moi même chose, etc., etc.

C'est là ce que Saint-Évremond appelle parler avec dignité, c'est la véritable tragédie; et l'*Andromaque* de Racine est à ses yeux une pièce dans laquelle il y a des choses qui approchent du bon ! Tel est le préjugé, telle est l'envie secrète qu'on porte au mérite nouveau sans presque s'en apercevoir. Saint-Évremond était né après Corneille, et avait vu naître Racine. Osons dire qu'il n'était digne de juger ni l'un ni l'autre. Il n'y a peut-être jamais eu de réputation plus usurpée que celle de Saint-Évremond.

SCÈNE IV.

Vers dern. Et je saurai, pour vous, vaincre ou mourir en roi.

Cette scène devrait être intéressante et sublime. Sophonisbe veut forcer son mari à prendre le parti de Carthage contre les Romains. C'est un grand objet, et digne de Corneille; si cet objet n'est pas rempli, c'est en partie la faute du style; c'est cette répétition : *m'aimez-vous, seigneur? oui, m'aimez-vous encore?* c'est cette imitation du discours de Pauline à Polyeucte :

> Moi qui, pour en étreindre à jamais les grands nœuds,
> Ai d'un amour si juste éteint les plus beaux feux [1] ;

imitation mauvaise : car le sacrifice que Pauline a fait de son amour pour Sévère est touchant, et le sacrifice de Massinisse, que Sophonisbe a fait à l'ambition, est d'un genre tout différent. Enfin Syphax est faible, Sophonisbe veut gouverner son mari ; la scène n'est pas assez fortement écrite, et tout est froid.

Je ne parle point de *Carthage abandonnée, qui vaut pour l'un et pour l'autre une grande journée;* je ne parle pas du style, qui devrait réparer les vices du fond, et qui les augmente.

ACTE DEUXIÈME.

On retrouve dans ce second acte des étincelles du feu qui avait animé l'auteur de *Cinna* et de *Polyeucte, etc.* Cependant la pièce de Corneille n'eut qu'un médiocre succcès, et la *Sophonisbe* de Mairet continua à être représentée. Je crois en trouver la raison jusque dans les beaux endroits même de la *Sophonisbe* de Corneille. Éryxe, cette ancienne maîtresse de Massinisse, démêle très-bien l'amour de Massinisse pour sa rivale : tout ce qu'elle dit est vrai ; mais ce vrai ne peut toucher. Elle annonce elle-même que Sophonisbe est aimée : dès lors, plus d'incertitude dans l'esprit du spectateur, plus de suspension, plus de crainte.

---

1. C'est à son père, et non à Polyeucte, que Pauline fait cet aveu. L'édition de 1664 et les éditions postérieures portent :

> Et j'ai, pour l'accepter, éteint le plus beau feu
> Qui d'une âme bien née ait mérité l'aveu.

Mairet avait eu l'art de tenir les esprits en suspens : on ne sait d'abord chez lui si Massinisse pardonnera ou non à sa captive. C'est beaucoup que, dans le temps grossier où Mairet écrivait, il devinât ce grand art d'intéresser. Sa pièce était à la vérité remplie de vers de comédie et de longues déclamations; mais ce goût subsista très-longtemps, et il n'y avait qu'un petit nombre d'esprits éclairés qui s'aperçussent de ces défauts. On aimait encore, ainsi que nous l'avons remarqué souvent[1], ces longues tirades raisonnées, qui, à l'aide de cinq ou six vers pompeux et de la déclamation ampoulée d'un acteur, subjuguaient l'imagination d'un parterre, alors peu instruit, qui admirait ce qu'il entendait et ce qu'il n'entendait pas. Des vers durs, entortillés, obscurs, passaient à la faveur de quelques vers heureux. On ne connaissait pas la pureté et l'élégance continue du style.

La pièce de Mairet subsista donc, ainsi que plusieurs ouvrages de Desmarets, de Tristan, de Duryer, de Rotrou, jusqu'à ce que le goût du public fût formé[2].

La *Sophonisbe* de Corneille tomba ensuite comme les autres pièces de tous ces auteurs; elle est plus fortement écrite, mais non plus purement, et, avec l'incorrection et l'obscurité continuelle du style, elle a le grand défaut d'être absolument sans intérêt, comme le lecteur peut le sentir à chaque page.

SCÈNE I.

(*Fin de la scène.*) On sent dans cette scène combien Éryxe est froide et rebutante.

> J'aime donc Massinisse, et je prétends qu'il m'aime;
> Je l'adore, et je veux qu'il m'adore de même...
> Pour juste aux yeux de tous qu'en puisse être la cause,
> Une femme jalouse à cent mépris s'expose.
> Plus elle fait de bruit, moins on en fait d'état.

Est-ce là une comédie de Monfleury[3]? Est-ce une tragédie de Corneille?

SCÈNE II.

Cette scène est aussi froide et aussi comiquement écrite que la précédente. Massinisse est non-seulement *le maître de la ville,*

---

1. Voyez tome XXXI, page 294.
2. C'est-à-dire *les Visionnaires, Mariamne, Alcinoë, Venceslas* et *Saint Genest.*
3. Auteur de *la Femme juge et partie,* de *Martin Braillard,* du *Cocu volontaire,* etc.; 1640-1685.

mais aussi des murs. Il voit céder les soins de la victoire aux douceurs de l'amour en ce reste de jour. Il n'aurait plus sujet d'aucune inquiétude, n'était qu'il ne peut sortir d'ingratitude. Quand on fait parler ainsi ses héros, il faut se taire. Éryxe dit autant de sottises que Massinisse : j'appelle hardiment les choses par leur nom, et j'ai cette hardiesse, parce que j'idolâtre les beaux morceaux du *Cid*, d'*Horace*, de *Cinna*, de *Polyeucte*, et de *Pompée*.

SCÈNE III.

(*Fin de la scène.*) Ce qui fait que cette petite scène de bravades entre Éryxe et Sophonisbe est froide, c'est qu'elle ne change rien à la situation, c'est qu'elle est inutile, c'est que ces deux femmes ne se bravent que pour se braver.

SCÈNE IV.

Vers 1. . . . . . Pardonnez-vous à cette inquiétude
Que fait de mon destin la triste incertitude?

On a dit que ce qui déplut davantage dans la *Sophonisbe* de Corneille, c'est que cette reine épouse le vainqueur de son mari le même jour que ce mari est prisonnier. Il se peut qu'une telle indécence, un tel mépris de la pudeur et des lois, ait révolté tous les esprits bien faits. Mais les actions les plus condamnables, les plus révoltantes, sont très-souvent admises dans la tragédie, quand elles sont amenées et traitées avec un grand art. Il n'y en a point du tout ici ; et les discours que se tiennent ces deux amants n'étaient pas capables de faire excuser ce second mariage dans la maison même qu'habite encore le premier mari.

Pardonnez, monsieur, à l'inquiétude que l'incertitude de mon destin fait. Jugez l'excès de ma confusion. Si ce qu'on vit d'intelligence entre nous ne nous convaincra point d'une vengeance indigne. Mais plus l'injure est grande, d'autant mieux éclate la générosité de servir une ingrate, mise par votre bras lui-même hors d'état d'en reconnaître l'éclat.

Cet horrible galimatias, hérissé de solécismes, est-il bien propre à faire pardonner à Sophonisbe l'insolente indécence de sa conduite?

On ne peut excuser Corneille qu'en disant qu'il a fait *Cinna*.

(*Fin de la scène.*) Scène froide encore, parce que le spectateur sait déjà quel parti a pris Massinisse, parce qu'elle est dénuée de grandes passions et de grands mouvements de l'âme.

SCÈNE V.

Vers 16.   Mais comme enfin la vie est bonne à quelque chose,
Ma patrie elle-même à ce trépas s'oppose.

La vie est bonne à quelque chose! Quel discours et quels raisonnements!

(*Fin de la scène.*) Scène plus froide encore, parce que Sophonisbe ne fait que raisonner avec sa confidente sur ce qui vient de se passer. Partout où il n'y a ni crainte, ni espérance, ni combats du cœur, ni infortunes attendrissantes, il n'y a point de tragédie. Encore si la froideur était un peu ranimée par l'éloquence de la poésie! Mais une prose incorrecte et rimée ne fait qu'augmenter les vices de la construction de la pièce.

ACTE TROISIÈME.

SCÈNE I.

Vers 1.   Oui, seigneur, j'ai donné vos ordres à la porte, etc.

Mêmes défauts partout. Quel fruit tirerait-on des remarques que nous pourrions faire? Il n'y a que le bon qui mérite d'être discuté.

(*Fin de la scène.*) Scène froide, parce qu'elle ne change rien à la situation de la scène précédente, parce qu'un subalterne rapporte en subalterne un discours inutile de l'inutile Éryxe, et qu'il est fort indifférent que cette Éryxe ait prononcé ou non ce vers comique :

Le roi n'use pas mal de mon consentement.

SCÈNE II.

(*Fin de la scène.*) Scène froide encore, par la même raison qu'elle n'apporte aucun changement, qu'elle ne forme aucun nœud, que les personnages répètent une partie de ce qu'ils ont déjà dit, qu'on ne s'intéresse point à Éryxe, qu'elle ne fait rien du tout dans la pièce. Ce sont les Romains, et non pas Éryxe, que Massinisse doit craindre; qu'elle se plaigne ou qu'elle ne se plaigne pas, les Romains voudront toujours mener Sophonisbe en triomphe. Mais le pis de tout cela, c'est qu'on ne saurait plus mal écrire. La première loi quand on fait des vers, c'est de les faire bons.

SCÈNE III.

(*Fin de la scène.*) Nouvelles bravades inutiles, qui rendent cette scène aussi froide que les autres.

SCÈNE IV.

(*Fin de la scène.*) Scène encore froide. Sophonisbe semble y craindre en vain la vengeance d'Éryxe, qui n'est point en état de se venger, qui ne joue d'autre personnage que celui d'être délaissée, qui ne parle pas même aux Romains, qui, comme on l'a déjà remarqué, ne produit rien du tout dans la pièce.

SCÈNE VI.

Vers 97. Votre exemple est ma loi; vous vivez et je vi.

Il est bon que dans la poésie on puisse supprimer ou ajouter des lettres selon le besoin, sans nuire à l'harmonie : *je fai, je vi, je croi, je doi,* pour *je fais, je vis, je crois, je dois,* etc.

(*Fin de la scène.*) Cette scène n'est pas de la froideur des autres, par cette seule raison que la situation est embarrassante; mais cette situation n'est ni noble, ni tragique; elle est révoltante, elle tient du comique. Un vieux mari qui vient revoir sa femme, et qui la trouve mariée à un autre, ferait aujourd'hui un effet très-ridicule. On n'aime de telles aventures que dans les contes de La Fontaine et dans des farces. Les mots de *roi*, de *couronne*, de *diadème*, loin de mettre de la dignité dans une aventure si peu tragique, ne servent qu'à faire mieux sentir le contraste de la tragédie et de la comédie. Syphax est si prodigieusement avili qu'il est impossible qu'on prenne à lui le moindre intérêt. Pour peu qu'on pèse toutes ces raisons, on verra qu'à la longue une nation éclairée est toujours juste, et que c'est en se formant le goût que le public a rejeté *Sophonisbe*.

ACTE QUATRIÈME.

SCÈNE II.

(*Fin de la scène.*) Si le vieux Syphax a été humilié avec sa femme, il l'est bien plus avec Lælius en demandant pardon d'avoir combattu les Romains, et s'excusant sur son *imbécile et sévère esclavage*, sur *ses cheveux gris*, sur *les ardeurs ramassées dans ses veines glacées*.

On demande pourquoi il n'est pas permis d'introduire dans la tragédie des personnages bas et méprisables. La tragédie, dit-on, doit peindre les mœurs des grands; et parmi les grands il se trouve beaucoup d'hommes méprisables et ridicules. Cela est vrai ; mais ce qu'on méprise ne peut jamais intéresser : il faut qu'une tragédie intéresse ; et ce qui est fait pour le pinceau de Téniers ne l'est pas pour celui de Raphaël.

SCÈNE III.

Vers 93. Vous parlez tant d'amour qu'il faut que je confesse
Que j'ai honte pour vous de voir tant de foiblesse, etc.

Il y a bien de la force et de la dignité dans les vers suivants; c'est ce morceau singulier, ce sont quelques autres tirades contre la passion de l'amour, qui ont fait dire assez mal à propos que Corneille avait dédaigné de représenter ses héros amoureux. Le discours de Lælius est noble, et a quelque chose de sublime; mais vous sentez que plus il est grand, plus il rend Massinisse petit. Massinisse est le premier personnage de la pièce, puisque c'est lui qui est passionné et infortuné. Dès que ce premier personnage devient un subalterne traité avec mépris par son supérieur, il ne peut plus être souffert : il est impossible, comme on l'a déjà dit[1], de s'intéresser à ce qu'on méprise. Quand le vieux don Diègue dit à Rodrigue, son fils :

L'amour n'est qu'un plaisir, l'honneur est un devoir[2],

il n'avilit point Rodrigue, il le rend même plus intéressant, en mettant aux prises sa passion avec l'amour filial; mais si un envoyé de Pompée venait reprocher à Mithridate sa faiblesse pour Monime, s'il insultait avec une dérision amère au ridicule d'un vieillard amoureux, jaloux de ses deux enfants, Mithridate ne serait plus supportable.

Il paraît que Lælius se moque continuellement de Massinisse, et que ce prince n'exprime ni assez ce qu'il doit dire, ni assez bien ce qu'il dit.

1. Voyez tome XXXI, pages 226, 408 ; et ci-dessus, page précédente.
2. *Le Cid*, acte III, scène VI.

> Quel ridicule espoir en garderoit mon âme,
> Si votre dureté me refuse ma femme?
> Est-il rien plus à moi, rien plus à balancer?

Lælius répond à ces vers comiques que sa femme n'est point sa femme; le Numide ne parle alors que de son amour fidèle, de ce qu'un digne amour donne d'impatience, des amours de Mars et de Jupiter; il dit qu'il ne veut régner et vivre que dans les bras de Sophonisbe : il parle beaucoup plus tendrement de sa passion pour elle à Lælius qu'il n'en parle à elle-même, et par là il redouble le mépris que Lælius lui témoigne. C'était là pourtant une belle occasion de répondre avec dignité à Lælius, de faire valoir les droits des rois et des nations, d'opposer la violence africaine à la grandeur romaine, de repousser l'outrage par l'outrage, au lieu de jouer le rôle d'un valet qui s'est marié sans la permission de son maître. Il soutient ce malheureux personnage dans la scène suivante avec Sophonisbe; il la prie de venir demander grâce avec lui à Scipion : et enfin la faiblesse de ses expressions ne répond que trop à celle de son âme.

(*Fin de la scène.*) Massinisse paraît dans un avilissement encore plus grand que Syphax : il vient se plaindre de ce qu'on lui prend sa femme; il fait l'apologie de l'amour devant le lieutenant de Scipion, et il fait cette apologie en vers comiques : *Pour aimer à notre âge en est-on moins parfait? etc.*; et Lælius, qui ne paraît là que pour dire qu'il ne faut point aimer, joue un rôle aussi froid que celui de Massinisse est humiliant.

SCÈNE V.

Vers 7.   Allons, allons, madame, essayer aujourd'hui
          Sur le grand Scipion ce qu'il a craint pour lui.

Quoi! Massinisse, apprenant que le jeune Scipion arrive, conseille à sa femme d'aller lui faire des coquetteries, et de tâcher d'avoir en un jour trois maris! Sophonisbe répond noblement; mais toute la grandeur de Corneille ne pourrait ennoblir cette scène, qui commence par une proposition si lâche et si ridicule.

SCÈNE VI.

Vers 1.   Douterez-vous encor, seigneur, qu'elle vous aime?
          — Mézétulle, il est vrai, son amour est extrême.

Il serait à souhaiter qu'il le fût, il y aurait au moins quelque intérêt dans la pièce; mais Sophonisbe n'a point du tout cette *illustre faiblesse* dont Massinisse l'a priée de faire voir les douceurs. Elle ne lui a dit qu'un mot un peu tendre : elle a toujours grand soin de persuader qu'elle n'aime que sa grandeur.

ACTE CINQUIÈME.

SCÈNE I.

Vers 32. Tous les cœurs ont leur foible, et c'étoit là le mien.

Toutes les scènes précédentes ayant été si froides, il est impossible que ce cinquième acte ne le soit pas. Sophonisbe elle-même avertit qu'elle n'avait point de passion, qu'elle n'avait que la folle ardeur de braver sa rivale; que c'était là son *suprême bien* et son *faible :* un tel faible n'est nullement tragique.

Elle a donc un caractère aussi froid que ses deux maris, puisque de son aveu elle n'a qu'un *caprice* sans grandeur d'âme et sans amour.

SCÈNE II.

(*Fin de la scène.*) Comment se peut-il faire qu'une scène où un mari envoie du poison à sa femme soit froide et comique? C'est que cette femme lui renvoie son poison, après que ce poison lui a été présenté comme un message tout ordinaire; c'est qu'elle lui fait dire qu'il n'a qu'à s'empoisonner lui-même. Après une si étrange scène, tout ce qui peut étonner, c'est qu'il se soit trouvé autrefois des défenseurs de cette tragédie; et ce qui serait plus étonnant, c'est qu'on la rejouât aujourd'hui.

SCÈNE IV.

(*Fin de la scène.*) Cette scène paraît au-dessous de toutes les précédentes, par la raison même qu'elle devait être touchante. Une femme à qui son mari envoie du poison, et qui en fait confidence à sa rivale, semble devoir produire quelques grands mouvements, quelque changement surprenant de fortune, quelque catastrophe; mais cette confidence, faite froidement et reçue de même, ne produit qu'un vers de comédie :

> Que voulez-vous, madame? il faut s'en consoler.

Les expressions les plus simples dans de grands malheurs sont souvent les plus nobles et les plus touchantes; mais nous avons déjà remarqué combien il faut craindre, en cherchant le simple, de tomber dans le comique et dans le bas.

SCÈNE V.

(*Fin de la scène.*) Cette fin de la pièce est, quant au fond, très-inférieure à celle de Mairet : car du moins Massinisse, dans Mairet, est au désespoir; il montre aux Romains sa femme expirante, et il se tue auprès d'elle; mais ici Sophonisbe parle de Massinisse comme du dernier des hommes, et cet homme si méprisé épouse Éryxe. La pièce de Corneille finit donc par le mariage de deux personnages dont personne ne se soucie; et Corneille a si bien senti combien Massinisse est bas et odieux qu'il n'ose le faire paraître : de sorte qu'il ne reste sur la scène qu'un Lælius qui ne prend nulle part au dénoûment, la froide Éryxe, et des subalternes.

SCÈNE VIII ET DERNIÈRE.

Vers 37.   Elle meurt à mes yeux, mais elle meurt sans trouble,
    Et soutient, en mourant, la pompe d'un courroux
    Qui semble moins mourir que triompher de nous.

La pompe d'un courroux qui semble moins mourir que triompher! On voit assez que c'est là de l'enflure dépourvue du mot propre, et qu'un courroux n'est pas pompeux. Éryxe répond avec noblesse et avec convenance. Il eût été à désirer que la pièce finît par ce discours d'Éryxe, ou que Lælius eût mieux parlé : car qu'importe qu'on *aille voir Scipion et Massinisse?*

Vers dern. Madame, encore un coup, laissons-en faire au temps

n'est pas une fin heureuse. Les meilleures sont celles qui laissent dans l'âme du spectateur quelque idée sublime, quelque maxime vertueuse et importante, convenable au sujet; mais tous les sujets n'en sont pas susceptibles.

On n'a point remarqué tous les défauts dans les détails, que le lecteur remarque assez. La pièce en est pleine; elle est très-froide, très-mal conçue, et très-mal écrite.

REMARQUES SUR OTHON

TRAGÉDIE REPRÉSENTÉE EN 1665[1].

PRÉFACE DU COMMENTATEUR.

Il ne faut guère en croire sur un ouvrage ni l'auteur, ni ses amis, encore moins les critiques précipitées qu'on en fait dans la nouveauté. En vain Corneille dit, dans sa préface, que cette pièce égale ou passe la meilleure des siennes ; en vain Fontenelle fait l'éloge d'*Othon* : le temps seul est juge souverain ; il a banni cette pièce du théâtre. Il y en a sans doute une raison qu'il faut chercher ; je n'en connais point de meilleure que l'exemple de *Britannicus*. Le temps nous a appris que quand on veut mettre la politique sur le théâtre, il faut la traiter comme Racine, y jeter de grands intérêts, des passions vraies, et de grands mouvements d'éloquence, et que rien n'est plus nécessaire qu'un style pur, noble, coulant et égal, qui se soutienne d'un bout de la pièce à l'autre. Voilà tout ce qui manque à *Othon*.

Avouons que cette tragédie n'est qu'un arrangement de famille ; on ne s'y intéresse pour personne ; il est beaucoup parlé d'amour, et cet amour même refroidit le lecteur. Lorsque ce ressort, qui devrait attacher, a manqué son effet, la pièce est perdue.

Il est dit dans l'*Histoire du Théâtre*[2], à l'article *Othon*, que Corneille refit trois fois le cinquième acte : j'ai de la peine à le croire ; mais si la chose est vraie, elle prouve qu'il fallait le refaire une quatrième fois, ou plutôt qu'il était impossible de tirer un cinquième acte intéressant d'un sujet ainsi arrangé. Corneille ne refit pas trois fois la première scène du premier acte, qui est pleine de très-grandes beautés. Quand le sujet porte l'auteur, il

---

1. *Othon* fut joué en novembre 1664.
2. Des frères Parfaict.

vogue à pleines voiles; mais quand l'auteur porte le sujet, quand il est accablé du poids de la difficulté, et refroidi par le défaut d'intérêt qu'il ne peut se dissimuler à lui-même, alors tous ses efforts sont inutiles. Corneille pouvait être d'abord échauffé par le beau portrait que fait Tacite de la cour de Galba, et par le discours qu'il prête à cet empereur.

Le nom de Rome était encore quelque chose d'important. Corneille avait assez d'invention pour former une intrigue de cinq actes; mais tout cela n'avait rien d'attachant ni de tragique; il le sentit sans doute plus d'une fois en composant, et quand il fut au cinquième acte, il se vit arrêté. Il s'aperçut trop tard que ce n'était pas là une tragédie. Racine lui-même aurait échoué dans un sujet pareil.

ACTE PREMIER.

SCÈNE I.

Il y a peu de pièces qui commencent plus heureusement que celle-ci; je crois même que de toutes les expositions celle d'*Othon* peut passer pour la plus belle, et je ne connais que l'exposition de *Bajazet* qui lui soit supérieure.

Vers 41. Je les voyois tous trois se hâter sous un maître,
      Qui, chargé d'un long âge, a peu de temps à l'être,
      Et tous trois à l'envi s'empresser ardemment
      A qui dévoreroit ce règne d'un moment.

Corneille n'a jamais fait quatre vers plus forts, plus pleins, plus sublimes[1]; et c'est en partie ce qui justifie la liberté que je prends de préférer cette exposition à celles de toutes ses autres pièces. A la vérité, il y a quelques vers familiers et négligés dans cette première scène, quelques expressions vicieuses, comme *le mérite et le sang font un éclat en vous* : on ne dit point *faire un éclat dans quelqu'un*.

---

1. « Voilà de l'aveu de Voltaire, dit encore Palissot, quatre vers sublimes, et véritablement nous n'en connaissons pas de plus beaux. Cependant quel est le peintre qui eût fait un tableau de cette métaphore si hardie? Ce seul exemple aurait dû faire abjurer à Voltaire son système antipoétique sur la justesse des métaphores. »

Vers 44. A qui dévoreroit ce règne d'un moment.

La beauté de ce vers consiste dans cette métaphore rapide du mot *dévorer;* tout autre terme eût été faible : c'est là un de ces mots que Despréaux appelait *trouvés*. Racine est plein de ces expressions dont il a enrichi la langue. Mais qu'arrive-t-il? Bientôt ces termes neufs et originaux, employés par les écrivains les plus médiocres, perdent leur premier éclat qui les distinguait; ils deviennent familiers : alors les hommes de génie sont obligés de chercher d'autres expressions, qui souvent ne sont pas si heureuses. C'est ce qui produit le style forcé et sauvage dont nous sommes inondés. Il en est à peu près comme des modes : on invente pour une princesse une parure nouvelle; toutes les femmes l'adoptent; on veut ensuite renchérir, et on invente du bizarre plutôt que de l'agréable.

Vers 91. Il se vengeroit même à la face des dieux.

A la face des dieux est ce qu'on appelle une cheville; il ne s'agit point ici de dieux et d'autels. Ces malheureux hémistiches qui ne disent rien, parce qu'ils semblent en trop dire, n'ont été que trop souvent imités.

Vers 102. Seigneur, en moins de rien il se fait des miracles

est un vers comique; mais ces petits défauts, qui rendraient une mauvaise scène encore plus mauvaise, n'empêchent pas que celle-ci ne soit claire, vigoureuse, attachante : trois mérites très-rares dans les expositions.

Cette première scène d'*Othon* prouve que Corneille avait encore beaucoup de génie. Je crois qu'il ne lui a manqué que d'être sévère pour lui-même, et d'avoir des amis sévères. Un homme capable de faire une telle scène pouvait assurément faire encore de bonnes pièces. C'est un très-grand malheur, il faut le redire, que personne ne l'avertît qu'il choisissait mal ses sujets, que ces dissertations politiques n'étaient pas propres au théâtre, qu'il fallait parler au cœur, observer les règles de la langue, s'exprimer avec clarté et avec élégance, ne jamais rien dire de trop, préférer le sentiment au raisonnement : il le pouvait; il ne l'a fait dans aucune de ses dernières pièces. Elles donnent de grands regrets.

SCÈNE II.

Vers 1. Je crois que vous m'aimez, seigneur, et que ma fille
Vous fit prendre intérêt en toute la famille, etc.

La pièce commence à faiblir dès cette seconde scène. On voit trop que la tragédie ne sera qu'une intrigue de cour, une cabale pour donner un successeur à Galba. C'est là de quoi fournir une douzaine de lignes à un historien, et quelques pages à des écrivains d'anecdotes; mais ce n'est pas là un sujet de tragédie. *Othon* est beaucoup moins théâtral que *Sophonisbe*, et bien moins heureux encore que *Sertorius*. *Agésilas*, qui suit, est moins théâtral encore qu'*Othon*. Le succès est presque toujours dans le sujet: ce qui le prouve, c'est que *Théodore, Sophonisbe, la Toison d'or, Pertharite, Othon, Agésilas, Suréna, Pulchérie, Bérénice, Attila*, pièces que le public a proscrites, sont écrites à peu près du même style que *Rodogune*, dont on revoit le cinquième acte et quelques autres morceaux avec tant de plaisir. Ce sont quelquefois les mêmes beautés, et toujours les mêmes défauts dans l'élocution. Partout vous trouverez des pensées fortes et des idées alambiquées, de la hauteur et de la familiarité, de l'amour mêlé de politique, quelques vers heureux, et beaucoup de mal faits, des raisonnements, des contestations, des bravades. Il est impossible de ne pas reconnaître la même main. D'où peut donc venir la différence du succès, si ce n'est du fond même du dessin? Les défauts de style, qui ne se remarquent pas dans le beau spectacle du cinquième acte de *Rodogune*, se font sentir quand le sujet ne les couvre pas, quand l'esprit du spectateur refroidi a la liberté d'examiner la diction, l'inconvenance, l'irrégularité des phrases, les solécismes. Je sais bien qu'*Œdipe* était un très-beau sujet; mais ce n'est pas le sujet de Sophocle que Corneille a traité, c'est l'amour de Thésée et de Dircé, mêlé avec la fable d'Œdipe; c'est une froide politique, jointe à un froid amour, qui rend tant de pièces insipides.

« Une fille qui fait prendre intérêt en toute la famille; des devoirs dont s'empresse un amant; Galba qui refuse son ordre à l'effet de nos vœux; de l'air dont nous nous regardons; une vérité qu'on voit trop manifeste; du tumulte excité; Vitellius qui arrive avec sa force unie; ce qu'il a de vieux corps; de qui se l'immola; ramener les esprits par un jeune empereur; il ira du côté de Lacus; il a remis exprès à tantôt d'en résoudre; ces grands jaloux; un œil bas; une princesse qui s'est mise à sourire; » tout cela est à la vérité très-défectueux. Le fond du discours de Vinius est raisonnable; mais ce n'est pas assez.

Vers 87. . . . . Il est d'autres Romains,
    Seigneur, qui sauront mieux appuyer vos desseins...
    Et qui seront ravis de vous devoir l'empire.

>   . . . . Sans Plautine
> L'amour m'est un poison, le bonheur m'assassine.
>   . . . . . . Les douceurs du pouvoir souverain
> Me sont d'affreux tourments, s'il m'en coûte ma main...
> Vous voulez que je règne, et je ne sais qu'aimer.

Je ne remarquerai que ces étranges vers dans cette scène; ils sont en partie le sujet de la pièce. Othon est amoureux : car, quoi qu'on en dise, encore une fois il n'y a aucun des héros de Corneille qui ne le soit; mais il est amoureux froidement. Il n'a d'abord demandé la fille de Vinius que par politique; il n'a pas de ces passions violentes, qui seules réussissent au théâtre, et qui seules font pardonner le refus d'un empire. Il a commencé par étaler la profondeur d'un courtisan habile; il parle à présent comme un jeune homme passionné et tendre. Il dément le caractère qu'il a fait paraître dans la première scène; et le même homme qui se fera nommer empereur et qui détrônera Galba renonce ici à l'empire. Le spectateur ne croit guère à cet amour; il ne s'y intéresse pas. Un des meilleurs connaisseurs, en lisant *Othon* pour la première fois, dit à cette seconde scène : « Il est impossible que la pièce ne soit froide; » et il ne se trompa point. En effet, ces craintes éloignées que montre Vinius de ce qui peut arriver un jour ne sont point un assez grand ressort. Il faut craindre des périls présents et véritables dans la tragédie, sans quoi tout languit, tout ennuie.

SCÈNE III.

Vers 1. Non pas, seigneur, non pas; quoi que le ciel m'envoie,
         Je ne veux rien tenir d'une honteuse voie.

Cette troisième scène justifie déjà ce qu'on doit prévoir, que ce n'est pas là une tragédie. Plautine écoutait à la porte, et elle vient interrompre son père pour dire en vers durs et obscurs qu'elle ne voudrait point un jour épouser son amant, si cet amant marié à une autre ne pouvait revenir à elle que par un divorce. Non-seulement c'est manquer à la bienséance, mais quel faible intérêt, quel froid sujet d'une scène, qu'une fille qui, sans être appelée, vient dire à son père devant son amant ce qu'elle ferait un jour si ce froid amant voulait l'épouser en troisièmes noces! Elle serait en effet la troisième femme d'Othon, qui l'épouserait après avoir répudié Poppée et Camille.

Vers 7. . . . . . Je vaincrai l'horreur d'un si cruel devoir, etc.

Vaincre l'horreur d'un cruel devoir; ce qu'à ses désirs elle fait de violence, pour fuir les appas honteux d'une espérance indigne; la vertu qui dompte et bannit l'amour, et qui n'en souffre qu'un vertueux retour. Ce sont là des expressions qui affaibliraient les plus beaux sentiments.

Vers 16. Quittez vos yeux de père, et prenez-en d'amant.

Ce vers ne prépare pas un intérêt tragique, et ce défaut revient souvent dans toutes ces dernières tragédies.

SCÈNE IV.

Vers 2. . . . . . S'il faut prévenir ce mortel déshonneur,
Recevez-en l'exemple, etc.

Othon qui veut se tuer ainsi au premier acte pour une crainte imaginaire, et pour une maîtresse, excite plutôt le rire que la terreur ; rien n'est jamais plus mal reçu au théâtre qu'un désespoir mal placé, et qu'on n'attendait pas d'un homme qui n'a d'abord parlé que de politique. Ajoutons que cette scène entre Othon et Plautine est très-faible. Je remarque que Plautine conseille ici à Othon précisément la même chose qu'Atalide à Bajazet ; mais quelle différence de situation, de sentiments, et de style! Bajazet est réellement en danger de sa vie, et Othon ne court ici qu'un danger chimérique. Plautine est raisonneuse et froide. Atalide est touchante, et a autant de délicatesse que d'amour. Enfin, ce qui est de la plus grande importance, les vers de Corneille ne valent rien, et ceux de Racine sont parfaits dans leur genre. Comparez (rien ne forme plus le goût), comparez aux vers d'Atalide ces vers de Plautine :

> Et n'aspire qu'au bien d'aimer et d'être aimé.
> — Qu'un tel épurement demande un grand courage!...
> Et se croit mal aimé, s'il n'en a l'assurance [1]...
> Et que de votre cœur vos yeux indépendants
> Triomphent comme moi des troubles du dedans.
> — Conservez-moi toujours l'estime et l'amitié.

C'est le style, c'est la diction qui fait tout dans les scènes où le spectateur est assez tranquille pour réfléchir sur les vers ; et encore est-il nécessaire de ne point négliger la diction dans les

1. Ce vers et le précédent sont dits par Othon.

situations les plus frappantes du théâtre. En un mot, il faut toujours bien écrire.

Vers 22. Il est un autre amour dont les vœux innocents
S'élèvent au-dessus du commerce des sens.

Encore des dissertations métaphysiques sur l'amour : quel mauvais goût ! C'était l'esprit du temps, dit-on ; mais il faut dire encore que la nation française est la seule qui ait eu cette malheureuse espèce d'esprit. Cela est bien pis que les *concetti* qu'on reprochait aux Italiens.

ACTE DEUXIÈME.

SCENE I.

Vers 1. Dis-moi donc, lorsqu'Othon s'est offert à Camille [1],
A-t-il paru contraint ? a-t-elle été facile ?
Son hommage auprès d'elle a-t-il eu plein effet ?
Comment l'a-elle pris, et comment l'a-t-il fait ? etc.

Racine a encore pris entièrement cette situation dans sa tragédie de *Bajazet*. Atalide a envoyé son amant à Roxane ; elle s'informe en tremblant du succès de cette entrevue, qu'elle a ordonnée elle-même, et qui doit causer sa mort. La délicatesse de ses sentiments, les combats de son cœur, ses craintes, ses douleurs, sont exprimés en vers si naturels, si aisés, si tendres, que ces vraies beautés charment tous les lecteurs.

Mais ici, Corneille commence sa scène par quatre vers dont le ridicule est si extrême qu'on n'ose plus même les citer dans des ouvrages sérieux : *Dis-moi donc, lorsqu'Othon, etc.*

Plautine exprime les mêmes sentiments qu'Atalide :

En regardant son change ainsi que mon ouvrage, etc.

Atalide est dans des circonstances absolument semblables ; mais c'est précisément dans ces mêmes situations qu'on voit la prodigieuse différence qu'il y a entre le sentiment et le raisonnement, entre l'élégance et la dureté du style, entre cet art charmant qui développe avec une vérité si touchante tous les replis du cœur, et la vaine déclamation ou la sécheresse.

[1]. Sur ces vers, voyez aussi tome XIX, pages 54 et 276.

Vers 27.   Othon à la princesse a fait un compliment
            Plus en homme de cour qu'en véritable amant, etc...

Vers 54.   Mais la civilité n'est qu'amour en Camille,
            Comme en Othon l'amour n'est que civilité.

Toute cette tirade est entièrement du style de la comédie, mais de la comédie froide et dénuée d'intérêt. *L'amour qui est civilité dans Othon, et la civilité qui est amour dans Camille,* est si éloigné de la tragédie qu'on ne conçoit guère comment Corneille a pu y faire entrer de pareilles phrases et de pareilles idées.

Vers 33.   Ses gestes concertés, ses regards de mesure,
            N'y laissoient aucun mot aller à l'aventure...
            Jusque dans ses soupirs la justesse régnoit,
            Et suivoit pas à pas un effort de mémoire, etc.

Qu'est-ce que *des regards de mesure, et la justesse qui règne dans des soupirs?* Et comment cette *justesse de soupirs* peut-elle suivre un *effort de mémoire?* Othon a-t-il appris par cœur un long compliment? De tels vers ne seraient tolérables en aucun genre de poésie. Que veut dire Mme de Sévigné, quand elle dit : *Racine n'ira pas loin; pardonnons de mauvais vers à Corneille?* Non; il ne faut pas pardonner des pensées fausses très-mal exprimées, il faut être juste.

SCÈNE II.

Vers 1.   . . . . Que venez-vous m'apprendre?

Corneille, qu'on a voulu faire passer pour un poëte qui dédaignait d'introduire l'amour sur la scène, était tellement accoutumé à faire parler d'amour ses héros qu'il représente ici un vieux ministre d'État comme amoureux de Plautine ; et cette Plautine lui répond par des injures. On peut, dans les mouvements violents d'une passion trahie, et dans l'excès du malheur, s'emporter en reproches; mais Plautine n'a aucune raison de parler ainsi au premier ministre de l'empereur, qui la demande en mariage : ce trait est contre la bienséance et contre la raison. Ce qui est bien plus extraordinaire, c'est que Martian, à qui Plautine fait le plus sanglant outrage en lui reprochant très-mal à propos sa naissance, lui dit ensuite : *Madame, encore un coup, souffrez que je vous aime.* L'amour de ce ministre, les réponses de Plautine, et tout ce dialogue, révoltent et refroidissent. Ce n'est là ni peindre les hommes comme ils sont ni comme ils doivent être, ni les faire parler comme ils doivent parler.

Vers 15.   Votre âme, en me faisant cette civilité,
           Devroit l'accompagner de plus de vérité, etc.

Une âme qui fait une civilité, le mal qui vient à un vieux ministre d'État (et c'est le mal d'amour); et Plautine qui répond à ce ministre qu'*il n'a point changé de visage*; et l'autre qui réplique qu'*il a l'oreille du grand maître*.

Que dire d'un tel dialogue? On est obligé de faire un commentaire : que ce commentaire au moins serve à faire connaître que son auteur rend justice; il ne connaît aucune occasion où l'on doive déguiser la vérité. Plautine montre de la hauteur; et si cette hauteur menait à quelque chose de tragique, elle pourrait faire impression. Remarquons encore que de la hauteur n'est pas de la grandeur.

SCÈNE III.

Vers 1.   Madame, enfin Galba s'accorde à vos souhaits,
          Et j'ai tant fait sur lui que dès cette journée
          De vous avec Othon il consent l'hyménée.
            — Qu'en dites-vous, seigneur? etc...
Vers 11. . . . . Sa grande âme
          Me faisoit tout à l'heure un présent de sa flamme...
Vers 17. Comme en de certains temps il fait bon s'expliquer,
          En d'autres il vaut mieux ne s'y point embarquer.

Tout ce qu'on peut remarquer, c'est que *j'ai tant fait sur lui* est un barbarisme et une expression basse; que le *qu'en dites-vous* de Plautine est une ironie comique; que *sa grande âme qui fait un présent de sa flamme* est très-vicieux; qu'*il fait bon s'expliquer* est bourgeois; et que la scène est très-froide.

SCÈNE IV.

Vers 35. Il sait trop ménager ses vertus et ses vices;
          Il étoit, sous Néron, de toutes ses délices, etc.

Le portrait d'Othon est très-beau dans cette scène. Il est permis à un auteur dramatique d'ajouter des traits aux caractères qu'il dépeint, et d'aller plus loin que l'histoire. Tacite dit d'Othon : *Pueritiam incuriose, adolescentiam petulanter egerat; gratus Neroni æmulatione luxus... In provinciam specie legationis se posuit... comiter administrata provincia.* Son enfance fut paresseuse, sa jeunesse débauchée; il plut à Néron en imitant ses vices et son luxe.

S'étant exilé lui-même dans la Lusitanie, dont il était gouverneur, il s'y comporta avec humanité.

Cette scène serait intéressante si elle produisait de grands événements. Les fautes sont *l'amitié ressaisie de trois cœurs, que ce nœud la retienne d'ajouter, ou près de cette belle,* et quelques autres expressions qui ne sont ni assez nobles, ni assez correctes.

Vers 66.   S'il a grande naissance, il a peu de vertu, etc.

S'il a grande naissance; une vigueur adroite et fière qui sème des appas; et c'est là justement; moquons-nous du reste; il nous devra le tout; s'il vient par nous à bout, etc. Il n'est pas nécessaire de dire que toutes ces façons de parler sont ou vicieuses ou ignobles[1].

Vers 101.   Quoi! votre amour toujours fera son capital
    Des attraits de Plautine et du nœud conjugal?

Cela seul suffirait pour avilir un héros, et détruit tout ce que cette scène promettait.

SCÈNE V.

Vers 1.   Je vous rencontre ensemble ici fort à propos,
    Et voulois à tous deux vous dire quatre mots.

A propos et *quatre mots* auraient gâté le rôle de Cornélie. Mais une fille qui vient parler ainsi de son mariage à deux ministres est bien loin d'être une Cornélie. Camille emploie cette figure froide de l'ironie, qu'il faut employer si sobrement; elle parle en bourgeoise, en parlant de l'empire. *Je sais ce qui m'est propre; je m'aime un peu moi-même; je n'ai pas grande envie.* L'insipidité de l'intrigue et la bassesse de l'expression sont égales. Ces fautes, trop souvent répétées, sont cause que cette pièce, admirablement commencée, faiblit de scène en scène, et ne peut plus être représentée.

ACTE TROISIÈME.

SCÈNE I.

Vers 1.   Ton frère te l'a dit, Albiane? — Oui, madame.
    Galba choisit Pison, et vous êtes sa femme, etc.
Vers 57.   C'est la gêne où réduit celles de votre sorte,
    La scrupuleuse loi du respect qu'on leur porte...

---

1. Palissot trouve que cette manière d'accumuler les expressions jugées mauvaises, en les isolant du texte, est une des *perfidies* du commentateur. (G. A.)

Vers 68.   Il faut qu'en dépit d'elle elle s'offre à demi.
Voyez-vous comme Othon sauroit encor se taire,
Si je ne l'avois fait enhardir par mon frère?

L'intrigue n'est pas ici plus intéressante et plus tragique qu'auparavant. Cette confidente qui apprend à sa maîtresse qu'elle va être femme de Pison, et que son amant Othon sera sacrifié, pourrait émouvoir le spectateur si le péril d'Othon était bien certain. Mais qui a dit à cette confidente qu'un jour Pison, étant César, se déferait d'Othon? Premièrement, Camille devrait apprendre son mariage de la bouche de l'empereur, et non de celle d'une confidente ; et ce serait du moins une espèce de situation, une petite surprise, quelque chose de ressemblant à un coup de théâtre, si Camille, espérant d'obtenir Othon de l'empereur, recevait inopinément de la bouche de l'empereur l'ordre d'en épouser un autre.

Secondement, de longs discours d'une suivante, qui dit que *les princesses doivent faire les avances*, jetteraient du froid sur le rôle de Phèdre, et sur les tragédies d'*Andromaque* et d'*Iphigénie*.

Troisièmement, s'il y a quelque chose d'aussi comique et d'aussi insipide qu'une suivante qui dit : *c'est la gêne où réduit celles de votre sorte. Si je n'avais fait enhardir votre amant, il ne vous aurait pas parlé, etc.*, c'est une princesse qui répond : *Tu le crois donc, qu'il m'aime?* Le lecteur sent assez qu'*un devoir qui passe du côté de l'amour... se faire en la cour un accès pour un plus digne amour*, en un mot tout ce dialogue n'est pas ce qu'on doit attendre dans une tragédie.

SCÈNE II.

Vers 1.   . . . . . L'empereur vient ici vous trouver
Pour vous dire son choix, et le faire approuver, etc.

On ne voit jamais dans cette pièce qu'une fille à marier. Il n'est pas contre la convenance que Galba tâche d'ennoblir la petitesse de cette intrigue par un discours politique ; mais il est contre toute bienséance, tranchons le mot, il est intolérable que Camille dise à l'empereur qu'il serait bon *que son mari eût quelque chose de propre à donner de l'amour*. Galba dit à sa nièce que ce raisonnement est fort délicat[1].

---

1. C'est dans la scène III qu'on lit, vers 75 et suivants :

Et puisque ce grand choix doit me faire un époux,
Il seroit bon qu'il eût quelque chose de doux...
Et qu'il fût aussi propre à donner de l'amour...
— Ce long raisonnement, dans sa délicatesse,
A vos tendres respects mêle beaucoup d'adresse.

SCÈNE III.

V. antépén. N'en parlons plus; dans Rome il sera d'autres femmes
A qui Pison en vain n'offrira pas sa foi.

Si on faisait paraître un vieillard de comédie, entre sa nièce et un amant qu'elle veut épouser, on ne pourrait guère s'exprimer autrement que dans cette scène :

N'en parlons plus;... il sera d'autres femmes
A qui Pison en vain, etc.

Otez les noms, toute cette tragédie n'est qu'une comédie sans intérêt, et aussi froidement écrite que durement. Je le répète, on a voulu un commentaire sur toutes les pièces de Corneille; mais que dire d'un mauvais ouvrage, sinon qu'il est mauvais, en montrant aux étrangers et aux jeunes gens pourquoi il est si mauvais ?

SCÈNE IV.

Vers 1.   Othon, est-il bien vrai que vous aimiez Camille ?
— Non, non, si vous l'aimez, elle vous aime aussi...
— Son cœur de telle force à votre hymen aspire...
Choisissez donc encore à communs sentiments
Des charges dans ma cour ou des gouvernements...
— Tenez-vous assuré qu'elle aura tout mon bien.

Le vice de cette scène est la suite des défauts précédents. La petite ironie de Galba, « est-il bien vrai que vous aimiez Camille? Si vous l'aimez, elle vous aime aussi, son cœur aspire à votre hymen d'une telle force; choisissez des charges à communs sentiments; tenez-vous assuré qu'elle aura tout mon bien » : y a-t-il dans tout cela un seul mot qui ne soit, même pour le fond, convenable au seul genre comique?

SCÈNE V.

Vers 1.   Vous pouvez voir par là mon âme tout entière...
Je ne sais point, seigneur, faire valoir les choses...
Je ne sais quel amour je vous ai pu donner,
Seigneur, mais sur l'empire il aime à raisonner :
Je l'y trouve assez fort, et même d'une force
A montrer qu'il connoît tout ce qu'il a d'amorce.

Cette scène sort du ton de la comédie; mais l'impression déjà reçue empêche le spectateur de voir de l'élévation dans un sujet qui, pendant près de trois actes, n'a presque rien eu de noble et de grand. Tous les discours artificieux que tient Othon pour se débarrasser de l'amour de Camille, toutes ses craintes de l'avenir, ne peuvent faire naître d'autre sentiment que celui de l'indifférence. Camille, à la fin de la scène, est jalouse de Plautine ; mais elle est froidement jalouse. Othon ne peut guère intéresser personne en parlant de sa première femme Poppée, qui a été maîtresse de Néron. Camille peut-elle intéresser davantage, en disant qu'*elle ne sait point faire valoir les choses*, qu'*elle ne sait pas quel amour elle a pu donner*, mais qu'*Othon aime à raisonner sur l'empire? Elle l'y trouve assez fort, et même d'une force à montrer qu'il connaît ce que l'empire a d'amorce?*

Je crois que cet acte était impraticable. Tout manque quand l'intérêt manque. C'est précisément ce que dit l'auteur de l'*Histoire du Théâtre français*[1], à l'article *Othon* : « La partie la plus nécessaire y manque ; l'intérêt est l'âme d'une pièce, et le spectateur n'en prend ici pour aucun des personnages. »

ACTE QUATRIÈME.

SCÈNE I.

Vers 1.   Que voulez-vous, seigneur, qu'enfin je vous conseille? etc.

Cette scène pourrait faire quelque effet si Othon était véritablement en danger ; mais cette crainte prématurée, que Pison ne le fasse mourir un jour, n'a rien de réel, comme on l'a déjà remarqué. Tout l'édifice de la pièce tombe par cette seule raison, et je crois que c'est une loi qui ne souffre aucune exception, que jamais un danger éloigné ne doit faire le nœud d'une tragédie.

SCÈNE II.

Le consul Vinius vient ici apprendre à Othon une grande nouvelle. Une partie de l'armée désire Othon pour empereur ; mais cela même rend Othon et Vinius des personnages froids et inutiles : ni l'un ni l'autre n'ont eu la moindre part au grand changement qui se va faire dans l'empire romain. Ce sont quatre soldats qui sont venus avertir Vinius des sentiments de l'armée ;

---

1. Par les frères Parfaict, tome IX, page 323.

les personnages principaux n'ont rien fait du tout. C'est un défaut capital, qu'il faut éviter dans quelque sujet que ce puisse être.

SCÈNE III.

Vinius joue ici le rôle d'un intrigant, et rien de plus. Il ne se soucie point d'Othon; il lui importe peu qui sa fille épousera; ses sentiments sont bas, lorsque même il parle de l'empire, et il se fait mépriser par sa propre fille inutilement.

SCÈNE IV.

Ces petites picoteries de deux femmes, ces ironies, ces bravades continuelles, qui ne produisent rien du tout, seraient mauvaises, quand même elles produiraient quelque chose. Ces petites scènes de remplissage sont fréquentes dans les dernières pièces de Corneille. Jamais Racine n'est tombé dans ce défaut; et quand il fait parler Hermione à Andromaque, Iphigénie à Ériphyle, Roxane à Atalide, il n'emploie point ces froides ironies, ces petits reproches comiques, ce ton bourgeois, ces expressions de la conversation la plus familière. Il fait parler ces femmes avec noblesse et avec sentiment. Il touche le cœur, il arrache même quelquefois des larmes; mais que Corneille est loin d'en faire répandre !

SCÈNE V.

Que dire de cette scène, sinon qu'elle est aussi froide que les autres? Camille croit tromper Martian, et Martian croit tromper Camille, sans qu'il y ait encore le moindre danger pour personne, sans qu'il y ait eu aucun événement, sans qu'il y ait eu un seul moment d'intérêt.

SCÈNE VI.

Vers pén. Du courroux à l'amour si le retour est doux,
    On repasse aisément de l'amour au courroux.

Aucun personnage n'agit dans la pièce. Un subalterne apprend à Camille que quinze ou vingt soldats ont proclamé Othon; et Camille, qui aimait cet Othon, consent tout d'un coup qu'on lui fasse couper la tête, et prononce une maxime de comédie sur le retour de l'amour au courroux et du courroux à l'amour.

ACTE CINQUIÈME.

Le cinquième acte est absolument dans le goût des quatre premiers, et fort au-dessous d'eux; aucun personnage n'agit, et tous discutent. Le vieux Galba, ayant menacé sa nièce, discute avec elle ses raisons, et se trompe, comme un vieillard de comédie qu'on prend pour dupe; et le style n'est ni plus net, ni plus pur, ni plus noble que dans ce qu'on a déjà lu.

SCÈNE II.

Vers 3. . . . . . . Ceux de la marine et les Illyriens
Se sont avec chaleur joints aux prétoriens, etc.

Après tous les mauvais vers précédents que nous n'avons point repris, nous ne dirons rien des soldats de la marine et des Illyriens qui se sont avec chaleur joints aux prétoriens ; mais nous remarquerons que cette scène pouvait être aussi belle que celle d'Auguste, de Cinna, et de Maxime, et qu'elle n'est qu'une scène froide de comédie. Pourquoi ? C'est qu'elle est écrite de ce style familier, bas, obscur, incorrect, auquel Corneille s'était accoutumé ; c'est qu'il n'y a ni noblesse dans les sentiments, ni éloquence dans les discours, ni rien qui attache.

On a dit quelquefois que Corneille ne cherchait pas à faire de beaux vers, que la grandeur des sentiments l'occupait tout entier; mais il n'y a nulle grandeur dans aucune de ses dernières pièces, et quant aux vers, il faut les faire excellents, ou ne se point mêler d'écrire. *Cinna* ne passe à la postérité qu'à cause de ses beaux vers : ils sont dans la bouche de tous les connaisseurs. Le grand mérite de Corneille est d'avoir fait de très-beaux vers dans ses premières pièces, c'est-à-dire d'avoir exprimé de très-belles pensées en vers corrects et harmonieux [1].

Vers 31. Un salutaire avis agit avec lenteur...
— Qu'un prince est malheureux quand de ceux qu'il écoute
Le zèle cherche à prendre une diverse route !

Galba dit : *Eh bien! quelles nouvelles?* Cet empereur, au lieu d'agir comme il le doit, demande ce qui se passe, comme un

---

[1]. Palissot trouve encore que c'est par une affectation maligne de circonscrire le génie de Corneille que Voltaire cite toujours *Cinna*, et uniquement *Cinna*. Hé ! il ne pouvait pourtant pas citer *le Cid* ni *Polyeucte* à propos d'Othon. (G. A)

nouvelliste. Vinius lui donne le conseil de persister à ne rien faire, conseil visiblement ridicule. Il lui dit : *Un salutaire avis agit avec lenteur.* Ce n'est pas certainement dans le moment d'une crise aussi forte, quand on proclame un autre empereur, que la lenteur est salutaire. Galba ne sait à quoi se déterminer, et se contente de faire remarquer à sa nièce qu'il est triste de régner quand les ministres d'État se contrarient.

SCÈNE III.

Galba demandait tranquillement des nouvelles : on lui en donne une fausse. Il est vrai que cette fausse nouvelle est rapportée dans Tacite; mais c'est précisément parce qu'elle n'est qu'historique, parce qu'elle n'est point préparée, parce que c'est un simple mensonge d'un nommé Atticus, qu'il fallait ne pas employer un dénoûment si destitué d'art et d'intérêt.

SCÈNE IV.

Cet Atticus, qui n'est pas un personnage de la pièce, vient en faire le dénoûment, en faisant accroire qu'il a tué Othon. Ce pourrait être tout au plus le dénoûment du *Menteur*. Le vieux Galba croit cette fausseté. Il conseille à Plautine d'*évaporer ses soupirs.* Camille dit un petit mot d'ironie à Plautine, et va *dans son appartement.*

SCÈNE V.

Non-seulement Plautine demeure sur la scène, et s'occuppe à répondre par des injures à l'amour du ministre d'État Martian, mais ce grand ministre d'État, qui devrait avoir partout des serviteurs et des émissaires, ne sait rien de ce qui s'est passé. Il croit une fausse nouvelle, lui qui devrait avoir tout fait pour être informé de la vérité. Il est pris pour dupe par cet Atticus, comme l'empereur.

SCÈNE VI.

Enfin deux soldats terminent tout dans le propre palais de Galba. Martian et Plautine apprennent qu'Othon est empereur. Si le lecteur peut aller jusqu'au bout de cette pièce et de ces remarques, il observera qu'il ne faut jamais introduire sur la fin d'une tragédie un personnage ignoré dans les premiers actes, un subalterne qui commande en maître. Il est impossible de s'intéresser à ce personnage, et il avilit tous les autres.

SCÈNE VII.

Cette scène est aussi froide que tout le reste, parce qu'on ne s'intéresse point du tout à ce Vinius, qu'on jette par la fenêtre. Tout cet acte se passe à apprendre des nouvelles, sans qu'il y ait ni intrigue attachante, ni sentiments touchants, ni grands tableaux, ni beau dénoûment, ni beaux vers. Othon, l'empereur, ne reparaît que pour dire qu'il est *un malheureux amant*. Camille est oubliée. Galba n'a paru dans la pièce que pour être trompé et tué.

Puissent au moins ces réflexions persuader les jeunes auteurs qu'un sujet politique n'est point un sujet tragique, que ce qui est propre pour l'histoire l'est rarement pour le théâtre, qu'il faut dans la tragédie beaucoup de sentiment et peu de raisonnements, que l'âme doit être émue par degrés, que sans terreur et sans pitié nul ouvrage dramatique ne peut atteindre au but de l'art, et qu'enfin le style doit être pur, vif, majestueux et facile !

Corneille, dans une épître au roi, dit qu'*Othon* et *Suréna*

> Ne sont point des cadets indignes de *Cinna*.

Il y a en effet dans le commencement d'*Othon* des vers aussi forts que les plus beaux de *Cinna* ; mais la suite est bien loin d'y répondre : aussi cette pièce n'est point restée au théâtre.

On joua la même année l'*Astrate* de Quinault, célèbre par le ridicule que Despréaux lui a donné[1], mais plus célèbre alors par le prodigieux succès qu'elle eut. Ce qui fit ce succès, ce fut l'intérêt qui parut régner dans la pièce. Le public était las de tragédies en raisonnements et de héros dissertateurs. Les cœurs se laissèrent toucher par l'*Astrate*, sans examiner si la pièce était vraisemblable, bien conduite, bien écrite. Les passions y parlaient, et c'en fut assez. Les acteurs s'animèrent ; ils portèrent dans l'âme du spectateur un attendrissement auquel il n'était pas accoutumé. Les excellents ouvrages de l'inimitable Racine n'avaient point encore paru. Les véritables routes du cœur étaient ignorées ; celles que présentait l'*Astrate* furent suivies avec transport. Rien ne prouve mieux qu'il faut intéresser, puisque l'intérêt le plus mal amené échauffa tout le public, que des intrigues froides de politique glaçaient depuis plusieurs années.

1. Satire III, vers 194.

REMARQUES
SUR AGÉSILAS

TRAGÉDIE REPRÉSENTÉE EN 1666.

PRÉFACE DU COMMENTATEUR.

Agésilas n'est guère connu dans le monde que par le mot de Despréaux :

> J'ai vu l'Agésilas ;
> Hélas !

Il eut tort sans doute de faire imprimer, dans ses ouvrages, ce mot, qui n'en valait pas la peine ; mais il n'eut pas tort de le dire. La tragédie d'*Agésilas* est un des plus faibles ouvrages de Corneille. Le public commençait à se dégoûter. On trouve dans une lettre manuscrite d'un homme de ce temps-là, qu'il s'éleva un murmure très-désagréable dans le parterre, à ces vers d'Aglatide :

> Hélas !... je n'entends pas des mieux
> Comme il faut qu'un hélas s'explique ;
> Et lorsqu'on se retranche au langage des yeux,
> Je suis muette à la réplique.

Ce même parterre avait passé, dans la pièce d'*Othon*, des vers beaucoup plus répréhensibles, en faveur des beautés des premières scènes ; mais il n'y avait point de pareilles beautés dans *Agésilas* : on fit sentir à Corneille qu'il vieillissait. Il donnait un ouvrage de théâtre presque tous les ans, depuis 1625, si vous en exceptez l'intervalle entre *Pertharite* et *Œdipe* : il travaillait trop vite ; il était épuisé. Plaignons le triste état de sa fortune, qui ne répondait pas à son mérite, et qui le forçait à travailler.

On prétend que la mesure des vers qu'il employa dans *Agésilas* nuisit beaucoup au succès de cette tragédie. Je crois, au contraire, que cette nouveauté aurait réussi, et qu'on aurait prodigué les louanges à ce génie si fécond et si varié, s'il n'avait pas entièrement négligé dans *Agésilas*, comme dans les pièces précédentes, l'intérêt et le style.

Les vers irréguliers pourraient faire un très-bel effet dans une tragédie ; ils exigent, à la vérité, un rhythme différent de celui des vers alexandrins et des vers de dix syllabes ; ils demandent un art singulier : vous pouvez voir quelques exemples de la perfection de ce genre dans Quinault[1] :

> Le perfide Renaud me fuit :
> Tout perfide qu'il est, mon lâche cœur le suit.
> Il me laisse mourante, il veut que je périsse.
> A regret je revois la clarté qui me luit :
> L'horreur de l'éternelle nuit
> Cède à l'horreur de mon supplice, etc., etc.

Toute cette scène, bien déclamée, remuera les cœurs autant que si elle était bien chantée ; et la musique même de cette admirable scène n'est qu'une déclamation notée.

Il est donc prouvé que cette mesure de vers pourrait porter dans la tragédie une beauté nouvelle dont le public a besoin pour varier l'uniformité du théâtre.

Le lecteur doit trouver bon qu'on ne fasse aucun commentaire sur une pièce qu'on ne devrait pas même imprimer : il serait mieux, sans doute, qu'on ne publiât que les bons ouvrages des bons auteurs ; mais le public veut tout avoir, soit par une vaine curiosité, soit par une malignité secrète, qui aime à repaître ses yeux des fautes des grands hommes.

La tragédie d'*Agésilas* est à la vérité très-froide, et aussi mal écrite que mal conduite. Il y a pourtant quelques endroits où on retrouve encore un reste de Corneille. Le roi Agésilas dit à Lysander[2] :

> En tirant toute à vous la suprême puissance,
> Vous me laissez des titres vains.
> On s'empresse à vous voir, on s'efforce à vous plaire ;
> On croit lire en vos yeux ce qu'il faut qu'on espère ;
> On pense avoir tout fait quand on vous a parlé.
> Mon palais près du vôtre est un lieu désolé...
> Général en idée, et monarque en peinture,
> De ces illustres noms pourrois-je faire cas,

1. *Armide*, acte V, scène v.
2. Acte III, scène 1re.

S'il les falloit porter, moins comme Agésilas
    Que comme votre créature,
Et montrer avec pompe au reste des humains
En ma propre grandeur l'ouvrage de vos mains?
Si vous m'avez fait roi, Lysander, je veux l'être.
Soyez-moi bon sujet, je vous serai bon maître;
Mais ne prétendez plus partager avec moi
    Ni la puissance ni l'emploi.
Si vous croyez qu'un sceptre accable qui le porte,
A moins qu'il prenne une aide à soutenir son poids,
    Laissez discerner à mon choix
Quelle main à m'aider pourroit être assez forte.
Vous aurez bonne part à des emplois si doux,
    Quand vous pourrez m'en laisser faire;
Mais soyez sûr aussi d'un succès tout contraire,
Tant que vous ne voudrez les tenir que de vous.

S'il y a beaucoup de fautes de diction dans ces vers, si le style est faible, du moins les pensées sont fortes, sages, vraies, sans enflure et sans amplification de rhétorique.

Qu'il me soit permis de dire ici que, dans mon enfance, le P. Tournemine, jésuite, partisan outré de Corneille, et ennemi de Racine, qu'il regardait comme janséniste, me faisait remarquer ce morceau, qu'il préférait à toutes les pièces de Racine. C'est ainsi que la prévention corrompt le goût, comme elle altère le jugement dans toutes les actions de la vie.

REMARQUES SUR ATTILA

ROI DES HUNS,

TRAGÉDIE REPRÉSENTÉE EN 1667.

PRÉFACE DU COMMENTATEUR.

Attila parut malheureusement la même année qu'*Andromaque*[1]. La comparaison ne contribua pas à faire remonter Corneille à ce haut point de gloire où il s'était élevé ; il baissait, et Racine s'élevait : c'était alors le temps de la retraite ; il devait prendre ce parti honorable. La plaisanterie de Despréaux[2] devait l'avertir de ne plus travailler, ou de travailler avec plus de soin :

> J'ai vu l'Agésilas ;
> Hélas !
> Mais après l'Attila,
> Holà !

On connaît encore ces vers :

> Peut aller au parterre attaquer Attila[3] ;
> Et si le roi des Huns ne lui charme l'oreille,
> Traiter de visigoths tous les vers de Corneille.

On a prétendu (car que ne prétend-on pas ?) que Corneille avait regardé ces vers comme un éloge ; mais quel poëte trouvera jamais bon qu'on traite ses vers de visigoths, surtout lorsqu'ils sont en effet durs et obscurs pour la plupart ? La dureté et la sécheresse dans l'expression sont assez communément le partage de la

---

1. *Andromaque* ne fut représentée que huit mois après *Attila*. *Attila* eut vingt représentations consécutives, et trois autres encore dans l'année, ce qui, pour le temps, était un véritable succès.
2. Épigrammes XIV et XV.
3. Boileau, satire IX, 178-180.

vieillesse; il arrive alors à notre esprit ce qui arrive à nos fibres. Racine, dans la force de son âge, né avec un cœur tendre, un esprit flexible, une oreille harmonieuse, donnait à la langue française un charme qu'elle n'avait point eu jusqu'alors. Ses vers entraient dans la mémoire des spectateurs, comme un jour doux entre dans les yeux. Jamais les nuances des passions ne furent exprimées avec un coloris plus naturel et plus vrai ; jamais on ne fit de vers plus coulants, et en même temps plus exacts.

Il ne faut pas s'étonner si le style de Corneille, devenu encore plus incorrect et plus raboteux dans ses dernières pièces, rebutait les esprits que Racine enchantait, et qui devenaient par cela même plus difficiles.

Quel commentaire peut-on faire sur *Attila, qui combat de tête encore plus que de bras ; sur la terreur de son bras, qui lui donne pour nouveaux compagnons les Alains, les Francs et les Bourguignons ;* sur un Ardaric et sur un Valamir, deux prétendus rois qu'on traite comme des officiers subalternes ; sur cet Ardaric, qui est amoureux et qui s'écrie :

> Qu'un monarque est heureux lorsque le ciel lui donne
> La main d'une si rare et si belle personne! etc.

La même raison qui m'a empêché d'entrer dans aucun détail sur *Agésilas* m'arrête pour *Attila*, et les lecteurs qui pourront lire ces pièces me pardonneront sans doute de m'abstenir des remarques ; je suis sûr du moins qu'ils ne me pardonneraient pas d'en avoir fait.

Je dirai seulement, dans cette préface, qu'il est très-vraisemblable que cet Attila, très-peu connu des historiens, était un homme d'un mérite rare dans son métier de brigand. Un capitaine de la nation des Huns qui force l'empereur Théodose à lui payer tribut ; qui savait discipliner ses armées, les recruter chez ses ennemis mêmes, et nourrir la guerre par la guerre ; un homme qui marcha en vainqueur de Constantinople aux portes de Rome, et qui, dans un règne de dix ans, fut la terreur de l'Europe entière, devait avoir autant de politique que de courage, et c'est une grande erreur de penser qu'on puisse être conquérant sans avoir autant d'habileté que de valeur. Il ne faut pas croire, sur la foi de Jornandès, qu'Attila mena une armée de cinq cent mille hommes dans les plaines de la Champagne : avec quoi aurait-il nourri une pareille armée ? La prétendue victoire remportée par Aétius, auprès de Châlons, et deux cent mille hommes tués de part et d'autre dans cette bataille, peuvent être mis au rang des mensonges historiques. Comment Attila, vaincu en Champagne, serait-il allé prendre Aquilée ? La Champagne n'est pas assurément le chemin d'Aquilée dans le Frioul. Personne ne nous a donné des détails historiques sur ces temps malheureux. Tout ce qu'on sait, c'est que les Barbares venaient des Palus-Méotides et du Borysthène, passaient par l'Illyrie, entraient en Italie par le Tyrol, ravageaient l'Italie entière, franchissaient ensuite l'Apennin et les Alpes, et allaient jusqu'au Rhin, jusqu'au Danube.

Corneille, dans sa tragédie d'*Attila*, fait paraître Ildione, une princesse, sœur d'un prétendu roi de France ; elle s'appelait Ildecone à la première représentation : on changea ensuite ce nom ridicule[1]. Mérouée, son prétendu frère, ne fut jamais roi de France. Il était à la tête d'une petite nation barbare vers Mayence, Francfort et Cologne. Corneille dit

> Que le grand Mérouée est un roi magnanime,
> Amoureux de la gloire, ardent après l'estime...
> Qu'il a déjà soumis et la Seine et la Loire.

Ces fictions peuvent être permises dans une tragédie ; mais il faudrait que ces fictions fussent intéressantes.

---

1. Qu'eût-ce été si Corneille, au lieu d'adopter à peu près, en le francisant, le nom d'Ildico, qui lui était donné par Priscus et Jornandès, eût connu les traditions du Nord, et choisi les formes plus pures de *Hiltgund, Hiltegunt* (Hildegonde), qu'elles nous ont conservées ?

REMARQUES
SUR BÉRÉNICE

TRAGÉDIE DE RACINE, REPRÉSENTÉE EN 1670[1].

PRÉFACE DU COMMENTATEUR.

Un amant et une maîtresse qui se quittent ne sont pas sans doute un sujet de tragédie. Si on avait proposé un tel plan à Sophocle ou à Euripide, ils l'auraient renvoyé à Aristophane. L'amour qui n'est qu'amour, qui n'est point une passion terrible et funeste, ne semble fait que pour la comédie, pour la pastorale, ou pour l'églogue.

Cependant Henriette d'Angleterre, belle-sœur de Louis XIV, voulut que Racine et Corneille fissent chacun une tragédie des adieux de Titus et de Bérénice. Elle crut qu'une victoire obtenue sur l'amour le plus vrai et le plus tendre ennoblissait le sujet, et en cela elle ne se trompait pas; mais elle avait encore un intérêt secret à voir cette victoire représentée sur le théâtre; elle se ressouvenait des sentiments qu'elle avait eus longtemps pour Louis XIV, et du goût vif de ce prince pour elle. Le danger de cette passion, la crainte de mettre le trouble dans la famille royale, les noms de beau-frère et de belle-sœur, mirent un frein à leurs désirs; mais il resta toujours dans leurs cœurs une inclination secrète, toujours chère à l'un et à l'autre.

Ce sont ces sentiments qu'elle voulut voir développés sur la scène, autant pour sa consolation que pour son amusement. Elle chargea le marquis de Dangeau, confident de ses amours avec le roi, d'engager secrètement Corneille et Racine à travailler l'un et l'autre sur ce sujet, qui paraissait si peu fait pour la scène. Les

---

1. Dans son édition de Corneille, Voltaire publia la *Bérénice* de Racine en avant de celle de Corneille.

deux pièces furent composées dans l'année 1670, sans qu'aucun des deux sût qu'il avait un rival.

Elles furent jouées en même temps sur la fin de la même année : celle de Racine, à l'hôtel de Bourgogne[1], et celle de Corneille, au Palais-Royal[2].

Il est étonnant que Corneille tombât dans ce piége ; il devait bien sentir que le sujet était l'opposé de son talent. Entelle ne terrassa point Darès dans ce combat ; il s'en faut bien. La pièce de Corneille tomba ; celle de Racine eut trente représentations de suite ; et toutes les fois qu'il s'est trouvé un acteur et une actrice capables d'intéresser dans les rôles de Titus et de Bérénice, cet ouvrage dramatique, qui n'est peut-être pas une tragédie, a toujours excité les applaudissements les plus vrais : ce sont les larmes.

Racine fut bien vengé, par le succès de *Bérénice*, de la chute de *Britannicus*. Cette estimable pièce était tombée parce qu'elle avait paru un peu froide ; le cinquième acte surtout avait ce défaut, et Néron, qui revenait alors avec Junie, et qui se justifiait de la mort de Britannicus, faisait un très-mauvais effet. Néron, qui se cache derrière une tapisserie pour écouter, ne paraissait pas un empereur romain. On trouvait que deux amants, dont l'un est aux genoux de l'autre, et qui sont surpris ensemble, formaient un coup de théâtre plus comique que tragique ; les intérêts d'Agrippine, qui veut seulement avoir le premier crédit, ne semblaient pas un objet assez important. Narcisse n'était qu'odieux ; Britannicus et Junie étaient regardés comme des personnages faibles. Ce n'est qu'avec le temps que les connaisseurs firent revenir le public. On vit que cette pièce était la peinture fidèle de la cour de Néron. On admira enfin toute l'énergie de Tacite exprimée dans des vers dignes de Virgile. On comprit que Britannicus et Junie ne devaient pas avoir un autre caractère. On démêla dans Agrippine des beautés vraies, solides, qui ne sont ni gigantesques ni hors de la nature, et qui ne surprennent point le parterre par des déclamations ampoulées. Le développement du caractère de Néron fut enfin regardé comme un chef-d'œuvre. On convint que le rôle de Burrhus est admirable d'un bout à l'autre, et qu'il n'y a rien de ce genre dans toute l'antiquité. Britannicus fut la pièce des connaisseurs, qui conviennent des défauts, et qui apprécient les beautés.

1. Le 21 novembre.
2. Le 28 novembre.

Racine passa de l'imitation de Tacite à celle de Tibulle. Il se tira d'un très-mauvais pas par un effort de l'art, et par la magie enchanteresse de ce style qui n'a été donné qu'à lui.

Jamais on n'a mieux senti quel est le mérite de la difficulté surmontée. Cette difficulté était extrême, le fond ne semblait fournir que deux ou trois scènes, et il fallait faire cinq actes.

On ne donnera qu'un léger commentaire sur la tragédie de Corneille; il faut avouer qu'elle n'en mérite pas. On en fera sur celle de Racine, que nous donnons avant la *Bérénice* de Corneille. Les lecteurs doivent sentir qu'on ne cherche qu'à leur être utile : ce n'est ni pour Corneille ni pour Racine qu'on écrit; c'est pour leur art, et pour les amateurs de cet art si difficile.

On ne doit pas se passionner pour un nom. Qu'importe qui soit l'auteur de la *Bérénice* qu'on lit avec plaisir, et celui de la *Bérénice* qu'on ne lit plus? C'est l'ouvrage, et non la personne, qui intéresse la postérité. Tout esprit de parti doit céder au désir de s'instruire.

ACTE PREMIER.

SCÈNE I.

Vers 7.   De son appartement cette porte est prochaine,
            Et cette autre conduit dans celui de la reine, etc.

Ce détail n'est pas inutile : il fait voir clairement combien l'unité de lieu est observée; il met le spectateur au fait tout d'un coup. On pourrait dire que *la pompe de ces lieux, et ce cabinet superbe*, paraissent des expressions peu convenables à un prince, que cette pompe ne doit point du tout éblouir, et qui est occupé de toute autre chose que des ornements d'un cabinet. J'ai toujours remarqué que la douceur des vers empêchait qu'on ne remarquât ce défaut.

Vers 15. Quoi! déjà de Titus épouse en espérance,
            Ce rang entre elle et vous met-il tant de distance?

Épouse en espérance, expression heureuse et neuve dont Racine enrichit la langue, et que par conséquent on critiqua d'abord. Remarquez encore qu'*épouse* suppose *étant épouse;* c'est une ellipse heureuse en poésie. Ces finesses font le charme de la diction.

Vers 47. Va, dis-je, et sans vouloir te charger d'autres soins,
Vois si je puis bientôt lui parler sans témoins.

Ce vers, *sans vouloir te,* etc., qui ne semble fait que pour la rime, annonce avec art qu'Antiochus aime Bérénice.

SCÈNE II.

ANTIOCHUS, seul.

Beaucoup de lecteurs réprouvent ce long monologue. Il n'est pas naturel qu'on fasse ainsi tout seul l'histoire de ses amours ; qu'on dise: *Je me suis tu cinq ans; on m'a imposé silence; j'ai couvert mon amour d'un voile d'amitié.* On pardonne un monologue qui est un combat du cœur, mais non une récapitulation historique.

Vers 20. Belle reine, et pourquoi vous offenseriez-vous?

Belle reine a passé pour une expression fade.

Vers 28. Je pars, fidèle encor quand je n'espère plus.

Ces amants fidèles, sans succès et sans espoir, n'intéressent jamais. Cependant la douce harmonie de ces vers naturels fait qu'on supporte Antiochus : c'est surtout dans ces faibles rôles que la belle versification est nécessaire.

SCÈNE III.

Vers 2. . . . . Je n'ai percé qu'à peine
Les flots toujours nouveaux d'un peuple adorateur,
Qu'attire sur ses pas sa prochaine grandeur.

La prose n'eût pu exprimer cette idée avec la même précision, ni se parer de la beauté de ces figures. C'est là le grand mérite de la poésie. Cette scène est parfaitement écrite, et conduite de même : car il doit y avoir une conduite dans chaque scène comme dans le total de la pièce ; elle est même intéressante, parce qu'Antiochus ne dit point son secret, et le fait entendre.

SCÈNE IV.

Vers 25. Jugez de ma douleur, moi dont l'ardeur extrême,
Je vous l'ai dit cent fois, n'aime en lui que lui-même;
Moi qui, loin des grandeurs dont il est revêtu,
Aurois choisi son cœur et cherché sa vertu!

Personne avant Racine n'avait ainsi exprimé ces sentiments, qu'on retrouve à la vérité dans tous les livres d'amour, et dont le seul mérite consiste dans le choix des mots. Sans cette élégance si fine et si naturelle, tout serait languissant.

Vers 68. Mes pleurs et mes soupirs vous suivoient en tous lieux.

Ces vers et les suivants n'ont pas le mérite qu'on a remarqué dans les notes précédentes. Un roi dont *les pleurs et les soupirs suivent en tous lieux* une reine amoureuse d'un autre est là un fade personnage qui exprime en vers faibles et lâches un amour un peu ridicule. Si la pièce était écrite de ce ton, elle ne serait qu'une très-faible idylle en dialogues. Plus le héros qu'on fait parler est dans une position désagréable et indigne d'un héros, plus il faut s'étudier à relever par la beauté du style la faiblesse du fond. Le rôle d'Antiochus ne peut avoir rien de tragique : mettez-y donc plus de noblesse, plus de chaleur, et plus d'intérêt, s'il est possible.

En général, les déclarations d'amour, les maximes d'amour sont faites pour la comédie. Les déclarations de Xipharès, d'Hippolyte, d'Antiochus, sont de la galanterie, et rien de plus : ces morceaux se sentent du goût dominant qui régnait alors.

Vers 84. La valeur de Titus surpassoit ma fureur, etc.

Voilà à peu près ce qu'un lecteur éclairé demande. Antiochus se relève, et c'est un grand art de mettre les louanges de Titus dans sa bouche. Toute cette tirade où il parle de Titus est parfaite en son genre. Si Antiochus ne parlait là que de son amour, il ennuierait, il affadirait; mais tous les accessoires, toutes les circonstances qu'il emploie, sont nobles et intéressantes : c'est la gloire de Titus, c'est un siége fameux dans l'histoire; c'est, sans le vouloir, l'éloge de l'amour de Bérénice pour Titus. Vous vous sentez alors attaché malgré vous et malgré la petitesse du rôle d'Antiochus. Vous verrez, dans l'Examen d'Ariane, que l'auteur n'a pu imiter ni l'art de Racine, ni le style de Racine. Les premiers actes d'*Ariane* sont une faible copie de *Bérénice*. Vous sentirez combien il est difficile d'approcher de cette élégance continue et de ce style toujours naturel.

Vers 130. J'oublie en sa faveur un discours qui m'outrage, etc.

Voilà le modèle d'une réponse noble et décente; ce n'est point ce langage des anciennes héroïnes de roman, qu'une déclaration respectueuse transporte d'une colère impertinente. Bérénice ménage tout ce qu'elle doit à l'amitié d'Antiochus ; elle intéresse par la vérité de sa tendresse pour l'empereur. Il semble qu'on entende Henriette d'Angleterre elle-même, parlant au marquis de Vardes. La politesse de la cour de Louis XIV, l'agrément de la langue française, la douceur de la versification la plus naturelle, le sentiment le plus tendre, tout se trouve dans ce peu de vers. Point de ces maximes générales que le sentiment réprouve. Rien de trop, rien de trop peu. On ne pouvait rendre plus agréable quelque chose de plus mince.

SCÈNE V.

Vers 1. . . . . . Que je le plains! tant de fidélité,
Madame, méritoit plus de prospérité, etc.

La faiblesse du sujet se montre ici dans toute sa misère ; ce n'est plus ce goût si fin, si délicat : Phénice parle un peu en soubrette.

Vers 5. Je l'aurois retenu

est encore plus mauvais ; cela est d'un froid comique : il importe bien ce qu'aurait fait Phénice! Mais ce défaut est bientôt réparé par le discours passionné de Bérénice :

Cette foule de rois, ce consul, ce sénat,
Qui tous de mon amant emprunloient leur éclat, etc.

Vers 31. En quelque obscurité que le ciel l'eût fait naître,
Le monde, en le voyant, eût reconnu son maître.

Un homme sans goût a traité cet éloge de flatterie ; il n'a pas songé que c'est une amante qui parle. Ce vers fit d'autant plus de plaisir qu'on l'appliquait à Louis XIV, alors couvert de gloire, et dont la figure, très-supérieure à celle d'Auguste[1], semblait faite pour commander aux autres hommes : car Auguste était petit et ramassé, et Louis XIV avait reçu tous les avantages que peut donner la nature. Enfin, dans ce vers, c'était moins Bérénice que Madame qui s'expliquait. Rien ne fait plus de plaisir que ces allusions secrètes ; mais il faut que les vers qui les font naître soient beaux par eux-mêmes.

Vers 39. Aussitôt, sans l'attendre, et sans être attendue,
Je reviens le chercher, et, dans cette entrevue,

---

1. C'est Titus, et non Auguste, qui est l'un des personnages de *Bérénice*.

> Dire tout ce qu'aux cœurs l'un de l'autre contents
> Inspirent des transports retenus si longtemps.

Ces vers ne sont que des vers d'églogue. La sortie de Bérénice, qui ne s'en va que pour revenir dire tout ce que disent *les cœurs contents,* est sans intérêt, sans art, sans dignité. Rien ne ressemble moins à une tragédie. Il est vrai que l'idée qu'elle a de son bonheur fait déjà un contraste avec l'infortune qu'on sait bien qu'elle va essuyer ; mais la fin de cet acte n'en est pas moins faible.

ACTE DEUXIÈME.

SCÈNE I.

Vers 2. . . . . J'ai couru chez la reine, etc.

Je crois que le second acte commence plus mal que le premier ne finit. *J'ai couru chez la reine,* comme s'il fallait courir bien loin pour aller d'un appartement dans un autre. *J'y suis couru,* qui est un solécisme ; cet *il suffit. Et que fait la reine Bérénice ?* et le *trop aimable princesse :* tout cela est *trop petit,* et d'une naïveté qu'il est trop aisé de tourner en ridicule. Les simples propos d'amour sont des objets de raillerie quand ils ne sont point relevés ou par la force de la passion, ou par l'élégance du discours : aussi ces vers prêtèrent-ils le flanc à la parodie de la farce nommée comédie italienne.

SCÈNE II.

Vers 7. . . . . J'entends de tous côtés
Publier vos vertus, seigneur, et ses beautés.

On ne publie point des beautés, cela n'est pas exact[1].

Vers 13. Et je l'ai vue aussi, cette cour peu sincère,
A ses maîtres toujours trop soigneuse de plaire, etc.

Rarement Racine tombe-t-il longtemps ; et quand il se relève, c'est toujours avec une élégance aussi noble que simple, toujours avec le mot propre, ou avec des figures justes et naturelles, sans lesquelles le mot propre ne serait que de l'exactitude. La réponse

---

1. Mais ici *vertus* fait passer *beautés,* comme le remarque un autre commentateur.

de Paulin est un chef-d'œuvre de raison et d'habileté ; elle es fortifiée par des faits, par des exemples : tout y est vrai, rien n'est exagéré ; point de cette enflure qui aime à représenter les plus grands rois avilis en présence d'un bourgeois de Rome. Le discours de Paulin n'en a que plus de force, il annonce la disgrâce de Bérénice.

Racine et Corneille ont évité tous deux de faire trop sentir combien les Romains méprisaient une Juive. Ils pouvaient s'étendre sur l'aversion que cette misérable nation inspirait à tous les peuples ; mais l'un et l'autre ont bien vu que cette vérité trop développée jetterait sur Bérénice un avilissement qui détruirait tout intérêt.

Vers 35. On sait qu'elle est charmante, et de si belles mains
Semblent vous demander l'empire des humains.

De si belles mains ne paraît pas digne de la tragédie ; mais il n'y a que ce vers de faible dans cette tirade.

Vers 83. Cet amour est ardent, il le faut confesser.

Il y a dans presque toutes les pièces de Racine de ces naïvetés puériles, et ce sont presque toujours les confidents qui les disent. Les critiques en prirent occasion de donner du ridicule au seul nom de Paulin, qui fut longtemps un terme de mépris. Racine eût mieux fait d'ailleurs de choisir un autre confident, et de ne point le nommer d'un nom français, tandis qu'il laisse à Titus son nom latin. Ce qui est bien plus digne de remarque, c'est que les railleurs sont toujours injustes. S'ils relevèrent les mauvais vers qui échappent à Paulin, ils oublièrent qu'il en débite beaucoup d'excellents. Ces railleurs s'épuisèrent sur la *Bérénice* de Racine, dont ils sentaient l'extrême mérite dans le fond de leur cœur : ils ne disaient rien de celle de Corneille, qui était déjà oubliée ; mais ils opposaient l'ancien mérite de Corneille au mérite présent de Racine.

Vers 207. Depuis cinq ans entiers chaque jour je la vois,
Et crois toujours la voir pour la première fois.

Ces vers sont connus de presque tout le monde ; on en a fait mille applications ; ils sont naturels et pleins de sentiment ; mais ce qui les rend encore meilleurs, c'est qu'ils terminent un morceau charmant. Ce n'est pas une beauté, sans doute, de l'*Électre* et de l'*Œdipe* de Sophocle ; mais qu'on se mette à la place de l'auteur, qu'on essaye de faire parler Titus comme Racine y était obligé, et qu'on voie s'il est possible de le faire mieux parler. Le grand mérite consiste à représenter les hommes et les choses comme elles sont dans la nature, et dans la belle nature. Raphaël réussit aussi bien à peindre les Grâces que les Furies.

Vers 112. Encore un coup, allons, il n'y faut plus penser.

Encore un coup est une façon de parler trop familière et presque basse, dont Racine fait trop souvent usage.

Vers dern. Je n'examine point si j'y pourrai survivre.

Cette résolution de l'empereur ne fait attendre qu'une seule scène. Il peut renvoyer Bérénice avec Antiochus, et la pièce sera bientôt finie. On conçoit très-difficilement comment le sujet pourra fournir encore quatre actes ; il n'y a point de nœud, point d'obstacle, point d'intrigue. L'empereur est le maître ; il a pris son parti, il veut et il doit vouloir que Bérénice parte. Ce n'est que dans les sentiments inépuisables du cœur, dans le passage d'un mouvement à l'autre, dans le développement des plus secrets ressorts de l'âme que l'auteur a pu trouver de quoi remplir la carrière. C'est un mérite prodigieux, et dont je crois que lui seul était capable.

SCÈNE IV.

Vers 6.   Je demeure sans voix et sans ressentiment.

Ce dernier mot est le seul employé par Racine qui ait été hors d'usage depuis lui. *Ressentiment* n'est plus employé que pour exprimer le souvenir des outrages, et non celui des bienfaits.

Vers 29. N'en doutez point, madame.

Ces mots de *madame* et de *seigneur* ne sont que des compliments français. On n'employa jamais chez les Grecs, ni chez les Romains, la valeur de ces termes. C'est une remarque qu'on peut faire sur toutes nos tragédies. Nous ne nous servons point des mots *monsieur, madame,* dans les comédies tirées du grec : l'usage a permis que nous appelions les Romains et les Grecs *seigneur,* et les Romaines *madame;* usage vicieux en soi, mais qui cesse de l'être, puisque le temps l'a autorisé.

SCÈNE V.

Vers 16. Il craint peut-être, il craint d'épouser une reine.
         Hélas! s'il étoit vrai... mais non, etc.

Sans ce *mais non*, sans les assurances que Titus lui a données tant de fois de n'être jamais arrêté par ce scrupule, elle devrait s'attacher à cette idée; elle devrait dire : Pourquoi Titus, embarrassé, vient-il de prononcer en soupirant les mots de *Rome* et *d'empire?* Elle se rassure sur les promesses qu'on lui a faites; elle cherche de vaines raisons. Il est pardonnable, ce me semble, qu'elle craigne que Titus ne soit instruit de l'amour d'Antiochus. Les amants et les conjurés peuvent, je crois, sur le théâtre, se livrer à des craintes un peu chimériques, et se méprendre. Ils sont toujours troublés, et le trouble ne raisonne pas. Bérénice, en raisonnant juste, aurait plutôt craint Rome que la jalousie de Titus. Elle aurait dit : Si Titus m'aime, il forcera les Romains à souffrir qu'il m'épouse; et non pas : *Si Titus est jaloux, Titus est amoureux.*

ACTE TROISIÈME.

SCÈNE I.

On n'a d'autre remarque à faire sur cette scène, sinon qu'elle est écrite avec la même élégance que le reste, et avec le même art. Antiochus, chargé par son rival même de déclarer à Bérénice que ce rival aimé renonce à elle, devient alors un personnage un peu plus nécessaire qu'il n'était.

SCÈNE II.

C'est ici qu'on voit plus qu'ailleurs la nécessité absolue de faire de beaux vers, c'est-à-dire d'être éloquent de cette éloquence propre au caractère du personnage et à sa situation; de n'avoir que des idées justes et naturelles; de ne se pas permettre un mot vicieux, une construction obscure, une syllabe rude; de charmer l'oreille et l'esprit par une élégance continue. Les rôles qui ne sont ni principaux, ni relevés, ni tragiques, ont surtout besoin de cette élégance et du charme d'une diction pure. Bérénice, Atalide, Ériphyle, Aricie, étaient perdues sans ce prodige de l'art, prodige d'autant plus grand qu'il n'étonne point, qu'il plaît par la simplicité, et que chacun croit que s'il avait eu à faire parler ces personnages il n'aurait pu les faire parler autrement :

Speret idem, sudet multum, frustraque laboret [1].

1. Horace, *De Arte poetica*, 241.

SCÈNE III.

Vers 12. . . . . Suspendez votre ressentiment.
   D'autres, loin de se taire en ce même moment,
   Triompheroient peut-être, etc.

Concevez l'excès de la tyrannie de la rime, puisque l'auteur qui lui commande le plus est gêné par elle au point de remplir un hémistiche de ces mots inutiles et lâches, *en ce même moment*.

Vers 23. Vous voyez devant vous une reine éperdue,
   Qui, la mort dans le sein, vous demande deux mots.

Deux mots, ailleurs, seraient une expression triviale ; elle est ici touchante : tout intéresse, la situation, la passion, le discours de Bérénice, l'embarras même d'Antiochus.

Vers 67. Pour jamais à mes yeux gardez-vous de paroître.

Voilà le caractère de la passion. Bérénice vient de flatter tout à l'heure Antiochus pour savoir son secret ; elle lui a dit : Si jamais je vous fus chère, parlez ; elle l'a menacé de sa haine s'il garde le silence, et dès qu'il a parlé elle lui ordonne de ne jamais paraître devant elle. Ces flatteries, ces emportements, font un effet très-intéressant dans la bouche d'une femme ; ils ne toucheraient pas ainsi dans un homme. Tous ces symptômes de l'amour sont le partage des amantes. Presque toutes les héroïnes de Racine étalent ces sentiments de tendresse, de jalousie, de colère, de fureur ; tantôt soumises, tantôt désespérées. C'est avec raison qu'on a nommé Racine le poëte des femmes. Ce n'est pas là du vrai tragique ; mais c'est la beauté que le sujet comportait.

SCÈNE IV.

Vers pén. Va voir si la douleur ne l'a point trop saisie.

Tous les actes de cette pièce finissent par des vers faibles et un peu langoureux. Le public aime assez que chaque acte se termine par quelque morceau brillant qui enlève les applaudissements. Mais *Bérénice* réussit sans ce secours. Les tendresses de l'amour ne comportent guère ces grands traits qu'on exige à la fin des actes dans des situations vraiment tragiques.

ACTE QUATRIÈME.

SCÈNE I.

Vers 1.   Phénice ne vient point. Moments trop rigoureux,
          Que vous paroissez lents à mes rapides vœux! etc.

Je me souviens d'avoir vu autrefois une tragédie de *Saint Jean-Baptiste*, supposée antérieure à *Bérénice*, dans laquelle on avait inséré toute cette tirade, pour faire croire que Racine l'avait volée. Cette supposition maladroite était assez confondue par le style barbare du reste de la pièce. Mais ce trait suffit pour faire voir à quels excès se porte la jalousie, surtout quand il s'agit des succès du théâtre, qui, étant les plus éclatants dans la littérature, sont aussi ceux qui aveuglent le plus les yeux de l'envie. Corneille et Racine en ressentirent les effets tant qu'ils travaillèrent.

SCÈNE II.

Vers 10.   Souffrez que de vos pleurs je répare l'outrage, etc.

On peut appliquer à ces vers ce précepte de Boileau[1] :

   Qui dit, sans s'avilir, les plus petites choses.

En effet, rien n'est plus petit que de faire paraître sur le théâtre tragique une suivante qui propose à sa maîtresse de rajuster son voile et ses cheveux. Otez à ces idées les grâces de la diction, on rira.

SCÈNE III.

Vers dern. Voyons la reine.

Ou le théâtre reste vide, ou Titus voit Bérénice : s'il la voit, il doit donc dire qu'il l'évite, ou lui parler.

SCÈNE IV.

(*Fin de la scène.*) Ce monologue est long, et il contient pour le fond, les mêmes choses à peu près que Titus a dites à Paulin.

---

1. Épître X, vers 49.

Mais remarquez qu'il y a des nuances différentes. Les nuances font beaucoup dans la peinture des passions, et c'est là le grand art si caché et si difficile dont Racine s'est servi pour aller jusqu'au cinquième acte sans rebuter le spectateur. Il n'y a pas dans ce monologue un seul mot hors de sa place. *Ah, lâche! fais l'amour, et renonce à l'empire.* Ce vers et tout ce qui suit me paraissent admirables.

SCÈNE V.

Vers 115. Vous êtes empereur, seigneur, et vous pleurez!

Ce vers si connu faisait allusion à cette réponse de Mlle Mancini à Louis XIV: *Vous m'aimez, vous êtes roi, vous pleurez, et je pars!* Cette réponse est bien plus remplie de sentiment, est bien plus énergique que le vers de Bérénice. Ce vers même n'est au fond qu'un reproche un peu ironique. Vous dites qu'un empereur doit vaincre l'amour; vous êtes empereur, et vous pleurez!

Vers 116. Oui, madame, il est vrai, je pleure, je soupire.

Cela est trop faible; il ne faut pas dire *je pleure*; il faut que par vos discours on juge que votre cœur est déchiré. Je m'étonne comment Racine a, cette fois, manqué à une règle qu'il connaissait si bien.

Vers 130. Je sais qu'en vous quittant, le malheureux Titus
Passe l'austérité de toutes les vertus.

Cela me paraît encore plus faible, parce que rien ne l'est tant que l'exagération outrée. Il est ridicule qu'un empereur dise qu'il y a plus de vertu, plus d'austérité à quitter sa maîtresse qu'à immoler à sa patrie ses deux enfants coupables. Il fallait peut-être dire, en parlant des Brutus et des Manlius, *Titus en vous quittant les égale peut-être,* ou plutôt il ne fallait point comparer une victoire remportée sur l'amour à ces exemples étonnants et presque surnaturels de la rigidité des anciens Romains. Les vers sont bien faits, je l'avoue; mais, encore une fois, cette scène élégante n'est pas ce qu'elle devrait être.

Vers dern. Adieu.

Peut-être cette scène pouvait-elle être plus vive, et porter dans les cœurs plus de trouble et d'attendrissement; peut-être est-elle plus élégante et mesurée que déchirante.

Et que tout l'univers reconnaisse, sans peine,
Les pleurs d'un empereur, et les pleurs d'une reine.

ACTE IV, SCÈNE VII.

Car enfin, ma princesse, il faut nous séparer.
— Eh bien! seigneur, eh bien! qu'en peut-il arriver?
Vous ne comptez pour rien les pleurs de Bérénice.
— Je les compte pour rien! Ah ciel! quelle injustice!

Tout cela me paraît petit; je le dis hardiment, et je suis, en cela seul, de l'opinion de Saint-Évremond, qui dit en plusieurs endroits que les sentiments dans nos tragédies ne sont pas assez profonds, que le désespoir n'y est qu'une simple douleur, la fureur un peu de colère.

SCÈNE VI.

Vers 17.   Moi-même je me hais. Néron, tant détesté,
          N'a point à cet excès poussé sa cruauté.

Autre exagération puérile. Quelle comparaison y a-t-il à faire d'un homme qui n'épouse point sa maîtresse à un monstre qui fait assassiner sa mère?

Vers 20.   Allons, Rome en dira ce qu'elle en voudra dire.
          — Quoi, seigneur! — Je ne sais, Paulin, ce que je dis.

Dire et *dis* font un mauvais effet. *Je ne sais ce que je dis* est du style comique, et c'était quand il se croyait plus austère que Brutus, et plus cruel que Néron, qu'il pouvait s'écrier : *Je ne sais ce que je dis.*

Vers 27.   Et le peuple, élevant vos vertus jusqu'aux nues,
          Va partout de lauriers couronner vos statues.

Élevant vos vertus, etc.; ni cette expression, ni cette cacophonie, ne semblent dignes de Racine.

Vers dern. Pourquoi suis-je empereur? pourquoi suis-je amoureux?

Tous ces actes finissent froidement, et par des vers qui appartiennent plus à la haute comédie qu'à la tragédie. Il ne doit pas demander pourquoi il est empereur. *Amoureux* est d'une idylle; *amoureux* est trop général. Pourquoi dois-je quitter ce que je dois adorer? Pourquoi suis-je forcé à rendre malheureuse celle qui mérite le moins de l'être? C'est là (du moins, je le crois) le sentiment qu'il devait exprimer.

SCÈNE VII.

Vers 3.   Elle n'entend ni pleurs, ni conseil, ni raison.

Ce mot *pleurs*, joint avec *conseil* et *raison*, sauve l'irrégularité du terme *entendre*. On n'entend point des pleurs; mais ici *n'entend* signifie *ne donne point attention*.

Vers dern. Moi-même, en ce moment, sais-je si je respire ?

Cette scène et la suivante, qui semblent être peu de chose, me paraissent parfaites. Antiochus joue le rôle d'un homme qui est supérieur à sa passion. Titus est attendri et ébranlé comme il doit l'être, et dans le moment le sénat vient le féliciter d'une victoire qu'il craint de remporter sur lui-même. Ce sont des ressorts presque imperceptibles qui agissent puissamment sur l'âme. Il y a mille fois plus d'art dans cette belle simplicité que dans cette foule d'incidents dont on a chargé tant de tragédies. Corneille a aussi le mérite de n'avoir jamais recours à cette malheureuse et stérile fécondité qui entasse événement sur événement ; mais il n'a pas l'art de Racine, de trouver dans l'incident le plus simple le développement du cœur humain.

ACTE CINQUIÈME.

SCENE I.

Vers 55. Lisez, ingrat ! lisez, et me laissez sortir.

Titus lisait tout haut cette lettre à la première représentation. Un mauvais plaisant dit que c'était le testament de Bérénice. Racine en fit supprimer la lecture. On a cru que la vraie raison était que la lettre ne contenait que les mêmes choses que Bérénice dit dans le cours de la pièce.

SCÈNE VII et dernière.

Vers dern. Pour la dernière fois, adieu, seigneur. — Hélas !

Je n'ai rien à dire de ce cinquième acte, sinon que c'est en son genre un chef-d'œuvre, et qu'en le relisant avec des yeux sévères, je suis encore étonné qu'on ait pu tirer des choses si touchantes d'une situation qui est toujours la même ; qu'on ait trouvé encore de quoi attendrir, quand on paraît avoir tout dit ; que même tout paraisse neuf dans ce dernier acte, qui n'est que le résumé des quatre précédents : le mérite est égal à la difficulté, et cette difficulté est extrême. On peut être un peu choqué qu'une pièce finisse par un *hélas !* Il fallait être sûr de s'être rendu maître du cœur des spectateurs pour oser finir ainsi.

Voilà, sans contredit, la plus faible des tragédies de Racine qui sont restées au théâtre. Ce n'est pas même une tragédie; mais que de beautés de détail, et quel charme inexprimable règne presque toujours dans la diction ! Pardonnons à Corneille de n'avoir jamais connu ni cette pureté ni cette élégance ; mais comment se peut-il faire que personne depuis Racine n'ait approché de ce style enchanteur? Est-ce un don de la nature? Est-ce le fruit d'un travail assidu ? C'est l'effet de l'un et de l'autre. Il n'est pas étonnant que personne ne soit arrivé à ce point de perfection ; mais il l'est que le public ait depuis applaudi avec transport à des pièces qui à peine étaient écrites en français, dans lesquelles il n'y avait ni connaissance du cœur humain, ni bon sens, ni poésie : c'est que des situations séduisent, c'est que le goût est très-rare. Il en a été de même dans d'autres arts. En vain on a devant les yeux des Raphaël, des Titien, des Paul Véronèse ; des peintres médiocres usurpent après eux de la réputation, et il n'y a que les connaisseurs qui fixent à la longue le mérite des ouvrages.

REMARQUES

SUR

TITE ET BÉRÉNICE

COMÉDIE HÉROÏQUE DE CORNEILLE [1].

ACTE PREMIER.

SCÈNE I.

Vers 3. . . . . Plus nous approchons de ce grand hyménée,
Plus en dépit de moi je me trouve gênée.

On saura bientôt de quel hyménée on parle ; mais on ne saura point que c'est Domitie qui parle ; et le lieu où elle est n'est point annoncé.

Cette Domitie, fille de Corbulon, est amoureuse de Domitian, qui l'est aussi d'elle. Il est vrai que cet amour est froid ; mais il est vrai aussi que, quand Domitian et sa maîtresse Domitie s'exprimeraient avec la tendre élégance des héros de Racine, ils n'en intéresseraient pas davantage. Il y a des personnages qu'il ne faut jamais représenter amoureux : les grands hommes, comme Alexandre, César, Scipion, Caton, Cicéron, parce que c'est les avilir ; et les méchants hommes, parce que l'amour dans une âme féroce ne peut jamais être qu'une passion grossière qui révolte au lieu de toucher, à moins qu'un tel caractère ne soit attendri et changé par un amour qui le subjugue. Domitian, Caligula, Néron, Commode, en un mot tous les tyrans qui feront l'amour à l'ordinaire, déplairont toujours. Dès que Domitian est l'amoureux de la pièce, la pièce est tombée.

[1]. Représentée également en 1670, huit jours après la pièce de Racine.

Vers 6.   Ne devroit-il pas faire aussi tous mes plaisirs?

Il semble, par ce vers et par tant d'autres dans ce goût, que Corneille ait voulu imiter la mollesse du style de son rival, qui seul alors était en possession des applaudissements au théâtre ; mais il l'imite comme un homme robuste, sans grâce et sans souplesse, qui voudrait se donner les attitudes gracieuses d'un danseur agile et élégant.

Vers 8.   Rome s'en fait d'avance en l'esprit une fête, etc.

Cette expression, et l'*amer* et le *rude, tout à fait la maîtresse, un nœud reculé qui dégoûte,* font bien voir que Corneille n'était pas fait pour combattre Racine dans la carrière de l'élégance et du sentiment.

Vers 41.   J'ai quelques droits, Plautine, à l'empire romain, etc.

Où sont donc ces droits à l'empire qu'elle *peut mettre en bonne main?* Quoi! parce qu'elle est fille d'un Corbulon, que quelques troupes voulurent déclarer césar, elle a des droits à l'empire? C'est heurter toutes les notions qu'on a du gouvernement des Romains.

Vers 43.   Mon père avant le sien, élu pour cet empire,
          Préféra... tu le sais, et c'est assez t'en dire.

On n'est point élu pour l'empire, cela n'est pas français ; et que veut dire ce *préféra* avec des points...? On peut laisser une phrase suspendue quand on craint de s'expliquer, quand on aurait trop de choses à dire, quand on fait entendre, par ce qui suit, ce qu'on n'a pas voulu énoncer d'abord, et qu'on le fait plus fortement entendre que si on s'expliquait, comme dans *Britannicus*[1] :

> Et ce même Sénèque, et ce même Burrhus,
> Qui depuis... Rome alors estimoit leurs vertus.

Mais ici ce *préféra* ne signifie autre chose sinon que Corbulon préféra son devoir : ce n'était pas là la place d'une réticence. On s'est un peu étendu sur cette remarque, parce qu'elle contient une règle générale, et que ces réticences inutiles et déplacées ne sont que trop communes.

Vers 46.   Mais pour le cœur, te dis-je, il n'est pas tout à moi.
          — La chose est bien égale, il n'a pas tout le vôtre, etc.

---

1. Acte IV, scène II.

« La chose est bien égale ; il n'a pas tout le vôtre ; vous en aimez un autre ; et comme sa raison ; une ardeur pour un rang ; qu'entre nous la chose soit égale : un divorce qui ravale ; un sort à qui l'on renvoie ; ce que Plautine a d'ambitieux caprice qui lui fait un dur supplice ; en l'aimant comme il faut ; comme il faut qu'il vous aime. » Est-il possible qu'avec un tel style on ait voulu jouter contre Racine dans un ouvrage où tout dépend du style !

Vers 63. Si l'amour quelquefois souffre qu'on le contraigne,
Il souffre rarement qu'une autre ardeur l'éteigne ;
Et quand l'ambition en met l'empire à bas,
Elle en fait son esclave et ne l'étouffe pas.

Je passe tous les vers ou faibles, ou durs, ou qui offensent la langue, et je remarquerai seulement que voilà des dissertations sur l'amour, des sentences générales. Ce n'est pas là comme il faut s'y prendre pour traiter une passion douce et tendre ; ce n'est pas là *Horatii curiosa felicitas*[1], et le *molle* de Virgile[2].

Vers 75. Laisse-moi retracer ma vie en ta mémoire ;
Tu me connois assez pour en savoir l'histoire.

Pourquoi donc répète-t-elle cette histoire à une personne qui la sait si bien ? Le sentiment de son *illustre orgueil* n'est pas une raison suffisante pour fonder ce récit, qui d'ailleurs est trop long et trop peu intéressant.

Cette Domitie, partagée entre l'ambition et l'amour, n'est véritablement ni ambitieuse ni sensible. Ces caractères indécis et mitoyens ne peuvent jamais réussir, à moins que leur incertitude ne naisse d'une passion violente, et qu'on ne voie jusque dans cette indécision l'effet du sentiment dominant qui les emporte. Tel est Pyrrhus dans *Andromaque*, caractère vraiment théâtral et tragique, excepté dans la scène imitée de Térence[3],

Crois-tu, si je l'épouse,
Qu'Andromaque en son cœur n'en sera pas jalouse[4] ?

et dans la scène où Pyrrhus vient dire à Hermione qu'il ne peut l'aimer.

Cette première scène de Domitie annonce que la pièce sera sans intérêt ; c'est le plus grand des défauts.

1. Ces trois mots latins sont dans Pétrone, chapitre cxviii.
2. *Molle atque facetum.* Horace, livre Ier, satire x, vers 44.
3. La première scène de *l'Eunuque*.
4. *Andromaque,* acte II, scène v.

SCÈNE II.

Vers 1.   Faut-il mourir, madame? Et, si proche du terme,
          Votre illustre inconstance est-elle encor si ferme? etc.

Cette seconde scène tient au delà de ce que la première a promis. Un Domitian qui veut mourir d'amour ! C'est mettre un hochet entre les mains de Polyphème. Et qu'est-ce qu'une *illustre inconstance proche du terme, si ferme que les restes d'un feu si fort se promettent la mort de Domitian dans quatre jours ?* Ces paroles, ces tours inintelligibles qui sont comme jetés au hasard, forment un étrange discours. La princesse Henriette joua un tour bien sanglant à Corneille quand elle le fit travailler à *Bérénice*.

On ne voit que trop combien la suite est digne de ce commencement. Quels vers que ceux-ci, et que de barbarismes ! *Ce n'est pas un mal qui vaille en soupirer; un choix qui charme avec un peu d'appas qu'on met si bas;* et tous ces compliments ironiques que se font Domitian et Domitie ; et *cette beauté qui n'a écouté aucun des soupirants qui l'accablaient de leurs regards mourants;* et *son cœur qui va tout à Domitian quand on le laisse aller.*

On est étonné qu'on ait pu jouer une pièce ainsi écrite, ainsi dialoguée et raisonnée.

Tous ces raisonnements de Domitie ne peuvent être écoutés. *Comme la passion du trône est la première, elle est la dominante :* ce n'est pas qu'elle ne *se violente à trahir l'amour;* mais il est juste que *des soupirs secrets la punissent d'aimer contre ses intérêts.*

Il semble que, dans cette pièce, Corneille ait voulu en quelque sorte imiter ce double amour qui règne dans l'*Andromaque,* et qu'il ait tenté de plier la roideur de son caractère à ce genre de tragédie si délicat et si difficile. Domitian aime Domitie, Titus aime aussi Domitie un peu. On propose Bérénice à Domitian, et Bérénice est aimée véritablement de Titus. Avouons qu'on ne pouvait faire un plus mauvais plan.

SCÈNE III.

Vers 1.   Elle se défend bien, seigneur, et dans la cour...
          — Aucun n'a plus d'esprit, Albin, et moins d'amour, etc.

Il s'agit bien là d'esprit ! Et *cette adresse à défendre une mauvaise cause, et la flamme qui applique cette adresse au secours.* Quels vains et malheureux propos ! Peut-on dire en de plus mauvais vers des choses plus indignes du théâtre tragique ?

Vers 14. Dans toute la nature aime-t-on autrement? etc.

Quoi ! dans une tragédie une dissertation sur l'amour-propre[1]! Finissons. Il a bien fallu faire quelques remarques sur ce premier acte pour montrer que c'est une peine perdue d'en faire sur les autres. Un commentaire peut être utile quand on a des beautés et des défauts à examiner ; mais ce serait vouloir outrager la mémoire de Corneille de s'appesantir sur toutes les fautes d'un ouvrage où il n'y a guère que des fautes. Finissons nos remarques par respect pour lui : rendons-lui justice ; convenons que c'est un grand homme qui fut trop souvent différent de lui-même, sans que ses pièces malheureuses fissent tort aux beaux morceaux qui sont dans les autres.

---

1. C'était la publication des *Maximes* de La Rochefoucauld qui avait mis à la mode ces dissertations sur l'amour-propre.

REMARQUES
SUR PULCHÉRIE

TRAGÉDIE REPRÉSENTÉE EN 1672.

PRÉFACE DU COMMENTATEUR.

Pulchérie était une fille de l'empereur Arcadius et de l'impératrice Eudoxie. Elle avait toute l'ambition de sa mère. Corneille dit, dans son *Avis au lecteur*, que ses talents étaient merveilleux, et que, dès l'âge de quinze ans, *elle empiéta l'empire sur son frère*. Il est vrai que ce frère, Théodose II, était un homme très-faible, qui fut longtemps gouverné par cette sœur impérieuse, plus capable d'intrigues que d'affaires, plus occupée de soutenir son crédit que de défendre l'empire, et n'ayant pour ministres que des esclaves sans courage.

Aussi ce fut de son temps que les peuples du Nord ravagèrent l'empire romain. Cette princesse, après la mort de Théodose le Jeune, épousa un vieux militaire, aussi peu fait pour gouverner que Théodose; elle en fit son premier domestique, sous le nom d'empereur. C'était un homme qui n'avait su se conduire ni dans la guerre ni dans la paix. Il avait été longtemps prisonnier de Genseric; et, quand il fut sur le trône, il ne se mêla que des querelles des Eutychiens et des Nestoriens. On sent un mouvement d'indignation quand on lit, dans la continuation de l'*Histoire romaine* de Laurent Échard[1], le puéril et honteux éloge de Pulchérie et de Martian. « Pulchérie (dit l'auteur), dont les vertus avaient mérité la confiance de tout l'empire, offrit la couronne à Martian, pourvu qu'il voulût l'épouser et qu'il la laissât fidèle à son vœu de virginité. »

---

1. Cette continuation est de l'abbé Guyon; mais l'abbé Desfontaines y a aussi travaillé, et c'est pourquoi Voltaire en parle. (G. A.)

Quelle pitié ! Il fallait dire, pourvu qu'il la laissât demeurer fidèle à son vœu d'ambition et d'avarice : elle avait cinquante ans, et Martian soixante et dix[1].

Il est permis à un poëte d'ennoblir ses personnages et de changer l'histoire, surtout l'histoire de ces temps de confusion et de faiblesse. Corneille intitula d'abord cette pièce *tragédie*; il la présenta aux comédiens, qui refusèrent de la jouer. Ils étaient plus frappés de leurs intérêts que de la réputation de Corneille ; il fut obligé de la donner à une mauvaise troupe qui jouait au Marais, et qui ne put se soutenir; et malheureusement pour *Pulchérie*, on joua *Mithridate* à peu près dans le même temps, car *Pulchérie* fut représentée les derniers jours de 1672, et *Mithridate* les premiers de 1673.

Fontenelle prétend que son oncle Corneille se peignit lui-même avec bien de la force dans le personnage de Martian. Voici comme Martian parle de lui-même dans la première scène du second acte :

> J'aimois quand j'étois jeune, et ne déplaisois guère :
> Quelquefois de soi-même on cherchoit à me plaire ;
> Je pouvois aspirer au cœur le mieux placé ;
> Mais, hélas ! j'etois jeune, et ce temps est passé.
> Le souvenir en tue, et l'on ne l'envisage
> Qu'avec, s'il le faut dire, une espèce de rage.
> On le repousse, on fait cent projets superflus ;
> Le trait qu'on porte au cœur s'enfonce d'autant plus ;
> Et ce feu, que de honte on s'obstine à contraindre,
> Redouble par l'effort qu'on se fait pour l'éteindre.

Si ces vers d'un vieux berger, plutôt que d'un vieux capitaine, ont paru *forts* à Fontenelle, ils n'en sont pas moins faibles. Enfin Pulchérie épouse Martian. Un Aspar en est tout étonné : *Quoi!* dit-il, *tout vieil et tout cassé qu'il est?* Pulchérie répond : *Tout vieil et tout cassé, je l'épouse; il me plaît; j'ai mes raisons.*

Cette Pulchérie, qui dit à Léon : *J'ai de la fierté*, s'exprime trop souvent en soubrette de comédie.

> Je vois entrer Irène ; Aspar la trouve belle.
> Faites agir pour vous l'amour qu'il a pour elle.
> Et, comme en ce dessein rien n'est à négliger,
> Voyez ce qu'une sœur vous pourra ménager.
> . . . .

---

1. Martian, né en 391, n'avait que neuf ans de plus que l'impératrice. Il avait cinquante-neuf ans quand il épousa Pulchérie, en 450.

> Vous aimez, vous plaisez; c'est tout auprès des femmes.
> C'est par là qu'on surprend, qu'on enlève leurs âmes.
> . . . .
> Aspar vous aura vue, et son âme est chagrine...
> — Il m'a vue, et j'ai vu quel chagrin le domine.
> Mais il n'a pas laissé de me faire juger
> Du choix que fait mon cœur quel sera le danger.
> Il part de bons avis quelquefois de la haine.
> On peut tirer du fruit de tout ce qui fait peine.
> Et des plus grands desseins qui veut venir à bout
> Prête l'oreille à tous, et fait profit de tout.

C'est ainsi que la pièce est écrite. La matière y est digne de la forme. C'est un mariage ridicule traversé ridiculement, et conclu de même.

L'intrigue de la pièce, le style et le mauvais succès, déterminèrent Corneille à ne donner à cet ouvrage que le titre de *comédie héroïque;* mais, comme il n'y a ni comique ni héroïsme dans la pièce, il serait difficile de lui donner un nom qui lui convînt.

Il semble pourtant que, si Corneille avait voulu choisir des sujets plus dignes du théâtre tragique, il les aurait peut-être traités convenablement; il aurait pu rappeler son génie, qui fuyait de lui. On en peut juger par le début de Pulchérie :

> Je vous aime, Léon, et n'en fais point mystère;
> Des feux tels que les miens n'ont rien qu'il faille taire.
> Je vous aime, et non pas de cette folle ardeur
> Que les yeux éblouis font maîtresse du cœur;
> Non d'un amour conçu par les sens en tumulte,
> A qui l'âme applaudit sans qu'elle se consulte,
> Et qui, ne concevant que d'aveugles désirs,
> Languit dans les faveurs, et meurt dans les plaisirs.

Ces premiers vers en effet sont imposants; ils sont bien faits; il n'y a pas une faute contre la langue, et ils prouvent que Corneille aurait pu écrire encore avec force et avec pureté s'il avait voulu travailler davantage ses ouvrages. Cependant les connaisseurs d'un goût exercé sentiront bien que ce début annonce une pièce froide. Si Pulchérie aime ainsi, son amour ne doit guère toucher. On s'aperçoit encore que c'est le poëte qui parle, et non la princesse. C'est un défaut dans lequel Corneille tombe toujours. Quelle princesse débutera jamais par dire que l'amour *languit dans les faveurs, et meurt dans les plaisirs?* Quelle idée ces vers ne donnent-ils pas d'une volupté que Pulchérie ne doit pas

connaître ? De plus, cette Pulchérie ne fait que répéter ce que
Viriate a dit dans la tragédie de *Sertorius*[1].

> Ce ne sont pas les sens que mon amour consulte ;
> Il hait des passions l'impétueux tumulte.

Il y a des beautés de pure déclamation, il y a des beautés de
sentiment, qui sont les véritables. Cette pièce tombe dans le
même inconvénient qu'*Othon*. Trois personnes se disputent la
main de la nièce d'Othon ; et ici on voit trois prétendants à Pulchérie, nulle grande intrigue, nul événement considérable, pas
un seul personnage auquel on s'intéresse. Il y a quelques beaux
vers dans *Othon*, et ce mérite manque à *Pulchérie*. On y parle
d'amour de manière à dégoûter de cette passion, s'il était possible. Pourquoi Corneille s'obstinait-il à traiter l'amour? Sa
comédie héroïque de *Tite et Bérénice* devait lui apprendre que ce
n'était pas à lui de faire parler des amants, ou plutôt qu'il ne
devait plus travailler pour le théâtre : *solve senescentem*[2]. Il veut
de l'amour dans toutes ses pièces ; et, depuis *Polyeucte*, ce ne sont
que des contrats de mariage, où l'on stipule pendant cinq actes
les intérêts des parties, ou des raisonnements alambiqués sur
le devoir des *vrais amants*. A l'égard du style, tandis qu'il se
perfectionnait tous les jours en France, Corneille le gâtait de
jour en jour. C'est, dès la première scène, *l'habitude à régner, et
l'horreur d'en déchoir,* c'est *un penchant flatteur qui fait des assurances,* ce sont *des hauts faits qui portent à grands pas à l'empire.*

C'est un vieux Martian qui conte ses amours à sa fille Justine,
et qui lui dit : *Allons, parle aussi des tiens ; c'est mon tour d'écouter.*
La bonne Justine lui dit *comment elle est tombée amoureuse et
comment son imprudente ardeur, prête à s'évaporer, respecte sa pudeur.*

On parle toujours d'amour à la Pulchérie, âgée de cinquante
ans. Elle aime un prince nommé Léon, et elle prie une fille de
sa cour de faire l'amour à ce Léon, afin qu'elle, impératrice,
puisse s'en détacher.

> Qu'il est fort cet amour ! Sauve-m'en si tu peux.
> Vois Léon, parle-lui, dérobe-moi ses vœux.
> M'en faire un prompt larcin, c'est me rendre service.

De tels vers sont d'une mauvaise comédie, et de tels sentiments ne sont pas d'une tragédie.

---

1. Acte II, scène 1re.
2. Horace, livre Ier, épître 1re, vers 8.

Mais que dirons-nous de ce vieux Martian, amoureux de la vieille Pulchérie [1] ? Cette impératrice entame avec lui une plaisante conversation au cinquième acte :

> On m'a dit que pour moi vous aviez de l'amour;
> Seigneur, seroit-il vrai?
>
> MARTIAN.
> Qui vous l'a dit, madame?
> PULCHÉRIE.
> Vos services, mes yeux...

A quoi le bonhomme répond « qu'il s'est tu après s'être rendu, qu'en effet il languit, il soupire, mais qu'enfin la langueur qu'on voit sur son visage est encore plus l'effet de l'amour que de l'âge ».

J'aime encore mieux je ne sais quelle farce dans laquelle un vieillard est saisi d'une toux violente devant sa maîtresse, et lui dit : *Mademoiselle, c'est d'amour que je tousse.*

J'avoue, sans balancer, que les Pradon, les Bonnecorse, les Coras, les Danchet, n'ont rien fait de si plat et de si ridicule que toutes ces dernières pièces de Corneille. Mais je n'ai dû le dire qu'après l'avoir prouvé.

Corneille se plaint, dans une de ses épîtres, des succès de son rival; il finit par dire :

> Et la seule tendresse est toujours à la mode.

Oui, la seule tendresse de Racine, la tendresse vraie, touchante, exprimée dans un style égal à celui du quatrième livre de Virgile, et non pas la tendresse fausse et froide, mal exprimée.

Ce que peu de gens ont remarqué, c'est que Racine, en traitant toujours l'amour, a parfaitement observé ce précepte de Despréaux :

> Qu'Achille aime autrement que Tyrcis et Philène [2],
> Et que l'amour, souvent de remords combattu,
> Paroisse une foiblesse, et non une vertu.

---

1. « Pourquoi toujours cette *vieille Pulchérie*, dit Palissot, si, comme Voltaire en convient, il est permis aux poëtes de changer l'histoire? Corneille n'a-t-il pas été le maître de rajeunir cette princesse? A-t-on reproché à Voltaire d'avoir représenté beaucoup plus jeunes qu'elles ne pouvaient l'être, Jocaste dans *OEdipe*, et Sémiramis dans la tragédie de ce nom? etc. » Palissot oublie que Jocaste et Sémiramis, toutes rajeunies qu'elles sont, ne soupirent pas comme Pulchérie, qui n'en paraît que plus vieille. (G. A.)

2. *Art poétique*, III, 99-101.

Le rôle de Mithridate est au fond par lui-même un peu ridicule. Un vieillard jaloux de ses deux enfants est un vrai personnage de comédie, et la manière dont il arrache à Monime son secret est petite et ignoble ; on l'a déjà dit ailleurs[1] et rien n'est plus vrai. Mais que ce fond est enrichi et ennobli ! Que Mithridate sent bien ses fautes, et qu'il se reproche dignement sa faiblesse !

> Quoi! des plus chères mains craignant les trahisons[2],
> J'ai pris soin de m'armer contre tous les poisons.
> J'ai su, par une longue et pénible industrie,
> Des plus mortels venins prévenir la furie.
> Ah! qu'il eût mieux valu, plus sage et plus heureux,
> Et repoussant les traits d'un amour dangereux,
> Ne pas laisser remplir d'ardeurs empoisonnées
> Un cœur déjà glacé par le froid des années !

Quand un homme se reproche ses fautes avec tant de force et de noblesse, avec un langage si sublime et si naturel, on les lui pardonne.

C'est ainsi que Roxane se dit à elle-même :

> Tu pleures, malheureuse! ah! tu devois pleurer[3]
> Lorsque d'un vain désir à ta perte poussée,
> Tu conçus de le voir la première pensée.

On ne voit point, dans ces excellents ouvrages, de *héros qui porte un beau feu dans son sein*[4], de *princesse aimant sa renommée, qui quand elle dit qu'elle aime est sûre d'être aimée*[5]. On n'y fait point *un compliment*[6], *plus en homme d'esprit qu'en véritable amant ; l'absence aux vrais amants* n'y est pas *pire que la peste*[7]. Un héros n'y dit point, comme dans *Alcibiade*[8], que *quand il a troublé la paix d'un jeune cœur, il a cent fois éprouvé qu'un mortel peut goûter un bonheur achevé*. Phèdre, dans son admirable rôle, le chef-d'œuvre de l'esprit humain et le modèle éternel, mais inimitable, de quiconque voudra jamais écrire en vers ; Phèdre se fait plus de reproches que le mari le plus austère ne pourrait lui en faire. C'est ainsi, encore une fois, qu'il faut parler d'amour, ou n'en point parler du tout.

---

1. Préface de *Mariamne*, en 1725 ; et *Épître à la duchesse du Maine*, en tête d'*Oreste*.
2. *Mithridate*, acte IV, scène v.
3. *Bajazet*, IV, v.
4. *OEdipe*, acte I, scène iii.
5. *Pompée*, II, i.
6. *Othon*, II, ii.
7. *OEdipe*, I, i.
8. Campistron, *Alcibiade*, I, iii.

C'est surtout en lisant ce rôle de Phèdre qu'on s'écrie avec Despréaux [1] :

> Eh! qui, voyant un jour la douleur vertueuse
> De Phèdre, malgré soi perfide, incestueuse,
> D'un si noble travail justement étonné,
> Ne bénira d'abord le siècle fortuné
> Qui, rendu plus fameux par tes illustres veilles,
> Vit naître sous ta main ces pompeuses merveilles?

Ces merveilles étaient plus touchantes que pompeuses. Que ceux-là se sont trompés qui ont dit et répété que Racine avait gâté le théâtre par la tendresse, tandis que c'est lui seul qui a épuré ce théâtre [2], infecté toujours avant lui, et presque toujours après lui, d'amours postiches, froids et ridicules, qui déshonorent les sujets les plus graves de l'antiquité! Il vaudrait autant se plaindre du quatrième livre de Virgile que de la manière dont Racine a traité l'amour. Si on peut condamner en lui quelque chose, c'est de n'avoir pas toujours mis dans cette passion toutes les fureurs tragiques dont elle est susceptible, de ne lui avoir pas donné toute sa violence, de s'être quelquefois contenté de l'élégance, de n'avoir que touché le cœur quand il pouvait le déchirer; d'avoir été faible dans presque tous ses derniers actes. Mais tel qu'il est, je le crois le plus parfait de tous nos poëtes. Son art est si difficile que, depuis lui, nous n'avons pas vu une seule bonne tragédie. Il y en a eu seulement quelques-unes en très-petit nombre, dans lesquelles les connaisseurs trouvent des beautés; et, avant lui, nous n'en avons eu aucune qui fût bien faite du commencement jusqu'à la fin. L'auteur de ce commentaire est d'autant plus en droit d'annoncer cette vérité que lui-même, s'étant exercé dans le genre tragique, n'en a connu que les difficultés, et n'est jamais parvenu à faire un seul ouvrage qu'il ne regardât comme très-médiocre.

Non-seulement Racine a presque toujours traité l'amour comme une passion funeste et tragique, dont ceux qui en sont atteints rougissent; mais Quinault même sentit dans ses opéras que c'est ainsi qu'il faut représenter l'amour.

Armide commence par vouloir perdre Renaud, l'ennemi de sa secte :

> Le vainqueur de Renaud, si quelqu'un le peut être [3],
> Sera digne de moi.

1. Épître VII, à Racine, vers 79-84.
2. Voyez tome XXXI, pages 524 et 528 ; et ci-dessus, page 201.
3. *Armide*, acte I, scène II.

Elle ne l'aime pas malgré elle ; sa fierté en gémit ; elle veut cacher sa faiblesse à toute la terre ; elle appelle la Haine à son secours :

>   Venez, Haine implacable[1] !
> Sortez du gouffre épouvantable
> Où vous faites régner une éternelle horreur.
> Sauvez-moi de l'amour, rien n'est si redoutable ;
> Rendez-moi mon courroux, rendez-moi ma fureur,
>   Contre un ennemi trop aimable.

Il y a même de la morale dans cet opéra. La Haine, qu'Armide a invoquée, lui dit :

> Je ne puis te punir d'une plus rude peine[2]
> Que de t'abandonner pour jamais à l'amour.

Sitôt que Renaud s'est regardé dans le miroir symbolique qu'on lui présente, il a honte de lui-même ; il s'écrie :

> Ciel ! quelle honte de paroître[3]
> Dans l'indigne état où je suis !

Il abandonne sa maîtresse pour son devoir sans balancer. Ces lieux communs de *morale lubrique*[4], que Boileau reproche à Quinault, ne sont que dans la bouche des génies séducteurs qui ont contribué à faire tomber Renaud dans le piége.

Si on examine les admirables opéras de Quinault, *Armide*, *Roland*, *Atys*, *Thésée*, *Amadis*, l'amour y est tragique et funeste. C'est une vérité que peu de critiques ont reconnue, parce que rien n'est si rare que d'examiner. Y a-t-il rien, par exemple, de plus noble et de plus beau que ces vers d'Amadis :

>   J'ai choisi la gloire pour guide[5] ;
> J'ai prétendu marcher sur les traces d'Alcide.
>   Heureux, si j'avois évité
> Le charme trop fatal dont il fut enchanté !
>   Son cœur n'eut que trop de tendresse.
>   Je suis tombé dans son malheur ;
>   J'ai mal imité sa valeur,
>   J'imite trop bien sa foiblesse.

Enfin, Médée elle-même ne rend-elle pas hommage aux mœurs, qu'elle brave dans ces vers si connus :

---

1. *Armide*, acte III, scène III.
2. *Ibid.*, III, IV.
3. *Ibid.*, V, III.
4. Boileau, satire X, 141.
5. *Amadis*, acte I, scène I.

> Le destin de Médée est d'être criminelle [1],
> Mais son cœur étoit né pour aimer la vertu.

Voyez sur Quinault, et sur les règles de la tragédie, la *Poétique* de M. Marmontel, ouvrage rempli de goût, de raison, et de science.

On aurait pu placer ces réflexions au-devant de toute autre pièce que *Pulchérie;* mais elles se sont présentées ici, et elles ont distrait un moment l'auteur des *Remarques* du triste soin de faire réimprimer des pièces que Corneille aurait dû oublier, qui n'ôtent rien aux grandes beautés de ses ouvrages, mais qu'enfin il est difficile de pouvoir lire.

PRÉFACE DE PULCHÉRIE

PAR CORNEILLE.

J'aurai de quoi me satisfaire, si cet ouvrage est aussi heureux à la lecture qu'il l'a été à la représentation; et, si j'ose ne vous dissimuler rien, je me flatte assez pour l'espérer.

Il se flatte beaucoup trop. Cet ouvrage ne fut point heureux à la représentation, et ne le sera jamais à la lecture, puisqu'il n'est ni intéressant, ni conduit théâtralement, ni bien écrit. Il s'en faut beaucoup.

On a prétendu que ce grand homme tombé si bas n'était pas capable d'apprécier ses ouvrages; qu'il ne savait pas distinguer les admirables scènes de *Cinna*, de *Polyeucte*, de celles d'*Agésilas* et d'*Attila*. J'ai peine à le croire. Je pense plutôt qu'appesanti par l'âge et par la dernière manière qu'il s'était faite insensiblement, il cherchait à se tromper lui-même.

---

1. *Thésée,* acte II, scène I.

REMARQUES SUR SURÉNA

GÉNÉRAL DES PARTHES,

TRAGÉDIE REPRÉSENTÉE EN 1674.

PRÉFACE DU COMMENTATEUR.

Suréna n'est point un nom propre, c'est un titre d'honneur, un nom de dignité. Le *suréna* des Parthes était l'*ethmadoulet* des Persans d'aujourd'hui, le *grand-vizir* des Turcs. Cette méprise ressemble à celle de plusieurs de nos écrivains, qui ont parlé d'un Azem, grand-vizir de la Porte-Ottomane, ne sachant pas que *vizir azem* signifie *grand-vizir*. Mais la méprise est bien plus pardonnable à Corneille qu'à ces historiens, parce que l'histoire des Parthes nous est bien moins connue que celle des nouveaux Persans et des Turcs.

La tragédie de *Suréna* fut jouée les derniers jours de 1674, et les premiers de 1675 : elle roule tout entière sur l'amour. Il semblait que Corneille voulût jouter contre Racine. Ce grand homme avait donné son *Iphigénie* la même année 1674. J'avoue que je regarde *Iphigénie* comme le chef-d'œuvre de la scène, et je souscris à ces beaux vers de Despréaux :

> Jamais Iphigénie en Aulide immolée [1],
> N'a coûté tant de pleurs à la Grèce assemblée,
> Que, dans l'heureux spectacle à nos yeux étalé,
> En a fait sous son nom verser la Champmêlé.

Veut-on de la grandeur, on la trouve dans Achille, mais telle qu'il la faut au théâtre, nécessaire, passionnée, sans enflure, sans déclamation. Veut-on de la vraie politique, tout le rôle d'Ulysse en est plein ; et c'est une politique parfaite, unique-

---

1. Épître VII, à Racine, vers 3-6.

ment fondée sur l'amour du bien public ; elle est adroite ; elle est noble ; elle ne disserte point ; elle augmente la terreur. Clytemnestre est le modèle du grand pathétique ; Iphigénie, celui de la simplicité noble et intéressante ; Agamemnon est tel qu'il doit être. Et quel style ! C'est là le vrai sublime.

Après *Suréna*, Pierre Corneille renonça au théâtre, auquel il eût dû renoncer plus tôt. Il survécut près de dix ans à cette pièce, il fut témoin des succès mérités de son illustre rival ; mais il avait la consolation de voir représenter ses anciennes pièces avec des applaudissements toujours nouveaux, et c'est aux beaux morceaux de ces anciens ouvrages que nous renvoyons le lecteur. Il remarquera que tout ce qui est bien pensé dans ces chefs-d'œuvre est presque toujours bien exprimé, à quelques tours et quelques termes près qui ont vieilli ; et qu'il n'est obscur, guindé, alambiqué, incorrect, faible et froid, que quand il n'est pas soutenu par la force du sujet. Presque tout ce qui est mal exprimé chez lui ne méritait pas d'être exprimé. Il écrivait très-inégalement, mais je ne sais s'il avait un génie inégal, comme on le dit, car je le vois toujours, dans ses meilleures pièces et dans ses plus mauvaises, attaché à la solidité du raisonnement, à la force et à la profondeur des idées, presque toujours plus occupé de disserter que de toucher ; plein de ressources, jusque dans les sujets les plus ingrats ; mais de ressources souvent peu tragiques ; choisissant mal tous ses sujets, depuis *Œdipe*; inventant des intrigues, mais petites, sans chaleur et sans vie ; s'étant fait un mauvais style, pour avoir travaillé trop rapidement ; et cherchant à se tromper lui-même sur ses dernières pièces. Son grand mérite est d'avoir trouvé la France agreste, grossière, ignorante, sans esprit, sans goût, vers le temps du *Cid*, et de l'avoir changée : car l'esprit qui règne au théâtre est l'image fidèle de l'esprit d'une nation. Non-seulement on doit à Corneille la tragédie, la comédie, mais on lui doit l'art de penser.

Il n'eut pas le pathétique des Grecs ; il n'en donna une idée que dans le dernier acte de *Rodogune*, et le tableau que forme ce cinquième acte me paraît, avec ses défauts, très-supérieur à tout ce que la Grèce admirait. Le tableau du cinquième acte d'*Athalie* est dans ce grand goût. Il faut avouer que tous les derniers actes des autres pièces, sans exception, sont maigres, décharnés, faibles en comparaison. Si vous exceptez ces deux spectacles frappants, nos tragédies françaises ont été trop souvent des recueils de dialogues plutôt que des actions pathétiques. C'est par là que nous péchons principalement ; mais avec ce défaut, et quelques autres auxquels la nécessité de faire cinq actes assujettit les auteurs, on avoue que la scène française est supérieure à celle de toutes les nations anciennes et modernes. Cet art est absolument nécessaire dans une grande ville telle que Paris ; mais avant Corneille cet art n'existait pas, et après Racine il paraît impossible qu'il s'accroisse.

Il n'est pas plus possible de faire un commentaire sur la pièce de *Suréna* que sur *Agésilas, Attila, Pulchérie, Pertharite, Tite et Bérénice, la Toison d'or, Théodore*. Si on a fait quelques réflexions sur *Othon*, c'est qu'en effet les beaux vers répandus dans la première scène soutenaient un peu le commentateur dans ce travail ingrat et dégoûtant. Je finirai par dire qu'il ne faut examiner que les ouvrages qui ont des beautés avec des défauts, afin d'apprendre aux jeunes gens à éviter les uns et à imiter les autres ; mais, pour les pièces aussi mal inventées que mal écrites, où les fautes innombrables ne sont pas rachetées par une seule belle scène, il est très-inutile de commenter ce qu'on ne peut lire.

On n'aura donc ici qu'une seule observation, que j'ai déjà souvent indiquée[1] : c'est que plus Corneille vieillissait, plus il s'obstinait à traiter l'amour, lui qui, dans son dépit de réussir si mal, se plaignait *que la seule tendresse fût toujours à la mode*[2]. D'ordinaire la vieillesse dédaigne des faiblesses qu'elle ne ressent plus. L'esprit contracte une fermeté sévère qui va jusqu'à la rudesse ; mais Corneille, au contraire, mit dans ses derniers ouvrages plus de galanterie que jamais. Et quelle galanterie ! Peut-être voulait-il jouter contre Racine, dont il sentait, malgré lui, la prodigieuse supériorité dans l'art si difficile de rendre cette passion aussi noble, aussi tragique qu'intéressante. Il imprima que

>*Othon* ni *Suréna*
>Ne sont point des cadets indignes de *Cinna*.

Ils étaient pourtant des cadets très-indignes ; et Pacorus, et Eurydice, et Palmis, et le Suréna, parlent d'amour comme des bourgeois de Paris.

>Si le mérite est grand, l'estime est un peu forte.
>Vous la pardonnerez à l'amour qui s'emporte.
>Comme vous le forcer à se trop expliquer,
>S'il manque de respect, vous l'en faites manquer.
>Il est si naturel d'estimer ce qu'on aime
>Qu'on voudroit que partout on l'estimât de même ;

---

1. Voyez les remarques sur *Sophonisbe*, acte Ier, scène Ire ; et sur *Othon*, acte Ier, scène II ; acte II, scène II.
2. *Discours au roi sur son retour de Flandre*, 1667, in-4°, vers 40.

> Et la pente est si douce à vanter ce qu'il vaut
> Que jamais on ne craint de l'élever trop haut.

C'est dans ce style ridicule que Corneille fait l'amour dans ses vingt dernières tragédies et dans quelques-unes des premières. Quiconque ne sent pas ce défaut est sans aucun goût, et quiconque veut le justifier se ment à lui-même. Ceux qui m'ont fait un crime d'être trop sévère m'ont forcé à l'être véritablement, et à n'adoucir aucune vérité. Je ne dois rien à ceux qui sont de mauvaise foi. Je ne dois compte à personne de ce que j'ai fait pour une descendante de Corneille, et de ce que j'ai fait pour satisfaire mon goût. Je connais mieux les beaux morceaux de ce grand génie que ceux qui feignent de respecter les mauvais. Je sais par cœur tout ce qu'il a fait d'excellent; mais on ne m'imposera silence en aucun genre sur ce qui me paraît défectueux [1].

Ma devise a toujours été : *Fari quæ sentiam* [2].

ACTE CINQUIÈME.

SCÈNE DERNIÈRE.

Vers 22. Non, je ne pleure point, madame, mais je meurs.

Ce vers fournira la seule remarque qu'on croie devoir faire sur la tragédie de *Suréna*. *Je ne pleure point, mais je meurs* serait le sublime de la douleur si cette idée était assez ménagée, assez préparée pour devenir vraisemblable : car le vraisemblable seul peut toucher. Il faut, pour dire qu'on meurt de douleur, et pour en mourir en effet, avoir éprouvé, avoir fait voir un désespoir si violent qu'on ne s'étonne pas qu'un prompt trépas en soit la suite; mais on ne meurt pas ainsi de mort subite après avoir fait des raisonnements politiques et des dissertations sur l'amour. Le vers par lui-même est très-tragique; mais il n'est pas amené par des sentiments assez tragiques. Ce n'est pas assez qu'un vers soit beau, il faut qu'il soit placé, et qu'il ne soit pas seul de son espèce dans la foule.

1. Toutes ces déclarations de Voltaire ne se trouvent naturellement que dans la seconde édition des *Commentaires*, 1774.
2. Horace, livre Ier, chap. IV, vers 9.

REMARQUES SUR ARIANE

TRAGÉDIE DE THOMAS CORNEILLE, REPRÉSENTÉE EN 1672[1].

PRÉFACE DU COMMENTATEUR.

Un grand nombre d'amateurs du théâtre ayant demandé qu'on joignît aux œuvres dramatiques de Pierre Corneille l'*Ariane* et l'*Essex* de Thomas Corneille, son frère, accompagnées aussi de commentaires, on n'a pu se refuser à ce travail.

Thomas Corneille était cadet de Pierre d'environ vingt années. Il a fait trente-trois pièces de théâtre, aussi bien que son aîné. Toutes ne furent pas heureuses; mais *Ariane* eut un succès prodigieux en 1672, et balança beaucoup la réputation du *Bajazet* de Racine, qu'on jouait en même temps, quoique assurément *Ariane* n'approche pas de *Bajazet*; mais le sujet était heureux. Les hommes, tout ingrats qu'ils sont, s'intéressent toujours à une femme tendre, abandonnée par un ingrat; et les femmes qui se retrouvent dans cette peinture pleurent sur elles-mêmes.

Presque personne n'examine à la représentation si la pièce est bien faite et bien écrite; on est touché; on a eu du plaisir pendant une heure; ce plaisir même est rare, et l'examen n'est que pour les connaisseurs.

On rapporte, dans la *Bibliothèque des théâtres*[2], qu'*Ariane* fut faite en quarante jours; je ne suis pas étonné de cette rapidité dans un homme qui a l'habitude des vers, et qui est plein de son sujet. On peut aller vite quand on se permet des vers pro-

---

1. C'est Voltaire qui, le premier, s'avisa de flanquer Pierre Corneille de son frère Thomas; les éditeurs l'ont imité depuis. Dans le Corneille commenté de 1764, il y eut donc, en outre des pièces du grand tragique : la moitié du *Jules César* de Shakespeare, l'*Héraclius* de Calderon, la *Bérénice* de Racine, l'*Ariane* et le *Comte d'Essex* de Thomas Corneille, et enfin de nombreuses citations des opéras de Quinault.
2. Par Maupoint, 1733; voyez la note de la page 324.

saïques, et qu'on sacrifie tous les personnages à un seul. Cette pièce est au rang de celles qu'on joue souvent, lorsqu'une actrice veut se distinguer par un rôle capable de la faire valoir. La situation est très-touchante. Une femme qui a tout fait pour Thésée, qui l'a tiré du plus grand péril, qui s'est sacrifiée pour lui, qui se croit aimée, qui mérite de l'être, qui se voit trahie par sa sœur et abandonnée par son amant, est un des plus heureux sujets de l'antiquité. Il est bien plus intéressant que la *Didon* de Virgile, car Didon a bien moins fait pour Énée, et n'est point trahie par sa sœur; elle n'éprouve point d'infidélité, et il n'y avait peut-être pas là de quoi se brûler.

Il est inutile d'ajouter que ce sujet vaut infiniment mieux que celui de *Médée*. Une empoisonneuse, une meurtrière ne peut toucher des cœurs et des esprits bien faits.

Thomas Corneille fut plus heureux dans le choix de ce sujet que son frère ne le fut dans aucun des siens depuis *Rodogune*; mais je doute que Pierre Corneille eût mieux fait le rôle d'Ariane que son frère. On peut remarquer, en lisant cette tragédie, qu'il y a moins de solécismes et moins d'obscurités que dans les dernières pièces de Pierre Corneille. Le cadet n'avait pas la force et la profondeur du génie de l'aîné; mais il parlait sa langue avec plus de pureté, quoique avec plus de faiblesse. C'était d'ailleurs un homme d'un très-grand mérite, et d'une vaste littérature; et si vous exceptez Racine, auquel il ne faut comparer personne, il était le seul de son temps qui fût digne d'être le premier au-dessous de son frère.

ACTE PREMIER.

SCÈNE I.

Vers 1. Je le confesse, Arcas, ma foiblesse redouble, etc.

Ce rôle d'Œnarus est visiblement imité de celui d'Antiochus dans *Bérénice*, et c'est une mauvaise copie d'un original défectueux par lui-même. De pareils personnages ne peuvent être supportés qu'à l'aide d'une versification toujours élégante, et de ces nuances de sentiment que Racine seul a connues.

Le confident d'Œnarus avoue que sans doute *Ariane est belle*. Œnarus a vu Thésée rendre *quelques soins à Mégiste et à Cyane*;

cela l'a flatté *du côté d'Ariane*. C'est un amour de comédie, dans le style négligé de la comédie.

Vers 17. Ariane vous charme, et sans doute elle est belle.

Ce vers, et tous ceux qui sont dans ce goût, prouvent assez ce que dit Riccoboni, que la tragédie en France est la fille du roman. Il n'y a rien de grand, de noble, de tragique, à aimer une femme parce qu'*elle est belle*. Il faudrait du moins relever ces petitesses par l'élégance de la poésie.

Que le lecteur dépouille seulement de la rime les vers suivants : « Vous sûtes que Thésée avait, par le secours d'Ariane, évité les détours du labyrinthe en Crète, et que, pour reconnaître un si fidèle amour, il fuyait avec elle, vainqueur du Minotaure : quelle espérance vous laissaient des nœuds si bien formés? » Voyez non-seulement combien ce discours est sec et languissant, mais à quel point il pèche contre la régularité.

Éviter les détours du labyrinthe en Crète. Thésée n'évita pas les détours du labyrinthe en Crète, puisqu'il fallait nécessairement passer par ces détours. La difficulté n'était pas de les éviter, mais de sortir en ne les évitant pas. Virgile dit :

> Hic labor ille domus et inextricabilis error.
> (*Æn.*, VI, 27.)

Ovide dit :

> Ducit in errorem variarum ambage viarum.
> (*Met.*, VIII, 161.)

Racine dit :

> Par vous auroit péri le monstre de la Crète,
> Malgré tous les détours de sa vaste retraite.
> Pour en développer l'embarras incertain,
> Ma sœur du fil fatal eût armé votre main [1].

Voilà des images, voilà de la poésie, et telle qu'il la faut dans le style tragique.

Pour reconnaître un amour si fidèle. On ne reconnaît point un amour comme on reconnaît un service, un bienfait. *Si fidèle* n'est pas le mot propre. Ce n'est point comme fidèle, c'est comme passionnée qu'Ariane donna le fil à Thésée.

Des nœuds si bien formés. Un nœud est-il bien formé, parce qu'on s'enfuit avec une femme? Cette expression lâche, triviale, vague, n'exprime pas ce qu'on doit exprimer. Examinez ainsi

---

1. *Phèdre*, acte II, scène v.

tous les vers, vous n'en trouverez que très-peu qui résistent à une critique exacte. Cette négligence dans le style, ou plutôt cette platitude, n'est presque pas remarquée au théâtre. Elle est sauvée par la rapidité de la déclamation, et c'est ce qui encourage tant d'auteurs à se négliger, à employer des termes impropres, à mettre presque toujours le boursouflé à la place du naturel, à rimer en épithètes, à remplir leurs vers de solécismes, ou de façons de parler obscures qui sont pires que des solécismes : pour peu qu'il y ait dans leurs pièces deux ou trois situations intéressantes, quoique rebattues, ils sont contents. Nous avons déjà dit que nous n'avons pas depuis Racine une tragédie bien écrite d'un bout à l'autre[1].

Vers 89. D'un aveugle penchant le charme imperceptible
Frappe, saisit, entraîne, et rend un cœur sensible;
Et, par une secrète et nécessaire loi,
On se livre à l'amour sans qu'on sache pourquoi.

Ces vers sont une imitation de ces vers de *Rodogune*[2] :

Il est des nœuds secrets, il est des sympathies,
Dont par le doux rapport les âmes assorties, etc.

et de ces vers de *la Suite du Menteur* :

Quand les ordres du ciel nous ont faits l'un pour l'autre[3],
Lyse, c'est un accord bientôt fait que le nôtre, etc.

Redisons toujours que ces vers d'idylle, ces petites maximes d'amour, conviennent peu au dialogue de la tragédie; que toute maxime doit échapper au sentiment du personnage; qu'il peut, par les expressions de son amour, dire rapidement un mot qui devienne maxime, mais non pas être un parleur d'amour.

C'est ici qu'il ne sera pas inutile d'observer encore que *ces lieux communs de morale lubrique*[4], que Despréaux a tant reprochés à Quinault, se trouvent dans des ariettes détachées où elles sont bien placées, et que jamais le personnage de la scène ne prononce une maxime qu'à propos, tantôt pour faire pressentir sa passion, tantôt pour la déguiser. Ces maximes sont toujours courtes, naturelles, bien exprimées, convenables au personnage et

1. Voyez ci-dessus, page 297.
2. Acte Ier, scène VII.
3. Acte IV, scène Ire.
4. Boileau, satire X, vers 141.

à sa situation ; mais quand une fois la passion domine, alors plus de ces sentences amoureuses. Arcabone dit à son frère[1] :

> Vous m'avez enseigné la science terrible
> Des noirs enchantements qui font pâlir le jour ;
> Enseignez-moi, s'il est possible,
> Le secret d'éviter les charmes de l'amour.

Elle ne cherche point à discuter la difficulté de vaincre cette passion, à prouver que l'amour triomphe des cœurs les plus durs. Armide ne s'amuse point à dire en vers faibles[2] :

> Non, ce n'est point par choix, ni par raison d'aimer,
> Qu'en voyant ce qui plait on se laisse enflammer.

Elle dit en voyant Renaud[3] :

> Achevons,.. je frémis,.. Vengeons-nous... je soupire.

L'amour parle en elle, et elle n'est point parleuse d'amour.
(*Fin de la scène.*) Remarquons que le style de cette scène et de beaucoup d'autres est négligé, lâche, faible, prosaïque.

> . . . . Au défaut d'être aimé,
> Méritons jusqu'au bout de m'en voir estimé.

SCÈNE II.

Vers 41.   Un ami si parfait... de si charmants appas...
            J'en dis trop, c'est à vous de ne m'entendre pas.

Qui ne sent dans toute cette scène, et surtout en cet endroit, la pusillanimité de ce rôle ? Avec ces *charmants appas!* Pourquoi ce pauvre roi dit-il ainsi son secret à Thésée ? On laisse échapper les sentiments de son cœur devant sa maîtresse, mais non pas devant son rival.

SCÈNE III.

Vers 24.   Ma raison, qui toujours s'intéresse pour elle,
            Me dit qu'elle est aimable, et mes yeux, qu'elle est belle.

Ces vers, qui sont d'un bouquet à Iris, et *Ariane en beauté partout si renommée*, et *l'amour qui tâche d'ébranler Thésée sur le rapport de ses yeux*, et cet *amour qui a beau parler quand le cœur se*

---

1. *Amadis*, acte II, scène II.
2. Th. Corneille, *Ariane*, acte I, scène I.
3. Quinault, *Armide*, acte II, scène V.

tait, font de Thésée un héros de *Clélie*. Les raisonnements d'aimer ou n'aimer pas achèvent de gâter cette scène, qui d'ailleurs est bien conduite; mais ce n'est pas assez qu'une scène soit raisonnable, ce n'est que remplir un devoir indispensable; et quand il n'est question que d'amour, tout est froid et petit sans le style de Racine. Cette scène surtout manque de force, les combats du cœur y étaient nécessaires. Thésée, perfide envers une princesse à qui il doit sa vie et sa gloire, devrait avoir plus de remords.

SCÈNE IV.

Vers 8. Vous pouvez là-dessus vous répondre vous-même, etc.

Phèdre devait là-dessus parler avec plus d'élégance. Cette scène est ennuyeuse, et l'amour de Phèdre et de Thésée déplaît à tout le monde. L'ennui vient de ce qu'on sait qu'ils s'aiment et qu'ils sont d'accord; ils n'ont plus rien alors d'intéressant à se dire. Cette scène pouvait être belle; mais quand Phèdre dit *que la gloire est le secours d'un cœur bien né*, et qu'avoir dit *une fois qu'on aime, c'est le dire toujours*, on ne croit pas entendre une tragédie.

ACTE DEUXIÈME.

SCÈNE I.

Vers 13. Mais quand d'un premier feu l'âme tout occupée
Ne trouve de douceurs qu'aux traits qui l'ont frappée,
C'est un sujet d'ennui qui ne peut s'exprimer
Qu'un amant qu'on néglige, et qui parle d'aimer.

On voit dans ces vers quelque chose du style de Pierre Corneille : ce sont des maximes générales, elles sont justes; mais disons toujours que les grandes passions ne s'expriment point en maximes. J'ai déjà remarqué que vous n'en trouvez pas un seul exemple dans Racine[1]. *Trouver de la douceur à des traits* n'est pas élégant; *c'est un sujet d'ennui qui ne peut s'exprimer* est de la faible prose de comédie; *un amant qui parle d'aimer* est un pléonasme.

Vers 17. Pour m'en rendre la peine à souffrir plus aisée,
Tandis que le roi vient, parle-moi de Thésée.

1. Voyez page 79.

Le premier vers est prosaïque et mal fait. *Parle-moi de Thésée tandis que le roi vient;* ce vers ne me paraît pas assez passionné. Ce *tandis que le roi vient* semble dire *parle-moi de Thésée en attendant.* Observez comme Hermione, dans *Andromaque*, dit la même chose avec plus de sentiment et d'élégance[1].

> . . . . Qu'Oreste à son gré m'impute ses douleurs,
> N'avons-nous d'entretien que celui de ses pleurs?
> Pyrrhus revient à nous. Eh bien! chère Cléone,
> Conçois-tu les transports de l'heureuse Hermione?
> Sais-tu quel est Pyrrhus? T'es-tu fait raconter
> Le nombre des exploits...? mais qui les peut compter?
> Intrépide, et partout suivi de la victoire, etc.

Cela est bien supérieur aux *cent monstres dont l'univers a été dégagé par Thésée, et qui se voit purgé d'un mauvais sang;* à ces *victimes prises par Thésée et par Hercule, etc.*

Vers 37. J'aime Phèdre; tu sais combien elle m'est chère.

Ce sentiment d'Ariane me paraît bien naturel, et en même temps du plus grand art. Le spectateur sent avec un extrême plaisir les raisons du silence de Phèdre.

Vers 47. N'ayant jamais aimé, son cœur ne conçoit pas.
— Elle évite peut-être un cruel embarras.

Ce sentiment est encore très-touchant, quoique le mot d'*embarras* soit trop faible.

Vers 50. Mais vivre indifférente, est-ce une vie heureuse?

Ce vers serait fort plat si Ariane parlait d'elle-même; mais elle parle de sa sœur: elle la plaint de ne point aimer, tandis qu'en effet elle aime Thésée. On est déjà bien vivement intéressé.

SCÈNE II.

Vers 1.   Ne vous offensez point, princesse incomparable, etc.

Œnarus joue ici le rôle de l'Antiochus de *Bérénice*, mais il est bien moins raisonnable et bien moins touchant: il a le ridicule de parler d'amour à une princesse dont il sait que Thésée est idolâtré, et qu'il croit que Thésée adore; et il ne l'a aimée que depuis qu'il a été témoin de leurs amours. Antiochus, au con-

1. Acte III, scène III.

traire, a aimé Bérénice avant qu'elle se fût déclarée pour Titus, et il ne lui parle que lorsqu'il va la quitter pour jamais. Ce qui rend surtout Œnarus très-inférieur à Antiochus, c'est la manière dont il parle.

Thésée a du mérite, et il l'a dit cent fois. Les sens ravis d'Œnarus ont cédé à l'amour dès qu'il a vu Ariane. Il fallait n'en parler plus, il l'a fait par respect. Il n'a point changé d'âme, il a langui d'amour tout consumé. Il demande pour *flatter son martyre, un mot favorable et un sincère soupir.*

Ariane répond qu'elle n'est *point ingrate,* que Thésée *se trouve adoré dans son cœur,* que *dès la première fois elle l'a déclaré;* et répète encore *dès la première fois,* comme si c'était un beau discours à répéter. Ce dialogue trop négligé devait être écrit avec la plus grande finesse. On ne s'aperçoit pas de ces défauts à la représentation ; ils choquent beaucoup à la lecture.

SCÈNE III.

Vers 1.   Prince, mon trouble parle, etc.

On ne doit, ce me semble, faire un pareil aveu que quand il est absolument nécessaire. Aucune raison ne doit engager Œnarus à se déclarer le rival de Thésée. Antiochus, dans *Bérénice,* ne fait un pareil aveu qu'à la fin du cinquième acte; et c'est en quoi il y a un très-grand art. Le style d'Œnarus met le comble à l'insipidité de son rôle ; il adore *les charmes de son amour,* il en fait *l'aveu au point de l'hymen.* Il dit que *c'est montrer assez ce qu'est un si beau feu,* et qu'il est *trahi par sa vertu.* Comment est-il trahi par sa vertu, puisqu'il renonce à un si beau feu, et qu'il va préparer le mariage de Thésée et d'Ariane?

SCÈNE IV.

Vers 10. . . . . . . Apprenez un projet de ma flamme, etc.

Ce dessein d'Ariane d'unir une sœur qu'elle aime à l'ami de Thésée, tandis que cette sœur lui prépare la plus cruelle trahison, forme une situation très-belle et très-intéressante : c'est là connaître l'art de la tragédie et du dialogue, c'est même une espèce de coup de théâtre. L'embarras de Thésée et l'extrême bonté d'Ariane attachent le spectateur le plus indifférent; les vers, à la vérité, sont faibles.

Vers 17.   Ma sœur a du mérite, elle est aimable et belle...
　　　　　L'offre de cet hymen rendra sa joie extrême, etc.

sont des expressions trop négligées ; mais la scène par elle-même est excellente.

SCÈNE V.

Vers 5.   Je vous comprends tous deux, vous arrivez d'Athènes.

Ariane tombe dans la même méprise que Bérénice, qui impute au trouble de Titus un tout autre sujet que le véritable. Il vaudrait mieux peut-être qu'Ariane demandât à Pirithoüs si les Athéniens ne s'opposent pas à son mariage avec Thésée, plutôt que de soupçonner tout d'un coup qu'ils s'y opposent ; mais enfin cette méprise, ne servant qu'à faire éclater davantage l'amour d'Ariane, intéresse beaucoup pour elle.

Vers 15.   Et comment pourroit-il avoir le cœur si bas
　　　　　Que tenir tout de vous et ne vous aimer pas?

Ces deux vers sont imités de ces deux-ci de Sévère dans *Polyeucte*[1] :

　　　　Un cœur qui vous chérit ; mais quel cœur assez bas
　　　　Auroit pu vous connoître et ne vous chérir pas ?

Ce mot *bas* n'est tolérable ni dans la bouche de Sévère, ni dans celle de Pirithoüs. Un homme n'est point du tout *bas* pour connaître une femme et ne la pas aimer ; et ce n'est point à Pirithoüs à dire que son ami aurait le cœur *bas*, s'il n'aimait pas Ariane : de plus, ce n'est point une bassesse d'être perfide en amour. Chaque chose a son nom propre, et sans la convenance des termes il n'y a rien de beau.

Vers 27.   . . . . Les moindres lâchetés
　　　　　Sont pour votre grand cœur des crimes détestés.

Cette impropriété de termes déplaît à quiconque aime la justesse dans les discours. Le mot de *lâcheté* ne convient pas plus que celui de *bas* : et *l'ardeur sans pareille pour la gloire* est déplacé quand il s'agit d'amour. Cette scène ressemble encore à celle où Antiochus vient annoncer à Bérénice qu'elle doit renoncer à Titus ; mais il y a bien plus d'art à faire apprendre le malheur de Bérénice par son amant même qu'à faire instruire Ariane de sa disgrâce par un homme qui n'y a nul intérêt.

1. Acte IV, scène v.

Vers 33. . . . . Moi, qui voudrois pour Thésée
A cent et cent périls voir ma vie exposée!

Cela est encore imité de Racine[1] :

> Moi, dont vous connaissez le trouble et le tourment,
> Quand vous ne me quittez que pour quelque moment;
> Moi qui mourrois le jour qu'on voudroit m'interdire
> De vous...

Cela vaut mieux que *cent et cent périls;* mais la situation est très-touchante, et c'est presque toujours la situation qui fait le succès au théâtre.

SCÈNE VI.

Vers 2.   Il n'en faut point douter, je suis trahie, etc.

Il manque peut-être à cette scène de la gradation dans la douleur, et de la force dans les sentiments. Ariane ne doit point dire *qu'elle regrette cette raison barbare.* La raison ne s'oppose point du tout à sa juste douleur, et ce n'est pas ainsi que le désespoir s'exprime : c'est le poëte qui fait là une digression sur la *raison barbare;* ce n'est point Ariane. Thomas Corneille imitait souvent de son frère ce grand défaut qui consiste à vouloir raisonner quand il faut sentir.

SCÈNE VII.

Vers 2.   Vous avez cru Thésée un héros tout parfait?
Vous l'estimiez, sans doute; et qui ne l'eût pas fait?
. . . . Plus d'honneur, tout chancelle.

Voilà des expressions bien étranges; il n'était plus permis d'écrire avec tant de négligence, après les modèles que Thomas Corneille avait devant les yeux.

Vers 12.   Son sang devroit payer la douleur qui me presse.

Pour parler ainsi, Ariane devrait être plus sûre de l'infidélité de Thésée. Ce que lui a dit Pirithoüs n'est point assez clair pour la convaincre de son malheur; elle devait demander des éclaircissements à Pirithoüs, elle devait même chercher Thésée. L'amour aime à se flatter : le doute, l'agitation, le trouble, devaient être plus marqués. Phèdre se présente ici d'elle-même;

---

[1]. *Bérénice,* acte II, scène IV.

c'était à sa sœur à la faire prier de venir. Phèdre ne doit point dire : *Quoi ! Thésée ?*..... Feindre en cette occasion de l'étonnement, c'est un artifice qui rend Phèdre odieuse.

Vers 44.   Le ciel m'inspira bien quand, par l'amour séduite,
            Je vous fis, malgré vous, accompagner ma fuite.
            Il semble que dès lors il me faisoit prévoir
            Le funeste besoin que j'en devois avoir.

Voilà quatre vers dignes de Racine.

Vers 51.   Hélas ! et plût au ciel que vous sussiez aimer !

Ce vers est encore fort beau, et par le naturel dont il est, et par la situation. Elle souhaite que sa sœur connaisse l'amour ; et pour son malheur Phèdre ne le connaît que trop. Il serait à souhaiter que les vers suivants fussent dignes de celui-là.

ACTE TROISIÈME.

SCÈNE I.

Cette scène est une de celles qui devraient être traitées avec le plus d'art et d'élégance. C'est le mérite de bien dire qui seul peut donner du prix à ces dialogues, où l'on ne peut dire que des choses communes. Que serait Aricie, que serait Atalide, si l'auteur n'avait employé tous les charmes de la diction pour faire valoir un fond médiocre ? C'est là ce que la poésie a de plus difficile ; c'est elle qui orne les moindres objets.

> Qui dit sans s'avilir les plus petites choses [1],
> *Fait* des plus secs chardons des œillets et des roses.
>
> In tenui labor, at tenuis non gloria [2].

Ce rôle de Phèdre était très-délicat à traiter : quelque chose qu'elle dise pour se justifier, elle est coupable ; et dès qu'elle a fait l'aveu de sa passion à Thésée, on ne peut la regarder que comme une perfide qui cherche à pallier sa trahison. Cependant il y a beaucoup d'art et de bienséance dans les reproches qu'elle se fait, et dans la résolution qu'elle semble prendre.

---

1. Boileau, épître IX, 49-50.
2. Virgile, *Géorg.*, IV, 6.

ACTE III, SCÈNE III.

> Que de foiblesse! Il faut l'empêcher d'en jouir,
> Combattre incessamment son infidèle audace.
> Allez, Pirithoüs, revoyez-le, de grâce.

Et si les vers étaient meilleurs, ce sentiment rendrait Phèdre supportable.

Vers 46. Nous avancerions peu, madame, il vous adore.

Le personnage de Pirithoüs est un peu lâche : est-ce à lui d'encourager Phèdre dans sa perfidie ?

Vers 58. Quoi! je la trahirois, etc.

L'art du dialogue exige qu'on réponde précisément à ce que l'interlocuteur a dit. Ce n'est que dans une grande passion, dans l'excès d'un grand malheur, qu'on doit ne pas observer cette règle : l'âme alors est toute remplie de ce qui l'occupe, et non de ce qu'on lui dit. C'est alors qu'il est beau de ne pas bien répondre; mais ici Pirithoüs ouvre à Phèdre la voie la plus convenable et la plus honnête de réussir dans sa passion : cette passion même doit la forcer à répondre à l'ouverture de Pirithoüs.

SCÈNE II.

Vers 3. . . . . . Quand au repentir on le porte à céder,
Croit-il que mon amour ose trop demander ?

Ces scènes sont trop faiblement écrites; mais le plus grand défaut est la nécessité malheureuse où l'auteur met Phèdre de ne faire que tromper. Il fallait un coup de l'art pour ennoblir ce rôle. Peut-être si Phèdre avait pu espérer qu'Ariane épouserait le roi de Naxe, si sur cette espérance elle s'était engagée avec Thésée, alors, étant moins coupable, elle serait beaucoup plus intéressante.

Ariane d'ailleurs ne dit pas toujours ce qu'elle doit dire ; elle se sert du mot de *rage*, elle veut qu'on peigne bien sa *rage* : ce n'est pas ainsi qu'on cherche à attendrir son amant.

SCÈNE III.

Vers 1. Par ce que je vous dis, ne croyez pas, madame,
Que je veuille applaudir à sa nouvelle flamme, etc.

Cette scène est inutile, et par là devient languissante au théâtre. Pirithoüs ne fait que redire en vers faibles ce qu'il a déjà dit, et Ariane dit des choses trop vagues.

SCÈNE IV.

Vers 1.   Approchez-vous, Thésée, et perdez cette crainte.

Cette scène est très-touchante au théâtre, du moins de la part d'Ariane : elle le serait encore davantage si Ariane n'était pas tout à fait sûre de son malheur. Il faut toujours faire durer cette incertitude le plus qu'on peut ; c'est elle qui est l'âme de la tragédie : l'auteur l'a si bien senti qu'Ariane semble encore douter du changement de Thésée, quand elle doit en être sûre. *Pourquoi m'aborder*, dit-elle, *la rougeur au front, quand rien ne vous confond? et, si ce qu'on m'a dit a quelque vérité, etc.*; c'est s'exprimer en doutant, et c'est ce qui est dans la nature ; mais il ne fallait donc pas que, dans les scènes précédentes, on l'eût instruite positivement qu'elle était abandonnée.

Vers 5.   Un héros tel que vous, à qui la gloire est chère,
Quoi qu'il fasse, ne fait que ce qu'il voit à faire ;
. . . . Le labyrinthe ouvert
Vous fit fuir le trépas. . . . .

Voilà de mauvais vers ; et ceux-ci ne sont pas meilleurs :

Et que s'est-il offert que je pusse tenter,
Qu'en ta faveur ma flamme ait craint d'exécuter ?

Mais aussi il y a des vers très-heureux, comme

. . . . Éblouis-moi si bien
Que je puisse penser que tu ne me dois rien...
Je te suis, mène-moi dans quelque île déserte...
Tu n'as qu'à dire un mot, ce crime est effacé.
C'en est fait, tu le vois, je n'ai plus de colère.

Mais surtout

Remène-moi, barbare, aux lieux où tu m'as prise

est admirable.

Le cœur humain est surtout bien développé et bien peint, quand Ariane dit à Thésée : *Ote-toi de mes yeux ; je ne veux pas avoir l'affront que tu me quittes*, et que dans le moment même elle est au désespoir qu'il prenne congé d'elle. Il y a beaucoup de vers dignes de Racine, et entièrement dans son goût ; ceux-ci, par exemple :

As-tu vu quelle joie a paru dans ses yeux ?
Combien il est sorti satisfait de ma haine ?
Que de mépris !

Cette césure interrompue au second pied, c'est-à-dire au bout de quatre syllabes, fait un effet charmant sur l'oreille et sur le cœur. Ces finesses de l'art furent introduites par Racine, et il n'y a que les connaisseurs qui en sentent le prix.

Vers 14.   Même zèle toujours suit mon respect extrême, etc.

Thésée ne peut guère répondre que par ces protestations vagues de reconnaissance; mais c'est alors que la beauté de la diction doit réparer le vice du sujet, et qu'il faut tâcher de dire d'une manière singulière des choses communes.

Tous les sentiments d'Ariane dans cette scène sont naturels et attendrissants : on ne pourrait leur reprocher qu'une diction un peu prosaïque et négligée.

ACTE QUATRIÈME.

SCÈNE I.

Vers 1.   Un si grand changement ne peut trop me surprendre, etc.

Cette scène d'Œnarus et de Phèdre est une de celles qui refroidissent le plus la pièce ; on le sent assez. Ce roi qui sait le dernier ce qui se passe dans sa cour, et qui dit que *voir un bel espoir tout à coup avorter passe tous les malheurs qu'on ait à redouter*, et que *c'est du courroux du ciel la preuve la plus funeste*, paraît un roi assez méprisable ; mais quand il dit qu'il sera responsable de ce que Thésée aime probablement dans sa cour quelque fille d'honneur, et qu'on voudra qu'il soit le garant de cet hommage inconnu, on ne peut pas lui pardonner ces discours indignes d'un prince.

Ce que lui dit Phèdre est plus froid encore. Toutes les scènes où Ariane ne paraît pas sont absolument manquées.

SCÈNE II.

Vers 1.   Madame, je ne sais si l'ennui qui vous touche
          Doit m'ouvrir, pour vous plaindre, ou me fermer la bouche, etc.

On ne peut parler plus mal. Il ne sait si l'ennui qui touche Ariane doit *lui ouvrir, pour la plaindre, ou lui fermer la bouche*; il doit en partager les coups, quoi qui *la blesse*; il sent le changement *qui trompe la flamme d'Ariane, et il le met au rang des plus noirs attentats; et le ciel lui est témoin, si Ariane en doute, qu'il voudrait racheter de son sang ce que.....* Ariane fait fort bien de l'interrompre ; mais le mauvais style d'Œnarus la gagne. L'espérance qu'elle donne à Œnarus de l'épouser, dès qu'elle connaîtra sa rivale heureuse, est d'un très-grand artifice. Son dessein est de tuer cette rivale ; c'est devant Phèdre qu'elle explique l'intérêt qu'elle a de connaître la personne qui lui enlève Thésée ; et l'embarras de Phèdre ferait un très-grand plaisir au spectateur si le rôle de Phèdre était plus animé et mieux écrit.

SCÈNE III.

Vers 13. Et lorsque son amour a tant reçu du vôtre,
Vous le verrez sans peine entre les bras d'une autre ?
— Entre les bras d'une autre ! Avant ce coup, ma sœur,
J'aime, je suis trahie, on connoîtra mon cœur.

Voilà de la vraie passion. La fureur d'une amante trahie éclate ici d'une manière très-naturelle. On souhaiterait seulement que Thomas Corneille n'eût point, dans cet endroit, imité son frère qui débite des maximes quand il faut que le sentiment parle. Ariane dit :

Moins l'amour outragé fait voir d'emportement,
Plus, quand le coup approche, il frappe sûrement.

Il semble qu'elle débite une loi du code de l'Amour pour s'y conformer. Voilà de ces fautes dans lesquelles Racine ne tombe pas. D'ailleurs, tous les discours d'Ariane sont passionnés comme ils doivent l'être ; mais la diction ne répond pas aux sentiments, et c'est un défaut capital.

Vers 50. Il faut frapper par là, c'est son endroit sensible, etc.

Cette expression ridicule, et cette autre qui est un plat solécisme, *elle me fait trahir;* et celle-ci, *consentir à ce que la rage a de plus sanglant,* sont du style le plus incorrect et le plus lâche. Cependant, à la représentation, le public ne sent point ces fautes ; la situation entraîne ; une excellente actrice glisse sur ces sottises, et ne vous fait apercevoir que les beautés de sentiment. Telle est l'illusion du théâtre ; tout passe quand le sujet est intéressant. Il n'y a que le seul Racine qui soutienne constamment l'épreuve de la lecture.

Vers 67. Et pour ce qu'a quitté ma trop crédule foi,
Je n'avois que ce cœur que je croyois à moi.

> Je le perds, on me l'ôte ; il n'est rien que n'essaye
> La fureur qui m'anime, afin qu'on me le paye.

On ne peut guère faire de plus mauvais vers. L'auteur veut dans cette scène imiter ces beaux vers d'*Andromaque*[1] :

> Je percerai le cœur que je n'ai pu toucher,
> Et mes sanglantes mains sur moi-même tournées,
> Aussitôt, malgré lui, joindront nos destinées ;
> Et tout ingrat qu'il est, il me sera plus doux
> De mourir avec lui que de vivre avec vous.

Thomas Corneille imite visiblement cet endroit, en faisant dire à Ariane :

> Tout perfide qu'il est, ma mort suivra la sienne ;
> Et sur mon propre sang, l'ardeur de nous unir
> Me le fera venger aussitôt que punir.

Quoique Thomas Corneille eût pris son frère pour son modèle, on voit que, malgré lui, il ne pouvait s'empêcher de chercher à suivre Racine, quand il s'agissait de faire parler les passions.

Cependant il se peut faire, et même il arrive souvent, que deux auteurs ayant à traiter les mêmes situations, expriment les mêmes sentiments et les mêmes pensées ; la nature se fait également entendre à l'un et à l'autre. Racine faisait jouer *Bajazet* à à peu près dans le temps que Corneille donnait *Ariane*[2]. Il fait dire à Roxane[3] :

> Quel surcroît de vengeance et de douceur nouvelle,
> De le montrer bientôt pâle et mort devant elle !
> De voir sur cet objet ses regards arrêtés,
> Me payer les plaisirs que je leur ai prêtés !

Ariane dit dans un mouvement à peu près semblable :

> Vous figurez-vous bien son désespoir extrême,
> Quand dégouttante encor du sang de ce qu'il aime,
> Ma main offerte au roi, dans ce fatal instant,
> Bravera jusqu'au bout la douleur qui l'attend ?

Voyez combien ce demi-vers, *bravera jusqu'au bout*, gâte cette tirade. Que veut dire *braver une douleur qui attend quelqu'un* ? Un seul mauvais vers de cette espèce corrompt tout le plaisir que les

---

1. Acte IV, scène III.
2. *Bajazet* avait été joué le 5 janvier 1672 ; *Ariane* fut représentée le 4 mars de la même année.
3. *Bajazet*, acte IV, scène v.

sentiments les plus naturels peuvent donner. C'est surtout dans la peinture des passions qu'il faut que le style soit pur, et qu'il n'y ait pas un seul mot qui embarrasse l'esprit, car alors le cœur n'est plus touché.

Ariane s'écarte malheureusement de la nature à la fin de cette scène : c'est ce qui achève de la défigurer. Elle dit *qu'elle doit donner à son cœur une cruelle gêne. Son cœur*, dit-elle, *l'a trahie, en lui faisant prendre un amour trop indigne*. Il faut qu'*elle trahisse son cœur, à son tour; et elle punira ce cœur de ce qu'il n'a pas connu qu'il parlait pour un traître, en parlant pour Thésée*. C'est là le comble du mauvais goût. Un style lâche est presque pardonnable en comparaison de ces froids jeux d'esprit dans lesquels on s'étudie à mal écrire.

SCÈNE IV.

Vers 2. De l'amour aisément on ne vainc pas les charmes, etc.

Je n'insiste pas sur ce mot *vainc*, qui ne doit jamais entrer dans les vers, ni même dans la prose. On doit éviter tous les mots dont le son est désagréable, et qui ne sont qu'un reste de l'ancienne barbarie. Mais on ne voit pas trop ce que veut dire Ariane : *S'il dépendait de nous de vaincre les charmes de l'amour, je regretterais moins ce que je perds en vous;* cela ne se joint point à ce vers, *il vous force à changer, il faut que j'y consente*. Il y a une logique secrète qui doit régner dans tout ce qu'on dit, et même dans les passions les plus violentes; sans cette logique on ne parle qu'au hasard, on débite des vers qui ne sont que des vers : le bon sens doit animer jusqu'au délire de l'amour.

Thésée joue partout un rôle désagréable, et ici plus qu'ailleurs. Un héros qui dans une scène ne dit que ces trois mots, *Madame, je n'ai pas...* ferait mieux de ne rien dire du tout.

SCÈNE V.

Vers 27. A quoi que son courroux puisse être disposé,
Il est pour s'en défendre un moyen bien aisé, etc.

Il ne trouve, pour défendre sa maîtresse, de meilleur moyen que de s'enfuir. Il dit que *la foudre gronde parce qu'Ariane veut se venger de sa rivale*. Ce n'est pas là le vrai Thésée. *Il veut, dès cette même nuit, de ces lieux disparaître sans bruit*. C'est un propos de comédie. La scène en général est mal écrite, et il y a des vers qu'on ne peut supporter, comme, par exemple, celui-ci :

Je la tue, et c'est vous qui me le faites faire.

Mais il y en a aussi d'heureux et de naturels auxquels tout l'art de Racine ne pourrait rien ajouter.

> Et qui me répondra que vous serez fidèle?...
> Votre légèreté peut me laisser ailleurs, etc.

La scène finit mal : *Donnez l'ordre qu'il faut, je serai prête à tout.* C'était là qu'on attendait quelques combats du cœur, quelques remords, et surtout de beaux vers qui rendissent le rôle de Phèdre plus supportable.

ACTE CINQUIÈME.

SCÈNE I.

Vers 14. Ma mort n'est qu'un malheur qui ne vaut pas le craindre.

Cette expression n'est pas française : c'est un reste des mauvaises façons de parler de l'ancien temps, que Thomas Corneille se permettait rarement,

Il y a beaucoup d'art à jeter, dans cette scène, quelques légers soupçons sur Phèdre, et à les détruire. On ne peut mieux préparer le coup mortel qu'Ariane recevra quand elle apprendra que Thésée est parti avec sa sœur. Il est vrai que le style est bien négligé : l'intérêt se soutient, et c'est beaucoup ; mais les oreilles délicates ne peuvent supporter

> Que la jeune Cyane est celle que l'on croit
> Que Thésée... — On la nomme à cause qu'il la voit.

Un tel style gâte les choses les plus intéressantes.

SCÈNE II.

Vers 18. Si l'on m'avoit dit vrai, vous seriez hors de peine.

Pirithoüs est ici plus petit que jamais. L'intime ami de Thésée ne sait rien de ce qui se passe, et ne joue qu'un personnage de valet.

SCÈNE III.

Vers 1. . . . . . Que fait ma sœur? vient-elle? etc.

Cette scène est véritablement intéressante : elle montre bien qu'il faut toujours, jusqu'à la fin, de l'inquiétude et de l'incertitude au théâtre.

Vers 19. Elle ne paroît point, et Thésée est parti.

Ce sont là de ces vers que la situation seule rend excellents ; les moindres ornements les affaibliraient. Il y en a quelques-uns de cette espèce dans *Ariane;* c'est un très-grand mérite : tant il est vrai que le naturel est toujours ce qui plaît le plus.

SCÈNE IV.

Vers 12. . . . . Il viole sa foi,
Me désespère, et veut qu'on prenne soin de moi!

Cette répétition des mots du billet de Thésée, *qu'on prenne soin de moi*, est excellente. *Il viole sa foi, me désespère* est faible et lâche. C'est de sa sœur qu'elle doit parler : elle savait bien déjà que Thésée avait violé sa foi. *Il me désespère* est un terme vague. Ariane ne dit pas ce qu'elle doit dire ; ainsi le mauvais est souvent à côté du bon, et le goût consiste à démêler ces nuances.

Vers dern. Le roi, vous, et les dieux, vous êtes tous complices.

Ce vers passe pour être beau ; il le serait en effet si les dieux avaient eu quelque part à la pièce, si quelque oracle avait trompé Ariane : il faut avouer que *les dieux* viennent là assez inutilement pour remplir le vers, et pour frapper l'oreille de la multitude ; mais ce vers fait toujours effet.

SCÈNE V.

Vers 1. Ah! Nérine!

Cette simple exclamation est très-touchante. On se peint à soi-même Ariane plongée dans une douleur qu'elle n'a pas la force d'exprimer ; mais lorsque, le moment d'après, elle dit que sa *douleur est si forte* que, *succombant aux maux qu'on lui fait découvrir*, elle *demeure insensible à force de souffrir*, ce n'est plus la douleur d'Ariane qui parle, c'est l'esprit du poëte. Il me paraît qu'Ariane raisonne trop, et qu'elle ne raisonne pas assez bien.

Vers 17. Je promettois son sang à mes bouillants transports ;
Mais je trouve à briser les liens les plus forts.

L'un n'est pas opposé à l'autre. Le poëte ne s'exprime pas comme il le doit ; il veut dire : *j'espérais me venger d'une rivale, et cette rivale est ma sœur : elle fuit avec mon amant, et tous deux bravent ma vengeance.* Il y a là une douzaine de vers fort mal faits ; mais rien n'est plus beau que ceux-ci :

La perfide, abusant de ma tendre amitié,
Montroit de ma disgrâce une fausse pitié ;

> Et, jouissant des maux que j'aimois à lui peindre,
> Elle en étoit la cause, et feignoit de me plaindre.

Voyez comme dans ces quatre vers tout est naturel et aisé, comme il n'y a aucun mot inutile ou hors de sa place.

Vers 58. Je le comble de biens, il m'accable de maux.

Il est naturel à la douleur de se répandre en plaintes, la loquacité même lui est permise ; mais c'est à condition qu'on ne dira rien que de juste, et qu'on ne se plaindra point vaguement et en termes impropres. Ariane n'a pas comblé Thésée de biens ; il faut qu'elle exprime sa situation, et non pas qu'elle dise faiblement qu'on l'accable de maux. Comment peut-elle dire que Thésée évite sa rencontre par la honte qu'il a de sa perfidie, dans le temps que Thésée est parti avec Phèdre? Comment peut-elle dire qu'*il faudra bien enfin qu'il se montre?* Ariane, en se plaignant ainsi, sèche les larmes des connaisseurs qui s'attendrissaient pour elle. Elle a beau dire, par un retour sur soi-même, *à quel lâche espoir mon trouble me réduit!* ce trouble n'a point dû lui faire oublier que sa sœur lui a enlevé son amant, et qu'ils voguent tous deux vers Athènes ; bien au contraire, c'est sur cette fuite que tous ses emportements et tout son désespoir doivent être fondés. Les vers qu'elle débite ne sont pas assez bien faits.

> La peur d'en faire trop seroit hors de saison.
> . . . . Si je demeure aimée ;
> . . . . Où mon cœur se ravale.
> De cette assassinante et trop funeste idée ;
> Quelques bras que contre eux ma haine puisse unir,
> Je souffre plus encor qu'elle ne peut punir.

SCÈNE VII ET DERNIÈRE.

Vers 1. Je ne viens point, madame, opposer à vos plaintes
De faux raisonnements, ou d'injustes contraintes, etc.

Ce pauvre prince de Naxe qui ne vient point opposer d'*injustes contraintes et de faux raisonnements,* et qui ne finit jamais sa phrase, achève son rôle aussi mal qu'il l'a commencé.

Enfin, dans cette pièce, il n'y a qu'Ariane. C'est une tragédie faible, dans laquelle il y a des morceaux très-naturels et très-touchants, et quelques-uns même très-bien écrits.

REMARQUES

SUR

LE COMTE D'ESSEX

TRAGÉDIE DE THOMAS CORNEILLE, REPRÉSENTÉE EN 1678.

PRÉFACE DU COMMENTATEUR.

La mort du comte d'Essex a été le sujet de quelques tragédies, tant en France qu'en Angleterre. La Calprenède fut le premier qui mit ce sujet sur la scène, en 1632[1]. Sa pièce eut un très-grand succès. L'abbé Boyer, longtemps après, traita ce sujet différemment, en 1672. Sa pièce était plus régulière; mais elle était froide, et elle tomba. Thomas Corneille, en 1678, donna sa tragédie du *Comte d'Essex* : elle est la seule qu'on joue encore quelquefois. Aucun de ces trois auteurs ne s'est attaché scrupuleusement à l'histoire.

     Pictoribus atque poetis
  Quidlibet audendi semper fuit æqua potestas[2].

Mais cette liberté a ses bornes, comme toute autre espèce de liberté. Il ne sera pas inutile de donner ici un précis de cet événement.

Élisabeth, reine d'Angleterre, qui régna avec beaucoup de prudence et de bonheur, eut pour base de sa conduite, depuis

---

1. La pièce de La Calprenède avait été jouée en 1638. Celle de Corneille le fut dans les premiers jours de janvier 1678, sur le théâtre de l'hôtel de Bourgogne. On ne représenta celle de Boyer, sur le théâtre Guénégaud, que le 25 février 1678, c'est-à-dire environ *six semaines après*, et non six ans avant la tragédie de Corneille. Voltaire, pour les dates qu'il donne à ces ouvrages, a été induit en erreur par la *Bibliothèque des théâtres* (de Maupoint), 1733, in-8°, dont il a déjà parlé page 304, et dont il a souvent répété les fautes. Cependant la seconde édition du *Dictionnaire portatif des théâtres,* par Léris, est de 1763.
2. Horace, *De Arte poetica,* 9-10.

qu'elle fut sur le trône, le dessein de ne se jamais donner de mari, et de ne se soumettre jamais à un amant. Elle aimait à plaire, et elle n'était pas insensible. Robert Dudley, fils du duc de Northumberland, lui inspira d'abord quelque inclination, et fut regardé quelque temps comme un favori déclaré, sans qu'il fût un amant heureux.

Le comte de Leicester succéda dans la faveur à Dudley[1], et enfin, après la mort de Leicester, Robert d'Évreux, comte d'Essex, fut dans ses bonnes grâces. Il était fils d'un comte d'Essex, créé par la reine comte-maréchal d'Irlande : cette famille était originaire de Normandie, comme le nom d'Évreux le témoigne assez. Ce n'est pas que la ville d'Évreux eût jamais appartenu à cette maison ; elle avait été érigée en comté par Richard Ier, duc de Normandie, pour un de ses fils, nommé Robert, archevêque de Rouen, qui, étant archevêque, se maria solennellement avec une demoiselle nommée Herlève. De ce mariage, que l'usage approuvait alors, naquit une fille qui porta le comté d'Évreux dans la maison de Montfort. Philippe-Auguste acquit Évreux en 1200, par une transaction ; ce comté fut depuis réuni à la couronne, et cédé ensuite en pleine propriété, en 1651, par Louis XIV, à la maison de la Tour d'Auvergne de Bouillon. La maison d'Essex, en Angleterre, descendait d'un officier subalterne, natif d'Évreux, qui suivit Guillaume le Bâtard à la conquête de l'Angleterre, et qui prit le nom de la ville où il était né. Jamais Évreux n'appartint à cette famille, comme quelques-uns l'ont cru. Le premier de cette maison qui fut comte d'Essex, fut Gautier d'Évreux[2], père du favori d'Élisabeth ; et ce favori, nommé Guillaume, laissa un fils qui fut fort malheureux, et dans qui la race s'éteignit.

Cette petite observation n'est que pour ceux qui aiment les recherches historiques, et n'a aucun rapport avec la tragédie que nous examinerons.

Le jeune Guillaume, comte d'Essex, qui fait le sujet de la pièce, s'étant un jour présenté devant la reine, lorsqu'elle allait se promener dans un jardin, il se trouva un endroit rempli de fange sur le passage ; Essex détacha sur-le-champ un manteau broché d'or qu'il portait, et l'étendit sous les pieds de la reine : elle fut touchée de cette galanterie ; celui qui la faisait était d'une figure noble et aimable, il parut à la cour avec beaucoup d'éclat. La reine, âgée de cinquante-huit ans, prit bientôt

---

1. Dudley et le comte de Leicester sont la même personne.
2. On écrit *Dévereux*.

pour lui un goût que son âge mettait à l'abri des soupçons : il était aussi brillant par son courage et par la hauteur de son esprit que par sa bonne mine. Il demanda la permission d'aller conquérir, à ses dépens, un canton de l'Irlande, et se signala souvent en volontaire. Il fit revivre l'ancien esprit de la chevalerie, portant toujours à son bonnet un gant de la reine Élisabeth. C'est lui qui, commandant les troupes anglaises au siége de Rouen, proposa un duel à l'amiral de Villars-Brancas, qui défendait la place, pour lui prouver, disait-il, dans son cartel, que sa maîtresse était plus belle que celle de l'amiral. Il fallait qu'il entendît par là quelque autre dame que la reine Élisabeth, dont l'âge et le grand nez n'avaient pas de puissants charmes. L'amiral lui répondit qu'il se souciait fort peu que sa maîtresse fût belle ou laide, et qu'il l'empêcherait bien d'entrer dans Rouen. Il défendit très-bien la place, et se moqua de lui.

La reine le fit grand-maître de l'artillerie, lui donna l'ordre de la Jarretière, et enfin le mit de son conseil privé. Il y eut quelque temps le premier crédit ; mais il ne fit jamais rien de mémorable, et lorsqu'en 1599 il alla en Irlande contre les rebelles, à la tête d'une armée de plus de vingt mille hommes, il laissa dépérir entièrement cette armée qui devait subjuguer l'Irlande en se montrant. Obligé de rendre compte d'une si mauvaise conduite devant le conseil, il ne répondit que par des bravades qui n'auraient pas même convenu après une campagne heureuse. La reine, qui avait encore pour lui quelque bonté, se contenta de lui ôter sa place au conseil, de suspendre l'exercice de ses autres dignités, et de lui défendre la cour. Elle avait alors soixante et huit ans. Il est ridicule d'imaginer que l'amour pût avoir la moindre part dans cette aventure. Le comte conspira indignement contre sa bienfaitrice ; mais sa conspiration fut celle d'un homme sans jugement. Il crut que Jacques, roi d'Écosse, héritier naturel d'Élisabeth, pourrait le secourir, et venir détrôner la reine. Il se flatta d'avoir un parti dans Londres ; on le vit dans le rues, suivi de quelques insensés attachés à sa fortune, tenter inutilement de soulever le peuple. On le saisit, ainsi que plusieurs de ses complices. Il fut condamné et exécuté selon les lois, sans être plaint de personne. On prétend qu'il était devenu dévot dans sa prison, et qu'un malheureux prédicant presbytérien lui ayant persuadé qu'il serait damné s'il n'accusait pas tous ceux qui avaient part à son crime, il eut la lâcheté d'être leur délateur, et de déshonorer ainsi la fin de sa vie. Le goût qu'Élisabeth avait eu autrefois pour lui, et dont il était en effet très-peu digne, a servi de prétexte à des romans et à des tragédies. On a prétendu qu'elle avait hésité à signer l'arrêt de mort que les pairs du royaume avaient prononcé contre lui. Ce qui est sûr, c'est qu'elle le signa : rien n'est plus avéré, et cela seul dément les romans et les tragédies.

ACTE PREMIER.

SCÈNE I.

Vers 1. Non, mon cher Salsbury, vous n'avez rien à craindre.

Il n'y eut point de Salsbury (Salisbury) mêlé dans l'affaire du comte d'Essex : son principal complice était un comte de Southampton ; mais apparemment que le premier nom parut plus sonore à l'auteur, ou plutôt il n'était pas au fait de l'histoire d'Angleterre.

Vers 57. Comme il hait les méchants, il me seroit utile
A chasser un Coban, un Raleigh, un Cécile,
Un tas d'hommes sans nom, etc.

Robert Cecil, lord Burleigh, fils de William Cecil, lord Burleigh, principal ministre d'État sous Élisabeth, fut depuis comte de Salisbury. Il s'en fallait beaucoup que ce fût un homme sans nom. L'auteur ne devait pas faire d'un comte de Salisbury un confident du comte d'Essex, puisque le véritable comte de Salisbury était ce même Cecil, son ennemi personnel, un des seigneurs qui le condamnèrent. Walter Raleigh était un vice-amiral célèbre par ses grandes actions et par son génie, et dont le mérite solide était fort supérieur au brillant du comte d'Essex. Il n'y eut jamais de Coban, mais bien un lord Cobham, d'une des plus illustres maisons du pays, qui, sous le roi Jacques Ier, fut mis en prison pour une conspiration vraie ou prétendue. Il n'est pas permis de falsifier à ce point une histoire si récente, et de traiter avec tant d'indignité des hommes de la plus grande naissance et du plus grand mérite : les personnes instruites en sont révoltées, sans que les ignorants y trouvent beaucoup de plaisir.

Vers 68. Avez-vous de la reine assiégé le palais,
Lorsque le duc d'Irton épousant Henriette...

Il n'y a jamais eu ni duc d'Irton, ni aucun homme de ce nom à la cour de Londres. Il est bon de savoir que dans ce temps-là on n'accordait le titre de duc qu'aux seigneurs alliés des rois et des reines.

Vers 87. Pour elle, chaque jour, réduite à me parler,
Elle a voulu me vaincre, et n'a pu m'ébranler.

Il semblerait qu'Élisabeth fût une Roxane qui, n'osant entretenir le comte d'Essex, lui fît parler d'amour sous le nom d'une Atalide. Quand on sait que la reine d'Angleterre était presque septuagénaire, ces petites intrigues, ces petites sollicitations amoureuses, deviennent bien extraordinaires.

Quant au style, il est faible, mais clair, et entièrement dans le genre médiocre.

Vers 123. Pour ne hasarder pas un objet si charmant,
De la sœur de Suffolk je me feignis amant.

Il n'y avait pas plus de sœur de Suffolk que de duc d'Irton. Le comte d'Essex était marié. L'intrigue de la tragédie n'est qu'un roman; le grand point est que ce roman puisse intéresser. On demande jusqu'à quel point il est permis de falsifier l'histoire dans un poëme. Je ne crois pas qu'on puisse changer, sans déplaire, les faits ni même les caractères connus du public. Un auteur qui représenterait César battu à Pharsale serait aussi ridicule que celui qui, dans un opéra, introduisait César sur la scène, chantant *alla fuga, allo scampo, signori*. Mais quand les événements qu'on traite sont ignorés d'une nation, l'auteur en est absolument le maître. Presque personne en France, du temps de Thomas Corneille, n'était instruit de l'histoire d'Angleterre; aujourd'hui un poëte devrait être plus circonspect.

SCÈNE II.

Vers 114. Et si l'on vous arrête? — On n'oseroit, madame.

C'est la réponse que fit le duc de Guise le Balafré à un billet dans lequel on l'avertissait que Henri III devait le faire saisir; il mit au bas du billet: *On n'oserait*. Cette réponse pouvait convenir au duc de Guise, qui était alors aussi puissant que son souverain, et non au comte d'Essex, déchu alors de tous ses emplois; mais les spectateurs n'y regardent pas de si près.

SCÈNE III.

Vers 55. Et j'aurai tout loisir, après de longs outrages,
D'apprendre qui je suis à des flatteurs à gages.

On ne peut guère traiter ainsi un principal ministre d'État ; toutes les expressions du comte d'Essex sont peu mesurées, et ne sont pas assez nobles.

ACTE DEUXIÈME.

SCÈNE I.

Vers 7.   Il a trop de ma bouche, il a trop de mes yeux
        Appris qu'il est, l'ingrat, ce que j'aime le mieux.

Je n'examine point si ces vers sont mauvais. Une reine telle qu'Élisabeth presque décrépite, qui parle du poison qui dévore son cœur, et de ce que ses yeux et sa bouche ont dit à son ingrat, est un personnage comique. C'est là peut-être un des plus grands exemples du défaut qu'on a si souvent reproché à notre nation, de changer la tragédie en roman amoureux.

S'il s'agissait d'une jeune reine, ce roman serait tolérable ; et on ne peut attribuer le succès de cette pièce qu'à l'ignorance où était le parterre de l'âge d'Élisabeth. Tout ce qu'elle pouvait raisonnablement dire, c'est qu'autrefois elle avait eu de l'inclination pour Essex ; mais alors il n'y aurait eu rien d'intéressant. L'intérêt ne peut donc subsister qu'aux dépens de la vraisemblance. Qu'en doit-on conclure ? Que l'aventure du comte d'Essex est un sujet mal choisi.

Vers 15.   Au crime, pour lui plaire, il s'ose abandonner,
        Et n'en veut à mes jours que pour la couronner.

Quelle était donc cette jeune Suffolk que ce comte d'Essex voulait ainsi couronner ? Il n'y en avait point alors ; et comment le comte d'Essex aurait-il donné la couronne d'Angleterre ? Il fallait au moins expliquer une chose si peu vraisemblable, et lui donner quelque couleur. Voilà une jeune Suffolk tombée des nues, qu'Essex veut faire reine d'Angleterre sans qu'on sache pourquoi, ni par quels moyens. Une chose si importante ne devait pas être dite en passant. La reine se plaint qu'on en veut à ses jours : cela est bien plus grave ; et elle n'y insiste pas, elle n'en parle que comme d'un petit incident : cela n'est pas dans la nature. Mais telle est la force du préjugé que le peuple aima cette tragédie, sans considérer autre chose que l'amour d'une reine et l'orgueil d'un héros infortuné, quoique Élisabeth n'eût point été en effet amoureuse, et qu'Essex n'eût pas été un héros du premier ordre.

Aussi cet ouvrage, qui séduisit le peuple, ne fut jamais du goût des connaisseurs.

Vers 22. Mais, madame, un sujet doit-il aimer sa reine?
Et quand l'amour naîtroit, a-t-il à triompher
Où le respect plus fort combat pour l'étouffer?

Il est bien question de savoir s'il est permis ou non à un sujet d'avoir de l'amour pour sa reine, quand un sujet est accusé d'un crime d'État si grand ! Ces mauvais vers servent encore à faire voir combien il faut d'art pour développer les ressorts du cœur humain ; quel choix de mots, quels tours délicats, quelle finesse on doit employer.

Vers 30. Je lui donnois sujet de ne se point contraindre, etc.

Quelles faibles et prosaïques expressions ! Et que veut dire une femme quand elle avoue qu'elle n'a point donné à son amant sujet de se contraindre avec elle ?

SCÈNE II.

Vers 17. Ciel! faut-il que ce cœur qui se sent déchirer,
Contre un sujet ingrat tremble à se déclarer?
Que ma mort qu'il résout me demandant la sienne,
Une indigne pitié m'étonne, me retienne, etc.

Il est clair que si Essex a conspiré contre la vie d'Élisabeth, elle ne doit pas se borner à dire : *il verra ce que c'est que d'outrager sa reine* ; et s'il s'en est tenu *à s'être caché cet amour où pour lui le cœur d'Élisabeth est attaché*, elle ne doit pas dire qu'il a conspiré sa mort. Ce n'est point ici une amante désespérée, qui dit à son amant infidèle *qu'il la tue* ; c'est une vieille et grande reine qui dit positivement qu'on a voulu la détrôner et la tuer. Elle ne dit donc point du tout ce qu'elle doit dire ; elle ne parle ni en amante abandonnée, ni en reine contre laquelle on conspire ; elle mêle ensemble ces deux attentats si différents l'un de l'autre ; elle dit : *j'ai souffert jusqu'ici malgré ses injustices*. L'injustice était un peu forte de vouloir lui ôter la vie. *Il faut, en l'abaissant, étonner les ingrats*. Quoi ! elle prétend qu'Essex est coupable de haute trahison, de lèse-majesté au premier chef, et elle se contente de dire qu'*il faut l'abaisser*, qu'*il faut étonner les ingrats* ! J'avoue que tous ces termes si mal mesurés, si peu convenables à la situation, et qui ne disent rien que de vague, cette obscurité, cette incertitude, ne me permettent pas de prendre le moindre intérêt à ces personnages. Le lecteur, le spectateur éclairé veut savoir précisément de quoi il s'agit. Il est tenté d'interrompre la reine Élisabeth, et de lui dire : De quoi vous plaignez-vous? Expliquez-vous nettement : le comte d'Essex a-t-il voulu vous poignarder, se faire reconnaître roi d'Angleterre en épousant la sœur de ce Suffolk? Développez-nous donc comment un dessein si atroce et si fou a pu se former ; comment votre général de l'artillerie dépossédé par vous, comment un simple gentilhomme s'est mis dans la tête de vous succéder: cela vaut bien la peine d'être expliqué. Ce que vous dites est aussi incroyable que vos lamentations de n'être point aimée à l'âge de près de soixante et dix ans sont ridicules. J'ajouterais encore : Parlez en plus beaux vers, si vous voulez me toucher.

Vers 38. Les témoins sont ouïs, son procès est tout fait, etc.

Ce n'est pas la peine d'écrire en vers quand on se permet un style si commun ; ce n'est là que rimer de la prose triviale. Il y a dans cette scène quelques mouvements de passion, quelques combats du cœur ; mais qu'ils sont mal exprimés ! Il semble qu'on ait applaudi dans cette pièce plutôt ce que les acteurs devaient dire que ce qu'ils disent, plutôt leur situation que leurs discours. C'est ce qui arrive souvent dans les ouvrages fondés sur les passions : le cœur du spectateur s'y prête à l'état des personnages, et n'examine point. Ainsi tous les jours nous nous attendrissons à la vue des personnes malheureuses, sans faire attention à la manière dont elles expriment leurs infortunes.

SCÈNE III.

Vers 10. Dans un projet coupable il le fait affermi.

On ne peut guère écrire plus mal ; mais le rôle de Cécile est plus mauvais que ce style : il est froid, il est subalterne. Quand on veut peindre de tels hommes, il faut employer les couleurs dont Racine a peint Narcisse.

SCÈNE V.

Vers 1. Comte, j'ai tout appris.

Cette scène était aussi difficile à faire que le fond en est tragique. C'est un sujet accusé d'avoir trahi sa souveraine, comme Cinna ; c'est un amant convaincu d'être ingrat envers sa souveveraine, comme Bajazet. Ces deux situations sont violentes ; mais l'une fait tort à l'autre. Deux accusations, deux caractères, deux embarras à soutenir à la fois, demandent le plus grand art. Élisabeth est ici reine et amante, fière et tendre, indignée en qualité de souveraine, et outragée dans son cœur. L'entrevue est donc très-intéressante. Le dialogue répond-il à l'importance et à l'intérêt de la scène?

> Vers 19. Je sais trop que le trône, où le ciel vous fait seoir,
> Vous donne sur ma vie un absolu pouvoir.

Notandi sunt tibi mores[1]. Le *costume* n'est pas observé ici. *Le trône où le ciel fait seoir Élisabeth* ne lui donne un pouvoir absolu sur la vie de personne, encore moins sur celle d'un pair du royaume. Cette maxime serait peut-être convenable dans Maroc ou dans Ispahan ; mais elle est absolument fausse à Londres.

> Vers 30. Si pour l'État tremblant la suite en est à craindre,
> C'est à voir des flatteurs s'efforcer aujourd'hui,
> En me rendant suspect, d'en abattre l'appui.

Cette tirade, écrite d'un style prosaïque et froid, en prose rimée, finit par une rodomontade qu'on excuse, parce que le poëte suppose que le comte d'Essex est un grand homme qui a sauvé l'Angleterre ; mais en général, il est toujours beaucoup plus beau de faire sentir ses services que de les étaler, de laisser juger ce qu'on est, plutôt que de le dire : et quand on est forcé de le dire pour repousser la calomnie, il faut le dire en très-beaux vers.

> Vers 37. Des traîtres, des méchants accoutumés au crime
> M'ont, par leurs faussetés, arraché votre estime.

C'est se défendre trop vaguement. Il n'est ni grand, ni tragique, ni décent, de répondre ainsi ; la vérité de l'histoire dément trop ces accusations générales et ces vaines récriminations. Tout d'un coup il se contredit lui-même ; il se rend coupable par ces vers, d'ailleurs très-faibles :

> C'est au trône, où peut-être on m'eût laissé monter,
> Que je me fusse mis en pouvoir d'éclater.

Le lord Essex au trône ! De quel droit ? Comment ? Sur quelle apparence ? Par quel moyen ? La reine Élisabeth devait ici l'inter-

---

1. Horace, *Art poét.*, 156.

rompre; elle devait être surprise d'une telle folie. Quoi! un membre ordinaire de la chambre haute, convaincu d'avoir voulu en vain exciter une sédition, ose dire qu'il pouvait se faire roi! Si la chose dont il se vante si imprudemment est fausse, la reine ne peut voir en lui qu'un homme réellement fou; si elle est vraie, ce n'est pas là le temps de lui parler d'amour.

Vers 57. . . . . Et qu'avoit fait ta reine
Qui dût à sa ruine intéresser ta haine?

Élisabeth, dans ce couplet, ne fait autre chose que donner au comte d'Essex des espérances de l'épouser. Est-ce ainsi qu'Élisabeth aurait répondu à un grand-maître de l'artillerie hors d'exercice, à un conseiller privé hors de charge, qui lui aurait fait entendre qu'il n'avait tenu qu'à ce conseiller privé de se mettre sur le trône d'Angleterre? Élisabeth à soixante et huit ans pouvait-elle parler ainsi? Cette idée choquante se présente toujours au lecteur instruit.

Vers 94. Le trône te plairoit, mais avec ma rivale.

Cette rivale imaginaire qu'on ne voit point rend les reproches d'Élisabeth aussi peu convenables que les discours d'Essex sont inconséquents. Si cette Suffolk a quelques droits au trône, si Essex a conspiré pour la faire reine, Élisabeth a donc dû s'assurer d'elle. Thomas Corneille a bien senti en général que la rivalité doit exciter la colère, que l'intérêt d'une couronne et celui d'une passion doivent produire des mouvements au théâtre; mais ces mouvements ne peuvent toucher quand ils ne sont pas fondés. Une conspiration, une reine en danger d'être détrônée, une amante sacrifiée, sont assurément des sujets tragiques; ils cessent de l'être dès que tout porte à faux.

Vers 109. . . . . . J'accepterois un pardon? Moi, madame?

Cela est beau, et digne de Pierre Corneille. Ce vers est sublime parce que le sentiment est grand, et qu'il est exprimé avec simplicité; mais quand on sait qu'Essex était véritablement coupable, et que sa conduite avait été celle d'un insensé, cette belle réponse n'a plus la même force.

Vers 117. Vous le savez, madame, et l'Espagne confuse
Justifie un vainqueur que l'Angleterre accuse.

En effet, le comte d'Essex était entré dans Cadix quand l'amiral Howard, sous qui il servait, battit la flotte espagnole dans ces parages. C'était le seul service un peu signalé que le comte d'Essex eût jamais rendu. Il n'y avait pas là de quoi se faire tant valoir. Tel est l'inconvénient de choisir un sujet de tragédie dans un temps et chez un peuple si voisin de nous. Aujourd'hui que l'on est plus éclairé, on connaît la reine Élisabeth et le comte d'Essex ; et on sait trop que l'un et l'autre n'étaient point ce que la tragédie les représente, et qu'ils n'ont rien dit de ce qu'on leur fait dire. Il n'en est pas ainsi de la fable de *Bajazet* traitée par Racine : on ne peut l'accuser d'avoir falsifié une histoire connue. Personne ne sait ce qu'était Roxane ; l'histoire ne parle ni d'Atalide ni du vizir Acomat. Racine était en droit de créer ses personnages.

SCÈNE VI.

Vers 3.   Et ne voyez-vous pas que vous êtes perdu,
          Si vous souffrez l'arrêt qui peut être rendu ? etc.

Assurément le comte d'Essex est perdu s'il est condamné et exécuté ; mais quelles façons de parler, *souffrir un arrêt, avoir des juges pour y trouver asile !*

La duchesse prétendue d'Irton est une femme vertueuse et sage, qui n'a voulu ni se perdre auprès d'Élisabeth en aimant le comte, ni épouser son amant. Ce caractère serait beau s'il était animé, s'il servait au nœud de la pièce ; elle ne fait là qu'office d'ami. Ce n'est pas assez pour le théâtre.

SCÈNE VII.

Vers 10. Vous avez dans vos mains ce que toute la terre
          A vu plus d'une fois utile à l'Angleterre.

Ces vers et la situation frappent ; on n'examine pas si *toute la terre* est un mot un peu oiseux, amené pour rimer à l'Angleterre, si *cette épée* a été si utile : on est touché. Mais lorsque Essex ajoute :

. . . . Quelque douleur que j'en puisse sentir,
La reine veut se perdre, il faut y consentir ;

tout homme un peu instruit se révolte contre une bravade si déplacée. En quoi, comment Élisabeth est-elle perdue, si on arrête un fou insolent qui a couru dans les rues de Londres, et qui a voulu ameuter la populace, sans avoir pu seulement se faire suivre de dix misérables ?

ACTE TROISIÈME.

SCÈNE II.

Vers 11. J'en saurai le coup près d'éclater, le verrai...
Non, puisqu'en moi toujours l'amante te fit peine,
Tu le veux, pour te plaire, il faut paroître reine, etc.

Il n'est pas permis de faire de tels vers. Presque tout ce que dit Élisabeth manque de convenance, de force et d'élégance ; mais le public voit une reine qui a fait condamner à la mort un homme qu'elle aime, on s'attendrit : on est indulgent au théâtre sur la versification, du moins on l'étoit encore du temps de Thomas Corneille.

Vers 55. O vous, rois, que pour lui ma flamme a négligés !
Jetez les yeux sur moi, vous êtes bien vengés.

Ce sont là des vers heureux. Si la pièce était écrite de ce style, elle serait bonne, malgré ses défauts : car quelle critique pourrait faire tort à un ouvrage intéressant par le fond, et éloquent dans les détails ?

Vers 66. Doutes-tu qu'il ne veuille implorer ma clémence ?
Que, sûr que mes bontés passent ses attentats...

Ce vers ne signifie rien : non-seulement le sens en est interrompu par ces points qu'on appelle poursuivants ; mais il serait difficile de le remplir. C'est une très-grande négligence de ne point finir sa phrase, sa période, et de se laisser ainsi interrompre, surtout quand le personnage qui interrompt est un subalterne qui manque aux bienséances en coupant la parole à son supérieur. Thomas Corneille est sujet à ce défaut dans toutes ses pièces. Au reste, ce défaut n'empêchera jamais un ouvrage d'être intéressant et pathétique ; mais un auteur soigneux de bien écrire doit éviter cette négligence.

Vers 74. Je frémis de le perdre, et tremble à m'y résoudre ;
Si, me bravant toujours, il ose m'y forcer,
Moi reine, lui sujet, puis-je m'en dispenser ?

Il me semble qu'il y a toujours quelque chose de louche, de confus, de vague, dans tout ce que les personnages de cette tragédie disent et font. Que toute action soit claire, toute intrigue bien connue, tout sentiment bien développé : ce sont là des règles inviolables ; mais ici que veut le comte d'Essex ? que veut Élisabeth ? quel est le crime du comte ? est-il accusé faussement ? est-il coupable ? Si la reine le croit innocent, elle doit prendre sa défense ; s'il est reconnu criminel, est-il raisonnable que la confidente dise qu'il n'implorera jamais sa grâce, qu'il est trop fier ? La fierté est très-convenable à un guerrier vertueux et innocent, non à un homme convaincu de haute trahison. *Qu'il fléchisse*, dit la reine : est-ce bien là le sentiment qui doit l'occuper si elle l'aime ? Quand il aura fléchi, quand il aura obtenu sa grâce, Élisabeth en sera-t-elle plus aimée ? *Je l'aime*, dit la reine, *cent fois plus que moi-même*. Ah ! madame, si vous avez la tête tournée à ce point, si votre passion est si grande, examinez donc l'affaire de votre amant, et ne souffrez pas que ses ennemis l'accablent et le persécutent injustement sous votre nom, comme il est dit, quoique faussement, dans toute la pièce.

SCÈNE III.

La scène du prétendu comte de Salsbury avec la reine a quelque chose de touchant ; mais il reste toujours cette inquiétude et cet embarras qui font peine. On ne sait pas précisément de quoi il s'agit. *Le crime ne suit pas toujours l'apparence : craignez les injustices de ceux qui de sa mort se rendent les complices.* La reine doit donc alors, séduite par sa passion, penser comme Salsbury, croire Essex innocent, mettre ses accusateurs entre les mains de la justice, et faire condamner celui qui sera trouvé coupable.

Mais, après que ce Salsbury a dit que les injustices rendent complices les juges du comte d'Essex, il parle à la reine de clémence ; il lui dit que *la clémence a toujours eu ses droits*, et qu'*elle est la vertu la plus digne des rois*. Il avoue donc que le comte d'Essex est criminel. A laquelle de ces deux idées faudra-t-il s'arrêter ? A quoi faudra-t-il se fixer ? La reine répond qu'Essex est trop fier, que *c'est l'ordinaire écueil des ambitieux*, qu'*il s'est fait un outrage des soins qu'elle a pris pour détourner l'orage*, et que *si la tête du comte fait raison à la reine de sa fierté, c'est sa faute*. Le spectateur a pu passer de tels discours ; le lecteur est moins indulgent.

Vers 45. Il mérite sans doute une honteuse peine,
            Quand sa fierté combat les bontés de sa reine.

Pourquoi mérite-il une honteuse peine s'il n'est que fier ? Il la mérite s'il a conspiré ; si, comme Cécile l'a dit, du *comte de*

Tyron de l'Irlandais suivi, il en voulait au trône, et qu'il *l'aurait ravi.* On ne sait jamais à quoi s'en tenir dans cette pièce ; ni la conspiration du comte d'Essex, ni les sentiments d'Élisabeth ne sont jamais assez éclaircis.

Vers 74. Mais, madame, on se sert de lettres contrefaites.

Il est bien étrange que Salsbury dise qu'on a contrefait l'écriture du comte d'Essex, et que la reine ne songe pas à examiner une chose si importante. Elle doit assurément s'en éclaircir, et comme amante, et comme reine. Elle ne répond pas seulement à cette ouverture qu'elle devait saisir, et qui demandait l'examen le plus prompt et le plus exact ; elle répète encore en d'autres mots que le comte est trop fier.

SCÈNE IV.

Vers 14. Le lâche impunément aura su me braver.

Élisabeth devait dire à sa confidente, la duchesse prétendue d'Irton : Savez-vous ce que le comte de Salsbury vient de m'apprendre? Essex n'est point coupable. Il assure que les lettres qu'on lui impute sont contrefaites. Il a récusé les faux témoins que Cécile aposte contre lui. Je dois justice au moindre de mes sujets, encore plus à un homme que j'aime. Mon devoir, mes sentiments, me forcent à chercher tous les moyens possibles de constater son innocence. Au lieu de parler d'une manière si naturelle et si juste, elle appelle Essex *lâche.* Ce mot *lâche* n'est pas compatible avec *braver ;* elle ne dit rien de ce qu'elle doit dire.

Vers 20. La prison vous pourroit... — Non, je veux qu'il fléchisse ;
Il y va de ma gloire, il faut qu'il cède...

Élisabeth s'obstine toujours à cette seule idée qui ne paraît guère convenable : car, lorsqu'il s'agit de la vie de ce qu'on aime, on sent bien d'autres alarmes. Voici ce qui a probablement engagé Thomas Corneille à faire le fondement de sa pièce de cette persévérance de la reine à vouloir que le comte d'Essex s'humilie. Elle lui avait ôté précédemment toutes ses charges après sa mauvaise conduite en Irlande. Elle avait même poussé l'emportement honteux de la colère jusqu'à lui donner un soufflet. Le comte s'était retiré à la campagne ; il avait demandé humblement pardon par écrit, et il disait dans sa lettre *qu'il était pénitent comme Nabuchodonosor, et qu'il mangeait du foin*. La reine alors n'avait voulu que l'humilier, et il pouvait espérer son rétablissement. Ce fut alors qu'il imagina pouvoir profiter de la vieillesse de la reine pour soulever le peuple, qu'il crut qu'on pourrait faire venir d'Écosse le roi Jacques, successeur naturel d'Élisabeth, et qu'il forma une conspiration aussi mal digérée que criminelle. Il fut pris précisément en flagrant délit, condamné, et exécuté avec ses complices ; il n'était plus alors question de *fierté*.

Cette scène de la duchesse d'Irton avec Élisabeth a quelque ressemblance à celle d'Atalide avec Roxane. La duchesse avoue qu'elle est aimée du comte d'Essex, comme Atalide avoue qu'elle est aimée de Bajazet. La duchesse est plus vertueuse, mais moins intéressante ; et ce qui ôte tout intérêt à cette scène de la duchesse avec la reine, c'est qu'on n'y parle que d'une intrigue passée ; c'est que la reine a cessé, dans les scènes précédentes, de penser à cette prétendue Suffolk dont elle a cru le comte d'Essex amoureux ; c'est qu'enfin, la duchesse d'Irton étant mariée, Élisabeth ne peut plus être jalouse avec bienséance ; mais surtout une jalousie d'Élisabeth à son âge ne peut être touchante. Il en faut toujours revenir là. C'est le grand vice du sujet. L'amour n'est fait ni pour les vieux ni pour les vieilles.

Vers 92. Sur le crime apparent je sauverai ma gloire, etc.

On voit assez quel est ici le défaut de style, et ce que c'est qu'*une gloire sauvée sur un crime apparent*.

Mais pourquoi Élisabeth est-elle plus fâchée contre la dame prétendue d'Irton que contre la dame prétendue de Suffolk ? Que lui importe d'être négligée pour l'une ou pour l'autre ? Elle n'est point aimée, cela doit lui suffire.

La fin de cette scène paraît belle ; elle est passionnée et attendrissante. Il serait pourtant à désirer qu'Élisabeth ne dît pas toujours la même chose ; elle recommande tantôt à Tilney, tantôt à Salsbury, tantôt à Irton, d'engager le comte d'Essex à n'être plus *fier* et à demander grâce. C'est là le seul sentiment dominant ; c'est là le seul nœud. Il ne tenait qu'à elle de pardonner, et alors il n'y avait plus de pièce.

On doit, autant qu'on le peut, donner aux personnages des sentiments qu'ils doivent nécessairement avoir dans la situation où ils se trouvent.

ACTE QUATRIÈME.

SCÈNE I.

Vers 3. Si l'arrêt qui me perd te semble à redouter,
J'aime mieux le souffrir que de le mériter.

Voilà donc le comte d'Essex qui proteste nettement de son innocence. Élisabeth, dans cette supposition de l'auteur, est donc inexcusable d'avoir fait condamner le comte ; la duchesse d'Irton s'est donc très-mal conduite en n'éclaircissant pas la reine. Il est condamné sur de faux témoignages, et la reine, qui l'adore, ne s'est pas mise en peine de se faire rendre compte des pièces du procès, qu'on lui a dit vingt fois être fausses. Une telle négligence n'est pas naturelle : c'est un défaut capital. Faites toujours penser et dire à vos personnages ce qu'ils doivent dire et penser : faites-les agir comme ils doivent agir. L'amour seul d'Élisabeth, dira-t-on, l'aura forcée à mettre Essex entre les mains de la justice ; mais ce même amour devait lui faire examiner un arrêt qu'on suppose injuste : elle n'est pas assez furieuse d'amour pour qu'on l'excuse. Essex n'est pas assez passionné pour sa duchesse ; sa duchesse n'est pas assez passionnée pour lui. Tous les rôles paraissent manqués dans cette tragédie, et cependant elle a eu du succès. Quelle en est la raison ? Je le répète, la situation des personnages attendrissante par elle-même, et l'ignorance où le parterre a été longtemps.

SCÈNE II.

Vers 1. O fortune ! ô grandeur, dont l'amorce flatteuse
Surprend, touche, éblouit une âme ambitieuse !
De tant d'honneurs reçus c'est donc là tout le fruit ! etc.

Cette scène, ce monologue est encore une des raisons du succès. Ces réflexions naturelles sur la fragilité des grandeurs humaines plaisent, quoique faiblement écrites. Un grand seigneur qu'on va mener à l'échafaud intéresse toujours le public, et la représentation de ces aventures, sans aucun secours de la poésie, fait le même effet à peu près que la vérité même.

SCÈNE III.

Vers 1. Eh bien ! de ma faveur vous voyez les effets.

Ce vers naturel devient sublime, parce que le comte d'Essex et Salsbury supposent tous deux que c'est en effet la faveur de la reine qui le conduit à la mort.

Le succès est encore ici dans la situation seule. En vain Thomas imite faiblement ces vers de son frère :

> Enfin tout ce qu'adore en ma haute fortune [1]
> D'un courtisan flatteur la présence importune.

En vain il s'étend en lieux communs et vagues :

> Qui vit de son bonheur tout l'univers jaloux, etc.

En vain il affaiblit le pathétique du moment par ces mauvais vers : *Tout passe, et qui m'eût dit, après ce qu'on m'a vu, etc.* La pathétique de la chose subsiste malgré lui, et le parterre est touché.

Vers 14. Votre seule fierté, qu'elle voudroit abattre,
S'oppose à ses bontés, s'obstine à les combattre.

Cette fierté de la reine qui lutte sans cesse contre la fierté d'Essex est toujours le sujet de la tragédie. C'est une illusion qui ne laisse pas de plaire au public. Cependant si cette fierté seule agit, c'est un pur caprice de la part d'Élisabeth et du comte d'Essex. Je veux qu'il me demande pardon ; je ne veux pas demander pardon : voilà la pièce. Il semble qu'alors le spectateur oublie qu'Élisabeth est extravagante, si elle veut qu'on lui demande pardon d'un crime imaginaire ; qu'elle est injuste et barbare de ne pas examiner ce crime avant d'exiger qu'on lui demande pardon. On oublie l'essentiel pour ne s'occuper que de ces sentiments de fierté qui séduisent presque toujours.

Vers 33. Le crime fait la honte, et non pas l'échafaud.

Ce vers a passé en proverbe, et a été quelquefois cité à propos dans des occasions funestes.

Vers 34. Ou si dans mon arrêt quelque infamie éclate,
Elle est, lorsque je meurs, pour une reine ingrate,
Qui, voulant oublier cent preuves de ma foi,
Ne mérita jamais un sujet tel que moi.

Ou Essex est ici le fou le plus insolent, ou l'homme le plus innocent. Sûrement il n'est coupable dans la tragédie d'aucun des crimes dont on l'accuse. C'est ici un héros ; c'est un homme dont le destin de l'Angleterre a dépendu ; c'est l'appui d'Élisabeth. Elle est donc, en ce cas, une femme détestable, qui fait couper le cou au premier homme du pays parce qu'il a aimé

---

1. *Cinna,* acte II, scène 1re.

une autre femme qu'elle. Que deviennent alors ses irrésolutions, ses tendresses, ses remords, ses agitations? Rien de tout cela ne doit être dans son caractère.

Vers 44.   Pour la seule duchesse il m'auroit été doux
           De passer... Mais, hélas! un autre est son époux.

Je ne relève point cette réticence à ce mot de *passer*, figure si mal à propos prodiguée. La réticence ne convient que quand on craint ou qu'on rougit d'achever ce qu'on a commencé. Le grand défaut, c'est que les amours du comte d'Essex et de la duchesse, mariée à un autre, ont été trop légèrement touchés, ont à peine effleuré le cœur.

On ne voit pas non plus pourquoi le comte veut mourir sans être justifié, lui qui se croit entièrement innocent. On ne voit pas pourquoi, étant calomnié par les prétendus faussaires, Cécile et Raleigh, qu'il déteste, il n'instruit pas la reine du crime de faux qu'il leur impute. Comment se peut-il qu'un homme si fier, pouvant d'un mot se venger des ennemis qui l'écrasent, néglige de dire ce mot? Cela n'est pas dans la nature. Aime-t-il assez la duchesse d'Irton? Est-il assez furieux, assez enivré de sa passion, pour déclarer qu'il aime mieux être décapité que de vivre sans elle? Il aurait donc fallu lui donner dans la pièce toutes les fureurs de l'amour qu'il n'a pas eues.

L'excès de la passion peut excuser tout, et si le comte d'Essex était un jeune homme comme le Ladislas de Rotrou[1], toujours emporté par un amour violent, il ferait un très-grand effet. Il fait paraître au moins quelques touches, quelques nuances légères de ces grands traits nécessaires à la vraie tragédie, et par là il peut intéresser. C'est un crayon faible et peu correct; mais c'est le crayon de ce qui affecte le plus le cœur humain.

SCÈNE IV.

Vers 1.   Venez, venez, madame, on a besoin de vous.

Un héros condamné, un ami qui le pleure, une maîtresse qui se désespère, forment un tableau bien touchant. Il y manque le coloris. Que cette scène eût été belle si elle avait été bien traitée! Préparez, quand vous voulez toucher. N'interrompez jamais les assauts que vous livrez au cœur. Voilà le comte d'Essex qui

---

1. Dans *Venceslas*.

veut mourir, parce qu'il ne peut vivre avec la duchesse d'Irton ; il lui dit :

> Mais vivre, et voir sans cesse un rival odieux...
> Ah! madame, à ce nom je deviens furieux.

Ce sont là de bien mauvais vers, il est vrai. Il ne faut pas dire *je deviens furieux*, il faut faire voir qu'on l'est ; mais si cet Essex avait, dans les premiers actes, parlé en effet avec fureur de ce *rival odieux*, s'il avait été *furieux* en effet ; si l'amour emporté et tragique avait déployé en lui tous les sentiments de cette passion fatale ; si la duchesse les avait partagés, que de beautés alors, que d'intérêt et que de larmes ! Mais ce n'est que par manière d'acquit qu'ils parlent de leurs amours. Ne passez point ainsi d'un objet à un autre, si vous voulez toucher. Cette interruption est nécessaire dans l'histoire, admise dans le poëme épique, dont la longueur exige de la variété ; réprouvée dans la tragédie, qui ne doit présenter qu'un objet, quoique résultant de plusieurs objets, qu'une passion dominante, qu'un intérêt principal. L'unité en tout y est une loi fondamentale.

ACTE CINQUIÈME.

SCÈNE I.

Vers 3.
> Et l'ingrat, dédaignant mes bontés pour appui,
> Peut ne s'étonner pas quand je tremble pour lui ?

Elle se plaint toujours, et en mauvais vers, de cet ingrat qui dédaigne ses *bontés pour appui*, et qui ne veut pas demander pardon. C'est toujours le même sentiment sans aucune variété. Ce n'est pas là, sans doute, où l'unité est une perfection. Conservez l'unité dans le caractère ; mais variez-la par mille nuances, tantôt par des soupçons, par des craintes, par des espérances, par des réconciliations et des ruptures, tantôt par un incident qui donne à tout une face nouvelle.

Vers 11.
> . . . . Il veut, le lâche, il veut
> Montrer que sur la reine il connoît ce qu'il peut.

Elle appelle deux fois *lâche* cet homme si fier : elle voulait, dit-elle, pour se faire aimer, *l'envoyer à l'échafaud*, seulement pour lui faire peur ; c'est là un excellent moyen d'inspirer de la tendresse.

Vers 37. N'est-il pas, n'est-il pas ce sujet téméraire,
Qui, faisant son malheur d'avoir trop su te plaire,
S'obstine à préférer une honteuse fin
Aux honneurs dont ta flamme eût comblé son destin?

Que le mot propre est nécessaire, et que sans lui tout languit ou révolte! Peut-on appeler *sujet téméraire* un homme qui ne peut avoir de l'amour pour une vieille reine? Le dégoût est-il une témérité? Essex est téméraire d'ailleurs; mais non pas en amour, non pas parce qu'il aime mieux mourir que d'aimer la reine. Ces répétitions, *n'est-il pas, n'est-il pas,* ne doivent être employées que bien rarement, et dans les cas où la passion effrénée s'occupe de quelque grande image.

SCÈNE III.

Vers 9. Ton cœur s'est fait esclave; obéis, il est juste.

Ce vers est parfait, et ce retour de l'indignation à la clémence est bien naturel. C'est une belle péripétie, une belle fin de tragédie, quand on passe de la crainte à la pitié, de la rigueur au pardon, et qu'ensuite on retombe par un accident nouveau, mais vraisemblable, dans l'abîme dont on vient de sortir.

SCÈNE IV.

Vers 10. C'est moi sur cet arrêt que l'on doit consulter;
Et sans que je le signe on l'ose exécuter?

C'est ce qui peut arriver en France, où les cours de justice sont en possession depuis longtemps de faire exécuter les citoyens sans en avertir le souverain, selon l'ancien usage qui subsiste encore dans presque toute l'Europe; mais c'est ce qui n'arrive jamais' en Angleterre : il faut absolument ce qu'on appelle le *death warrant, la garantie de mort.*

La signature du monarque est indispensable, et il n'y a pas un seul exemple du contraire, excepté dans les temps de trouble où le souverain n'était pas reconnu. C'est un fait public qu'Élisabeth signa l'arrêt rendu par les pairs contre le comte d'Essex. Le droit de la fiction ne s'étend pas jusqu'à contredire sur le théâtre les lois d'une nation si voisine de nous; et surtout la loi la plus sage, la plus humaine, qui laisse à la clémence le temps de désarmer la sévérité, et quelquefois l'injustice.

Vers 15. *D'autre sang, mais plus vil, expiera l'attentat.*

Le sang de Cécile n'était point vil ; mais enfin on peut le supposer, et la faute est légère. Cette injure, faite à la mémoire d'un très-grand ministre, peut se pardonner. Il est permis à l'auteur de représenter Élisabeth égarée, qui permet tout à sa douleur. C'est à peu près la situation d'Hermione, qui a demandé vengeance, et qui est au désespoir d'être vengée. Mais que cette imitation est faible ! Qu'elle est dépourvue de passion, d'éloquence, et de génie ! Tout est animé dans le cinquième acte où Racine présente Hermione furieuse d'avoir été obéie ; tout est languissant dans Élisabeth. Il n'y a rien de plus sublime et de plus passionné tout ensemble que la réponse d'Hermione : *Qui te l'a dit*[1] *?* Aussi Hermione a-t-elle été vivement agitée d'amour, de jalousie et de colère, pendant toute la pièce. Élisabeth a été un peu froide. Sans cette chaleur que la seule nature donne aux véritables poëtes, il n'y a point de bonne tragédie.

Tout ce qu'on peut dire de l'*Essex* de Thomas Corneille, c'est que la pièce est médiocre, et par l'intrigue, et par le style ; mais il y a quelque intérêt, quelques vers heureux ; et on l'a jouée longtemps sur le même théâtre où l'on représentait *Cinna* et *Andromaque*. Les acteurs, et surtout ceux de province, aimaient à faire le rôle du comte d'Essex, à paraître avec une jarretière brodée au-dessous du genou, et un grand ruban bleu en bandoulière. Le comte d'Essex, donné pour un héros du premier ordre, persécuté par l'envie, ne laisse pas d'en imposer. Enfin le nombre des bonnes tragédies est si petit chez toutes les nations du monde que celles qui ne sont pas absolument mauvaises attirent toujours des spectateurs, quand de bons acteurs les font valoir.

On a fait environ mille tragédies depuis Mairet et Rotrou. Combien en est-il resté qui puissent avoir le sceau de l'immortalité, et qu'on puisse citer comme des modèles ? Il n'y en a pas une vingtaine. Nous avons une collection intitulée *Recueil des meilleures pièces de théâtre*, en douze volumes ; et, dans ce recueil, on ne trouve que le seul *Venceslas* qu'on représente encore, en faveur de la première scène et du quatrième acte, qui sont en effet de très-beaux morceaux.

Tant de pièces, ou refusées au théâtre depuis cent ans, ou qui n'y ont paru qu'une ou deux fois, ou qui n'ont point été imprimées, ou qui l'ayant été sont oubliées, prouvent assez la prodigieuse difficulté de cet art.

---

1. *Andromaque,* acte V, scène III.

Il faut rassembler dans un même lieu, dans une même journée, des hommes et des femmes au-dessus du commun, qui, par des intérêts divers, concourent à un même intérêt, à une même action. Il faut intéresser des spectateurs de tout rang et de tout âge, depuis la première scène jusqu'à la dernière ; tout doit être écrit en vers, sans qu'on puisse s'en permettre ni de durs, ni de plats, ni de forcés, ni d'obscurs.

SCÈNE VIII et dernière.

Vers 50. . . . . C'est par lui que je règne.

Rien ne prouve mieux l'ignorance où le public était alors de l'histoire de ses voisins. Il ne serait pas permis aujourd'hui de dire qu'Élisabeth régnait par le comte d'Essex, qui venait de laisser détruire honteusement, en Irlande, la seule armée qu'on lui eût jamais confiée.

Vers 52. Par lui, par sa valeur, ou tremblants, ou défaits,
Les plus grands potentats m'ont demandé la paix.

Il n'y a guère rien de plus mauvais que la dernière tirade d'Élisabeth. *Les plus grands potentats par Essex tremblants lui ont demandé la paix, après qu'elle doit tout à ses fameux exploits. Qui eût jamais pensé qu'il dût mourir sur un échafaud ? Quel revers !* On voit assez que ces froides réflexions font tout languir ; mais le dernier vers est fort beau, parce qu'il est touchant et passionné.

> Faisons que, d'un infâme et rigoureux supplice,
> Les honneurs du tombeau réparent l'injustice.
> Si le ciel à mes vœux peut se laisser toucher,
> Vous n'aurez pas longtemps à me la reprocher.

AVIS[1]

SUR LES PREMIÈRES PIÈCES DU THÉATRE DE CORNEILLE.

Si les hommes ne songaient qu'à perfectionner leur goût et leur raison par les livres, les bibliothèques seraient moins nombreuses et plus utiles ; mais on veut avoir tout ce qu'on a écrit sur une matière, et tout ce qu'un homme célèbre a écrit de mauvais comme de bon, dût-on ne le jamais lire.

Cette espèce d'intempérance dans ceux qui recherchent les livres est plus pardonnable à l'égard de Pierre Corneille que de tout autre. Ses comédies, qu'on a rejetées à la fin de cette édition, sont, à la vérité, indignes de notre siècle ; mais elles furent longtemps ce qu'il y avait de moins mauvais en ce genre, tant nous étions loin de la plus légère connaissance des beaux-arts ! Pierre Corneille ouvrit la carrière du comique, et même celle de l'opéra, comme nous l'avons remarqué ailleurs[2]. On verra dans ces comédies qu'on ne joue plus depuis Molière, des vers quelquefois très-bien faits, et des étincelles de génie qui faisaient voir combien l'auteur était au-dessus de son siècle.

1. Cet avis de Voltaire était, en 1764, dans le tome X ; en 1774, dans le tome VII, immédiatement avant les comédies de Corneille, que son commentateur avait rejetées à la fin de l'édition. Voyez la note, tome XXXI, page 180.
2. Préface d'*Andromède*, ci-dessus, page 70.

REMARQUES

SUR LES

DISCOURS DE CORNEILLE

IMPRIMÉS A LA SUITE DE SON THÉATRE.

PREMIER DISCOURS.

DU POËME DRAMATIQUE.

Il faut observer l'unité d'action, de lieu, et de jour ; personne n'en doute.

On en doutait tellement du temps de Corneille que ni les Espagnols ni les Anglais ne connurent cette règle. Les Italiens seuls l'observèrent. La *Sophonisbe* de Mairet fut la première pièce en France où ces trois unités parurent. Lamotte, homme de beaucoup d'esprit et de talent, mais homme à paradoxes, a écrit de nos jours contre ces trois unités. Mais cette hérésie en littérature n'a pas fait fortune.

On en est venu jusqu'à établir une maxime très-fausse : qu'il faut que le sujet d'une tragédie soit vraisemblable.

Cette maxime, au contraire, est très-vraie en quelque sens qu'on l'entende. Boileau dit avec raison, dans son *Art poétique* (chant III, vers 47-50) :

> Jamais au spectateur n'offrez rien d'incroyable.
> Le vrai peut quelquefois n'être pas vraisemblable.
> Une merveille absurde est pour moi sans appas :
> L'esprit n'est point ému de ce qu'il ne croit pas.

Il n'est point vraisemblable que Médée tue ses enfants, que Clytemnestre assassine son mari, qu'Oreste poignarde sa mère ; mais l'histoire le dit, etc.

Cela n'est pas commun ; mais cela n'est pas sans vraisemblance dans l'excès d'une fureur dont on n'est pas le maître. Ces crimes révoltent la nature, et cependant ils sont dans la nature. C'est ce qui les rend si convenables à la tragédie, qui ne veut que du vrai, mais un vrai rare et terrible.

Il n'est ni vrai ni vraisemblable qu'Andromède, exposée à un monstre marin, ait été garantie de ce péril par un cavalier volant.

Il semble que les sujets d'*Andromède*, de *Phaéton*[1], soient plus faits pour l'opéra que pour la tragédie régulière. L'opéra aime le merveilleux. On est là dans le pays des métamorphoses d'Ovide. La tragédie est le pays de l'histoire, ou du moins de tout ce qui ressemble à l'histoire par la vraisemblance des faits et par la vérité des mœurs.

Quelque heureusement que réussisse cet étalage de moralités, il faut toujours craindre que ce ne soit un de ces ornements ambitieux qu'Horace nous ordonne de retrancher.

Il nous semble qu'on ne peut donner de meilleures leçons de goût, et raisonner avec un jugement plus solide : il est beau de voir l'auteur de *Cinna* et de *Polyeucte* creuser ainsi les principes d'un art dont il fut le père en France. Il est vrai qu'il est tombé souvent dans le défaut qu'il condamne ; on pensait que c'était faute de connaître son art, qu'il connaissait pourtant si bien. Il déclare ici qu'il vaut beaucoup mieux mettre les maximes en sentiment que les étaler en préceptes, et il distingue très-finement les situations dans lesquelles un personnage peut débiter un peu de morale, de celles qui exigent un abandonnement entier à la passion... Ce sont les passions qui font l'âme de la tragédie. Par conséquent un héros ne doit point prêcher, et doit peu raisonner. Il faut qu'il sente beaucoup et qu'il agisse.

Pourquoi donc Corneille, dans plus de la moitié de ses pièces, donne-t-il tant aux lieux communs de politique, et presque rien aux grands mouvements des passions ? La raison en est, à notre avis, que c'était là le caractère dominant de son esprit. Dans son *Othon*, par exemple, tous les personnages raisonnent, et pas un n'est animé.

Peut-être aurait-il dû apporter ici un autre exemple que celui de *Mélite*. Cette comédie n'est aujourd'hui connue que par son titre, et parce qu'elle fut le premier ouvrage dramatique de Corneille.

1. *Andromède* est de Corneille ; *Phaéton* est de Quinault.

La seconde utilité du poëme dramatique se rencontre en la naïve peinture des vices et des vertus.

Ni dans la tragédie, ni dans l'histoire, ni dans un discours public, ni dans aucun genre d'éloquence et de poésie, il ne faut peindre la vertu odieuse et le vice aimable. C'est un devoir assez connu. Ce précepte n'appartient pas plus à la tragédie qu'à tout autre genre ; mais de savoir s'il faut que le crime soit toujours récompensé, et la vertu toujours punie sur le théâtre, c'est une autre question. La tragédie est un tableau des grands événements de ce monde ; et malheureusement plus la vertu est infortunée, plus le tableau est vrai. Intéressez : c'est le devoir du poëte ; rendez la vertu respectable : c'est le devoir de tout homme.

Il est certain que nous ne saurions voir un honnête homme sur notre théâtre sans lui souhaiter de la prospérité, et nous fâcher de ses infortunes.

On ne sort point indigné contre Racine et contre les comédiens, de la mort de Britannicus et de celle d'Hippolyte. On sort enchanté du rôle de Phèdre et de celui de Burrhus ; on sort la tête remplie des vers admirables qu'on a entendus :

> Et que tout ce qu'il dit, facile à retenir,
> De son ouvrage en vous laisse un long souvenir [1].

C'est là le grand point. C'est le seul moyen de s'assurer un succès éternel. C'est le mérite d'Auguste et de Cinna, c'est celui de Sévère dans *Polyeucte*.

La quatrième [utilité du théâtre consiste] en la purgation des passions, par le moyen de la pitié et de la crainte.

Pour la purgation des passions, je ne sais pas ce que c'est que cette médecine. Je n'entends pas comment la crainte et la pitié purgent, selon Aristote. Mais j'entends fort bien comment la crainte et la pitié agitent notre âme pendant deux heures, selon la nature, et comment il en résulte un plaisir très-noble et très-délicat, qui n'est bien senti que par les esprits cultivés.

Sans cette crainte et cette pitié, tout languit au théâtre. Si on ne remue pas l'âme, on l'affadit. Point de milieu entre s'attendrir et s'ennuyer.

Le poëme est composé de deux sortes de parties. Les unes sont appelées parties de quantité ou d'extension... Les autres se peuvent nommer des parties intégrantes.

1. Boileau, *Art poét.*, III, 157-158.

Il est à croire que ni Molière, ni Racine, ni Corneille lui-même, ne pensèrent aux parties de quantité et aux parties intégrantes, quand ils firent leurs chefs-d'œuvre.

<small>Aristote définit simplement [la comédie] une imitation de personnes basses et fourbes. Je ne puis m'empêcher de dire que cette définition ne me satisfait point.</small>

Corneille a bien raison de ne pas approuver la définition d'Aristote, et probablement l'auteur du *Misanthrope* ne l'approuva pas davantage. Apparemment Aristote était séduit par la réputation qu'avait usurpée ce bouffon d'Aristophane, bas et fourbe lui-même, et qui avait toujours peint ses semblables. Aristote prend ici la partie pour le tout, et l'accessoire pour le principal. Les principaux personnages de Ménandre, et de Térence son imitateur, sont honnêtes. Il est permis de mettre des coquins sur la scène ; mais il est beau d'y mettre des gens de bien.

<small>Lorsqu'on met sur la scène une simple intrigue d'amour entre des rois, et qu'ils ne courent aucun péril ni de leur vie ni de leur état, je ne crois pas que, bien que les personnes soient illustres, l'action le soit assez pour s'élever jusqu'à la tragédie.</small>

Nous sommes entièrement de l'avis de Corneille. *Bérénice* ne nous paraît pas une tragédie ; l'élégant et habile Racine trouva, à la vérité, le secret de faire de ce sujet une pièce très-intéressante. Mais ce n'est pas une tragédie ; c'est, si l'on veut, une comédie héroïque, une idylle, une églogue entre des princes, un dialogue admirable d'amour, une très-belle paraphrase de Sapho, et non pas de Sophocle, une élégie charmante : ce sera tout ce qu'on voudra ; mais ce n'est point, encore une fois, une tragédie.

<small>Je connois des gens d'esprit, et des plus savants en l'art poétique, qui m'imputent d'avoir négligé d'achever *le Cid* et quelques autres de mes poëmes, parce que je n'y conclus pas précisément le mariage des premiers acteurs.</small>

Ces savants en l'art poétique ne paraissent pas savants dans la connaissance du cœur humain. Corneille en savait beaucoup plus qu'eux. Ce qui nous paraît ici de plus extraordinaire, c'est que, dans les premiers temps si tumultueux de la grande réputation du *Cid*, les ennemis de Corneille lui reprochaient d'avoir marié Chimène avec le meurtrier de son père, le propre jour de sa mort, ce qui n'était pas vrai ; au contraire, la pièce finit par ce beau vers :

<small>Laisse faire le temps, ta vaillance, et ton roi.</small>

> L'action... doit avoir une juste grandeur. Elle doit avoir un commencement, un milieu et une fin. Ces termes... excluent les actions momentanées qui n'ont point ces trois parties. Telle est peut-être la mort de la sœur d'Horace, qui se fait tout d'un coup, etc.

Tout ce qu'ont dit Aristote et Corneille sur ce commencement, ce milieu et cette fin, est incontestable ; et la remarque de Corneille, sur le meurtre de Camille par Horace, est très-fine. On ne peut trop estimer la candeur et le génie d'un homme qui recherche un défaut dans un de ses ouvrages étincelant des plus grandes beautés, qui trouve la cause de ce défaut, et qui l'explique.

> Quelques-uns réduisent le nombre des vers qu'on récite [au théâtre] à quinze cents.

Deux mille vers, dix-huit cents, quinze cents, douze cents ; il n'importe. Ce ne sera pas trop de deux mille vers, s'ils sont bien faits, s'ils sont intéressants. Ce sera trop de douze cents, s'ils ennuient. Il est vrai que, depuis l'excellent Racine, nous avons eu des tragédies très-longues, et généralement très-mal écrites, qui ont eu de grands succès, soit par la force du sujet, soit par des vers heureux qui brillaient à travers la barbarie du style, soit encore par des cabales qui ont tant d'influence au théâtre. Mais il demeure toujours très-vrai que douze cents bons vers valent mieux que dix-huit cents vers obscurs, enflés, pleins de solécismes ou de lieux communs pires que des solécismes. Ils peuvent passer sur le théâtre à la faveur d'une déclamation imposante, mais ils sont à jamais réprouvés par tous les lecteurs judicieux.

> Je viens à la seconde partie du poëme, qui sont les mœurs... Je ne puis comprendre comment on a voulu entendre, par ce mot de *bonnes,* qu'il faut qu'elles soient *vertueuses.*

Quand on dispute sur un mot, c'est une preuve que l'auteur ne s'est pas servi du mot propre. La plupart des disputes en tout genre ont roulé sur des équivoques. Si Aristote avait dit : Il faut que les mœurs soient vraies, au lieu de dire : Il faut que les mœurs soient bonnes, on l'aurait très-bien entendu. On ne niera jamais que Louis XI doive être peint violent, fourbe et superstitieux, soutenant ses imprudences par des cruautés ; Louis XII, juste envers ses sujets, faible avec les étrangers ; François Ier, brave, ami des arts et des plaisirs ; Catherine de Médicis, intrigante, perfide, cruelle. L'histoire, la tragédie, les discours publics, doivent représenter les mœurs des hommes telles qu'elles ont été.

<blockquote>La poésie [dit Aristote] est une imitation de gens meilleurs qu'ils n'ont été.</blockquote>

Meilleurs est encore ici une équivoque d'Aristote ; il entend qu'il faut un peu exagérer, dans la poésie ; que les hommes y doivent paraître plus grands, plus brillants qu'ils n'ont été. Il faut frapper l'imagination. Voilà pourquoi, dans la sculpture, on donnait aux héros une taille au-dessus du commun des hommes.

Il se pourrait que les mots grecs qui répondent chez Aristote à *bon* et à *meilleur*, ne signifiassent pas précisément ce que nous leur faisons signifier. Il n'y avait peut-être pas d'équivoque dans le texte grec, et il y en a dans le français.

<blockquote>C'est ce qui me fait douter si le mot grec ῥᾴθυμου; a été rendu dans le sens d'Aristote par les interprètes.</blockquote>

Corneille n'a-t-il pas grande raison de traduire par *débonnaires* le mot grec si mal traduit par *fainéants*? En effet, le caractère de *mansuétude*, de *débonnaireté*, est opposé à *colère*; fainéant est opposé à *laborieux*.

Avouons ici que toutes ces dissertations ne valent pas deux bons vers du *Cid*, des *Horaces*, de *Cinna*.

<blockquote>Aristote... dit que la tragédie se peut faire sans mœurs.</blockquote>

Peut-être qu'Aristote entendait, par des tragédies sans mœurs, des pièces fondées uniquement sur des aventures funestes qui peuvent arriver à tous les personnages, soit qu'ils aient des passions ou qu'ils n'en aient pas ; soit qu'ils aient un caractère frappant, ou non. Le malheur d'Œdipe, par exemple, peut arriver à tout homme, indépendamment de son caractère et de ses mœurs.

Qu'une princesse, ayant appris la mort de son mari tué sur le rivage de la mer, aille lui dresser un tombeau, et qu'elle voie le corps de son fils étendu mort sur le même rivage : cela est déplorable et tragique, mais n'a aucun rapport à la conduite et aux mœurs de cette princesse.

Au contraire, les destinées d'Émilie, de Roxane, de Phèdre, d'Hermione, dépendent de leurs mœurs. Aussi les pièces de caractère sont bien supérieures à celles qui ne représentent que des aventures fatales.

Il y a cette différence... entre le poëte dramatique et l'orateur, que celui-ci peut étaler son art... et que l'autre doit le cacher.

Grande règle, toujours observée par Racine et par Molière, rarement par d'autres. Il faut au théâtre, comme dans la société, savoir s'oublier soi-même. Corneille, qui aimait à disserter, rend quelquefois ses personnages trop dissertateurs; et, surtout dans ses dernières pièces, il met le raisonnement à la place du sentiment.

La diction dépend de la grammaire.

Oui, et encore plus du génie, témoin les beaux vers de Corneille dans ses premières tragédies.

Le retranchement que nous avons fait des chœurs a retranché la musique de nos poëmes. Une chanson y a quelquefois bonne grâce.

Cela fut écrit avant que l'opéra fût à la mode en France. Depuis ce temps il s'est fait de grands changements. La musique s'est introduite avec beaucoup de succès dans de petites comédies, et ce nouveau genre de spectacle a pris le nom d'opéra-comique.

Je n'ai plus qu'à parler des parties de quantité, qui sont le prologue, l'épisode, l'exode, et le chœur, etc.

Il est difficile d'appliquer à notre usage le prologue, l'épisode, l'exode et le chœur des Grecs; les Anglais ont un prologue et un épilogue, qui sont deux petites pièces de vers détachées : dans la première, on demande l'indulgence des spectateurs pour la tragédie ou la comédie qu'on va jouer; dans la seconde, on fait des plaisanteries, et surtout des allusions à tout ce qui a pu, dans la pièce, avoir quelque rapport aux mœurs de la nation et aux aventures de Londres. C'est une espèce de farce récitée par un seul acteur. Cette facétie n'est pas admise en France, et pourra l'être : tant on aime, depuis quelque temps, à prendre les modes anglaises.

[Il faut] qu'il n'entre aucun acteur dans les actes suivants, qu'il ne soit connu par le premier... Cette maxime est nouvelle et assez sévère, et je ne l'ai pas toujours gardée.

Cette maxime nouvelle, établie par Corneille, était très-judicieuse. Non-seulement il est utile, pour l'intelligence parfaite d'une pièce de théâtre, que tous les personnages essentiels soient annoncés dès le premier acte, mais cette sage précaution contribue à augmenter l'intérêt[1]. Le spectateur en attend avec plus d'émotion l'acteur qui doit servir au nœud, ou à le redoubler, ou à le dénouer, ne fût-il qu'un subalterne. Rien ne fait mieux voir combien Corneille avait approfondi tous les secrets de son art.

Molière, si admirable par la peinture des mœurs, par les tableaux de la vie humaine, par la bonne plaisanterie, a manqué à cette règle de Corneille. Dans la plupart de ses dénoûments, les personnages ne sont pas assez annoncés, assez préparés.

> Quand je n'aurois point parlé de Livie dans [le premier acte de] *Cinna*, j'aurois pu la faire entrer au quatrième.

Il eût été mieux de ne point du tout faire paraître Livie. Elle ne sert qu'à dérober à Auguste le mérite et la gloire d'une belle action. Corneille n'introduisit Livie que pour se conformer à l'histoire, ou plutôt à ce qui passait pour l'histoire : car cette aventure ne fut d'abord écrite que dans une déclamation de Sénèque sur la clémence. Il n'était pas dans la vraisemblance qu'Auguste eût donné le consulat à un homme très-peu considérable dans la république, pour avoir voulu l'assassiner.

> La conspiration de Cinna et la consultation d'Auguste, avec lui et Maxime, n'ont aucune liaison entre elles... bien que le résultat de l'une produise de beaux effets pour l'autre.

C'est un grand coup de l'art, en effet; c'est une des beautés les plus théâtrales, qu'au moment où Cinna vient de rendre compte à Émilie de la conspiration, lorsqu'il a inspiré tant d'horreur contre les cruautés d'Auguste, lorsqu'on ne désire que la mort de ce triumvir, lorsque chaque spectateur semble devenir lui-même un des conjurés, tout à coup Auguste mande Cinna et Maxime les chefs de la conspiration. On craint que tout ne soit découvert, on tremble pour eux. Et c'est là cette terreur qui produit, dans la tragédie, un effet si admirable et si nécessaire.

> Euripide a usé assez grossièrement [du prologue].

Toutes les tragédies d'Euripide commencent, ou par un acteur principal qui dit son nom au public, et qui lui apprend le sujet de la pièce, ou par une divinité qui descend du ciel pour jouer ce rôle, comme Vénus dans *Phèdre et Hippolyte*.

Iphigénie elle-même, dans la pièce d'*Iphigénie en Tauride*, explique d'abord le sujet du drame, et remonte jusqu'à Tantale dont elle fait l'histoire. Corneille a bien raison de dire que cet

---

1. Voyez les remarques sur *Héraclius*, II, I, et sur *Don Sanche d'Aragon*, I, I.

artifice est grossier. Ce qui est surprenant, c'est que ce défaut, qui semblerait venir de l'enfance de l'art, ne se trouve point dans Sophocle, un peu antérieur à Euripide. Ce sont toujours, dans les tragédies de Sophocle, les principaux acteurs qui expliquent le sujet de la pièce, sans paraître vouloir l'expliquer; leurs desseins, leurs intérêts, leurs passions, s'annoncent de la manière la plus naturelle. Le dialogue porte l'émotion dans l'âme dès la première scène.

> Plaute a cru remédier à ce désordre d'Euripide en introduisant un prologue détaché, etc.

Plaute fait encore pis : non-seulement il fait paraître d'abord Mercure dans l'*Amphitryon* pour annoncer le sujet de sa tragi-comédie, pour prévenir les spectateurs sur tout ce qu'il fera dans la pièce; mais au troisième acte, il dépouille Jupiter de son rôle d'acteur. Ce Jupiter adresse la parole au public, l'instruit de tout, et lui annonce le dénoûment. C'est prendre assurément bien de la peine pour ôter aux spectateurs tout leur plaisir. Cependant la pièce plut beaucoup aux Romains, malgré ce défaut énorme, et malgré les basses plaisanteries qu'Horace condamne dans Plaute : tant le sujet d'*Amphitryon* est piquant, intéressant, et comique par lui-même.

> Térence, qui est venu depuis lui, a gardé ces prologues, et en a changé la matière.

Les prologues de Térence sont dans un goût qui est encore imité par les Anglais. C'est un discours en vers adressé aux auditeurs pour se les rendre favorables. Ce discours était prononcé d'ordinaire par l'entrepreneur de la troupe. Aujourd'hui, en Angleterre, ces prologues sont toujours composés par un ami de l'auteur. Térence employa presque toujours ces prologues à se plaindre de ses envieux, qui se servaient contre lui des mêmes armes. Une telle guerre est honteuse pour les beaux-arts.

> Ces prologues doivent avoir beaucoup d'invention, et je ne pense pas qu'on n'y puisse raisonnablement introduire que des dieux imaginaires de l'antiquité, qui ne laissent pas toutefois de parler des choses de notre temps, par une fiction poétique qui fait un grand accommodement de théâtre.

Il reste à savoir si ces fictions poétiques font au théâtre un accommodement si heureux; le prologue de la Nuit et de Mercure, dans l'*Amphitryon* de Molière, réussit autant que la pièce même; mais c'est qu'il est plein d'esprit, de grâces, et de bonnes plaisanteries. Le prologue d'*Amadis* fut regardé comme un chef-d'œuvre. On admira l'art avec lequel Quinault sut joindre l'éloge de Louis XIV avec le sujet de la pièce, la beauté des vers et celle de la musique. Le siècle de grandeur et de prospérité qui produisait ces brillants spectacles augmentait encore leur prix.

Aristote blâme fort les épisodes détachés.

Un épisode inutile à la pièce est toujours mauvais, et, en aucun genre, ce qui est hors d'œuvre ne peut plaire ni aux yeux, ni aux oreilles, ni à l'esprit. Nous avons dit ailleurs[1] que *le Cid* réussit malgré l'infante, et non pas à cause de l'infante. Corneille parle ici en homme modeste et supérieur.

Quoique... monsieur Tristan [auteur de Mariamne] eût bien mérité ce beau succès, par le grand effort d'esprit qu'il avoit fait à peindre les désespoirs d'Hérode, peut-être que l'excellence de l'acteur, qui en soutenoit le personnage, y contribuoit beaucoup.

La *Mariamne* de Tristan eut, en effet, longtemps une très-grande réputation. Nous avons entendu dire au comédien Baron que, lorsqu'il voulut débuter, Louis XIV lui faisait quelquefois réciter des vers de *Mariamne*. Les belles pièces de Corneille la firent enfin oublier.

DEUXIÈME DISCOURS.

DE LA TRAGÉDIE.

La tragédie a ceci de particulier que, par la pitié et la crainte, elle purge de semblables passions.

Nous avons dit un mot de cette prétendue médecine des passions[2] dans le *Commentaire* sur le premier discours. Nous pensons avec Racine, qui a pris le *Phobos* et l'*Eleos* pour sa devise, que, pour qu'un acteur intéresse, il faut qu'on craigne pour lui, et qu'on soit touché de pitié pour lui. Voilà tout. Que le spectateur fasse ensuite quelque retour sur lui-même, qu'il examine ou non quels seraient ses sentiments s'il se trouvait dans la situation du personnage qui l'intéresse ; qu'il soit purgé, ou qu'il ne soit pas purgé, c'est selon nous, une question fort oiseuse.

Paul Bény peut rapporter quinze opinions sur un sujet aussi

1. Préface d'*OEdipe*, de 1730.
2. Voyez page 349.

frivole, et en ajouter encore une seizième cela : n'empêchera pas que tout le secret ne consiste à faire de ces vers charmants tels qu'on en trouve dans *le Cid* (III, iv, et V, i) :

> Va, je ne te hais point. — Tu le dois. — Je ne puis...
> Tu vas mourir ! Don Sanche est-il si redoutable ?
> Sors vainqueur d'un combat dont Chimène est le prix.

Il n'y a point là de purgation. Le spectateur ne réfléchit point s'il aura besoin d'être purgé. S'il réfléchissait, le poëte aurait manqué son coup.

> Et quocumque volent animum auditoris agunto[1].

Ce n'est pas une nécessité de ne mettre que les infortunes des rois sur le théâtre ; celles des autres hommes y trouveroient place, s'il leur en arrivoi d'assez illustres... pour la mériter.

Rois, empereurs, princes, généraux d'armée, principaux chefs de république ; il n'importe. Mais il faut toujours, dans la tragédie, des hommes élevés au-dessus du commun ; non-seulement parce que le destin des États dépend du sort de ces personnages importants, mais parce que les malheurs des hommes illustres, exposés aux regards des nations, font sur nous une impression plus profonde que les infortunes du vulgaire.

Je doute beaucoup qu'un paysan de Leuctres, nommé Scédase, dont on a violé deux filles, fût un aussi beau sujet de tragédie que *Cinna* et *Iphigénie*. Le viol, d'ailleurs, a toujours quelque chose de ridicule, et n'est guère fait pour être joué que dans le beau lieu où l'on prétend que sainte Théodore fut envoyée, supposé que cette Théodore ait jamais existé, et que jamais les Romains aient condamné les dames à cette espèce de supplice, ce qui n'était assurément ni dans leurs lois ni dans leurs mœurs.

Il [Aristote] ne veut point qu'un homme fort vertueux y tombe de la félicité dans le malheur.

S'il était permis de chercher un exemple dans nos livres saints, nous dirions que l'histoire de Job est une espèce de drame, et qu'un homme très-vertueux y tombe dans les plus grands malheurs ; mais c'est pour l'éprouver, et le drame finit par rendre Job plus heureux qu'il n'a jamais été.

Dans la tragédie de *Britannicus*, si ce jeune prince n'est pas un modèle de vertu, il est du moins entièrement innocent ; cepen-

---

1. Horace, *De Arte poet.*, 100.

dant il périt d'une mort cruelle. Son empoisonneur triomphe. *Cet événement est tout à fait injuste.* Pourquoi donc *Britannicus* a-t-il eu enfin un si grand succès, surtout auprès des connaisseurs et des hommes d'État? C'est par la beauté des détails, c'est par la peinture la plus vraie d'une cour corrompue. Cette tragédie, à la vérité, ne fait point verser de larmes, mais elle attache l'esprit, elle intéresse; et le charme du style entraîne tous les suffrages, quoique le nœud de la pièce soit très-petit, et que la fin, un peu froide, n'excite que l'indignation. Ce sujet était le plus difficile de tous à traiter, et ne pouvait réussir que par l'éloquence de Racine.

Il ne veut pas non plus qu'un méchant homme passe du malheur à la félicité.

Il y a de grands exemples de tragédies qui ont eu des succès permanents, et dans lesquelles cependant le vertueux périt indignement, et le criminel est au comble de la gloire; mais au moins il est puni par ses remords. La tragédie est le tableau de la vie des grands : ce tableau n'est que trop ressemblant quand le crime est heureux. Il faut autant d'art, autant de ressources, autant d'éloquence dans ce genre de tragédie, et peut-être plus que dans tout autre.

Un des interprètes d'Aristote veut qu'il n'ait parlé de cette purgation des passions dans la tragédie que parce qu'il écrivoit après Platon, qui bannit les poëtes tragiques de sa république, parce qu'ils les remuent trop fortement.

Après tout ce qu'a dit judicieusement Corneille sur les caractères vertueux ou méchants, ou mêlés de bien et de mal, nous penchons vers l'opinion de cet interprète d'Aristote, qui pense que ce philosophe n'imagina son galimatias de la purgation des passions que pour ruiner le galimatias de Platon, qui veut chasser la tragédie et la comédie, et le poëme épique, de sa république imaginaire. Platon, en rendant les femmes communes dans son Utopie, et en les envoyant à la guerre, croyait empêcher qu'on ne fît des poëmes pour une Hélène; et Aristote, attribuant aux poëmes une utilité qu'ils n'ont peut-être pas, imaginait sa purgation des passions. Que résulte-t-il de cette vaine dispute? Qu'on court à *Cinna* et à *Andromaque* sans se soucier d'être purgé.

Notre siècle les a vues [les conditions qu'Aristote demande] dans *le Cid;* mais je ne sais s'il les a vues en beaucoup d'autres.

Le Cid, comme nous l'avons dit, n'est beau que parce qu'il est très-touchant.

> L'exclusion des personnes tout à fait vertueuses qui tombent dans le malheur bannit les martyrs de notre théâtre.

Un martyr, qui ne serait que martyr, serait très-vénérable, et figurerait très-bien dans la *Vie des Saints,* mais assez mal au théâtre. Sans Sévère et Pauline, *Polyeucte* n'aurait point eu de succès.

> S'il est bien amoureux... il peut s'emporter de colère et tuer dans un premier mouvement; et l'ambition le peut engager dans un crime.

> On s'intéresse pour un jeune criminel que la passion emporte, et qui avoue ses fautes, témoin *Venceslas* et *Rhadamiste.*

> La perfection de la tragédie consiste... à exciter de la pitié et de la crainte, par le moyen d'un premier acteur, comme peut faire Rodrigue dans *le Cid,* et Placide dans *Théodore.*

Il est triste de mettre Placide à côté du Cid.

> On désapprouve sa manière d'agir [de Félix]; mais cette aversion... n'empêche pas que sa conversion miraculeuse, à la fin de la pièce, ne le réconcilie pleinement avec l'auditoire.

La conversion miraculeuse de Félix le réconcilie sans doute avec le ciel, mais point du tout avec le parterre.

> Qu'un indifférent [dit Aristote] tue un indifférent, cela ne touche guère... d'autant qu'il n'excite aucun combat dans l'âme de celui qui fait l'action.

Aristote montre ici un jugement bien sain, et une grande connaissance du cœur de l'homme. Presque toute tragédie est froide sans les combats des passions.

> Disons donc qu'elle [cette condamnation] ne doit s'entendre que de ceux qui connoissent la personne qu'ils veulent perdre, et s'en dédisent par un simple changement de volonté, sans aucun événement notable qui les y oblige.

Il nous semble qu'on ne peut mieux expliquer ce qu'Aristote a dû entendre. Si un homme commence une action funeste et ne l'achève pas sans avoir un motif supérieur et tragique qui le force, il n'est alors qu'inconstant et pusillanime; il n'inspire que le mépris. Il faut, ou que la nature ou la gloire l'arrête, et un tel dénoûment peut faire un très-bel effet; ou bien le crime commencé par lui est puni avant d'être achevé, et le spectateur est encore plus content.

Le poëme entier d'*Œdipe* en excite peut-être autant [de commisération] que *le Cid* ou *Rodogune*; mais il en doit une partie à Dircé.

Il est toujours étonnant que Corneille ait cru que sa Dircé ait pu faire quelque sensation dans son *Œdipe*.

Cela se voit manifestement en *la Mort de Crispe*, faite par un de leurs plus beaux esprits, Jean-Baptiste Ghirardelli... L'auteur a dedaigné de traiter ce sujet comme l'a traité de notre temps le P. Stephonius, jésuite.

On ne connaît plus guère *la Mort de Crispe* (*Il Costantino*), de Jean-Baptiste-Philippe Ghirardelli, et pas davantage celle du jésuite Stephonius[1]. Mais il est clair qu'il n'y a presque rien de tragique dans cette pièce, si Constantin ne connaît pas son fils, s'il n'y a point dans son cœur de combats entre la nature et la vengeance.

J'estime donc... qu'il n'y a aucune liberté d'inventer la principale action, mais qu'elle doit être tirée de l'histoire ou de la fable.

C'est ici une grande question : S'il est permis d'inventer le sujet d'une tragédie ? Pourquoi non, puisqu'on invente toujours les sujets de comédie. Nous avons beaucoup de tragédies de pure invention, qui ont eu des succès durables à la représentation et à la lecture. Peut-être même ces sortes de pièces sont plus difficiles à faire que les autres. On n'y est pas soutenu par cet intérêt qu'inspirent les grands noms connus dans l'histoire, par le caractère des héros déjà tracé dans l'esprit du spectateur. Il est au fait avant qu'on ait commencé. Vous n'avez nul besoin de l'instruire, et s'il voit que vous lui donniez une copie fidèle du portrait qu'il a déjà dans la tête, il vous en tient compte ; mais dans une tragédie où tout est inventé, il faut annoncer les lieux, les temps, et les héros ; il faut intéresser pour des personnages dont votre auditoire n'a aucune connaissance : la peine est double ; et si votre ouvrage ne transporte pas l'âme, vous êtes doublement condamné. Il est vrai que le spectateur peut vous dire : Si l'événement que vous me présentez était arrivé, les historiens en auraient parlé. Mais il peut en dire autant de toutes les tragédies historiques dont les événements lui sont inconnus : ce qui est ignoré, et ce qui n'a jamais été écrit, sont pour lui la même chose. Il ne s'agit ici que d'intéresser.

---

1. La pièce de Ghirardelli est intitulée *Il Costantino*; elle est en italien, et de 1653. Celle du P. Stephonius a pour titre *Crispus*; elle est en latin, et a été imprimée à Pont-à-Mousson dès 1602; il y a d'autres éditions. (B.)

> Inventez des ressorts qui puissent m'attacher[1].

Il ne faut pas sans doute choquer l'histoire connue, encore moins les mœurs des peuples qu'on met sur la scène. Peignez ces mœurs, rendez votre fable vraisemblable, qu'elle soit touchante et tragique, que le style soit pur, que les vers soient beaux ; et je vous réponds que vous réussirez.

> Les apparitions de Vénus et d'Éole ont eu bonne grâce dans *Andromède*.

Pas si bonne grâce.

> Qu'auroit-on dit si, pour démêler Héraclius d'avec Martian, après la mort de Phocas, je me fusse servi d'un ange ?

Nous avouons ingénument que nous aimerions presque autant un ange descendant du ciel que le froid procès par écrit qui suit la mort de Phocas, et qu'on débrouille à peine par une ancienne lettre de l'impératrice Constantine ; lettre qui pourrait encore produire bien des contestations.

Louis Racine, fils du grand Racine, a très-bien remarqué les défauts de ce dénoûment d'*Héraclius*, et de cette reconnaissance qui se fait après la catastrophe ; nous avons toujours été de son avis sur ce point : nous avons toujours pensé qu'un dénoûment doit être clair, naturel, touchant ; qu'il doit être, s'il se peut, la plus belle situation de la pièce. Toutes ces beautés sont réunies dans *Cinna*. Heureuses les pièces où tout parle au cœur, qui commencent naturellement, et qui finissent de même !

> Je ne condamnerai jamais personne pour en avoir inventé ; mais je ne me le permettrai jamais.

Nous ne voyons pas pourquoi Corneille ne se serait pas permis une tragédie dans laquelle un père reconnaîtrait un fils après l'avoir fait périr. Il nous semble qu'un tel sujet pourrait produire un très-beau cinquième acte. Il inspirerait cette crainte et cette pitié qui sont l'âme du spectacle tragique.

> Aristote... dit qu'il ne faut pas changer les sujets reçus.

Nous pensons qu'on pourrait changer quelques circonstances principales dans les sujets reçus, pourvu que ces circonstances changées augmentassent l'intérêt, loin de le diminuer.

> Quidlibet audendi semper fuit æqua potestas [2].

---

1. Boileau, *Art poétique*, III, 26.
2. Horace, *De Arte poetica*, 10.

Quodcumque ostendis mihi sic, incredulus odi [1].

Médée ne doit point tuer ses enfants devant des mères qui s'enfuiraient d'horreur. Un tel spectacle révolterait des cannibales et des inquisiteurs même. Cadmus ne peut guère être changé en serpent qu'à l'Opéra. Nous aurions souhaité qu'Horace eût dit *aversor et odi*, au lieu de *incredulus odi* : car le sujet de ces pièces étant connu et reçu de tout le monde, la fable passant pour une vérité, le spectateur n'est point *incredulus*; mais il est révolté, il recule, il fuit à l'aspect de deux figures d'enfant qu'on met à la broche. A l'égard de la métamorphose de Cadmus en serpent, et de Progné en hirondelle, c'étaient encore des fables qui tenaient lieu d'histoire. Mais l'exécution de ces prodiges serait d'une telle difficulté, et l'exécution même la plus heureuse serait si puérile et si ridicule, qu'elle ne pourrait amuser que des enfants et de vieilles imbéciles.

> Aristote... nous apprend que le poëte n'est pas obligé de traiter les choses comme elles se sont passées, mais comme elles ont pu ou dû se passer selon le vraisemblable ou le nécessaire.

Tout ce que dit ici Corneille sur l'art de traiter des sujets terribles, sans les rendre trop atroces, est digne du père et du législateur du théâtre; et ce qu'il propose sur la manière de sauver l'horreur du parricide d'Oreste et d'Électre est si judicieux que les poëtes qui, depuis lui, ont manié ce sujet si cher à l'antiquité, se sont absolument conformés aux conseils qu'il donne.

A l'égard du conseil d'Aristote, de représenter les événements *selon le vraisemblable ou le nécessaire*, voici comment nous entendons ces paroles.

Choisissez la manière la plus vraisemblable, pourvu qu'elle soit tragique et non révoltante; et, si vous ne pouvez concilier ces deux choses, choisissez la manière dont la catastrophe doit arriver nécessairement, par tout ce qui aura été annoncé dans les premiers actes.

Par exemple, vous mettez sur le théâtre le malheur d'Œdipe, il faut que ce malheur arrive : voilà le nécessaire. Un vieillard lui apprend qu'il est incestueux et parricide, et lui en donne de funestes preuves : voilà le vraisemblable.

> On peut m'objecter que le même philosophe dit qu'au regard de la poésie on doit préférer l'impossible croyable au possible incroyable, etc.

---

1. Horace, *De Arte poetica*, 188.

Il nous semble que Corneille aurait pu s'épargner toutes les peines qu'il prend pour concilier Aristote avec lui-même. Nous n'entendons point ce que c'est que *l'impossible croyable* et *le possible incroyable*. On a beau donner la torture à son esprit, l'impossible ne sera jamais croyable ; l'impossible, selon la force du mot, est ce qui ne peut jamais *arriver*. C'est abuser de son esprit que d'établir de telles propositions ; c'est en abuser encore de vouloir les expliquer. C'est vouloir plaisanter de dire que, quand une chose est faite, il est impossible qu'elle ne soit pas faite, et qu'on n'y peut rien changer. Ces questions sont de la nature de celles qu'on agitait dans les écoles, si Dieu pouvait se changer en citrouille, et si, en montant à une échelle, il pouvait se casser le cou.

J'ai fait voir qu'il y a des choses sur qui nous n'avons aucun droit ; et pour celles où ce privilége peut avoir lieu, il doit être plus ou moins resserré, selon que les sujets sont plus ou moins connus.

Voilà tout le précis de cette dissertation : ne changez rien d'important dans la mort de Pompée, parce qu'elle est connue de tout le monde ; changez, imaginez tout ce qu'il vous plaira dans l'histoire de Perthartite et de don Sanche d'Aragon, parce que ces gens-là ne sont connus de personne.

TROISIÈME DISCOURS.

DES TROIS UNITÉS, D'ACTION, DE JOUR, ET DE LIEU.

Je tiens donc... que l'unité d'action consiste dans la comédie en l'unité d'intrigue, ou d'obstacle aux desseins des principaux acteurs ; et en l'unité de péril dans la tragédie, soit que son héros y succombe, soit qu'il en sorte.

Nous pensons que Corneille entend ici, par unité d'action et d'intrigue, une action principale à laquelle les intérêts divers et les intrigues particulières sont subordonnés, un tout composé de plusieurs parties qui toutes tendent au même but. C'est un bel édifice, dont l'œil embrasse toute la structure, et dont il voit avec plaisir les différents corps.

Il condamne, avec une noble candeur, la duplicité d'action dans ses *Horaces*, et la mort inattendue de Camille, qui forme une pièce nouvelle. Il pouvait ne pas citer *Théodore*. Ce n'est pas la double action, la double intrigue, qui rend *Théodore* une mauvaise tragédie; c'est le vice du sujet, c'est le vice de la diction et des sentiments, c'est le ridicule de la prostitution.

Il y a manifestement deux intrigues dans l'*Andromaque* de Racine: celle d'Hermione, aimée d'Oreste et dédaignée de Pyrrhus; celle d'Andromaque, qui voudrait sauver son fils et être fidèle aux mânes d'Hector. Mais ces deux intérêts, ces deux plans sont si heureusement rejoints ensemble que, si la pièce n'était pas un peu affaiblie par quelques scènes de coquetterie et d'amour, plus dignes de Térence que de Sophocle, elle serait la première tragédie du théâtre français.

Nous avons déjà dit[1] que dans *la Mort de Pompée* il y a trois à quatre actions, trois à quatre espèces d'intrigues mal réunies. Mais ce défaut est peu de chose, en comparaison des autres qui rendent cette tragédie trop irrégulière. Le célèbre *Caton* d'Addison pèche par la multiplicité des actions et des intrigues, mais encore plus par l'insipidité des froids amours, et d'une conspiration en masque. Sans cela Addison aurait pu, par l'éloquence de son style noble et sage, réformer le théâtre anglais.

Corneille a raison de dire qu'il ne doit y avoir qu'une action complète. Nous doutons qu'on ne puisse y parvenir que par plusieurs autres actions imparfaites. Il nous semble qu'une seule action sans aucun épisode, à peu près comme dans *Athalie*, serait la perfection de l'art.

Il y a grande différence [dit Aristote] entre les événements qui viennent les uns après les autres, et ceux qui viennent les uns à cause des autres.

Cette maxime d'Aristote marque un esprit juste, profond et clair. Ce ne sont pas là des sophismes et des chimères à la Platon. Ce ne sont pas là des idées archétypes.

La liaison des scènes... est un grand ornement dans un poëme.

Cet ornement de la tragédie est devenu une règle, parce qu'on a senti combien il était devenu nécessaire.

Je n'ai pas besoin de contredire Aristote pour me justifier sur cet article [le char de Médée].

Que devons-nous dire de tout ce morceau précédent? Applaudir au bon sens de Corneille autant qu'à ses grands talents.

Aristote n'en prescrit point le nombre [des actes]; Horace le borne à cinq, etc.

---

1. Préface d'*OEdipe*, de 1730; et tome XXXI, pages 455, 478.

Cinq actes nous paraissent nécessaires : le premier expose le lieu de la scène, la situation des héros de la pièce, leurs intérêts, leurs mœurs, leurs desseins ; le second commence l'intrigue ; elle se noue au troisième ; le quatrième prépare le dénoûment, qui se fait au cinquième. Moins de temps précipiterait trop l'action, plus d'étendue l'énerverait. Il en est comme d'un repas d'appareil : s'il dure trop peu, c'est une halte ; s'il est trop long, il ennuie et il dégoûte.

> Il faut, s'il se peut, y rendre raison de l'entrée et de la sortie de chaque acteur.

La règle qu'un personnage ne doit ni entrer ni sortir sans raison est essentielle ; cependant on y manque souvent. Il faut un dessein dans chaque scène, et que toutes augmentent l'intérêt, le nœud et le trouble. Rien n'est plus difficile et plus rare.

> Aristote veut que la tragédie bien faite soit belle, et capable de plaire sans le secours des comédiens et hors de la représentation.

Aristote avait donc beaucoup de goût. Pour qu'une pièce de théâtre plaise à la lecture, il faut que tout y soit naturel, et qu'elle soit parfaitement écrite. Il y a quelques fautes de style dans *Cinna*. On y a découvert aussi quelques défauts dans la conduite et dans les sentiments ; mais, en général, il y règne une si noble simplicité, tant de naturel, tant de clarté, le style a tant de beautés, qu'on lira toujours cette pièce avec intérêt et avec admiration. Il n'en sera pas de même d'*Héraclius* et de *Rodogune* ; elles réussiront moins à la lecture qu'au théâtre. La diction, dans *Héraclius*, n'est souvent ni noble ni correcte ; l'intrigue fait peine à l'esprit, la pièce ne touche point le cœur. *Rodogune*, jusqu'au cinquième acte, fait peu d'effet sur un lecteur judicieux qui a du goût. Quelquefois une tragédie dénuée de vraisemblance et de raison charme à la lecture par la beauté continue du style, comme la tragédie d'*Esther*. On rit du sujet, et on admire l'auteur. Ce sujet, en effet, respectable dans nos saintes Écritures, révolte l'esprit partout ailleurs. Personne ne peut concevoir qu'un roi soit assez sot pour ne pas savoir, au bout d'un an, de quel pays est sa femme, et assez fou pour condamner toute une nation à la mort parce qu'on n'a pas fait la révérence à son ministre. L'ivresse de l'idolâtrie pour Louis XIV, et la bassesse de la flatterie pour Mme de Maintenon, fascinèrent les yeux à Versailles. Ils furent éclairés au théâtre de Paris. Mais le charme de la diction est si grand que tous ceux qui aiment les vers en retiennent par cœur plusieurs de cette pièce. C'est ce qui n'est arrivé à aucune des vingt dernières pièces de Corneille. Quelque chose qu'on écrive, soit vers, soit prose, soit tragédie ou comédie, soit fable ou sermon, la première loi est de bien écrire.

La règle de l'unité de jour a son fondement sur ce mot d'Aristote : que la tragédie doit renfermer la durée de son action dans un tour du soleil, etc.

L'unité de jour a son fondement, non-seulement dans les préceptes d'Aristote, mais dans ceux de la nature. Il serait même très-convenable que l'action ne durât pas en effet plus longtemps que la représentation, et Corneille a raison de dire que sa tragédie de *Cinna* jouit de cet avantage.

Il est clair qu'on peut sacrifier ce mérite à un plus grand, qui est celui d'intéresser. Si vous faites verser plus de larmes, en étendant votre action à vingt-quatre heures, prenez le jour et la nuit; mais n'allez pas plus loin. Alors l'illusion serait trop détruite.

Si nous ne pouvons la renfermer [l'action] dans deux heures, prenons-en quatre, six, dix; mais ne passons pas de beaucoup les vingt-quatre heures, de peur de tomber dans le dérèglement, etc.

Nous sommes entièrement de l'avis de Corneille dans tout ce qu'il dit de l'unité de jour.

Je souhaiterois, pour ne point gêner du tout le spectateur, que ce qu'on fait représenter devant lui en deux heures se pût passer en effet en deux heures, et que ce qu'on lui fait voir sur un théâtre qui ne change point pût s'arrêter dans une chambre ou dans une salle... Mais souvent cela... est malaisé, pour ne pas dire impossible... etc.

Nous avons dit ailleurs[1] que la mauvaise construction de nos théâtres, perpétuée depuis nos temps de barbarie jusqu'à nos jours, rendait la loi de l'unité de lieu presque impraticable. Les conjurés ne peuvent pas conspirer contre César dans sa chambre; on ne s'entretient pas de ses intérêts secrets dans une place publique; la même décoration ne peut représenter à la fois la façade d'un palais et celle d'un temple. Il faudrait que le théâtre fît voir aux yeux tous les endroits particuliers où la scène se passe, sans nuire à l'unité de lieu; ici une partie d'un temple, là le vestibule d'un palais, une place publique, des rues dans l'enfoncement; enfin tout ce qui est nécessaire pour montrer à l'œil tout

---

1. Dans les remarques sur *Cinna*, II, 1: et dans les préliminaires du *Cid*, tome XXXI, page 212.

ce que l'oreille doit entendre. L'unité de lieu est tout le spectacle que l'œil peut embrasser sans peine.

Nous ne sommes point de l'avis de Corneille, qui veut que la scène du *Menteur* soit tantôt à un bout de la ville, tantôt à l'autre. Il est très-aisé de remédier à ce défaut en rapprochant les lieux. Nous ne supposons pas même que l'action de *Cinna* puisse se passer d'abord dans la maison d'Émilie, et ensuite dans celle d'Auguste. Rien n'était plus facile que de faire une décoration qui représentât la maison d'Émilie, celle d'Auguste, une place, des rues de Rome.

<small>Quoi qu'il en soit, voilà mes opinions, ou, si vous voulez, mes hérésies touchant les principaux points de l'art ; et je ne sais point mieux accorder les règles anciennes avec les agréments modernes. Je ne doute point qu'il ne soit aisé d'en trouver de meilleurs moyens, etc.</small>

Après les exemples que Corneille donna dans ses pièces, il ne pouvait guère donner de préceptes plus utiles que dans ces discours.

REMARQUES

SUR LA VIE

DE PIERRE CORNEILLE [1]

ÉCRITE PAR BERNARD DE FONTENELLE, SON NEVEU.

Il fit la comédie de *Mélite,* qui parut en 1625... et sur la confiance qu'on eut du nouvel auteur qui paroissoit, il se forma une nouvelle troupe de comédiens.

Comme on a promis des notes grammaticales, il est juste d'observer que la *confiance du nouvel auteur* est une faute de langue. On a de la confiance en quelqu'un, dans le mérite et les talents de quelqu'un, mais non pas *du* mérite et *des* talents. On a de la défiance *de,* et de la confiance *en.* Cette remarque est pour les étrangers ; ils pourraient être induits en erreur par cette inadvertance de M. de Fontenelle, qui écrivait d'ailleurs avec autant de pureté que de grâce et de finesse.

Il est certain que ces [premières] pièces ne sont pas belles; mais, outre qu'elles servent à l'histoire du théâtre, elles servent beaucoup aussi à la gloire de Corneille.

Ce qu'on ne peut lire ne peut guère servir à la gloire de l'auteur. La gloire est le concert des louanges constantes du public. Deux ou trois littérateurs qui diront d'un mauvais ouvrage en soi : *cet ouvrage était bon pour son temps,* ne procureront à l'auteur aucune gloire. Corneille n'est point un grand homme pour avoir fait de mauvaises comédies, bien moins mauvaises que celles de son temps, mais pour avoir fait des tragédies infiniment supé-

---

1. Voltaire, en réimprimant cet opuscule, y avait fait des changements et des coupures. Je n'ai pas besoin de dire que ses remarques ne portent que sur des phrases qui sont de Fontenelle. (B.)

rieures à celles de son temps, et dans lesquelles il y a des morceaux supérieurs à tous ceux du théâtre d'Athènes.

Le théâtre devint florissant par la faveur du cardinal de Richelieu.

Malgré le cardinal de Richelieu, qui, voulant être poëte, voulut humilier Corneille et élever les mauvais auteurs.

Les princes et les ministres n'ont qu'à commander qu'il se forme des poëtes, des peintres, tout ce qu'ils voudront, et il s'en forme.

C'est de quoi je doute beaucoup. Notre meilleur peintre, Le Poussin, fut persécuté, et les bienfaits prodigués aux académies ont fait tout au plus un ou deux bons peintres qui avaient déjà donné leurs chefs-d'œuvre avant d'être récompensés. Rameau avait fait tous ses bons ouvrages de musique au milieu des plus grandes traverses, et Corneille lui-même fut très-peu encouragé. Homère vécut errant et pauvre. Le Tasse fut le plus malheureux des hommes de son temps. Camoëns et Milton furent plus malheureux encore. Chapelain fut récompensé ; et je ne connais aucun homme de génie qui n'ait été persécuté.

Celle [la règle] des vingt-quatre heures fut une des premières dont on s'avisa ; mais on n'en faisoit pas encore trop grand cas, témoin la manière dont Corneille lui-même en parle dans la préface de *Clitandre,* imprimée en 1632.

Les tragédies italiennes du xvie siècle étaient dans la règle des trois unités, règle admirable d'Aristote. La *Sophonisbe* de Mairet fut la première pièce de théâtre, en France, dans laquelle cette loi fut suivie : elle est de 1633[1].

En Angleterre, en Espagne, on ne s'est assujetti que depuis peu à cette règle, et encore très-rarement.

Corneille... prit tout à coup l'essor dans *Médée,* et monta jusqu'au tragique le plus sublime.

Les louanges trop exagérées font tort à celui qui les donne, sans relever celui qui les reçoit.

Corneille avoit dans son cabinet cette pièce [*le Cid*] traduite en toutes les langues de l'Europe, hors l'esclavone et la turque. Elle étoit en allemand, en anglois, en flamand ; et, par exactitude flamande, on l'avoit rendue vers pour vers.

On en use encore ainsi en Italie, et même en Angleterre. Il y a de nos ouvrages de poésie traduits en ces deux langues, vers

---

1. Nous avons dit qu'elle fut représentée en 1629, et imprimée en 1635.

pour vers; et, ce qui est étonnant, c'est qu'ils sont assez bien traduits.

M. Pellisson dit qu'il étoit passé en proverbe de dire : Cela est beau comme *le Cid*. Si ce proverbe a péri, il faut s'en prendre aux auteurs qui ne le goûtoient pas, et à la cour, où c'eût été très-mal parler que de s'en servir sous le ministère du cardinal de Richelieu.

J'ose plutôt penser qu'il faut s'en prendre à *Cinna*, qui fut mis par toute la cour au-dessus du *Cid*, quoiqu'il ne fût pas si touchant.

Le cardinal de Richelieu montra tant de partialité contre Corneille que, quand Scudéri eut donné sa mauvaise pièce de *l'Amour tyrannique*, que le cardinal trouvait divine, Sarrasin, par ordre de ce ministre, fit une mauvaise préface dans laquelle il louait Hardy, sans oser nommer Corneille.

Il récompensoit comme ministre ce même mérite dont il étoit jaloux comme poëte.

Pierre Corneille avait le malheur de recevoir une petite pension du cardinal, pour avoir quelque temps travaillé sous lui aux pièces des cinq auteurs.

Enfin il alla jusqu'à *Cinna* et à *Polyeucte*, au-dessus desquels il n'y a rien.

On peut croire que Fontenelle parle ainsi moins parce qu'il était neveu du grand Corneille que parce qu'il était l'ennemi de Racine, qui avait fait contre lui une épigramme piquante, à laquelle il avait répondu par une épigramme plus violente encore. Les connaisseurs pensent qu'*Athalie* est très-supérieure à *Polyeucte*, par la simplicité du sujet, par la régularité, par la grandeur des idées, par la sublimité de l'expression, par la beauté de la poésie. Il est vrai que ces connaisseurs reprochent au prêtre Joad d'être impitoyable et fanatique, de dire à sa femme, qui parle à Mathan[1]: *Ne craignez-vous pas que ces murailles ne tombent sur vous, et que l'enfer ne vous engloutisse?* d'aller beaucoup au delà de son ministère, d'empêcher qu'Athalie n'élève le petit Joas, qui est son seul héritier, de faire tomber la reine dans le piége, d'ordonner son supplice comme s'il était son juge, de prendre enfin le brave Abner pour dupe. On reproche à Mathan de se vanter de ses crimes; on reproche à la pièce des longueurs. Presque

1. Acte III, scène v.

tous ces défauts sont ceux du sujet ; mais le grand mérite de cette tragédie est d'être la première qui ait intéressé sans amour ; au lieu que, dans *Polyeucte*, le plus grand mérite est l'amour de Sévère.

<small>Voiture vint trouver Corneille... pour lui dire que *Polyeucte* n'avoit pas réussi [à l'hôtel de Rambouillet] ; que surtout le christianisme avoit extrêmement déplu.</small>

C'est qu'on n'avait encore vu que les comédies de la Passion et des Actes des apôtres. D'ailleurs il faut peut-être pardonner à l'hôtel de Rambouillet d'avoir condamné l'imprudence punissable de Polyeucte et de Néarque, qui exercent dans le temple une violence que Dieu n'a jamais commandée. On pouvait craindre encore qu'un homme qui résigne sa femme à son rival ne passât pour un imbécile plutôt que pour un bon chrétien. Le caractère bas de Félix pouvait déplaire ; mais on ne faisait pas réflexion que Sévère et Pauline feraient réussir la pièce.

<small>La plus grande beauté de la comédie étoit inconnue ; on ne songeoit point aux mœurs et aux caractères... Molière est le premier, etc.</small>

Fontenelle oublie ici que la comédie du *Menteur* est une pièce de caractère. Il y a beaucoup d'incidents ; il en faut aussi : les pièces de Molière n'en ont peut-être pas assez. Tous servent à faire paraître le caractère du Menteur.

On avait, longtemps avant Molière, plusieurs pièces dans ce goût, en Espagne, *le Menteur*, *le Jaloux* ; *l'Impie, ou le Convié de Pierre*, traduit depuis par Molière sous le nom du *Festin de Pierre*.

<small>Il ne perdit pas en vieillissant l'inimitable noblesse de son génie ; mais il s'y mêla quelquefois un peu de dureté... Ainsi, dans *Pertharite*, une reine consent à épouser un tyran qu'elle déteste pourvu qu'il égorge un fils unique qu'elle a, etc.</small>

Tout cela est dit mal à propos ; *Pertharite* est de 1653[1] : Corneille n'avait que quarante-sept ans.

<small>Il est aisé de voir que ce sentiment, au lieu d'être noble, n'est que dur ; et il ne faut pas trouver mauvais que le public ne l'ait pas goûté.</small>

Comme s'il n'y avait que cela de mauvais dans *Pertharite*.

<small>Cet ouvrage [*l'Imitation de J.-C.* en vers françois] eut un succès prodigieux.</small>

---

1. Et même de 1652.

Il y a une grande différence entre le débit et le succès. Les jésuites, qui avaient un très-grand crédit, firent lire le livre à leurs dévotes, et dans les couvents ; ils le prônaient, on l'achetait, et on s'ennuyait. Aujourd'hui ce livre est inconnu. L'*Imitation de Jésus* n'est pas plus faite pour être mise en vers qu'une Épître de saint Paul.

> Corneille dédaigna fièrement d'avoir de la complaisance pour ce nouveau goût.

Au contraire, il n'a fait aucune pièce sans amour.

> Bérénice fut un duel dont tout le monde sait l'histoire. Une princesse fort touchée des choses d'esprit... eut besoin de beaucoup d'adresse pour faire trouver les deux combattants sur le champ de bataille.

La princesse Henriette[1], belle-sœur de Louis XIV, ne proposa pas seulement ce sujet parce qu'elle était touchée des choses d'esprit, mais parce que ce sujet était, à plusieurs égards, sa propre aventure.

La victoire ne demeura pas à Racine seulement parce qu'il était le plus jeune, mais parce que sa pièce est incomparablement meilleure que celle de Corneille, qui tomba, et qu'on ne peut lire. Racine tira de ce mauvais sujet tout ce qu'on en pouvait tirer. Son goût épuré, son esprit flexible, sa diction toujours élégante, son style toujours châtié et toujours charmant, étaient propres à toutes les matières, et Corneille ne pouvait guère traiter heureusement que des sujets conformes au caractère de son génie.

> Il a eu souvent besoin d'être rassuré par des casuistes sur ses pièces de théâtre, et ils lui ont toujours fait grâce en faveur de la pureté qu'il avoit établie sur la scène, etc.

Ces casuistes avaient bien raison. L'art du théâtre est comme celui de la peinture. Un peintre peut également faire des ouvrages lascifs et des tableaux de dévotion. Tout auteur peut être dans ce cas. Ce n'est donc point le théâtre qui est condamnable, mais l'abus du théâtre. Or les pièces étant approuvées par les magistrats et ayant la sanction de l'autorité royale, le seul abus est de les condamner. Cette ancienne méprise a subsisté, parce que les comédies des mimes étaient obscènes du temps des premiers chrétiens, et que les autres spectacles étaient consacrés, chez les Romains et chez les Grecs, par les cérémonies de leur religion.

---

1. Henriette-Anne d'Angleterre. (*Note de Voltaire.*)

Elles étaient regardées comme un acte d'idolâtrie. Mais c'est une grande inconséquence de vouloir flétrir des pièces très-morales, parce qu'il y en a eu autrefois de scandaleuses. Les fanatiques qui, par une jalousie secrète, ont prétendu flétrir les chefs-d'œuvre de Corneille, n'ont pas songé combien cet outrage révolte des hommes de génie; ils font un tort irréparable à la religion chrétienne en aliénant d'elle des esprits très-éclairés qui ne peuvent souffrir qu'on avilisse le plus beau des arts.

Le public éclairé préférera toujours les Sophocle, les Euripide, les Térence, aux Baïus, Jansénius, Duverger de Hauranne, Quesnel, Petit-Pied, et à tous les gens de cette espèce.

Au reste, cette persécution fanatique ne s'est vue qu'en France. On a tempéré, en Espagne, en Italie, les anciennes rigueurs, qui étaient absurdes; on ne les connaît point en Angleterre. Les vainqueurs de Bleinheim et les maîtres des mers, les contemporains de Newton, de Locke, d'Addison, et de Pope, ont rendu des honneurs aux beaux-arts. Le grand Corneille avait projeté un ouvrage pour répondre aux détracteurs du théâtre.

RÉPONSE

A UN DÉTRACTEUR DE CORNEILLE.

Comme on achevait cette édition[1], il est tombé entre les mains de l'éditeur je ne sais quel livre intitulé *Réflexions morales, politiques, historiques et littéraires, sur le théâtre*, sans nom d'auteur; à Avignon, chez Marc Chave, imprimeur et libraire[2].

L'auteur paraît être un de ces fanatiques qui commencent depuis quelque temps à lever la tête, et qui se déclarent les ennemis des rois, des lois, des usages et des beaux-arts. Cet homme pousse la démence jusqu'à traiter Corneille d'impie. Il dit que le parallèle continuel que Corneille fait des hommes avec les dieux fait tout le sublime de ses pièces. Il anathématise ces beaux vers que Cornélie, dans *la Mort de Pompée* (acte V, scène I) adresse aux cendres de son mari :

> Moi, je jure des dieux la puissance suprême,
> Et, pour dire encor plus, je jure par vous-même,
> Car vous pouvez bien plus sur ce cœur affligé, etc.

Et voici comme cet homme s'exprime :

« Mettre des cendres au-dessus de la puissance des dieux qu'on adore, est-il rien de plus faux et de plus insensé? Cette pensée, tournée et retournée, est répétée en mille endroits dans les tragédies de Corneille. Ce fou qui, aux petites-maisons, se disait le Père éternel, et cet autre qui se croyait Jupiter, ne parlaient pas plus follement, etc. »

---

1. L'édition de 1764, en 12 volumes in-8°, du *Théâtre de Corneille*, avec le *Commentaire* de M. de Voltaire (K.) — Dans l'édition de 1764, cette *Réponse* est à la fin du 12ᵉ et dernier volume. Dans l'édition in-4° (1774), c'est aussi dans le dernier volume qu'elle est placée. (B.)

2. Ces *Réflexions morales, etc.*, sont de l'abbé de Latours, et ont vingt volumes in-12.

Il faut voir quel est ici le fou, si c'est le grand Corneille ou son détracteur. Ce pauvre homme n'a pas compris que *pour dire encore plus* ne signifie pas et ne peut signifier que la cendre de Pompée est au-dessus de la divinité, mais que la cendre de son époux est plus chère à Cornélie que les dieux, qui n'ont pas secouru Pompée. Ce sentiment, qui échappe à une douleur excessive, n'a jamais déplu à personne. Le détracteur prétend-il qu'on doive, sur le théâtre, adorer dévotement Jupiter et Vénus? Que prétend-il, que veut-il, et qui de Corneille ou de lui mérite les petites-maisons? Laissons ces misérables compiler des déclamations ignorées. Le mépris qu'on a pour eux est égal au respect qu'on a pour le grand Corneille.

FIN DES COMMENTAIRES SUR CORNEILLE.

APPENDICE

I.

SUPPLÉMENT

AUX

POÉSIES DE VOLTAIRE

I.

FRAGMENTS

D'UNE TRAGÉDIE INTITULÉE *AMULIUS ET NUMITOR*.

AVERTISSEMENT.

Amulius et Numitor est une tragédie composée par le jeune Arouet lorsqu'il était encore au collége. Voltaire, devenu célèbre, la découvrit un jour dans ses papiers et la jeta au feu. On en retrouva pourtant quelques fragments en 1815, à l'île de Noirmoutiers, dans la bibliothèque de M. Jacobsen, qui les tenait de la succession Thieriot. Ils furent publiés en 1820 dans le volume intitulé *Pièces inédites de Voltaire pour faire suite aux différentes éditions publiées jusqu'à ce jour*. Paris, Didot l'aîné, in-8°. Beuchot n'a pu les insérer dans son édition. On est trop curieux aujourd'hui de ces premiers essais des grands écrivains pour qu'ils n'aient point place dans celle-ci.

L. M.

AVERTISSEMENT

DU PREMIER ÉDITEUR.

L'auteur en avait tiré le sujet des anciennes annales romaines. Voici ce qu'on en trouve dans Tite-Live et d'autres historiens. Numitor, roi d'Albe, l'un des descendants d'Énée par Ascagne, fut détrôné et confiné dans une prison par Amulius, son frère puîné. L'usurpateur fit égorger Ægestus, fils de Numitor, et força Rhéa-Sylvia, sœur de ce jeune prince, à se consacrer au culte de Vesta, pour qu'elle ne laissât point de postérité. Cependant Rhéa-Sylvia devint enceinte et donna le jour aux deux jumeaux Remus et Romulus. Bientôt instruit de cet événement, Amulius, furieux, fit mourir la mère et jeter les enfants dans le Tibre. Un ancien serviteur de Numitor, nommé Faustus, ayant aperçu ces enfants qu'entraînait le fleuve, courut à leur secours avec quelques-uns de ses voisins, parvint à les sauver, et les fit nourrir et élever par sa femme, nommée, dit-on, Lupa. Parvenus à l'âge de dix-huit ans, les deux frères, instruits de tout ce qui s'était passé, résolurent de venger leur aïeul et leur mère : ils se mirent à la tête d'une troupe de paysans, forcèrent les gardes, s'emparèrent du palais d'Amulius, qui périt sous leurs coups, et remirent sur le trône Numitor. Les Romains dans la suite, pour illustrer leur origine, ne manquèrent pas de dire que c'était le dieu Mars qui avait rendu mère Rhéa-Sylvia, et que Rémus et Romulus tenaient de lui leur caractère guerrier et entreprenant, 'que le lait d'une louve (*Lupa*) avait encore entretenu et fortifié. Les Romains eurent en effet la voracité de cet animal, car ils ne cessèrent de faire leur proie de tous les peuples qu'ils purent atteindre, jusqu'à ce qu'ils devinrent eux-mêmes celle des peuplades barbares sorties des contrées septentrionales.

Ces détails feront mieux entendre le fragment de la tragédie. Il est malheureusement peu considérable, mais il nous paraît intéressant sous un double rapport. D'une part, ces vers d'un enfant de douze ans font voir que le génie poétique était, pour ainsi dire, inné dans lui; et de l'autre, que l'instinct le porta d'abord au genre tragique, dans lequel il devait exceller, et qu'il aima toujours de préférence. S'il lui fit des infidélités passagères (qui ne furent pas sans fruit pour nous), on le vit constamment revenir à ce premier et principal objet de ses travaux, et s'y livrer avec passion pendant soixante et douze ans, depuis *Amulius* jusqu'à *Agathocle*.

Les noms des interlocuteurs ne sont point indiqués dans le manuscrit, qui ne contient que les vers. On ajoute ici le nom des personnages, suivant des conjectures assez plausibles. Dans le premier fragment, Amulius s'adresse à un ancien guerrier qui l'a aidé dans son usurpation, et dont rien n'indique le nom. Dans le second, l'auteur, en changeant une circonstance de l'histoire, paraît avoir fait de Faustus, non un pâtre, mais un guerrier, ami du précédent.

FRAGMENT I.

AMULIUS, à un général qui lui parle en faveur de Faustus.

Je vous dois ce pouvoir que la Toscane adore ;
Je veux, pour votre honneur, vous le devoir encore.
Numitor, en nos mains par vous-même livré,
Par deux fils inconnus peut en être tiré.

Craignez donc qu'avec vous on partage la gloire
D'assurer par leur perte une entière victoire ;
De Faustus, par leur sang, effacez les forfaits,
Et méritez enfin sa grâce et mes bienfaits.

FRAGMENT II.

FAUSTUS, à Romulus, qui se croit encore son fils.

Eh bien ! mon fils, eh bien ! dans mon destin cruel,
De quel œil voyez-vous un père criminel
Qui flétrit les lauriers d'un héros magnanime [1],
Qui fait tomber sur vous la honte de son crime ;
Qui, pour tout dire enfin, d'un trépas odieux
Osa sauver le sang de ses rois, de ses dieux ?

ROMULUS.

Votre innocence en vain par l'envie opprimée,
Seigneur, par vos exploits, n'est que trop confirmée ;
Et pour Amulius des services si grands...

FAUSTUS.

Je sers les rois, mon fils, et non pas les tyrans ;
Ce n'est point avec vous que je dois me contraindre ;
Tout est prêt d'éclater, il n'est plus temps de feindre :
Vous pouvez de mon sort parer les rudes coups,
Mon innocence enfin ne dépend que de vous.
Parlez, vous sentez-vous cette vertu suprême
Qui vous fait immoler tout jusques à vous-même ?

ROMULUS.

Seigneur, si jeune encor, je sais mal imiter
Vos vertus, qu'aujourd'hui l'envie ose insulter ;
Mais s'il faut dans mon sang laver la calomnie,
Je préfère du moins votre gloire à ma vie ;
Parlez, je promets tout, bien sûr que de ma foi
Vous ne demanderez rien d'indigne de moi.

---

1. Ce héros est probablement cet ancien guerrier à qui Amulius parle dans le fragment qui précède, et qui se trouve compromis aux yeux du roi par ses liaisons avec Faustus. (*Note du premier éditeur.*)

FAUSTUS.

Je n'exigerai rien que le ciel ne commande,
Rien qu'aux cœurs généreux la vertu ne demande.
Arracher à ses fers un monarque enchaîné,
Punir dans ce palais le crime couronné,
Venger de ses vrais rois les ombres gémissantes,
Faire vivre les lois sous la force expirantes :
Voilà ce que les dieux ont daigné m'inspirer ;
Voilà ce que de vous Faustus ose espérer.

ROMULUS.

Je vois d'un tel projet la vertu tout entière ;
Je cherche à ces grands coups quelque digne matière,
Et ne vois point ici ces lois à soutenir,
Ces héros à venger, ces tyrans à punir ;
Tout présente à mes yeux un calme favorable[1].

. . . .

II[2].

LETTRE

AU NOM DE MADAME LA MARÉCHALE DE VILLARS

A MADAME DE SAINT-GERMAIN.

Du château de Sully, 1719.

A vous de qui les sentiments,
L'esprit, la probité, la douceur et les charmes,
Font que tous les mortels, en vous rendant les armes,
Sont vos amis ou vos amants.

---

1. Il est apparent que dans la suite de cette scène Faustus dévoilait à Romulus le mystère de sa naissance. (*Note du premier éditeur.*)
2. *Pièces inédites de Voltaire*, 1820.

Nous vous avions promis un récit très-fidèle
          De ce qu'on fait dans ce séjour
Bâti par un ministre adoré de la cour,
          Et qui sera la demeure éternelle
          Et de la gloire et de l'amour.
Monsieur le maréchal est allé dans la ville,
          Dont sûrement il reviendra
          Tout aussitôt qu'il le pourra;
Car, hélas! des vertus elle n'est plus l'asile.

          Pour la dame du château,
     A qui les dieux devraient porter envie,
S'ils pouvaient envier ce qu'ils font de plus beau,
          Elle a très-peu de compagnie.

          Vous savez que ses agréments
          Lui tiennent lieu de tout le monde;
     Elle sait égayer par cent amusements
          Cette solitude profonde.

Nous qui voyons tous les jours ses beaux yeux,
          Nous la trouvons toujours nouvelle;
Et si nous désirons quelque chose en ces lieux,
          Nos désirs ne sont que pour elle.

Pour le jeune marquis, j'avouerai franchement
          Que le long du jour il s'ennuie,
          Et qu'il bâille très-fréquemment.
Vous en êtes la cause, encor qu'innocemment:
C'est vous qui lui donnez cette mélancolie.
Votre absence est souvent la source de l'ennui;
          Et son bonheur serait extrême
          S'il se pouvait que, loin de lui,
     .   Vous vous ennuyassiez de même.

Madame de Vogué vient tout en ce moment
          De faire une parodie,
          Que l'on trouve très-jolie,
          Et qui mérite assurément
          Que dans le *Mercure galant*
          Au mois prochain on la publie,
          Avec un petit compliment.

Boissieux, doux, poli, complaisant,
Et que vous devriez connaître,
A l'esprit d'autant plus plaisant
Qu'il semble moins songer à l'être ;
Il est d'un aimable entretien,
Badinant parfois sur un rien
Avec un air simple et sincère.

A l'égard du pauvre Voltaire,
On ne vous en écrira rien :
Il est comme à son ordinaire ;
Passant un peu pour un vaurien,
Et ne s'en embarrassant guère,
Car il est très-homme de bien,
Et très-occupé de vous plaire.

Les Muses partagent son temps ;
Seulement tout ce qui l'étonne,
C'est qu'il passa toujours parmi les médisants
Pour avoir chansonné les gens,
Et que c'est lui que l'on chansonne.

Adieu. La dame de céans
Souhaiterait qu'il se pût faire
Que Germaine troquât Persans [1]
Pour son beau château solitaire,
Car vous êtes bien son affaire,
Et surtout celle de l'enfant
Dont cette Vénus est la mère.
Chacun vous fait son compliment.

Signé VILLARS.
    Plus bas,
      VOLTAIRE.

---

1. Germaine est Mme de Saint-Germain, et Persans, le nom de la terre qu'elle habitait.

III[1].

A S. A. S. Mgr LE DUC D'ORLÉANS,

RÉGENT,

AU NOM DE MADAME D'AVERNE

AU SUJET D'UNE CEINTURE QU'ELLE AVAIT DONNÉE A CE PRINCE.

Août 1721.

Pour la mère des Amours
Les Grâces autrefois firent une ceinture ;
Un certain charme était caché dans sa tissure :
Avec ce talisman la déesse était sûre
    De se faire aimer toujours.
Eh ! pourquoi n'est-il plus de semblable parure ?
    De la même manufacture
Sortit un ceinturon pour l'amant de Vénus.
Mars en sentit d'abord mille effets inconnus :
Vénus, qui fit ce don, ne se vit pas trompée ;
Aussi depuis ce temps le sexe est pour l'épée.
Les Grâces, qui pour vous travaillent de leur mieux,
Ont fait un ceinturon sur le même modèle.
    Que ne puis-je obtenir des dieux
    La ceinture qui rend si belle,
    Pour l'être toujours à vos yeux !

1. *Pièces inédites de Voltaire,* 1820.

IV[1].

A S. A. S. Mgr LE DUC D'ORLÉANS,

RÉGENT.

ÉPITHALAME DE DAPHNIS ET DE CHLOÉ

PAR M. LE DUC DE BRANCAS [2].

Tandis que le héros qui gouverne la France,
De l'État et du roi défenseur généreux,
Dans Paris étonné rappelle l'abondance,
  Et par ses soins, par sa prudence,
  Fait en quatre mois plus d'heureux
Que jamais les rigueurs, la fourbe et l'ignorance,
  N'ont pu faire de malheureux;

Joachim Prépucier aux champs de La Jonchère
A voulu rendre aussi deux jeunes cœurs contents :
L'hymen, par Joachim peu fêté d'ordinaire,
Appelé par sa voix, vient unir deux amants.
De Daphnis, de Chloé l'agréable aventure,
Dans ces paisibles lieux chéris de la nature,
  Va bientôt se renouveler.
Ces apprêts ont surpris le dieu du mariage :
Prépucier n'est point fait pour unir un ménage,
  Mais bien plutôt pour le troubler.
Jadis on l'aurait vu plein d'une ardeur extrême
  Oter à Daphnis ce qu'il aime,
  Ravir à Chloé son amant;
  Mais tout change, et Prépucier même,
  Ainsi que le gouvernement,
  Vient de prendre un nouveau système[3].

---

1. *Pièces inédites de Voltaire*, 1820.
2. Une note dans le manuscrit nous apprend que M. de Voltaire a fait ces vers, et que le duc d'Orléans y répondit par le même interprète. Les deux pièces sont un peu énigmatiques. Nous ne savons point de quel mariage on y parle, ni quel est ce *Joachim* qui l'a fait. (*Note du premier éditeur.*)
3. Ceci fixe la date de la pièce au temps du système de Law.

O vous, belle Chloé; vous, aimable Daphnis,
Puisque l'hymen est fait, votre ardeur doit s'éteindre;
D'amants que vous étiez, soyez toujours amis :
C'est l'unique moyen de ne vous jamais plaindre
Du maître dangereux qui vous a réunis.

V[1].

RÉPONSE

DE MONSEIGNEUR LE DUC D'ORLÉANS

A M. LE DUC DE BRANCAS.

. . . .
. . . .
Vous voulez devenir poëte,
Et les vers qu'on vous a dictés,
Et votre prose et vos pâtés,
Par nous ont été fort goûtés :
Votre cour est très-satisfaite
De tant de rares qualités;
Elle vous boude et vous regrette.
Venez donc recevoir le prix
De ces aimables bagatelles;
Quittez Chloé, quittez Daphnis;
Leurs amours sont trop naturelles
Pour un Socrate à cheveux gris.
Votre femme ici vous rappelle;
Et l'amour qui vole autour d'elle,
En souriant vous tend les bras;
Faut-il que votre amour légère
Ait abandonné tant d'appas
Pour le sérail de La Jonchère[2]?

---

1. *Pièces inédites de Voltaire*, 1820.
2. Ce La Jonchère est le trésorier général des guerres, et non l'écrivain famélique qui faisait de beaux traités de finances, en demandant l'aumône a M. de

Ne craignez point de Macao ;
Vous devez aimer sa morsure.
Envoyez votre ami Broglio :
Il sait tant la sainte Écriture !
Et le philosophe Nocé
A vous critiquer empressé,
Et tous les savants d'Epicure.
Enfin venez en liberté
Dans le séjour de l'abondance.
Revoir le tuteur de la France
Et le vôtre, sans vanité ;
Surtout soyez en assurance
Sur le chevalier de Grancé.

Voltaire, et qui le menaçait d'un libelle s'il n'en obtenait point de secours. Il eut plus d'un imitateur, tels que Guyot-Merville, Nonotte, et son libraire Fez, etc. Voltaire répondait à tous de la même sorte, c'est-à-dire en se moquant d'eux.

Voyez dans la *Correspondance générale* la lettre à Fez, du 17 mai 1762 ; et pour La Jonchère, les *Honnêtetés littéraires*, le *Mémoire sur la Satire*, et la lettre à Mme Denis, du 20 décembre 1753. (*Note du premier éditeur.*)

VI[1].

DIVERTISSEMENT

POUR

LE MARIAGE DU ROI LOUIS

AVEC MARIE-SOPHIE-FÉLICITÉ DE POLOGNE
FILLE DU ROI STANISLAS LECZINSKI.

(1725)

---

1. *Pièces inédites de Voltaire*, 1820.

PERSONNAGES.

JUPITER.
MERCURE.
LA FRANCE.
LES MUSES ET LES BEAUX-ARTS
LES TROIS GRACES.
UN PLAISIR.

La scène est à Fontainebleau.

DIVERTISSEMENT

POUR

LE MARIAGE DU ROI LOUIS XV[1].

SCÈNE I.

JUPITER, MERCURE.

JUPITER.

. . . .
. . . .

Je deviens vieux, Mercure, et depuis trois mille ans
 Jupiter n'a plus de maîtresse.

MERCURE.

Mais dans Fontainebleau quel est votre dessein ?

JUPITER.

Je prétends des Français y remplir l'espérance,
 Et leur faire un heureux destin.

MERCURE.

Vous vous y prenez mal, il pleut toujours en France ;
Leurs clameurs vainement demandent les beaux jours.

---

1. Nous voyons dans une lettre de M. de Voltaire à Mme la présidente de Bernières, du 17 septembre 1725, qu'il avait préparé un divertissement pour le jour du mariage de Louis XV, mais qu'on n'en fit point usage. Le premier gentilhomme de la chambre du roi alors en exercice, ne l'ayant pas trouvé apparemment assez analogue à la circonstance, le rejeta, et fit donner pour spectacle à la jeune reine, le jour de ses noces, la comédie d'*Amphitryon* et celle du *Médecin malgré lui*, choix qui dut paraître un peu singulier. C'est sans doute ce même divertissement, composé par M. de Voltaire, que nous retrouvons dans nos manuscrits ; il est imprimé ici pour la première fois. Le lecteur sera à même de juger si ce poëme, orné probablement de musique et de danse, n'était pas plus convenable à la fête nuptiale, et plus propre à intéresser les augustes personnages qui en étaient l'objet, que le spectacle qu'on leur a donné. (*Note du premier éditeur.*)

JUPITER.

Les mortels se plaignent toujours ;
C'est assez qu'on soit dieu, prince, ou d'un rang suprême,
Pour être en butte à leurs discours ;
Eh bien, ils les auront, j'en jure par moi-même,
Ils les auront ces jours doux, tranquilles, sereins.
Qu'ils ne se plaignent plus, une aimable princesse
Va faire en arrivant le bonheur des humains :
Sa grâce m'a charmé, sa vertu m'intéresse ;
Au trône des Français je veux l'associer.
Pour jamais je la favorise ;
Enfin si Jupiter était à marier
C'est pour moi que je l'aurais prise.

MERCURE.

Vous êtes, sans dissimuler,
Un parti fort honnête, une bonne alliance,
Mais c'est un joli pis-aller
De se trouver reine de France.
Seigneur, dans cet hymen quel sera mon emploi ?
Je fais peu, comme on sait, d'honnêtes mariages ;
Et Jupiter, l'Amour, et moi,
N'ont servi jusqu'ici qu'à troubler les ménages.

JUPITER.

Charge-toi des plaisirs de la reine et du roi,
Invente quelque fête, et qu'elle réjouisse.

MERCURE.

Et les grands sont-ils donc gens que l'on divertisse ?
Rien peut-il réveiller leur goût trop dédaigneux?
Nés au sein des plaisirs, rien n'est plaisir pour eux.
Par quelle fête et par quels jeux
Pourrais-je ranimer la froide indifférence
Qui semble régner auprès d'eux ?

JUPITER.

Quand tu ne serais pas le dieu de l'éloquence,
Il est plus aisé qu'on ne pense,
Mon fils, de divertir la cour ;
Un rien suffit pour plaire, un fou souvent amuse.

. . . .

SUPPLÉMENT AUX POÉSIES.

MERCURE.

Et voilà, Dieu puissant, ce qui n'a point d'excuse.
Quoi ! tandis qu'un bouffon exciterait les ris,
Les beaux-arts languissants seraient dans le mépris?
Il faut des jeux aux rois, mais des jeux honorables :
La noble bienséance en doit faire le prix ;
Et jusqu'à leurs plaisirs je les veux respectables.

JUPITER.

Va donc, s'il est ainsi, trouver cette princesse,
De qui l'hymen est arrêté ;
Les plaisirs et la sagesse
Sont toujours à son côté.
Prépare en ce grand jour une fête immortelle,
Digne du dieu des arts, et surtout digne d'elle.

SCÈNE II.

JUPITER, MERCURE, LA FRANCE.

LA FRANCE.

Ecoutez ma voix gémissante,
Dieux, tournez sur moi vos regards,
Comment puis-je être heureuse et florissante
Quand je vois languir les Beaux-Arts?
Louis, ce roi puissant, ce roi dont la mémoire
S'étend aux plus lointains climats,
Les avait conduits sur ses pas,
Avec les Plaisirs et la Gloire :
L'univers s'empressait alors de célébrer
La grandeur de mes destinées ;
Les nations venaient, de ma gloire étonnées,
Me voir, m'entendre et m'admirer.
Rendez-moi ces temps pleins de charmes,
Dieux tout-puissants, séchez mes larmes ;
Que l'amour des Beaux-Arts puisse un jour s'allumer
Au cœur de notre auguste maître !
Il n'a qu'à désirer, les talents vont paraître.
C'est aux dieux de les faire naître,
C'est aux rois de les animer.

JUPITER.

Je ferai plus encore, une reine nouvelle,
De son roi compagne fidèle,
Mettra le comble à tes désirs :
La sagesse arrive avec elle,
Mais la sagesse aimable et mère des plaisirs;
Les Arts, les Muses et les Grâces
Dans ton sein volent sur ses traces.
Terre, embellissez-vous; cieux, soyez plus sereins :
Vous, Aquilons fougueux, retenez votre haleine.
Muses, Grâces, Plaisirs, célébrez votre reine,
Commencez vos concerts divins.

SCÈNE III.

LES PERSONNAGES PRÉCÉDENTS, LES MUSES, LES GRACES, LES BEAUX-ARTS, LES PLAISIRS.

LES MUSES ET LES BEAUX-ARTS.

Nous assurons la mémoire
Des héros vertueux;
Sans nous leur gloire
Périrait avec eux.
Heureux l'empire
Qui nous attire!
Heureux les climats
Où nous fixons nos pas!

LES TROIS GRACES.

La nature est notre mère;
C'est d'elle que nous tenons
Le don précieux de plaire,
Et c'est nous qui le donnons.
Quel cœur serait rebelle
A des charmes si doux?
La beauté ne peut rien sans nous,
Nous pouvons tout sans elle.

UN PLAISIR.

De l'innocence et de la paix
Les plaisirs sont l'heureux partage;
Des dieux ils sont les bienfaits,
Ils sont goûtés du vrai sage :
Il faut en faire usage,
N'en abuser jamais.

JUPITER.

Jupiter est content de ces chants d'allégresse.
Muses, Grâces, Talents, Plaisirs, Vertus, Sagesse,
Restez près de Louis, et régnez dans son cœur :
Écartez loin de lui la discorde et la guerre,
Faites à jamais son bonheur,
Il fera celui de la terre.

Redoublez vos concerts,
Ranimez l'espérance
De cent peuples divers,
Honorez la France,
Instruisez l'univers.

VII[1].

CANTATE[2].

RÉCITATIF.

Souvent du haut des cieux Junon sur ses autels
    Venait dans les champs de la Grèce
    Recevoir l'encens des mortels.
    … en ces jours solennels
      N'offrit à la déesse
      Que des vœux criminels
Qu'alluma dans son cœur une aveugle tendresse.
Il la vit s'envoler au milieu des éclairs ;
Désespéré, confus, accablé de tristesse,
    Il se crut seul dans l'univers ;
Il souhaita cent fois que Junon fût mortelle ;
    Ses yeux la suivaient dans les airs,
Et son cœur loin de lui s'envolait après elle.

AIR.

Du destin la loi fatale
Mit un immense intervalle

---

1. *Pièces inédites de Voltaire*, 1820.
2. Cette production de la jeunesse de M. de Voltaire était, comme les précédentes, restée jusqu'aujourd'hui inconnue au public. La copie qui en existe semble avoir été faite à la hâte, et laisse apercevoir quelques vides. Rien d'ailleurs n'y fait connaître le temps et le lieu où cette cantate fut composée, ni à quelle occasion. On présume que c'est une allégorie relative à la passion de l'auteur pour quelque princesse ou grande dame, plutôt qu'une simple fiction poétique. Si on ne voulait que déguiser des noms de personnages vrais ou supposés, pourquoi, au quatrième vers, aurait-on mis des *points* au lieu d'un nom fictif quelconque ? ou pourquoi, s'il n'y a pas d'allusion, le poëte ne se fût-il pas borné à rajeunir dans un tableau neuf l'aventure d'Ixion ? Elle se retrouve à peu près ici, mais avec un dénoûment moins tragique, car on n'y voit point attaché à sa roue cet Ixion,

    Qui toujours circulant, se suit et fuit toujours*.

Au surplus cette cantate, sans nulle indication particulière, est ici telle qu'on l'a trouvée dans les manuscrits. (*Note du premier éditeur.*)

* *Volvitur Ixion et se sequiturque fugitque.*
        (Ovid., *Met.*, lib. IV, v. 460.)

Entre les mortels et les dieux ;
C'est l'amour seul qui les égale.
Souvent ses traits capricieux
   Plus puissants que le tonnerre,
   Mettent les dieux sur la terre,
   Et les mortels dans les cieux.

RÉCITATIF.

Eh quoi ! s'écriait-il, les yeux baignés de larmes,
Orphée a de sa voix fait entendre les charmes
   Dans l'affreux empire des morts ;
Du fier dieu des enfers il a dompté la rage,
Eurydice avec lui quittait les sombres bords.
Plus amoureux que lui, je pourrai davantage.
   Amour, daigne me seconder :
Si tu l'as pu conduire au ténébreux rivage,
   C'est au ciel qu'il faut me guider.

   Les respects et les craintes,
   Les soupirs et les plaintes,
   Servent peu les amants ;
     La seule audace
     Obtient leur grâce.

. . . .
. . . .

RÉCITATIF.

Il dit, et sur les pas des filles de Mémoire,
Couvert de ses lauriers, couronné de leur gloire,
Porté par l'Espérance et guidé par l'Amour,
   Il vole au céleste séjour.
   Devant lui des portes du jour,
Le dieu qui le conduit fait tomber la barrière :
Il soutient de ces lieux l'immortelle lumière,
   Il fait entendre à la divine cour
Sa voix qui si longtemps avait charmé la terre.

. . . .
. . . .

   Aux accents de sa voix
   Diane moins sévère,

Songea moins à ses bois ;
Pour la première fois
Minerve voulut plaire ;
Chaque dieu prompt à se rendre
Fut percé des traits les plus doux,
Vénus en devint plus tendre,
Et Vulcain fut moins jaloux.
Triomphe, heureux amant, Junon te rend les armes ;
Tu jouis du bonheur de posséder ses charmes.
. . . .
. . . .
Elle goûte avec toi dans une nuit profonde
Les Plaisirs, enfants des Amours,
Que jusqu'alors elle ignora toujours
Dans les bras du maître du monde.
Dieu terrible
Qu'adore l'univers,
Vois sous ton pouvoir inflexible
Les cieux, la terre et les enfers.
De ta grandeur immense
Le cœur n'est point flatté ;
Garde ta puissance,
Et nous laisse la volupté.

VIII[1].

A MADAME

LA MARÉCHALE DE VILLARS.

On fait des nœuds avec indifférence ;
Le tendre amour en forme de plus doux :
Ceux dont mon cœur se sent joint avec vous
Ont plus de force avec plus de constance.

1. *Pièces inédites de Voltaire,* 1820.

IX[1].

A Mlle DE L.[2]

PENDANT UNE MALADIE DE L'AUTEUR.

Sors de mon sein, fatale maladie.
Dieux des enfers, impitoyables dieux,
N'attentez pas aux beaux jours de ma vie :
Ils sont sacrés, ils sont pour Aspasie.
Je vis pour elle, et je vis pour ses yeux;
Mais si jamais son amour infidèle
Vient à s'éteindre ou commence à languir,
Ah! c'est alors qu'il me faudra mourir;
De mon trépas reposez-vous sur elle.

X[3].

A M. DE REZÉ.

Mais vous, mon aimable Rezé,
Dites-nous s'il vous est aisé
De mettre à fin votre aventure.
Votre cœur n'est pas trop usé,
Mais le reste toujours ne dure.
Vous sentez-vous bien disposé?
Avez-vous bien encor l'allure
De ce Rezé que la nature
A de ses dons favorisé?
Auriez-vous bien apprivoisé
L'appétissante créature,
A qui de votre esprit rusé

---

1. *Pièces inédites de Voltaire*, 1820.
2. Mlle de Livry.
3. *Pièces inédites de Voltaire*, 1820.

La tendre et charmante imposture
En doux propos promet et jure
La chaleur éternelle et pure
D'un feu par l'Amour attisé?
Auriez-vous quelque conjecture
Que son cœur se soit embrasé?
Moins scrupuleuse, a-t-elle osé,
De son bec tendrement baisé,
Rendre baisers avec usure?
Et sur sa gorge ronde et dure
Avez-vous un peu reposé
Votre frétillante figure?
Je veux sur l'heure être écrasé
Si je ne serais amusé
De me voir en telle posture.

XI [1].

A M. ***

QUI ÉTAIT MALADE.

O vé.... très-précieux [2]!
N'espérez pas que je vous voie;
Je n'en goûterai point la joie,
Grâce au frisson très-ennuyeux
De la fièvre où je suis en proie.
Salut, très-boutonné reclus,
Connaisseur en pièce nouvelle;
Salut, ma dévote Vénus,
Des sœurs-du-pot parfait modèle.
Soyez toujours gais, doux, contents,
Goûtez bien des douceurs parfaites.
Salut. Je claque fort des dents,
Mais je suis heureux si vous l'êtes.

1. *Pièces inédites de Voltaire,* 1820.
2. C'est une de ces expressions dont Rabelais n'a pas fait difficulté de se servir dans le prologue de quelques-uns de ses livres.

XII.

A M. DE LA CONDAMINE.

Vos vers servent à me confondre :
Je sens que je ne puis répondre
A votre style séducteur ;
C'est en vain que je veux semondre
Le dieu du peuple rimailleur ;
Lui qui m'inspire trop d'ardeur,
A présent me laisse morfondre.
Ma muse, lasse et sans chaleur,
De grands vers ne saurait plus pondre.
Je deviens un sec raisonneur,
Un métaphysique hypocondre,
Avec Pascal un chicaneur,
Un vrai philosophe de Londre.
Et je vous prierai de refondre
Et mon esprit et mon humeur ;
Mais ne blâmez jamais mon cœur,
Car sur un œuf ce serait tondre.

XIII.

A M. LE DUC DE RICHELIEU,

SUR SON MARIAGE.

(1734)

De l'amour j'ai vu le dieu,
Qui gémit et qui murmure :
Pour lui quelle funeste injure
Lorsque son duc de Richelieu
Hasarde un légitime nœud,

1. *Pièces inédites de Voltaire*, 1820.
2. *Ibid.*

Et met à fin sans son aveu
Cette sérieuse aventure !
Pour l'hymen, ce dieu du devoir,
Il ne croit pas, je vous le jure,
Garder longtemps en son pouvoir
Cette volage créature :
Il connaît son duc, et lui dit :
« Je suis sage, et j'ai de l'esprit ;
Mais l'Hymen est un dieu trop fade
Pour vous donner beaucoup d'ardeur :
Les plaisirs fixent votre cœur.
Le devoir est votre passade [1]. »

XIV [2].

LETTRE

A MADAME LA DUCHESSE DU MAINE,

AU NOM DE M. LE DUC DE ***,

SUR UN DINER MANQUÉ OU S. A. S. DEVAIT ASSISTER.

Princesse, recevez du duc le plus gourmand
Au lieu d'un bon dîner une mauvaise excuse ;
  De tout ce dérangement,
Plus que vous mille fois ma gourmandise accuse
  Le premier président.

En suivant cet avis, voyez où l'on s'expose ;
  Nous perdons un repas charmant.
Hélas! dans un État de quels maux n'est point cause
  Un étourdi de premier président !

Sans doute que des dieux un jour la loi fatale
  Punira cet égarement,
Et destine déjà la peine de Tantale
  Au premier président.

1 Voyez tome X, page 289, l'*Épître à mademoiselle de Guise sur son m.*
avec le duc de Richelieu.
2. *Pièces inédites de Voltaire,* 1820.

Adieu, Nymphe de Sceaux, adieu, troupe gourmande.
Après un si triste accident,
Que jamais à dîner votre troupe n'attende
Le premier président.

XV[1].

ÉPITRE A M. DE C.

La paresse froide et muette
N'a point dicté l'œuvre parfaite
Où votre esprit en vers heureux
De votre cœur est l'interprète.
C'est peu pour être un bon poëte
D'être un aimable paresseux;
Que la muse la plus fertile
Joigne l'étude au sentiment :
Ce qui paraît le plus facile
Est écrit difficilement.
Parler juste, avec harmonie,
Avec esprit, sagesse et feu,
C'est un art qui n'est point un jeu;
Un rien, qui semble coûter peu,
Veut de la peine et du génie.

Le dieu qui sait vous captiver,
A tant d'autres peu favorable,
Vous donna ce génie aimable
Avec l'art de le cultiver ;
Et guida chez vous sur sa trace
Les devoirs, les plaisirs, les arts.
Cueillant les lauriers du Parnasse,
Arrachant les palmes de Mars,
Soyez et l'Achille et l'Homère,
Et sous les berceaux de Cypris
Chantez plus d'une Briséis :
A plus d'une vous savez plaire.

1. *Pièces inédites de Voltaire*, 1820.

XVI[1].

A Mlle LECOUVREUR,

EN LUI ENVOYANT POUR ÉTRENNES UNE BELLE GARNITURE
DE LIT.

Recevez, charmante Adrienne,
Recevez ce manteau de lit :
Pour vous le tendre Amour le fit,
C'est son ouvrage et votre étrenne.
Recevez dans vos bras mes illustres rivaux :
C'est un mal nécessaire, et je vous le pardonne ;
Mais songez que chez vous j'ai gardé les manteaux,
Et que c'est moi qui vous en donne.

XVII[2].

VERS

AU BAS DU PORTRAIT DE Mlle LECOUVREUR.

Éloquence des yeux, du geste et du silence,
Grand art de peindre l'âme et de parler au cœur,
Quand vous embellissiez la scène de la France,
Il était une Lecouvreur.

1. *Pièces inédites de Voltaire*, 1820.
2. *Ibid.*

XVIII[1].

VERS

A L'OCCASION DU TRAITEMENT FAIT A Mlle LECOUVREUR,
APRÈS SA MORT.

O de mes vers charmant soutien[2],
Si c'est ainsi que l'on vous traite,
Je dois m'en taire en bon chrétien ;
Mais, hélas ! on souffrira bien
Que j'ose m'en plaindre en poëte.

XIX[3].

A Mlle DE ROCHEBRUNE,

EN LUI ENVOYANT « LE TEMPLE DU GOUT ».

Le nouveau temple où le bon Goût réside
De votre esprit est un digne séjour ;
Un autre temple où le Plaisir préside
Fut fait pour vous, c'est celui de l'Amour ;
De l'Amitié le temple plus solide
Doit posséder Rochebrune à son tour ;
Heureux, hélas ! qui serait votre guide
Chez l'Amitié, chez le Goût, chez l'Amour.
D'un tel emploi que je serais avide !

---

1. *Pièces inédites de Voltaire*, 1820.
2. Le manuscrit offre cette variante du premier vers :

    Du théâtre charmant soutien.

3. *Pièces inédites de Voltaire*, 1820.

XX [1].

FRAGMENT [2].

Hélas! où sont-ils ces beaux jours
Où mon amant aimé n'adorait que mes charmes;
Heureux moments, tendres amours,
Heureux moments, vous coûtez trop de larmes.

Le zéphyr en fuyant coule sous cet ombrage,
Ce ruisseau dans son cours est sans cesse emporté,
Et ce temps dont ils sont l'image
N'est jamais arrêté.

Amour, auteur charmant de mes douleurs profondes,
Tu t'envoles de moi quand je te tends les bras;
Tu t'envoles, tu fuis mes pas,
Plus léger que les vents, les zéphyrs et les ondes.

XXI [3].

A MADAME

LA DUCHESSE DE BRANCAS,

SUR LA MORT DE MADAME LA DUCHESSE DE LAURAGUAIS,
SA BELLE-FILLE.

La beauté, la vertu, l'esprit fut son partage,
Son cœur était formé sur l'exemple du tien,
Son mérite était ton ouvrage,
Tes pleurs sont à la fois ton éloge et le sien.

---

1. *Pièces inédites de Voltaire*, 1820.
2. Ces vers semblent avoir été détachés de quelque scène lyrique. (*Note du premier éditeur.*)
3. *Pièces inédites de Voltaire*, 1820.

XXII[1].

A M. DE***,

QUI L'INVITAIT A DINER.

Jamais je ne fus invité
Avec tant d'esprit et de grâce ;
Jeudi soit le jour arrêté
Où ma muse avec liberté
Dînera sur votre Parnasse.
C'est là que vous suivrez la trace
Et d'Anacréon et d'Horace,
En buvant avec volupté
Et chantant des vers avec grâce.

XXIII[2].

VERS

POUR METTRE AU BAS DU PORTRAIT DE M. LE CARDINAL
DE FLEURY.

De la grandeur modeste il est l'exemple rare,
Père de la patrie et père de son roi,
Libéral de ses biens, du bien public avare,
Il fit tout pour l'État, et ne fit rien pour soi.

1. *Pièces inédites de Voltaire*, 1820.
2. *Ibid.*

XXIV[1].

TRADUCTION

DE QUATRE VERS DE POPE DANS L'ESSAI SUR LA CRITIQUE, ET DONT L'ABBÉ DU RESNEL S'EST SERVI, AINSI QUE BEAUCOUP D'AUTRES QUI LUI ONT ÉTÉ FOURNIS PAR M. DE VOLTAIRE, TANT POUR CET OUVRAGE QUE POUR L'ESSAI SUR L'HOMME.

Que votre poésie et forte et naturelle
Me soit de la Tamise une image fidèle :
Soyez profond, mais clair ; soyez doux, sans lenteur ;
Plein, sans vous déborder ; rapide, sans fureur.

XXV[2].

SUR UNE STATUE DE L'AMOUR.

En repos, en tranquillité,
Philosophe autant qu'on peut l'être ;
Amoureux de ma liberté,
Je regrette pourtant ce maître.

XXVI[3].

ÉPIGRAMME SUR FRÉRET,

QUI AVAIT ÉCRIT CONTRE NEWTON.

Martin Fréret, orateur de café,
De son babil vient la tête nous fendre ;

---

1. *Pièces inédites de Voltaire*, 1820.
2. *Ibid.*
3. *Ibid.*

Contre Newton promptement échauffé,
Martin Fréret écrivit sans l'entendre.
Martin Fréret, chacun veut te le rendre;
Et quand tu viens brailler sur tous les cas,
Chacun te fuit pour ne t'entendre pas.

XXVII[1].

DESCRIPTION DU COMPAS

DANS LES *MÉTAMORPHOSES* D'OVIDE.

Et ex uno duo ferrea brachia nodo
Vinxit, ut æquali spatio, distantibus illis,
Altera pars staret, pars altera duceret orbem.

Traduction de Voltaire.

Dédale dans son art avait formé Perdix :
C'est de lui que nous vient cet instrument utile
Où, de deux bras égaux dans un point réunis,
L'un reste assujetti sur son centre immobile,
L'autre part et s'éloigne en son tour compassé,
Et dans sa marche égale un cercle en est tracé.

XXVIII[2].

FRAGMENT

D'UN VOYAGE AUX ENVIRONS DE PARIS.

Je vois cet agréable lieu,
Ces bords riants, cette terrasse,

---

1. *Pièces inédites de Voltaire*, 1820.
2. *Ibid.*

Où Courtin, La Fare et Chaulieu,
Loin du faux goût, des gens en place,
Pensant beaucoup, écrivant peu,
Parmi des flacons à la glace
Composaient des vers pleins de feu;
Enfants d'Aristippe et d'Horace,
Des leçons du Portique instruits,
Tantôt ils en cueillaient les fruits
Et tantôt les fleurs du Parnasse.
Philosophes sans vanité,
Beaux esprits sans rivalité,
Entre l'étude et la paresse,
A côté de la volupté
Ils avaient placé la sagesse.
Où trouver encor dans Paris
Des mœurs et des talents semblables?
Il n'est que trop de beaux esprits,
Mais qu'il est peu de gens aimables!

XXIX[1].

PLACET A LA REINE

POUR L'ABBÉ DE LAMARE,

QUI SOLLICITAIT UNE GRACE.

Modèle inimitable à la postérité
  Et des épouses et des reines,
Vous avez les vertus de la société,
  Et les talents des souveraines:
  Thémis vous donna l'équité,
Minerve son esprit, et Mars la fermeté;
Mais un dieu bienfaisant que j'implore en mes peines
  Vous a donné la libéralité,
  Et c'est de lui que j'attends mes étrennes.

1. *Pièces inédites de Voltaire*, 1820.

XXX[1].

ÉPIGRAMME

CONTRE J.-B. ROUSSEAU.

Qu'il est mauvais *cet œuf cuit dans sa coque*[2] !
Pauvre Rousseau, vétéran rimailleur,
Comme on te berne, hélas ! comme on se moque
De tes écrits ! Que je plains ta douleur !
Des gens de bien la haine réciproque
Était ton lot, mais sur le ton railleur
Tout honnête homme aujourd'hui te provoque.
Ton temps n'est plus : l'hiver n'a point de fleur;
Quitte la rime, Apollon te révoque :
Il t'aima peintre, et te hait barbouilleur.

XXXI[3].

BOUQUET

A MADAME DE BOUFFLERS.

Ces fleurs dont je vous fais présent
Sont comme vous fraîches et belles,
Comme moi, simples, naturelles ;
Mais le temps les fane aisément.

---

1. *Pièces inédites de Voltaire*, 1820.
2. Expressions d'une mauvaise épigramme de Rousseau contre l'auteur.
3. *Pièces inédites de Voltaire*, 1820.

XXXII[1].

IMPROMPTU

AU PRINCE DE BEAUVAU[2].

Votre présence est une fête
Que l'on doit célébrer dans peu ;
Il en coûte un écu par tête :
Les grands plaisirs coûtent bien peu.

XXXIII[3].

A M. PALLU

INTENDANT DE NEVERS,

QUI AVAIT ENVOYÉ DES CYGNES A Mme LA MARQUISE DU CHATELET, POUR LE BASSIN DES JARDINS DE CIREY.

Le cygne est un oiseau que j'aimerai toujours ;
Virgile en était un ; l'aisé, le tendre Horace
Lui-même s'est nommé le cygne du Parnasse ;
Le pinceau de l'Albane en ses heureux contours,
Par deux cygnes brillants qu'il attelle avec grâce,
    Conduit la mère des amours.
Je sers, vous le savez, cette grande déesse ;
Le Parnasse me compte entre ses habitants :
    J'avais des droits à vos présents
    Par mes vers et par ma tendresse.

---

1. *Pièces inédites de Voltaire,* 1820.
2. Il faudrait connaître l'*à-propos* de ces vers. Il paraît qu'il s'agit d'une fête publique, et qu'une dame avait chargé Voltaire d'aller engager le prince de Beauvau à s'y rendre. (*Note du premier éditeur.*)
3. *Pièces inédites de Voltaire,* 1820.

XXXIV [1].

A MADAME

LA MARQUISE DU CHATELET,

EN LUI PRÉSENTANT UN DE SES OUVRAGES.

A vous qu'il est si doux et de voir et d'entendre,
Qui remplissez si bien mon esprit et mon cœur,
Qui savez tout penser, tout dire et tout comprendre,
Vous dont l'esprit sublime et dont l'amitié tendre
Fait mon étonnement ainsi que mon bonheur.

XXXV [2].

A MADAME

LA MARQUISE DU CHATELET,

SUR « LE TEMPLE DU GOUT »

Je vous envoyai l'autre jour
Le récit d'un pèlerinage
Que je fis devers un séjour
Où souvent vous fîtes voyage,
Ainsi qu'au temple de l'Amour.
Pour celui-là, n'y veux paraître :
J'y suis, hélas! trop oublié ;
Mais pour celui de l'Amitié,
C'est avec vous que j'y veux être.

---

1. *Pièces inédites de Voltaire*, 1820.
2. *Ibid.*

XXXVI[1].

A MADAME

LA MARQUISE DU CHATELET.

Ma flamme est un embrasement
Que tout allume et renouvelle ;
La vôtre n'est qu'une étincelle
Prête à s'éteindre à tout moment :
Quel crime d'aimer faiblement
Il vaudrait mieux être infidèle.

XXXVII[2].

A MADAME

LA MARQUISE DU CHATELET,

SUR UNE DÉFINITION DES GRACES.

Votre lexique a tort, je le dois soutenir,
Les trois charmantes sœurs ne vont que sur vos traces,
Et je dirais bientôt ce que c'est que les Grâces,
    Si je pouvais vous définir.

---

1. *Pièces inédites de Voltaire*, 1820.
2. *Ibid.*

XXXVIII[1].

A MADAME
LA MARQUISE DU CHATELET,

AVEC UN ENVOI DE BOUGIES OU DE CIERGES.

Reçois cette cire nouvelle :
On en brûle aux temples des dieux ;
Mais leurs autels sont à mes yeux
Bien moins sacrés que ta chapelle.

XXXIX[2].

SUR LE PORTRAIT DE Mme DE***.

Ce n'est ni Flore ni Vénus,
Ni des arts l'auguste déesse :
Car Aspasie est au-dessus,
Et je le sens à ma tendresse.

XL[3].

SUR LA MORT DE MADAME
LA MARQUISE DU CHATELET.

« Quoi ! verrons-nous toujours une simple mortelle
Élever jusqu'à nous son vol audacieux ;

---

1. *Pièces inédites de Voltaire*, 1820.
2. *Ibid.*
3. *Ibid.*

Quoi! la nature lui révèle
Tous les secrets qu'à peine ont pénétrés nos yeux. »
Ainsi parlaient les habitants des cieux.
La mort frappe aussitôt cet objet qu'ils détestent;
Dans le deuil et les pleurs les humains sont plongés;
Du Châtelet n'est plus, mais ses écrits nous restent.
Impitoyables dieux, vous n'êtes point vengés.

XLI[2].

A Mme DE ***

Le plaisir inquiet des raccommodements
    N'est point fait pour les vrais amants;
Charmante égalité, sois toujours mon partage,
Préside à mon bonheur ainsi qu'à mon amour;
Ah! je n'ai pas besoin des horreurs d'un orage
    Pour savoir jouir d'un beau jour.

XLII[1].

ÉPIGRAMME.

Les délires de tes écrits
Et les désordres de ta vie
T'ont mis vis-à-vis du mépris,
Et beaucoup plus bas que l'envie.

1. *Pièces inédites de Voltaire*, 1820.
2. *Ibid.*

XLIII[1].

A M. DE VAUX,

LECTEUR DU ROI STANISLAS, A LUNÉVILLE

EN LUI ENVOYANT QUELQUES-UNS DE SES OUVRAGES
POUR LA BIBLIOTHÈQUE DE CE PRINCE.

Cher Pampan[2], lecteur bénévole,
Vous dont l'amitié me console
De la haine des beaux esprits,
Recevez chez vous mes écrits;
Qu'ils y bravent la main des Parques,
Qu'ils soient placés chez les monarques,
Mais surtout dans votre taudis!

XLIV[3].

A M. DE ***.

Vraiment vous avez des principes
Qui me paraissent des meilleurs;
Les Bayles et les Aristippes
Sont vos prêtres et vos docteurs.

Vous réunissez la sagesse
Avec l'imagination,
Et vous pensez comme Newton
En écrivant comme Lucrèce.

1. *Pièces inédites de Voltaire*, 1820.
2. Nom de société donné par ses amis à M. de Vaux, comme on le voit par plusieurs lettres de la Correspondance de Voltaire.
3. *Pièces inédites de Voltaire*, 1820.

Vous savez bien que dans Paris
Il est de beaux et bons esprits
Dont l'âme est sans doute immortelle ;
Mais quand je lis vos vers heureux,
Votre âme si noble et si belle
Me semble immortelle comme eux.

XLV[1].

ÉPIGRAMME.

N'a pas longtemps de l'abbé de Saint-Pierre
On me montrait le buste tant parfait,
Qu'onc ne sus voir si c'était chair ou pierre,
Tant le sculpteur l'avait pris trait pour trait.
Adonc restai perplexe et stupéfait,
Craignant en moi de tomber en méprise ;
Puis dis soudain : « Ce n'est là qu'un portrait,
L'original dirait quelque sottise. »

XLVI[2].

A M. DE ***.

Pour des Luberts point n'en manquez, beau sire,
Car possédez ce qui flatte leurs vœux,
Esprit aimable en un corps vigoureux,
L'art de bien faire et celui de bien dire :
Avec tels dons qui ne serait heureux ?
La Volupté fut faite pour le sage,

---

1. *Pièces inédites de Voltaire*, 1820.
2. *Ibid.*

Pour vos pareils ; c'est là le vrai partage
Des bons esprits et des cœurs vertueux ;
Mais le grand sac avec boules septante [1]
Profane un peu cette main si savante
Qui mesura les abîmes des cieux.

XLVII [2].

A M. DE ***.

Si la fortune est à Nancy,
Je te pardonne ton voyage ;
Puisses-tu dans un mois d'ici
Nous ramener cette volage !
  Mais j'ai peur, sans te flatter,
  Que lorsqu'aux bords de la Seine
  Tu viendras te présenter
  Aux yeux de quelque Climène,
  On ne dise à ta beauté :
  « Ce garçon qu'on vous amène,
  De Nancy n'a rapporté
  Que *l'attribut* de Lorraine [3]. »

---

1. Le jeu nommé cavagnole, qui était alors à la mode.
2. *Pièces inédites de Voltaire*, 1820.
3. Dans une épître à M. Pallu, tome X, page 262, on lit :

    . . . Par le coche on nous amène
    De vieux citadins de Nancy
    Et des moines de Commercy,
    Avec *l'attribut* de Lorraine.

Nous avons renvoyé en note, sur ce passage, au *Pantagruel* de Rabelais, liv. II, chap. I, et liv. III, chap. VIII.

XLVIII[1].

VERS

A L'AUTEUR D'UN POÈME SUR LA GRACE, QUI LE LUI ENVOYAIT
AVEC UNE ÉPÎTRE OU IL ÉTAIT PARLÉ DE M*me* LA MARQUISE
DU CHATELET ET DU DUC DE RICHELIEU.

Lorsque vous me parlez des grâces naturelles
    Du héros votre commandant
Et de la déité qu'on adore à Bruxelles,
    C'est un langage qui s'entend.
La grâce du Seigneur est bien d'une autre espèce :
Moins vous me l'expliquez, plus vous en parlez bien ;
    Je l'adore, et n'y comprends rien.
L'attendre et l'ignorer, voilà notre sagesse.
Tout docteur, il est vrai, sait le secret de Dieu,
Et dans un autre monde il est digne d'envie.
    Mais qui vit auprès d'Émilie,
    Ou bien auprès de Richelieu,
    Est un élu dans cette vie.

XLIX[2].

PYGMALION,

FABLE

  Certain sculpteur, d'amour je sais le fait,
  En façonnant une sienne statue,
  La tâtonnait, tout tâtonnant disait :
  « Que de beautés ! Si cela respirait,
  Que de plaisirs ! » Notez qu'elle était nue.
  Bref, dans l'extase, et l'âme tout émue,

1. *Pièces inédites de Voltaire*, 1820.
2. *Ibid.*

Laissant tomber son ciseau de sa main,
Avide, baise, admire et baise encore;
Dans ses regards, dans ses vœux incertain,
Des yeux, des mains, de tous ses sens dévore,
Presse en ses bras ce marbre qu'il adore,
Et tant, dit-on, le baisa, le pressa
(Mortels, aimez, tout vous sera possible)
Que de son âme un rayon s'élança,
Se répandit dans ce marbre insensible,
Qui par degrés devenu plus flexible,
S'amollissant sous un tact amoureux,
Promet un cœur à son amant heureux.
Sous cent baisers d'une bouche enflammée
La froide image à la fin animée
Respire, sent, brûle de tous les feux,
Etend les bras, soupire, ouvre les yeux,
Voit son amant plus tôt que la lumière.
Elle le voit, et déjà veut lui plaire,
Craint cependant, dérobe ses appas,
Se cache au jour, dompte son embarras;
En rougissant à son vainqueur se livre,
Puis moins timide et souriant tout bas,
Avec transport de tendresse s'enivre,
Presse à son tour son amant dans ses bras,
S'anime enfin à de nouveaux combats,
Et semble aimer même avant que de vivre.

ENVOI.

Toi dont l'esprit, les grâces m'ont charmé,
Puissent mes vers transmettre en toi ma flamme
Permets qu'amour pour moi te donne une âme.
Qui n'aime point est-il donc animé?

L[1].

A MADAME
LA MARQUISE D'ARGENCE DE DIRAC,

QUI SE PLAIGNAIT QUE SON MARI, ÉTANT A FERNEY,
SE PARTAGEAIT ENTRE ELLE ET M. DE VOLTAIRE.

Vous aurez toujours son hommage,
Et vous ne serez point réduite à la moitié.
C'est avec vous qu'il se partage
Entre l'amour et l'amitié.

LI[2].

VERS

POUR LE PORTRAIT DE M. D'ALEMBERT,

ENVOYÉS AU PEINTRE LA TOUR.

Gai par tempérament, philosophe par goût,
Doux, sensible, profond, et plaisant tout ensemble,
Il amuse, il attache, il discute, il résout ;
Il est semblable à tout, et rien ne lui ressemble.

1. *Pièces inédites de Voltaire*, 1820.
2. *Ibid.*

LII[1].

A UNE DEMOISELLE

QUI DONNAIT DES CONSEILS A M. DE VOLTAIRE
POUR QU'IL SE MÉNAGEAT LA VUE.

Vous voulez donc guérir mes faibles yeux
De tout le mal que vos yeux m'ont pu faire ;
Un bandeau vert est fort propre à me plaire ;
Certain enfant en porte un qui vaut mieux :
Il est pour vous, ce n'est plus mon affaire.

LIII[2].

QUATRAIN

A S. A. R. MADAME LA PRINCESSE ULRIQUE.

L'esprit et la beauté reçoivent mon hommage.
Ah! si j'avais écrit au pied de leur autel,
De vivre auprès de vous si j'eusse eu l'avantage,
    Vous auriez embelli l'ouvrage,
    Et rendu l'auteur immortel.

---

1. *Pièces inédites de Voltaire*, 1820.
2. Quatrain extrait d'un exemplaire des *OEuvres mêlées de M. de Voltaire* (Genève, 1742, in-12, tome Ier) que possède la bibliothèque royale de Stockholm, par M. Advielle : *Lettres et Poésies inédites de Voltaire;* Paris, Cabinet du bibliophile, 1872, page 43.

LIV[1].

QUATRAIN

SUR L'ANNIVERSAIRE DU MARIAGE DE LA MARGRAVE DE BAIREUTH.

Aujourd'hui l'hymen le plus tendre
D'un mortel a comblé les vœux.
Qui peut vous voir et vous entendre
Est, après lui, l'homme le plus heureux.

LV[2].

VERS

A LA PRINCESSE AMÉLIE DE PRUSSE.

De plus d'une divinité
    J'adore en vous l'image;
Vénus avait moins de beauté;
    Minerve était moins sage.
L'Amour, timide et retenu,
    Suit sans cesse vos traces;
Vous faites aimer la vertu,
    Et respecter les Grâces.

1. Copié dans les collections de la reine Louise-Ulrique, n° 47 du catalogue de la bibliothèque de Drottningholm. Reproduit par M. Advielle : *Lettres et Poésies inédites de Voltaire;* Paris, Cabinet du bibliophile, 1872, page 49.
2. *Troisième suite des Mélanges de poésie,* s. l., 1761.

LVI[1].

VERS

DE M. DE VOLTAIRE.

A Francfort, 22 juin 1753.

Ami de la liberté,
Mon zèle en prit la défense.
Je parlai pour l'innocence
Avec trop de fermeté :
Un peu de calamité
Est ma seule récompense.
Grands dieux ! je vous promets bien,
Quoi qu'on fasse et quoi qu'on pense,
De ne plus soutenir rien.
Si je voyage à Byzance,
Cher muphti, j'irai te voir,
J'irai de Ton Excellence
Vanter le profond savoir,
Et dire à l'eunuque noir
Qu'il ait bonne jouissance.

Peut-être je visiterai
Rome aujourd'hui la sainte, autrefois l'invincible;
Saint-père, je t'adorerai,
Ta pantoufle je baiserai,
A genoux je te dirai :
« Oui, vous êtes infaillible. »
Mais non, je m'en vais prendre un plus sage parti;
Je ne verrai ni roi, ni pape, ni muphti :
Ils sont gens trop fâcheux pour un homme qui pense,
S'il ose, dans leur cour, rompre un prudent silence[2].

1. *Pièces inédites de Voltaire*, 1820.
2. Nous avions placé ici, par inadvertance, une *Épigramme contre les sonneurs*, qui, ainsi que nous l'avions constaté nous-mêmes, tome X, page 461, ne peut être de Voltaire, puisqu'elle est dans le *Ménagiana* de 1693.

LVII[1].

A MADEMOISELLE DELAUNAY

(DEPUIS MADAME DE STAAL)

SUR UNE SCÈNE DE SA PASTORALE.

Que j'aime à voir en sa grâce naïve
Votre bergère, avec simplicité,
Nous débitant cette scène instructive
Qui de nos mœurs confond la vanité !
Les sentiments, délicats sans finesse,
D'ornements vains n'empruntent point leur prix :
Sans longs détours, leur innocente adresse
Va mieux au cœur que ces discours fleuris,
Qui, par leur fard déguisant la nature,
D'un faux éclat éblouissent les yeux.
Chez vous, Daphnis plaît sans tant de parure,
Et l'auteur seul paraît ingénieux.

LVIII[2].

A MADAME NECKER.

A Ferney, 15 mars 1771.

Vous craignez, beauté délicate,
Que ce Pigal trop ingénu
Ne me présente à vous tout nu ;
Mais pardonnez-lui s'il me flatte.

---

1. *Almanach des Muses,* 1788, page 205.
2. *Mémoires et Correspondances historiques et littéraires,* par Ch. Nisard, 1858, page 349.

Quand son ciseau vous sculptera,
Ne soyez pas si renchérie,
Ou tout le monde lui criera :
Otez-nous cette draperie.

Les Grâces n'en eurent jamais ;
L'habillement les défigure,
Et vouloir cacher leurs attraits,
C'est un péché contre nature.

Je consens qu'un lourd vêtement
Couvre ma chétive machine ;
Mais quant à vous, objet charmant,
Prenez la gaze la plus fine[1].

---

1. Comparez ces stances avec celles qui se trouvent tome VIII, p. 537.

II.

POÉSIES

ATTRIBUÉES A VOLTAIRE

I[1].

A MADEMOISELLE DE ***.

Vous objectez toujours votre âge :
Pouvant jouir, vous regrettez ;
Sur vos pas le plaisir volage
Veut se fixer : vous le quittez.

Vous ne vous croyez qu'estimable,
Et vous ne voulez qu'estimer ;
Tout le monde vous trouve aimable :
Pourquoi refusez-vous d'aimer ?

Des premiers feux[2] de notre aurore
Au crépuscule de nos jours,
Il est un intervalle encore
Que doivent remplir les amours.

Comme au milieu de ses journées
Phébus rassemble tous ses feux,

---

1. Extrait de la *Correspondance* de Grimm (15 avril 1762) : « On prétend que la compilation intitulée *le Plus Joli des Recueils* a été faite par M. Thomas, qui a remporté plusieurs prix de l'Académie française, et qui a depuis peu quitté le collége de Beauvais pour s'attacher à M. le duc de Choiseul, ministre des affaires étrangères.

« Il est sûr que ce recueil est fait avec plus de soin que nos compilateurs ordinaires n'ont coutume d'y en mettre. Nous allons continuer l'usage de donner des suppléments à ces sortes de recueils, en insérant dans ces feuilles des morceaux qui n'ont jamais été imprimés. Voici d'anciens vers attribués à M. de Voltaire. »

2. Il faut peut-être lire : *Des derniers feux*.

C'est au midi de nos années
Que l'amour comble tous nos vœux.

Tendre, complaisant et solide,
Plus vrai sans être moins charmant,
Il devient d'autant plus timide
Qu'il connaît mieux le sentiment.

Ce dieu vient de tracer lui-même
Ces vers dictés par la raison.
Quand on peut trouver qui nous aime,
L'amour est toujours de saison [1].

II [2].

PORTRAIT

DE LA MARQUISE DU CHATELET.

Vous voulez de notre Émilie
Que je fasse un portrait charmant :
Est-ce la nature embellie
Par l'art, l'esprit ou l'agrément?

---

1. Nous avions placé ici des vers sur l'expulsion du prince Édouard, qui sont de l'abbé Sigorgne.

2. Extrait du *Dernier Volume des œuvres de Voltaire*, 1861 : « *Ces quatrains*, c'est ainsi que M. de Beaufeu désignait ces stances, sont demeurés tout un siècle au château de Beaufeu, dans des papiers cotés et paraphés par les notaires. Celui qui les possède aujourd'hui les croyait connus de tout le monde. Il écrivait, quand il en donna une copie : « J'avais bien les œuvres de Voltaire, mais je n'ai jamais « eu la curiosité de feuilleter la *Correspondance* ou les *Poésies* pour retrouver ces « vers. »

« Ces stances sont de 1734 ou de 1735, si nous jugeons bien. Étaient-elles adressées à Cideville, à Voisenon, ou à l'aïeul de M. de Beaufeu? Peut-être étaient-elles détachées d'une lettre, comme la plupart des petits vers de Voltaire écrits au courant de la plume.

« Il y a une variante pour la douzième strophe, qui semble d'une autre écriture:

L'amour, hélas! c'est un beau thème
Que je ne fais plus qu'à moitié.
Je ne traduis aujourd'hui *j'aime*
Que par ce seul mot : *amitié*. »

La ressemblance est impossible,
La belle change à tout moment ;
De peur de paraître sensible,
Elle raille le sentiment.

Avec la beauté de Lesbie,
Avec la grâce de Ninon,
On pourrait faire une Émilie :
Il faudrait l'âme de Newton.

C'est Pallas traversant Cythère
Avec la majesté des dieux ;
Elle a des appas pour la terre,
Elle a des ailes pour les cieux.

Sachez que cette âme rebelle
Mesure le ciel au compas,
Et parcourt mieux que Fontenelle
Les mondes qu'on ne connaît pas.

Cette belle âme est une étoffe
Qu'elle brode en mille façons ;
Son esprit est un philosophe,
Mais elle aime un peu les pompons.

Quiconque est dans sa comédie
Y perd son grec et son latin ;
Elle étudie, elle étudie,
L'amour n'est qu'un entr'acte vain.

L'aurore à l'étude l'appelle,
Déjà son creuset est au feu.
Mais le soir on revoit la belle
Qui se prend de fureur au jeu.

Elle a de beaux yeux d'où s'élance
Un regard profond ou moqueur ;
Une bouche dont le silence
Est éloquent et parle au cœur.

Un bouquet orne son corsage.
Ici ce qu'on montre est divin ;
Ce qu'on cache... je suis un sage...
Le pinceau me brûle la main.

Je ne peins pas la beauté nue,
De peur, nouveau Pygmalion,
D'être amoureux de ma statue
Et de tourner comme Ixion.

L'amour! j'ai vu de près la Parque,
Et je n'aime plus qu'à moitié,
Je n'aventure plus ma barque
Qu'au rivage de l'amitié.

III[3].

AUX MANES

DE MADAME DU CHATELET.

Un sommeil éternel a donc fermé les yeux
Où brillait la vertu, l'amour et le génie ;
La vérité, l'honneur, la foi, la modestie,
N'ont pu changer du sort l'arrêt impérieux.
   Tu meurs, immortelle Émilie,
Ou plutôt ta belle âme, en volant vers les dieux,
  A son principe est réunie ;
Avec toi la pudeur de la terre bannie
  Rentre pour jamais dans les cieux.
Tu meurs, et je survis à ton heure fatale ;
Je vois encor le ciel dont tu ne jouis plus.
Hélas! où l'amitié, les talents, les vertus,
  Pourront-ils trouver ton égale?
Qui me rendra les jours passés dans la douceur
  D'une confiance tranquille,
  Où mon âme, à tes goûts docile,
  N'avait pour loi que ton humeur;
  Où loin des propos de la ville
  Et du vain faste de la cour,
  Sans soins, sans brigue et sans entour,
L'Arioste et Newton, dans un loisir utile,

---

3. *Mémoires sur Voltaire,* par Longchamp et Wagnière, Paris, 1826, 2 vol in-8°, tome II, page 382. Ces vers ont été attribués à Marmontel par Thieriot.

Remplaçaient à Cirey la jeunesse et l'amour?
Dans les bras de la paix, au sein de la sagesse,
    Oubliant Versaille et Paris,
    Les flatteurs et les beaux esprits,
    L'orgueil des grands et leur bassesse,
Nous étions seuls, heureux, du moins dans nos écrits.
    Pardonne, ombre chère et sacrée,
    Si de ton bonheur enivrée,
Mon âme quelquefois secoua ses liens;
    Par tes transports vainqueurs des miens
    Tu vis ma chaîne resserrée;
Et si, sur nos beaux jours, tissus par le bonheur,
Le caprice a versé l'amertume et l'aigreur,
Du moins, après ta mort, tu seras adorée.
    Vois des arts la troupe éplorée
    Te suivre en deuil jusqu'au tombeau;
Vois l'Hymen et l'Amour éteindre leur flambeau;
    Vois le cœur même de l'Envie
    S'ouvrir aux traits de la pitié;
Vois ton cercueil baigné des pleurs de l'amitié;
Vois ton époux, errant et détestant la vie,
Redemander aux dieux sa fidèle moitié
    Admise à la céleste troupe,
A la table des dieux où tu bois dans la coupe
    Et de Minerve et d'Apollon!
Si ton cœur est sensible à l'éclat d'un grand nom,
Si mes vœux jusqu'à toi peuvent se faire entendre,
Que tu dois t'applaudir d'une amitié si tendre!
Je veux que l'univers, dans mes vers t'admirant,
    Te confonde avec Uranie;
    Et si quelque censeur impie
Rit du culte immortel que ma muse te rend,
    Pour confondre la calomnie,
    J'aurai Saint-Lambert pour garant.

IV[1].

LA POLICE SOUS LOUIS XIV.

Le grand art de régner est le premier des arts.
Il ne se borne point aux fatigues de Mars;
Il n'est point renfermé dans le soin politique
D'abaisser la fierté d'un voisin tyrannique,
Ou d'ébranler l'Europe, ou d'y donner la loi :
Le devoir d'un monarque est de régner chez soi,
D'y former un État redoutable et tranquille,
De rendre heureux son peuple en le rendant docile.
C'est ainsi que Louis sut passer autrefois
Des tentes de Bellone au temple de nos lois.
Il montait sur un trône environné d'abîmes,
De débris, de tombeaux, de meurtres et de crimes,
Au milieu des flambeaux de nos divisions,
Aux cris de la Discorde, au bruit des factions.
Il parut; il fut sage, et l'État fut paisible.
La Discorde à son joug soumit sa tête horrible,
Et la confusion fit silence à sa voix.
Tout prit un nouveau cours, tout rentra dans ses droits;
Le magistrat fut juste et l'Église fut sainte;
Paris vit prospérer dans son heureuse enceinte
Des citoyens soumis, au travail assidus,
Qui respectaient les grands, et ne les craignaient plus.
La règle, avec la paix, sous des abris tranquilles
Aux arts encouragés assura des asiles;
L'orphelin fut nourri, le vagabond fixé;
Le pauvre, oisif et lâche, au travail fut forcé;
Et l'heureuse industrie, amenant l'abondance,
Appela l'étranger, qui méconnut la France,

---

1. On croit que cette pièce a concouru pour le prix de l'Académie française. (K.) — Ce sont les éditeurs de Kehl qui, les premiers, ont admis cette pièce dans les *OEuvres de Voltaire*. Elle avait été imprimée dans *le Mercure* de décembre 1744 (pages 55-59). Dans une lettre anonyme qui la précède, elle est donnée comme ayant été composée deux ans auparavant *par un jeune homme qui donnait les plus belles espérances.,. et qui est mort il y a quelques mois* C'est désigner Lamare, mort en 1742. Il paraît donc que Lamare est le véritable auteur de *la Police sous Louis XIV*. Cependant *la Police sous Louis XIV* ne fait point partie des œuvres diverses de Lamare, 1763, in-12. (B.) — Nous reproduisons ici cette pièce parce qu'elle a longtemps figuré parmi les œuvres de Voltaire. M. Bengesco croit pouvoir affirmer que Voltaire en est l'auteur.

L'étranger étonné, qui, prompt à s'irriter,
Fut jaloux de Louis, et ne put l'imiter.
Ainsi quand du Très-Haut la parole féconde
Des horreurs du chaos eut fait naître le monde,
Il en fixa la borne ; il plaça dans leurs rangs
Ces trésors de lumière et ces globes errants ;
De l'immense Saturne il ralentit la course,
Fit dans un cercle étroit rouler le char de l'Ourse,
De la lune à la terre assura les secours,
Distingua les climats, et mesura les jours.
Il dit à l'Océan : « Que ton orgueil s'abaisse,
Que l'astre de la nuit te soulève et t'affaisse ; »
Il dit aux flancs du Nord : « Enfantez les autans ; »
Aux eaux du ciel : « Tombez, fertilisez les champs ;
Et que, tantôt liquide et tantôt endurcie,
L'onde revole au ciel en vapeurs obscurcie. »
Il dit, et tout fut fait : et, dès ces premiers temps,
Toujours indestructible en ses grands changements,
La nature entretient, à son maître fidèle,
D'éléments opposés la concorde éternelle.
Si l'on peut comparer aux chefs-d'œuvre divins
Les faibles monuments des efforts des humains,
Sous un roi bienfaisant parcourons cette ville,
Obéissante, heureuse, agissante, tranquille.
Quelle âme incessamment conduit ce vaste corps ?
Quelle invisible main préside à ces ressorts ?
Quel sage à su plier à nos communs services
Nos besoins, nos plaisirs, nos vertus et nos vices ?
Pourquoi ce peuple immense avec sécurité
Vit-il sans prévoyance et sans calamité ?
L'astre du jour à peine a fini sa carrière,
De cent mille fanaux l'éclatante lumière
Dans ce grand labyrinthe avec ordre me luit,
Et forme un jour de fête au milieu de la nuit.
L'aurore ouvre les cieux, le besoin se réveille,
Il appelle à grands cris le travail qui sommeille ;
Vertumne, avec Pomone, apporte, au point du jour,
Les fruits prématurés hâtés par leur amour.
Ces rivages pompeux qui resserrent ces ondes
Sont couverts en tout temps des trésors des deux mondes.
Ici l'or qu'on filait s'étend sous le marteau ;
La main de l'artisan lui donne un prix nouveau.
La vanité des grands, le luxe, la mollesse,
Nourrissent des petits l'infatigable adresse.
Je vois tous les talents, par l'espoir animés,
Noblement soutenus, sagement réprimés :

L'un de l'autre jaloux, empressés à se nuire,
L'intérêt les fit naître, il pourrait les détruire ;
Un sage les modère, et de leurs factions
Fait au bonheur public servir les passions.
Mais ce n'est pas assez qu'un sage soit utile :
Le magistrat français doit penser en édile ;
Il doit lever les yeux vers ces nobles Romains
Que le ciel fit en tout l'exemple des humains.
C'était peu de tracer de leurs mains triomphantes
Du Tibre au Pont-Euxin ces routes étonnantes,
De transporter les flots des fleuves captivés
Sur cent arcs triomphaux jusqu'au ciel élevés ;
Rome, en grands monuments de tous côtés féconde,
Donna des lois, des arts, et des fêtes au monde :
L'univers, enchaîné dans un heureux loisir,
Admira les Romains jusqu'au sein du plaisir.
Paris ne cède point à l'antique Italie ;
Chaque jour nous rassemble au temple du génie,
A ces palais des arts, à ces jeux enchanteurs,
A ces combats d'esprit qui polissent les mœurs :
Pompe digne d'Athène, où tout un peuple abonde ;
École des plaisirs, des vertus et du monde.
Plus loin la presse roule, et notre œil étonné
Y voit un plomb mobile en lettres façonné,
Mieux que chez les Chinois, sur des feuilles légères
Tracer un monument d'immortels caractères.
Protégez tous ces arts, ô vous, soutiens des lois,
Ministres, confidents ou précepteurs des rois !
Méritez que vos noms soient écrits dans l'histoire
Par la main des talents, organes de la gloire.
Colbert et Richelieu, les palmes dans les mains,
De l'immortalité vous montrent les chemins.
Regardez auprès d'eux ce vigilant génie,
Successeur généreux [1] du prudent La Reynie,
A qui Paris doit tout, et qui laisse aujourd'hui,
Pour le bien des Français, deux fils dignes de lui.
Ma voix vous nommerait, vous dont la vigilance
Étend des soins nouveaux sur cette ville immense,
Si vos jours, consacrés au maintien de nos lois,
Vous laissaient un moment pour entendre ma voix ;
J'oserais, emporté par une heureuse ivresse,

---

1. Marc-René de Voyer de Paulmy, marquis d'Argenson, né à Venise le 4 novembre 1652, lieutenant général de police le 29 janvier 1697, installé le 8 évrier ; garde des sceaux le 28 janvier 1718 ; mort le 8 mai 1721. Ses deux fils furent amis de Voltaire et ministres.

De mon roi bienfaisant célébrer la sagesse ;
Mais l'éloge est pour lui, malgré son bruit flatteur,
La seule vérité qui déplaise à son cœur.

V[1].

ÉPITRE

A MADEMOISELLE SALLÉ.

Les Amours, pleurant votre absence,
Loin de nous s'étaient envolés ;
Enfin les voilà rappelés
Dans le séjour de leur naissance.
Je les vis, ces enfants ailés,
Voler en foule sur la scène :
Pour y voir triompher leur reine,
Les états furent assemblés ;
Tout avait déserté Cythère,
Le jour, le plus beau de vos jours,
Où vous reçûtes de leur mère
Et la ceinture et les atours.
Dieux ! quel fut l'aimable concours
Des Jeux qui, marchant sur vos traces,
Apprirent de vous pour toujours
Ces pas mesurés par les Grâces,
Et composés par les Amours !
Des Ris l'essaim vif et folâtre,
Pour contempler ces jeux charmants,
Avait occupé le théâtre
Sous les formes de mille amants ;
Vénus et ses nymphes, parées
De modernes habillements,
Des loges s'étaient emparées.
Un tas de vains perturbateurs,
Soulevant les flots du parterre,

---

1. Cette épître a été imprimée sans nom d'auteur dans *le Mercure* de 1731. Elle est depuis longtemps dans les *OEuvres de Voltaire*, qui semble s'en avouer l'auteur par sa lettre à Thieriot du 14 juillet 1733. Mais il l'a désavouée dans une de ses notes sur le *Dialogue de Pégase et du Vieillard*. Dans sa lettre à Thieriot du 10 mars 1736, Voltaire la donne à Bernard. Elle fait partie des OEuvres de ce poëte. (B.) — Voyez le tome Ier de la *Correspondance*, lettre 349.

A vous, à vos admirateurs,
Vint aussi déclarer la guerre.
Je vis leur parti frémissant,
Forcé de changer de langage,
Vous rendre en pestant leur hommage,
Et jurer en applaudissant.
Restez, fille de Terpsichore :
L'Amour est las de voltiger ;
Laissez soupirer l'étranger,
Brûlant de vous revoir encore.
Je sais que, pour vous attirer,
Le solide Anglais récompense
Le mérite errant, que la France
Ne fait tout au plus qu'admirer.
Par sa généreuse industrie,
Il veut en vain vous rappeler :
Est-il rien qui doive égaler
Le suffrage de sa patrie[1] ?

VI.

VERS

DICTÉS LE 29 MAI 1778[2].

Tandis que j'ai vécu l'on m'a vu hautement
Aux badauds effarés dire mon sentiment.
Je veux le dire encor dans les royaumes sombres[3] :
S'ils ont des préjugés, j'en guérirai les ombres.

1. Nous avions donné à la suite de celle-ci une pièce *A Mme la comtesse de Boufflers*, qui est dans la *Correspondance de Grimm* au mois de novembre 1778, et que le rédacteur de cette Correspondance déclare, au mois de janvier suivant, être de Pons de Verdun.
2. *Intermédiaire des chercheurs et des curieux*, année 1869, col. 135, sous la signature P.-A. L.
3. M. P.-A. L. a imprimé : « le royaume sombre ». Nous mettons le pluriel pour la rime. Nous avouons, du reste, que l'authenticité de ces vers nous paraît fort suspecte.

Nous aurions pu considérablement grossir le recueil des pièces attribuées à Voltaire. Indiquons, parmi les pièces que nous écartons :

1° Une complainte en 57 couplets sur les amours de Saint-Preux et de Julie. M. Oscar Honoré, qui l'a reproduite dans une étude intitulée *Voltaire à Lausanne*, la tenait de M. de Crousaz, qui la tenait lui-même de sa grand'mère Mme de Montolieu. « Personne, nous dit-il, ne met en doute l'authenticité d'une pièce émanant d'une pareille source, non plus que celle de la musique sur laquelle Voltaire la chantait, et que l'on a conservée. » Nous trouvons tout cela concluant, dit M. Desnoiresterres, et si quelques doutes pouvaient nous venir, ils ne nous seraient inspirés que par l'extrême faiblesse et le manque complet de relief de cette plaisanterie, qui ne rappelle en rien l'auteur du *Pauvre Diable* et de la satire sur la *Vanité*. (*Voltaire et J.-J. Rousseau*, p. 91.) — M. Bengesco (*Bibliographie de Voltaire*, t. 1er, p. 489) signale une édition du temps de cette complainte, s. l. n. d., in-12 de 22 pages. Ce qui est probable, c'est que Voltaire reçut cette complainte composée par quelque manœuvre littéraire, et que, comme cela flattait sa passion, il s'amusa à la chanter. Les auditeurs crurent qu'il en était l'auteur, d'où les traditions recueillies par M. Oscar Honoré.

2° Ode sur le repentir ou Voltaire pénitent, 1758. (*Correspondance de Grimm*, éd. Tourneux, t. IV, p. 44-46.) « Ceux qui ont cru cette ode de M. de Voltaire, dit le rédacteur de la Correspondance, ne doivent jamais se mêler de juger des vers. »

3° *Notre bonheur n'est qu'en Dieu*, cantique qui commence ainsi :

1re strophe.

Entendrons-nous vanter toujours
Des beautés périssables, etc.

2e strophe.

Nos jours sont courts et douloureux,
Ce n'est qu'une ombre vaine, etc.

Ce cantique a été longtemps inséré dans les recueils de ce genre de poésie, au nom de Voltaire. On le trouve pour la première fois dans un recueil de Paris, en 4 vol. in-8°, en 1772, c'est-à-dire du vivant de Voltaire. — Il est encore dans le recueil de Tours, Mame, 1848, avec cette variante du titre : « Le vrai bonheur n'est qu'en Dieu. » Il a disparu du recueil de 1863.

Il nous souvient aussi d'avoir entendu, dans notre jeunesse, attribuer à Voltaire un cantique qui commence ainsi :

Tout n'est que vanité
Mensonge et fragilité
Dans tous ces objets divers
Qu'offre à nos regards l'univers, etc.

Mais il n'y a sans doute là qu'une confusion produite par son imitation de *l'Ecclésiaste*. Voyez tome IX, page 485.

4° Dix-sept vers sur les femmes de quarante ans. (*Lettres de Ninon de Lenclos au marquis de Sévigné*, apocryphes).

5° Un couplet sur le pot-pourri de Sedaine : *la Tentation de saint Antoine*.

6° *La Gaillardise* ou *la Polissonnerie* (dans un recueil de chansons intitulé *la Gaudriole*).

N. B. Une chanson de Voltaire contre les Pompignan,

> Simon Lefranc, qui toujours se rengorge,
> Traduit en vers tout le Vieux Testament....

qu'on trouve dans le volume intitulé *Lettres curieuses et intéressantes de M. de Voltaire* etc., Dublin, 1781, p. 141, — est bien de Voltaire, mais elle fait partie de la lettre à Damilaville, du 21 décembre 1763, tome XLIII de notre édition, p. 55.

Un distique a été reproduit sous deux formes dans une note du tome Ier, page 192.

Un couplet dénoncé à d'Argenson par l'abbé Cherrier est également tome Ier, dans les *Documents biographiques*.

Une *Prière de Voltaire*, imprimée quelquefois à part, gravée dans un cercle où se trouvent les douze signes du Zodiaque, n'est autre que celle en huit vers qui termine le poëme sur la Loi naturelle, tome IX, page 460.

III.

SUPPLÉMENT

AUX

ŒUVRES EN PROSE DE VOLTAIRE

I[1].

ÉCLAIRCISSEMENTS

SUR QUELQUES CHARGES DE LA MAISON DU ROI.

On trouve depuis longtemps dans l'état de la France que les gentilshommes ordinaires du roi furent créés par Henri III au nombre de quarante-cinq.

Cependant rien n'est plus faux, et ce qui a été écrit sur les autres officiers de la couronne, et particulièrement sur la charge de premier gentilhomme de la chambre, n'a guère plus de vérité.

Il eût été à désirer que ceux qui ont donné ces livres eussent compulsé les anciens comptes de l'épargne, ceux de la maison du roi qui sont encore à la chambre des comptes, les mémoires de Brienne, les recueils faits anciennement chez quelques secrétaires d'État : avec ces secours on rectifierait beaucoup d'erreurs, et on mettrait plus d'un officier de Sa Majesté au fait de ses fonctions et de ses prérogatives, qui sont souvent un sujet d'incertitude et de contestations.

1. *Pièces inédites de Voltaire*, 1820.

Pour commencer par la prétendue institution des quarante-cinq gentilshommes de la chambre du roi par Henri III, cette fausseté est palpable.

1° Les *Pandectes* de Carondas disent expressément que François Ier donna aux chambellans le titre de gentilshommes ordinaires de sa chambre, et en fixa le nombre à vingt-cinq.

Ces officiers, qui étaient nommés chambellans sous les rois prédécesseurs de François Ier, étaient aussi nommés chevaliers de l'hôtel, et sont aussi anciens que la monarchie, puisqu'il n'y a point eu de roi qui n'ait eu besoin d'avoir un certain nombre de gentilshommes pour le service auprès de sa personne.

2° Le plus ancien compte de la maison du roi qui soit échappé à l'incendie de la chambre des comptes est de l'année 1515.

On y trouve les vingt de la chambre et de la maison ci-devant chambellans gentilshommes, qui sont MM. de Montpipeau, Montréal, Montmorency, d'Armagnac, Château-Morand, et ils ont chacun quatre cents livres de gages, à treize livres le marc, ce qui était alors considérable, six chevaux entretenus aux dépens du roi, et une table.

3° Aucun d'eux n'avait les patentes de premier gentilhomme de la chambre; mais le plus ancien des vingt prenait le titre de premier, sans autre avantage au-dessus de ses camarades que d'avoir six cents livres d'appointements quand les autres n'en avaient que quatre cents. On voit par le registre de 1515 que M. de Montpipeau, comme le plus ancien, touchait six cents livres de gages.

4° En 1516 et 1517 on trouve vingt et un gentilshommes ordinaires : le roi ayant ajouté une nouvelle charge en faveur du fils d'Anne de Montmorency, depuis connétable de France.

5° Depuis 1520 jusqu'à la fin de 1523, le nombre est porté jusqu'à vingt-quatre, et dans l'année 1523 on leur augmente leurs gages jusqu'à douze cents livres.

6° En 1524 le nombre de ceux qui eurent ce titre monta jusqu'à trente et un, mais les sept derniers étaient surnuméraires, ne touchaient que trois cents livres de gages, et ne faisaient pas les fonctions de service.

7° Ces fonctions étaient de lever et de coucher le roi, de le suivre partout, de lui servir d'aides de camp, d'aller de sa part complimenter les souverains, etc.

8° En 1529 et 1530, Anne de Montmorency, grand maître, et maréchal de France, depuis connétable, se trouve dans le rôle des gentilshommes ordinaires, employé pour douze cents livres avec les seigneurs de La Barre, de Tende, de Genneviliers, de Barbezieux, de Mouhy, de Montpezat, du Bellay, de Château-Morand, etc.

On voit par là combien Moreri et ses continuateurs se sont trompés en attribuant la charge de premier gentilhomme de la chambre du roi à Anne de Montmorency en 1520, puisqu'en ce temps et pendant tout le règne de François Ier, cette charge n'existait pas. Anne de Montmorency est compris dans le rôle des gentilshommes ordinaires jusqu'à l'année 1538, où il fut fait connétable. Duchêne, plus exact dans l'Histoire de la maison de Montmorency, ne fait point le connétable Anne premier gentilhomme de la chambre : ce n'est qu'en 1560, après la mort de François II, que le maréchal de Saint-André, le premier de son quartier dans l'office de gentilhomme ordinaire, se fit donner les provisions de premier gentilhomme de la chambre. Il était allé, en 1557, complimenter le roi d'Angleterre en qualité de gentilhomme ordinaire ; ses appointements furent toujours de douze cents livres, comme ceux des autres, quand il eut la patente de premier gentilhomme de la chambre du roi.

9° Le maréchal de Saint-André ayant été tué à la bataille de Dreux, en 1562, personne n'eut le titre de premier gentilhomme de la chambre du roi, jusqu'en 1568, que le comte de Retz; Gondi, favori de Catherine de Médicis, gentilhomme ordinaire, obtint les mêmes provisions que le maréchal de Saint-André sans avoir d'autres appointements que douze cents livres.

10° En 1580, Henri III avait deux premiers gentilshommes de la chambre, le maréchal de Retz et le marquis de Villequier, à onze cent soixante et six écus de gages.

Alors les vingt-quatre gentilshommes ordinaires, servant par quartier, avaient six cent soixante et six écus. C'étaient MM. d'Argence, de La Bourdaisière, d'Urfé, du Châtelet, de Noailles, de Hauterive, de Creuilly, d'Harcourt, de Villarceaux, de Saint-Chamarane, de Grand-Pré, du Reauté, de Listenois, de Givry, de Larchant, de Crillon, de Pardaillan, Marigny, d'Aubeterre, de Villeroy, de Prie, etc.

11° En 1585 il y eut trois premiers gentilshommes de la chambre du roi, le marquis de Villequier, le duc de Joyeuse et le duc d'Épernon, aux mêmes appointements de onze cent soixante-six écus.

12° Cette même année 1585, les gentilshommes ordinaires de la chambre du roi servant près de sa personne (c'est ainsi qu'ils sont qualifiés dans les rôles), négligèrent de porter la clef d'or qu'ils avaient toujours portée depuis François Ier ; et Henri III leur enjoint expressément de la porter par son ordonnance du 1er janvier. Il veut qu'ils produisent leurs titres de quatre races, à moins que Sa Majesté ne les en dispense ; veut que le premier gentilhomme de la chambre en service tienne une table, en même temps que la table du roi, pour les gentilshommes ordinaires ; et qu'en l'absence du premier gentilhomme, ce soit le plus ancien du corps qui tienne la table ; et défense à eux de manger ailleurs, le tout conformément aux anciennes ordonnances de François Ier. Il ordonne que les gentilshommes de quartier se tiennent toujours dans sa chambre, et qu'ils aient six chevaux qui seront entretenus aux dépens de Sa Majesté ; veut qu'ils soient continués dans la fonction de lui présenter son déjeuner, son épée et son chapeau, de l'habiller et le déshabiller ; renouvelle expressément l'ordre de s'inscrire eux-mêmes sur un rôle tenu par le premier gentilhomme, et en son absence par le plus ancien du corps, et à faute d'être inscrits ils ne seront payés des gages de ce quartier.

13° Quoiqu'il n'y eût que vingt-quatre gentilshommes ordinaires payés, Henri III donna les honneurs de cette charge à vingt et un autres courtisans, qui eurent la clef d'or et qui lui faisaient cortége.

Ce sont ces quarante-cinq gentilshommes qu'on a toujours confondus avec quarante-cinq gentilshommes gascons fournis au roi par le duc d'Épernon et qui assassinèrent le duc de Guise ; mais il y avait entre eux une extrême différence. Ceux qui furent employés à tuer le duc de Guise étaient du nombre de ces Gascons qui avaient à la vérité les mêmes appointements que les gentilshommes ordinaires de la chambre, mais ils n'étaient point payés à l'épargne ; ils n'étaient point compris dans le rôle des grands officiers de la couronne, comme l'ont toujours été les gentilshommes ordinaires. Ils dépendaient du duc d'Épernon, qui les avait donnés au roi ; ils recevaient leurs appointements du duc d'Épernon, qui s'en faisait rembourser à l'épargne par un comptant particulier signé du roi. Ces Gascons se nommaient Lognac, Saint-Capaulet, Montsivry, Saint-Malin, Saint-Gaudin, La Bastide, d'Alfrenas, etc., leurs noms ne se trouvent dans aucun rôle des gentilshommes ordinaires. Ceux qui servaient en cette qualité l'année de la mort du duc de Guise, en 1588, étaient les mêmes qu'on a vus sous l'année 1580, n° 10, et parmi eux on n'en trouve aucun qui ait eu part à l'assassinat du Balafré.

14° Henri IV eut trois premiers gentilshommes de la chambre comme son prédécesseur ; et ayant besoin d'économie, il réforma plusieurs officiers de sa maison ; il ne remplit les charges de gentilshommes ordinaires de sa chambre que de dix personnes, dont cinq eurent douze cents écus d'appointements, les autres eurent les gages ordinaires ; ceux qui eurent douze cents écus furent le vicomte de Canillac, du Martrey, Nancey, d'Elbène, Champigny. En 1600, le comte de Moret, Vilpion, Dugast, Lachenaie, Strozzi, n'avaient que six cent soixante-six écus, mais ils avaient des pensions d'ailleurs.

15° Après la mort de Henri IV on remplit les vingt-quatre charges aux appointements de deux mille écus. On trouve en 1611, MM. de La Chastre, d'Angennes, d'Aumale, de Marolles, de Saint-Odéol, Charles-Albert de Luynes, Honoré de Luynes, Léon de Luynes, La Chevallerie, Courtenay, de Marillac, de La Chesnaie, de Villegagnon, de La Brosse, de Montmélian, de Mesie, de Clermont, Tallard, de Biragues, d'Entragues, des Ursins, de Tavannes, de Thiange, d'Ambre, de Simiane, de Grignan.

16° Charles-Albert de Luynes, gentilhomme ordinaire, conserva cette charge dans le temps de sa faveur jusqu'à ce qu'il fut connétable, et alors il voulut que ceux qui seraient revêtus de cette dignité lui prêtassent serment, parce qu'ils étaient aides de camp nés du roi, et que tout homme employé dans le service militaire devait prêter serment entre les mains du connétable. Cependant ni Henri de Montmorency, ni Anne de Montmorency, ni le connétable de Bourbon, n'avaient exigé ce devoir, et tous les connétables avaient laissé les gentilshommes ordinaires et chambellans de la chambre du roi jouir de la prérogative de prêter serment entre les mains de Sa Majesté ; et Louis XIII ne jugeant point ce différend, le serment ne fut prêté ni au roi ni au connétable ; ces officiers furent insensiblement dispensés de tout serment, de sorte qu'aujourd'hui ils sont les seuls officiers de la couronne qui n'en prêtent aucun ; ils sont au nombre de vingt-cinq payés sur l'État.

17° Pendant la minorité de Louis XIV, la table du premier gentilhomme de la chambre et des gentilshommes ordinaires fut supprimée. Ceux-ci, par une ordonnance particulière de 1656, eurent celle du grand chambellan et ensuite celle du second grand maître.

Le roi Louis XIV les maintint toujours dans leurs priviléges, ils ont toujours servi d'aides de camp à ce monarque, et mangeaient à sa table, à l'armée, quand ils avaient fait des fonctions d'aides de camp. Ils sont envoyés dans le royaume auprès des ambassadeurs, quand ces ministres sont défrayés aux dépens du roi, et il y en a toujours quelques-uns de leurs corps employés en qualité d'envoyés auprès des princes souverains.

18° A l'égard du rôle des grands officiers de la couronne dans lequel les gentilshommes ordinaires de la chambre et maison du roi ont toujours été compris, ce n'est point une dignité particulière, et il n'y a aucun officier du roi qui ait dans ses provisions le titre de grand officier; l'usage avait donné seulement ce nom à ceux qui possédaient anciennement les principaux emplois auprès de la personne des rois. Le titre de grand annexé à une charge n'a jamais été nécessaire pour constituer un grand officier. Les maréchaux de France, et le chancelier, qui sont grands officiers, n'ont pas le titre de grand maréchal et grand chancelier.

Voilà les principaux articles sur lesquels on a cru devoir donner des lumières. Il n'y a point de charge dans la maison du roi sur laquelle on ne dût faire les mêmes recherches pour rectifier les erreurs qui se sont glissées dans tous les livres.

II.

LE COMTE DE BOURSOUFLE

CONTE [1].

Boursoufle s'était donné la peine de venir au monde. On ne sait pas pourquoi, car il n'était pas attendu par monsieur son père, qui n'y était pour rien, ni par madame sa mère, dont on avait surpris la bonne foi. Elle avait dit à son cousin le chevau-léger : « Prenez bien garde ; monsieur mon époux a des raisons pour ne pas vouloir des enfants; » mais monsieur le chevau-léger avait passé outre.

Fier d'être si bien né, le jeune Boursoufle se gonfla dès ses premières années.

On lui conseilla de lire les anciens et de se pénétrer de la sagesse des sages. Il feuilleta Socrate, qui lui dit de lire dans les astres afin de connaître quelle heure il est aux étoiles; mais Socrate lui dit aussi que l'astronomie était une vaine science, et qu'il est plus utile de connaître les révolutions et les influences de Xantippe que celles des planètes. Socrate lui dit encore qu'il ne fallait pas monter au ciel pour découvrir les secrets de Dieu non plus que les comètes, car ce n'est pas une chose agréable à Dieu de vouloir pénétrer ce qu'il a voulu tenir caché.

---

1. « Parmi les œuvres inachevées de Voltaire, M. Beuchot signalait un conte ayant pour titre le *Comte de Boursoufle*. C'est sans doute ce fragment de conte que nous imprimons ici. Le titre manque sur la copie. Quelle était la moralité de ce récit? Était-ce une escarmouche contre le droit d'aînesse, une satire contre les *mœurs gothiques* de quelques vieux châteaux et en même temps contre les *mœurs policées* de la cour de Louis XV? On pense que ce Boursoufle était un sot doublé d'un fat venu dans un manoir aux environs de Cirey, pendant le séjour de Voltaire chez la marquise du Châtelet. Le baron de La Cochonnière et sa fille étaient sans doute des types de la vieille Champagne qui amusaient la belle compagnie de la marquise. On dirait d'une comédie ou d'une farce de Molière. Le conte fut-il achevé? on ne peut le dire, car on n'a retrouvé que ce fragment. Peut-être fut-il abandonné pour la comédie. » (*Le Dernier Volume des œuvres de Voltaire*, H. Plon, 1861.)

Platon lui conseilla l'éloquence, mais Pythagore lui ordonna, comme à tous ses disciples, un silence de cinq années. Xénocrate lui permit de se parler à lui-même, mais à la condition qu'il ne serait question ni de Dieu ni de son prochain. Carnéades lui conseilla de monter à cheval. « C'est bien, dit Boursoufle, voilà un sage. » Il monta à cheval, et se cassa la jambe droite au Cours-la-Reine. « Console-toi, lui dit Carnéades, parce que tu viens d'apprendre une vérité : il n'y a que le cheval qui ne flatte pas son maître. — Je suis heureux d'apprendre la sagesse, dit Boursoufle; mais je ne veux pas me casser la jambe gauche. »

Il apprit à porter l'épée et se donna un ami, mais son ami trouva qu'il avait des airs de protection, et il lui octroya un coup de pied dans le derrière. Boursoufle décida contre l'opinion de Sénèque que c'était une injure. Il eut un duel avec son ami. Avant le quart d'heure, il relut Épictète, qui lui apprit que ce qui est n'est pas, et qu'il faut toujours dire : *Ceci ne me touche point*. Après cette bonne lecture, il alla se battre et fut frappé dans le ventre. Pendant six semaines, il soutint qu'il n'était pas blessé; mais comme il souffrait beaucoup, il ne voulut plus lire Épictète.

Cependant Boursoufle était devenu fort à la mode. Ce fut alors qu'il prit un certain air, et se découvrit gentilhomme. La lumière se fit sur le chaos des belles actions de ses ancêtres. Boursoufle I*er* avait vendu son vin à Épernay, Boursoufle II avait vendu son vin à Paris, Boursoufle III avait vendu son vin à Versailles. Avec de tels parchemins il fut reconnu gentilhomme de bon cru. Il acheta une terre revêtue du titre de comté, et s'intitula un matin le comte de Boursoufle, après avoir généreusement donné le titre de chevalier à son cadet, et après avoir mis à la porte son valet de chambre, qui le connaissait bien.

Il se perfectionna dans l'art d'être un sot. Les beaux esprits du café Procope lui prêtèrent de l'esprit, et il leur prêta de l'argent.

On lui acheta une charge à la cour, qui lui permit de dire : *Je vais à Versailles*, comme on dit : Je vais chez moi. Ce ne fut pas tout; il se donna une autre charge non moins glorieuse : il fut l'amant en premier de la tragédienne à la mode, ce qui lui permit de boursoufler avec elle. Elle lui apprit à faire des vers sur la vertu, mais elle donna la rime à son amant en second.

Après de tels triomphes, Boursoufle voulut être de l'Académie, tout comme les chanoines de Saint-Malo ; mais les gens du Parnasse lui dirent que, s'il avait assez de littérature, il n'avait pas assez de religion. On l'envoya à l'Académie des inscriptions, sous prétexte qu'il avait découvert pourquoi Jeanne d'Arc s'appelait la Pucelle d'Orléans, mais surtout parce qu'il avait rédigé l'épitaphe d'un chien savant. En conséquence, il fut dans les feuilles proclamé lui-même un savant digne de décider enfin cette éternelle question : *Le paradis a-t-il une porte qui donne dans l'enfer, ou l'enfer a-t-il une porte qui donne dans le paradis?*

J'eus l'honneur de rencontrer vers ce temps-là le comte de Boursoufle, quand il vint demander la main de Mlle de La Cochonnière. Ce fut un événement dans tout le bailliage, car il sentait l'ambre à dix lieues à la ronde. Pendant toute la saison, on ne parla que de son carrosse, de son perruquier, de son air magnifique. On ne parla pas de son esprit. « Quel honneur! disait le baron de La Cochonnière; comme ma fille va être heureuse! Il va à la cour et me parle sans cesse de ses amis : Richelieu et Épictète. » Et un jour le bonhomme de La Cochonnière lui demanda si M. Épictète était aussi bon gentilhomme que le duc de Richelieu.

Mais Boursoufle avait compté sans son frère, à qui il avait donné pour sa part d'héritage le titre de chevalier. Le jeune Boursoufle ne se contentait pas des générosités de l'homme de cour; il dit qu'il prendrait son bien où il le trouverait, et imagina d'enlever Mlle de La Cochonnière au nez de monsieur son frère aîné.

Mlle de La Cochonnière, élevée dans la crainte de Dieu et des hommes, ne se fit pas prier deux fois. Le chevalier était bien fait et avait des yeux vifs. C'était dans la saison des amoureux. Elle se jeta dans les bras du ravisseur, et sauta avec lui les fossés du château. Mais M. de La Cochonnière veillait : « Où allez-vous, mademoiselle? — Je ne sais pas, dit-elle en pleurant, toute cachée dans sa coiffe. — Vous ne savez pas! Sachez, mademoiselle, qu'un La Cochonnière ne dit jamais : *Je ne sais pas.* — Papa, monsieur le chevalier m'avait dit que nous irions en pèlerinage à Sainte-Cunégonde. — A minuit, mademoiselle! Et vous, monsieur, n'avez-vous pas de honte de suborner l'innocence! — Non, monsieur le baron. Mon frère, sous prétexte qu'il est venu au monde un an avant moi, m'a pris ma fortune... — Et vous lui prenez sa femme! Holà! mes gens, qu'on arrête ce malfaiteur et qu'on l'emprisonne dans la grande tour. — Mais, papa de La Cochonnière, dit la fille, si ma destinée est d'être à M. le chevalier de Boursoufle... — Mademoiselle, il n'y a qu'un Boursoufle, c'est celui qui a eu l'esprit de venir au monde le premier. »

A une pareille raison il n'y avait pas à répliquer. Mᵐᵉ de La Cochonnière, qui venait de jurer un amour éternel, pensa d'ailleurs que ce qui pouvait lui arriver de plus fâcheux, c'était d'avoir deux maris. Celui-ci ou celui-là, qu'importe après tout pour une fille de seize ans emprisonnée au château de la Cochonnière, sous les yeux d'une duègne qui raisonnait même devant le rôti? « Et pourtant, dit notre Agnès, il a de si beaux yeux et de si bons sentiments! Que va devenir le carrosse qui nous attend au bout du parc de la Cochonnière? »

Comme elle disait ces mots, un autre carrosse entra bruyamment au château, éclairé par des torches et précédé par des pages de six pieds, portant des bouquets et des pistaches. C'était un beau spectacle. Le comte de Boursoufle avait voulu surprendre par un luxe nocturne le baron de La Cochonnière, et frapper un grand coup dans l'esprit de sa fiancée. Le baron s'avança avec solennité à la portière du carrosse. « Le voilà donc! dit-il d'une voix de tonnerre, en voyant l'habit mordoré et le chapeau à plume de son gendre. — Quel est le coquin qui parle si haut et ose m'éveiller? » dit le comte de Boursoufle sans daigner ouvrir les yeux.

Le baron rit beaucoup de la méprise, et décida que les gens de cour sont d'une exquise urbanité. « Un homme sans naissance et sans civilité serait venu ici comme le curé de la paroisse ou comme le bailli, en s'inclinant jusqu'à terre; mais, vive Dieu! le comte de Boursoufle a appris à vivre. » Pendant que le baron pensait si bien, le comte ordonnait à ses gens de le porter, sans le réveiller, dans le meilleur lit du château de la Cochonnière, et d'avertir le haut et puissant baron que, vers midi, il recevrait à son petit lever les vassaux de la Cochonnière[1].

. . . .
. . . .
. . . .

---

1. L'authenticité de ce morceau n'est pas incontestable.

III[1].

DISCOURS

DE M. DE VOLTAIRE

EN RÉPONSE
AUX INVECTIVES ET OUTRAGES DE SES DÉTRACTEURS,

Adressé et soumis à l'avis d'un Conseil littéraire, composé de MM. d'Argental, Pont-de-Veyle et Thieriot, qu'il appelait son TRIUMVIRAT [2].

LE TRIUMVIRAT.

Ce Messieurs *écorche l'oreille, et ne convient pas même devant le public pour une liaison et une amitié aussi connue.*

VOLTAIRE.

Faute de copiste.

LE TRIUMVIRAT.

A quoi bon parler des Scioppius, *des* Chapelain, *etc., on ne vous soupçonne pas de vouloir vous mettre en si mauvaise compagnie. Vous êtes fait pour être mis avec les grands hommes et les gens illustres, mais ce n'est pas à vous à le dire.*

VOLTAIRE.

Il faut absolument commencer ainsi, par la raison qu'il serait im-

MESSIEURS,

Vous savez qu'on a écrit au long la vie de Scioppius, de Chapelain, de Motin, de Faret, de Cassaigne, de Cotin, etc., travail peut-être puéril à mon gré, de chercher à faire connaître ceux dont les ouvrages seront à jamais inconnus; trente volumes sur les hommes prétendus illustres et sur les plus obscurs dans la république des lettres me font craindre qu'on ne remplisse un jour quelques pages sur mon compte, j'ai

---

1. *Pièces inédites de Voltaire*, 1820.
2. Tout le texte du Discours est de la main d'un secrétaire de l'auteur; les remarques du triumvirat, de celle de Thieriot; une seule à la fin est écrite par M. d'Argental, et toutes les réponses sont de la propre main de Voltaire. (*Note du premier editeur.*)

pertinent de dire de moi qu'on écrira ma vie.

LE TRIUMVIRAT.

C'est par là que nous croyons qu'il faut commencer.

La comparaison de l'insecte[1] n'est juste ni dans la figure ni dans l'application ; nous croyons qu'il faut la supprimer et vous pouvez le faire sans déranger la liaison du reste. Vous semblez d'ailleurs trop attaché à cette expression dans plusieurs endroits de vos ouvrages.

L'Iliade et l'Énéide ne sont point comparables à la durée d'un insecte, philosophiquement parlant, dans l'immensité des temps.

VOLTAIRE.

Remarque inutile ici.

LE TRIUMVIRAT.

Nous ne nommerions pas ledit Odieuvre, qui ne mérite pas cet honneur.

VOLTAIRE.

Ce n'est pas plus un honneur que quand je nomme La Fresnaye ou Bauche.

cru devoir au moins empêcher le mensonge et la crédulité d'insulter à ma mémoire.

Les libelles diffamatoires de toute espèce qu'on a débités contre moi dans Paris, depuis que j'ai donné *la Henriade*, passeront peut-être bientôt avec mes ouvrages, comme ces faibles animaux qui semblent n'avoir des ailes que pour en poursuivre un autre, et qui meurent tous à la fin de la saison qui les a vus naître; mais, soit pour le temps présent, soit pour quelques années après moi, il faut faire céder la répugnance et la honte de parler de moi-même à la nécessité d'une juste défense. Réfuter des critiques n'est qu'un vain amour-propre, mais détruire la calomnie est un devoir.

Ceux qui font le métier de calomniateur ne le feraient pas s'ils avaient plus d'esprit; mais, n'ayant pas le talent nécessaire pour écrire une saine critique des ouvrages, ils ont toute la noirceur qu'il faut pour décrier la personne.

Je ne veux point relever le libelle débité dans Paris sous le nom de mon portrait; cette peinture est aussi peu ressemblante que l'estampe au bas de laquelle il a plu au sieur Odieuvre de mettre mon nom. Celui qui m'a voulu définir, et celui qui m'a voulu graver, ne m'avaient jamais vu ni l'un ni l'autre. C'est d'ordinaire avec aussi peu de connaissance qu'on décide dans le monde de la réputation des hommes.

---

1. Il y avait primitivement dans le texte : *comme des insectes qui en poursuivent un autre :* ce qui a été rayé de la main de Voltaire, et corrigé comme on le voit. (*Note du premier éditeur.*)

C'est une chose bien étrange et bien déshonorante pour les belles-lettres que cet esprit de fureur et de bassesse où s'emportent des auteurs ignorés, quand ils osent être jaloux. On a imprimé un livre *de Morbis artificum*, des maladies des artistes. Celle-là est la plus honteuse et la plus incurable. Croirait-on qu'un de ces auteurs m'écrivit un jour : « Monsieur, voici un livre que j'ai fait contre vous : je suis dans la misère; si vous voulez m'envoyer cent écus, je vous remettrai tous les exemplaires. » J'ai rencontré depuis cet homme dans Paris, et j'ai caché sa honte; un autre vint m'emprunter de l'argent dont il se servit sur-le-champ pour imprimer à ses frais une brochure dans laquelle il me déchirait; un autre, en me louant et en m'embrassant, faisait contre moi une satire personnelle, sous le titre de comédie italienne, dans laquelle un des hommes les plus respectables de l'Europe (aujourd'hui ministre public) fut joué en son propre nom, parce qu'il était mon ami. En vérité, le stylet et le poison des meurtriers mercenaires a-t-il rien de plus criminel et de plus lâche[1]?

Ce sont ces mains obscures qui me lancent des traits publics; ce sont elles qui impriment, tantôt que je suis riche et très-avare, tantôt que je compose pour vivre. Ce sont ces auteurs qui débitent que j'ai trompé non-seulement mes libraires, mais les particuliers qui ont souscrit pour *la Henriade;* on me traite dans ces

---

1. L'auteur désigne probablement Riccoboni, auteur d'une parodie de *Zaïre*, dans laquelle était insulté M. Falkener, à qui cette tragédie est dédiée, et qui fut depuis ambassadeur d'Angleterre à Constantinople. Les parodies étaient alors un moyen fort usité de diffamer les gens de mérite. M. de Voltaire méprisait ces écrivains satiriques, et dédaignait de s'en venger. (*Note du premier éditeur.*)

LE TRIUMVIRAT.

Pauvreté[1] *n'est pas vraie; médiocrité est le mot, et convient mieux.*

VOLTAIRE.

Qui n'est pas philosophe est toujours pauvre.

—

LE TRIUMVIRAT.

Me favoriser, l'expression sera plus simple et plus modeste.

VOLTAIRE.

Non.

LE TRIUMVIRAT.

Tout cet endroit demande d'être adouci; l'édition de la Henriade faite depuis les souscriptions vous obligeait de donner une satisfaction aux souscripteurs.

VOLTAIRE.

Cela n'est pas vrai, avec votre permission. Cela serait bon si j'avais donné une édition pareille à meilleur marché; et vous avez si grand tort brochures de satirique, d'envieux et d'athée.

Premièrement, il importe très-peu, je crois, au public que je sois riche ou pauvre, avare ou prodigue. Mes amis qui ont eu quelquefois besoin de moi, et les gens de lettres qui se sont trouvés dans la nécessité, savent quel usage je fais de ma fortune : elle est considérable pour qui vit comme moi en philosophe, et serait trop peu pour tout autre.

Secondement, je n'ai jamais eu qu'une affaire avec un libraire[2], et après l'avoir fait condamner, vous savez que je lui remis sa dette et les frais du procès, et j'exigeai seulement quelques livres pour un de mes amis.

Troisièmement, les souscriptions de la belle édition anglaise de *la Henriade* furent publiées par Levier, libraire à la Haye. Le livre fut ensuite imprimé à Londres. La cour d'Angleterre, qui voulait favoriser les arts et moi, fixa le prix du livre à une somme fort au-dessus de celle des souscriptions de France. Tous les Français qui envoyèrent leurs souscriptions à Londres ne payèrent que la moitié de ce que payaient les Anglais, et n'en eurent pas moins le livre.

Quelques années ensuite, à mon retour en France, l'édition anglaise étant épuisée et le temps prescrit pour retirer les souscriptions expiré, ceux qui avaient négligé d'envoyer à Londres, et qui ne devaient s'en prendre qu'à eux-mêmes, se plaignirent. Je n'étais pas plus garant des souscriptions que le président de Thou, mort depuis cent ans, ne l'est de celles qu'on a prises depuis peu pour son histoire.

---

1. Il y avait dans le texte : *Mais serait de la pauvreté pour tout autre.* D'après la remarque du triumvirat, Voltaire a supprimé ce mot *pauvreté*. (*Note du premier éditeur.*)

2. Jore, de Rouen.

de parler ainsi qu'il y eut à Londres deux petites éditions faites avec la grande.

LE TRIUMVIRAT.

Ainsi la comparaison de M. de Thou n'est point juste, et vous ne devez pas dire non plus que vous avez payé une dette qui n'était point la vôtre, et qu'il vous en a coûté de l'argent pour faire un poëme épique.

VOLTAIRE.

Oui, cette dette n'était point la mienne, pas plus que celle de M. de Thou. Je ne m'appelle point Charles Levier, libraire.

LE TRIUMVIRAT.

Le reste de cet endroit de votre justification est bien, et doit être conservé.

Ne feriez-vous pas bien de parler de vos défauts moins en général, et d'avouer que vous êtes vif, et que vous avez été quelquefois étourdi ?

VOLTAIRE.

Non, il ne s'agit ici que des choses qui ont rapport au public, et non d'une confession générale. *Je ne réponds qu'à mes calomniateurs.*

Cependant comme il s'agissait de mon livre, j'ai payé cette dette, qui n'était point la mienne ; j'ai fait rembourser à mes dépens tous les souscripteurs qui se sont présentés, j'en ai chez moi les reçus, et s'il y a encore (ce que je ne crois pas) quelqu'un qui n'ait pas envoyé sa souscription, il n'a qu'à s'adresser chez moi, à Paris, au sieur Demoulin, vis-à-vis Saint-Gervais, et il recevra son argent.

Est-ce là réfuter ou non la calomnie ? Est-ce assez entrer dans ces indignes détails ? On en rougit. Il est honteux d'y répondre et de n'y répondre pas. Si ceux que l'abus de la littérature, et cette misérable jalousie d'esprit a portés à ces excès, m'avaient connu, ils auraient au moins relevé mes défauts véritables, et je n'aurais eu à leur répondre qu'en me corrigeant ; mais, ne me connaissant point, ils m'ont imputé des vices imaginaires. On imprime que je suis un satirique : a-t-on voulu donner cette opinion de moi pour me fermer l'entrée aux places et aux grâces qu'un homme de lettres peut espérer en France ? Je n'en ai jamais ni prétendu ni sollicité aucune. J'ai toujours regardé l'étude comme une beauté qu'on devait aimer pour elle-même, sans mélange d'aucune vue étrangère ; autant les lettres me sont chères, autant le nom de *satirique* est un titre que je méprise et que je déteste. Reste à examiner si on est coupable de ce vice, pour avoir dit que les Balzac, les Voiture, les Pavillon, les Pellisson même, ne sont pas à comparer aux Bossuet, aux Corneille, aux Racine? Est-on un satirique en préférant les vrais génies à ceux qui ont eu moins de talents, en distinguant les excellents ouvrages des grands hommes d'avec leurs moindres productions, en mettant *Cinna* au-dessus de *Pulchérie,* et *Phèdre* au-dessus d'*Alexandre*[1]?

C'est un homme malin et orgueilleux, s'écrie-t-on dans les libelles et sur les théâtres consacrés à la médisance; il méprise Boileau, il dit que Boileau se trompe, il veut ruiner la réputation de Voiture, il veut décider en maître.

Non, il n'est point assez méprisable pour mépriser Boileau; il le respecte, il l'étudie comme celui qui sut le premier en France orner la raison du charme des beaux vers, et donner à la fois les règles et l'exemple de l'art. Mais il ose soutenir avec tous les hommes judicieux de ce siècle, et avec tous ceux des siècles à venir, que Despréaux était souvent très-injuste dans ses satires et dans ses jugements; il n'est que l'organe du public éclairé en disant que Boileau a eu tort de louer Segrais dans son *Art poétique,* et de ne rien dire de l'aimable La Fontaine. Oui, Boileau a eu tort d'élever les faibles et dures églogues de Segrais, qui certainement ne sont pas comparables à des églogues faites par une plume bien plus délicate. Ces dernières ont été critiquées, mais les autres sont oubliées. Oui, encore une fois, Boileau, d'ailleurs le maître de son siècle, s'en est rendu trop l'esclave en mettant Voiture au rang d'Horace. Qui

LE TRIUMVIRAT.

Nous craignons que l'on ne croie que vous voulez vous dédommager de l'éloge que vous venez de donner à M. de Fontenelle.

VOLTAIRE.

Il ne s'agit que de la vérité. Je ne suis point l'ami de Fontenelle, je ne le suis que de ses bons ouvrages.

---

1. On voit que les ennemis de l'auteur lui faisaient un crime d'avoir exprimé avec franchise ses sentiments dans *le Temple du Goût.* (*Note du premier éditeur.*)

LE TRIUMVIRAT.

On vous chicanera sur le calcul que vous faites des beautés de Voiture, et on trouvera de la vanité dans le reste de la phrase.

VOLTAIRE.

Je ne le vois pas.

LE TRIUMVIRAT.

Singulier; plaisant *est de la conversation,* et n'est pas noble [1].

VOLTAIRE.

Bon.

ne sait aujourd'hui que ce style recherché, ces plaisanteries forcées, cette affectation d'esprit, admirés autrefois dans Voiture, sont un modèle de ridicule qui a gâté ceux même qui, avec plus d'esprit que Voiture, ont voulu l'imiter? Peut-on, quand on admire l'éloquence naturelle des lettres de Pline ou de Cicéron, supporter les hyperboles de Balzac ou le badinage puéril de Voiture? Y a-t-il en effet beaucoup plus de vingt pages dans son livre dignes d'être lues, et quel autre intérêt ai-je pu avoir à parler que celui du bon goût et de la vérité?

Il est singulier [1] qu'on m'ait fait sérieusement un crime d'avoir introduit dans un ouvrage de pur badinage Apollon qui ordonne à Boileau de se réconcilier avec Quinault, et d'avoir dit :

> Que cet implacable critique
> Embrassait encore en grondant
> Ce facile et tendre lyrique,
> Qui lui pardonnait en riant.

On m'a reproché de m'être exprimé ainsi dans le même ouvrage :

> Ce grand, ce sublime Corneille
> Qui plut bien moins à notre oreille
> Qu'à notre esprit, qu'il étonna,
> Ce Corneille qui *crayonna*
> L'âme d'Auguste, de Cinna,
> De Pompée et de Cornélie, etc.

Ne devait-on pas savoir que c'est une allusion aux termes dont se sert Corneille dans ces beaux vers d'une épître à Louis XIV :

> Ah ! si j'avais encor la main qui
> [crayonna
> L'âme du grand Pompée et l'esprit
> [de Cinna?

---

1. Voltaire, se conformant à l'avis du triumvirat, a substitué dans le texte *singulier* à *plaisant*.

En vérité, m'accuser de ne pas estimer assez les grands hommes du siècle passé, ce serait reprocher à un novice fervent de ne pas respecter les fondateurs de son ordre.

Quand j'ai dit que tout l'esprit de Bayle, le premier des critiques et le plus impartial des philosophes, pouvait tenir dans un de ses volumes, je n'ai fait que répéter ce qu'il a dit, ce qu'il a écrit plusieurs fois à M. Desmaiseaux. Il se repentait d'avoir souvent asservi à des libraires un génie fait pour éclairer les plus grands hommes, d'avoir rempli son *Dictionnaire* des noms de tant de professeurs et de sectaires inconnus, d'avoir perdu son temps à confronter, à examiner mille petits livres indignes de son attention. Il me semble que tous les lecteurs judicieux pensent ainsi; et si je me suis trompé, c'est une erreur, et non pas une satire.

Quand j'ai rapporté quelques épigrammes, aussi méprisables pour le fond que pour la forme, faites contre des hommes respectables par un homme ennemi de tout mérite, qui a été seulement poëte, qui même n'est plus poëte, et à qui il ne reste plus que la fureur impuissante de médire, ne les ai-je pas citées pour marquer le dédain et l'exécration qu'elles m'inspirent? J'ai repoussé une seule fois les injures que cet homme me dit depuis plusieurs années; mais comment les ai-je repoussées? en rapportant simplement ses vers. Il est vrai que c'était la manière la plus sûre de me venger.

Il y a des hommes dont il est glorieux d'avoir la haine; je me sais gré d'avoir pour ennemi celui qui se déchaîna si furieusement et si vainement contre un protecteur des lettres [1]

LE TRIUMVIRAT.

Nous aimerions mieux comme il y était : qui même a cessé de l'être.

VOLTAIRE.

Non : *a cessé de l'être* peut signifier qu'il ne travaille plus.

---

1. L'abbé Bignon.

LE TRIUMVIRAT.

Il faudrait finir à l'histoire de la ligue de Cambrai, *et supprimer l'injure qui termine ce morceau.*

VOLTAIRE.

Non.

LE TRIUMVIRAT.

M'en auraient bien guéri *ne serait-il pas mieux?*

VOLTAIRE.

Non.

connu dans l'Europe par son savoir et par ses bienfaits, contre l'auteur des *Mondes*[1] et de l'*Histoire de l'Académie des sciences*, contre l'auteur d'*Électre* et de *Rhadamiste*[2], contre le sage historien de la ligue de Cambrai[3], contre tous ceux dont il a été le domestique, ou qui ont été ses bienfaiteurs, ou qui ont de la réputation.

Voulez-vous savoir l'origine de son démêlé avec moi? C'est qu'à Bruxelles, il y a dix ans, en présence d'une dame de la cour de France[4], il me recita plusieurs de ses nouveaux ouvrages. Il me demanda mon avis; je ne suis point satirique, mais je suis vrai. Je lui dis que la plupart de ses derniers écrits le déshonoreraient, qu'il passerait pour avoir conservé son venin, et perdu son talent. Ma sincérité m'a valu sa haine; il fit imprimer ses ouvrages, et tout le public a justifié mon opinion.

Ceux que leur inimitié pour moi a faits pour un temps ses amis doivent cesser de m'accuser d'envie. Ses derniers ouvrages ne peuvent l'exciter. Je n'ai jamais d'ailleurs cultivé les mêmes genres de poésie. Si j'avais à être jaloux, ce serait de ceux qui me passent dans la manière d'écrire l'histoire et dans l'art pénible du théâtre, ou de ceux qui me passeront dans l'art, plus difficile encore, de la poésie épique. L'envie n'a jamais corrompu mon cœur; il vous a toujours été ouvert. J'en appelle à l'auteur de *Rhadamiste* et d'*Électre*, dont les ouvrages m'ont inspiré les premiers le désir d'entrer quelque temps dans

---

1. Fontenelle.
2. Crébillon père.
3. L'abbé Dubos.
4. Mme la marquise de Rupelmonde.

LE TRIUMVIRAT.

Il n'est point question, dans Zoraïde, d'Américains. Il s'agit des Indes orientales conquises par les Portugais; mais conserver le fond de cet article.

VOLTAIRE

Il en était question; *il a transporté la scène* à Zanguebar.

LE TRIUMVIRAT.

Ce trait est fort plaisant, mais on ne vous le passera pas.

VOLTAIRE.

Alors on l'ôtera.

la même carrière, sans espérance de l'atteindre. Ses succès ne m'ont jamais coûté d'autres larmes que celles que l'attendrissement m'arrachait aux représentations de ses pièces. Il sait qu'il n'a fait naître en moi que de l'émulation et de l'amitié.

L'auteur qui vient de travailler sur le même sujet que moi[1], et qui s'est exercé à peindre ce contraste d'un nouveau monde et des Européans, sujet si favorable à la poésie, n'a qu'à donner son ouvrage au public : il verra si je serai le dernier à lui applaudir, et si un indigne amour-propre ferme mes yeux aux beautés d'un ouvrage.

J'ose dire avec confiance que je suis plus attaché aux beaux-arts qu'a mes écrits. Sensible à l'excès, dès mon enfance, pour tout ce qui porte le caractère du génie, je regarde un grand poëte, un bon musicien, un bon peintre, un sculpteur habile, s'il a de la probité, comme un homme que je dois chérir, comme un frère que les arts m'ont donné; et les jeunes gens qui voudront s'appliquer aux lettres trouveront toujours en moi un père. Voilà mes sentiments, et quiconque a vécu avec moi sait bien que je n'en ai point d'autre.

Il est temps de venir à l'accusation cruelle sur la religion : le père Colonia, jésuite, et un autre, m'ont mis dans le rang des jansénistes pour certains vers sur la liberté qui se trouvent dans *la Henriade,* et qui peut-être ne sont pas plus clairs que tout ce qu'on a écrit sur cette matière. Un autre dans un journal m'a appelé semi-pélagien; un nommé de Bellechaume, dans une critique imprimée de ma tragédie d'*Œdipe*, en

---

1. Le Franc de Pompignan, auteur d'une tragédie de *Zoraïde.*

examinant ces vers sur les prêtres païens :

> Les prêtres ne sont point ce qu'un vain [peuple pense,
> Notre crédulité fait toute leur science ;

dit en propres mots : Voilà la confession de foi d'un athée.

Un autre, en critiquant ce vers que Henri le Grand, non encore converti, dit à la reine Élisabeth dans *la Henriade* :

> Je ne décide point entre Genève et [Rome, etc.

assure avec zèle qu'il faut me brûler. Les ennemis dont j'ai déjà parlé n'ont cessé de m'imputer des écrits où je n'ai point de part, et des sentiments qui ne sont point les miens. On a fait tout ce qu'on a pu pour me rendre odieux, pour me perdre, comme si on avait quelque poste considérable à me disputer. A[1].

LE TRIUMVIRAT.

Ce commencement doit être tourné d'une façon plus claire ; il semble que vous ne deviez pas être accusé parce que vous avez fait peu de progrès dans, etc.

VOLTAIRE.

Non.

LE TRIUMVIRAT.

Ne citez point des païens.

VOLTAIRE.

Si fait.

LE TRIUMVIRAT.

« *Les calomniateurs savent bien que cette accusation d'irréligion, difficile à réfuter comme à prouver, porte toujours un coup bien dange-*

On sait que cette accusation est l'ordinaire et le dernier refuge des calomniateurs. Dois-je m'en plaindre après tout, moi qui, ayant partagé mes études entre les belles-lettres et la philosophie, y ai fait si peu de progrès ? Dois-je accuser ma destinée, quand les plus grands hommes ont essuyé encore plus d'injustice ? Ne s'est-il pas trouvé des pédants qui ont osé accuser les Cicéron et les Pline d'athéisme ? Presque tous ceux qui sous Léon X et sous François Ier ont retiré la chrétienté de la barbarie, n'ont-ils pas eu la même injure à repousser ? Comment l'ignorance et la superstition ont-elles traité le grand Galilée ? Avec quelle fureur absurde n'a-t-on pas crié à l'athée contre Bayle, ce modèle de raison et

---

1. Cette lettre A a été posée ici par le triumvirat, et l'on en verra ci-après la raison.

reux. *C'est imputer à un homme une maladie cachée et déshonorante. Comment pourra-t-il s'en laver aux yeux des hommes qui ne pénètrent pas dans l'intérieur ?* » *Placez* cette phrase excellente *à la lettre A, où elle était.*

VOLTAIRE.

Non, parce que ce serait répéter *de Morbis artificum*, maladie incurable : et que d'ailleurs on croit trouver les marques de cette maladie dans mes ouvrages.

LE TRIUMVIRAT.

Notre avis serait qu'outre le chapitre de l'existence de Dieu de M. Locke, vous fissiez mention des autres qui suivent sur la religion, comme aussi de son livre du Christianisme raisonnable.

VOLTAIRE.

Non, car c'est un mauvais livre : il voulait laver la tête d'un âne.

1. Barcklaï.

de probité, ce Bayle qui, seul, a bien réfuté Spinosa ?

Descartes n'a-t-il pas soutenu un procès contre un misérable philosophe et un indigne calomniateur nommé Voetius, qui osa l'accuser de nier un Dieu ? Que dis-je ? n'ai-je pas entendu des Français qui, ne connaissant du grand Newton que le nom, ont reproché l'athéisme au premier philosophe de l'univers, à ce génie sublime à qui Dieu est aussi indispensablement nécessaire dans son admirable système que le ressort d'une montre l'est à un horloger ? Mais aussi ces mêmes personnes assuraient que Newton met les couleurs dans les rayons de la lumière, et non dans nous-mêmes. Voilà comment et par qui on est jugé. N'a-t-on pas, en France, imprimé la même calomnie contre Locke ? Les misérables qui débitent ces sottises ne savaient pas que le chapitre de l'existence de Dieu, dans l'*Essai sur l'Entendement humain*, est le plus beau chapitre de ce livre et le chef-d'œuvre de la raison.

Enfin, en dernier lieu, l'évêque de Cloine [1] a fait un ouvrage intitulé *Al-*

LE TRIUMVIRAT.

Après tous ces grands hommes l'exemple de l'évêque *est médiocre; de plus, en le supprimant, ce sera toujours un Anglais que vous citerez de moins.*

Nous voudrions bien que vous eussiez pu parcourir seulement les œuvres posthumes *du père* Hardouin, *dans lesquelles est le traité intitulé* Athei detecti, *qui sont, au sentiment de cet éclairé et charitable jésuite,* Descartes, le père Malebranche, M. Arnaud, Nicole, Quesnel.

VOLTAIRE.

Non, j'en ai dit assez; il faut s'arrêter.

ciphron ou *the Minute Philosophe*[1]. Ce sont des dialogues à la manière de Platon et de Cicéron, et, si j'ose le dire, écrits avec plus de méthode et beaucoup plus de saine métaphysique, entre autres le bel argument de l'existence de DIEU tiré de l'existence de notre âme, démêlé à peine dans Platon, est développé d'une manière admirable dans le livre de cet évêque.

Croirait-on qu'un auteur d'un journal français, ayant ouï dire qu'il y avait (comme de raison) des objections fortes et bien poussées dans ce livre, en a parlé comme d'un ouvrage impie et abominable, et quand j'ai écrit à ce journaliste pour lui ouvrir les yeux sur cette erreur calomnieuse, il m'a avoué qu'il n'avait pas lu le livre?

Après tant d'exemples, me siérait-il de m'affliger, et ne dois-je pas imiter ce citoyen d'Athènes qui, opprimé par une cabale, s'écria: Je suis bien sot de me fâcher après que Socrate et Aristide ont été persécutés[2].

Tout ce que j'ai donc à faire, c'est de m'instruire par les personnages mêmes que j'ai inventés dans *Alzire;* c'est d'apprendre de ces êtres que j'ai créés à pardonner à des ennemis réels; c'est de m'armer sans murmure de cette probité que j'ai peinte

---

1. *Le Petit Philosophe.*
2. Après ces mots: *Socrate et Aristide ont été persécutés,* Voltaire arrache la plume au secrétaire, et écrit de verve de sa propre main: *Tout ce que j'ai donc à faire,* et ce qui suit, jusqu'à la fin du *Discours.* (*Note du premier éditeur.*)

LE TRIUMVIRAT.

On ne vous a point dit de supprimer l'article de M. Thieriot, qui finissait votre Discours *d'une manière convenable et touchante; il ne vous demande que de l'amitié; mais mon frère et moi, nous voulons plus: nous désirons que vous y joigniez les éloges que son cœur, son esprit et son talent méritent.*

VOLTAIRE.

Remettons-le de grand cœur !

Et ont signé au bas du manuscrit original :

D'ARGENTAL,

PONT-DE-VEYLE,

THIERIOT.

[1] Vous, que l'amitié unit à moi depuis vingt ans (et tous mes amis sont de cette date); vous, le dépositaire de mes pensées; vous, l'ami des arts et de la vérité comme le mien, recevez et confirmez ce témoignage que le devoir arrache à mon cœur blessé [2] pour la première et la dernière fois de ma vie.

P. S. J'enverrai les corrections d'*Alzire* quand j'aurai de la santé.

Mille tendres remerciements au triumvirat [3].

---

1. Ce passage, adressé à Thieriot seul, avait été retranché, et Voltaire, d'après l'observation des deux autres juges, n'hésite pas à le rétablir. (*Noel du premier éditeur.*)

2. Voltaire avait beaucoup à se plaindre de la tiédeur qu'avait montrée Thieriot lorsque tout lui faisait un devoir d'embrasser chaudement la défense de son ami contre le calomniateur Desfontaines. (*Id.*)

3. On retrouve quelques passages de ce *Discours* dans le *Mémoire sur la Satire*.

IV.

DÉDICACE DE *MARIAMNE*[1]

A LA REINE.

Madame,

Il paraîtra peut-être peu convenable de dédier *Mariamne* à une Reine qui fait le bonheur de son époux ; mais je dois présenter cet ouvrage à Votre Majesté parce qu'il est l'éloge de la vertu. Vous y trouverez des sentiments de grandeur sans orgueil, de modestie sans affectation, de générosité et de bienséance. C'est par là seulement que cette pièce peut trouver grâce devant vos yeux.

V.

A MADEMOISELLE DELAUNAY

(DEPUIS MADAME DE STAAL)

QUI AVAIT PASSÉ QUELQUE TEMPS A ROUEN

1732.

[2] Quand on a passé quelque temps avec une personne qui met tous ces agréments dans la société, dans quel état on doit se trouver lorsqu'on vient à en être privé, et qu'on retombe dans la langueur de la société des provinces !

---

1. *Hérode et Mariamne*, 1725, in-8°. Bib. nat., Y, 5593.
2. Ces quelques lignes séparent, dans l'*Almanach des Muses* de 1788, pp. 171-174, les deux pièces de vers que nous avons données, dans les *Poésies mêlées*, tome X, pp. 494-495, sous les n°s 62 et 63. Nous les transcrivons ici, parce qu'on nous a fait un reproche de les avoir omises.

VI.

NOTES SUR LA HENRIADE[1].

NOTES DE SAINT-SAPHORIN SUR « LA HENRIADE »	REMARQUES DE VOLTAIRE SUR LES NOTES DE SAINT-SAPHORIN
Je ne suis pas un juge *compétent* de la poésie française.	Pourquoi en parles-tu donc ?
On est bientôt rassasié de leurs grands vers rimés, qu'ils appellent bien tournés, mais qui manquent presque tous de force et d'énergie.	Cela n'est pas vrai; Corneille et Despréaux sont pleins de force.
Je demande pour quelle raison M. de Voltaire a choisi pour un si beau poëme une si vilaine action : je veux dire le changement de religion d'Henri IV.	Pour deux raisons : parce que le sujet est très-beau d'ailleurs, et que la religion catholique est plus poétique que la protestante.
Henri IV a changé quatre fois de religion : la première, il se fit protestant pour être chef de parti ; la seconde, il se fit papiste pour sauver sa vie à la sainte journée de Barthélemy ; la troisième, il retourna protestant, et la quatrième, il se fit papiste encore une fois pour entrer dans Paris.	Ce n'était pas à moi à en parler.
Le sujet de M. de Voltaire l'engage naturellement à défendre l'adoration des os de morts, à faire une pompeuse description de la messe [2]....	Je n'ai qu'un seul vers sur la messe.
Je suppose qu'un de nous s'en	Je n'ai pas été si bien reçu à

1. Vous trouverez dans la *Correspondance*, sous le n° 107, une lettre de Voltaire à M. Isaac Cambiague, à Londres, dans laquelle il lui annonce l'envoi d'un exemplaire de *la Henriade*. Cet exemplaire lui fut remis en effet. Après sa mort, en 1728, cet exemplaire passa aux Pelissari, famille italienne réfugiée à Genève. Un homme de beaucoup d'esprit, qui a joué un rôle politique assez important à la fin du règne de Louis XIV, Pesme de Saint-Saphorin, gentilhomme du pays de Vaud, qui soutenait les intérêts protestants contre l'influence française dans la guerre de la succession d'Espagne, s'en empare et l'annote. Cet exemplaire annoté revient à Voltaire alors qu'il est fixé sur les bords du Léman, et il s'amuse à le contre-annoter.

Ces notes ont été imprimées par M. Gaulieur dans l'*Athenœum français*, 3e année, pages 753-754, 12 avril 1854.

2. Ici Saint-Saphorin s'exprime d'une manière fort injurieuse à l'égard des cérémonies du culte catholique. (*Note de M. E.-H. Gaulieur.*)

aille en France avec un livre contre le papisme et contre les cardinaux ; je demande si le cardinal de Fleury lui donnera des dîners à sa maison de campagne et si la cour fera imprimer son livre par souscription.

M. de Voltaire introduit un vieillard catholique romain qui prédit que notre religion (la protestante) sera bientôt détruite. Je dis, moi, au contraire, qu'il y a plus d'apparence que le papisme sera à sa fin plus tôt que le protestantisme.

<small>Un culte si nouveau ne peut durer toujours.
Des caprices de l'homme il a tiré son être :
On le verra partir ainsi qu'on l'a vu naître.</small>

J'applique ces vers de M. de Voltaire au papisme, avec la permission de l'auteur : car ni saint Paul, ni saint Jean, ni saint Pierre, n'ont dit la messe ni n'ont fait l'office des morts, ni n'ont eu des images, ni n'ont eu la confession auriculaire, ni la transsubstantiation. C'est tout cela qui a tiré son être des caprices de l'homme.

Henri IV changeait de religion comme de maîtresse ; mais les poëtes sont comme les théologiens : Dieu est leur machine. Il semble que ces deux professions aient pour but de nous tromper avec des paroles ; voilà pourquoi les premiers théologiens furent poëtes.

Allons, monsieur de Voltaire, pendant que vous êtes à nous parler des suppôts de la cour de Rome, quelques touches de votre pinceau sur l'infaillibilité, et je vous ferai une souscription pour ce seul endroit.

Je prends mon parti de la clémence de Henri IV. Elle tire des larmes. Mais saint Louis fait rire quand il va prier le bon Dieu d'envoyer Henri IV à la messe.

Londres que vous me le reprochez. *La Henriade* par souscriptions n'a pas rapporté ce qu'on a bien voulu dire.

Je ne m'y oppose pas.

Répondra à cela qui pourra.

Plût à Dieu qu'il n'y en eût point d'autres !

J'accepte la proposition ; tope !

C'est toi qui me fais rire.

(Suivent d'autres critiques auxquelles Voltaire se dispense de répondre.)

VII.

NOTES DE VOLTAIRE[1]
SUR LE *DISCOURS SUR L'INÉGALITÉ DES CONDITIONS* DE J.-J. ROUSSEAU[2].

Page 14. « ... La nature en use précisément avec eux comme la loi de Sparte avec les enfants des citoyens : elle rend forts et robustes ceux qui sont bien constitués, et fait périr tous les autres, différente en cela de nos sociétés, où l'État, en rendant les enfants onéreux aux pères, *les tue indistinctement* avant leur naissance. »

Sur la marge, et en regard de ces trois mots soulignés par lui, Voltaire écrit : « Obscur et mal placé. »

Page 22. « ... Si elle nous a *destinés à être sains,* j'ose presque assurer que l'état de réflexion est un état contre nature, et que l'homme qui médite est un animal dépravé. »

Les quatre mots soulignés et le trait tiré en regard de ces trois lignes indiquent que Voltaire y voulait mettre une note, laquelle manque.

Page 32. « ... La nature commande à tout animal, et la bête obéit. L'homme éprouve la même impression; mais il se reconnaît libre d'acquiescer ou de refuser, et c'est surtout dans la conscience de cette liberté que se montre la spiritualité de l'âme : car la physique explique en quelque manière le mécanisme des sens et la formation des idées; mais dans la puissance de vouloir, ou plutôt de choisir, et dans le sentiment de cette puissance, on ne trouve que des actes purement spirituels, dont on n'explique rien par les lois de la mécanique. »

Voilà une assez mauvaise métaphysique.

Page 34. « ... Il serait affreux de louer comme un être bienfaisant celui qui le premier suggéra à l'habitant des rives de l'Orénoque l'usage de ces

---

1. Imprimées par M. Édouard Gardet dans le *Bulletin du Bibliophile et du Bibliothécaire* de Techener, xiv⁰ série, 1860, p. 1527. Ces notes avaient été écrites par Voltaire en marge du *Discours sur l'origine et le fondement de l'inégalité parmi les hommes*, Marc-Michel Rey, Amsterdam, 1755.

2. Nous n'avons reproduit du texte de Rousseau que ce qui nous a paru indispensable à l'intelligence des notes de Voltaire. En cas d'insuffisance, le lecteur sera toujours à même de recourir à sa bibliothèque.

Toutes ces notes de Voltaire sont très-lisiblement écrites à la plume. (*Note de M. Gardet.*)

ais qu'il applique sur les tempes de ses enfants et qui lui assurent du moins une partie de leur imbécillité et de leur bonheur originel. »

Les sauvages aplatissent le front de leurs enfants afin qu'ils tirent aux oiseaux qui passent au-dessus de leurs têtes.

Page 38. « ... Je remarquerais qu'en général les peuples du Nord sont plus industrieux que ceux du Midi, parce qu'ils peuvent moins se passer de l'être... »

Cela n'est pas vrai : tous les arts viennent des pays chauds.

Page 42. « ... Toutes choses qu'il leur a fallu faire enseigner par les dieux, faute de concevoir comment ils les auraient apprises d'eux-mêmes... »

Non. Ils firent des dieux de leurs bienfaiteurs.

Page 47. « ... Au lieu que dans cet état primitif, n'ayant ni maisons ni cabanes... »

Ridicule supposition.

Page 54. « ... Si un chêne s'appelait A, un autre chêne s'appelait B, de sorte que plus les connaissances étaient bornées, et plus le dictionnaire devint étendu... »

Il s'appelait au moins AB, puisqu'il ressemblait à A.

Page 60. « ... Quant à moi, effrayé des difficultés qui se multiplient, et convaincu de l'impossibilité presque démontrée que les langues aient pu naître et s'établir par des moyens purement humains, je laisse à qui voudra d'entreprendre la discussion de ce difficile problème... »

Pitoyable.

Page 61. « ... Enfin, il est impossible d'imaginer pourquoi, dans cet état primitif, un homme aurait plutôt besoin d'un autre homme qu'un singe ou un loup de son semblable... »

Parce qu'il y a dans l'homme un instinct et une aptitude qui n'est pas dans le singe.

Page 66. « ... Il dit précisément le contraire pour avoir fait entrer mal à propos dans le soin de la conservation de l'homme sauvage le besoin de satisfaire une multitude de passions qui sont l'ouvrage de la société et qui ont rendu les lois nécessaires... »

Le sauvage n'est méchant que comme un loup qui a faim.

Pages 72 et 73. « .... C'est la raison qui engendre l'amour-propre; c'est la réflexion qui le fortifie... »

Quelle idée! Faut-il donc des raisonnements pour vouloir son bien-être?

Page 76. « ... Avec des passions si peu actives et un frein si salutaire, les hommes, plutôt farouches que méchants, et plus attentifs à se garantir du mal qu'ils pouvaient recevoir que tentés d'en faire à autrui, n'étaient pas sujets à des démêlés fort dangereux... »

Fou que tu es, ne sais-tu pas que les Américains septentrionaux se sont exterminés par la guerre?

Page 79. « ... Or il est facile de voir que le moral de l'amour est un sentiment factice, né de l'usage de la société et célébré par les femmes avec beaucoup d'habileté et de soin pour établir leur empire et rendre dominant le *sexe qui devrait obéir.* »

Pourquoi?

Page 80. « ... L'imagination, qui fait tant de ravages parmi nous, ne parle point à des cœurs sauvages... »

Qu'en sais-tu? As-tu vu des sauvages faire l'amour?

Page 83. « ... Or, aucun de ces deux cas n'est applicable à l'espèce humaine, où le nombre des femelles surpasse généralement celui des mâles... »

Il naît plus de mâles, mais au bout de vingt ans le nombre des femelles excède.

Page 84. « ... Concluons qu'errant dans les forêts, sans industrie, sans parole, sans domicile, sans guerre et sans liaisons, sans nul besoin de ses semblables, sans nul désir de leur nuire, peut-être même sans jamais en reconnaître aucun individuellement, l'homme sauvage, sujet à peu de passions et se suffisant à lui-même, n'avait que les sentiments et les lumières propres à cet état, qu'il ne sentait que ses vrais besoins, ne regardait que ce qu'il croyait avoir intérêt de voir, et que son intelligence ne faisait pas plus de progrès que sa vanité... »

C'est conclure un bien mauvais roman.

Page 88. « ... Là où il n'y a point d'amour, de quoi servira la beauté?... »

La beauté excitera l'amour, et l'esprit produira les beaux-arts.

Page 91. « ... Après avoir montré que la *perfectibilité,* les vertus sociales et les autres facultés que l'homme naturel avait reçues en puissance ne pouvaient jamais se développer d'elles-mêmes, qu'elles avaient besoin pour cela du concours fortuit de plusieurs causes étrangères qui pouvaient ne pas naître, et sans lesquelles il fût demeuré éternellement dans sa condition primitive, il me reste à considérer et à rapprocher les différents hasards qui ont pu perfectionner la raison humaine, en détériorant l'espèce, rendre un homme méchant en le rendant sociable, et d'un terme si éloigné amener enfin l'homme et le monde au point où nous les voyons... »

Quoi ! ne vois-tu pas que les besoins mutuels ont tout fait ?

Page 95 (seconde partie). « ... Le premier qui, ayant enclos un terrain, s'avisa de dire : « Ceci est à moi, » et trouva des gens assez simples pour le croire, fut le vrai fondateur de la société civile. Que de crimes, de guerres, de meurtres, que de misères et d'horreurs n'eût point épargnés au genre humain celui qui, arrachant les pieux ou comblant le fossé, eût crié à ses semblables : « Gardez-vous d'écouter cet imposteur ; vous êtes perdus si vous « oubliez que les fruits sont à tous, et que la terre n'est à personne !... »

Quoi ! celui qui a planté, semé et enclos, n'a pas droit aux fruits de ses peines... Quoi ! un homme injuste et voleur aurait été le bienfaiteur du genre humain ! Voilà la philosophie d'un gueux !

Page 105. « ... Car plus les événements étaient lents à se succéder, plus ils sont prompts à décrire... »

Ridicule.

Page 111. « ... Et la plus douce des passions reçoit des sacrifices de sang humain... »

Une passion qui reçoit des sacrifices !...

Page 114. « ... Tandis que rien *n'est* si *doux* que lui dans *son état primitif*... »

Et quand il fallait disputer la nature...

Pages 115-116. « ... Ainsi, quoique les hommes fussent devenus moins endurants et que la pitié naturelle eût déjà souffert quelque altération, ce période du développement des facultés humaines, tenant un *juste milieu* entre l'indolence de l'état primitif et la pétulante activité de notre amour-propre, dut être l'époque la plus heureuse et la plus durable. »

Quelle chimère que ce juste milieu !

Page 118. « ... Pour le poëte, c'est l'or et l'argent, mais pour le philosophe ce sont le fer et le blé qui ont civilisé les hommes et perdu le genre humain ; aussi l'un et l'autre étaient-ils inconnus aux sauvages de l'Amérique, qui pour cela sont toujours demeurés tels... »

Les Mexicains et les Péruviens, subjugués par les sauvages espagnols, étaient très-civilisés. Mexico était aussi beau qu'Amsterdam.

Page 119. « ... C'est qu'elle est (l'Europe) à la fois la plus abondante en fer et la plus fertile en blé... »

Faux.

Pages 119-120. « ... D'un autre côté, on peut d'autant moins attribuer cette découverte à quelque incendie accidentel que les mines ne se forment que dans des lieux arides et dénués d'arbres et de plantes, de sorte qu'on dirait que la nature avait pris des précautions pour nous dérober ce fatal secret... »

Le fer est produit en masse dans les Pyrénées.

Pages 153-154. « ... Puffendorf dit que tout de même qu'on transfère son bien à autrui par des conventions et des contrats, on peut aussi se dépouiller de sa liberté en faveur de quelqu'un. C'est là, ce me semble, un fort mauvais raisonnement: car premièrement le bien que j'aliène me devient une chose tout à fait étrangère, et dont l'abus m'est indifférent; mais il m'importe qu'on n'abuse point de ma liberté, et je ne puis, sans me rendre coupable du mal qu'on me force de faire, m'exposer à devenir l'instrument du crime... »

Très-beau.

Page 162. « ... En un mot, d'un côté furent les richesses et les conquêtes, et de l'autre le bonheur et la vertu... »

Tarare.

Page 171. « ... Je montrerai que c'est à cette ardeur de faire parler de soi, etc., etc... »

Singe de Diogène, comme tu te condamnes toi-même!

Ibidem. « ... Ils cesseraient d'être heureux si le peuple cessait d'être misérable, etc... »

Comme tu outres tout! comme tu mets tout dans un faux jour!

Page 174. « ... On verrait.... tout ce qui peut inspirer aux différents ordres une défiance et une haine mutuelles par l'opposition de leurs droits et de leurs intérêts, et fortifier, par conséquent, le pouvoir qui les contient tous... »

Si le pouvoir royal contient et réprime toutes les factions, tu fais le plus grand éloge de la royauté contre laquelle tu déclames...

Page 202. « ... Et comme les gros chevaux prennent leur accroissement en moins de temps que les chevaux fins, ils vivent aussi moins de temps et *sont vieux dès l'âge de quinze ans...* » *(Note sur la durée de la vie des chevaux.)*

Faux. J'ai eu deux chevaux de carrosse qui ont vécu trente-cinq ans.

Page 209. « ... Tel est en abrégé le tableau moral, sinon de la vie humaine, au moins des prétentions secrètes du cœur de tout homme civilisé... » (*Note sur un passage de la page 34.*)

Et encore plus de tout sauvage, s'il peut.

Page 211 (*même note*). « ... Goûts que les sauvages ni les animaux ne connurent jamais, et qui ne sont nés dans les pays policés que d'une imagination corrompue... »

On a trouvé cette turpitude établie en Amérique; et dans les livres juifs qu'on nous fait lire, y a-t-il un peuple plus barbare que les sodomites?

Page 212 (*même note*). « ... Que serait-ce si j'entreprenais de montrer l'espèce humaine attaquée dans sa source même, etc... »

Malheureux Jean-Jacques, dont les carnosités sont assez connues, pauvre échappé de la vérole, ignores-tu qu'elle vient des sauvages?

Page 218 (*même note*). « ... Quant aux hommes semblables à moi, dont les passions ont détruit pour toujours l'originelle simplicité, et qui ne peuvent plus se nourrir d'herbe et de gland, ni se passer de lois et de chefs; ceux qui furent honorés dans leur premier père de leçons surnaturelles; ceux qui verront, dans l'intention de donner d'abord aux actions humaines une moralité qu'elles n'eussent de longtemps acquise, la raison d'un précepte indifférent par lui-même et inexplicable dans tout autre système, etc... »

Galimatias.

Page 220 (*note sur la page 35*). « ... On sait que les Lapons, et surtout les Groenlandais, sont fort au-dessous de la taille moyenne de l'homme... »

Faux.

Ibid. (suite). « ... On prétend même qu'il y a des peuples entiers qui ont des queues comme des quadrupèdes... »

Faux.

Page 247 (*note sur la page 47*). « ... Enfin M. Locke prouve tout au plus qu'il pourrait bien y avoir dans l'homme un motif de demeurer attaché à la femme lorsqu'elle a un enfant; mais il ne prouve nullement qu'il a dû s'y attacher... »

Tout cela est abominable, et c'est bien mal connaître la nature.

VIII.

NOTES DE VOLTAIRE[1]
SUR LE *CONTRAT SOCIAL* DE J.-J. ROUSSEAU.

Chapitre Iᵉʳ, Livre Iᵉʳ.

« ... Si je ne considérais que la force et l'effet qui en dérive, je dirais : Tant qu'un peuple est contraint d'obéir et qu'il obéit, il fait bien ; sitôt qu'il peut secouer le joug et qu'il le secoue, il fait encore mieux : car recouvrant sa liberté par le même droit qui la lui a ravie, ou il est fondé à la reprendre, ou l'on ne l'était point à la lui ravir... »

C'est tout le contraire, car s'il est fondé à reprendre sa liberté, on ne l'était pas à l'en priver.

« ... Mais l'ordre social est un droit sacré qui sert de base à tous les autres. Cependant ce droit ne vient point de la nature... »

Cela est confus et obscur ; ce droit vient de la nature, si la nature nous a faits des êtres sociables.

Chapitre II. — *Des premières sociétés.*

« ... La plus ancienne de toutes les sociétés et la seule naturelle est celle de la famille... »

Donc ce droit vient de la nature.

« ... S'ils continuent de rester unis, ce n'est plus naturellement, c'est volontairement, et la famille elle-même ne se maintient que par convention... »

Mais il faut convenir que cette convention est indiquée par la nature...

« ... Grotius nie que tout pouvoir humain soit établi en faveur de ceux qui sont gouvernés ; il cite l'esclavage en exemple. Sa plus constante manière de raisonner est d'établir toujours le droit par le fait... »

Grotius ne cite l'esclavage que comme une exception, que comme le droit de la guerre.

---

1. Écrites en marge du *Contrat social ou Principes du droit politique*. 1 vol. in-8°, à Amsterdam, chez Marc-Michel Rey, 1762. — Même source que le morceau précédent.

« ... Le raisonnement de ce Caligula revient à celui d'Hobbes et de Grotius... »

L'auteur se trompe. Hobbes reconnaît le droit du plus fort, non comme une justice, mais comme un malheur attaché à la misérable nature humaine.

Chapitre IV. — *De l'esclavage.*

« ... C'est le rapport des choses et non des hommes qui constitue la guerre... La guerre n'est donc point une relation d'homme à homme, mais une relation d'État à État, dans laquelle les particuliers ne sont ennemis qu'accidentellement, non point comme hommes, ni même comme citoyens, mais comme soldats... »

Tout cela me paraît d'un rhéteur captieux. Il est clair que la guerre d'État à État est la guerre d'homme à homme. *Ordonnons à tous nos sujets* de leur courir sus...

« ... Même en pleine guerre, un prince juste s'empare bien en pays ennemi de tout ce qui appartient au public, mais il respecte la personne et les biens des particuliers... »

Il fallait, avant de parler du prince et des particuliers, définir ce que c'est que prince.

« ... Si la guerre ne donne point au vainqueur le droit de massacrer les peuples vaincus, ce droit qu'il n'a pas ne peut fonder celui de les asservir... »

On n'a jamais droit de tuer un homme qu'à son corps défendant.

« ... On n'a le droit de tuer l'ennemi que quand on ne peut le faire esclave... »

Supposition ridicule.

« ... Ils ont fait une convention, soit; mais cette convention, loin de détruire l'état de guerre, en suppose la continuité... »

Non. Elle suppose continuité de faiblesse d'un côté, et de force de l'autre.

Chapitre V. — *Qu'il faut toujours remonter à une première convention.*

« ... Quand j'accorderais tout ce que j'ai réfuté jusqu'ici, les fauteurs du despotisme n'en seraient pas plus avancés... »

Bon.

Chapitre VI. — *Du pacte social.*

« ... Ces clauses bien entendues se réduisent toutes à une seule, savoir l'aliénation totale de chaque associé avec tous ses droits à toute la communauté : car, premièrement, chacun se donnant tout entier, la condition est égale pour tous, et, la condition étant égale pour tous, nul n'a intérêt de la rendre onéreuse aux autres... »

Tout cela est faux. Je ne me donne pas à mes concitoyens sans réserve. Je ne leur donne point le pouvoir de me tuer et de me voler à la pluralité des voix. Je me soumets à les aider et à être aidé, à faire justice et à la recevoir. Point d'autre convention.

« ... Nul autre auteur français, que je sache, n'a compris le vrai sens du mot citoyen... »

Ces mots terminent une note de Rousseau sur le sens du mot cité; au-dessous Voltaire écrit : Quelle pitié! Ne voilà-t-il pas une chose difficile à comprendre! Le gouvernement municipal existe en France. Les citoyens de Paris, le prévôt des marchands, les quarteniers élisent les échevins, le corps des marchands élit les consuls. C'est pour cela qu'à Londres la cité diffère de la ville.

Chapitre VII. — *Du souverain.*

« ... Sitôt que cette multitude est ainsi réunie en un corps, on ne peut offenser un des membres sans attaquer le corps... »

Cela est pitoyable. Si on donne le fouet à Jean-Jacques Rousseau, donne-t-on le fouet à la république?

« ... Afin donc que le pacte social ne soit pas un vain formulaire, il renferme tacitement cet engagement, qui seul peut donner de la force aux autres, que quiconque refusera d'obéir à la volonté générale y sera contraint par tout le corps, ce qui ne signifie autre chose, sinon qu'on le forcera d'être libre : car telle est la condition qui, donnant chaque citoyen à la patrie, le garantit de toute dépendance personnelle, condition qui fait l'artifice et le jeu de la machine politique, et qui seule rend légitimes les engagements civils, lesquels sans cela seraient absurdes, tyranniques, et sujets aux plus énormes abus. »

Tout cela n'est pas exposé assez nettement.

Chapitre IX. — *Du domaine réel.*

« ... Car l'État, à l'égard de ses membres, est maître de tous leurs biens par le contrat social... »

Maître de leur conserver tous leurs biens, et tenu de les maintenir.

« ... On respecte moins dans ce droit ce qui est à autrui que ce qui n'est pas à soi... »

Oui, quand ce premier occupant n'a pris que ce qui n'est à personne, et qu'il n'est pas un premier ravisseur.

« ... Pour autoriser.... le droit de premier occupant, il faut : 1° que le terrain ne soit encore habité par personne... »

Bon.

« 2° Qu'on n'en occupe que la quantité dont on a besoin pour subsister... »

Pourquoi ? S'il n'appartient à personne, je puis le prendre pour mes descendants.

« ... Quand Nunez Balbao prenait sur le rivage possession de la mer du Sud et de toute l'Amérique méridionale, au nom de la couronne de Castille, était-ce assez pour en déposséder tous les habitants et en exclure tous les princes du monde ? »

Contradiction. Ces terrains appartenaient déjà à d'autres.

« ... Ceux d'aujourd'hui s'appellent plus habilement rois de France, d'Espagne, d'Angleterre... »

Bien faux. Les rois d'Angleterre ne sont que rois des Anglais.

A la suite de la note qui termine le chapitre IX, Voltaire écrit :
Au contraire, les lois protègent le pauvre contre le riche.

Livre II, Chapitre Ier. — *Que la souveraineté est indivisible.*

« ... Ainsi, par exemple, on a regardé l'acte de déclarer la guerre et celui de faire la paix, comme des actes de souveraineté, *ce qui n'est pas...* »

Ce qui est, car acte de souveraineté c'est acte de pouvoir.

« ... Or, la vérité ne mène pas à la fortune, et le peuple ne donne ni ambassades, ni chaires, ni pensions. »

Tu aurais dû parler d'Algernon Sidney.

CHAPITRE IV. — *Des bornes du pouvoir souverain.*

« ... Il ne peut pas même le vouloir : car, sous la loi de *raison*, rien ne se fait sans cause, non plus que sous la loi de *nature*. »

Tu veux dire sous la loi de la physique ; et si l'on fait des sottises sous la loi de raison, hem !

« ... Parce qu'alors, jugeant de ce qui nous est étranger, nous n'avons aucun vrai principe d'équité qui nous guide... »

Obscur et faux. C'est sur un autre individu que s'exerce mon équité. Quant je vote pour tous, c'est pour moi, c'est par amour-propre.

« ... C'est un procès... mais où je ne vois ni la loi qu'il faut suivre, ni le juge qui doit prononcer... »

Chacun est juge, et la loi naturelle est notre code.

« ... Il serait ridicule de vouloir alors s'en rapporter à une extrême décision de la volonté générale, qui ne peut être que la conclusion de l'une des parties, et qui, par conséquent, n'est pour l'autre qu'une volonté étrangère, particulière, portée en cette occasion à l'injustice et sujette à l'erreur... »

Obscur et faux.

CHAPITRE V. — *Du droit de vie et de mort.*

« ... Or, comme il s'est reconnu tel tout au moins par son séjour, il en doit être *retranché par l'exil* comme infracteur du pacte, ou par la mort comme ennemi public .. »

Tu te gladio jugulas.

« ... On n'a droit de faire mourir, même pour l'exemple, que celui qu'on ne peut conserver sans danger... »

Bon.

CHAPITRE VI. — *De la loi.*

« ... Cet objet particulier est dans l'État ou hors de l'État. S'il est hors de l'État, une volonté qui lui est étrangère n'est point générale par rapport à lui, et si cet objet est dans l'État, il en fait partie : alors il se forme entre le tout et sa partie une relation qui en fait deux êtres séparés, dont la partie est l'un, mais le tout moins cette même partie est l'autre... »

Obscur.

« ... Mais elle ne peut élire un roi ni nommer une famille royale... »

Pourquoi non ?

Chapitre VII. — *Du législateur.*

Au bas d'une note sur Calvin, Voltaire écrit : Fade louange d'un vil factieux et d'un prêtre absurde que tu détestes dans ton cœur.

« ... La loi judaïque toujours subsistante, celle de l'enfant d'Ismaël qui depuis dix siècles régit la moitié du monde, annoncent encore aujourd'hui les grands hommes qui les ont dictées, et tandis que l'orgueilleuse philosophie ou l'aveugle esprit de parti ne voit en eux que des imposteurs, le vrai politique admire dans leurs institutions ce grand et puissant génie qui préside aux établissements durables... »

Quoi ! te contrediras-tu toujours toi-même !

Chapitre VIII. — *Du peuple.*

A la fin de ce chapitre, Voltaire écrit sous les derniers mots : Polisson ! il te sied bien de faire de telles prédictions.

Chapitre IX.

« ... Et c'est ainsi qu'un corps trop grand pour sa constitution s'affaisse et périt écrasé sous son propre poids... »

Misérable déclamation ! L'Europe est partagée en grands royaumes qui tous subsistent.

« ... Au reste, on a vu des États tellement constitués que la nécessité des conquêtes entrait dans leur constitution même... »

Il fallait les spécifier, cela en vaut bien la peine.

Chapitre X.

« ... Un grand sol incliné ne donne qu'*une petite base horizontale, la seule qu'il faut compter pour la végétation*... »

Tu n'es pas géomètre.

Livre III. Chapitre X. — *De l'abus du gouvernement et de sa pente à dégénérer.*

« ... Le sénat n'était qu'un tribunal en sous-ordre... » (*Note sur le gouvernement de Rome.*)

Faux.

Chapitre XIV.

« ... A l'instant que le peuple est légitimement assemblé en corps souverain, toute juridiction du gouvernement cesse, la puissance exécutive est suspendue, et la personne du dernier citoyen est aussi sacrée et inviolable que celle du magistrat... »

Faux : car si alors on commet un meurtre, un vol, le magistrat agit.

Chapitre XV. — *Des députés ou représentants.*

« ... Vos climats plus durs vous donnent plus de besoins; six mois de l'année la place publique n'est pas tenable, vos langues sourdes ne peuvent se faire entendre en plein air, etc.... et vous craignez bien moins l'esclavage que la misère... »

Tu ne songes pas que tous les peuples du Nord ont été libres.

Livre IV. Chapitre II. — *Des suffrages.*

« ... Si mon avis particulier l'eût emporté, j'aurais fait autre chose que ce que j'avais voulu; c'est alors que je n'aurais pas été libre... »

Quel sophisme !

Chapitre III. — *Des élections.*

« ... C'est une erreur de prendre le gouvernement de Venise pour une aristrocratie; si le peuple n'y a nulle part, la noblesse y est peuple elle-même... »

Sophisme.

« ... Le grand conseil étant aussi nombreux que notre conseil général à Genève, ses illustres membres n'ont pas plus de priviléges que nos simples citoyens... »

Vanité ridicule.

« ... Quand l'abbé de Saint-Pierre proposait de multiplier les conseils du roi de France et d'en élire les membres au scrutin, il ne voyait pas qu'il proposait de changer la forme du gouvernement. »

Il le voyait très-bien, et il avait la folie de croire comme toi que ses livres feraient des révolutions.

Chapitre IV. — *Des comices romains.*

« ... Le nom de *Rome*, qu'on prétend venir de *Romulus*, est grec, et signifie force. Le nom de *Numa* est grec aussi, et signifie loi. Quelle apparence que les deux premiers rois de cette ville aient porté d'avance des noms si bien relatifs à ce qu'ils ont fait? » (*Note.*)

Proprement dureté. *Nomos* a peu de rapport à Numa, et nul à Pompilius.

Chapitre VIII. — *De la religion civile.*

« ... Ainsi des divisions nationales résulta le polythéisme, et déjà l'intolérance théologique... »

Très-faux. Il n'y eut d'intolérance d'abord que chez les Égyptiens et chez les Juifs.

« ... Mais c'est de nos jours une érudition bien ridicule que celle qui roule sur l'identité des dieux de diverses nations... »

C'est toi qui es ridicule. Il est constant que le Jupiter, la Junon, le Mars, la Vénus des Romains, étaient les dieux des Grecs.

« ... Les peuples de ce vaste empire se trouvèrent insensiblement avoir des multitudes de dieux et de cultes, à peu près les mêmes partout... »

Non sans doute. Les dieux de Syrie et d'Égypte, ceux du Septentrion, étaient fort différents ; ceux des Perses et des Indiens, encore plus.

« ... Et voilà comme le paganisme ne fut enfin dans le monde connu qu'une seule et même religion... »

Très-faux.

« ... Ce fut dans ces circonstances que Jésus vint établir sur la terre un royaume spirituel.... Telle fut la cause des persécutions. »

La vraie cause fut la désobéissance de Marcel, de Laurent et de tant d'autres.

« ... Alors la division entre les deux puissances recommença; quoiqu'elle soit moins apparente chez les mahométans que chez les chrétiens, elle y est pourtant, surtout dans la secte d'Ali; et il y a des États, tels que la Perse, où elle ne cesse de se faire sentir. »

Très-faux.

« ... Il y a donc deux puissances, deux souverains en Angleterre et en Russie, tout comme ailleurs... »

Point du tout.

« ... Telle est la religion des Lamas, telle est celle des Japonais, tel est le christianisme romain. »

Les Lamas et les Japonais sont cités ici mal à propos. Le grand Lama est souverain comme le pape; le Daïra n'est qu'un mufti.

« ... Par cette religion sainte, sublime, véritable, les hommes enfants du même Dieu se reconnaissent tous pour frères, et la société qui les unit ne se dissout pas même à la mort... »

Je suis venu apporter le glaive et non la paix, diviser le père et la mère, le frère et la sœur.

« ... Le christianisme est une religion toute spirituelle... »

Les premiers chrétiens étaient comme les esséniens, les thérapeutes, les quakers.

« ... Il y a donc une profession de foi purement civile dont il appartient au souverain de fixer les articles, non pas précisément comme dogmes de religion, mais comme sentiment de sociabilité, sans lesquels il est impossible d'être bon citoyen ni sujet fidèle. »

Tout dogme est ridicule, funeste; toute contrainte sur le dogme est abominable. Ordonner de croire est absurde. Bornez-vous à ordonner de bien vivre.

IX

EXTRAITS

D'UN MANUSCRIT DE LA MAIN

DE

M. DE VOLTAIRE

INTITULÉ

SOTTISIER

RECUEIL DE VERS ET DE PROSE
ET REMARQUES HISTORIQUES EN DIFFÉRENTES LANGUES
SANS SUITE

(FORT CURIEUX.)

AVERTISSEMENT

Le recueil connu sous le titre de *Sottisier* se trouve manuscrit à Saint-Pétersbourg; il fait partie des papiers de Voltaire achetés avec sa bibliothèque par Catherine II en 1778 (voyez dans le premier volume de cette édition les *Pièces pour servir à l'histoire posthume,* nos XIV, XVI, XVII, XVIII). C'est un recueil de notes de lecture, d'extraits d'auteurs, de pensées ou réminiscences, un de ces cahiers que les gens qui écrivent ont toujours sous la main pour y inscrire à la hâte tout ce qui leur vient à l'esprit, tout ce qu'ils rencontrent, afin de le retrouver à l'occasion. Il n'y a pas la moindre suite dans tout cela; Voltaire a mis un assez grand nombre d'intitulés çà et là, mais ces intitulés ne couvrent souvent qu'une première phrase, et le reste n'y correspond plus du tout. Beaucoup de faits inexacts, de citations erronées. Voltaire eût sans doute pris soin de les vérifier s'il avait voulu s'en servir. De plus, nombre de pièces licencieuses des poëtes ses prédécesseurs ou contemporains, que Voltaire semble n'avoir transcrites que pour son amusement; quelques pièces sont connues pour appartenir réellement à ces auteurs; il n'en est pas de même de toutes, et parfois les noms sous lesquels elles sont placées semblent avoir été tracés par pure fantaisie. Voltaire était jeune encore quand il fit ce recueil; ceux qui ont vu l'original ont remarqué que les imparfaits y sont encore écrits *oi* et non *ai*, et que l'œuvre, par conséquent, est antérieure à l'époque où il eut son orthographe. Il est toutefois évident que tout n'est pas de la même date.

Le *Sottisier* est demeuré longtemps manuscrit, et à la vérité, on n'a pas de peine à le comprendre. Il n'y a que l'extrême curiosité de notre temps pour les rogatons inédits des écrivains célèbres qui ait pu faire imprimer ce fatras. Ah! si Voltaire voyait publier ces notes parmi ses œuvres, il pousserait de terribles cris, lui qui était si furieux contre « ces maudits éditeurs qui veulent imprimer tout, et qui sont des corbeaux qui s'acharnent sur les morts, comme l'envie sur les vivants ».

Mais une fois jetées dans le courant, on est obligé, bon gré, mal gré, de recueillir ces épaves qui, après tout, peuvent fournir à l'étude de l'homme quelques nouveaux éléments d'appréciation. Plusieurs de nos souscripteurs ont réclamé le *Sottisier* avec instance.

Le *Sottisier* a été publié à part par M. D. Jouaust, en 1880, sur une copie fort incomplète. Celle qui nous a servi avait été communiquée à

AVERTISSEMENT.

Beuchot par le prince Labanof en 1844, c'est-à-dire une dizaine d'années après qu'il eut achevé son édition, et elle est encore dans la collection de cet éditeur conservée à la Bibliothèque nationale [1]. Nous avons fait quelques suppressions, bien moins nombreuses que celles opérées par M. Jouaust, ou du moins par l'auteur de la copie qu'il a suivie; mais, nous ne le dissimulons pas, nous en avons fait quelques-unes. Ce n'est pas en publiant les œuvres de l'auteur de *la Pucelle* et de *Candide* qu'il eût été à propos de faire acte de pruderie exagérée; cependant, nous croyons qu'il y a en toutes choses une mesure qu'il ne faut point dépasser. Pour ne pas laisser ignorer au lecteur ce qui a déterminé nos suppressions, disons que nous avons éliminé tout ou presque tout ce qui a trait au libertinage contre nature dont on faisait alors un sujet de fréquentes plaisanteries qui aujourd'hui ne paraissent plus tolérables. Ceux qui aiment les grivoiseries en rencontreront encore de quoi copieusement se satisfaire.

L. M.

Monsieur

Monsieur BEUCHOT,
116, rue de l'Université.

Paris, ce 29 avril 1844.

Monsieur,

Il y a bien des années, je vous ai fait mention d'*un manuscrit de la main de Voltaire,* qui se trouve à la Bibliothèque de l'Hermitage à Saint-Pétersbourg. Un de mes amis en ayant obtenu une copie, je l'ai apportée ici, afin de vous la communiquer. Veuillez me dire, je vous prie, si vous désirez l'examiner; je me ferai un plaisir de mettre cet exemplaire à votre disposition pour quelque temps. Ce manuscrit est intitulé *le Sottisier.*

Enchanté de saisir cette occasion de me rappeler à votre souvenir.

T. à v.

Le prince LABANOF,
52, rue Neuve-Saint-Augustin.

---

[1]. Réserve, Z. Beuchot, 68 *bis*.

LE SOTTISIER

Article des Arts.

On était bien sot autrefois... Lacoste rapporte dans ses notes qu'en 1600 il y avait à Paris un petit cheval écossais qui faisait les mêmes tours que celui que nous avons vu à la foire Saint-Germain. Son maître fut accusé de magie, et son procès instruit. Songez à la Galigaï, Grandier, Goffredy.

Tout s'oublie : les intrigues de la cour de Henri le Grand furent l'entretien de la cour de Louis XIII. Sous Louis XIV on ne parlait que de la Régence. Tous ces petits événements s'anéantissent les uns par les autres.

1648-49. Invention de boire à la glace. Père Mersenne doutait qu'on pût faire geler de l'eau avec glace et salpêtre.

Dans la régence d'Anne, la cour étant à Saint-Germain, on fut obligé de mettre en gage les pierreries de la couronne. Le roi manqua du nécessaire; on fut obligé de congédier les pages de la chambre. C'est dans ce temps que la princesse Henriette se tenait au lit, faute d'un fagot.

1649. La noblesse française, qui ne s'assembla pas pour réformer l'État, s'assembla pour la querelle d'un tabouret que la reine voulait donner à Mme de Pons et à quelques autres. Le gouvernement était rempli de faiblesse et de ridicule. Le cardinal Mazarin passait publiquement pour l'amant de la reine. Le marquis de Gerson osa faire une déclaration à Sa Majesté, et M. le Prince voulait ôter à la reine jusqu'à la liberté de s'en fâcher. Ces bagatelles causèrent de grands mouvements. Au milieu de ces sottises on assassinait, on supposait des assassinats pour exciter le peuple à la vengeance.

La guerre dans les couvents, dans les églises.

M. Lemaître, exposé, armé de fusil, court à Port-Royal. Voyez Fontaine[1].

Le prince de Condé tantôt fit la guerre aux Parisiens, tantôt la fit à la cour, faisant toucher publiquement son chapelet à des reliques et baisant la châsse de sainte Geneviève, puis faisant mettre le feu à l'hôtel de ville. La reine en pleurs pendant la bataille Saint-Antoine, prosternée dans sa cellule. Les blessés, et le duc de La Rochefoucauld surtout, demandant le secours des Parisiens. Mademoiselle faisant tirer sur les troupes du roi.

Des officiers pendus, par représailles, à Bordeaux. La grand'-salle devenue un théâtre de la guerre; la débauche et la gaieté régnant au milieu de ces horreurs. (*Motteville*).

Traits singuliers du règne de Louis XIV.

N... pendu en effigie et envoyé extraordinaire à Brunswick.

1660. Des comédiens français chez le duc de Zelle.

Chauvigny garde son nom.

Lyonne parle en 1667 du projet de conquérir la Hollande. (*Mémoires de Gourville*, page 14.)

En 1672, Amsterdam se crut tellement perdue que les juifs proposèrent 2 millions à Gourville pour qu'on épargnât leur quartier.

Gourville est le premier qui ait fait remarquer les espèces : il eut ce secret d'un chaudronnier.

Il proposa d'enfermer les ministres au lieu de les chasser.

Colbert fit rendre un arrêt par lequel il était défendu aux gens d'affaires de prêter au roi, sur peine de mort. L'année d'après, il emprunta d'eux.

En 1637, rien n'était si commun que des ambassadeurs qui portaient les armes en faveur des pays où ils étaient envoyés. Le baron de Charnacé, ambassadeur de France auprès des Etats-Généraux, était colonel à leur service.

Ce Loret, aussi mauvais historien que mauvais écrivain, dit

---

[1]. Presque indéchiffrable.

que Henri de Condé naquit treize mois après la mort de son père. Cela n'est fondé que sur la chanson :

> Prince, grâce à la Faculté.

Il dit que les batailles de Constantin sont de Lebrun.

Il prend le Père Riquet pour un ingénieur, et Bonrepos pour son fils.

Louis XIV dans sa minorité fut toujours nourri à crédit. Il ne trouva qu'un chenet dans sa chambre, et point de vaisselle d'argent.

En 1672, Turenne commande aux maréchaux de France. Ils ne veulent pas obéir : on l'exile.

« Sire, dit M. de Vendôme au roi, je me flatte que vous me permettrez d'aller dans mon gouvernement. — Monsieur, quand vous saurez gouverner vos affaires, je vous donnerai à gouverner les miennes. »

Mme de Schomberg disait au roi des choses très fines. « Madame, lui dit le roi, je vais vous dire une chose bien vaine : j'aurais juré que vous auriez répondu cela. »

Homme à la Bastille avec un masque de fer.

En 1671, la tragédie de *Bellérophon*[1] donne à Racine l'idée de *Phèdre*.

La politique a sa source dans la perversité plus que dans la grandeur de l'esprit humain.

1684. Louis XIV se levait à huit heures et un quart.

Dès qu'il était habillé, il travaillait avec ses ministres jusques à midi et demi ; ensuite il entendait une messe en musique.

Au sortir de la messe, il allait chez Mme de Montespan, puis dînait dans l'antichambre de Mme la dauphine. Les gentilshommes servants le servaient. Monseigneur, Mme la dauphine, Monsieur, Madame, Mademoiselle, Mme de Guise, quelquefois les princesses du sang, mangeaient avec lui. Après dîner, il travaillait encore. A huit heures du soir, il allait chez Mme de Maintenon, de là souper, puis chez Mme de Maintenon jusqu'à minuit.

---

1. Tragédie de Quinault, représentée à l'hôtel de Bourgogne en 1670. Le privilège pour l'impression est du mois de février 1671. Dans les *OEuvres de Quinault*, elle a été classée à tort en 1665.

Mai 1685. A onze heures, le doge et quatre sénateurs [1].
Il s'appelait Lescaro Imperiale.

Motteville, 1686. Le roi, amoureux de La Motte d'Argencour, en fait confidence à la reine, qui le fait confesser et communier.

Jeunesse du roi. — *Anecdotes des mœurs.*

L'esprit de désordre était partout. Les processions se battaient: le chapitre de la Sainte-Chapelle contre celui de Notre-Dame, chambre des comptes contre parlement.

Le doge reçu dans la galerie, en velours rouge; les quatre sénateurs, en velours noir.

Il parla couvert, et ôtait souvent son bonnet de velours rouge.

Le roi parla à chaque sénateur.

Il regardait Mme la princesse de Conti avec tant d'application qu'un sénateur lui dit : « N'oubliez pas que vous êtes doge. »

Les quatre sénateurs: Lomellino, Garibaldi, Durazzo, Salvago [2].

Ce qu'on lui fait dire du roi et des ministres : « Le roi nous ôte la liberté par ses bontés et par ses vertus ; mais ses ministres nous la rendent. »

L'évêque de Munster ne fit la guerre aux Hollandais qu'avec l'argent de l'Angleterre.

Parlement. — Le peuple regardait le parlement de Paris comme un corps aussi ancien que la monarchie, fait pour servir de milieu entre le roi et ses sujets, tuteur des rois, père du peuple. La cour le regardait comme un tribunal de justice, et rien de plus. La vérité est que l'autorité et les fonctions de ce corps n'ont jamais été bien réglées, qu'il n'a été puissant que sous les ministres faibles, et il est ridicule de dire qu'il représente la nation. Ce mot seul de *parlement* fait une partie de sa force. L'exemple du parlement d'Angleterre, et le nom de parlement, qui était autrefois en France tout l'État, nous en impose. Si on ne l'avait appelé que premier président, il aurait eu moins de crédit et moins d'ambition.

On peut faire en France plus qu'ailleurs : car Allemagne et Italie divisées, Espagne dépeuplée, Angleterre troublée, etc., etc.

---

1. De la république de Gênes; voyez tome XIV, page 290 et suiv.
2. Voyez tome XIV, page 291.

Turenne disait : « Quand un général prétend n'avoir jamais fait de fautes, il me persuade qu'il n'a jamais fait la guerre longtemps. »

Il en a coûté cent mille écus à Paris-Montmartel pour épouser sa nièce, et vingt mille francs au prince de Guise.

Quinault montrait au roi ses sujets et ses plans d'opéra. Le roi choisit celui d'*Armide*.

Il se fit prononcer par Racine la harangue que cet illustre poëte avait prononcée à la réception de Th. Corneille.

Commerce. — Fait d'abord par les Juifs, puis les Lombards. Nous étions comme les Polonais, qui laissent faire leur commerce par d'autres ; nation fière, légère, et alors peu spirituelle, car les hommes sont les disciples des temps où ils naissent.

Médailles, Monnaies. — Aubry et Marillac sous Henri Second inventent l'usage du moulin, aboli jusqu'à Varin; machines de Briot, Cordon, etc.

N. B. La raison pourquoi Louis XIV fit quelques conquêtes si rapides sur ses frontières fut pour ce qu'il faisait subsister les troupes par magasin. Idée de Louvois.

N. B. L'idolâtrie pour Louis était au point qu'un homme qui aurait parlé de liberté aurait passé pour un ridicule plus complet que tous les personnages de Molière.

Les Algériens ayant rendu à M. d'Amfreville beaucoup d'esclaves chrétiens, il s'en trouva parmi eux beaucoup d'Anglais, qui dirent à M. d'Amfreville qu'on ne rendait tous les esclaves qu'en considération du roi d'Angleterre. D'Amfreville les fit remettre à terre, et les Algériens les renchaînèrent de plus belle, sauf le respect dû au roi leur maître.

Européans, toujours inquiets, changeant tous les dix ans d'intérêt et de politique. Asiatiques, plus uniformes.

Sciences. — Galilée condamné.

Fabri dit que l'Église prend littéralement le *Sta sol*; et si le contraire est démontré, figurativement, semblable à celui qui dans son testament dit : « Je donne tant pour des messes ; si la messe vient à ne rien valoir, à l'hôpital. »

Parodie du roi au Conseil.

Le Conseil à ses yeux a beau se présenter,
Sitôt qu'il voit sa chienne, il quitte tout pour elle.
Rien ne peut l'arrêter
Quand le beau temps l'appelle.

Souveraineté réelle des papes.

La *Rota* est un tribunal qui juge par appel les causes portées à lui de tous les États catholiques. Ces juges sont *un* Français, *deux* Espagnols, *un* Allemand, *huit* Italiens, partagés en trois bureaux, et l'affaire n'est jugée qu'après avoir roulé (*rota*) par chacun des trois.

Le pape s'obstine à donner l'absolution au cardinal d'Estrées pour avoir vu M. de Lavardin.

L'empereur Léopold déclare la guerre, le crucifix à la main (1644).

Une seule fontaine à Versailles, de l'aveu du roi, coûtait trois millions.

1685. Bourdelot s'empoisonne.

M. d'Aubigny, frère de Mme de Maintenon, avait toujours une grosse pension des fermes générales : « J'ai mon bâton de maréchal de France en argent comptant. »

1686. Les Anglais deviennent philosophes, l'esprit de religion se tourne en raison d'État : mille sectes ; mais parmi les régents, aucune. Les erreurs sont nécessaires aux barbares. Il faut qu'un roi guérisse des écrouelles dans un temps d'ignorance ; inutile aujourd'hui.

Le prince Eugène caresse tous les officiers réfugiés, les loge, les nourrit, en compose des régiments.

C'est le cardinal d'Estrées qui fait condamner Molinos à Rome.

Le prince d'Orange a un ministre auprès d'Innocent XI, et le pape entre ensuite dans les grandes alliances.

Louis XIV a fait beaucoup plus de bien à la France qu'aucun de ses prédécesseurs ; mais il n'a pas fait la centième partie de ce qu'il pouvait faire.

1687, janvier. Le roi dîna à l'Hôtel de Ville. Le prévôt des marchands le servit. La prévôte servit la dauphine.

Roupli, Persan, a un procès au conseil. Le roi l'examine et le fait gagner, et lui donne quatre mille écus.

En 1684, les gabelles et les cinq grosses fermes pour.. 35.000.000
Aides et domaines............................ 26.000.000
61.000.000

Sully meurt : on lui trouve trente-sept mille louis d'or en espèces et vingt mille écus. C'est M. de Dangeau qui fait ce conte; mais Mlle Dumoulin, sa petite-fille, m'a assuré le contraire.

Le roi donne une terre de cinquante mille écus à Félix, chirurgien, pour le soin qu'il avait pris de Sa Majesté.

Quelle cour, où on voyait à la fois Condé, Turenne, Louvois, Colbert, Racine, Despréaux, Mansard, Bossuet! Que voit-on aujourd'hui?

Défaite à la Hogue. Vaisseau *Soleil d'or;* on lisait sur la poupe :

> Je suis unique sur l'onde,
> Comme mon maître dans le monde

Russel, cassé pour n'avoir pas assez battu les Français. 1688, 22 avril.

28 septembre. Le roi dit à Monseigneur : « En vous envoyant commander mon armée, je vous donne les occasions de faire connaître votre mérite. Allez le montrer à toute l'Europe, afin que quand je viendrai à mourir on ne s'aperçoive pas que le roi soit mort. »

Un justaucorps était alors une récompense.

7 octobre. L'archevêque, les curés, les supérieurs, les parlements, appellent au futur concile.

Novembre. Le prince d'Orange en partant dit aux États qu'il va en Angleterre pour en chasser la religion catholique, et l'ambassadeur d'Espagne fait faire le même jour des prières publiques pour l'heureux succès des armes du prince d'Orange.

La Quintinie meurt.

1688, décembre. On transporte secrètement le prince de Galles;

la reine d'Angleterre fut toujours cachée à fond de cale. Lauzun écrit au roi pour lui demander la permission de conduire la reine. Le roi lui répond de sa main. En écrivant le roi dit : « Il sera bien surpris de voir mon écriture ; autrefois il y était accoutumé. »

Duquesne, petit-fils du marin, établit une colonie de Français au Cap.

Le roi d'Espagne fait passer de l'argent au prince d'Orange. La reine d'Espagne, fille de Monsieur, osa écrire qu'elle en était indignée. C'est cette même reine que Mansfeld a empoisonnée : elle avait voulu épouser Monseigneur.

1689, janvier. Le roi vient au-devant de la reine d'Angleterre à Chatou : « Madame, je vous rends en cette occasion un triste service ; mais j'espère vous en rendre dans la suite de plus utiles. »

Belles-Lettres. — La Fontaine a fait deux actes de la tragédie d'*Achille*.

Le roi déclare qu'il rend à ses sujets huguenots la moitié de leurs revenus s'ils quittent l'Angleterre pour aller en Danemark ou à Hambourg.

Il montre ses *Mémoires* au duc de Montausier : « J'ai ordonné, j'ai fait, j'ai pris, j'ai conquis ; sire, César n'a jamais dit *moi*. »

Le roi ne faisait alors donner que 18,000 francs aux cardinaux pour leur voyage de Rome, et 16 du temps de Colbert.

Septembre. Racine a un appartement à Marly.

Novembre. Toute l'argenterie à la Monnaie. Le roi n'en tirera que trois millions.

Puissance royale. — Quatre-vingt-dix gros vaisseaux prêts à mettre en mer, et cinquante mille hommes dessus.

1690, avril. A la mort de Mme la dauphine, le roi dit à Monseigneur : « Voyez ce que deviennent les grandeurs de ce monde ; nous serons ainsi, vous et moi. »

Monseigneur avait une commission pour commander l'armée : « *A mon fils le dauphin*, mon lieutenant général commandant mes armées en Allemagne. »

Août. Feux de joie pour la prétendue mort du prince d'Orange peu désapprouvés par le roi.

Les princes du sang ne mènent point de gardes à l'armée.

Un capitaine aux gardes monte le premier et le dernier jour devant le prince du sang.

Monsieur et soixante gardes donnent l'ordre les deux premiers jours ; les princes du sang le premier.

Van den Enden (*A Finibus*), philosophe habile, fut pendu pour avoir conspiré avec le chevalier de Rohan et Latréaumont. Il avait deux filles dont l'une enseigna la géométrie à Spinosa.

La mère de Mᵐᵉ de Maintenon s'appelait Cardillac, fille du gouverneur du château Trompette ; elle épousa d'Aubigné dans la prison, et le suivit à Niort, autre prison où elle accoucha.

Louis XIV, et par conséquent toute la cour, porta le deuil pour le cardinal de Mazarin.

La plupart des événements qui n'ont point amené de grandes révolutions sont comme des coups de piquet qui n'ont ruiné personne et que les joueurs oublient.

Le roi, en donnant des grâces, disait : « Je fais un ingrat et cent mécontents ».

Le pape est une idole à qui on lie les mains et dont on baise les pieds.

1691, juillet ; lundi 16. Louvois meurt soudainement, après avoir travaillé avec le roi. Les médecins et les chirurgiens l'ont cru empoisonné.

C'était le plus riche ministre. Le roi dit au roi d'Angleterre : « J'ai perdu un bon ministre, mais vos affaires et les miennes n'en iront pas plus mal. »

On met en prison un des domestiques, Savoyard de nation, qu'on soupçonne d'avoir donné le poison.

On trouve à l'extraordinaire des guerres, chez Tarmanies, un fonds de quinze millions, et trois chez La Touanne.

Corneille entreprit *Cinna* après la lecture du vingt-troisième chapitre de Montaigne : « Sénèque, *de Clementia* ».

1691, octobre. Le roi donna à M. de Turenne et à M. de Montmorency chacun mille louis pour la nouvelle du combat de Leuze. Avant ce temps, on donnait des pierreries.

1692, dimanche 30 mars. L'abbé d'Argouge, évêque de Vannes, l'abbé de Sillery, évêque de Soissons, recoivent leurs bulles avec cette clause qu'ils feront leur profession devant le nonce.

Dans l'établissement des Invalides on imagina des machines pour faire travailler les aveugles.

13 juin. Au château devant Namur, le comte de Toulouse reçoit une contusion au bras, entre le roi et Monseigneur.

On trouva chez les jésuites (1250[1]) des bombes toutes chargées. Le roi se contenta d'envoyer le recteur à Dôle.

N'oublions pas Solegel[2]; car quoiqu'il ne soit l'auteur que du *Parfait Maréchal*, c'était un homme unique pour élever les jeunes gens et les chevaux.

Douze mille enfants trouvés, dont dix mille meurent.

Juillet. Le pape indique des prières publiques pour le rétablissement du roi catholique : il n'avait pas nommé le roi Jacques. Pas un seul cardinal italien ne s'y trouva.

Octobre. Le roi Guillaume, joué publiquement à la foire d'Amsterdam. Un bateleur ayant nommé tous les rois de l'Europe, dit qu'il aimerait mieux être le roi Guillaume qu'aucun d'eux parce qu'il prenait de l'argent partout pour ne rien faire.

Nota. Quand on apprit à Paris qu'on venait de couper le cou au roi, tout le monde pleura. A sa mort, j'ai vu tout le monde rire.

« Ah! que cet homme est laid, dit la dauphine au roi en parlant de Dumetz, de l'artillerie. — Moi, je le trouve très-beau, car c'est un des plus braves et des plus honnêtes hommes de mon royaume. »

« Je voudrais avoir perdu l'autre bras et ne plus servir, disait le brutal comte de Marivault[3]. — J'en serais bien fâché pour vous et pour moi », répondit Louis XIV.

1693. Le roi (en temps de guerre) donna 15,000 livres au duc de La Rochefoucauld pour payer ses dettes : « Que ne parliez-vous, dit-il, à vos amis? »

Samedi, 23 mars. Le roi, en créant des maréchaux de France,

---

1. 1250 est évidemment une faute de copiste.
2. Lisez *Solleysel*.
3. Voyez tome XIV, page 491.

introduit l'usage de donner sa canne au ministre secrétaire d'État qui lit le serment ; le ministre met cette canne entre les mains du maréchal. Autrefois on leur donnait un bâton fleurdelisé, qu'ils portent encore dans leurs armoiries.

A la Haye, j'ai vu un livre entier d'éloges du prince d'Orange sur la victoire de Senef.

Il n'y a que les capitaines des gardes du corps qui prêtent serment l'épée au côté. M. de La Feuillade est le premier colonel des gardes-françaises qui ait eu ce privilége.

1693, juin. L'écuyer de l'ambassadeur de l'empereur condamné à être décollé pour avoir insulté des sbires. Ses heiduques pendus.

Le roi d'Espagne traite comme grands d'Espagne les généraux des cordeliers, des capucins, des dominicains.

Il fait le même honneur aux carmes, qui n'étaient pas moins humbles.

Le roi les traite comme envoyés des têtes couronnées.

Il n'y a qu'aux Gobelins que l'on travaillait en haute lisse ; les autres manufactures étaient de basse lisse.

1694. Rang du duc du Maine au parlement comme comte d'Eu, au nom de sa pairie.

L'ambassadeur de Venise rend au duc du Maine et au comte de Toulouse les mêmes honneurs qu'aux princes du sang.

1694. Le nonce en fait autant.

1695. Le roi a besoin ou croit avoir besoin d'un indult pour nommer à l'archevêché de Cambrai, à cause du contrat germanique.

On commence à enrôler par force, et il y a des tours établis dans Paris. Le roi ordonne qu'on en fasse justice ; mais cet ordre est éludé.

1696, août. Monsieur mande à Madame royale sa fille qu'elle se défie de Mansfeld, violemment soupçonné d'avoir fait empoisonner la reine d'Espagne.

La reine d'Espagne mourut après avoir mangé un pâté d'anguilles.

Le roi a un anthrax ; Racine couche dans sa chambre.

1696. Trois personnes que la reine aimait et qui mangèrent

du pâté d'anguilles en moururent. C'était la comtesse de Perlips[1], Zapata et Nina. La reine était grosse; on lui ouvrit le côté, on lui trouva un garçon. Le roi confirma ces nouvelles à son petit couvert[2].

A la mort de Louis XIII, il n'y avait que pour 700,000 fr. de pierreries de la couronne. En 1696, il y en avait pour 11 millions 330,000 livres.

Septembre. La Compagnie donne au roi une somme de 400,000 livres.

Quand Ruvigny sortit de France, il laissa un dépôt dont le roi avait le secret. Tant que Louis XIV fut le seul qui en fut informé, il ne le confisqua pas; mais il le confisqua dès qu'il en fut informé par d'autres. Il eût été plus beau de faire rendre le dépôt.

1697. Sur la nouvelle de l'élection du prince de Conti, le roi, en le présentant chez Mme de Maintenon, lui dit : « Voilà un roi que je vous amène. »

Neuf millions en lingots d'or et d'argent pris à Carthagène.

1698. Ce n'est que depuis M. de Boufflers que le roi donne les compagnies des gardes.

La ferme des postes, 2,300,000 livres, augmentée avec le commerce de 300,000.

L'abbé de Polignac exilé pour s'être malheureusement conduit en Pologne.

Lignes parallèles inventées depuis la paix des Pyrénées.

1700. Conseil de commerce érigé.

Argent chez les gens d'affaires à quatre pour cent.

Le roi d'Espagne par son testament déshérite quiconque est empereur et roi de France.

Première loterie.

Le roi demanda en riant à Mme la Duchesse, à Mme la princesse de Conti et à plusieurs autres, quel parti elles prendraient sur l'Espagne. « Quelque parti que je prenne, dit le roi, je sais bien que beaucoup de gens me condamneront. »

---

1. Voyez tome XIV, pages 333, 461.
2. Fort suspect. (B.) — Cette note de Beuchot pourrait être répétée fréquemment au bas de ces pages. Ce que nous avons dit dans l'*Avertissement* doit suffire à mettre le lecteur sur ses gardes.

1701. Le roi, en parlant des propositions de l'empereur pour la succession d'Espagne, dit au duc de La Rochefoucauld : « Vous les trouverez encore plus insolentes qu'on ne vous l'a dit. Elles sont imprimées. »

La Touanne et Sauvion doivent dix millions : le roi se charge de leur dette.

Le roi Guillaume fait consulter Fagon sur sa maladie, sous le nom d'un curé. Fagon répond que le curé n'a qu'à recevoir Notre-Seigneur.

Martin, prêtre de l'Oratoire, fit faire le testament en conseillant le Porto-Carrero, qui est un homme fort borné. Harcourt n'en savait rien. Torcy ne le sut que quand la chose fut faite. Mais que devint Martin?

Le chevalier de Pontchartrain avait déconseillé l'acceptation. M. de Villaine m'assura que l'on dégoûta bientôt le roi, et que le cardinal d'Estrées fut chargé de dégoûter le duc d'Anjou, de peur d'attirer à la France trop d'ennemis. Le duc d'Orléans devait se faire roi d'Espagne.

Décembre. L'empereur écrit au roi, *proprio pugno :* Au Roi, parce que la chancellerie de Vienne lui refuse le titre de *Majesté.*

Savoir si le père de Samuel Bernard était un protestant, peut-être professeur à l'Académie de peinture.

Mme la duchesse de Bourgogne joue la comédie chez Mme de Maintenon. Elle joue la fille d'Absalon; le comte d'Ayen, Absalon. Baron y jouait.

Elle dîne à la Chevrette.

1702. Après la prise du maréchal de Villeroy le roi dit : « On le hait parce qu'il est mon favori », terme dont il ne s'était jamais servi auparavant.

Mars. Pensions de 1,000 livres à Tourreil, Dacier, abbé Tallemant.

Guillaume III meurt. Ordre à M. d'Argenson d'empêcher les feux de joie.

En 1709 meurt Chrétien-Franç. Lamoignon, avocat général, puis président, qui abolit le congrès. Son père était premier président. Sa mère, louée par Boileau, fut enterrée par les pauvres, qui allèrent l'enterrer à Saint-Leu.

Toutes les nations de l'Europe citent les Romains dans leurs discours publics; mais les Français ne citent jamais les Espagnols, *et vicissim*. Ce sont des provinciaux qui citent la capitale.

1704. Marivault[1] dit au roi : « Sire, je voudrais avoir perdu ce bras-là lorsque je me suis mis à votre service. — Marivault, j'y aurais plus perdu que vous. »

Lettre du roi à Le Tellier, archevêque de Reims, touchant Barbesieux; l'original chez le G. O. S.

Pompes établies par Duperrier[2], ancien comédien et valet de Molière.

Papiers brûlés par le roi avant sa mort. C'était le caractère de ses courtisans. On tient ce fait du chancelier Voisin.

Despréaux perd sa pension parce que le Père Le Tellier lui impute de mauvais vers. Obligé de faire un désaveu. (*Olivet.*)

Discours du roi au maréchal de Villars.

Mme de Maintenon née dans la prison de Niort, son origine, son voyage en Amérique à deux ans, son mariage avec Scarron, ses amours avec Villarceaux, dont elle eut un fils : particularités inutiles pour les sages, mais dont le peuple est avide.

A la paix avec l'Angleterre, Louis XIV demande au moins en grâce à la reine Anne qu'on laisse subsister une des écluses de Dunkerque. Refus. Obligé par Stair de démolir le reste des ouvrages et d'abandonner le canal de Mardick.

Le duc d'Aumont et le duc d'Antin obtiennent un droit de 20 sols par jour sur les carrosses de remise.

Le Puget a bâti, peint et sculpté une église à Marseille.

(*Fin des sots Mémoires de Dangeau.*)

Remarques diverses sur l'histoire de France.

Machiavel, dans son *Principe*, dit que la plus grande sûreté des rois est le parlement. Cela était bien quand il y avait des seigneurs dangereux, que l'autorité du parlement pouvait réprimer; mais, depuis, le parlement est devenu lui-même très-dangereux.

---

1. Voyez la note 3 de la page 496.
2. Nom défiguré. Lisez Ducroisy, qui fut bien comédien, mais non valet de Molière.

Ce qui était une arme défensive devient aujourd'hui un trait dont on est blessé.

Henri IV et toute la cour portèrent le deuil pour Gabrielle d'Estrées, et Louis XIV pour le cardinal Mazarin.

La bataille d'Hochstædt perdue parce que les Français supposèrent que les ennemis ne pourraient passer, au mois de juillet, un marais qu'ils n'avaient pu passer en novembre.

Caractère des Français.

Du temps des croisades, selon Anne Comnène, les seigneurs français logés chez l'empereur Alexis furent en deux jours les maîtres de la maison.

Haquin, roi de Norwège, dit au roi saint Louis : « Mes sujets sont railleurs, et les vôtres sont des brutaux ; il faut les séparer. »

Il ne faut qu'un génie très-médiocre et un peu de bonheur pour être bon ministre, même dans une république ; mais, dans un empire despotique, il ne faut que la faveur du maître. On estime de loin les favoris, mais de près ils sont des hommes bien communs.

Le grand Gustave changea la manière de combattre. Le duc de Weimar, son disciple, fut le maître de Turenne. L'infanterie commença alors à se mettre en réputation. On attaqua en colonne, c'était l'usage des Romains. Des armes meilleures, ou un ordre de bataille supérieur, est ce qui donne l'avantage, et peut-être c'est là tout le secret des conquérants. Machiavel est le premier des modernes qui ait conseillé d'attaquer en colonne. Machiavel dit aussi que l'infanterie doit décider à la longue du sort de la guerre, malgré l'opinion commune.

Ridicule de ceux qui comparent l'histoire de France à la romaine, Condé à César, Louis XIV à Alexandre.

Pauvre chose que la France avant Louis XIV ! Rois sans pouvoir avant Louis XI ; Charles VIII et Louis XII, conquérants malheureux ; François Ier, vaincu ; guerres civiles jusqu'à Henri IV ; sous Louis XIII, faiblesses et factions.

Astrologues appelés dans le cabinet de la reine Anne au moment de ses couches.

1716. Le lord Dewentwater et Kermure, jugés à mort. L'un fait une harangue fort longue où il se dit catholique et serviteur du prétendant. Kermure dit : « Je ne suis point venu pour haranguer, mais pour mourir. » Un troisième fut sauvé par sa femme, qui lui donna ses habits.

Cromwell n'abusa jamais de son pouvoir pour opprimer le peuple ; il rendit la nation florissante au dedans et respectable au dehors. Usurpateur et non tyran.

Mélange de grandeur et de ridicule dans la puissance du pape.

Le petit combat de Denain sauva Louis XIV, comme le petit combat d'Arques sauva Henri IV. Souvent un petit succès chez soi prévaut sur vingt victoires des ennemis.

L'histoire ordinaire, qui n'est qu'un amas de faits opérés par des hommes, et par conséquent de crimes, n'a guère d'utilité, et celui qui lit la gazette aurait même en cela plus d'avantage que celui qui saurait toute l'histoire ancienne. La curiosité seule est satisfaite.

Je ne crois pas que le succès dans le ministère fasse un grand homme. Le cardinal de Richelieu a été le maître ; mais est-on un grand homme pour être vindicatif, impérieux, sanguinaire, et pour avoir gouverné un roi faible? Un grand génie écrit-il des sottises? Richelieu était un théologien pédant et un poëte ridicule.

Religion.

Du vivant de Louis XIII, on avait des évêchés sans être dans les ordres. Le duc de Guise le Napolitain était archevêque de Reims sans être tonsuré ; et le duc de Verneuil, à ce que je crois.

Duel.

Louis XIV abolit les duels, que tant d'autres rois avaient autrefois maintenus, et qui avaient été regardés longtemps comme le plus beau privilége de la noblesse et comme le devoir de la chevalerie. Le serment des anciens chevaliers était de ne souffrir aucun outrage et de venger même ceux de leurs amis; mais il n'y a de pays bien policé que celui dans lequel la vengeance n'est qu'entre les mains des lois. Il y avait jusqu'à cinquante formules de cartels, etc.

Chez les flibustiers, la justice consiste à choisir un parrain qui fait tirer les deux parties. Les Français n'ont été, pendant des siècles, que des flibustiers.

Les évêques ordonnèrent quelquefois le duel.

Le pape Nicolas Ier appelait les duels *combats légitimes*.

Quelques conciles l'ont appelé « le jugement de Dieu ».

Belles contradictions.

Le maître à danser de Louis XIV avait 7,600 livres par an, et le maître de mathématiques 1,500.

Galanteries de M. d'Antin, et délicatesses du plus agréable courtisan.

L'allée de Petitbourg abattue, la forêt de Fontainebleau.

La chambre de Mme de Maintenon.

La médaille de Pierre le Grand.

Les statues posées exprès de travers pour les faire redresser par le roi.

Louvois avance l'argent pour le siège de Namur.

Brouillé avec le roi, raccommodé par Mme de Maintenon. Mort de douleur. (M. d'Antin me l'a dit.)

Les jésuites, en 1710, étaient au nombre de 20,000.

Académie française établie par Charles IX, à la sollicitation de Baïf.

Histoire de Paris, histoire de l'Université.

Les mathurins ont toujours été appelés *Ordo asinorum*, jusqu'à ce que l'Université tînt chez eux ses séances.

Le cardinal Albéroni veut faire le corps italique à l'instar du germanique. Idée sublime.

Prise de Saint-Marin tyrannique et ridicule.

Spinosa ayant reçu cinq cents livres de rente du père d'un jeune homme qui avait été son disciple, rend les cinq cents livres au jeune homme devenu pauvre.

Mille livres sterling données à M. Carte pour écrire l'histoire d'Angleterre.

Charles XII jouant aux échecs faisait toujours marcher le roi.

Rime italiane dell' avvocato Zappi [1].

SONETTO.

Due ninfe emule al volto e alla favella
Movon del pari il piè, movono il canto,
Vaghe così, che l' una all' altra accanto
Rosa con rosa par, stella con stella.

Non sai se quella a questa, o questa a quella
Tolga o non tolga di beltade il vanto,
E puoi ben dir : null' altra è bella tanto;
Ma non puoi dir di lor : questa è più bella.

Se innanzi al pastorello in Ida assiso
Simil coppia giugnea, Vener non fora
La vincitrice al paragon del viso.

Ma qual di queste avrebbe vinto allora ?
Non so : Paride il pomo avria diviso,
O la gran lite penderebbe ancora.

En français :

Adam l'aurait prise de vous,
Et Pâris vous l'aurait donnée.

Ah ! mon mal ne vient que d'aimer,
Mais je ne sais laquelle.

Quand Pâris à Vénus la pomme présenta,
Elle eût été pour vous, mais vous n'étiez pas là.
Si vous aviez été les trois déesses
Qui de Pâris avaient brigué la voix,
Belles princesses,
Sans aucun choix
On l'aurait vu couper la pomme en trois
Et tour à tour caresser vos six fesses

---

[1]. Né en 1667, mort en 1719.

SONETTO DEL MEDESIMO AVVOCATO ZAPPI.

La difesa di Lucrezia [1].

Che far potea la sventurata e sola
Sposa di Collatino, in tal periglio ?
Pianse, pregò, ma in vano ogni parola
Sparse, in vano il bel pianto uscì dal ciglio.

Come a colomba su cui pende artiglio,
Pendeale il ferro in sull' eburnea gola :
Senza soccorso, oh Dio ! senza consiglio,
Che far potea la sventurata e sola ?

Morir, lo so, pria che peccar dovea;
Ma quando il ferro del suo sangue intrise,
Qual colpa in sè la bella donna avea ?

Peccò Tarquinio, e il fallo ei sol commise
In lei, ma non con ella : ella fu rea
Allora sol che un' innocente uccise [2].

Que suis-je, dieux cruels! Tempérament funeste,
Pourquoi sers-tu si bien un tyran que je hais?
Ne t'en applaudis pas, barbare, je déteste
  Jusqu'au plaisir que tu me fais.

Le corne sono come i denti : al nascer
Fan malo, e poi si mangia con essi.

O Padre, io sono amante. — È poco male. —
Favellai qualche volta... — Innanzi, via. —
Strinsi al mio ben la mano. — È cortesia. —
Baciai il suo volto. — È cosa veniale. —
M' immaginai goder. — Poco mi cale. —
Desiderai il piacere. — È una follia. —
[3] . . . .
Commover mi sentii. — È naturale. —

---

1. Il y a dans les Œuvres de Zappi : *Si scusa Lucrezia*.
2. Zappi, transportant les habitudes de sa profession dans la poésie, a fait un autre sonnet sur *Lucrèce*, où il soutient tout le contraire et conclut :

  ..... Incauta e stolta!
  Ebbe in pregio il parer, non l'esser casta.

3. Il y a ici un vers douteux, quelque chose comme :

  Cercai chi mi godesse. — Io lo vorria. —

Mais la leçon n'est pas certaine.

Ed invitai il mio ben. — Non foste stolta. —
Ei venne e si spogliò. — Bene; e spoliato?
. . . .
Mi fottè. — Gia me l' ero immaginato.
Ma ditemi di grazia, una sol volta? —
Sì. — E questo, per Dio, è un gran peccato[1].

Sopra i preti.

Non sa quel che sia amor, non sa che vaglia
La caritade; e quindi avvien che i preti
Sono sì ingorda e sì crudel canaglia[2].

Faits singuliers de l'histoire de France.

Si on avait trouvé 50 écus au trésor royal pour envoyer au duc de Guise, il n'y aurait point eu de barricades.

Ce qui détermina Louis XIII, à l'âge de seize ans, à faire assassiner Concini, c'est qu'on lui avait refusé 1,500 écus. Concini, sur ce refus, avait dit au roi : « Sire, que ne vous adressez-vous à moi? »

Le duc d'Épernon, accusé de l'assassinat de Henri IV par La Garde.

Prisonnier à la Bastille ayant toujours un masque de fer, soupçonné d'être un frère aîné de Louis XIV.

La philosophie de Descartes proscrite par lettre de cachet, sous Louis XIV, en 1675.

Charles VII banni par arrêt du parlement.

Procès de Henri III commencé par le parlement : Michon et Courtin, enquêteurs.

Arrêt du parlement contre l'antimoine et pour Aristote.

---

1. Cette petite pièce est un sonnet incomplet dont nous avons vainement demandé l'auteur aux érudits italiens.
2. Ces vers sont détachés de la satire de l'Arioste à Annibal Malaguzzi. Ils ne sont bien compréhensibles que si l'on a sous les yeux les vers qui les précèdent et que voici :

. . . . . Senza moglie a lato
Non puote uomo in bontade esser perfetto.
Nè senza si può star senza peccato;
Chè chi non ha del suo, fuori accattarne,
Mendicando o rubandolo, è sforzato.
E chi s'usa a beccar de l'altrui carne,
Diventa ghiotto, ed oggi tordo o quaglia,
Diman fagiani, uno altro di vuol starne :
Non sa quel che sia, etc.

En France, les rois de la première race donnaient tous les bénéfices.

La femme de saint Louis fit promettre à un chevalier français de la tuer au cas qu'elle tombât au pouvoir des Sarrasins. « J'y avais déjà pensé, madame », répondit le chevalier.

Aux derniers États de 1614, le cardinal du Perron eut l'insolence de dire à la chambre du tiers état, de la part du clergé, qu'on excommunierait ceux qui oseraient soutenir que le pape ne peut pas déposer le roi.

Louis le Jeune fut obligé de se faire couper la barbe, sur les remontrances de Pierre Lombard, évêque de Paris.

Depuis Louis le Jeune jusqu'à François Ier, tout menton français fut rasé. On voit encore une lettre de François second au chapitre de Reims pour le prier de recevoir un archevêque barbu, parce qu'il allait dans un pays où la barbe était de mode.

Tout a changé en France : gouvernement, langue, habits, manière de combattre.

Au procès du duc d'Alençon, les présidents eurent la préséance : c'est le premier exemple.

Notre roi Jean accorda une charte pareille à celle que Jean sans Terre donna ; mais les Français ne sont pas faits pour la liberté : ils en abuseraient.

L'ordre du tiers état commence sous Philippe le Bel.

Règlement des états sous Charles VI.

Sous Charles IX, règlement pour les habits, lois somptuaires, preuve de pauvreté.

On portait, sous Henri II, des braguettes d'un pied, au fond desquelles on mettait d'ordinaire une orange qu'on présentait aux dames. Alors les dames baisaient tout le monde à la bouche.

Pascal second demanda pardon à Louis le Débonnaire d'avoir accepté le pontificat sans sa permission ; mais, peu de temps après, les papes voulurent être souverains des empereurs mêmes.

Jean, roi de France, fit couper la tête à Raoul, connétable, à l'hôtel de Nesle, sans forme de procès.

Henri III, pour avoir fait tuer le duc de Guise sans lui couper la tête avec un peu de cérémonie, passa pour un assassin.

Sous le roi Jean, un nommé La Rivière, mort en prison, eut la tête coupée après sa mort.

Le parlement bannit Charles VII, condamna le duc de Lorraine sous Charles VI à être écartelé, le duc de Mercœur sous Henri IV, la maréchale d'Ancre à être brûlée comme sorcière, fit instruire le procès de Henri III, mit à prix la tête de l'amiral Coligny et du cardinal Mazarin (chacune à cinquante mille écus, c'est un prix fait), donna un arrêt pour Aristote et un contre l'émétique.

Dans l'antichambre de la chapelle de Sixte-Quint est peint le massacre de la Saint-Barthélemy : *Pontifex Colinii necem probat.*

Le gouvernement de France, d'Espagne, ne veut qu'une religion. Le gouvernement turc permet toutes les sectes aux peuples conquis.

En une république, le tolérantisme est le fruit de la liberté et l'origine du bonheur et de l'abondance.

Les rois sont avec leurs ministres comme les cocus avec leurs femmes : ils ne savent jamais ce qui se passe.

Faits concernant le siècle de Louis XIV, tirés de l'Histoire de Hollande.

1672. Les Anglais dans leur manifeste ayant dit que les Hollandais avaient fait frapper des médailles *abusives*, insultantes, ils répondirent qu'il n'y en avait qu'une de vraie, et ainsi des tableaux abusifs. Le tout, faute de s'entendre.

Lorsque Louis XIV porta la terreur dans Amsterdam et que cette ville imprenable craignit d'être prise, chacun s'empressa de retirer son argent de la Banque. Tout le monde fut payé. On retrouva les mêmes monnaies déposées au temps de la fondation de la Banque, et noircies encore du feu qui en avait approché lorsque la Maison de Ville brûla. (Voyez *Gourville*.)

Il est faux que le roi ait pu empêcher Amsterdam de noyer le pays en se saisissant de Marden.

Louis XIV ordonna aux habitants d'Utrecht, qui s'étaient enfuis, de revenir, sous peine de pillage de leurs maisons.

Louvois faisait offrir de l'argent à tous les commandants des places ennemies avant de les assiéger, témoin Du Cerceau, qui commandait au sac de Gand, à qui on offrit 10,000 écus, et qui en donna avis au roi Guillaume, alors prince d'Orange.

Il exigea des sommes immenses de toutes les villes, 16,000 florins de celle de Vourde.

Le chevalier Temple eut le courage de dire à Charles II, roi d'Angleterre : « Sire, Gourville, le Français le plus sensé que j'aie jamais connu, m'a dit qu'un roi d'Angleterre qui veut être plus que l'homme de son peuple n'est plus rien. »

1672. Assassinat des deux frères de Witt.

1673. Un Écossais, nommé Jean Frazer, vint à Amsterdam pour mettre le feu à la flotte hollandaise, action qui l'eût immortalisé en Angleterre, et qui le fit expirer sur la roue en Hollande.

1675. Ruyter, en partant pour la Méditerranée, sur laquelle il fut tué, dit : « Quand les États m'ordonneront d'aller attaquer l'ennemi avec un seul vaisseau, je hasarderai toujours ma vie où l'État hasardera sa bannière. »

1677. Le prince d'Orange, mal secouru et souvent malheureux à la guerre, dit au Pensionnaire, qui lui conseillait de céder et de faire la paix : « J'ai vu un batelier qui, avec un petit bateau, ramait contre le courant d'une écluse. L'eau l'a repoussé vingt fois ; mais enfin, à force de patience, il a passé. » Ainsi fit le prince d'Orange.

1678. Le parlement d'Angleterre supplie son roi de faire la guerre à Louis XIV, jusqu'à ce qu'il soit réduit au traité des Pyrénées.

Alors la France conduisait si bien ses affaires qu'on disait à Rome : *Tutti i Francesi matti sono morti*[1].

1682. En ce temps-là, tout l'empire fut persuadé de la nécessité de conserver les Provinces-Unies dans la forme de leur gouvernement, qui ne peut avoir l'esprit de conquête.

Épiscopaux, presbytériens, ennemis jurés, mais réunis contre Jacques.

Le jésuite Peters, cause de son malheur.

Réflexions sur l'origine du pouvoir des jésuites.

Saint Ignace était un imbécile ; renonciation aux dignités par

---

1. C'est-à-dire : « Tous les Français fous sont morts. » La phrase italienne a été absolument défigurée par le copiste.

humilité, cause de leur grandeur. Vœu d'enseigner la jeunesse au lieu d'aller prêcher les infidèles, parce que les chemins étaient alors impraticables. Leur gouvernement monarchique, ayant toujours à leur tête un vieillard expérimenté et modéré.

Chrétiens divisés en deux factions, ecclésiastique et séculière : origine de tout trouble.

Dans la guerre de Paris, le parti royal eut enfin le dessus, parce que ses ennemis furent toujours divisés d'intérêt. Personne ne combattit pour la liberté, et, le peuple n'ayant, dans cette guerre, ni le fanatisme de la religion, ni l'enthousiasme de la liberté, tout fut bientôt calmé. En ce temps, les horreurs les plus honteuses se commettaient avec un esprit de plaisanterie, et on faisait la guerre avec des chansons et des vaudevilles.

Empoisonnement dont parle Joly, etc.

Commencement des troubles, douze charges de maître de requêtes créées.

Faits tirés de l'histoire de Turenne.

Prêtres commandent des armées : Richelieu, La Valette, Sourdis.

1639. La Valette général en Piémont.

M. de Turenne disait : « J'ai appris la guerre sous quatre maîtres : le prince Henri d'Orange m'apprit à camper et à conduire les projets d'une campagne ; le duc de Weimar, à faire beaucoup avec peu de forces, à réparer les fautes sans songer à les excuser, à me faire aimer des soldats ; le cardinal de La Valette, à oublier les plaisirs de la cour ; et le comte d'Harcourt de Lorraine, à profiter de la victoire. »

Quelle impertinence à Ramsay de dire que Cromwell révolta les Anglais contre Charles Ier ! Cromwell n'était pas connu au commencement des guerres civiles.

Quelle sottise de parler des guerres civiles de France au temps où elles furent apaisées et de rompre ainsi l'ordre des temps et l'enchaînement des faits !

Que de choses étrangères à l'histoire de Turenne ! Les ailes sont plus grandes que le corps de logis.

1650. Turenne, beaucoup plus faible que ses panégyristes ne le représentent, trahit le roi, dont il commandait l'armée, et il n'y eut d'autre raison de sa trahison que son amour pour M™ de Longueville, qui se moquait de lui. Il trahit, en 1672, le secret du roi par une semblable faiblesse pour M™° de Coetquen, qui le paya du même mépris.

Il sauva par sa prudence, à Réthel toute la France, l'Empire à Mariendal, à Cambrai l'Escurial.

La duchesse de Longueville et lui firent un traité avec l'Espagne. Turenne voulut débaucher l'armée qu'il commandait; mais il fut sur le point d'être arrêté, et le marquis de La Ferté tailla en pièces quelques troupes que le vicomte avait entraînées dans sa révolte.

Condé méprisé par Cromwell, qui ne voulut jamais s'unir avec lui.

Je crois qu'on ne peut guère juger du génie et des vues d'un ministre que dans le calme des affaires, parce qu'alors, étant le maître, il est coupable de tout le bien qu'il ne fait pas; mais, dans la tempête, il n'est point responsable du vaisseau dont on lui arrache le gouvernail : c'est ce qui me fait mépriser Mazarin sans trop admirer Richelieu.

Dans l'Espagne il y eut aussi des mouvements à l'occasion du jésuite Nitard. Cet homme, qui rassemblait l'insolence d'un Espagnol, d'un jésuite et d'un prêtre, dit au duc de Lerme : « Vous me devez du respect, puisque j'ai tous les jours votre Dieu entre mes mains, et votre roi à mes pieds. »

Il faut bien se souvenir de prévenir le lecteur contre tous ces mémoires imprimés en Hollande, et ces misérables *Ana* dans lesquels on attribue au roi, au prince de Condé, etc., mille sottises qu'ils n'ont point dites et des bons mots que d'autres ont dits deux cents ans auparavant; par exemple l'air de flûte du duc d'Orléans ; *Ce qui est venu par le tambour retourne par la flûte,* attribué au violon du duc de Nevers.

Duel.

Lois anciennes pour les duels appelés le jugement de Dieu, et devenus un crime irrémissible. Le prince de Conti fait jurer les États de Provence de ne les plus permettre, en 1663.

Religion.

Dans les pays où l'on a liberté de conscience, on est délivré d'un grand fléau : il n'y a point d'hypocrites.

Un homme est pendu pour le service de Philippe V. Son fils demande, pour récompense, un pendu et une fleur de lis pour armes.

Le père Bazar a écrit sérieusement que les noms de Marlborough, Cadogan, Vassener, etc., étaient des noms de diables.

Faits détachés de l'histoire de France, qui peuvent servir d'exemple ou faire connaître le génie du siècle.

L'astrologie avait tellement infatué les princes que le marquis de Saluces quitta le parti de la France pour celui de l'empereur sur une prédiction.

Le parlement de Paris donna un arrêt contre l'empereur Charles-Quint, ce que l'Europe trouva aussi ridicule que son arrêt contre l'antimoine.

Henri VIII fit consulter notre Sorbonne sur son mariage avec Anne de Boulen et acheta leur avis (au rapport de de Thou). Cette digne Sorbonne a condamné Henri III et a justifié l'assassinat du duc d'Orléans.

De Thou est un pauvre physicien ; il dit que, le corps de Zwingle, tué dans la bataille de Saint-Gal, ayant été brûlé, son cœur ne put jamais être consumé, et il assure qu'il y a beaucoup de personnes qui ont une partie de leur corps sur laquelle le feu ne peut agir.

Cette même Sorbonne vint au Louvre accuser l'évêque de Mâcon, Pierre Chatelain, d'hérésie, parce qu'il avait dit en son oraison funèbre que François Ier n'avait point passé par le purgatoire ; sur quoi Jean de Mendoze, premier maître d'hôtel du roi, leur dit : « Messieurs, je sais, etc. ; mais, s'il y a passé, ce n'a été que pour boire un coup. » (*De Thou.*)

Religion.

Les prêtres sont aux monarques ce que les précepteurs sont aux pères de famille : il faut qu'ils soient les maîtres des enfants, mais qu'ils obéissent au père.

Science.

Il était ridicule autrefois d'être savant, parce que les sciences étaient ridicules en elles-mêmes. Un homme qui savait tout ce que l'École enseigne ne savait que des impertinences ; mais aujourd'hui il est permis même à une femme de savoir, parce qu'en effet la lecture des bons livres et les vérités mathématiques n'ont rien que de respectable. Le goût manquait en France jusqu'à Louis XIV, parce que le royaume n'était pas assez florissant pour que les beaux-arts, qui sont enfants de l'abondance, de la société et de l'oisiveté, fussent de mode.

Politique.

Les pauvres gens, qui prétendent qu'on doit se gouverner à Paris comme à Lacédémone, et que les mêmes lois sont bonnes également pour nos Parisiens voluptueux et pour des Hollandais !

C'est un vieux fou que ce Folard. Ce qu'il y a de plaisant dans cette affaire de Cassar, c'est que Praslin et Revel y furent blessés à mort.

Quand il plaît au roi de créer des charges, il plaît à Dieu de créer des fous pour les acheter.

Les jésuites font commerce de diamants aux Indes ; ils les enferment dans les talons de leurs souliers, et écrivent qu'ils foulent aux pieds les richesses de l'Europe.

Le cardinal de Fleury a dit à l'ambassadeur de S... que, pour rendre les jésuites utiles, il faut les empêcher d'être nécessaires.

« Il est doux d'être gouverné, me disait M. de F... — Oui, lui dis-je, c'est un plaisir de roi. »

Le docteur Swift dit que les Anglais, pour faire accroire qu'on est riche en Irlande et qu'on peut taxer les Hollandais[1] sans les fouler, viennent chier à leurs portes, et font ainsi courir le bruit qu'on a en Irlande de quoi manger.

Descartes écrit à la princesse Élisabeth que le roi Charles Ier est fort heureux d'être mort par la main du bourreau, que cela est fait tout d'un coup, et que ce sont ceux qui meurent dans les

---

1. Faute de copiste : lisez *les Irlandais.*

douleurs des maladies avec des médecins, qui meurent en effet par la main du bourreau.

Grégoire le Grand fait brûler la bibliothèque Palatine afin qu'on ne lise que les livres de Grégoire le Grand [1].

Contradictions.

Un échevin est anobli, un lieutenant général paye la taille. La femme d'un colonel entre dans les carrosses de la reine, celle du chancelier n'y entre pas. Un président est méprisé à la cour pour une charge qui l'honore dans le royaume. Les jours de la semaine sont païens, et nos mois aussi ; mais nous sommes chrétiens [2]. On défend les spectacles la semaine sainte, et on permet la foire. Les bouchers ne peuvent étaler le vendredi, mais bien les rôtisseurs. On vend des estampes le dimanche, et point de tableaux. Les comédiens sont excommuniés *par le pape, sont payés* par le roi [3]. Un lieutenant général non anobli paye la taille, un échevin est noble.

On a fait imprimer Lucrèce *ad usum Delphini,* cours d'athéisme complet ; on a brûlé Vanini comme athée, lui qui n'a écrit qu'en faveur de l'existence de Dieu, et l'incrédule La Mothe Le Vayer a été précepteur du roi et de Monsieur.

Les actions de la Compagnie des Indes, déclarées usuraires par la Sorbonne.

La pédérastie enseignée à la jeunesse [4].

Un religieux, le premier homme du monde [5], dit la messe pour quinze sols et mange avec les laquais ; s'il est général, il est traité comme envoyé des têtes couronnées.

• Le pape n'est sans pouvoir que depuis Léon X, époque de la grandeur temporelle des papes. On les chassait de Rome quand ils dominaient les empires.

Si on écrivait comme Salomon, on serait brûlé.

1. Voyez tome XXVI, page 292.
2. Voyez tome XVIII, page 255.
3. J'ai ajouté les mots soulignés. (B.)
4. Virgile, égl. II.
5. Allusion au Père Adam.

Mahométisme.

Selon Mahomet, il y a eu cent treize prophètes : il est le cent quatorzième.

Une secte de Persans dit qu'Adam et Ève furent créés au quatrième ciel, où il n'était pas permis de chier ; mais qu'Ève ayant fait une galette et en ayant donné au bonhomme, il fallut aller à la garde-robe sur la terre, qui est la chaise percée de l'univers. Mais pourquoi un cul dans le quatrième ciel ?

Mahomet est cocu, puis meurt en band....

Il y eut une grande dispute à Constantinople, chez les chrétiens, pour savoir si la lumière du Thabor était créée ou incréée.

La loi mahométane ordonne de se laver le cul avec la main gauche, et défend de se servir de papier, car

> Toujours laisse aux c. ...... esmorche
> Qui de papier son hord cul torche[1].

Cette loi ordonne l'aumône : deux et demi pour cent quand on a au-dessous de 200 livres de rente ; le dixième, quand on a au-dessus. Passe pour cela.

Grotius s'est laissé tromper comme un autre au sujet de la colombe, et il a dit bien des sottises.

On baisse les yeux, on s'anéantit devant le prodigieux mérite de ceux qui gouvernent : on approche d'eux, on est étonné de leur médiocrité. On voit que les affaires de ce monde sont un jeu que tout le monde joue à peu près également. On voit que Richelieu et Ximenès étaient des hommes fort communs.

Montaigne.

Est-ce vraie volupté en ces passions tranchantes, qui laissent une satiété si lourde qu'elle équipole à repentir ?

Quand outrecuidance et orgueil marchent devant, honte et dommage suivent derrière (c'est un mot de Louis XI).

Il n'est point d'hostilité excellente comme la chrétienne. Notre zèle fait merveille quand il va secondant notre pente vers l'ava-

---

1. Rabelais, liv. I, ch. xiii.

rice, l'ambition, la cruauté ; à contrepoil vers bonté, bénignité, tempérance; si quelque rare complexion nous y porte, elle ne va ni de pied ni d'aile.

Dieu nous a donné le vivre ; c'est à nous de nous donner le bien vivre.

Il faut régler et compter ses marches à l'esprit humain.

Penses-tu que les vers de Catulle et Sapho rient à un vieillard avare et rechigné?

Il faut se garder des expressions triviales : pousser sa pointe, rompre en visière, servir sur les deux toits, battre à plate couture, s'enfuir à vau-de-route, suivre son train.

Hollande.

De Witt, étant à la question, récite l'ode d'Horace *Fortem et tenacem.*

Reuter avait été mousse. Il rencontra en Guinée, étant amiral, un ancien camarade nègre qui était roi.

Anecdotes concernant l'histoire des lettres et des spectacles.

Le marquis de Sourdéac, les sieurs Champeron, Perrin et Cambert[1], eurent d'abord le privilége de l'Opéra ; on paya un louis d'or par place aux loges ; un écu au parterre, où l'on était assis.

Perrin, mis au Châtelet pour dettes et poursuivi par Sourdéac, vendit son droit à Lulli, qui se fit confirmer le privilége par le roi. Par ce privilége, les acteurs ne dérogent pas.

1672. *Les Peines et les Plaisirs de l'Amour*, représentés au jeu de paume de Bel-Air, près du Luxembourg. Le comte d'Armagnac, le duc de Monmouth, le marquis de Villeroy, y dansèrent.

Le curé de Saint-Germain-l'Auxerrois refusa la communion aux demoiselles Aubry, Verdier et Caillot, les trois premières actrices. L'archevêque de Harlay la leur fit donner. Ces filles étaient fort sages et de haute famille.

Cambert se réfugia à Londres, y établit un opéra français ; mais il fut mis en prison pour ses dettes, et ses acteurs, qui voulurent le sauver, furent obligés de s'enfuir déguisés.

1. Ici et plus bas, Beuchot a écrit *Lambert.*

Au jubilé, Lulli se confessa et eut l'absolution ; mais son valet fut refusé, parce qu'il avait fait le serpent Pithon et le dragon.

A l'opéra d'*Atys*, on fit contre Quinault :

> La beauté la plus sévère [1]
> N'est pas un couplet fort bon ;
> L'auteur commence à déplaire
> Avec son tendre jargon.
>
> Ah ! que la rime lui coûte !
> Il va partout la chercher ;
> Morbleu ! que l'aze le f....
> Avec son plus dur rocher.

La salle de l'opéra du marquis de Sourdéac était rue Mazarine, et ce fut là qu'il s'établit, après la mort de Molière, une troupe de comédiens qui joue aujourd'hui sur les Fossés [2].

Le roi choisissait lui-même les sujets que lui proposait Quinault. Tous les prélats assistaient alors à l'Opéra et à la Comédie.

Lorsqu'on maria Anne d'Autriche, il vint des comédiens espagnols à Paris.

Lorsqu'on maria Mademoiselle à Charles II, roi d'Espagne, un nommé Guichard voulut établir un opéra français à Madrid. Il y mourut de faim.

Lulli donnait 3,000 livres à Quinault par opéra. Le roi lui en donnait 2,000 [3]. Quinault en voulut avoir 4,000, et ils se brouillèrent. Lulli eut recours à P. Corneille, qui fit *Psyché* et *Bellérophon* [4]. Fontenelle travailla à ce dernier poëme.

---

1. Dans *Atys*, acte IV, scène v :

> La beauté la plus sévère
> Prend pitié d'un long tourment.....
> L'eau qui tombe goutte à goutte
> Perce le plus dur rocher.

2. La rue des Fossés-Saint-Germain ; aujourd'hui (1883), rue de l'Ancienne-Comédie.

3. Ces cinq mille livres reviennent aujourd'hui à vingt-cinq ou trente mille francs.

4. L'opéra de *Psyché*, représenté par l'Académie royale de musique l'an 1678 et celui de *Bellérophon*, représenté en 1679, sont de Thomas Corneille. C'est à *Psyché*, tragi-comédie-ballet de Molière jouée en 1671, que Pierre Corneille collabora.

Le roi donnait aux acteurs de l'Opéra, quand ils venaient à Versailles, 3 livres 10 sous par jour, une bougie, un pain, etc.; un demi-louis à chaque actrice et leurs habits.

Lulli donnait à Bérain 4,000 livres d'appointement, après avoir dissous la société avec Vigarani.

Vigarani est le plus grand machiniste qu'ait eu l'Opéra de Paris, mais il ne travailla qu'au *Triomphe de l'Amour*. On ne voulut pas lui donner 8,000 livres par an qu'il demandait.

Bérain, de l'Opéra, dit à l'archevêque Harlay : « Monseigneur, je parie 10,000 écus que vous ne donnerez pas une telle abbaye à mon fils? — Parions ! » dit l'archevêque. Bérain eut le bénéfice, et le prélat les 30,000 livres.

M. le duc de Nevers fit les paroles d'un opéra nommé *Orontée*; Laurenzani fit la musique. L'opéra fut joué au Petit-Luxembourg et sifflé. On donna de l'argent à Leclerc, pauvre académicien, pour donner son nom à ce malheureux enfant.

Nos tragédies, admirables, mais nos spectacles, ridicules et barbares ; nos salles, ingrates pour la voix ; nulle connaissance, jusqu'à présent, de l'architecture théâtrale.

Quelle honte de n'avoir, pour jouer *Mithridate* et le *Tartuffe*, que le jeu de paume de l'Étoile, avec un parterre debout et des petits-maîtres confondus avec les acteurs ! En Hollande même, il y a un théâtre convenable.

L'histoire de la Matrone d'Éphèse se trouve dans un vieux livre chinois.

Le lettré Ouang rencontre une jeune femme éplorée, au bord de la mer ; elle était sur le tombeau de son mari et remuait un grand éventail. « Pourquoi ce travail, madame? — Hélas! mon cher mari m'a fait promettre que je ne me remarierais que quand ce tombeau serait sec, et je l'évente pour le sécher. » Ouang raconte cette histoire à sa femme, qui frémit d'horreur et qui lui jure qu'elle ne se servira jamais de l'éventail. Ouang fait une maladie et contrefait le mort ; on le met au cercueil. Aussitôt paraît un jeune homme fort joli, qui vient pour étudier chez le lettré, etc. Il plaît, on l'épouse. Il tombe en convulsions ; son vieux valet fait accroire à la dame qu'il faut la cervelle d'un mort pour le guérir, et la bonne femme va fendre la tête à son mari Ouang, qui sort de son tombeau.

L'histoire de Berthe, assiégée par Adalbert. Elle fait appeler en secret chaque officier, et couche avec chacun d'eux en les faisant jurer qu'ils ne porteront jamais les armes contre elle. Adalbert, à son tour, est obligé d'y venir lui-même.

Impromptu de Chapelle à Despréaux.

Qu'avec plaisir de ton haut style
Je te vois descendre au quatrain,
Et que je t'épargnai de bile
Et d'injures au genre humain
Quand, renversant ta cruche à l'huile,
Je te mis le verre à la main !

Impromptu. — De Regnier Desmarais à Despréaux en le rencontrant à la Grève à 6 heures du matin.

Vous, seigneur, en ces lieux que l'univers abhorre !
Qui vous y fait ainsi courir avant l'aurore ?
Vous qu'un esprit sublime, un talent sans pareil
Y doit conduire un jour, au coucher du soleil.

Cela vaut mieux que l'impromptu :

En revenant de l'école
J'ai rencontré Dametticole, etc.

La Fare.

M'abandonnant un jour à la tristesse
Sans espérance et même sans désirs,
Je regrettais les sensibles plaisirs
Dont la douceur enchanta ma jeunesse.
Sont-ils perdus, disais-je, sans retour, etc.

Projet flatteur d'être aimé d'une belle.

Soins concertés de lui faire la cour,
Propos galants, serments d'être fidèle,
Airs empressés, vous n'êtes point l'amour.
Mais se donner sans espoir de retour,
Par son désordre annoncer que l'on aime,
Respect timide avec amour extrême,
Persévérance au comble du malheur,
Dans son Iris voir un autre soi-même :
Voilà l'amour ; il n'est que dans mon cœur.

Saint-Gelais.

Il peut y avoir quatre années
Qu'à Philis je voulus compter
Trois mille pièces couronnées,
Et plus haut j'eusse pu monter.
Chez moi depuis quelques semaines
Pour cent écus elle revint.
Je dis qu'elle perdait sa peine
Si elle en voulait plus que vingt.
Ce matin elle est arrivée,
Pour rien voulant s'abandonner;
Mais je l'ai plus chère trouvée
Que quand j'en voulus tant donner.

Ferrand.

Il n'en est plus, Thémire, de ces cœurs
Tendres, constants, incapables de feindre,
Qui d'une ingrate épuisant les rigueurs,
Vivaient soumis, et mouraient sans se plaindre.
Les traits d'amour étaient alors à craindre.
Mais aujourd'hui les feux les plus constants
Sont ceux qu'un jour voit naître et voit éteindre.
Hélas! faut-il que je sois du vieux temps.

Cela vaut mieux que le rondeau de Marot :

Il faut premier que l'amour on répande
Et qu'on le mène ainsi qu'on le menait, etc.

Sainte-Aulaire à quatre-vingt-dix ans.

Bacchus et Sylvie
Ont partagé ma vie,
Bacchus et Sylvie
M'occupent tour à tour.
Mais à mon âge
On devient sage,
Et sans partage
Mon dernier jour
Doit se consacrer à l'amour.

Impromptu du même.

Bergère, détachons-nous
   De Newton, de Descartes :
Ces deux espèces de fous
N'avaient pas vu le dessous
   Des cartes.

Danchet.

C'est une pomme infortunée
De qui jadis la destinée
Causa le céleste courroux;
En voyant les attraits si doux,
Iris, dont vous êtes ornée,
Adam l'aurait prise de vous,
Et Pâris vous l'aurait donnée.

―――

Non je ne me plains point du tour
Que me fait cette beauté fière :
Elle voyait un duc dans Lesdiguière,
Il était plus beau que le jour :
Moi, je n'avais que mon amour,
Encore n'en avais-je guère.

―――

Coigny sous les drapeaux de Mars
Tient cette nation polie.
Il est vrai, ce sont des Césars,
Mais des Césars en Bithynie.

―――

Quand vous chantez, petits oiseaux,
Tout notre Opéra doit se taire :
Car vous faites des airs nouveaux,
Et l'Opéra n'en saurait faire.

―――

A force de forger, on devient forgeron.
Il n'en est pas ainsi du pauvre Campistron :
   Au lieu d'avancer, il recule ;
     Voyez *Hercule*.

APPENDICE.

Saint-Pavin.

Quand, d'un esprit tendre et discret,
En tout l'un à l'autre on défère ;
Quand on ne cherche qu'à se plaire
Et qu'ensemble on n'est point distrait ;

Quand on n'eut jamais de secret
Dont on pût se faire un mystère ;
Quand on se cherche sans affaire,
Quand on se quitte avec regret ;

Quand, prenant plaisir à s'écrire,
On en dit plus qu'on n'en veut dire
Et beaucoup moins qu'on ne voudrait :

Qu'appelez-vous cela, la belle ?
Entre nous deux, cela s'appelle
S'aimer beaucoup plus qu'on ne croit.

———

J'aime à railler, mais sans médire,
A réjouir sans faire rire,
Parler sans me faire écouter,
Je cherche à plaire sans flatter.

Mme Guyon.

L'amour pur et parfait va plus loin qu'on ne pense.
On ne sait pas, lorsqu'il commence,
Tout ce qu'il doit coûter un jour ;
J'eusse ignoré toujours et Bastille et souffrance
Si je n'avais connu l'amour.

Fénelon.

Jeune, j'étais trop sage
Et voulais tout savoir.
Je n'ai plus en partage
Que le badinage,
Et touche au dernier âge
Sans rien prévoir.

M. de Fieubet.

Trompeur, rendez-moi mes désirs,
Et je vous rendrai vos plaisirs.
L'espérance était ma nourrice,
Son lait était doux et sucré :
Hélas! pourquoi m'a-t-on sevré?

Saint-Pavin à l'abbé d'Aumont.

Abbé, vous avez la naissance,
La bonne mine, l'air des grands.
Ces avantages apparents
Cachent beaucoup d'insuffisance.
Nature, en formant votre corps,
Lui prodigua tous ses trésors,
Et lui donna tant d'avantage
Que celui qui forma l'esprit
En fut jaloux, et, de dépit,
Refusa d'achever l'ouvrage.

Bertaut.

Quand je revis ce que j'ai tant aimé,
Peu s'en fallut que mon feu rallumé
N'en fît le charme en mon âme renaître,
Et que mon cœur, autrefois son captif,
Ne ressemblât l'esclave fugitif
A qui le sort fait rencontrer son maître.

Charleval.

Je ne suis point oiseau des champs,
Mais je suis oiseau des Tournelles,
Où, sans choix des saisons nouvelles,
On fait l'amour en tous les temps;
Et nous plaignons les tourterelles,
Qui ne se baisent qu'au printemps

Le duc de Nevers sur l'abbé de la Trappe.

Cet abbé, qu'on croyait pétri de sainteté,
Vieilli dans les déserts et dans l'obscurité,
Orgueilleux de ses croix et fier de ses souffrances,
Rompt ses sacrés statuts en rompant le silence,

Et, contre Fénelon s'animant aujourd'hui,
Du fond de ses déserts déclame contre lui,
Et, moins humble de cœur que fier de sa doctrine,
Il ose décider ce que Rome examine.

M. de La Fare.

Quand je goûte avec toi la volupté suprême,
Oui, je te jure, Iris, qu'attaché sur tes yeux,
Occupé de toi seule et m'oubliant moi-même,
Ton plaisir est celui que je ressens le mieux.

Gombaut.

Dans mes jours fortunés, au printemps de mon âge,
Je cherchais une nymphe, illustre, belle et sage,
Et qui pût m'inspirer mille ouvrages divers.
Telle, et plus merveilleuse, Olympe est arrivée ;
Mais le ciel m'a trop tard ses trésors découverts :
Je ne cherchais plus rien lorsque je l'ai trouvée.

La Faye.

Abeille, arrivant à Paris,
D'abord, pour vivre, vous chantâtes
Quelques messes à juste prix ;
Bientôt après, vous ennuyâtes
De Mars un des grands favoris,
Chez qui pourtant vous engraissâtes.
Puis au parterre vous lassâtes
Les sifflets, par vous renchéris ;
Pour récompense vous entrâtes
Chez les Quarante beaux esprits,
Et sur eux-mêmes l'emportâtes
A faire de méchants écrits.

Cela ressemble aux Commandements de Dieu :

Un seul Dieu, etc.

Chaulieu.

Est-ce Sainte-Aulaire ou Toureille
Ou tous deux qui vous ont appris
A confondre, mon pauvre Abeille,

Dans vos très-ampoulés écrits,
La *Patience* et la *Constance?*
Sachez comme on parle à Paris :
Votre longue persévérance
A nous donner de méchants vers,
C'est ce qui s'appelle *Constance,*
Et dans ceux qui les ont soufferts
Cela s'appelle *Patience.*

Le même.

Ami lecteur, sans t'expliquer
Entre Chapelle et La Chapelle,
Ce qui pourrait t'alambiquer
Dans cette édition nouvelle,
Lis leurs vers et vois sûrement
Que celui qui si sottement
Fait parler Catulle et Lesbie,
N'est point cet aimable génie
Qui fit ce *Voyage* charmant,
Mais quelqu'un de l'Académie.

A l'abbé Fraguier.

On peut louer dignement un grand roi,
Un cardinal semant partout l'effroi ;
Votre discours m'a pourtant [1] ennuyé,
Monsieur l'abbé Fraguier !

Rondeau de l'Indifférente.
— Ancien. —

Si tu veux, tu m'aimeras ;
Si tu veux, je t'aimerai ;
Comme tu t'aviseras,
Aussi bien m'aviserai ;
Si tu dis que non feras,
Je réponds que non ferai.
Si tu veux,
Quand mon ami tu seras,
Le tien aussi je serai ;
Tout aussi m'en passerai,
Comme tu t'en passeras,
Si tu veux.

---

1. On lit *partout* sur la copie ; c'est là évidemment une faute.

Chanson du comte Thibaut pour la reine Blanche. — *Il avait été quitté pour le nonce du pape.*

<blockquote>
Comme elle sçut me prendre et m'allumer,
En beau parler et à cointement rire!
Nul ne l'orroit si tendrement parler
Qui ne cuidât de son cœur être sire.
Ah! traître Amour, ce vous l'ose bien dire,
On vous doit bien servir et honorer;
Mais Blanche et vous, ne faut pas s'y fier [1].
</blockquote>

<blockquote>
Cette femme fut comme Troie :
Mille héros, sans aucun fruit,
Cherchèrent en vain cette proie;
Un cheval n'y fut qu'une nuit.
</blockquote>

<blockquote>
Que ta voix divine me touche,
Et que je serais fortuné
Si je pouvais rendre à ta bouche
Le plaisir qu'elle m'a donné!
</blockquote>

La Faye sur Boindin.

<blockquote>
Oui, Vadius, on connaît votre esprit :
Savoir s'y joint, et quand le cas arrive
Qu'œuvre paraît par quelque coin fautive,
Qui d'Hélicon blesse le moindre rit,
Plus aigrement qui jamais la reprit ?
Mais on ne voit qu'en vous aussi se montre
Goût de louer le beau qui s'y rencontre,
Dont cependant maints beaux esprits font cas.
De vos pareils que voulez-vous qu'on pense?
Eh quoi! qu'ils sont connaisseurs de beautés [2]?
Je n'en voudrais tirer la conséquence,
Mais bien qu'ils sont gens à fuir de cent pas.
</blockquote>

Pour la princesse de Conti, dont on disait le roi de Maroc amoureux.

<blockquote>
Pourquoi refusez-vous l'hommage glorieux
D'un roi qui vous attend et qui vous croira belle?
</blockquote>

---

1. Ce couplet ne se trouve pas dans les chansons de Thibaut de Champagne, tel qu'il est cité ici.

2. Ce vers ne rime point.

Puisque l'hymen à Maroc vous appelle,
Partez ! C'est peut-être en ces lieux
Qu'il vous garde un amant fidèle.

Des gouvernantes vénérables,
En te tenant sur les genoux,
Autrefois te contaient des fables
De spectres et de loups-garous;
Puis avec des flèches cruelles [1]
. . . .
Ta mère t'a peint les Amours.
Erreurs qu'on prend sans connaissance :
L'une est la fable de l'enfance,
L'autre est la fable des beaux jours.

Noël.

Bissy, dans la cabane
Où Joseph le reçoit,
Est placé près de l'âne,
Qui rit quand il le voit.
« Si, comme vous, mon père,
Lui dit cet animal,
D.... m'avait fait braire,
Je serais cardinal. »

Dans son divin système
Polignac pénétré
Va voir l'Être suprême,
Qu'il a cru démontré.
Il se met en chemin;
Mais chaque objet l'arrête,
Bergers, rois et moutons,
  Dondon.
Partout il s'arrêta,
  La la.
Bref, il manqua la fête.

« Seigneur, votre origine,
Dit Bouillon au Bambin,
Est-elle bien divine?
Le monde est si malin.
Eussiez-vous comme moi
Fouillé tous les chapitres

---

1. Un vers manque.

Et trompé Mabillon,
   Dondon,
On vous disputera,
   La la,
Votre nom et vos titres. »

Ou c'est bien fait de besogner
Pour remplir le monde vide,
Ou nature, mauvaise guide,
A mal fait de nous l'enseigner.

Après leur mort, où vont les pucelages ?
En paradis, ils tenteraient les saints, etc.

Pour exprimer le geste d'un valet qui voulait dire : du boudin.

Son pouce avec le doigt voisin
Formait une espèce d'ovale,
Et de l'index de l'autre main
Il farfouillait dans l'intervalle.

Quand Philis fredonne un air tendre
Tous les chérubis ébaudis
Accourent du ciel pour l'entendre;
L'échelle de Jacob, qui leur servit jadis
   Pour les grimper en paradis,
Leur sert alors pour en descendre.

De Voiture à la reine.

Je pensais que la destinée,
Après tant d'injustes malheurs,
Vous a justement couronnée
De gloire, d'éclat et d'honneurs,
Mais que vous étiez plus heureuse
Lorsque vous étiez autrefois,
Je ne veux pas dire amoureuse...
La rime le dit toutefois.
Je pensais (nous autres poëtes
Nous pensons extravagamment)
Ce que, dans l'humeur où vous êtes,
Vous feriez si, dans ce moment,

Vous avisiez en cette place
Venir le duc de Buckingham,
Et lequel serait en disgrâce
De lui ou du père Vincent.
Je pensais si le cardinal,
J'entends celui de La Valette,
Pouvait voir l'éclat sans égal
Dans lequel maintenant vous êtes,
J'entends celui de la beauté :
Car auprès je n'estime guère
(Cela soit dit sans vous déplaire)
Tout celui de la majesté.

Ferrand.

A quatre pas d'un aveugle en prière,
Au coin d'un bois, Jean, du Malin pressé,
Pressait Alix, gentille chambrière,
Et l'exploitait dans le fond d'un fossé.
L'aveugle écoute, et, d'un ton plus baissé,
Va marmottant l'*Ave* de Notre Dame.
Alix disait : « Je me meurs, je me pâme !
— Et moi, dit Jean, je suis jà trépassé ! »
L'aveugle dit : « Dieu veuille avoir votre âme !
Requiescat in pace. »

Masqué du froc d'un des fils d'Élisée,
Damon prêchait sœur Alix, et d'abord
Par cet habit Alix humanisée
Avec Damon fut aisément d'accord.
Lui, pour l'honneur du froc, fit maint effort ;
Mais six exploits mirent bas le gendarme.
« Quoi ! dit Alix, cet homme-ci s'endort
Après six fois !... Le traître n'est pas carme. »

Un galant le fit et refit
A une fille en s'ébattant,
Et puis après la satisfit
D'un bel écu d'or tout comptant.
« Monsieur, je n'en aurai pas tant,
Reprit la belle ; c'est beaucoup.
— Serrez cela, dit-il à coup.
Lors reprit la fille au corps gent :

— Faites-le donc encore un coup
Pour le surplus de votre argent. »

De Pézénas un citadin fidèle
Disait avoir à certaine donzelle,
En une nuit, donné dix fois l'assaut.
Alix écoute : « Ah! mon Sauveur! dit-elle,
Que je voudrais avoir ce qui s'en faut [1]! »

Jadis logeait près d'un couvent femelle
Un jeune gars, friand de tel gibier,
Qui tous les soirs y voyait sans chandelle,
Par l'huis secret, entrer maint cordelier.
« Si faut-il bien, dit-il, de cette porte
User aussi. » Pour ce prit, une nuit,
L'habit claustral, et parmi la cohorte
Dessous ce froc fut sans peine introduit.
Or ils n'étaient qu'autant de béats pères
Qu'elles étaient de révérendes mères.
Dans le chapitre était le rendez-vous.
Là nos reclus se glissaient à la file,
Et, comme au chœur, par rang se nichaient tous.
Or il avint que frère Théophile,
Rude ouvrier, resta sans établi.
Il va d'abord tout le long de la salle,
Comptant, tâtant... Il trouve tout rempli;
Tout était double, et d'une ardeur égale [2]
Tous travaillaient en fils de saint François.
Lors il leur dit, en élevant la voix :
« Il est ici du mécompte, mes pères! »
Mais de ce bruit nos couples peu distraits
Crièrent tous, sans quitter leurs affaires :
« Allons toujours, nous compterons après. »

En tisonnant, Alix, un soir d'hiver,
Contait à Jean les exploits du vieux Blaise.
« A cinquante ans c'est être encor bien vert,
Aller à trois! — A trois! dit Jean; fadaise !
Je doublerais. Gageons, et qu'il te plaise

---

1. C'est le trait final d'un conte intitulé *Le Gascon*, attribué dans certaines éditions de Hollande à La Fontaine. Voyez *OEuvres complètes de La Fontaine*, édition L. Moland, tome IV, p. 398.

2. Il y a *extrême* sur le manuscrit.

Argent sur table... — Oh! oh! va, dit Alix... »
Jean part : un, deux, trois, quatre, et cinq, et six,
Et court saisir les enjeux sur la planche.
Alix y court : « Non, pas cela, mon fils ;
Tiens, je remets!... Allons, va, ma revanche. »

CHANSONS ORDURIÈRES ET ÉPIGRAMMES.

La Monnoie.

Le rossignol, la chèvre et le baudet
Passaient auprès d'une noce champêtre.
Le rossignol ouït un coup d'archet :
« De la musique! Allons, je veux en être. »
La chèvre aussi du mulet se dépêtre,
Voyant danser chacun suivant son goût.
« Pour moi, dit l'âne, en un pré je vais paître...
    Vous m'avertirez si l'on f... »

Dussé.

Dans un verger, Lubin avec Nicole,
Pour n'être pris tandis qu'il l'exploitait,
Contre un poirier, tout debout, la bricole,
Si que chacun de son côté guettait.
Or, dans le temps que plus il se hâtait,
Nicole pâme, et puis, toute éperdue,
Dit à Lubin, qui toujours rabotait :
« Guette tout seul, car j'ai perdu la vue. »

Fuselier sur Roi.

Au noir châtel où séjourne justice
Quand Roi parut en pimpant conseiller,
Dame Thémis vint à se réveiller,
Puis avisant son teint de pain d'épice,
Son œil hagard, cria qu'on le saisisse,
Car sans égard de robe et de rabat
A son ton rauque, à son air de forçat
(Merveille n'est de la voir se méprendre),

Thémis ne crut que ce fût magistrat,
Ains un quidam qu'on lui baillait à pendre.

Palaprat.

Monsieur Fabio, que voilà,
Nous peint des raisins et des belles.
Quel étrange peintre est-ce là
Qui mange et qui f... ses modèles !

Pour M. le duc de Vendôme.

Ce héros que tu vois ici représenté,
Favori de Vénus, favori de Bellone,
Prit la v..... et Barcelone,
Toutes deux du mauvais côté.

Le même.

Heureux qui n'a chez soi que ce drôle immodeste
Des plus fières beautés infaillible vainqueur.
On sait où le mettre de reste,
On ne sait où mettre son cœur.

La Fontaine.

D'un v.., d'un c.. et de deux cœurs
Naît un mélange de douceurs
Que les dévots blâment sans cause.
Belle Philis, pensez-y bien,
Aimer sans f..... est peu de chose,
F..... sans aimer, ce n'est rien.

La Ferté.

Le prêtre vit de l'autel
Et la p..... du b.....,
Et notre ami Bodau
Vit et de l'un et de l'autre :
Car notre ami Bodau
Est prieur et m.. . ....

Blot.

Satan, trompant le premier père,
    Fit tout périr.
Jésus porta la folle enchère,
    Et vint mourir.
Trouvez-vous pas Dieu tout-puissant
    Bien raisonnable,
D'immoler son fils innocent
    Pour épargner le diable?

Autereau.

Loth voyant sa ville en feu
    D'un haut lieu,
But et coucha, grâce à Dieu,
Avec sa progéniture.
    Oh! oh! vertu-dieu!
Quel onguent pour la brûlure!

Un jour le père Massillon,
Serviteur de Dieu et du c..,
Grand scrutateur de la nature,
Au coucher de madame d'O,
En voyant sa grande ouverture
S'écria : *O Altitudo!*

Sur Ninon [1].

Il ne faut pas qu'on s'étonne
Si souvent elle raisonne
De la sublime vertu
Dont Platon fut revêtu,
Car, à bien compter son âge,
Elle doit avoir f....
Avec ce grand personnage

Mademoiselle Cujas.

F..... un seul coup sans y faire retour,
C'est proprement d'un malade le tour.

---

[1]. Attribué à Chapelle.

Deux bonnes fois à son aise le faire,
C'est d'homme sain suffisant ordinaire.
L'homme galant va même jusqu'à trois,
Le moine à quatre, et cinq aucunes fois.
Pour six ou sept, ce n'est pas là le lot
D'homme d'honneur : c'est pour monsieur Dulot.

De Bausse.

Pasteur, tu ne fais pas comme ces canailles
Qui tondent leurs ouailles
Pour engraisser leur troupeau :
Tu f... comme un moineau,
Content d'un petit fonds.
Tu ne reçois, hormis quelques flacons,
Rien que la dime des c....
Malgré ta barbe grise,
Sans tant piailler dans l'église,
En tout lieu
Tu vas faisant des serviteurs de Dieu.

Après avoir vécu vingt lustres
Ci-gît la fameuse Ninon,
Qui s'est mise, en dépit du c..,
Dans le rang des hommes illustres.

Un mathurin, rédempteur assidu,
Pour convertir un Turc, lui disait comme
Adam, mangeant de ce fruit défendu,
Nous damna tous, et comme un Dieu fait homme
Pour nous sauver fut en croix suspendu.
« Donc, dit le Turc, si j'ai bien entendu,
Votre Dieu fut pendu pour une pomme. »

Dassoucy.

Je ne chante point la pomme
Par qui notre premier homme
Et le genre humain fut perdu;
Mais cette pomme charmante
Par qui mainte déesse gente
Au beau Pâris montra son c..,
Dont s'ensuivit un dieu cocu.

SUPPLÉMENT AUX ŒUVRES EN PROSE.

Blot.

Qu'un beau pigeon à tire-d'aile
Vienne obombrer une pucelle,
Rien n'est surprenant en cela :
On en voit autant en Phrygie,
Et le beau cygne de Léda
Vaut bien le pigeon de Marie.

Vergier.

Les dieux nous ont formés sur leur divine image ;
Ils ne nous ont point faits pour être malheureux.
Vivons contents, reposons-nous sur eux
Du soin de sauver leur ouvrage [1].

Tandis que madame dormait,
Monsieur b...... sa chambrière;
Et elle qui la danse aimait
Remuait bien fort le derrière;
Puis la galande, toute fière,
Lui dit : « Monsieur, par votre foi,
Qui le fait mieux, madame ou moi? »
— C'est toi, dit-il, sans contredit.
— Saint-Jean, dit-elle, je le crois,
Car tout le monde me le dit. »

Saint-Pavin.

Prince, en parlant de vos exploits,
Soit dans la paix, soit dans la guerre,
On vous compare quelquefois
A celui qui donna des lois
Aux maîtres de toute la terre.
De votre honneur je suis jaloux;
Ce parallèle me fait peine :
César, à le dire entre nous,

---

1. On lit *image* dans le manuscrit.

Fut bien aussi b..... que vous,
Mais jamais si grand capitaine.

Blot.

Quand tu punis le Sodomite,
Grand Dieu! ta haine alla trop vite,
Et la colère t'aveugla.
La flamme était peu nécessaire
Pour détruire ces peuples-là :
Tu n'avais qu'à les laisser faire.

En miniature
De Dachi l'on peint les appas;
Si l'art imite la nature,
Certain endroit n'y sera pas
En miniature.

Non, je ne serai plus dévote,
Je ne dirai plus d'oremus
Si l'on ne dit : « V.. à la motte »,
Comme l'on dit : *Vita salus.*

Du prince de Conti, à M. le Duc, fils de M. le Prince.

Adressez mieux votre sonnet.
De la déesse de Cythère
Votre épouse est ici le plus digne portrait,
Et si semblable en tout que le dieu de la guerre,
La voyant en vos bras, entrerait en courroux.
Mais ce n'est pas la première aventure
Où d'un Condé Mars eût été jaloux.
Adieu, grand prince, heureux époux ;
Vos vers semblent faits par Voiture
Pour la Vénus que vous avez chez vous.

La Ferté à Pâques.

C'est ici ce grand jour, si l'on en croit l'histoire,
Où notre Rédempteur, tout rayonnant de gloire,
Triompha de la mort et sortit des enfers :
Ami, si tu le crois, va, que l'aze te f....;
Quand il mourut chacun avait les yeux ouverts,
Quand il ressuscita, pas un ne voyait goutte.

Blot.

Vendôme, pour t'avoir guéri de la v.....
    Cuffet ici joue un grand rôle,
    Et chacun l'admire en tout lieu;
    Mais quoi qu'on dise du mercure,
Celui qui t'a guéri de l'abbé de Chaulieu
    A fait une plus belle cure.

Le même.

    Si défunt l'ami Châteaufort
        Dans une lettre
        Pouvait mettre
    Ce qu'on devient après sa mort,
    Je paierais le port de la lettre.

Le même.

    Allez vous faire f.....,
    Monsieur de Mazarin.
    Quoi! pour un peu de f.....
    Qui sort de votre engin,
Voulez-vous mettre en feu la France?
    Eh! si la reine voulait
    On la chevaucherait,
    On la caresserait
Tout aussi bien que Votre Éminence,
    Et si, tout mieux en irait.

Le même.

Son Altesse me congédie :
C'est le prix de l'avoir servie
Plus de vingt ans avec honneur.
Nous nous en consolons peut-être.
S'il perd un f..... serviteur,
Ma foi, je perds un f..... maître.

De monsieur Rémond voici le portrait :
Il a tout à fait l'air d'un hareng soret, etc.

Massillon, dans ses discours,
Nomme les femmes folles;
Elles ne le sont pas toujours,
Mais il est fou, le drôle [1].

Pourquoi blâmer de ce Tibère
Le pauvre président Dupuy?
Si sous son nom il n'a pu plaire,
Aurait-il plu plus sous celui
De celui qui, pour le lui faire,
A reçu cent écus de lui ?

De la pièce des Talents à la mode.

Trop de savoir fait un pédant,
Trop d'ignorance nous assomme,
Un peu de tout est justement
La devise d'un honnête homme.

Trompeur, rendez-moi mes désirs,
Et je vous rendrai vos plaisirs.

Helvétius.

D'un bras il abaissa l'orgueil du stoïcisme,
De l'autre il rétrécit le champ du pyrrhonisme.
Entre tous ceux qui vous rendent hommage
Il n'en est point qui m'égale en ardeur;

---

1. Il y a ici un jeu de mots qu'il n'est pas besoin d'indiquer.

Où mieux placer votre charmante image
Que dans les mains de qui l'a dans son cœur?

De Psyché seriez-vous l'amant?
De ce dieu seriez-vous la mère?
Sous cet équivoque ornement
Vous rassemblez tout l'art de plaire,
Et je m'embarque également
Et pour Florence et pour Cythère.

———

Enfin l'on ne parlera plus
Du petit nombre des élus,
Depuis que madame l'Élue
Les fait deux à deux dans la rue.

Margot et le Cordelier.

Margot, sur la brune,
En attendant fortune,
Vit passer le Père Anfoux.
« Bonsoir, mon Père.
— Bonsoir, ma chère,
De cette affaire
Parlerons-nous?
— Entrez, entrez, tout est à vous!

Montez, lui dit-elle.
— Quoi! monter sans chandelle?
— Montez, lui dit-elle :
Vous faites l'écolier.
— Monter me gêne;
C'est trop de peine.
Allons, ma reine,
Cet escalier
Est un lit pour un cordelier. »

Je sers l'amour avec bien plus de zèle
Que ne le font tous les autres amants;
A six beautés, vigoureux infidèle,
Je fais goûter de fortunés moments.
Beaux Céladons, discoureurs de romans,
Dont la langueur fait la persévérance,

Votre faiblesse inventa la constance,
Les petits soins et les grands sentiments.

Contre la femme de Gombaud.

Gombaud, ta femme est si jolie,
Et de tant de grâces remplie,
Que si le grand dieu Jupiter
M'en avait donné trois de même,
J'en donnerais deux à l'enfer
Afin qu'il m'ôtât la troisième.

Régnier.

Un gros abbé se laissait en sa couche
Tâter le v.. aux mains d'une nonnain;
Mais sous ses doigts languissait son engin,
Flasque comme herbe et mort ainsi que souche.
Lors la nonnain, qui n'avait point de trêve,
Voyant le v.. ainsi demeurer plat,
Lui dit : « Abbé, dites *Magnificat;*
Quand on est là tout le monde se lève. »

L'Amant fidèle.

En dépit du sort jaloux
Qui m'a séparé de vous,
Un doux souvenir
Saura nous unir;
Et mon amour fidèle
Par ma mort ne pourra finir,
Si l'âme est immortelle.

L'Exorciste.

Martin, moine de mise,
Petit Père noir,
En sortant de l'église,
Fit rencontre, un soir,
D'une fille en simple chemise,
Sortant d'un dortoir.

La voyant fraîche et blonde,
Il hésite un peu

Si c'est l'esprit immonde
　　Ou celui de Dieu,
Ou si c'est la chair et le monde
　　Qui le met en feu.

　　« Certain mal me tourmente,
　　　　Dit-elle à Martin,
　　Et nuit et jour je tente
　　　　Tout remède humain.
A présent je mets mon attente
　　　　Au secours divin.

　　« Le démon qui m'agite
　　　　Ne se peut chasser ;
　　Il faut de l'eau bénite
　　　　Pour l'exorciser,
Et je viens, d'une âme contrite,
　　　　M'en faire arroser.

　　— De cette eau fortunée,
　　　　Dit le Père noir,
　　J'en ai toute l'année
　　　　Un plein réservoir ;
Et Dieu sait sur vous quelle ondée
　　　　Bientôt va pleuvoir. »

　　Sans autre repartie,
　　　　Le dévot profès
　　Prit en cérémonie
　　　　Son grand aspergès,
Celui-là qu'aux jours de férie
　　　　Il portait exprès.

　　Quoi voyant, la chrétienne
　　　　Si fort s'étonna
　　Qu'elle dit une antienne,
　　　　Trois fois se signa,
Et trois fois, sans reprendre haleine,
　　　　Martin l'aspergea.

　　Le démon, voyant comme
　　　　On le va chassant,
　　Dit : « Seigneur Dieu ! quel homme !
　　　　Quel exorcisant !
Non, jamais le pape de Rome
　　　　N'en ferait autant. »

APPENDICE.

Portrait.

Ce vieux seigneur que ronge
Un orgueil empressé,
La nuit et le jour songe,
Et n'a jamais pensé.
Ses yeux tristes font croire
Qu'il est chargé d'ennuis ;
    Moi, je suis
    Prêt à boire.

En passant l'onde noire
Ne fait-on rien là-bas?
Pour moi, je crois qu'on sait aimer et boire
Au delà du trépas ;
Mes chers amis, ce qui me le fait croire,
C'est qu'on n'en revient pas.

Dufresny.

Dans Platon ni dans Épicure
Je ne vois pas qu'il soit bien établi
S'il est du vide en la nature,
Ou si l'espace est d'atomes rempli :
Dans un buveur la nature décide.....

Vers du prince royal de Prusse sur la dispute de Voltaire et de Tournemine sur la matière pensante.

Quand Tournemine dit dans sa docte fureur,
Nous parlant de longueur, largeur et profondeur,
Que notre esprit n'est pas l'effet de la matière,
Il n'aura pas compris, l'aveugle téméraire,
Qu'il combat le pouvoir de l'Être créateur.
Mais qu'il vienne à Berlin, malgré son ignorance,
De l'esprit de La Croze admirant la grandeur,
Il avouera, voyant cette figure immense,
    Que la matière pense.

Les lauriers d'Apollon se fanaient sur la terre,
Tous les arts languissaient, ainsi que les vertus ;

La Fraude aux yeux menteurs et l'aveugle Plutus
Entre les mains des rois gouvernaient le tonnerre.
La Nature en frémit et dit à haute voix :
« Je veux montrer au monde un règne heureux et juste,
Je veux qu'un héros naisse, et qu'il joigne à la fois
Les talents de Virgile et les vertus d'Auguste,
Pour le bonheur du monde et l'exemple des rois. »
Elle dit, et du ciel les vertus descendirent,
Tout le Nord tressaillit, tout l'Olympe accourut ;
L'olive, les lauriers, les myrtes reverdirent,
      Et Frédéric parut.

Bouts rimés { *Trente* / *Quarante* / *Cinquante.*

Je souscris sans peine au concile de Trente,
J'admirerais la prose et les vers des Quarante, etc.

La Monnoie, en renvoyant un Horace *latin et français.*

Il faudrait, soit dit entre nous,
A deux divinités offrir ces deux *Horaces* :
Le latin à Vénus, souveraine des grâces ;
    Et le français à son époux.

Trois faquins fort à leur aise
Ont troublé tout l'univers :
L'un, le Père de La Chaise ;
L'autre, le Père Péters,
Et le bon pape Innocent.
Tous ont bien servi Guillaume :
Jacque en est pour son royaume,
Et Louis pour son argent.

Madame Dacier, dans sa préface d'Aristophane.

Les Athéniens étaient bien sages de souffrir qu'Aristophane se moquât de leurs superstitions. Plût à Dieu que certains peuples que nous connaissons en usassent ainsi !

On était aussi ignorant en bonne physique du temps du Tasse que du temps de Virgile. Le Tasse, ayant perdu la mémoire dans une maladie de langueur, prie son médecin de lui donner une drogue pour la lui rendre.

Son bon Vieillard d'Ascalon dit que le mont Carmel est si

haut qu'il voit les comètes tout auprès. Cela ressemble au soleil du Baron de Fœneste, qui revenait la nuit, etc.

Ceux qui ne lisent que les anciens sont des enfants qui ne veulent parler jamais qu'à leurs nourrices.

Un mariage, un testament, un caprice, changent tout d'un coup, et pour des siècles, les intérêts de l'Europe.

L'avantage d'Homère sur le Tasse est d'avoir eu des héros véritables ; tous les chefs de l'armée d'Égypte, chez le Tasse, sont imaginaires.

Bernier disait que l'abstinence des plaisirs est un péché.

Marivaux imprima qu'un âne avait mangé un quarteron de beurre enfermé dans une feuille d'Homère. Danchet, son approbateur, ajoute : *travesti*[1].

Philosophie.

Le Père Renaud appelle les expériences de Newton un système, et ensuite il propose un système de son fonds, contre ces expériences.

Origine de la physique. 4ᵉ lettre. Hercule physicien ; autorité d'un physicien de cette force.

« J'aime les miroirs, dit le révérend Père. — Je n'en suis pas surpris », reprend l'interlocuteur.

Voyons si le vide existe ailleurs que dans votre bourse. (*Idem.*)

Dieu ayant créé la nature, la nature a produit le monde.

Le feu tend en bas, selon lui.

Les hommes se trompent, les grands hommes avouent qu'ils se sont trompés. Il ne manque au révérend Père qu'un aveu pour être un grand homme.

Il a découvert, livre V, chapitre cccxlv, que ce sont de petites roues engrenées qui sont les ressorts primitifs de la nature, et que tout est roue. (*Livre rare.*)

Son plan pour apprendre la musique : division en 124 traités, pour le soulagement de la mémoire, comme étendue, souplesse, sensibilité, justesse, etc. Clavecin oculaire. Il commence par démontrer que les hommes aiment le plaisir, et ensuite que la peinture est un plaisir.

Parmi tous les sophismes et toutes les absurdités dont Platon a farci son *Traité de l'immortalité de l'âme*, on trouve qu'il croyait

---

1. Le premier ouvrage de Marivaux (1716) est un *Homère travesti*.

que l'on perd les yeux en regardant une éclipse de soleil ailleurs que dans un seau d'eau.

Une de ses preuves de l'immortalité de l'âme est que le dormir naît de la veille, et la veille du dormir.

Roberval et sa clique firent imprimer les imaginations de Descartes sous le nom d'Aristarque de Samos, pour lui imprimer la tache de plagiaire.

Le bon Platon, dans sa *République*, assure que Dieu n'a pu créer que cinq mondes, parce qu'il n'y a que cinq corps réguliers.

Descartes, dans ses lettres au Père Mersenne, dit qu'il est bien aise que les ministres calvinistes se révoltent contre le mouvement de la terre, parce qu'il espère que les catholiques le croiront par cette seule raison.

Jean de Passilly[1], potier de terre au XVe siècle, est le premier qui ait dit que la terre était pleine de monuments que les eaux y avaient laissés. Les coquillages de Touraine, nommés *falun*, en sont une bonne preuve ; ils démontrent que ce n'est point un déluge subit qui les a amoncelés, mais que l'eau de la mer les a formés insensiblement par couches, dans un grand nombre de siècles.

Les abeilles mâles meurent après avoir couché avec la reine.

Les Français n'ont point de part aux inventions de la poudre, des moulins à vent, de l'imprimerie, de la faïence, des horloges, des fortifications, de la chimie, de l'algèbre, des manufactures de soie, de glaces, de lunettes, de télescopes, de la géométrie ; les beaux-arts cultivés tard : le nouveau monde, la boussole, etc., compas de proportion, machine pneumatique, notes de musique, instruments, opéra, spectacles.

Un bon augustin, nommé Skiller, donna aux douze signes les noms des douze Apôtres.

Un autre imbécile de l'Académie des inscriptions assure que les patriarches ont nommé les douze signes : Gemini, Ésaü et Jacob, Rébecca, la Vierge, etc.

Pline dit que les étoiles tombantes sont des étoiles qui se mouchent.

C'est le Père Schall et Verbiest qui ont saintement appris à

---

1. Il faut lire sans doute : « B. de Palissy, potier de terre au XVIe siècle. »

la Chine l'usage du canon ; on n'y connaissait que les feux d'artifice.

L'abbé Hautefeuille revendique les pendules, et intente procès à Huyghens.

Gassendi dit que le monde cache son âge.

Le Père Castel dit que le dernier satellite de Jupiter succédera à Jupiter, parce que les grands seigneurs tiennent leurs successeurs éloignés.

Physique.

On s'est moqué de Pythagore pour avoir dit que Dieu avait arrangé le monde suivant des proportions harmoniques; mais Képler, au bout de trois mille ans, l'a justifié. Les proportions dans lesquelles les sphères célestes se meuvent pouvaient être harmoniques, sans que pour cela on doive penser que ce soit un concert de musique.

Jean Bernouilli, à dix-huit ans, trouve le calcul différentiel; vient à Paris, est présenté à M. de L'Hôpital ; mal reçu, puis pris pour maître ; fait le livre des infiniment petits, témoin les lettres imprimées à Leipzig.

Boerhaave assure qu'il est impossible de tirer du mercure du plomb ; Grosse assure qu'il en a tiré.

Le hasard fait tout : c'est un cordonnier qui, en s'imaginant qu'il trouverait de l'argent dans la pierre de Boulogne, s'avisa de la calciner, et trouva cette lumière qu'on a depuis trouvée dans tous les métaux.

Le phosphore d'urine, trouvé à peu près de même. Les lunettes, par Métius.

En 1600, Marius de Brandebourg vit les satellites de Jupiter, avant Galilée, qui ne les vit qu'en 1610. Fabricius vit le premier les taches du soleil. Anaximandre de Milet trouva l'obliquité du zodiaque chez les Grecs.

Métius, auteur des télescopes ; Goha, des lunettes ; Copernic, du vrai système ; Gutenberg, de l'imprimerie ; Bacon, de la poudre ; Finiguerra, de la gravure des estampes ; Jean de Bruges, de la peinture à l'huile ; Otto de Guéricke, de la machine pneumatique ; Galilée, de la rotation du soleil, de la chute des corps, etc. ; Huyghens, des pendules (disputés par Hautefeuille) ; Neper, des logarithmes; Newton, du calcul intégral et de l'attraction ; Descartes, de l'application à l'algèbre ; De Dominis, de l'explication de l'arc-en-ciel ; Galilée, et non Balthazar Capra, du compas de proportion ; astrolabe, sous le règne de Juan II, et chez les Chinois, par Martin de Boeme, et par un juif.

Un homme de six pieds fait sur la terre la même figure précisément que fait sur une boule de quatre pieds de circonférence un animal qui serait à cette circonférence de boule comme 1 est à 91,500,001.

Le mille romain est plus court que n'a cru M. Cassini le père ; deux colonnes milliaires trouvées près de Nîmes en font foi.

Pline dit que s'il y a un Dieu, c'est le soleil, et se moque de la pluralité.

Le baron de Fœneste dit que la terre est ronde, mais que le soleil revient sur ses pas, et, si on ne le voit pas, c'est qu'il marche de nuit.

En 1572, année de la Saint-Barthélemy, il parut pendant six mois une étoile nouvelle, plus grande que Jupiter, et on ne cria point au miracle.

Philosophie.

Il me paraît que toutes les vérités de morale, de physique, d'histoire même, sont également certaines, également vérités ; preuve : le vrai ne reçoit ni plus ni moins. Les vérités mathématiques sont éternelles : jamais un triangle ne sera égal à trois angles[1] droits, mais bien toujours à deux. Les vérités historiques peuvent changer, Rome peut demain n'être pas ; mais, tandis qu'elle est, son existence est aussi vraie que les propriétés du triangle : car elle ne peut pas être et n'être point. Et voilà le seul fondement des vérités mathématiques.

Un homme fait sur la terre la même figure qu'un pou d'une ligne de hauteur et d'un cinquième de largeur sur une montagne de 15,700 pieds ou environ de circuit.

Sur une statue de Brutus imparfaite.

Dum Bruti effigiem sculptor de marmore ponit,
In mentem crimen venit, et abstinuit.

---

1. Ce mot est passé dans la copie.

Épitaphe de Raphaël.

Hic jacet hic Raphael, timuit quo sospite vinci
Rerum summa parens, et moriente mori.

Épitaphe de Louis XIII, par Corneille.

Sous ce tombeau repose un monarque sans vice,
Dont la seule bonté déplut aux bons François,
Et qui, pour tout défaut, ne fit qu'un mauvais choix,
Dont il fut trop longtemps innocemment complice.
Vainqueur de toutes parts, esclave dans sa cour,
A peine son tyran cesse de voir le jour
Que jusque dans la tombe il le force à le suivre. .
Après trente et trois ans sur le trône perdus,
Commençant à régner, il a cessé de vivre.

Il eut cent vertus de valet,
Et n'en eut pas une de maître.

Pour le pape Clément XI.

Il ressemble à saint Pierre : il pleure, il prêche, il renie, il se repent.

Creech, commentateur d'Horace et de Lucrèce, mit à la marge de son livre : « *Nota* que quand mon livre sera achevé il faut que je me tue. »

Épitaphe de l'archevêque Fénelon.

Ci-gît qui deux fois se damna,
L'une par Molinos, l'autre par Molina.

Épitaphe de Saint-Pavin.

Sous ce tombeau gît Saint-Pavin;
Qui que tu sois, pleure sa fin.
Tu fus de ses amis peut-être,
Pleure ton malheur et le sien ;
Tu n'en fus point, pleure le tien,
Passant, d'avoir manqué d'en être.

Sur le portrait de M. le Prince, par Moreuil.

En repos, en tranquillité,
Philosophe autant qu'on peut l'être,
Amoureux de ma liberté,
Je regrette pourtant ce maître.

Æneas Silvius Piccolomini, couronné poëte et puis couronné pape, prit le nom de Pie. Sa devise : *Sum pius Æneas.*

L'évêque de Langres avait fait mettre sur sa porte : *Regi, legi, gregi.* Comme il f....... Mme de Brégi, on mit : *Regi, legi, gregi, Bregi.*

———

L'évêque de Tulle, impuissant, f...... Mme de Foy :

Præstet fides supplementum
Sensuum defectui.

———

Ci-gît, sous ce marbre usé,
Le vieux président Ruzé,
Auquel il coûta maint écu
Pour être déclaré cocu ;
A son frère il n'en coûta rien,
Et toutefois il le fut bien.
De telles gens il est assez.
Priez Dieu pour les trépassés.

Calvière.

Iris, que ton portrait m'enchante !
Mais il redouble mon tourment ;
Et plus tu m'y parais présente,
Plus je sens ton éloignement.

Pour le portrait du roi Guillaume.

Par quel destin faut-il, par quelle étrange loi,
Qu'aux héros qui sont nés pour porter la couronne,
Ce soit l'usurpateur qui donne
L'exemple des vertus que doit avoir un roi !

*Pour la reine Marguerite de Navarre, logée chez l'archevéq
de Sens.*

   Comme reine elle devait être
   Logée en royale maison ;
   Mais comme p..... c'est raison
   Qu'elle soit au logis d'un prêtre.

    Sur madame Deshoulières.

   Vos vers, qui ravissent la cour,
   Touchent les cœurs les plus sauvages :
   J'aime pourtant mieux voir l'amour
   Dans vos yeux que dans vos ouvrages.

   Ci-gît, dont Dieu veuille avoir l'âme,
   Paul, batteur d'or et de sa femme.

   Sonnet sur madame de Maintenon.

Que l'Éternel est grand ! Que sa bonté puissante
A comblé mes désirs, a payé mes travaux !
Je naquis demoiselle et je devins servante :
Je lavai la vaisselle et frottai les bureaux.

J'eus bientôt des amants : je ne fus point ingrate ;
De Villarceaux longtemps j'amusai les transports ;
Il me fit épouser ce fameux cul-de-jatte
Qui vivait de ses vers, comme moi de mon corps.

Il mourut, je fus pauvre, et, vieille devenue,
Mes amants, dégoûtés, me laissaient toute nue,
Lorsqu'un tyran me crut propre encore aux plaisirs.

Je lui plus, il m'aima ; je fis la Madeleine,
Par des refus adroits j'irritai ses désirs ;
Je lui parlai du diable, il eut peur... Je suis reine.

Regina cœli, la maîtresse de M. Celi.

  Pour la statue de Lucullus, par le marquis de La Fare.

  Ce célèbre Romain, qui vainquit Mithridate,
  Par ses guerriers travaux a bien moins éclaté

Que par la volupté tranquille et délicate
Que lui fit savourer la molle oisiveté.

Pour une chienne.

La chienne qu'aime tant Julie
A de fort bonnes qualités :
Qu'on la batte, elle s'humilie;
Elle mord si vous la flattez;
A qui lui donne, débonnaire;
Aux mains vides, montrant les dents :
C'est assez là le caractère
De force chiennes de ce temps.

Épitaphe de Benserade.

Ce bel esprit eut trois talents divers,
Qui trouveront l'avenir peu crédule :
De tout railler il ne fit point scrupule,
Sans qu'à la cour on le prît de travers;
Vieux et galant sans être ridicule,
Il s'enrichit à composer des vers.

De Tristan.

Je vivais indigent et tâchais de paraître;
Je mourus sur un coffre en attendant mon maître.

Ci-gît qui, pendant qu'il vivait,
Fit tout métier de gueuserie;
Il rimait, soufflait, prédisait,
Et cultivait philosophie.

Stavo ben, ma per star meglio, sto qui.

---

*Sur le duc de Villars, qui aimait, dit-on, une femme
fort mal en c...*

La tendresse du duc me paraît un problème :
On dit qu'il aime Iris, et je ne le crois pas...
Elle a trop peu de ce qu'il aime,
Et trop de ce qu'il n'aime pas.

Sur le portrait de M. de Lassé et de madame de Beaune.

>La mort seule les sépara.
>Leur amitié tendre et fidèle
>Au monde à jamais servira
>Ou de reproche, ou de modèle.

Sur l'inégalité des saisons.

>Jupiter, fais finir la guerre
>De ces éléments orageux :
>Ne peux-tu faire dans les cieux
>Ce que Fleury fait sur la terre?

Pensées détachées.

On fait toujours trop d'honneur aux desseins des hommes. L'établissement des jésuites semble le chef-d'œuvre de la politique : c'était l'ouvrage d'un fou et d'un imbécile fanatique (Ignace de Loyola) ; mais toutes les circonstances se sont réunies en faveur des jésuites. Ils ont tous les tourments de l'ambition, sans en avoir les agréments. Un jésuite gouverne presque un royaume, mais il n'a pas un valet, et sa cellule est sans cheminée ; il passe sa vie dans la politique et dans la misère, et se sert de tous les ressorts de la prudence pour conduire sa folie.

On pourrait (au moins poétiquement) comparer deux hommes puissants, qui paraissent ennemis en public et qui en secret sont réunis, à deux arbres plantés à grande distance l'un de l'autre, mais dont les racines se joignent sous terre.

Apprendre plusieurs langues, c'est l'affaire d'une ou deux années ; être éloquent dans la sienne demande la moitié de la vie.

On ne craint pas les ridicules que personne ne peut découvrir : voilà pourquoi nous faisons hardiment des vers latins et nous chantons des motets, parce que la cour d'Auguste n'est pas là pour se moquer de nous.

Jules César subjugua trois cents nations en Gaule ; s'il n'y en avait eu qu'une, il n'eût rien subjugué peut-être.

La religion juive, mère du christianisme, grand'mère du mahométisme, battue par son fils et par son petit-fils.

La plupart des hommes sont comme la pierre d'aimant : ils ont un côté qui repousse et un autre qui attire.

Pour avoir quelque autorité sur les hommes, il faut être distingué d'eux. Voilà pourquoi les magistrats et les prêtres ont des bonnets carrés.

Les deux plus grands protecteurs des belles-lettres ne savaient pas le latin : M. Colbert et Louis XIV.

Dans la passion, on reçoit un bon conseil d'un homme très-peu sage, comme un corps robuste attaqué de maladie peut être guéri par un médecin infirme.

Les pensées d'un auteur doivent entrer dans notre âme comme la lumière dans nos yeux, avec plaisir et sans effort; et les métaphores doivent être comme un verre, qui couvre les objets, mais qui les laisse voir.

Le *Télémaque* est une espèce bâtarde : ni vers ni prose. Qu'est-ce qu'un style qu'il serait ridicule d'imiter ?

Un historien français ou anglais est, à l'égard de Tite-Live et de Tacite, ce qu'un homme qui conte les nouvelles de son quartier est à un ministre qui parlerait des affaires de l'Europe.

On n'est de bonne compagnie qu'à proportion qu'on a de la coquetterie dans l'esprit.

La plupart des partis qu'on prend ne sont guère que des ressources.

L'Académie française est comme l'Université : l'une et l'autre étaient nécessaires dans un temps d'ignorance et de mauvais goût ; elles sont aujourd'hui ridicules.

On ne voit en France que des contradictions. Le chancelier est le premier officier de la Couronne, et ne mange pas avec le roi, le parlement lui écrit: *Monseigneur*, et au premier prince du sang : *Monsieur*. Un gentilhomme qui écrit à M. de Bouillon : *Monsieur*, écrit au secrétaire d'État: *Monseigneur*, et le secrétaire d'État : *Monseigneur*, à M. de Bouillon.

Un président est méprisé à la cour pour la même charge qui fait sa grandeur à la ville.

Les comédiens sont entretenus par le roi et excommuniés par le curé.

Les magistrats ordonnent le carnaval, et les religieuses se fouettent pour en demander pardon à Dieu.

Les vendredis, il est défendu aux bouchers de vendre de la viande, et les rôtisseurs en peuvent vendre.

Les dimanches on ferme les boutiques de tableaux et on vend des estampes.

L'Opéra cesse la semaine sainte, et les danseurs de corde jouent.

Le dimanche, qui est le jour du Seigneur, il y a opéra et comédie ; il n'y en a point le jour de la Vierge.

Un prêtre est du premier ordre de l'État, on l'appelle messire : il fait descendre Dieu sur l'autel. Le même prêtre vient dire la messe pour 20 sols, et on le fait manger avec les laquais.

Le vendredi païen, le samedi juif, le dimanche chrétien.

Quand on ne voyage qu'en passant, on prend les abus pour les lois du pays.

Si les prêtres s'étaient contentés de dire : « Adorez un Dieu et soyez justes », il n'y aurait jamais eu d'incrédules ni de guerres de religion.

Nous sommes malheureux par ce qui nous manque, et point heureux par les choses que nous avons : dormir, etc., n'est point un bonheur ; ne point dormir est insupportable.

Il n'y a que les faibles qui fassent les crimes : le puissant et l'heureux n'en ont pas besoin.

Tous ceux qui ont écrit pour prouver la religion sont la mouche du coche : ils se battent sur la matière et sur l'esprit. C'est se battre de la chape à l'évêque.

Toutes les religions, hors la nôtre, sont l'ouvrage des hommes : c'est pourquoi elles diffèrent. La morale est la même : elle vient de Dieu, et est une comme lui.

Si la lumière vient des étoiles en vingt-cinq ans, Adam fut vingt-cinq ans sans en voir.

Ceux qui ont trop scrupuleusement recherché les principes d'un art se tirent quelquefois tellement du vulgaire qu'ils ne peuvent plus juger de l'effet qu'un ouvrage fera sur le commun des hommes : car, à force de méditations, on ne sent plus, et on ne peut plus, par conséquent, deviner les sentiments des autres.

Les gueux et les voleurs ont un argot ; mais quel état n'a pas le sien ? Les théologiens et surtout les mystiques n'ont-ils pas leur argot ? Le blason n'en est-il pas un ? Et est-il plus beau de dire *gueules* ou *sinople* au lieu de *rouge* et *vert*, que *pitancher du pivois* au lieu de dire *boire du vin* ?

D'où vient que les Italiens sont de si mauvais philosophes et de si fins politiques ; les Anglais, au contraire ? N'est-ce pas que, la politique étant l'art de tromper, de petits esprits en sont plus capables ?

Ceux qui ont écrit sur l'homme n'ont jamais écrit sur l'homme en général. Le Père Malebranche regarde l'homme comme une âme chrétienne ; La Bruyère, comme un Français qui a des ridicules, etc. Celui qui ferait un traité des chiens devrait-il ne parler que des épagneuls ? Il y a des hommes noirs, blancs, jaunes, barbus, sans barbe ; les uns nés pour penser beaucoup, les autres pour penser très-peu, etc.

On appelle avare celui qui garde son argent, non celui qui le met en meubles riches et les garde. Cependant celui qui garde cent mille écus en espèces, ou des lustres et des tableaux pour la même somme, est également avare ; mais l'un est utile au public, l'autre non.

La mémoire et l'esprit sont comme la pierre d'aimant, qui devient plus forte en augmentant petit à petit le poids qu'on lui fait porter.

Sermon prêché devant les puces.

Mes chères puces, vous êtes l'ouvrage chéri de Dieu, et tout cet univers a été fait pour vous. Dieu n'a créé l'homme que pour vous servir d'aliment, le soleil que pour vous éclairer, les étoiles que pour vous réjouir la vue, etc.

Il paraît que la Nature nous a donné *l'amour-propre* pour notre conservation, et la *bienveillance* pour la conservation des autres. Et peut-être que, sans ces deux principes, dont le premier doit être le plus fort, il ne pourrait y avoir de société.

Quand on cherche à traduire, il faut choisir son auteur, comme on choisit un ami, d'un goût conforme au nôtre.

Voulez-vous avoir, en écrivant, de la réputation ? Imitez les négociants, qui se gardent bien de se charger de marchandises communes. Choisissez un genre nouveau, et, s'il n'y en a point, ne faites rien, car il n'y a point de réputation pour vous.

On admire Marot, Amyot, Rabelais, comme on loue des enfants quand ils disent par hasard quelque chose de bon. On les approuve parce qu'on méprise leur siècle, et les enfants parce qu'on n'attend rien de leur âge.

La science de la cour est comme la chirurgie, qui s'apprend par les blessures d'autrui.

Le Père Malebranche apportait les résurrections des insectes en preuve de la résurrection prétendue de l'âme. Il se trompait sur le premier fait aussi bien que sur le second.

Les termes les plus bas sont souvent les expressions les plus nobles. On appelait le maréchal de Luxembourg le *tapissier de Notre-Dame*.

Les calomniateurs sont comme le feu, qui noircit le bois vert, ne pouvant le brûler.

Un vieillard est un grand arbre qui n'a plus ni fruits ni feuilles, mais qui tient encore à la terre.

Les paroles sont aux pensées ce que l'or est aux diamants; il est nécessaire pour les mettre en œuvre, mais il en faut peu.

Un imitateur est un estomac ruiné, qui rend l'aliment comme il le reçoit.

Les pensées usées sont les haillons du Parnasse; mais à présent il y a bien peu d'étoffes neuves.

Un imbécile a dit : « J'ai envie de me faire appeler Virgile et Cicéron, afin que la postérité parle toujours de moi. » Il avait plus raison qu'il ne pensait : la renommée, qui n'est rien, lui appartenait comme à ceux qui ne sont plus, et réellement n'est à personne.

Il y a à présent une inquisition sévère sur les livres; mais un ministre, en défendant un livre, l'accrédite. Le vrai secret serait de le faire réfuter par un auteur sage et homme de bien.

Un livre défendu est un feu sur lequel on veut marcher, et qui jette au nez des étincelles.

Il en est de la conversation comme des licences : tout est devenu lieu commun.

Un livre doit être, comme un homme sociable, fait pour les besoins des hommes.

Quand un homme se porte bien, il a toutes les passions, c'est un vaisseau à toutes voiles. Dans la maladie, il n'a que la passion de guérir, tant la nature est sage.

Les politiques ne sont pas les inventeurs de la religion. Ceux qui ont mis les taureaux au joug ont trouvé leurs cornes toutes faites.

Il n'y a que les ouvriers qui sachent le prix du temps ; ils se le font toujours payer.

Il semble que les Européans soient tous médecins : tout le monde demande comment on se porte.

Trois fameux scoliastes ne sont pas d'accord sur la forme de la manche des...... Dacier, Grævius, Saumaise. On se demande si c'étaient trois tailleurs.

Un simple mécanicien comme l'abbé Nollet, qui ne sait autre chose que les expériences nouvelles, est meilleur physicien que Démocrite et Descartes ; il n'est pas si grand homme, mais il sait plus et mieux.

Les grandes affaires entre les princes, les guerres, les révolutions, sont des orages dont on sent les coups sans connaître les vapeurs qui les ont formés.

Les bienfaits font sur le cœur le même effet que le feu sur nos corps : il échauffe, et, quand il est éteint, on sent encore un peu de sa chaleur, qui s'évanouit bientôt.

Suite des Contradictions.

L'empereur est assez puissant pour faire la guerre aux Turcs ; il ne l'est pas assez pour faire venir un vaisseau à Ostende.

La reine d'Espagne a conquis Oran et la Sicile, donné des lois à l'Amérique, et ne peut jouir de la ville de Gibraltar.

Jésus-Christ envoya ses apôtres pour chasser les démons expressément, et les ordonnances de France et d'Angleterre empêchent de croire aux démoniaques.

En France, les femmes sont régentes, et non reines ; ailleurs, reines, et non régentes.

Je crois que les Romains, avec leur urbanité, n'avaient rien de notre politesse. Des magistrats venaient demander leur dîner, à la porte des riches. On ne buvait point du même vin. Les convives avaient chacun leur portion. Horace loue son ami de ce qu'il ne se fâche point de ce que son ami a pissé sur ses meubles, etc.

Le plaisir donne ce que la sagesse promet.

Les passions sont au goût ce que la faim canine est à l'appétit.

Les États, les lois, tout est fait de pièces et de morceaux.

Ceux qui ne sont qu'éloquents se moquent volontiers des savants : Cicéron osa se moquer de la correction du calendrier par César.

Miracles.

Celui du sang de saint Janvier, tous les ans, à Naples. Celui du feu des Grecs au saint Sépulcre, en présence des mahométans, le jour de Pâques.

La sainte ampoule, l'oriflamme ; tous ceux de l'histoire romaine ; toutes ces guérisons innombrables au temple d'Épidaure et à nos Notre-Dame ; tous les sortiléges chez les païens et les chrétiens.

Une chose très-remarquable, c'est que, dans toutes les disputes qui ont partagé les chrétiens, Rome a toujours pris le parti le plus opposé à la raison humaine.

Le lit découvre tous les secrets.

Juifs.

Saint François tua le fils d'un médecin pour avoir le plaisir de le ressusciter.

Marthe dit à Magdelon : « L'abbé Jésus prêche aujourd'hui, allons l'entendre. » Magdelon se met à sa toilette, va ensuite au sermon, donne à dîner au prédicateur.

Dans leur Talmud, il est dit que Dieu se maudit trois fois toutes les nuits pour avoir abandonné son peuple ;

Qu'il n'y aura de damnés que ceux qui ont voulu se faire dieux.

On fait tous les ans, à Saint-Jean en Grève, une procession en mémoire d'une prétendue hostie qu'un juif perça à coups de couteau, et qui resta toute sanglante. Même chose à Bruxelles.

Peuple grossier et qui a imité dans ses livres les fables ingénieuses des Chaldéens et des Égyptiens, comme les auteurs barbares de la *Légende dorée* ont attribué à leurs saints toutes les fables des Grecs. Par exemple, la boîte de Pandore, inventée en Égypte, l'œuf créé par Orosmade, percé par Arimane, qui y introduisit le mal moral et le mal physique, sont les tableaux d'après lesquels on a fait la copie misérable d'Ève et de la pomme.

Nota que les peuples de la Thébaïde reconnaissaient un seul Dieu, un seul principe, nommé *Knef*, et qu'ils sont les premiers qui aient imaginé le système de l'immortalité de l'âme. Cependant Moïse, qui admit un seul principe, à l'imitation de ce *Knef*, n'osa jamais admettre cette immortalité. Il y a grande apparence qu'il était fort mal instruit, et qu'il mena un peuple plus grossier que lui.

Ils se coupaient le prépuce en l'honneur de Dieu, chose très-conséquente. Les Hottentots sont bien plus dévots : ils se coupent une c. .....

Nous cherchons tous le bonheur, mais sans savoir où, comme des ivrognes qui cherchent leur maison, sachant confusément qu'ils en ont une.

Sobiesky, en partant pour secourir Vienne, embrasse le prince Constantin au berceau ; sa femme pleurait : « Pourquoi pleurez-vous ? — De ce que cet enfant ne peut vous suivre. » Cela vaut bien les adieux d'Hector.

Physique.

Le mouvement des corps est toujours le produit de leur vitesse par leur masse.

Les fluides résistent aux solides, comme le carré des vitesses.

Les corps ne peuvent peser que selon le plus ou le moins de matière.

La gravité agit en proportion de la matière : c'est pour cela qu'une plume et un louis d'or tombent en même temps dans le récipient purgé d'air. Si c'était la matière subtile qui les fît tomber, comment cette matière subtile, supposée remplir tout espace, ne repousserait-elle pas autant qu'elle pousserait ?

La lumière a une vitesse dix mille fois plus grande que celle d'une balle de canon. Elle vient du soleil environ en huit minutes ; des étoiles fixes, environ en six mois. Huyghens et Hartsoeker ont imaginé de déterminer la distance des étoiles fixes, en diminuant à leurs yeux la grandeur du disque du soleil, jusqu'à ce qu'il ne fût pas plus grand qu'une étoile, etc.

La ligne de direction des corps pesants va au centre de la terre.

Par l'expérience d'une chandelle, on fait voir que la loi de la gravitation agit en raison inverse du carré des distances, c'est-à-dire agit neuf fois moins si je suis trois fois plus loin, quatre fois moins si je suis deux fois plus loin, etc. On met un cube d'un pouce, à la lueur, à un pied, d'une chandelle; un cube de deux pouces, à deux pieds : celui qui est deux fois plus loin reçoit quatre fois moins de lumière.

Trois grandes lois du mouvement.

1° Tout corps tend à conserver l'état où il est.

2° Le changement, augmentation, diminution du poids, est proportionnel à la force imprimée.

3° L'action et la réaction sont égales. Il est évident que la réaction de l'eau contre les rames fait avancer un bateau.

Le ressort des corps est une suite de l'action et de la réaction. Descartes tâchait en vain de l'expliquer difficilement par la matière subtile.

Il ne faudrait qu'un point fixe et un poids d'une demi-once pour enlever la terre.

On peut enlever un homme avec un cheveu appliqué à la branche d'un levier.

Il n'y a point d'homme qui ait la force de se lever de son séant sans changer le centre de gravité de son corps.

Il n'y a point d'homme qui ne soulève cinq ou six cents pesant, la force étant bien appliquée, et qui ne puisse résister à l'effort de plusieurs chevaux qui le tireraient avec une corde.

Les philosophes malabares disent qu'autrefois le soleil avait sept yeux ; ce sont les sept couleurs de Newton.

Toutes les sciences sont à présent comme la lanterne magique : ce fut d'abord une invention admirable ; actuellement les Savoyards la montrent pour cinq sols aux servantes.

Il est faux que ce fût Jacques Métius qui eût trouvé les lunettes à longue vue ; le journal de Henri IV fait mention de cette invention en 1609, une de ces lunettes ayant été donnée au prince Maurice, qui récompensa l'ouvrier de trois cents écus.

Capra, Galilée, Burgus, se disputent le compas de proportion ; Hautefeuille, Huyghens, la pendule ; Serven et Harvey, la circulation du sang : Gutenberg et Coster d'Harlem, l'imprimerie.

Faits détachés et bons mots.

La devise de la maison de Bourbon est : *Qui qu'en grogne.*

Saunderson, aveugle-né, professeur de mathématiques à Cambridge, a fait un beau traité d'optique.

Luc de Combrossi [1], aveugle-né, était bon sculpteur, et, quand il tirait quelqu'un en marbre, il le faisait très ressembler.

Un dominicain demandait une grâce au roi d'Espagne. Le roi lui dit : « J'en parlerai à mon conseil. — Sire, reprit le moine, une dame me demandait hier, à confesse, à quel saint il fallait se vouer pour avoir des enfants : « Madame, lui dis-je, je ne « m'adresse jamais à d'autres pour les choses que je puis faire « par moi même. »

Un capitaine de vaisseau se confessait, en mourant, d'avoir juré toute sa vie. « Mais je me flatte que Dieu voudra bien considérer que j'étais homme de mer. »

La maréchale de Brissac : « Dieu y pensera à deux fois à damner une personne de ma qualité. »

La perte du temps au jeu : « Oui, on perd tant de temps à mêler les cartes ! »

Madame de Longueville à M. de *** : « Je viens de confesse ; j'y ai été trois quarts d'heure, et j'ai eu le plaisir de n'y parler que de vous. »

Les deux pontifes des deux lois ont commencé tous deux par une apostasie.

---

1. Cambiassi sur le manuscrit.

Si Dieu nous a faits à son image, nous le lui avons bien rendu.

La reine Christine disait à Pimentel, en voyant un tableau de la Vierge et du Bambin : « Elle n'a eu qu'un fils, et que de guerres à son occasion ! Si elle avait eu deux enfants, la terre serait dépeuplée. »

Le comte de Konismar prit, à Leipzig, douze apôtres d'argent et en fit de la monnaie : « Il faut, dit-il, qu'ils aillent prêcher par tout le monde. »

Lévi, juif, capitaine de vaisseau, prit un beau collier à une sainte Vierge à Carthagène : « Ma cousine, dit-il, ces parures sont trop mondaines. »

Un curé donna à une vieille un jeton d'ivoire pour une hostie : « Je crois, dit-elle, que vous m'avez donné le Père éternel, tant il est coriace : je ne peux l'avaler. »

« Messieurs, M. le curé nous prêchera dimanche le miracle de cinq personnes nourries avec trois mille pains et cinq mille poissons. » A cette annonce, tout le monde se met à rire. « Petit malheureux, cria le curé, c'est tout le contraire ! Va dire que c'est trois mille personnes nourries avec cinq pains et trois poissons. — Ah ! monsieur, si je l'avais dit comme ça, on aurait ri bien davantage. »

« Combien y a-t-il de dieux ? demandait un curé à un paysan. — Il y en a trois. — Va-t'en, coquin ! Je ne te marierai point. » Le paysan s'en va et trouve en chemin son camarade, qui allait se marier, et lui conte son cas. « Parbleu ! dit l'autre, j'aurais répondu : Il n'y en a qu'un. — Va, va, dit le premier, comme tu seras marié ! Je lui en ai baillé trois, et il n'a pas été content. »

Dans la *Fleur des Saints*, saint Amable fait le voyage de Rome, accompagné d'un rayon de soleil qui lui portait en l'air ses gants et son chapeau.

Saint Bernard allant au concile, le diable cassa une roue de son équipage ; saint Bernard l'obligea de rouler à la place.

Sermon imprimé de saint Antoine de Padoue aux poissons.

Ange qui pisse dans le bassinet du fusil d'Abraham.

Caprara pissant dans la bouche du père Marc d'Aviano, pour le tirer d'une extase où un motet l'avait mis, vaut bien le bassinet de l'ange.

Les moines de Saint-Denis ont écrit qu'ils avaient vu Charles-Martel emporté par le diable, parce qu'il les avait fait contribuer aux besoins de l'État.

Histoire des cordeliers d'Orléans, qui firent cacher dans la voûte un de leurs moines pendant qu'on enterrait un Rochechouart. Le moine cria : « Je suis damné ! » Procès fait aux moines.

Histoire horrible des dominicains de la Valteline, rapportée par Burnet[1].

Banqueroute des jésuites à Séville. Un jésuite à la tête de six mille Américains au siège de Plaisance.

Histoire du saint Indien (dans Bernier), qui f...ait son ânesse, et le peuple criait : « Hosanna ! oh ! le saint ! le saint ! Il n'en veut ni à nos femmes ni à nos filles ; il f... son ânesse par humilité. » (*Rapporté dans Locke.*)

Milord Brunker, à son maître d'hôtel, qui accusait un palefrenier de f..... sa jument : « Je ne me mêle pas de leurs amours. »

Mme Acosta dit, en ma présence, à un abbé qui voulait la faire chrétienne : « Votre Dieu est-il né juif ? — Oui. — A-t-il vécu juif ? — Oui. — Est-il mort juif ? — Oui. — Eh bien ! soyez donc juif. »

Saint Jérôme fouetté par les anges pour avoir lu avec trop de plaisir Cicéron et Plaute.

Quiétisme.

La bonne femme qui porte un réchaud et de l'eau pour brûler le ciel et éteindre l'enfer, afin qu'on ne serve plus Dieu par intérêt ni par crainte.

Exemples de grandeur d'âme.

Scipion, accusé devant le Sénat, au lieu de répondre dit : « C'est à pareil jour que j'ai pris Carthage ; allons rendre grâce aux dieux. » Et on le suivit au Capitole.

Cicéron, obligé selon l'usage de faire serment qu'il avait observé les lois, et de rendre compte de son administration, dit en

---

1. Voyez tome XII, page 292, de la présente édition.

présence de ses ennemis, qui craignaient son éloquence et qui voulaient l'empêcher de parler longtemps : « Je jure que j'ai sauvé la République. »

Rufus, en partant pour le gouvernement de l'Asie Mineure, accusé par deux Romains, leur dit : « Je vous prends pour mes lieutenants, afin que vous éclairiez ma conduite. »

Histoire des Barmécides, sous le calife Giafar; de l'assiette d'or ; du diamant rendu par le soldat ; des trois amis dont le premier donne son chameau et son équipage et s'en retourne à pied ; le second chasse son maître d'hôtel pour n'avoir donné que deux chameaux à son ami ; le troisième, étant aveugle et conduit par deux esclaves, vend ses deux esclaves pour en donner l'argent.

Saint-Hilaire, ayant le bras emporté et voyant Turenne tomber mort, dit à son fils : « Ce n'est pas moi qu'il faut pleurer, mais ce grand homme. »

Mot du maréchal de Villars : « Sire, je vais combattre vos ennemis, et je vous laisse au milieu des miens. »

Le duc de Guise au siège de Rouen : « Votre religion vous enseigne à m'assassiner, et la mienne à vous pardonner. »

Périclès, ayant écouté en secret des ambassadeurs qui proposaient un moyen sûr de rendre Athènes victorieuse, assemble le peuple et lui assure que ce moyen était infaillible : « Est-il honnête ? demandèrent les Athéniens. — Non, dit Périclès. — Nous n'en voulons donc point. »

Louis XIII, étant venu tenir son lit de justice, fit défendre les remontrances. Le président de Verdun dit : « On nous ordonne de nous taire sur les édits et de ne parler que pour faire l'éloge du gouvernement. Muets sur l'un, quand nous sommes obligés de l'être sur l'autre, il ne nous reste de voix que pour prier le Ciel qu'il éclaire Votre Majesté. »

Il faut mettre au même rang le fils de Pompée, qui fit afficher des récompenses pour ceux qui sauveraient les proscrits, et Jeannin et Saint-Héram, qui empêchèrent les massacres ; et Desbordes, qui conduisit son ennemi jusqu'au pied de son château : « Te voilà libre, il faut te battre », etc.

Henri IV demandait à l'ambassadeur Don Pèdre si le roi d'Espagne était amoureux. Don Pèdre dit que son roi n'était pas si faible. « Comment! dit Henri; n'a-t-il pas assez de vertus pour payer un vice? »

Milord Scarborough ayant pris le parti du roi dans le parlement, on lui reprocha que c'était parce qu'il était son grand écuyer : « Eh bien ! dit-il, je me démets de cette charge pour avoir le droit de prendre le parti de mon roi quand il aura raison. »

Un pauvre Espagnol, amoureux d'une femme qu'un mari cocu et jaloux gardait à vue, laissa tomber devant la porte un paquet où il y avait : « Vingt écus, pour le porter au duc de l'Infantado. » Le mari prend le paquet et le porte au duc. Il y avait dans la lettre : « Duc de l'Infantado, gardez-moi ce cocu et payez-le. » Le duc n'y manqua pas.

A la conférence de Charenton, l'archevêque dit à Henri IV : « Ah ! sire, comme vos courtisans nous pressent ! — Ils me pressent bien davantage dans les batailles. »

Liste des fautes présentée par un ministre : « Avez-vous la liste des services? dit le roi. — Non. — Jetez donc celle des fautes au feu. »

« A quoi sert la lecture? disait Louis XIV au duc de Vivonne. — Sire, dit-il, à faire à l'esprit ce que font à mes joues les perdrix de Votre Majesté. »

Quelqu'un venait de se servir avec le roi du mot de *raison péremptoire*. « Savez-vous ce que c'est que *raison péremptoire?* dit-il à Cavois. » Cavois ne répondit rien. « C'est, dit le roi, une raison à laquelle il n'y a pas de réplique. — C'est ce qui fait, dit Cavois, que je ne répliquais mot. »

Le roi fit un signe de bonté à un pauvre diable fort mal vêtu. Le comte de Grammont prit la liberté de demander au roi comment il connaissait cet homme. « Il m'a bien servi, dit le roi. — On le voit bien à son habit ! » dit le comte.

Despréaux était à l'armée de M. le Prince, dont les colonels n'avaient pas dix-huit ans. « Eh bien, monsieur Despréaux, que pensez-vous de mon armée? — Monseigneur, elle sera fort bonne quand elle sera majeure. »

« Le roi a dit..., criait un grand parleur, et le roi a dit encore... — Morbleu ! reprit Despréaux, le roi est un grand bavard. »

Un bon huguenot, parlant des persécutions de ses frères, dit de l'un d'eux, qui s'était sauvé : « Enfin Dieu l'abandonna, il ne fut pas pendu. »

Qui est le père de cet enfant?
— *Senatus, Populusque Romanus.*

Philippe Second ordonna que l'on mît dans toutes les lettres qu'on lui écrivait : « Dieu garde la catholique personne de Votre Majesté. »

Le comte d'Estrées prétendait qu'en Guinée il avait rencontré vingt chanoines tout nus, noirs comme des diables, chantant *Laudes* dans une église, une aumusse sous le bras.

Un homme assembla la faculté de Montpellier pour avoir leur avis sur un cas singulier. Il s'était raccommodé avec de la poix résine une jambe cassée. Chacun raisonna et prouva que la poix résine était propre à raccommoder les jambes. Il se trouva que c'était une jambe de bois.

M. le duc d'Orléans, pour s'excuser de ne point tenir ses promesses, disait : « Ces gens-là prennent des paroles d'honnêteté pour des paroles d'honneur. »

Il envoya faire f..... le procureur général du parlement d'Aix, qui lui dit : « Monseigneur, je n'ai pas été envoyé ici pour ça. »

M. de Langeais perdit à la fois deux procès : il fut déclaré impuissant par un arrêt, et condamné par un autre pour avoir fait un enfant.

La mère de M. de Monconseil, ayant intenté contre son mari un procès d'impuissance, accoucha chez un de ses juges.

J'ai la copie d'un arrêt du parlement de Grenoble qui déclare que la dame d'Apremont a été engrossée en songeant à son mari, et qui rend légitime son fils, né deux ans après que le mari avait été fait esclave à Alger.

A la chambre des poisons, M. de Nevers accusa son cuisinier, disant que c'était le plus grand empoisonneur de Paris.

Gazette de Rome : Nous apprenons de Paris que le père du cardinal Mazarin est mort ici.

L'avocat Sorcroix, voyant sa partie adverse qui faisait un faux serment pour ne point payer : « Messieurs, dit-il, tandis que monsieur a la main à la bourse, n'y a-t-il plus de créanciers ? »

Sur une paillardise de la bonne Marguerite, Henri III écrivit au roi de Navarre et lui conta le tour; mais, les choses étant apaisées, il lui écrit de nouveau que ce sont pures calomnies et que l'on en avait dit autant de la reine sa mère. « Le roi, mon beau-frère, dit Henri IV, me traite, par sa première lettre, de cocu, et, par la seconde, de fils de p..... »

La phrase ordinaire de Cromwell était de *chercher le Seigneur*. C'est avec ce jargon et son épée qu'il soumit l'Angleterre. Un jour il buvait avec Milton et Waller : tous trois étaient sous la table à ramasser un tire-bouchon. Les députés du clergé arrivèrent; on les fit attendre, et Cromwell dit : « Ces faquins-là croient que nous cherchons le Seigneur, et nous ne cherchons que le tire-bouchon. »

Le dernier premier président de Mesmes avait entre ses mains une lettre du Père Poisson, cordelier, qui commençait ainsi : « Le v.. m'est allongé d'un demi-pied, ma chère Flonflon, en lisant ta lettre. Je vais prêcher un bon carême, et cela servira pour tes couches. »

Mme de Léon disait à La Mésangère : « Je voudrais bien que quelqu'un me le mît. — Et moi aussi, madame. »

Il manda à Nocé : « Monsieur, ma belle-mère a ordonné par son testament qu'on la fît enterrer auprès de son mari; ainsi je vous prie de me mander où et quand vous voulez qu'on vous enterre. »

Il y a eu une hérésie des Stercoristes.

« Notre Dieu n'a ni père ni mère », disait Ali-bacha.

On prétend que le pape Benoît XIII disait : « Je crois que mes prédécesseurs étaient infaillibles; mais pour moi, j'avoue que je ne le suis pas. »

Le roi ayant réglé des rangs à sa cour, M. le Grand lui dit : « Sire, le charbonnier est maître chez soi. »

Voyant son royaume sur la carte et disant que cela est peu de chose : « Sire, lui dit un ambassadeur, tant vaut l'homme, tant vaut la terre. »

« Je te casserai la tête avec mon pot, disait une vieille femme à une autre. — Et qu'est-ce qu'il y a dans ton pot? — La moitié d'un chapon, dit la vieille. — Eh bien ! mangeons-la ensemble. »

Le comte Peterborough, ennemi de Marlborough, fut pris un jour pour lui par le peuple, qui cria : « Vive le duc de Marlborough! — Coquins! dit-il, pour vous prouver que ce n'est pas lui, tenez, voilà de l'argent. » Et il leur jeta des guinées.

Un homme disait d'un de ses camarades: « Monsieur, je fus tout étonné quand, à la trente-deuxième pinte, il tomba sous la table; je crus qu'il tombait du haut mal. »

L'abbé Gravina saluait toujours les chevaux : « Nous leur avons, disait-il, grande obligation, car sans eux nous tirerions les carrosses des cardinaux. »

Le cardinal Alberoni disait de la campagne de Rome : « Si j'étais pape, ce pays serait habité, dût-il l'être par des Turcs. »

Naïvetés, méprises, absurdités.

Il aime à régner dans la paix.
Il est marinier dans la paix.

Madame la Princesse demandait des bonnets piqués : on lui envoie de bonnes piques.

Au lieu de cygnes on envoie cent singes à Monsieur le Prince.

Un Irlandais lisait ce qu'écrivait un Anglais. Celui-ci, qui s'en aperçut, continua et écrivit: « Je ne peux pas vous en dire davantage, parce qu'un maudit Irlandais regarde par-dessus mon épaule. — Vous en avez menti, s'écria l'Irlandais, je n'ai rien lu. »

Un capucin disait : « Dieu a mis sagement la mort après la vie : car s'il avait mis la mort devant, on n'aurait pas eu le temps de faire pénitence. »

On fit une chanson contre MM. de Marsilly :

Honneur à monsieur Marsilly
Et au sot vicomte son frère !
Ce sont deux grands porteurs d'ennui,
Sicut erat monsieur leur père.
Ils le sont, et ils le seront
In sæcula sæculorum.

Linière dit à MM. de Marsilly : « Ah ! je vous ai bien vengés ! »

Il est vrai qu'ils sont ennuyeux,
Mais tu l'es encor, et plus qu'eux.

Arlequin en plaidant: « Vous me direz que ma partie est un ivrogne, d'accord ; un fourbe, j'en conviens ; un homme attaqué de maladies honteuses, cela est vrai. — Mais que dites-vous là ? — Laissez, laissez, laissez ; ce sont des fleurs de rhétorique. »

« Les Odes d'Horace ne sont-elles pas admirables, dit Arlequin ? Eh bien ! c'est moi qui les ai faites. — Mais il y a deux mille ans que cela est fait ? — Eh bien ! elles n'en sont pas moins bonnes. » Manière de raisonner de la plupart des hommes.

Un homme légua cent écus pour faire dire des messes, « et en cas que la messe vienne à ne rien valoir, je les laisse à l'hôpital ».

Le roi Jacques a dédié un livre à l'enfant Jésus : « Votre très-humble et très-obéissant serviteur, le roi Jacques. »

Le Père Talon a dédié un livre à la Trinité, et on y trouve une belle apostrophe au néant.

Chrisopius est peint avec l'enfant Jésus. « Enfant Jésus, m'aimez-vous ? — Oui, illustre Chrisopius, très-savant conseiller de Sa sacrée Majesté, je vous aime. »

Mézeray dit que Henri V mourut des hémorrhoïdes, parce qu'il s'était assis sur le trône sacré de nos rois ; que, le frère de Louis XI ayant été empoisonné par une pêche, la mort entra dans cette maison par le *péché*; que le marquis de Pont, fils du duc de Lorraine, remporta la couronne de Vénus, au lieu de celle de France.

Le Père Daniel dit : « Les assiégeants et les assiégés massacraient les prisonniers, ce qui était très-fâcheux. »

L'évêque de Noyon (Tonnerre), dont l'abbé de Caumartin s'était moqué hautement en le recevant à l'Académie française, écrivit au roi cette lettre : *Sire, l'abbé de Caumartin, pressé, poussé, possédé, sifflé par le diable, a prononcé à l'Académie un discours critique, satirique, caustique, ironique, excentrique; la charité chrétienne me défend d'en faire une censure affirmative, mais la vérité chrétienne m'oblige de dire, sinon ce qu'il est, du moins ce qu'il n'est pas. Il n'est ni sacerdotal par rapport à lui, ni épiscopal par rapport à moi, ni royal par rapport à Votre Majesté. Il n'est point sacerdotal, puisqu'il n'y dit pas un mot de l'Écriture ni des saints Pères; il n'est pas épiscopal, puisqu'il tourne un évêque en ridicule; il n'est pas royal, puisqu'il ne dit rien de Votre Majesté, sinon que vous vous mettez à rire toutes les fois que vous me voyez.*

L'évêque d'Évreux disait : « Messieurs, tout ce que je vous ai dit là, je ne l'ai pris ni dans l'Écriture, ni dans les Pères ; tout cela part de la tête de votre archevêque. »

Une statue de la Vierge avait pleuré ; on criait au miracle, et tout le monde pleurait à genoux ; un menuisier seul ne pleurait pas : on le mena devant l'Inquisition. « Hélas ! dit-il, j'ai eu l'honneur de faire cette Vierge ; je me souviens que je lui enfonçai trois grandes fiches dans le cul : si elle avait eu à pleurer, elle aurait pris ce temps-là. »

On fit présent d'un cheval noir et blanc à un curé ; il disait que c'était une œuvre pie.

On brûlait un fanatique qui se disait le Saint-Esprit. « Ils sont malheureux dans cette famille-là, dit le chevalier de La Ferté. »

Un laquais de M. de Maurepas se maria et s'intitula, dans le contrat, « premier commis de M. de Maurepas, lequel a déclaré ne savoir signer son nom ».

Rêve du Père petit-père André, qui rend compte de sa doctrine à Jésus-Christ. Il la tient de saint Thomas, de saint Bernard, de saint Paul. Il se trouve à la fin que Jésus-Christ est janséniste.

M. de Roussi lisait l'histoire de Charles V. Il disait qu'il lisait l'histoire de Charles V. Nous sommes bien heureux qu'il n'ait pas lu l'histoire de Charles VI.

Fatouville donnait la main, sur un pont fort étroit, à une petite fille : « Prenez garde, mademoiselle ! Si votre pucelage tombait il se noierait. — N'ayez pas peur, monsieur ; je l'ai fait attacher ce matin avec un clou gros et long comme cela !... »

Don Louis de Haro disait du cardinal Mazarin : « Il a un défaut, c'est qu'il est toujours fripon. »

« Quel b..... de prêtre ! disait quelqu'un à l'abbé Servien, qui lui avait marché sur le pied. — Monsieur, je ne suis pas prêtre. »

Jugements salomoniques.

Du duc d'Aussone : Soldat qu'il fit sortir des galères, de peur qu'il ne corrompît les honnêtes gens ses camarades.

Du même : Trois marchands associés mettent ensemble trois mille pistoles : un d'eux en est fait le gardien, à condition qu'il n'en fera usage qu'avec le consentement des deux autres, faute de quoi il sera obligé de payer la somme entière à ses associés. L'un d'eux vient trouver le dépositaire et lui fait voir qu'il y a cent pour cent à gagner s'il délivre les trois mille pistoles pendant l'absence du troisième. Le dépositaire les donne et l'associé va aux Indes. Le troisième associé se plaint, et demande qu'on lui paye la somme entière, selon le marché. « Attendez, lui dit le duc, que votre autre compagnon soit revenu des Indes, puisque c'est aux deux ensemble qu'il faut payer. »

Un Turc prête de l'argent sans témoins; l'emprunteur refuse de payer et dit qu'il n'a rien reçu. « Avez-vous des témoins? dit le cadi au prêteur. — Non, il n'y avait qu'un arbre. — Allez-moi chercher cet arbre tout à l'heure. » Et puis le cadi expédie d'autres affaires. Le fripon d'emprunteur reste. Un moment après : « L'arbre est bien longtemps à venir, dit le cadi. — C'est qu'il est à deux lieues d'ici, répond le fripon. — Ah! ah! dit le cadi, il est donc vrai que vous avez en effet pris son argent auprès d'un arbre? » Et il condamne mon vilain.

La folie condamnée à servir de guide à l'amour.

Charles-Quint à deux duchesses qui avaient un procès sur la préséance : « Que la plus folle passe devant! »

Cavois disait : « Le Dieu des calvinistes est un roi qui, entrant dans sa capitale, dit : « Que la moitié de mes sujets soupe avec « moi, et qu'on pende l'autre. » Le Dieu des jansénistes ordonne que tout le monde le suive, et fait pendre ceux qui ont la goutte. Le Dieu des jésuites pardonne aux goutteux et donne à souper à ceux qui l'ont bien servi. »

« Monsieur, votre maison brûle! — Allez-vous-en dire cela à ma femme. Vous savez que je ne me mêle pas du ménage? »

« Monsieur, madame est en apoplexie! — Je n'ai plus que deux lignes à écrire. Tout à l'heure! — Monsieur, madame se meurt. — J'y vais. — Monsieur, madame est morte! — J'en suis fâché, c'était une brave femme. »

« Monsieur Scatler, avez-vous le secret de monsieur votre père (son père f...ait douze coups)? — Non, madame; mais il est dans la famille, et c'est ma sœur qui l'a. »

« Qu'est-ce que vous voulez, ma bonne? dit Monsieur à une vieille qui s'approchait du roi. — Hélas! je voudrais prier le roi qu'il me fît avoir une audience de M. de Louvois. » Elle eut son audience. Louvois ne répondit rien. « Monsieur, dit-elle, serrez-moi la main, si vous m'entendez. »

Le Père Hercule, de la Doctrine chrétienne, composa un sermon que l'archevêque de Paris récita. Quelqu'un dit qu'il venait d'entendre prêcher les travaux d'Hercule.

Dans le canton de Glaritz, on taxe un soufflet dix écus. Un voyageur, n'ayant point d'argent, dit à l'hôte : « Monsieur, je vous dois quatre écus. Donnez-moi un soufflet, et rendez-moi mon reste. »

« J'ai dîné hier chez d'Ambreville. Cadédis! il fait une délicate chère! — Mais, monsieur, il fut brûlé avant-hier! — Ah! pardieu! j'oubliais cette particularité. »

Un commandant des mousquetaires, fort vilain de sa figure, voulait faire mettre aux arrêts un jeune mousquetaire pour n'avoir pas les armes nettes. « Je les fourbirai tant, je les éclaircirai tant que le vilain aura la douleur de se mirer dedans. »

Un jacobin a écrit que les femmes n'ont point d'âme : il se fait l'objection de la Vierge, et répond qu'une hirondelle ne fait pas le printemps.

A la représentation de la Passion, on fouettait d'importance celui qui faisait le bon Dieu : « Va, va; tu seras le bon Dieu l'année qui vient. »

Un curé, le jour de Pâques, ayant perdu son missel, envoya demander au curé voisin quelle messe on dirait ce jour-là. Le curé écrivit que la messe commencerait par : *Requievit, resurrexit*, et donna le papier à un petit garçon. Le petit garçon oublia le papier et se souvint seulement que la messe devait commencer par un *requi*. « Ah! oui, oui, j'entends, dit le curé; c'est une messe de *Requiem* pour Dieu, qui mourut il y a trois jours. »

A Troyes, on dit des *Libera* à 30 sols, à 20, à 10.

On dit à Mlle Duclos de réciter son *Pater*, elle dit *Credo in Deum*.

Le curé d'Étrépigny, près de Reims, ayant desservi vingt ans sa cure avec beaucoup de vertu, a fait un testament par lequel il déclare son incrédulité et les raisons qu'il a de ne rien croire.

« Comment vous nommez-vous? — Madame, je m'appelle F...re, répondit le vilain. — Apparemment, monsieur, que Jean est votre nom de baptême? »

« Ah! f....., dit le chevalier de Breteuil en faisant coupegorge chez Mme d'Ons-en-Bray. — Monsieur, je ne souffrirai pas qu'on jure Dieu chez moi. — Ah! madame, pardon; j'oubliais que c'était votre Dieu. »

Un marchand de drap calviniste apportait, pour raison de son opiniâtreté, que le pape prétend disposer du temporel des rois. « Mais, lui dit-on, il n'a jamais prétendu disposer du temporel des drapiers! » et mon homme se convertit.

« Croyez-vous à la Trinité, disait Bautru à Rantzau? — Oui. — Et à l'Incarnation? — Oui. — Va, va, si tu es assez bon pour croire tout cela, la reine est assez bonne femme pour que tu croies le reste. »

« Pourquoi ne vas-tu pas au sermon? — C'est que je n'aime pas le brailler, et je n'entends pas le raisonner. »

Quand Casaubon vint en Sorbonne : « Voici, lui dit-on, l'endroit où l'on dispute depuis cinq cents ans. » Il demanda : « Qu'y a-t-on conclu? »

Un paysan qui avait rendu quelques services à Jacques Ier vint à la cour, sur la promesse d'une récompense. L'huissier de la chambre lui dit : « Tu n'entreras pas que tu ne me promettes de me donner la moitié de ce que le roi t'aura donné. » Autant lui en dit l'huissier du cabinet. Il entra enfin et dit au roi : « Sire, je supplie Votre Majesté de me donner une douzaine de coups de bâton, afin que ces messieurs, etc. »

Des Arabes rencontrèrent un homme qui leur demanda s'ils n'avaient pas vu son chameau. « Il est borgne, lui dit l'un. — Il est boiteux, ajouta l'autre. — Il a la queue coupée, dit le troisième. — Il a le goût dépravé, dit le quatrième. — Vous l'avez donc vu? dit le voyageur. — Non, répondirent-ils; nous ne l'avons point vu. » Cet homme crut qu'on lui avait volé son chameau, et procès. Les quatre Arabes dirent au juge : « Nous avons remarqué qu'un chameau avait passé par un pré; qu'il n'avait mangé l'herbe que d'un côté, et nous l'avons conclu borgne; qu'il avait moins appuyé d'un pied, et nous l'avons jugé boiteux ; que sa fiente était en un tas, et nous l'avons dit sans queue; qu'il n'avait pas mangé la bonne herbe, et nous l'avons jugé malade. »

Contrat de mariage de Mahomet fait par Abul Motaleb son oncle : « Attendu que Mahomet est amoureux de Cadilhea, et Cadilhea pareillement amoureuse de lui, etc. »

Mahomet était poëte : son Alcoran est en vers.

Il fut cocu; mais le prophète fit descendre du ciel un chapitre de l'Alcoran par lequel il fut déclaré incocufié.

Mahomet b..d... après sa mort, toutes ses femmes l'attestèrent.

Le Père Magnan avait, à quinze ans, appris tout seul la géométrie, et s'était fait lui-même les instruments nécessaires. Ce qu'on raconte de Pascal n'est pas si fort.

Barclai, dans une tempête : « Défense de prier Dieu sous peine de la vie. »

Testament d'un curé : « Je donne à mon vicaire, que j'aime de tout mon cœur, la somme... la somme... la *somme* de saint Thomas. »

Le jeu de trictrac fut inventé par les Perses, et représentait les mois, les jours et les accidents de la vie.

Le jeu d'échecs, par les Indiens. Celui qui l'inventa demanda pour récompense un grain de blé sur chaque case, en progression géométrique.

Péterborough envoya dire au maréchal de Tessé par un trompette qu'il s'étonnait comment on pouvait faire la guerre pour deux sots comme l'archiduc et Philippe V. « Je crois, disait-il, qu'il y a peu d'hommes qui aient vu tant de rois et de postillons. »

Marlborough louant devant la reine un homme qui avait six millions et avait commencé avec rien. « C'est le miroir de poche de milord duc », dit-il.

Louis XIV à Despréaux : « Pourquoi on disait un gros esprit et non un grand esprit. — C'est par la raison, dit Despréaux, qu'il y a bien de la différence entre Louis le Gros et Louis le Grand. »

Un benêt, à qui on avait volé sa bourse, dit qu'il ne l'avait pas senti parce qu'il était enrhumé.

« Donnez-moi l'*Imitation de Jésus*, dit le prince de Conti. — Et à moi, celle de Beaufort. » (Beaufort en[1] était sorti.)

« Que cherchez-vous dans l'Écriture sainte ? — Un passage pour me sauver », dit Bassompierre.

Un laquais voulait servir un petit-maître, qui lui demanda un répondant. « C'est moi, monsieur, qui vous en demande un », dit le laquais.

Un évêque reprochait à la reine Élisabeth une action peu conforme à l'Écriture : « Je vois bien, dit-elle, que vous n'avez pas lu le livre des *Rois*. »

Naïvetés.

« J'ai un an plus que lui : donc dans un an nous serons du même âge. »

« Si j'épouse ma tante, je serai mon oncle. »

« Cette turquoise est si belle et si bonne que je me jetterais d'un troisième étage et que je me casserais le cou sans que ma turquoise se fît mal. »

A un batelier au delà de la rivière : « Va chercher la sage-femme pour la servante de M. le curé; mais que ça soit secret. »

Un Gascon, buvant un verre d'eau à sa dernière maladie : « On se réconcilie à la mort avec ses ennemis. »

Le duc de Tresmes voulait faire relier un in-quarto en in-octavo.

« Le jour entre de tous côtés ici pendant la nuit. »

Il lisait ses Heures à l'envers. « C'est que je suis gaucher. »

Toutes les femmes titrées voulaient baiser la main de la reine Christine. « C'est apparemment, dit-elle, parce que je ressemble à un homme. »

Un mauvais peintre mettait sa chambre en blanc pour la peindre. « Commencez par la peindre, et ensuite vous la blanchirez. »

Un jésuite disposait d'une maison et devait marier la fille. Le père voulait un gendre qui eût 300,000 livres. « Vous feriez-vous couper les cou..... pour cent mille écus? dit-il à un pauvre diable qu'il protégeait. — Non, mon père, assurément. » Le

---

1. De la Bastille.

jésuite va au père de famille : « Monsieur, voici un homme qui a un effet dont il refuse cent mille écus. »

Un bonhomme de cocu dit, en voyant les souliers du galant de sa femme auprès du lit : « Je fus si outré que peu s'en fallut que je ne déchirasse les souliers. »

« Qui nous f... là ? disait la reine Christine. — Madame, c'est votre trompette. »

Platon dit que les âmes des parfaits amants sont les plus récompensées après la mort, et celles des tyrans les plus punies.

Testament d'un Croy, archevêque de Cambrai : « Je laisse à mes bâtards nés et à naître, si Dieu m'en fait la grâce, etc. »

Il y a en espagnol une comédie d'Adam. Ce premier homme ayant fait une longue harangue à Dieu. « Vraiment, dit Dieu, je me repens fort d'avoir fait un enfant si bavard. »

Un pauvre demandait l'aumône insolemment, au nom de Jésus-Christ : « Prenez garde de finir comme lui ! »

Il y avait trois dames de Pons assez laides à la cour ; on disait que c'étaient des ponts sans garde-fous, parce que personne ne voulait passer dessus.

Votre savant est bien plus savant que notre savant ; mais notre ignorant est bien plus ignorant que votre ignorant.

Newton disait qu'un Anglais avait converti sa première femme, mais n'avait pas pu venir à bout de la seconde, parce que ses arguments avaient plus de force autrefois.

« On serait heureux, disait un vieux b....., si les femmes n'étaient jamais venues en France. »

Les hommes parlent souvent très-bien de ce qu'ils ne connaissent guère.

Molière, qui était cocu, n'a pas mieux parlé des cocus que Corneille, qui n'a jamais été à la cour, n'a parlé des rois.

Les livres de mauvais goût aujourd'hui sont bien plus dangereux qu'autrefois, parce qu'il y a toujours du bon et quelquefois même des traits admirables. Du temps de Corneille, Hardy ne pouvait gâter personne, mais Marivaux peut gâter.

Un voleur dépouillait un homme, qui l'aidait afin d'être plus tôt débarrassé de lui. Le volé déchirait sa cravate : « Comment, coquin, dit le voleur, tu déchires notre cravate ! »

Contradictions.

Les comédiens déclarés infâmes, mais ils ne dérogent pas. *Samson* joué à la Comédie italienne, défendu à l'Opéra.

Gros livres écrits pour prouver que nous sommes malheureux, et que tout annonce ici la colère de Dieu.

Gros livres pour prouver que tout annonce sa bonté.

Usure défendue. Le clergé emprunte 15,000 livres dont il paye le revenu et rembourse le capital par le même contrat en 1736.

Les bons livres et les bons remèdes guérissent quelques personnes.

En venant au monde, on pleure et on réjouit, il faut rire en mourant et faire pleurer.

Ce que je sais est pour moi. Qu'importe-t-il aux autres ?

Un paysan, un barbare, m'estimera-t-il plus grand quand j'aurai lu Newton ? Un courtisan est un paysan doré.

Le Persan Mercoud rapporte qu'Alexandre répondit à ceux qui le faisaient descendre de Jupiter : « J'ai plus d'obligations à Aristote : Jupiter m'a fait descendre du ciel en terre, et Aristote me fait remonter de la terre au ciel. »

Les jésuites ont fait brûler *Bayle* à Bar-le-Duc en 1744.

Moïse dit qu'avant la création la terre était *bohu-tohu*.

Musique d'église. C'est rechercher le plaisir des sens dans les devoirs d'un culte établi pour le combattre.

Goltzius, dans l'estampe de *Lucrèce*, a mis le collier de la Toison d'or au cou de Tarquin.

Balzac dit au cardinal de Retz qu'il prend le sceptre des rois et la livrée des roses; qu'il se sauve à la nage au milieu des parfums. Voilà son style.

Il dit à Boisrobert : « Je ne sais pas si je ferai des livres, mais je sais bien qu'en ce que je ferai, la douceur et la majesté paraîtront en un si juste tempérament que personne n'y trouvera rien de lâche ni de farouche. Si j'ai quelque bonne qualité en moi, elle paraît si peu au dehors qu'il faudrait m'ouvrir l'estomac pour la trouver. »

L'espérance est un aliment de notre âme, toujours mêlé du poison de la crainte.

On a trouvé, en bonne politique, le secret de faire mourir de faim ceux qui, en cultivant la terre, font vivre les autres.

Quand les mahométans tuent un mouton, ils disent : « Je te tue au nom de Dieu. » Vraie devise des guerres de religion.

Il faut, dans le gouvernement, des bergers et des bouchers.

Tout est égal. Si le bonheur était attaché à l'opulence, celui qui a dix millions serait dix mille fois plus heureux, de compte fait, que celui qui n'a que mille pistoles.

Pourquoi les peintres, qui représentent des héros, ne sont-ils point infâmes, et que les comédiens, qui les représentent d'une manière bien supérieure, sont déshonorés pour leur art même ? Il est plaisant qu'on excommunie celui qui représente cela avec des lambrequins, parce que la ressemblance est plus parfaite. J'aimerais autant qu'on excommuniât le cercle de cire de la reine.

Altri tempi, altre cure. Mme de Popoli crut que cela voulait dire : *Autres temples, autres curés.*

Confucius. — Sentences.

L'homme de bien est comme l'archer, qui n'atteint pas toujours au but, mais qui ne s'en prend qu'à lui.

Un pauvre Chinois, que sa mère fouettait tous les jours et qui ne pleurait point, pleura une fois : « Ah ! dit-il, c'est que ma mère n'a pas pu me fouetter fort aujourd'hui ; elle baisse, elle mourra bientôt. »

Jeûner, prier, vertu de bonze ; secourir, vertu de citoyen.

Dans la secte des lettrés la probité règne. Chez le peuple il y a des vices : c'est qu'ils sont gouvernés par des bonzes.

La religion est comme la monnaie : les hommes la prennent sans la connaître.

Un Byzantin vint haranguer à Athènes ; il n'avait que quatre pieds de haut, on se met à rire : « Messieurs, dit-il, voilà bien de quoi rire ! J'ai une femme qui est plus petite que moi d'un pied ; cependant, quand nous faisons mauvais ménage, la maison n'est pas assez grande, etc. »

Histoire de Siam.

Un Siamois vit pour deux liards (*chose difficile à croire*).

Leurs talapoins vivent comme les plus réguliers de nos moines.

Le roi se peint la moitié du corps en bleu.

Les dépens d'un procès y sont taxés.

Le roi condamne à mort très légèrement.

Le pays est pauvre, quoi qu'on ait dit ; l'industrie médiocre.

Les Siamois ont un peu d'astronomie.

Ils ne paraissent pas venir des Chinois.

Ils font de la menuiserie sans clous.

Leur vernis est fort beau : ils en envoient à la Chine.

Les rêves sont les intermèdes de la comédie que joue la Raison humaine. Alors l'Imagination, se trouvant seule, fait la parodie de la pièce que la Raison jouait pendant le jour.

Prier Dieu, c'est se flatter qu'avec des paroles on changera toute la nature.

Segrais disait que l'envie de se faire religieux est la petite vérole de l'esprit, qui prend d'ordinaire vers les quinze ans.

Dans la compagnie des Caraques, saint Ignace est intéressé pour cinq cents pesos.

L'étendard de saint Antoine de Padoue étant perdu, en Portugal, tout le monde s'enfuit.

Guerre civile à Constantinople pour savoir si la lumière du Thabor était créée ou non créée.

Le comte de Schomberg ayant mis sa fille dans un couvent à Francfort, elle représenta une comédie française.

Le prince de Carignan, le sourd, en se mariant, remercia son gouverneur de lui avoir appris à pisser joyeusement.

Un Croy, archevêque de Cambrai, laisse tant à ses bâtards, et réserve cent mille francs pour ceux que Dieu lui fera la grâce de lui donner. Le testament est dans les Archives de Cambrai.

M. de Lassay dit, dans ses Mémoires : « A force de rêver aux choses à quoi je suis propre, j'ai trouvé que je n'étais bon qu'à être roi. »

Un des plus singuliers tours de friponnerie que je connaisse est celui du prétendu comte de Moncade, qui se fit chercher et découvrir à la Haye par le marquis de Saint-Gilles.

Un plaisant conte, à mon gré, est celui de deux époux n'ayant qu'un petit pot de chambre à eux deux : le mari enfin pissa dans une bouteille, la femme y fit mettre un entonnoir, etc. C'est, je crois, le conte du repas de la grue.

Selon Montaigne, saint Augustin avait vu un homme qui commandait à son derrière autant de pets qu'il en voulait.

Conte.

Jésus, Pierre et Judas n'ont qu'une oie à souper. Jésus dit : « C'est trop peu ! Couchons-nous, et celui qui aura fait le plus beau songe mangera l'oie. — J'ai songé que j'étais dans le ciel, à la droite de Dieu, dit Pierre. — Et moi, dit Jésus, j'ai songé que tu étais à ma droite. — Moi, dit Judas, j'ai songé que j'ai mangé l'oie. » En effet, le coquin l'avait mangée.

« Jugez ce coup de piquet, dit le roi au comte de Grammont. — Vous avez tort, sire, dit le comte. — Mais vous ne savez pas encore ce dont il s'agit, dit le roi. — Ah ! sire, si vous aviez raison, tous ces messieurs ne vous l'auraient-ils pas dit? »

Question.

Un homme se méprend et fait enterrer une femme qu'il croit sienne, fait marché avec le curé à dix écus, va chez une de ses pratiques demander de quoi faire enterrer sa femme : il la retrouve et en est battu. Le curé, qui a fait prix, demande ses dix écus.

Un autre arrive avec une lettre de crédit et meurt; son ami prend la lettre et la porte au banquier : « Je suis mort », dit-il, etc.

Corneille dédia *Cinna* à Montoron, et compara Montoron à Auguste. O pauvre Corneille !

Religion.

Les Saducéens chez les Juifs niaient l'immortalité de l'âme ; ils niaient les anges, quoique l'Écriture en parle à chaque ligne. Cependant ils jouissaient de tous les priviléges de citoyens.

Moïse n'admettait pas l'immortalité de l'âme.

Rome, qui prenait autrefois les dieux de tous les peuples, en donne aujourd'hui à l'univers.

Les généraux ont été irréligieux fort à propos. Sylla, quand on lui dit que le temple de Delphes, qu'il pille, résonne de la lyre d'Apollon, dit que la musique est signe de réjouissance.

Un autre fait noyer les poulets sacrés, afin qu'ils boivent, ne pouvant manger.

Un autre coupe la barbe d'or d'Esculape, disant qu'il n'est pas juste que le fils ait barbe, quand son père Apollon n'a pas poil au menton.

Le comte de Konismare fait fondre à Prague les douze apôtres, et leur dit que leur devoir est de voyager.

Le capitaine Levi prend un collier à la Vierge Marie : « Vous êtes trop coquette, ma cousine ».

Beau mot de Marc-Aurèle : « Nous n'avons pas vécu de façon à craindre les dieux ».

Épicure était un vrai sage. « Quoi que tu entreprennes, dit-il, mets-toi toujours devant les yeux un homme de bien. »

Un poëte arabe finit un de ses poëmes par tourner en ridicule les chrétiens, les musulmans, les juifs et les païens. « Le monde est composé, dit-il, de gens habiles qui n'ont point de religion, et de sots qui en ont. »

Vingt-cinq mille hommes tués par ordre de Moïse.

Pour l'honneur de Dieu, Aod assassine le roi des Philistins.

Judith assassine Holopherne.

Samuel tue sur l'autel le gros roi Agag, malgré Saül.

Que dirait-on d'un évêque espagnol qui eût tué François Ier entre les bras de Charles-Quint parce qu'il était l'allié des Turcs ?

Ravaillac se confessa au Père Daubigny.

Stephan voulut assassiner George Ier. On lui offrit sa grâce, il n'en voulut point.

Que d'attentats contre Guillaume prince d'Orange !

Papes. — Excommunications.

Quand saint Étienne excommunia saint Cyprien, les évêques de Carthage n'en restèrent pas moins attachés à leur saint.

Rome était la métropole, la mère de toutes les villes chrétiennes d'Occident ; ainsi ses filles la respectaient. Mais, en Orient, Constantinople, Alexandrie, étaient ce qu'était Rome.

Valentinien III publia une loi par laquelle on devait obéir aux décrets de l'évêque de Rome, en 455.

Quand les Francs dominèrent dans les Gaules, la loi de Valentinien fut abrogée d'elle-même, et, sous nos princes chrétiens, les évêques firent cour dans Rome. Les rois de la première race conférèrent tous les grands bénéfices.

L'usurpateur Pepin consulta le pape pour savoir s'il pouvait en conscience détrôner le roi Childéric : le pape Zacharie délia les sujets du serment de fidélité. Beau secret !

Étienne V, à son entrevue avec Louis le Débonnaire à Reims, le baise sur la bouche : depuis, les rois baisèrent la pantoufle. *Quando il culo ?*

Grégoire IV commence à lever la tête contre ce pauvre Louis le Débonnaire ; mais les évêques, qui voulaient être les maîtres, répondirent au pontife : *Si excommunicaturus veniet, excommunicatus abibit.*

Les évêques déposèrent le bon roi deux fois, et le bon roi avait fait crever les yeux à son petit-fils... Il était cocu par un nommé Bernard. C'est le moine Vala qui le dit ; on ne connaît son livre que depuis 1677.

Sous Charles le Simple, Étienne VII déterre Formose, son prédécesseur, lui coupe les doigts et le jette dans le Tibre.

Jean XII, fils d'Albéric, consul, qui voulait rétablir la République, fut pape à dix-huit ans ; fou, scandaleux, déposé, revient à Rome renouveler les proscriptions de Sylla ; meurt ivre en 961. Il s'appelait Octavien Spork.

Depuis Charlemagne jusqu'à l'empereur Henri III, pendant deux cent soixante ans, les papes sujets des empereurs.

D'abord, en 1066, Alexandre II, dans un concile, ôte aux empereurs le droit de confirmer l'élection des papes, droit établi depuis Constantin pendant six siècles. Enfin, vers l'an 1073, Grégoire VII (moine Hildebrand) ose citer l'empereur son maître à Rome, au sujet des investitures.

Grégoire VII excommunie Henri IV, le dépose, ordonne aux princes de l'empire d'en élire un autre.

Grégoire VII excommunie Boleslas, roi de Pologne.

Urbain second, successeur de cet insolent, arme le fils de l'empereur contre son père ; des archevêques déposent ce pauvre prince, grand homme d'ailleurs ; il fuit à Liége et y meurt.

Jean XV menace Hugues Capet, interdit les évêques qui avaient déposé l'archevêque de Reims.

Célestin III excommunie Philippe-Auguste et son royaume.

Les papes ont érigé en royaumes la Pologne, la Hongrie, l'Irlande, Naples, le Portugal ; ont fait les ducs de Toscane grands ducs, ont réglé les rangs.

Chapeau rouge aux cardinaux, à Lyon, en 1146 ; l'habit rouge sous Paul II, en 1465.

D'abord seize, puis vingt-quatre.

Léon X en fait soixante-dix.

Les chevaliers de Malte institués par un Français, Jean du Puy ; les chartreux par Bruno, au XIe siècle ; les prémontrés, par Norbert.

Remarques historiques.

L'Europe plus éclairée, plus policée, plus heureuse, plus féconde en grands hommes, que sous les Romains.

Il n'y a aucun peuple qui les égale, mais tous les hommes de l'Europe d'aujourd'hui sont autant au-dessus de tous les hommes d'alors que Rome ancienne est au-dessus de Rome moderne.

Du temps de Charles VI, on proposait trois sujets au roi pour des bénéfices et pour places de robe.

L'obélisque de Rome est celui de Ramessès, selon Bianchini.

L'abbé Dayet a eu dix mille francs et une abbaye du cardinal, pour un chiffre.

Le cardinal d'Auvergne, abbé de Cluny (*propter clunes*), écrivait à M. de Valence qu'il voulait aller chez lui, et qu'il ne voulait qu'un bon et grand lit; M. de Richelieu mit un *v* à la place de *l*.

Le cardinal de Fleury a fait l'inscription de la fontaine de Bouchardon.

Un lecteur lisait que Dieu apparaît *en singe* à Abraham. « Lis donc *en songe*. — Ah! monsieur, il ne l'eût jamais reconnu... »

« Quinze personnes avec quatre mille pains et deux mille poissons. — Dis donc cinq mille hommes avec deux pains et quatre poissons. — Ah! monsieur! on rirait bien davantage. »

Mon oncle, à qui on avait ordonné quinze pilules, est mort à la troisième. « Eh! mon Dieu! qu'eût-ce été s'il eût pris les quinze? »

La cause de la décadence des lettres vient de ce qu'on a atteint le but ; ceux qui suivent veulent le passer.

Chaque peuple a, à la longue, son grand homme en tout genre ; grand homme Dieu sait comment. On fait sa statue d'or, en jetant au rebut les autres métaux dont cette idole est composée, et on croit son homme parfait. Ainsi Homère passe pour être sans défauts.

On aime la gloire et l'immortalité, comme on aime les enfants posthumes.

Le père Bouhours compare Alexandre à Xavier, et César à Ignace.

Platon (*République*).

Ceux qui ont passé leur vie sans penser sont comme des forçats enchaînés le dos tourné contre la lumière, ne voyant que les ombres des choses, et croyant que ce sont ces ombres qui font tout le bruit. Si on les délivrait et qu'on leur montrât les choses réelles, ils commenceraient par douter, etc.

Il se plaint que chez les Grecs il y avait plus de musiciens que de gens d'esprit, plus d'oreilles que d'âmes.

Il se sert d'un bien mauvais argument pour prouver l'immortalité de l'âme : « Les maladies des corps les détruisent ;

mais les maladies de l'âme ne la détruisent point : elle n'est pas moins âme pour être ignorante, méchante, etc. »

Il dit que le vice est le pur effet de la volonté libre.

Cicéron, dans sa lettre à Pétus, lui reproche de ne point souper ; il dit que le souper est nécessaire, surtout dans la guerre civile.

Superstition est de tous les temps : Xénophon, dans la retraite des Dix-mille, dit qu'on fut incommodé du vent de bise, et qu'on sacrifia au vent. Le jeune Cyrus, à la tête de son armée et en présence de l'ennemi, demande à son astrologue quand il y aura bataille.

> Le fils du Turret de Bruxelle,
> Comme monsieur son père, excelle
> A gouverner un opéra.
> Il se conduit par telle route
> Que bientôt le nôtre fera,
> Comme à Bruxelles, banqueroute.

Louis XII comparait les gentilshommes ruinés en équipages à Actéon mangé par les chiens.

Défense de faire sortir de l'argent. — Ordre à nos sujets de ne point payer leurs dettes.

Tous les bons mots renouvelés.

Apulée conte qu'ayant gardé le corps d'un homme par ordre de sa femme, il lui dit : « Je suis prêt à vous rendre le même service quand il vous plaira. »

La Le Maure, ayant chanté aux noces de Mme de Forcalquier, lui dit : « Je me ferai toujours un plaisir de chanter à toutes vos noces. »

Histoire.

Presque toute incertaine avant la renaissance des lettres.

Tout est prodige chez Hérodote, chez Tite-Live, et, à la honte de notre siècle, il y en a beaucoup chez Mézeray : il parle sérieusement de la sainte ampoule et de la mission de la Pucelle.

Comment imaginer trois cent mille occis à la bataille entre Abdérame et Charles Martel ?

Comment cent mille Normands en bateau pour venir conquérir la France? Comment ces milliasses de croisés?

Comment attribuer à Joinville une histoire qu'il aurait écrite à quatre-vingt-dix ans? On y dit que le Jourdain vient des sources *Jour* et *Dain;*

Que les nuits sont beaucoup plus courtes en Égypte qu'en France au mois d'août, etc.;

Que les eaux du Nil se répandent à la Saint-Rémy ;

Que Babylone est la capitale de l'Égypte;

Qu'il a vu le prétendu feu grégeois;

Que le connétable de Chypre se confesse à lui ;

Qu'il a vu le corps de la Magdelaine à la Sainte-Baume, bâtie depuis lui.

Enfin, pour couronner l'œuvre, il y a une fausse charte en faveur des chartreux.

M. le comte Sildegem, gouverneur de Gand, m'a dit qu'étant en Castille il vit le propriétaire d'un champ couvert du plus beau blé pleurer de ce que les Biscayens ne venaient pas le couper; et pour lui, il se gardait d'y toucher, *porche Castillano.*

Les Tartares ne savent rien, sinon qu'ils ont conquis la terre.

Du temps de Charles IX, trois hommes sages : le chancelier de L'Hôpital, Montaigne, Charron.

Ne valait-il pas mieux réciter les psaumes en latin que de faire chanter aux femmes, dans l'église, les psaumes impertinents de Marot et de Bèze :

> Seigneur, je n'ai point le cœur fier,
> Je n'ai point le regard trop haut,
> Et plus grand qu'il ne me le faut :
> Je n'ai rien voulu manier.

Duc d'Ossone.

Condamne Scannati à donner la moitié de son bien à sa fiancée, ce qui, joint avec sa dot, la rendait plus riche que lui. Le tout pour satisfaire au vœu que Scannati avait fait de ne point épouser de fille moins riche que lui.

Perrone, bourgeois de Naples, laissa son bien au jésuite Marrat, avec cette condition que les jésuites donneraient à son fils ce qui lui plairait. L'héritage montait à cent mille écus. Les jésuites n'en voulurent donner que quatre mille au jeune homme. Selon la teneur du testament, il fut décidé qu'ils lui en donneraient quatre-vingt-seize mille, puisqu'ils devaient donner ce qui lui plairait, et que rien ne lui plaisait plus que les quatre-vingt-seize mille écus.

Duc de Sully.

Dit qu'il en coûtait cinquante millions au particulier pour que le roi en reçût trente.

Un Suisse gardait une rue, avec ordre de ne laisser passer personne. On porte le bon Dieu. « Ah ! passer, vous, dit-il ; mais point passer canailles de prêtres ! »

Un homme éclairé qui demande conseil peut être comparé à Moïse, qui prenait des guides quoiqu'il eût la colonne de feu.

On peut dire d'un homme qui pue de la bouche qu'il a déjeuné avec Ézéchiel.

Les femmes ressemblent aux girouettes : elles se fixent quand elles se rouillent.

Louis XIV soutenait les louanges comme ce Grec qu'on accablait de roses aux jeux olympiques.

Les physiciens, en calculant, sont comme les marchands, qui pèsent et vendent des drogues qu'ils ne connaissent pas.

Leibnitz n'a rien fait de complet. Il jetait quelques pensées dans un journal : c'était une carpe qui laissait ses œufs sur le rivage, — couvait qui voulait.

Je ne blâme point ce qui n'est que bel esprit : il en faut dans un compliment, dans une épigramme ; mais prenons garde de ressembler à ceux qui aiment mieux un magot de la Chine qu'un tableau de Le Brun.

Le sol de Florence semblait fait pour produire des Pétrarque, des Galilée. Il faut cultiver le nôtre, l'engraisser, etc. Les génies sont venus en France, comme les fruits transplantés, de la Grèce.

Pourquoi, après le siècle des bons ouvrages, tout dégénère-t-il ? C'est que les vraies beautés sont devenues des lieux communs.

Singularités de la langue.

Quelque chose de *plus beau*, au lieu de *plus belle*. Inaimable. Invaincu.

Un Romain était savant quand il savait l'histoire de Rome ; un Grec ne savait que sa langue et l'histoire d'Hérodote ; nous, religion, langues, mathématiques, histoire de l'univers, etc.

Il n'y a pas encore assez d'esprit. Il faut que le temps vienne d'en avoir assez pour ne faire plus de livres.

Les chimistes se vantent de leurs transmutations, mais nous en savons plus qu'eux : nous changeons tous les jours le bois en cendre, la bougie en flamme, un dîner en m...., etc.

Vers faits pour Poltrot, assassin de Guise.

Jacques Clément loué à Rome.

L'assassinat du duc d'Orléans justifié en Sorbonne ; soixante-douze docteurs déclarant les sujets libres du serment de fidélité.

Saint Paul dit : « Éprouvez tout, choisissez le bon. »

Les savants entêtés sont comme les Juifs, qui croyaient que le soleil luisait pour eux seuls quand les Égyptiens étaient dans les ténèbres.

Les hommes sont comme les animaux : les gros mangent les petits, et les petits les piquent.

C'est Hermès Trismégiste qui a dit que Dieu est une sphère dont le centre est partout, et la circonférence nulle part.

Les bienfaits sont un feu qui ne brûle que de près.

M. le duc de Liancourt à Saint-Sulpice, refusé à la communion pour jansénisme.

La princesse de Conti ne veut pas que les princes de Conti, ses enfants, apprennent à danser, parce qu'on se sert d'un violon.

Un avocat, plaidant sur des latrines, dit : « Messieurs, n'est-il pas bien cruel qu'on n'ait, dans cette maison, qu'un privé pour tout potage ? »

On avait mis sur ses étendards : *Pro Deo et Patria ;* il (le roi de Prusse) raya *Pro Deo.*

A la bataille de Spire, point de quartier ; un officier allemand demandait la vie à un Français, celui-ci répondit : « Monsieur, demandez-moi toute autre chose. »

Au mois de juin 1743, un janséniste s'est pendu, disant qu'il ressusciterait dans trois jours. C'est à Utrecht, le fait est certain.

A Londres, en 1749, un charlatan fait afficher qu'il fait entrer son corps tout entier dans une bouteille de six pintes, prend l'argent, et s'en va.

Fragment d'une ode d'un paysan hollandais nommé Pool.

> Le temps emporte nos jours sur son aile légère :
> Qu'il emporte aussi la tristesse !
> Pourquoi garderions-nous nos chagrins,
> Quand on est si peu éloigné des vignobles du Rhin ?

Il y a en Sibérie la poste aux chiens.

Sermon du docteur Swift sur l'orgueil, devant le Parlement d'Irlande.

« Messieurs, il y a trois sortes d'orgueil : celui de la naissance, celui des places, celui de l'esprit. A l'égard du troisième, comme personne de cette auguste assemblée ne peut être accusé de ce vice, je n'aurai pas l'honneur de vous en parler. »

Mahomet second, entendant dire à Belin que le doge de Venise épousait la mer, dit qu'il l'enverrait bientôt consommer le mariage.

« Comment recevez-vous tant de sots dans votre ordre ? disait-on à un jésuite. — Il nous faut des saints. »

Gracien loue cette pensée : Le coq eut bien tort de chanter, quand saint Pierre eut renié, en voyant une si grande poule mouillée. (Bon goût !)

Les Romains n'usaient point, en écrivant, de ces vains superlatifs si communs en Italie et en France : *infiniment, horriblement, au désespoir, parfaitement, très humblement*, etc. Les Anglais approchent plus des Romains que nous : ils pensent, et nous parlons.

Il y a beaucoup d'honnêtes gens qui mettraient le feu à une maison, s'il n'y avait que cette façon de faire rôtir leur souper.

Un jeune Gascon arrive à l'armée le jour d'une bataille et demande ensuite à ses camarades : « Demain, à quelle heure la bataille ? »

Les sauvages ne s'avisent point de se tuer par dégoût de la vie ; c'est un raffinement des gens d'esprit.

Il y a un insecte qui est trois ans à se former pour ne vivre qu'un jour. — La tragédie de *Catilina* lui ressemble.

L'abbé Duguast m'a conté qu'étant à Gênes il demanda le chemin de la maison de l'envoyé de France : *Che darete? — Quattro soldi ; ma dite presto di grazia che io ho grande appetito. — Oh! oh! darete dunque otto soldi.*

Mme de Richelieu, violée par un voleur de grands chemins : « Ah ! mon cher voleur ! »

La plupart des livres sont comme les gazettes : ils ne valent plus rien l'ordinaire suivant.

Ces contradictions qui sont dans l'homme, ces délicatesses de l'amour-propre, ces élans de l'âme pour le souverain bien, ces guerres intestines de nos âmes, dont les Pascal, les Nicole, nous rebattent les oreilles, sont inconnus de la plus grande partie du genre humain : c'est le partage de quelques oisifs.

Un jargon inintelligible, une longue étude d'absurdités, voilà ce qui mène aux plus grands honneurs, d'un bout de la terre à l'autre.

L'Amour, chez Hésiode, est représenté avec une grande barbe comme père de la Nature.

Saint Irénée dit avoir entendu dire aux contemporains de saint Jean que Jésus disait souvent que dans la Jérusalem céleste, chaque pied de vigne produirait dix mille ceps, chaque cep dix mille rameaux, chaque rameau dix mille grappes, chaque grappe dix mille raisins. (Lisez les Pères!)

Jésus-Christ.

Jésus faisait mourir tous les petits enfants qui se moquaient de lui.

Il faisait de petits oiseaux de terre, et le Père céleste les faisait envoler.

Voici comme on prouve que saint Luc a prétendu faire la généalogie de la Vierge. Il est vrai qu'il donne Éli pour père à Joseph; mais Éli, dit-on, est un abrégé d'Éliacim. Or d'Éliacim à Joachim il n'y a que la main, et la tradition est que le père de la Vierge s'appelait Joachim. (Belle explication!)

Comment le Saint-Esprit a-t-il inspiré aux évangélistes si peu d'ordre et de raison ?

Évangile de saint Jean, fait par des chrétiens platoniciens, au ii* siècle.

Luc dit que toute la terre ne contiendrait pas l'histoire des miracles de Jésus.

L'histoire d'Hérode et des innocents non-seulement absurde, mais démentie par Luc, qui fait [naître] Jésus dix ans après la mort d'Hérode.

Anagramme.

Quid est veritas:
Est vir qui adest.

Ce n'est que depuis Josué que la terre tourne. Il arrêta le soleil, et alors la terre commença à tourner.

Papes.

On demandait si Pierre fut à Rome. « Non; mais Simon y alla. »

Un chronologiste dit que Pierre succéda à Jésus-Christ.

La fable de la donation de Constantin vient de ce que Charlemagne donna au pape l'exarchat de Ravenne, du temps de Constantin; mais c'était Constantin Copronyme. Erreur de nom, origine de beaucoup de choses.

Pepin avait donné aux papes Étienne et Zacharie Ravenne, Bologne, Ferrare, Rimini, Urbin, Comachio, et les clefs des villes furent mises sur le tombeau des Apôtres.

Charlemagne leur donna Rome, Pérouse, etc.; mais il s'en réserva la souveraineté et le droit de confirmer comme souverain l'élection des papes, ses sujets.

Charles le Chauve, son petit-fils (*un peu différent*), prit le titre de Conseiller du pape.

Point de prêtres dans les parlements des rois lombards.

Anecdotes.

Le marquis de B... dit, lorsqu'on pouvait marcher à Vienne : *N'allons pas plus avant, l'Empereur ne dépendrait plus de nous.* Parole indiscrète, qui a perdu nos affaires.

Quand le roi de Prusse eut fait sa paix, le roi de Pologne dit : « Savez-vous pourquoi ? Par poltronnerie ! »

Un vieux lieutenant d'infanterie, Gascon, amené au roi, auquel on avait fait l'opération : « Sire, je tremblais de peur. Mon valet Antoine me dit : « Quoi ! monsieur, vous avez peur, vous « qui avez été à telle bataille, en telle année, à tel siège, à telle « sortie, etc. » Il eut une pension.

M. de Gaufredi pleurait sa femme : « Avait-elle de l'esprit ? — Ah ! monsieur, pas le sens commun. »

Un janséniste, disputant contre Boindin, qui prenait le parti de la Constitution, lui dit : « Est-il possible que vous, qui ne croyez pas en Dieu, vous souteniez une telle cause ? — Monsieur, je suis un athée moliniste, et vous un athée janséniste. »

Le conte du *Cuvier* et beaucoup d'autres dans La Fontaine, pris d'Apulée.

Réflexions sur la liberté.

Si on était libre, on ne serait jamais fou, car personne ne veut l'être. On serait toujours le maître des passions incommodes, on changerait de caractère : personne n'en change. Il est certain que dans une passion on agit sans liberté, parce qu'on suit l'idée dominante : or personne ne se donne ses idées ; on suit toujours l'idée dominante. Donc, dans tous les cas, on est emporté, tantôt violemment et avec chagrin, tantôt doucement et avec joie.

(1747) Le roi de Prusse a écrit que M. de Paulmy avait plus d'esprit que de taille, et plus de connaissances que d'années.

A vos souhaits ! dit l'abbé de Voisenon à l'auteur des *Souhaits* qui éternuait, etc.

Mon colonel, je suis las de piller, je vais violer.

N... disait qu'il avait été à cheval 26 heures par jour. Il demandait si le pont de Strasbourg était en delà ou en deçà du

Rhin. Il disait à un homme qui ne pouvait rendre compte au roi, vu une blessure à la bouche : « A votre place j'aurais dit au roi : « Sire, si je pouvais parler, je dirais que... »

> La Tour s'est trompé, ce me semble,
> En nous peignant l'abbé Le Blanc :
> C'est trop que son portrait ressemble ;
> Eh ! pourquoi l'avoir fait parlant ?

Il est né, en 1749, 162,000 âmes dans les États du roi de Prusse.

Il n'y a eu pendant près de mille ans qu'un seul peuple : tout était anéanti par le peuple romain. Aujourd'hui, chaque nation attire l'attention des hommes, et toutes ensemble sont supérieures en tout aux Romains.

M. Huddes, savant géomètre, qui avait fait un excellent *Traité de l'équation des courbes*, et des *maximis et minimis*, les oublia entièrement quand il fut bourgmestre. Leibnitz l'alla voir et lui parla de géométrie. Huddes lui donna son livre, en lui disant : « Je ne l'entends plus. »

M. de La Suze a mis en vers burlesques l'Oraison dominicale.

A un homme qui jouait toujours *les Folies d'Espagne* : Les plus courtes folies sont les meilleures.

Tout est pillé, jusqu'à l'œuf cassé de Fernand Cortez. Ce conte est de Brunelleschi, Florentin.

Chacun se croit quelque chose. Quand j'arrivai en Angleterre, la femme d'un procureur se tua et fit mettre dans les gazettes qu'elle protestait, à la face de toute la terre, qu'elle n'avait jamais couché qu'avec son clerc.

M. d'Argenson me disait (mars 1749) : « Henri III n'eût pas été détrôné s'il avait eu un premier ministre ; et Louis XIII l'eût été s'il n'en eût pas eu. »

Varillas dit que les guerres civiles et les fluxions tombent toujours sur les parties faibles.

Louis XIV dit au Père Bourdaloue : « J'aime à prendre ma part d'un sermon, mais je n'aime pas qu'on me la fasse. »

Mémoires de Mademoiselle.

Ils paraissent écrits par une femme de chambre.

Elle finit par dire qu'en 1688 on habilla ses gens de neuf.

Elle dit que, le feu ayant pris au Louvre, il cessa tout d'un coup à la procession du Saint Sacrement.

« J'avais Segrais auprès de moi, manière de savant tourné sur le bel esprit. »

Elle rapporte cette lettre du duc de Savoie, Emmanuel, à la princesse fille de Monsieur, sœur de Mademoiselle, qu'il épousa depuis : « Mademoiselle, puisqu'il faut que la plume fasse l'office de la langue, je vous fais ces lignes. »

« Dieu me garde d'être jamais maîtresse du roi ! disait Mme de Montespan : si j'étais assez malheureuse pour cela, je n'aurais pas l'effronterie de me présenter devant la reine. » Elle allait souvent à confesse avec Mlle de La Vallière.

N. B. — Madame avait été très malade. Avant son passage en Angleterre, elle prenait du lait. Ce qui fit croire qu'elle avait été depuis empoisonnée, c'est que Monsieur lui avait dit durement : « On m'a prédit que j'aurais plusieurs femmes »; et que, dans l'agonie de sa femme, il dit : « Qui pourrait-on trouver qui eût bon air, à mettre dans la gazette pour avoir assisté Madame ? »

Mademoiselle exilée pour n'avoir pas voulu épouser ce fou de roi de Portugal.

Il est prouvé que Lauzun ne fut à la Bastille que pour l'avoir épousée.

Il prenait si bien les airs de mari que, quand elle voulut lui donner quarante mille francs, il en demanda cent mille.

Mademoiselle obligée de donner Dombes au duc du Maine pour faire revenir Lauzun.

Mœurs du temps.

Duels de quatre, six, sept.

Nulle police; quarante mille mendiants dans la banlieue.

Portiers tués aux comédies de Scudéry. Corneille commençait à instruire une nation barbare.

Fausses réputations : Bussy, Saint-Évremond.

« Comment a-t-il trouvé ma terre? disait Monseigneur en parlant du duc de Biron, qui comptait en hériter. — Comme la terre promise. »

Mme de Maintenon écrivait à Mme de Frontenac : « *Je le renvoie toujours affligé et jamais désespéré.* »

Le peuple reçoit la religion, les lois, comme la monnaie, sans l'examiner.

Il faut qu'il y ait des comédiens et des curés, comme des cuisiniers et des médecins.

L'art de la guerre est, comme celui de la médecine, meurtrier et conjectural.

La langue la plus parfaite est celle où il y a le moins d'arbitraire ; c'est comme dans le gouvernement.

Molière, Racine, Corneille, dans leurs pièces, enseignaient la France : ils disaient ce qu'on ne savait pas. Aujourd'hui, quelque bien qu'on fasse, on ne dit que ce que nous savons.

Louis XIV, après Ramillies, au maréchal de Villeroi : « On n'est pas heureux à notre âge. »

M. Brion proposa de marier cent filles au mariage de M. le dauphin. « Ce serait là une belle fête, mais ce n'est pas l'usage », dit Bernage.

Cha-Abbas : « Point d'hôpitaux ; il n'y aura personne dans mon royaume qui ait besoin d'y aller. »

Pour l'histoire.

Les Anglais qui n'ont pas voyagé croient que le roi de France est le maître des biens et de la vie de ses sujets, et qu'avec un *tel est notre plaisir* il ôte les rentes à un sujet pour les donner à un autre. Il n'y a point de tel gouvernement sur la terre. Les lois sont observées, personne n'est opprimé. Un homme à qui un intendant ferait une injustice a droit de s'en plaindre au Conseil. On ne force personne à servir, comme en Angleterre ; et si les ministres abusent trop de leur pouvoir, le cri public leur est funeste.

C'est quand les rois n'étaient pas absolus que les peuples étaient malheureux : ils étaient la proie de cent tyrans.

Il est certain qu'un bon roi peut faire en France plus de bien qu'en Angleterre, parce qu'il n'est pas contredit. Il peut faire aussi beaucoup plus de mal; mais il n'est pas dans la nature humaine d'être méchant quand il n'y a rien à gagner à l'être.

N. B. Jamais, dans la dernière guerre, nous n'avons manqué de respect aux têtes couronnées. La Hollande, l'Allemagne, l'Angleterre, étaient inondées de pièces scandaleuses contre le roi. Voilà une grande supériorité que nous avons.

En 1635, le cardinal de Richelieu voulut faire un régiment de laquais pour repousser les Espagnols.

Descartes dans ses Lettres.

Que le roi d'Angleterre est fort heureux d'avoir eu le cou coupé, et que si ses ennemis avaient pu lui envoyer la fièvre et des médecins, etc.

Qu'il a écrit sur les passions, mais pour les approuver, et qu'il les trouve toutes bonnes, surtout l'amour;

Que le premier sentiment de l'âme est la joie, en entrant dans son corps;

Que la reine de Suède était plus faite à l'image de Dieu qu'une autre, parce qu'elle faisait plus de choses à la fois;

Qu'il veut renoncer à écrire, puisqu'un jésuite l'a accusé d'être pyrrhonien pour avoir écrit contre les pyrrhoniens, et un ministre d'être athée pour avoir écrit contre les athées.

Mémoires de Sully.

Il se plaint beaucoup des parlements.

Il dit que, si la raison et la justice peuvent être sur la terre, c'est plutôt dans un seul homme que dans une multitude d'hommes.

Il n'accuse point Marie de Médicis de la mort de Henri IV, mais il lui reproche de s'être trop tôt consolée.

Il était grand homme de détail, non pas homme à grandes vues; par conséquent il n'était pas grand homme.

Il s'opposa aux établissements de la soie et des tapisseries, que Henri IV fit malgré lui.

Il y avait tant de grands seigneurs alors, et ils étaient encore si à craindre, que le roi n'osait les refuser en face ; il avait la faiblesse d'accorder à la reine et à eux des grâces préjudiciables à l'État, et il était convenu avec les parlements qu'ils ne vérifieraient point ces grâces, à moins d'*une lettre particulière*.

Vers envoyés par Henri IV à madame d'Entragues.

> Je ne sais par où commencer
> A louer votre grande beauté,
> Car il n'est rien, ni a été,
> Que vous ne puissiez effacer.

Générosité.

Le maréchal de Luxembourg allant de la gauche à la droite, [rencontre] un cavalier ennemi, le sabre haut ; il pare de sa canne, et : « Va, j'ai bien d'autres choses à faire. »

Pendant l'exil de Cicéron, le comédien Œsopus le désignait quelquefois sur le théâtre, en changeant quelques paroles à son rôle. C'est à lui qu'il faut applaudir aujourd'hui.

Du temps de Henri IV, les postillons sonnaient du cor, comme en Allemagne ; cela vaut mieux que notre *ohé !*

Grande affaire de l'avocat du duc de Luxembourg, qui demanda 1,500 écus pour des plaidoyers. Aujourd'hui, La Tour, peintre en pastel, demande 1,800 livres pour deux copies qui valent 10 écus.

Henri IV à Créteil. Des procureurs lui refusent un poulet ; il les fait fouetter.

Cicéron.

Il n'a pas été exilé, comme Démosthènes, pour s'être laissé corrompre, mais pour avoir sauvé l'État. Il a gagné une bataille et a méprisé cette gloire : il voulait celle de son vrai talent. Il était ami tendre, citoyen zélé, le meilleur philosophe de son temps ; intrépide au temps de la conjuration. Il mourut avec fermeté, mais il ne se donna pas la mort, comme Démosthènes. Ce fut un courage différent : l'un aime mieux disposer de sa vie ; l'autre en laisse le maître un ingrat à qui il l'avait sauvée, pour qui il avait plaidé. C'est le sort de tous les hommes publics de trouver toujours des ingrats.

Le peuple aime toujours la superstition et les pointes :
Les miroitiers ont pour patron saint Clair ;
Les paveurs, saint Roch ;
Les vergetiers, sainte Barbe ;
Les carrossiers, saint Fiacre.

Commerce.

Peu de commerçants entendent le commerce en général. Une boutique veut décréditer sa voisine ; Lyon veut écraser Tours ; l'homme public soutient tout.

Le but du commerce, chez un législateur, est de donner aux citoyens tout ce que leur climat leur refuse et d'enrichir l'État.

Un État ne peut s'enrichir qu'aux dépens d'un autre. Si vos voisins en savent autant que vous, la balance du pouvoir est égale.

Dans la situation présente de l'Europe, l'industrie ne donne pas à un peuple une trop grande supériorité sur l'autre.

Elle a seulement égalé les Hollandais à de plus grandes puissances, mais elle ne les rend pas dangereux.

La discipline militaire est comme le commerce : elle s'est étendue également partout à peu près.

Un historien est un babillard qui fait des tracasseries aux morts.

Pascal s'imagine que tous les hommes sont, comme lui, dévorés des idées de la métaphysique.

Le bonheur est un mot abstrait, composé de quelques idées de plaisir.

Le plaisir vient, on ne se le donne pas.

Théâtre.

Peu d'excellents ouvrages ; beaucoup qu'on représente.

Est-ce un mérite de réussir par un fond intéressant ? N'est-ce pas plutôt un bonheur ? Le fond du sujet ne fait-il pas tout le débit de la Lorsia [1] ?

1. Mot certainement défiguré.

Le mérite est de bien conduire et de bien écrire ; mais le bonheur est le choix du sujet.

Il y a plus de mérite dans quatre beaux vers que dans *Inès*.

Le succès et la réputation sont choses différentes.

Il en est du théâtre comme de la guerre : il y a des généraux qui ont gagné des batailles sans se faire un nom.

Le mérite, le succès et la réputation, sont trois choses fort différentes.

Corneille dit toujours tout ce qu'il peut, plutôt que ce qu'il doit.

Bourdaloue à Despréaux : *Si vous me chantez, je vous prêcherai.*

« Qu'est-ce que ce Père Séraphin ? — Sire, c'est un homme qui fait rendre les bourses qu'on vole à mes sermons. »

Despréaux : « On va à lui, parce qu'on aime la nouveauté : il prêche l'Évangile. »

« Je ne fais point de compliment à Votre Majesté : je n'en ai point trouvé dans l'Évangile. »

La religion n'est point un frein ; c'est, au contraire, un encouragement au crime. Toute religion est fondée sur les expiations.

En Moscovie, quand on embrasse le rite grec, on dit : « Maudits soient mon père et ma mère, qui m'ont élevé dans une fausse religion ! Je crache sur eux et sur leur religion. »

Les idiots disent quelquefois de fort bonnes choses. « J'ai envie de m'appeler Cicéron, etc. »

Schah Nadir disait : « Le vainqueur attrape au petit pas les vaincus qui fuient au galop. »

« Le malheur des autres doit vous consoler. » — Mais, quand je suis heureux, me dites-vous : « Le bonheur des autres doit vous attrister ? »

Les Incas avaient des palais incrustés d'or et couverts de paille : emblème de bien des gouvernements.

La véritable éloquence n'a pu jamais être connue en Asie, car qui aurait-on à persuader ? On obéit en esclave à un signe. Où la force règne seule, l'éloquence n'a pas d'empire.

Une femme demande à un moine à quel saint s'adresser pour avoir des enfants. « Madame, je ne m'adresse jamais à d'autres pour les affaires que je peux faire par moi-même. »

C'est une des superstitions de l'esprit humain d'avoir imaginé que la virginité pouvait être une vertu.

Tragédies.

Chœurs, lieux communs, espèces de psaumes, mieux à l'église.

Grandes fautes dans l'*Œdipe* et l'*Électre* de Sophocle. Le nom seul d'Œdipe devait le faire connaître : *Pieds percés*. Jocaste lui avait fait percer les pieds. Déclamation dans *Électre*; simplicité, mais longueur.

« Au-dessus de *Philoctète*[1] il n'y a rien », dit F... Il y a pourtant beaucoup de choses : *Athalie*, *Phèdre*, tout ce qui est écrit noblement.

Sur Électre.

Le théâtre toujours en proie à l'amour. Les vrais juges ne vont point au spectacle, mais la seule jeunesse : de là la corruption du théâtre.

Racine mit en vers l'esprit des Romains. Campistron affadit ce qu'il avait embelli. Fontenelle et la Bernard ont fait le consul Brutus amoureux!

Il fallut faire Électre amoureuse, et cet amour ne servait ni à avancer ni à retarder la mort d'Égiste.

Si l'auteur d'*Athalie* avait traité *Électre*, *Iphigénie en Tauride*, *Œdipe*, point d'amour. Il rougissait, sur la fin de sa vie, d'avoir amolli la scène.

Il y a peu de sujets tragiques qui souffrent que l'amour y soit introduit. Il faut qu'il y soit nécessaire ; qu'il en soit la base; qu'il en soit l'âme unique. Furieux, terrible, auteur des crimes, accompagné de remords, il est tragique : ainsi dans *Phèdre*, dans *Roxane*, dans *le Cid*; mais, étranger dans la pièce, il devient galant et froid. Il est alors insupportable, et cependant on en vou-

---

1. Il y a une tragédie de *Philoctète* par M. de Chateaubrun, donnée pour la première fois au Théâtre-Français le 1ᵉʳ mars 1755, et qui eut un brillant succès. Dans l'édition du *Sottisier* de Jouaust, au lieu de *Philoctète* on lit *Polyeucte*.

lait toujours. On me força, dans *Œdipe*, à gâter ce sujet par je ne sais quel ressouvenir d'un ancien goût de Jocaste pour Philoctète[1] et je ne me suis jamais consolé d'avoir ainsi amolli dans quelques scènes le second sujet de l'antiquité.

Il est honteux pour notre nation d'avoir souffert, dans l'*Électre* de Crébillon :

Faisons tout pour l'amour, s'il ne fait rien pour moi.

Il ne faut pas disputer des goûts, c'est-à-dire il faut permettre d'être plus touché de la passion de Phèdre que de la situation de Joas, d'aimer mieux être ému par la terreur que par la pitié, de préférer un sujet romain à un grec.

Mais quand il s'agit de savoir si un sujet est bien travaillé, bien écrit, c'est alors qu'il ne peut y avoir qu'un goût qui soit bon.

Pièces anciennes, sans épisodes, sans amour : *Athalie* et *Mérope* dans ce goût. Athalie, longueurs ; plus majestueuse que vive et animée ; Nabal, inutile ; Josabeth, inutile ; mais le tout admirable.

Les grands princes ont toujours aimé les lettres. Vauvenargues dit qu'il ne reste à ceux qui les négligent que ce qui est indigne d'être senti et d'être peint.

Dans notre nation on n'aime pas véritablement la littérature. Une pièce réussit pleinement. Cinq à six cents personnes la voient dans Paris, douze cents la lisent. *Non sic* à Londres.

Les ouvrages des Grecs sont comme la Grèce : pleine de défauts, de superstitions, de faiblesses ; mais le premier peuple de la terre.

Les comédiens : esclaves à Rome, magistrats à Athènes, excommuniés chez nous.

Mémoires de Sully.

Sully n'avait qu'un esprit d'ordre, et point de génie ; Henri IV, du génie et de l'ordre.

Dorures défendues, preuve qu'on les tirait d'ailleurs, ou preuve de sottise.

Espèces étrangères défendues, autre bévue.

Il s'oppose à l'établissement des vers à soie, des manufactures.

---

1. Il y a *OEdipe* dans la copie. C'est une faute évidente.

Défense de transporter des espèces, comme si on les transportait pour rien : c'est faire hausser le change contre nous.

Les sommes qu'il saisissait lui appartenaient : il en saisit une fois pour cinquante mille écus.

Il en coûta trente-deux millions de ce temps-là au roi pour acheter les Ligueurs. Est-ce là vaincre et pardonner ? Il n'en coûta rien après la Fronde.

Sully croyait à l'astrologie.

Billet de Mme d'Entragues déchiré : « Je crois que vous êtes fou. — Plût à Dieu que je fusse le seul ! »

Cardinal de Médicis. — Celui qui était chargé de le représenter dit : « Depuis que je me suis fait traiter de la v....., etc. »

A l'inventaire de M. Couet, fameux directeur, le crieur disait : « Œuvres de Brantôme ! Je dois avertir que les deux tomes des *Femmes galantes* sont un peu usés. »

Pour le Siècle de Louis XIV.

Après les véritables grands hommes, on peut compter une foule de beaux esprits et de littérateurs, qui ne répandirent pas de nouvelles lumières, mais qui conservèrent le feu sacré. Les mauvais livres furent moins mauvais, parce que le siècle passé fut le précepteur du suivant.

Les ouvrages galants, les chansons, les épigrammes, furent, pour les Corneille et les Bossuet, ce que sont nos belles tabatières et nos étuis de côté pour les Girardon et les Bouchardon.

Corneille honore son siècle, malgré tous ses mauvais ouvrages, comme Homère le sien, malgré ses défauts.

Henri IV eût été perdu s'il avait eu un premier ministre ; Louis XIII, s'il n'en avait point eu ; Louis XIV, affermi, pouvait en choisir un, ou s'en passer.

Qui le croirait ? Les carrosses ont contribué à la tranquillité de Paris. Quand on allait à cheval, on était armé en guerre : les querelles étaient plus aisées à faire et à vider. Le carrosse rend tranquille.

On sert les rois d'Espagne et d'Angleterre à genoux ; et moi aussi, quand on me déchausse, quand on me donne un lavement.

Les soldats se mettent à genoux quand ils tirent : apparemment pour demander pardon du meurtre.

Les protestants de la Silésie proposèrent au roi de Prusse d'égorger les catholiques. « Mais si eux, vous ? — Oh! cela est bien différent : notre religion est la véritable. »

Leibnitz, près d'être jeté dans la mer, tire un chapelet. « Oh! il n'est pas juste de le noyer, puisqu'il n'est pas hérétique. »

Richelieu.

André Duchesne avait d'abord dans ses recherches fait la généalogie de la maison de Richelieu, qui descendait d'un bâtard d'un évêque de Poitiers (sous Louis XI) et d'une fille d'un apothicaire, nommée Genouillac, famille fort étendue à Poitiers.

Quand le cardinal de Richelieu fut rentré au Conseil, en 1624, Duchesne fit une autre généalogie : il fit descendre le cardinal d'une Laval, mais il fut détrompé. Il voulut se rétracter, mais le cardinal l'en empêcha.

Le cardinal de Richelieu était fils de François Duplessis de Richelieu, roué en effigie à Châtellerault pour avoir assassiné le sieur de Mouzon.

Il est faux que ce François de Richelieu ait été envoyé à Cracovie par Charles IX, comme le dit Aubery.

François de Richelieu, ayant eu peine à obtenir des lettres d'abolition de Henri III, se maria avec Suzanne de La Porte, fille de François de La Porte, avocat.

Il eut trois fils : Henri, tué en duel ; Alphonse, le chartreux, et le cardinal Armand-Jean. Celui-ci, étant à l'académie, était faible et hargneux, hautain, querelleur. On lui conseilla de se faire prêtre, de peur d'être tué.

Françoise, sœur du cardinal, mariée d'abord à Jean de Pimpeau, devenue veuve, se fit faire un enfant par Vignerot, joueur de luth, fils d'un garde-chasse, et l'épousa ; il acheta la terre de Pontcourlay.

La fille de ce René de Vignerot, nommée Marie, fut mariée au sieur de Combalet, neveu du connétable de Luynes. Elle fut duchesse d'Aiguillon femelle[1], et n'eut point d'enfants. C'était celle dont le cardinal était amoureux.

1. C'est le mot qu'on lit sur la copie.

> O vous qui recherchez les faits de Richelieu,
>   Pourquoi vous donner la torture
> Pour savoir s'il était homme, ange, diable ou dieu?
> Sa nièce vous dira quelle était sa nature.

Un autre fils de Vignerot fut marquis de Pontcourlay, père du duc de Richelieu, etc.

Une autre fille, nommée Nicole, mariée à Maillé de Brezé.

La fille de ce Brezé, maréchal de France, fut femme du grand Condé.

Le cardinal de Richelieu, dans sa jeunesse, s'appelait M. du Chillon.

Parmi les mensonges imprimés : Paix d'Édouard III à cause d'un orage.

Usages.

Ils sont si forts qu'on crie l'heure en Allemagne parce qu'on la criait avant qu'il y eût des horloges.

Pensées sur le bonheur.

Des astronomes observent des étoiles; un paysan dit : « Ils ont beau faire, ils n'en seront jamais plus près que nous. » Ainsi des raisonneurs sur le bonheur.

Les hommes qui cherchent le bonheur sont comme des ivrognes qui ne peuvent trouver leur maison, mais qui savent qu'ils en ont une.

Le bonheur ressemble à l'île d'Ithaque, qui fuyait toujours devant Ulysse.

Dissimuler, vertu de roi et de femme de chambre.

Les Juifs défendaient de cuire l'agneau dans le lait de la mère : ombre d'humanité, persuasion de l'âme des bêtes.

Le premier roi de Prusse, Frédéric, est le premier qui fit venir des marchands détailleurs[1] de Hollande; il les allait voir souvent et leur envoyait de sa cuisine, quand ils étaient malades.

Vers du roi de Prusse.

> Astres de l'univers, votre éclat est pour vous,
> Mais de vos doux rayons l'influence est pour nous.

---

1. La copie porte bien ce mot, mais une faute nous paraît probable ; peut-être faut-il lire : des marchands de modes, des tailleurs.

On dit : « L'Europe est plus riche qu'autrefois ; mais la terre porte-t-elle davantage ? » Non, mais il y a plus d'industrie.

Histoire.

Nulle authenticité jusqu'au temps où les gazettes, les journaux, se contredisant les uns les autres, donnent occasion d'examiner les faits, discutés ensuite par les contemporains.

Je ne crois point Suétone, qui dit que Néron avait envie de faire mourir le sénat entier. Un empereur peut-il faire des crimes inutiles ?

Je crois encore moins les miracles de Xavier, et pareilles sottises démontrées impossibles.

Berlin.

Mme de Canitz envoya chercher un mari à Paris.

Le roi a décidé que tous les droits régaliens dont les seigneurs se trouvaient en possession en 1740 seraient réputés légitimes.

Restitution, en 1746, de tout ce qu'il avait emprunté.

Point d'impôts durant la guerre.

Cinquante mille francs à Mme de Kniphausen.

Les prêtres craignent ici pour la religion, comme il y a cinq ans pour la maison d'Autriche.

Ils ne se plaignent pas que la morale soit corrompue ; ils disent franchement : « On ne fait plus de cas de nous ; tout est perdu. »

Il y a à Berlin cent vingt-deux mille âmes, en comptant dix-huit mille soldats. Point de querelles entre les soldats et les bourgeois. M..., lieutenant de police, y a mis ordre.

Un sellier avait fait prix avec moi pour dix-huit thalers : il en demanda trente. Le lieutenant de police alla voir son ouvrage et ne voulut pas qu'il eût plus de douze écus.

Au mois de décembre 1750, le roi assembla sa cour de justice, pour savoir pourquoi on avait fait durer six mois le procès d'un meunier.

S'il avait eu plus d'audace, il eût détruit la maison d'Autriche et la religion chrétienne.

Vers du roi de Prusse à son Esprit.

Dites que j'ai subi, bravé l'adversité,
Mais que parmi les rois depuis on m'a compté ;
Que je fus l'écolier des plus grands capitaines;
Qu'à Sparte, cultivant les douces mœurs d'Athènes,
. . . .
Que je sus distinguer l'homme du souverain ;
Que je fus roi sévère et citoyen humain,
Et, quoiqu'admirateur de César et d'Alcide,
J'aurais suivi par goût les vertus d'Aristide.

    Pour juger la littérature,
    L'Impudence en original,
    La Faim, l'Envie et l'Imposture,
    Se sont construit un tribunal.
    De ce petit trône infernal,
    Où siègent ces quatre vilaines,
    Partent les arrêts du journal
    De monsieur l'abbé Desfontaines.

FIN DU SOTTISIER.

X

VOLTAIRE
ET LE PAYS DE GEX

LETTRES ET MÉMOIRES [1]

1. — A M. FABRY.

4 janvier 1760.

J'ai relu, monsieur, avec une nouvelle attention et un plaisir nouveau, vos deux mémoires sur le pays de Gex. Il m'est venu dans la tête une idée que je soumets à vos lumières.

Ne pourrait-on pas, après avoir fait sentir aux fermiers généraux combien le pays de Gex est à leur charge, leur proposer d'accepter une somme de trois cent mille livres au nom du pays, avec la faculté, pour tout remboursement, d'acheter le sel au même prix que Genève et les Grisons, et de le vendre à l'étranger et au pays de Gex, et surtout à Genève. Ceux qui fourniraient les trois cent mille livres, au nombre desquels vous seriez pour si petite somme qu'il vous plairait, se chargeraient de l'entretien des chemins. Plus de garde, pas même à Versoy. La liberté et l'abondance seraient le partage du pays de Gex sous votre administration; point d'impôt sous le nom de rachat des gabelles, nulle gêne, rien que du profit.

Vous seriez à la tête de la compagnie qui avancerait les cent mille écus.

Cette compagnie demanderait à fournir le sel au pays de Gex, à Genève, à Versoy et au pays de Vaud; s'il est possible, à tout l'étranger.

Elle achèterait 12,000 minots de sel par an, au moins; chaque minot reviendrait à environ 6 livres.

Elle en vendrait à la ville de Genève ce qu'elle en consomme au prix ordinaire.

---

1. Ces pièces, tirées des Archives de l'Ain et publiées par M. Vayssière dans *Voltaire et le pays de Gex* (in-8°, Bourg, 1876), complètent la *Correspondance* sur un point particulier.

Les autres pièces recueillies par M. Vayssière dans son ouvrage se trouvent dans la *Correspondance*.

Elle le vendrait au pays de Gex et à l'étranger le même prix que Genève a fixé.

Elle pourrait faire annuellement un profit de 60,000 livres au moins.

Sur ces 60,000 livres, on donnerait aux associés environ pour les deniers de leurs avances.	30,000 liv.
L'entretien de tous les chemins par an, ponts et chaussées.	6,000 »
Frais de régie et gratifications aux associés qui travailleraient	24,000 »
	60,000 liv.

On pourrait encore exiger des fermiers généraux qu'ils nous vendissent tous les ans une certaine quantité de tabac au prix coûtant.

Pour ces opérations, on fournirait aux fermiers généraux cent mille écus dans les besoins les plus pressants.

On aurait de ces cent mille écus une rente très-considérable ; le pays de Gex serait riche, et l'administration n'y perdrait pas. Vous demanderez où l'on peut trouver trois cent mille livres ; vous en trouverez quatre cent mille dans huit jours.

Je vous prie, monsieur, d'examiner cette idée et de vouloir bien la rectifier : il me semble qu'on en peut tirer quelque avantage, et que le plomb peut devenir or en passant de ma tête dans la vôtre. Il faudrait que vous eussiez la bonté de venir coucher chez nous ; une heure de conversation fait plus et mieux que mille lettres.

J'ai l'honneur d'être bien sincèrement votre très-humble et très-obéissant serviteur. V.

Celui qui m'a proposé cette affaire paraît en état de trouver en peu de temps les trois cent mille livres ; mais il faudrait qu'un homme comme vous, monsieur, qui connaît si bien le pays, rédigeât la proposition et la rendît praticable.

2. — A M. FABRY.

Aux Délices, 17 février (1760) au soir.

Après une longue conversation, monsieur, avec Labat, nous concluons qu'il faut poursuivre avec chaleur l'affaire de la libération de la province. Il nous a paru que des 6,000 minots il pourrait nous en rester quelques-uns en perte ; que, pour réparer cette perte, il serait bon de joindre au dernier projet un des articles du premier, qui consisterait en un impôt léger sur chaque bête à corne. Je n'imagine pas le plus léger obstacle à cette entreprise. Cependant, il ne faut compter les affaires faites que quand elles sont faites.

Je ne doute pas que vous ne pressiez la conclusion de celle-ci. Monsieur l'intendant peut avoir quelques conférences avec les fermiers généraux et accélérer la conclusion. Je ne crois pas que l'article du blé fasse la moindre difficulté. Pourquoi s'opposer à un commerce libre qui enrichirait le pays et le roi ? Au reste, nous avons reçu des lettres satisfaisantes de monsieur le contrôleur général, de monsieur l'intendant et des fermiers généraux sur le premier mémoire envoyé le 24 janvier au soir ; ce mémoire n'était qu'un préliminaire. Nous n'étions pas encore informés de l'excès de l'insolence et des délits des commis du bureau de Sacconex. Nous avons envoyé toutes les preuves à mesure que nous les avons eues, et nous nous flattons que les déclarations du receveur et du contrôleur de Sacconex achèveront de constater le délit, et de nous procurer la justice que nous attendons. Puisse la consommation du traité avec les fermes générales mettre fin à ces vexations et à ces avanies intolérables.

J'ai l'honneur d'être pour toute ma vie, monsieur, votre très-humble et très-obéissant serviteur.

VOLTAIRE.

3. — A M. FABRY[1].

22 février 1760.

Monsieur, j'ai l'honneur de vous donner avis que M. d'Épinai, fermier général, a parlé fortement à ses confrères au sujet du pays de Gex, et de la nécessité indispensable de s'accommoder avec la province pour le sel et pour la suppression des bureaux. On me mande que l'affaire est en très-bon train ; vous la finirez de la manière que vous jugerez la plus convenable. Peut-être n'est-il pas mal qu'on tienne en haleine la compagnie qui se présente, parce qu'il se pourrait bien faire que monsieur le contrôleur général acceptât les cent mille écus pour le roi dans la disette où l'on est d'argent, en abandonnant d'ailleurs aux fermiers généraux dix-huit mille livres sur le prix général de leur bail. Il y a cent manières de trouver la chose, mais la plus sûre sera de s'aboucher avec M. d'Épinai, qui probablement viendra traiter avec vous.

Je suis obligé de faire déclarer sous serment, par mes voituriers de Ferney et par les témoins de Mollis, boucher, et par Soubairan, cabaretier, que lesdits voituriers étaient en règle et n'avaient point passé le bureau de Sacconex quand on nous fit l'avanie, à ma nièce et à moi, de saisir nos blés. Monsieur l'intendant nous a mandé que nos voituriers n'étaient pas en règle. Nous devons prouver qu'ils y étaient, et si monsieur l'intendant, par quelque motif que je ne puis concevoir, ne nous rendait pas la justice qui nous est due, malgré la protection de M. le duc de Choiseul et de monsieur le contrôleur général, nous serions obligés de nous adresser au roi. Mais nous espérons que la bonté et l'équité de M. de Fleury ne nous réduira pas à cette nécessité.

J'ai l'honneur d'être, avec tous les sentiments que je vous dois, monsieur, votre très-humble et très-obéissant serviteur.

VOLTAIRE.

---

1. La suscription porte : « Monsieur, monsieur Fabri, subdélégué et maire à Gex, » et la lettre est scellée d'un sceau de cire rouge, dont les armes, surmontées d'une couronne de marquis, présentent trois grenades en champ d'azur.

4. — A M. FABRY.

27 février 1760, aux Délices.

Monsieur, messieurs les fermiers généraux me mandent que l'affaire pour l'affranchissement du pays de Gex est portée au conseil du roi. C'est apparemment monsieur l'intendant de Bourgogne qui l'y a portée; en ce cas, l'affaire traînera longtemps, le conseil n'y ayant aucun intérêt, et les fermiers généraux persistant dans leur idée qu'il leur faut un dédommagement considérable; peut-être si l'on offrait au roi, dans le pressant besoin où il est d'argent, une somme de cent mille écus, on forcerait les fermiers généraux à recevoir la loi que vous imposeriez; cette loi deviendrait irrévocable, et le pays serait délivré pour jamais de la vexation insupportable sous laquelle il gémit, et vous seriez regardé comme son bienfaiteur.

A l'égard de l'affaire très-désagréable de mes blés, messieurs les fermiers généraux m'ont mandé qu'ils ont cassé le directeur et le contrôleur dont je me plaignais; mais ils m'ont tous deux demandé pardon : ils ont fait voir évidemment que toute la mauvaise manœuvre venait du brigadier nommé Crepet. Cet homme est en effet le plus coupable; c'est lui qui a dressé le faux procès-verbal, et qui l'a fait signer au directeur. C'est lui assurément qui doit être le plus puni : il a pris quatre fois plus de bois dans mes forêts que je ne lui en avais accordé; il n'a arrêté illégalement les voitures de mes domestiques que pour se venger du frein que j'avais mis à ses déprédations. Mes gardes affirmeront par serment ce que j'ai l'honneur de vous dire.

Il est d'ailleurs public qu'il fait la contrebande continuellement. Je serais bien étonné que monsieur l'intendant de Bourgogne en crût le procès-verbal d'un tel misérable, procès-verbal démontré faux, dressé le 25 et daté du 24, procès-verbal dans lequel il dit contre toute vérité que mes chevaux avaient passé de quatre pas le bureau, ce qui est démenti par tous les témoins. J'étais certainement en règle, puisque le bureau n'a jamais été passé : c'est la loi établie par le conseil; il n'y en a pas d'autre.

On ne peut donc juger ce procès qu'en interrogeant les témoins, prêts à déposer que mes domestiques n'ont point passé le bureau. Il faut donc absolument commettre des juges à Gex qui interrogent ces témoins. Tout cela me paraît plus clair que le jour, et il ne me paraît pas moins clair que ces employés sont la ruine de la province. Je m'en rapporte entièrement à vous, monsieur, sur ces deux objets. Si je n'ai pas une justice complète des employés, cela ne m'invite pas à acheter la terre de Tournay; j'affermerai plutôt celle de Ferney, et je resterai dans la retraite que j'ai choisie, ne connaissant rien que je puisse préférer, ni même comparer à la liberté.

Je me flatte que votre amitié contribuera à me faire jouir de mes terres avec les agréments que j'en espérais.

J'ai l'honneur d'être avec bien de l'attachement et de la reconnaissance monsieur, votre très-humble et très-obéissant serviteur.

VOLTAIRE.

5. — A M. FABRY.

19, Ferney (1760).

Il est évident, mon cher monsieur, que le mémoire contre notre pauvre petite province a été suggéré par quelqu'un des employés dans le sel et dans le tabac, car d'où M. d'Érigny pourrait-il savoir qu'il y a eu dans ce pays-ci une dupe qui a acheté des terres au denier soixante? La malignité de nos ennemis conclut, de ce que j'ai fait un mauvais marché, que le pays est la terre promise! C'est très-mal conclure : j'écris à M. Bouret, mon ami, frère de M. d'Érigny, une lettre assez forte dans laquelle j'allègue les mêmes raisons à peu près que vous verrez dans le projet de mémoire que je vous envoie suivant vos ordres, pour que vous ayez la bonté de le rectifier. Je pense qu'il ne s'agit plus de discuter les choses qui ont été tant rebattues, mais qu'il faut s'attacher, dans notre mémoire, à mettre le conseil de notre côté, à faire sa propre affaire de la nôtre, à intéresser M. de Trudaine, qui se trouve compromis, sans trop offenser les fermiers généraux, que nous supposons être trompés par un de nos ennemis.

L'arrangement du sel forcé est si raisonnable que nous devons espérer beaucoup de M. de Trudaine, des bons offices de monsieur l'intendant, et même de la conversion de M. d'Érigny. Donnez-moi d'ailleurs vos ordres, et soyez sûr, monsieur, de mon zèle pour le bien public et de l'attachement pour votre personne, avec lequel je serai toute ma vie, monsieur, votre très-humble, obéissant serviteur.

VOLTAIRE.

6. — A M. FABRY[1].

25, à Ferney (1764).

Je crois, mon cher monsieur, qu'il ne serait pas mal que nous dînassions et soupassions ensemble avec M. de Varny. Il est temps de représenter plus fortement que jamais au conseil l'état de la province. Un de nos fléaux est que nos paysans abandonnent la charrue pour servir les Genevois en qualité de lapidaires et d'horlogers. On a bien défendu de faire de nouveaux vignobles; à plus forte raison doit-on défendre aux cultivateurs de travailler pour l'étranger à un art très-inutile aux dépens de l'agriculture.

Je n'ai fait au reste que jeter en hâte sur le papier mes réponses aux objections de Sedillot adoptées par M. d'Érigny. Vous aurez sans doute dressé un mémoire détaillé, dans lequel vous aurez approfondi ce que je n'ai pu qu'effleurer.

J'ai l'honneur d'être, avec tous les sentiments que vous me connaissez, monsieur, votre très-humble obéissant serviteur.

VOLTAIRE.

---

1. La suscription porte : « A monsieur, monsieur Fabri, maire et subdélégué à Gex. » Scellé en cire rouge.

7. — A M. AMELOT,

INTENDANT DE BOURGOGNE.

A Ferney, 10 avril 1764.

Monsieur, il y a longtemps qu'on m'avait remis ce mémoire pour vous être présenté dans un voyage que je devais faire à Dijon. Les maladies dont je suis accablé ne m'ayant pas permis de vous faire ma cour, je remplis au moins les vœux de notre petite province. Il n'est que trop vrai que l'abus dont on se plaint est très-préjudiciable, et que nos cultivateurs seront bientôt des horlogers employés par Genève. Nous avons plus de besoin de charrue que de montres, et c'est ici le cas où le nécessaire doit l'emporter sur le superflu. Pour moi, monsieur, je me borne uniquement à espérer votre protection pour notre pauvre petit pays. Je ne doute pas que si vous voulez bien représenter au conseil l'état où nous sommes, vous ne fassiez rendre un arrêt qui défende aux paysans de quitter la culture des terres pour servir les horlogers de Genève. Nous attendons tout de votre sagesse et de votre bienveillance.

J'ai l'honneur d'être avec beaucoup de respect, monsieur, votre très-humble et très-obéissant serviteur.

VOLTAIRE.

8. — MÉMOIRE SUR L'ÉTAT DE L'AGRICULTURE

DU PAYS DE GEX.

(1764.)

Le pays de Gex est très-peu fertile, et coûte beaucoup à cultiver. On n'y sème communément les terres que de deux années l'une, et on est obligé de leur donner trois forts labours, outre celui de la semaille : c'est la règle prescrite dans les grangeages.

Pour faire le premier labour on emploie quatre bœufs forts ou quatre chevaux, et dans le milieu de ce pays, où les terres sont plus fortes, on est obligé d'en employer six pour faire une bonne besogne.

Après tous ces labeurs dispendieux, les terres du pays de Gex ne rendent communément que trois pour un, dont un retourne en terre pour semailles. Ainsi une coupe, qui est une mesure d'environ 110 livres, poids de 18 onces, produit deux coupes, outre celle qu'on emploie pour la semaille.

La coupe sème environ les deux tiers d'une pose, et la pose, soit journal, étant dans ce pays de 500 toises de huit pieds, ce qu'on appelle une coupe de semature est une étendue de 333 toises et 2/3 de toise.

La culture d'une coupe de semature coûte pour les trois labours et la semaille. . . . . 11 liv. 10 s.

A reporter. . . . . 11 liv. 10 s.

Report.	11 liv.	10 s.
On paye le semeur, on le nourrit à la semaille, de même que les bêtes de charrue et les laboureurs, le tout évalué .	1	»
Pour le nettoyage des blés au printemps.	»	10
La moisson coûte	2	10
Le battage	2	10
La voiture du blé, soit en paille, soit en grain.	»	10
Pour voiture des engrais, les frais de clôture, l'entretien des granges, les impositions royales et le cens..	1	»
Total de la dépense que supporte une coupe de semaille.	19 liv.	10 s.

La coupe de blé se vend actuellement au marché de Collonges 8 livres, monnaie de France, et au marché de Gex, 9 livres. Ainsi lorsque les cultivateurs portent au marché le produit d'une coupe de semature, qui se réduit à deux coupes lorsqu'on a levé la semaille, ils retirent pour les deux coupes : à Collonges 16 livres, et à Gex 18 livres ; au premier cas ils perdent par coupe de semature trois livres, et au second cas une livre.

Ils perdent même davantage cette année, car il est notoire qu'au pays de Gex les laboureurs n'ont pas recueilli plus d'une coupe et demie par coupe, au delà de la semaille.

Il résulte de ce détail qu'il n'est pas possible que la culture puisse se soutenir dans le pays de Gex, tandis que les laboureurs sont contraints de porter leurs blés aux marchés de Collonges ou de Gex, et tandis qu'il leur sera défendu de se prévaloir du bénéfice du marché de Genève, où le blé vaut actuellement 12 livres.

On observe aussi que depuis vingt-cinq ans que les défenses de sortir les grains du pays de Gex ont été de plus en plus rigoureuses, une grande partie des laboureurs ont été contraints de laisser leurs terres incultes et d'abandonner leurs charrues pour se réduire à la simple condition de journaliers, destinant leurs enfants, s'ils en ont encore les moyens, aux professions d'horlogers ou de lapidaires.

On comptait avant les défenses 23 charrues dans la paroisse de Ferney ; il n'y en a plus que 12.

On en comptait 23 dans la paroisse de Saint-Jean ; il n'y en a plus que 16.

Dans le village de Greny, paroisse de Peron, on comptait, il y a quinze ans, 8 bonnes charrues ; aujourd'hui il n'y en a plus que 5.

Dans la même paroisse, au village de Feigère, il y avait avant les défenses 15 charrues, et aujourd'hui il n'y en a que 5.

A Logras, même paroisse, il y avait 35 charrues, et à présent elles sont réduites à 17.

On comptait à Chalex 25 charrues, et de ce nombre il en manque 10.

Il y avait dans la paroisse de Chevry 46 charrues avant les défenses, et aujourd'hui il n'y en a plus que 25, et encore les 25 se réduisent à 19, parce que de ce nombre il y en a 12 dont 6 se joignent à 6 de leurs voisins pour faire entre les douze 6 charrues complètes.

Au village de Cegny, on compte dix charrues de moins que ci-devant.

Au village de Cessy il y avait 24 charrues, et à présent il n'y en a que 10, etc., etc.

On voit dans tout le pays, parmi les laboureurs et dans tous les villages, la même diminution, et tandis que les terres incultes augmentent et surchargent d'impôts celles qui sont cultivées, le nombre des habitants diminue dans la même proportion, parce qu'ils sont contraints d'aller chercher ailleurs les moyens de subsister, et ce mal va toujours et doit nécessairement aller en augmentant, parce que toutes les charges des terres incultes et des habitants qui manquent retombent sur les terres cultivées et sur le peu d'habitants qui restent.

Le but des défenses est de procurer l'abondance du blé dans le royaume, en gênant l'exportation, et de prévenir la disette; mais le passé justifie que par ce moyen on est allé à fin contraire.

Premièrement, les défenses n'ont pas empêché qu'il ne sortît la même quantité de blé du royaume. L'unique effet des défenses a été de faire hausser le prix du blé dans Genève, et l'augmentation du prix y a attiré du blé de France : la même quantité qu'on y versait avant les défenses.

Toute la différence est qu'au lieu d'y arriver par le chemin le plus court, qui est le pays de Gex, il y est arrivé par la Suisse, et plus souvent par la Savoie.

Ainsi l'augmentation du prix du blé dans Genève a tourné au profit de l'étranger, qui s'y porte sans risques, et n'a servi qu'à précipiter la ruine du cultivateur français, parce que, s'il a voulu profiter lui-même de cette augmentation, il s'est exposé aux peines portées par les défenses, et, une fois surpris, il s'est trouvé ruiné tout d'un coup. Si au contraire il a été plus timide, obligé de passer par les mains de ceux qui font métier de cette contrebande, il a trouvé sa ruine également, mais par une voie plus insensible et plus lente.

Il y a plus : dans les temps d'abondance, les défenses portent préjudice aux cultivateurs, et ne sont d'aucune utilité aux autres habitants du pays de Gex; mais dans les temps de disette, elles nuisent également aux uns et aux autres, parce qu'alors tous manquent également de blé, et ils sont souvent privés du secours de celui qui leur viendrait naturellement de la Franche-Comté ou de la Bresse, en venant à Genève, et qu'ils pourraient acheter sur la route, au lieu que ces blés, prenant une route détournée par la Savoie ou par la Suisse pour arriver à Genève, les marchés de Gex et de Collonges se trouvent si peu fournis que les habitants du pays de Gex sont forcés de venir acheter le blé dont ils ont besoin à Genève, et de payer l'augmentation du prix occasionnée par les défenses. C'est ce qui arriva dans les mois de mai et de juin 1747, 1748 et 1749, temps auxquels les blés manquaient dans les marchés de Gex et de Collonges, tandis que celui de Genève en était assez suffisamment garni pour permettre aux habitants du pays de Gex de s'y venir pourvoir.

9. — A M. FABRY.

A Ferney, 7 octobre 1765.

Monsieur, j'ai reçu une lettre du provincial des capucins de Chambéry, qui m'avertit qu'il y a chez moi un de ses moines, et qu'il pourra le faire saisir. Je me suis informé de mes gens s'il y avait quelque fondement à cette plainte. J'ai su qu'en effet un capucin de Savoie en habit séculier était venu demander chez moi un asile à mes domestiques pendant que vous nous honoriez de votre présence. Il se plaignait d'avoir été cruellement maltraité, et d'avoir été fouetté trois fois par semaine pendant seize mois avec une discipline de fer. S'il était repris, il serait renfermé nu dans un cachot, et chargé de chaînes.

Je crois actuellement ce pauvre garçon à Genève. Mais s'il revenait dans ma maison, je serais au désespoir qu'il y fût saisi et livré à ses bourreaux. Je me flatte qu'il n'est pas permis à un provincial des capucins de Savoie d'exercer une telle juridiction dans le royaume de France, et qu'au moins il aurait recours à votre autorité.

J'ose vous demander votre protection, monsieur, pour ce pauvre misérable qu'on persécute d'une manière si étrange. Les menaces qu'on lui fait alarment ma sensibilité. Je vous aurais beaucoup d'obligation si vous daigniez m'informer de vos ordres en cas que cet homme revînt à Ferney, et prévenir la douleur que j'aurais de le voir arrêté chez moi. C'est une grâce que j'ose attendre de votre humanité.

J'ai l'honneur d'être avec beaucoup de respect, monsieur, votre très-humble et très-obéissant serviteur.

VOLTAIRE,
Gentilhomme ordinaire du roi.

10. — A M. FABRY.

20 décembre 1766, à Ferney.

Monsieur, on m'a communiqué ce mémoire. Il me paraît très-utile et convenable à la circonstance où nous sommes. Je souhaite qu'il ait votre approbation et que vous puissiez contribuer à détruire un abus si préjudiciable à notre petite province. Je vous réponds que j'achèterai volontiers à Ferney tout le bois qu'on portait à Genève, pourvu qu'il appartienne légitimement aux vendeurs. Ainsi personne n'y perdra rien, et le pays ne sera point dévasté.

Je vous souhaite d'avance une bonne année, aussi bien qu'à Mme Fabry.

Vous savez avec quels sentiments j'ai l'honneur d'être, monsieur, votre très-humble serviteur. V.

M. de Voltaire et Mme Denis souhaitent la bonne année à M. et à Mme Fabry. M. de Voltaire demande si M. Fabry a reçu un paquet qu'il lui envoya ces jours passés.

11. — A M. FABRY.

19 novembre 1770, à Ferney.

Voici, monsieur, une affaire de votre ressort. Je m'imagine qu'il suffira d'un mot de votre main pour autoriser les habitants de Ferney à se donner de l'eau, et que ce n'est pas la peine d'envoyer à Dijon. Quoi qu'il en soit, permettez que je vous adresse la délibération et la requête des habitants. Nous comptons décorer notre petit village d'une fontaine assez jolie. Il faut orner un peu le pays qui vous a tant d'obligations.

J'ai l'honneur d'être avec l'amitié la plus respectueuse, monsieur, votre très-humble serviteur.

VOLTAIRE.

12. — A M. FABRY.

28 avril 1771, à Ferney.

M. de Voltaire et Mme Denis font bien leurs compliments à M. Fabry, et le supplient de vouloir bien avoir la bonté de faire faire le rôle de ce que les habitants de Ferney doivent payer chacun pour la fontaine publique, et de donner pour cela tous les ordres qui seront nécessaires.

13. — A M. FABRY.

17 juin 1771, à Ferney.

Monsieur, plusieurs habitants ayant fait difficulté, non-seulement de payer, mais même de s'assembler après avoir demandé eux-mêmes l'établissement de la fontaine avec la plus vive instance, nous sommes obligés de vous envoyer la requête du syndic avec la répartition faite proportionnellement à la taille. Le fontainier demande à être payé. Nous espérons, Mme Denis et moi, que vous voudrez bien nous faire avoir un ordre de l'intendance, que nous ferons signifier à chaque particulier; et s'il y a quelque pauvre qui ne puisse pas payer (ce que nous ne croyons pas) nous payerons sans difficulté pour lui.

J'ai l'honneur d'être, avec les sentiments les plus respectueux, monsieur, votre très-humble et très-obéissant serviteur.

VOLTAIRE.

14. — A M. FABRY.

12 février 1772, à Ferney.

Le vieux malade, monsieur, avait toujours pensé que M. le duc d'Aiguillon était surintendant des postes, et il ne l'est point. On me mande que M. d'Ogny aura la plus grande influence dans cette affaire. Il me semble qu'un mémoire envoyé par monsieur l'intendant serait bien nécessaire dans ces circonstances. Je ne doute pas que M. Joly de Fleury ne soit convaincu de vos raisons et ne les fasse valoir dans le conseil. Il me semble que la poste serait mieux à Meyrin que partout ailleurs, puisque c'est le chemin du courrier, et que Meyrin est au milieu du pays. Cet endroit est d'autant plus convenable qu'il y a une brigade établie.

Notre grand malheur, c'est que la petite fourmilière de Genève a pour agent dans Paris un homme à qui ses richesses, son esprit et ses amis, donnent une très-grande considération, et que nous n'avons personne qui nous soutienne. Ce petit coin de terre est entièrement abandonné. Il a même été longtemps ignoré, et j'ai vu un maréchal de France qui ne savait pas que le pays de Gex fût en France.

Je ne vois encore une fois que M. de Fleury qu'on puisse opposer à M. Necker. Peut-être cette affaire ne sera décidée que quand M. le duc d'Aiguillon aura la surintendance des postes.

Si M. Fabry avait le temps de venir causer un moment avec le vieux malade, il lui expliquerait plus au long ses sentiments; vous ne doutez pas, monsieur, de ceux avec lesquels ce vieux bonhomme vous est dévoué pour le reste de sa vie.

15. — A M. FABRY.

10 mars 1773, à Ferney.

Monsieur, le dernier ouragan ayant fait beaucoup de mal à l'église et à la maison presbytériale de Ferney, j'ai demandé un devis des réparations au maçon et au charpentier, et, suivant l'estimation qui sera réglée, il paraît nécessaire que tous ceux qui demeurent dans la paroisse, soit catholiques, soit protestants, et tous ceux qui ont du bien dans la paroisse, soient taxés proportionnellement. Les seigneurs de la paroisse donneront l'exemple et porteront le plus lourd fardeau.

Je suppose aussi qu'il faut une ordonnance pour mettre la chose en règle, et c'est sur quoi, monsieur, je demande votre avis.

Je suppose aussi qu'il faut faire régler la demande exorbitante du maçon et du charpentier par quelque architecte. M. Racle serait très-propre à régler les prix. Je vous envoie le devis, qui se monte à plus de trois mille deux cents livres. Je vous prie de vouloir bien me le renvoyer et de me donner votre décision.

J'ai l'honneur d'être avec un attachement respectueux, monsieur, votre très-humble et très-obéissant serviteur.

VOLTAIRE.

16. — A M. FABRY.

11 mars 1773, à Ferney.

Je suis, monsieur, dans les violents accès de la douleur la plus vive. Cependant je vous envoie la requête signée du syndic de Ferney. Si elle n'est pas tout à fait hors de règle, je vous serai obligé de la faire répondre par monsieur l'intendant. Ce serait une consolation pour moi de pouvoir finir cette petite affaire avant ma mort.

J'ai l'honneur d'être avec un attachement respectueux, monsieur, votre très-humble et très-obéissant serviteur.

VOLTAIRE.

17. — A M. MANUEL,
INTENDANT GÉNÉRAL DE LA RÉPUBLIQUE DE BERNE.

Ferney, 24 novembre 1776.

Monsieur, j'ai remis entre les mains de M. de Crassy, gouverneur de la ville de Gex, lieutenant-colonel, etc., la procuration et le plein pouvoir dont les états de Gex m'ont chargé auprès de vous. Notre pays, affranchi des commis qui le désolaient malgré leurs supérieurs, est délivré aujourd'hui des obstacles qui gênaient son commerce avec votre illustre république. Nos états se flattent que vous daignerez, monsieur, affermir cette précieuse liberté dont nous commençons à jouir.

Un homme nommé Rose, ci-devant soldat dans la légion de Condé, et actuellement garde-magasin dans les ateliers du sieur Racle, architecte, a abusé, monsieur, de votre générosité en se disant chargé de négocier avec vous. Nos états, qui le désavouent, veulent bien m'autoriser à recevoir vos ordres. Je suis prêt d'exécuter ceux que vous me donnerez. C'est au nom de la province que j'agis, et c'est en son nom que je remplirai toutes les conditions qui me seront prescrites.

Je suis avec respect, monsieur, votre très-humble et très-obéissant serviteur.

VOLTAIRE,
Gentilhomme ordinaire de la chambre du roi.

XI

LETTRES A LA PRINCESSE DASCHKOFF [1]

Ferney, jeudi 9 mai 1771.

Le vieillard de Ferney, devenu presque aveugle et accablé d'infirmités, se serait hâté de se jeter aux pieds de la princesse Daschkoff si le fâcheux

[1]. *Mémoires de la princesse Daschkoff*, t. III, pages 247-249. Paris, 1859, in-18.

état de sa santé ne s'y était opposé. Si madame la princesse veut bien demain vendredi, vers sept heures du soir, nous honorer de sa présence et souper dans notre maisonnette avec sa compagnie, Mme Denis fera les honneurs du festin, et le vieil invalide considérera cette faveur comme une des plus éclatantes qu'il ait reçues dans sa vie. Il demande la permission de rester en *robe de chambre,* car depuis longtemps il ne peut s'habiller d'autre sorte. Il prie madame la princesse d'agréer son respectueux hommage.

Ferney, 12 mai 1771.

Madame, le vieillard que vous avez tout à fait rajeuni vous remercie autant qu'il vous regrette. Je ne manquerai pas de vanter à Sa Majesté impériale un sermon digne du Platon grec lui-même, que m'a offert une personne non moins digne d'être l'amie de Tomyris. Heureux, madame, ceux qui vous accompagnent à Spa! Malheureux ceux qui restent en arrière sur les bords du lac de Genève! Votre nom fera résonner longtemps l'écho de nos montagnes, et c'est un nom que mon cœur conservera à jamais avec admiration et respect.

Le vieil invalide de Ferney [1].

XII

LETTRES A MM. DE CHAMPFLOUR

PÈRE ET FILS [2].

1. — A M. DE CHAMPFLOUR, PÈRE.

14 janvier 1762, par Genève, aux Délices.

Je ne regarde point du tout votre lettre, monsieur, comme un compliment du jour de l'an; elle m'est très-précieuse; vous me serez toujours cher, et je désirerai toujours infiniment de vous revoir. Je ne manque jamais de m'informer de vous à tous ceux qui viennent d'Auvergne; ils savent combien je m'intéresse à vous, à votre fortune, à tout ce qui peut vous intéresser. Je m'imagine qu'on peut être très-heureux au pied des

---

1. Voir l'opinion émise par Voltaire sur la princesse dans deux lettres adressées, l'une à Catherine II, le 15 mai 1771, l'autre à Marmontel, le 21 juin même année.

2. Inédites. Bibliothèque de la ville de Clermont. Communication de M. E. Labourier.

montagnes d'Auvergne, car je vous assure que je le suis beaucoup au pied des Alpes. Je passe mes hivers auprès de Genève, et les autres saisons dans des terres assez agréables sur la frontière. On ne peut avoir une position plus convenable à mon goût. Je me trouve entre la France, l'Allemagne et l'Italie, à portée d'être instruit le premier de toutes les sottises qu'on fait en Europe. Je vous demande pardon d'en dire tant, mais les vieillards aiment à parler. Ce que j'aime bien davantage, c'est de vous assurer des sentiments inviolables avec lesquels je serai toute ma vie, monsieur, votre très-humble et très-obéissant serviteur.

VOLTAIRE.

2. — A M. DE CHAMPFLOUR, FILS.

20 janvier 1764, au château de Ferney, par Genève.

Votre souvenir, monsieur, me fait toujours un grand plaisir. Notre connaissance date d'environ vingt-deux années. Je suis devenu bien vieux et bien infirme, et je ne suis plus qu'un vieux laboureur retiré à sa campagne. Je suis menacé de perdre la vue avant de perdre la vie. Je ne sais guère de condition plus sotte dans le monde que celle d'un vieillard aveugle ; mais quand j'aurais perdu tous mes sens, je m'intéresserais toujours à vous. Mes terres sont malheureusement dans un climat assez triste, quoique dans un très-bel aspect. Je vivrai et je mourrai dans le château que j'ai bâti, et où je voudrais bien vous recevoir.

J'ai l'honneur d'être, de tout mon cœur, monsieur, votre très-humble et très-obéissant serviteur.

VOLTAIRE [1].

XIII

LETTRE

A M. LE CHEVALIER DE LAURÈS DE GIGNAC [2].

A Cirey (en Champagne), ce 11 juillet 1744.

C'est répondre bien tard, monsieur, à la prose polie et aux vers aimables dont vous m'avez honoré ; mais il faut pardonner à un pauvre malade,

---

1. Suscription de l'adresse, au dos de la seconde feuille : « A monsieur, monsieur de Champflour d'Allagniat, à Clermont, Auvergne. » Timbre de Genève, chiffre 14. Cachet de Voltaire en cire rouge.
2. Inédite. Communication de M. E. Baumes.

chargé d'ailleurs du difficile emploi de préparer une fête pour le mariage de M. le dauphin; la maladie et le travail m'ont mis hors d'état de répondre plus tôt à vos politesses. Il y a longtemps que j'aurais rempli ce devoir si j'eusse cédé à mes premiers mouvements, mais je n'ai guère eu de moments libres.

Je vois avec plaisir combien les lettres sont cultivées dans votre ville.

Vos vers fortifient la bonne opinion que j'avais de Toulouse, mais vous voulez m'en donner une trop bonne de moi-même. Votre épître n'avait pas besoin des choses flatteuses dont vous me comblez pour me plaire. Je vois dans vos vers le vrai goût de la belle poésie; vous débutez d'une façon à devenir bientôt supérieur à celui que vous louez, et vous rougirez peut-être un jour de m'en avoir tant dit.

> Souvent, dans la fleur du printemps,
> Un jeune homme, brillant de charmes
> Et brûlant de désirs pressants,
> Ne sait où porter ses talents;
> Il les prodigue, il rend les armes
> A quelque coquette sans dents.
> Mais bientôt, sentant son mérite,
> Honteux de son premier encens,
> Il prend Églé, Flore, Carite,
> Et gaiement pour jamais il quitte
> Sa Cythérée à cheveux blancs.
> Ainsi regrettant vos prémices
> Et ces injustes sacrifices
> Offerts à mes vers languissants,
> Vous me quitterez pour Virgile,
> Dont vous avez déjà le style,
> La cadence et les agréments.
> De cette juste préférence
> Mon cœur ne sera point jaloux :
> Je suis disciple, ainsi que vous,
> De nos maîtres de l'éloquence.

Je suis encore à la campagne pour quelques mois. Si, lorsque je serai de retour à Paris, vous voulez bien m'honorer de quelqu'une de vos productions, vous redoublerez les obligations que je vous ai et mes plaisirs.

Je suis, monsieur, avec tous les sentiments que je vous dois, votre très-humble et très-obéissant serviteur.

VOLTAIRE.

TABLE

DES MATIÈRES CONTENUES DANS CE VOLUME.

COMMENTAIRES SUR CORNEILLE.

Pages.

REMARQUES SUR HÉRACLIUS, EMPEREUR D'ORIENT, tragédie représentée en 1647. 1
   PRÉFACE du Commentateur. 1
   Héraclius, empereur d'Orient, tragédie. 3
   Examen d'*Héraclius*. 69

REMARQUES SUR ANDROMÈDE, tragédie représentée avec les machines, sur le théâtre royal de Bourbon en 1650 70
   PRÉFACE du Commentateur. 70
   Prologue. 71
   Andromède, tragédie. 72

REMARQUES SUR DON SANCHE D'ARAGON, comédie héroïque représentée en 1651 82
   PRÉFACE du Commentateur. 82
   Don Sanche d'Aragon. 84

REMARQUES SUR NICOMÈDE, tragédie représentée en 1652 . . 93
   PRÉFACE du Commentateur. 93
   Nicomède, tragédie. 94

REMARQUES SUR PERTHARITE, ROI DES LOMBARDS, tragédie représentée en 1659. 143
   PRÉFACE du Commentateur 143
   Pertharite, roi des Lombards, tragédie. 145

REMARQUES SUR ŒDIPE, tragédie représentée en 1659 150
   Pièces imprimées au-devant de la tragédie d'*Œdipe*. 150

                                                                            Pages.
ÉPITAPHE sur la mort de damoiselle Élisabeth Ranquet, femme de
    M. du Chevreul, écuyer, seigneur d'Esturnville.   150
VERS présentés à monseigneur le procureur général Fouquet, surinten-
    dant des finances.   151
Avis de Corneille au lecteur   154
OEdipe, tragédie.   155
DÉCLARATION du Commentateur   171

REMARQUES SUR LA TOISON D'OR, tragédie représentée en 1661.   173
    PRÉFACE du Commentateur.   173

REMARQUES SUR SERTORIUS, tragédie représentée en 1662 . . .   178
    PRÉFACE du Commentateur.   178
    Sertorius, tragédie   181

REMARQUES SUR SOPHONISBE, tragédie représentée en 1663 . .   231
    PRÉFACE du Commentateur.   231
    AVERTISSEMENT au lecteur.   234
    Sophonisbe, tragédie.   236

REMARQUES SUR OTHON, tragédie représentée en 1665   247
    PRÉFACE du Commentateur.   247
    Othon, tragédie   248

REMARQUES SUR AGÉSILAS, tragédie représentée en 1666   264
    PRÉFACE du Commentateur.   264

REMARQUES SUR ATTILA, ROI DES HUNS, tragédie représentée
    en 1667.   266
    PRÉFACE du Commentateur.   266

REMARQUES SUR BÉRÉNICE, tragédie de Racine, représentée en 1670 270
    PRÉFACE du Commentateur.   270
    Bérénice, tragédie de Racine.   270

TITE ET BÉRÉNICE, comédie héroïque de Corneille   286

REMARQUES SUR PULCHÉRIE, tragédie représentée en 1672 . . .   291
    PRÉFACE du Commentateur.   291
    PRÉFACE DE Pulchérie, par Corneille.   299

REMARQUES SUR SURÉNA, GÉNÉRAL DES PARTHES, tragédie
    représentée en 1674.   300
    PRÉFACE du Commentateur.   300
    Suréna, général des Parthes, tragédie.   303

REMARQUES SUR ARIANE, tragédie de Thomas Corneille, représentée
    en 1672.   304
    PRÉFACE du Commentateur.   304
    Ariane, tragédie   305

TABLE DES MATIÈRES.

REMARQUES SUR LE COMTE D'ESSEX, tragédie de Thomas Corneille, représentée en 1678 324
   Préface du Commentateur. 324
   Le comte d'Essex, tragédie 327

AVIS sur les premières pièces du théâtre de Corneille. 346

REMARQUES SUR LES DISCOURS DE CORNEILLE, imprimés à la suite de son théâtre 347
   Ier Discours 347
   IIe Discours 356
   IIIe Discours 363

REMARQUES SUR LA VIE DE PIERRE CORNEILLE, écrite par Bernard de Fontenelle, son neveu 368

RÉPONSE a un détracteur de Corneille 374

APPENDICE.

I.

SUPPLÉMENT AUX POÉSIES DE VOLTAIRE.

I.   Fragments d'une tragédie intitulée *Amulius et Numitor* 379
        Avertissement 379
        Avertissement du premier éditeur sur cette pièce. 379
        Fragment I 380
        Fragment II 381
II.   Lettre au nom de la maréchale de Villars (1719). 382
III. A S. A. S. Mgr le duc d'Orléans régent (1721). 385
IV. A S. A. S. Mgr le duc d'Orléans. 386
V.   Réponse du Duc 387
VI. Divertissement préparé pour le mariage de Louis XV (1725) . . . 389
VII. Cantate. 396
VIII. A Mme la maréchale de Villars 398
IX. A Mlle de L., pendant une maladie de l'auteur. 399
X.   A M. de Rezé 399
XI. A M. ***, qui était malade 400
XII. A M. de La Condamine 401
XIII. A M. le duc de Richelieu, sur son mariage (1734). 401
XIV. A Mme la duchesse du Maine 402
XV. A M. de C***. 403

		Pages.
XVI.	A Mlle Lecouvreur, en lui envoyant ses étrennes.	404
XVII.	Vers pour le portrait de Mlle Lecouvreur	404
XVIII.	Vers à l'occasion du refus de sépulture de Mlle Lecouvreur.	405
XIX.	A Mlle de Rochebrune, en lui envoyant *le Temple du Goût*	405
XX.	Fragment.	406
XXI.	A Mme la duchesse de Brancas	406
XXII.	A M. de***, qui l'invitait à dîner.	407
XXIII.	Vers pour le portrait du cardinal de Fleury	407
XXIV.	Traduction de quatre vers de Pope.	408
XXV.	Sur une statue de l'Amour.	408
XXVI.	Sur Fréret.	408
XXVII.	Traduction de la description du Compas dans les *Métamorphoses* d'Ovide.	409
XXVIII.	Fragment d'un voyage aux environs de Paris.	409
XXIX.	Placet à la reine pour l'abbé Lamare	410
XXX.	Épigramme contre J.-B. Rousseau	411
XXXI.	Bouquet à Mme de Boufflers.	411
XXXII.	Impromptu au prince de Beauvau.	412
XXXIII.	A M. Pallu, intendant de Nevers.	412
XXXIV.	A Mme du Châtelet, en lui présentant un de ses ouvrages	413
XXXV.	A Mme du Châtelet, sur *le Temple du Goût*.	413
XXXVI.	A Mme du Châtelet.	414
XXXVII.	A la même, sur une définition des Grâces.	414
XXXVIII.	A la même, avec un envoi de bougies et de cierges.	415
XXXIX.	Sur le portrait de Mme de***.	415
XL.	Sur la mort de Mme du Châtelet	415
XLI.	A Mme de***.	416
XLII.	Épigramme.	416
XLIII.	A M. de Vaux.	417
XLIV.	A M. de***.	417
XLV.	Épigramme.	418
XLVI.	A M. de***.	418
XLVII.	A M. de***.	419
XLVIII.	Vers à l'auteur d'un poëme *sur la Grâce*.	420
XLIX.	Pygmalion, fable.	420
L.	A Mme d'Argence de Dirac.	422
LI.	Vers pour le portrait de d'Alembert.	422
LII.	A une demoiselle qui donnait des conseils à Voltaire pour qu'il se ménageât la vue.	423
LIII.	Quatrain à S. A. R. la princesse Ulrique	423
LIV.	Quatrain sur l'anniversaire du mariage de la margrave de Baireuth	424
LV.	Vers à la princesse Amélie de Prusse.	424
LVI.	Vers de Voltaire. A Francfort, 22 juin 1753	425
LVII.	A Mlle Delaunay.	426
LVIII.	A Mme Necker.	426

II.

POÉSIES ATTRIBUÉES A VOLTAIRE.

I.	A Mlle de***.	429
II.	Portrait de Mme du Châtelet.	430
III.	Aux mânes de Mme du Châtelet.	432
IV.	La Police sous Louis XIV.	434
V.	Épître à Mlle Sallé.	437
VI.	Vers dictés le 29 mai 1778.	438

III.

SUPPLÉMENT AUX ŒUVRES EN PROSE DE VOLTAIRE.

I.	Éclaircissements sur quelques charges de la Maison du roi.	441
II.	Le comte de Boursoufle, conte.	447
III.	Discours de M. de Voltaire en réponse aux invectives et outrages de ses détracteurs.	451
IV.	Dédicace de *Mariamne*	465
V.	A Mlle Delaunay, qui avait passé quelque temps à Rouen	465
VI.	Notes sur *la Henriade*	466
VII.	Notes de Voltaire sur le *Discours sur l'Inégalité des conditions*, de J.-J. Rousseau	468
VIII.	Notes de Voltaire sur le *Contrat social*, de J.-J. Rousseau	474
IX.	Le Sottisier.	483
X.	Voltaire et le pays de Gex. (Lettres adressées à Fabry ; à Amelot, intendant de Bourgogne ; à Manuel, intendant général de la République de Berne, et Mémoire sur l'agriculture du pays de Gex.).	607
XI.	Lettres à la princesse Daschkoff.	619
XII.	Lettres à MM. de Champflour, père et fils.	619
XIII.	Lettre à M. le chevalier de Laurès de Gignac.	620

FIN DE LA TABLE DU TOME XXXII.

PARIS. — IMPRIMERIE A. QUANTIN
7, RUE SAINT-BENOIT, 7

www.ingramcontent.com/pod-product-compliance
Lightning Source LLC
Chambersburg PA
CBHW051323230426
43668CB00010B/1121